Le gigantesque barrage de Donzère-Mondragon, érigé de 1947 à 1952, témoigne de l'immense effort manifesté par la IVe République pour l'évolution économique et industrielle de la France. L'ouvrage tout entier se compose du canal formé par les eaux du Rhône barré en aval de Donzère. Long de 28 km, large de 145 m et profond d'une dizaine de mètres, il permet le raccordement de Donzère à Mondragon, distants de 31 km. Sur ce canal ont été construites deux centrales : l'usine atomique de Pierrelatte et l'usine hydro-électrique André Blondel (à droite). Cette dernière fournit annuellement plus de 2 000 GWh, grâce à une puissance installée de 300 000 kVA répartie en six groupes de 50 000 kVA. Une écluse longue de 195 m, large de 12 m et profonde de 31,50 m permet de franchir la chute en une seule opération. (Photo Keystone.)

HISTOIRE DE LA FRANCE ET DES FRANÇAIS AU JOUR LE JOUR

Pour RACHEL,

de la part de :

FRANÇOISE
VERONIQUE
ANNE
BEATRICE
MARIE-FANNY

et MICHEL

pour lui faire aimer
encore plus
la FRANCE ....

Juin 85.

HISTOIRE D

ET DES F

AU JOUR

Tome VIII : 1902-196

UNE RÉALISATION DE L

E LA FRANCE
RANÇAIS
LE JOUR

la guerre et la paix

LIBRAIRIE ACADÉMIQUE PERRIN

ANDRÉ ALAIN

MARCEL JACQUES

CASTELOT DECAUX

JULLIAN LEVRON

Direction de l'image	Hubert et Christiane Decaux
Maquette	Élisabeth Kozma, Martine Chenault et Martine Soulié
Rédactrice des légendes	Claude Picard
Documentalistes	Christine Janet, Michel Levron et Marie-Martine Sartiaux
Cartes	Gilbert Martin
Tableaux généalogiques	Claude Pradelle

RÉALISATEUR HENRI FROSSARD

ISBN 2-262-00176-6

L'HISTOIRE DE LA FRANCE ET DES FRANÇAIS AU JOUR LE JOUR se présente sous une forme strictement chronologique. C'est, année après année, mois après mois, jour après jour, le récit des événements qui se sont produits dans ce pays, des origines à notre temps. Ce texte courant est composé en caractères romains et le lecteur trouvera en haut de chaque page l'indication des années qu'y s'y rapportent. De nombreuses anecdotes s'intercaleront au cours du récit. Celles-ci seront présentées sous forme d'encadrés composés en italique. Mais l'Histoire ne peut pas toujours s'insérer dans un cadre chronologique, quand elle concerne, par exemple, les institutions, les faits économiques et sociaux, l'histoire de l'art ou de la littérature. Il est bien évident que certains faits exigent un plus long développement. Les auteurs ouvrent donc de GRANDS ÉCRANS. Ces derniers, composés en caractères romains, se différencient du texte ordinaire par un cadre brun et des filets verticaux de même couleur. Enfin, une HISTOIRE DE FRANCE ne peut être racontée seule. Elle appartient aussi à l'histoire du monde. A la fin de certains chapitres, une rubrique ET PENDANT CE TEMPS..., composée en caractères gras, rappelle au lecteur les principaux faits qui se sont, à la même époque, déroulés dans d'autres pays.

SOMMAIRE

LE "BLOC" AU POUVOIR

1902, 28 mai

Las, malade, craignant que son œuvre soit mal appliquée, Waldeck-Rousseau donne sa démission dès le retour d'Émile Loubet en France.

1er juin

Le président du parti radical, Émile Bourgeois, est élu à la présidence de la Chambre par 303 voix contre 267 à Paul Deschanel.

Émile Loubet fait appel à Émile Combes, connu pour son anticléricalisme virulent, et le charge de former le nouveau gouvernement.

Combes constitue le ministère avec six radicaux et trois modérés. Il met aux Finances Rouvier, adversaire de la réforme fiscale, à la Guerre il laisse le général André, à la Marine Pelletan, ancien collaborateur de Clemenceau. Il confie le ministère de l'Instruction publique à Chaumié et laisse aussi aux Affaires étrangères Delcassé (qui dirigera à sa guise la politique extérieure de la France que Combes lui abandonne entièrement). Lui-même prend le portefeuille de l'Intérieur et des Cultes.

Ce ministère durera deux ans et sept mois : la plus longue durée d'un gouvernement pendant la IIIe République.

11 juin

La déclaration ministérielle annonce des mesures de combat contre le clergé, coupable d'avoir pris parti au cours de la campagne électorale, et prône une lutte acharnée contre le péril clérical.

20 juin

Dans une circulaire, Combes ordonne aux préfets de n'accorder les faveurs dont la République dispose qu'aux seules personnes dévouées à sa politique, et prend une série de mesures contre les congrégations et les écoles congréganistes.

début de juillet

Première mesure : les écoles congréganistes de congrégations

Au fur et à mesure qu'elle avance en âge, la IIIe République tend d'autant plus à se démocratiser que les partis de gauche y jouent un rôle plus important. Néanmoins, les mœurs parlementaires restent imprégnées de la bonne tenue qui était de rigueur au cours des années précédentes. Cette photographie représente quelques politiciens devant l'Institut de France, rendant un dernier hommage à un académicien disparu. Parmi les personnalités présentes, on reconnaît Théophile Delcassé. (Photo Roger-Viollet.)

QUI ÉTIEZ-VOUS, PETIT PÈRE COMBES ?

Né dans le Tarn, terre des Albigeois, Émile Combes a fait ses études au petit puis au grand séminaire. Docteur ès lettres de la faculté de Rennes avec une excellente thèse sur la philosophie thomiste, il a enseigné au collège des assomptionnistes de Nîmes jusqu'au jour où, avant d'avoir reçu le sous-diaconat, il perd la foi, brûlant désormais ce qu'il a adoré.

Doué de plus de caractère que d'intelligence, il reste déiste, spiritualiste, mais animé d'une haine farouche contre les moines. « Ce n'est pas un renégat ; c'est un hérétique » (Adrien Dansette). Ce cathare veut se venger de Simon de Montfort. Médecin à Pons (Charente-Maritime), il devient conseiller général, puis sénateur. Assez effacé, le voilà à soixante-six ans en pleine lumière. Avec une rigueur implacable, il va poursuivre son œuvre. Il avouera lui-même « qu'il n'a pris le pouvoir que pour ça » et quand, en 1914, il verra les religieux accourir pour défendre la patrie, il aura — à soixante-dix-huit ans — ce cri du cœur : « Ne va-t-on pas spéculer sur leur héroïsme pour rétablir le Concordat ? »

avant 1901 et qui n'ont pas demandé d'autorisation. Il y en a trois mille cent vingt-cinq. Ainsi sont expulsées les sœurs de la rue Saint-Roch à Paris, au milieu d'une foule qui manifeste sa sympathie aux religieuses.

Au nonce qui proteste, Combes répond que les congrégations n'avaient qu'à demander les autorisations nécessaires.

12 juillet

Les Chambres sont en vacances.

26 juillet

Nouvelle protestation du nonce. « Le gouvernement applique la loi », réplique Combes.

27 juillet

Grande manifestation des catho-

autorisées ouvertes depuis le 1er juillet 1901 sont fermées en exécution de la loi. On en compte cent vingt-cinq. « D'autres actes assureront la supériorité de la société laïque sur la société monacale. »

10 juillet

Ordre est donné aux préfets de faire fermer les écoles ouvertes

Émile Combes, lorsqu'il succède à Waldeck-Rousseau, en 1902, est largement sexagénaire. (Photo Roger-Viollet.) Ancien séminariste connaissant aussi bien le droit canon que l'histoire de l'Église, il est devenu farouchement anticlérical. Son arrivée au pouvoir sera le signal d'une série de mesures concrètes prises en application de la loi de 1901 : fermeture de nombreuses écoles religieuses, rejet de la plupart des nouvelles demandes d'autorisation. En mars 1904, un nouveau texte législatif va lui permettre d'accentuer encore sa politique d'hostilité envers les catholiques, matérialisée par le renvoi des congrégations religieuses. L'évacuation brutale des chartreux en 1893, représentée par cette gravure, aura été la préface de nombreuses scènes du même genre. (Département des imprimés. B.N. Photo J.-L. Charmet.)

liques place de la Concorde. Des femmes vont porter une pétition à Mme Loubet, connue pour sa piété. Il se fonde une *Ligue pour la liberté de l'enseignement.*

août

Violentes manifestations, principalement dans l'Ouest, à l'occasion de la fermeture des écoles. Les paysans de nombreuses communes bretonnes se barricadent. Il faut envoyer les gendarmes et parfois la troupe.

Plusieurs officiers démissionnent. Deux d'entre eux refusent d'obéir. Traduits en conseil de guerre, ils sont l'objet de sentences indulgentes.

4 septembre

Le Conseil d'État décide qu'il n'a pas à donner son avis sur les autorisations quand le ministère veut refuser celles-ci.

Dans le courant du mois, le général André prononce contre les congrégations un discours qui n'a rien à voir avec la défense nationale. A Ajaccio, Camille Pelletan déclare qu'il faut fortifier l'île contre l'Italie! Combes met l'imprudence de ces propos sur la « chaleur communicative des banquets »...

22 septembre

Mort d'Émile Zola trouvé asphyxié chez lui.

Au Maroc s'instaure une collaboration économique entre la France et le sultan. Des instructeurs français sont envoyés dans le pays. Lyautey arrivera à Aïn-Sefra en 1903.

9 octobre

A une lettre collective des évêques, Combes répond devant la Chambre des députés que ces mesures ne sont que le prélude à celles qui sont attendues par la démocratie. Il est approuvé par 323 voix contre 233.

novembre-décembre

Sur le conflit concernant les congrégations se greffe aussi un motif de désaccord avec Rome au sujet de la nomination des évêques. En principe, le pape les nomme avec l'approbation du gouvernement français mais, grâce à l'introduction dans la bulle d'investiture du nouvel évêque de la formule *nobis nominavit*, il peut écarter des nominations qui lui déplaisent.

Le ministère Combes demande la suppression du *nobis nominavit* et nomme même trois évêques sans entente préalable avec le Vatican.

23 décembre

Le gouvernement fait fermer toutes les écoles non autorisées. En fait, les religieux se sécularisent et, dès la rentrée, plusieurs centaines d'écoles libres ont pu rouvrir leurs portes.

Réforme des programmes de l'enseignement secondaire; désormais le latin n'est plus obligatoire dans une des quatre sections du baccalauréat : A latin-grec, B latin-langues, C latin-sciences, D sciences-langues. Cette importante réforme restera en application pendant plus de trente ans.

1903, janvier-février

Chambre et Sénat examinent les demandes d'autorisation formulées par les congrégations d'hommes et de femmes. Le Conseil d'État a fait savoir qu'il suffisait du vote négatif d'une Chambre pour que l'autorisation soit refusée. Le gouvernement décide que les demandes seront groupées : cinq congrégations seront autorisées (trappistes, frères de Saint-Jean de Dieu, congrégation des îles de Lérins et deux congrégations missionnaires).

Cinquante-quatre congrégations ne recevront pas l'autorisation. Elles sont divisées en trois groupes : enseignants, prédicants, commerçants (les chartreux).

10 janvier

Au Vatican qui s'insurge contre la nomination des évêques, Combes répond qu'il ne fait qu'exécuter le Concordat.

Il menace de demander la suppression du budget des Cultes.

4 février

Waldeck-Rousseau proteste contre la procédure instituée pour l'examen de demandes d'autorisation des congrégations.

L'*Union démocratique* du Sénat se rallie à son opinion.

15 février-9 mars

Rome explique par des notes au ministre des Affaires étrangères les motifs de son refus d'investir des évêques qui n'ont pas reçu l'accord du Vatican à leur nomination.

Combes réplique au Sénat qu'il n'a fait que choisir des candidats « jugés trop bons Français » par le Vatican.

12-28 mars

La discussion sur les congrégations va s'ouvrir devant la Chambre. Malgré les protestations des députés de droite et des catholiques, l'ensemble du projet est voté par 304 voix contre 246.

Les religieux enseignants (quinze mille neuf cent soixante-quatre) sont autorisés à achever l'année scolaire dans les quinze cents établissements qu'ils dirigent.

Les prédicateurs et les chartreux doivent se disperser.

Les chapelles des couvents non autorisés doivent être fermées.

Les évêques doivent interdire la prédication aux congréganistes. Trois archevêques protestent contre ces dernières mesures.

30 avril

L'expulsion des chartreux de la Grande Chartreuse donne lieu à de violentes bagarres.

1er mai

Politique extérieure : depuis son avènement, Edouard VII, par sympathie personnelle et sur les instances de Delcassé et de lord Lansdowne, chef du Foreign Office, a multiplié les avances envers la France. Dès le mois de mars, il a proposé de rencontrer le président Loubet à Cannes. Finalement, c'est à Paris que le roi d'Angleterre vient en visite officielle et, malgré quelques cris discordants — Fachoda, Fachoda ! — malgré quelques coups de sifflet, cette rencontre est d'excellent augure. L'entente cordiale se renoue au grand déplaisir de Guillaume II dont toute la politique extérieure, en Extrême-Orient, en Orient ou en Afrique, ne connaît que des échecs.

mai-juin

La lutte se poursuit contre les congrégations enseignantes, bien qu'elles soient dissoutes. Pour empêcher les congréganistes sécularisés de poursuivre leur enseignement sous un autre habit, il leur est interdit d'enseigner pendant trois ans dans la commune de leur établissement ainsi que dans les communes voisines.

25-26 juin

Reste le cas des congrégations de femmes non autorisées. Quatre-vingt-une d'entre elles, pour cinq cent dix-sept établissements, ont sollicité l'autorisation.

Après un vif débat, toutes les demandes sont rejetées par 285 voix contre 269.

27 juin

Au Sénat, Waldeck-Rousseau dénonce amèrement la façon dont sa loi sur les associations a été appliquée.

Ce sera son dernier grand discours. Il mourra, navré, quelques mois plus tard.

juillet

Mort du pape Léon XIII. Le veto de l'Autriche ayant écarté le cardinal Rampolla, c'est l'archevêque de Venise, Mgr Sarto, qui est élu et prend le nom de Pie X. Inflexible partisan des droits supérieurs de l'Église, adversaire de toute transaction, encouragé en outre par son secrétaire d'État, Mgr Merry del Val, Pie X, par son attitude aussi intransigeante que celle de Combes, va amener les relations du gouvernement français et du Vatican au point de rupture.

Après la visite du roi Édouard VII en France, en mars 1902, le président Émile Loubet franchit à son tour la Manche au mois de juillet suivant pour rendre au souverain anglais sa visite. Au cours de cette double rencontre, les deux chefs d'État jettent les bases d'une politique de rapprochement. Celle-ci a été élaborée par le ministre des Affaires étrangères Théophile Delcassé, notre ambassadeur à Londres Paul Cambon et le roi Édouard VII. Les deux documents photographiques rappellent l'arrivée d'Émile Loubet à Londres. A gauche, on reconnaît le président entre le général Roberts et Théophile Delcassé (de dos). A droite, il est accueilli à l'entrée du Guildhall par le lord-maire, le prince et la princesse de Galles, le duc de Connaught. (Photos Roger-Viollet.)

4 juillet

L'été s'ouvre par la visite d'Émile Loubet à Londres. La visite a failli être compromise, le président de la République refusant de porter la culotte à la française comme il est d'usage à la cour. Tout s'arrange et les toasts échangés sont particulièrement chaleureux.

13 septembre

La vague anticléricale s'accentue dans le pays. Les journaux comme *La Lanterne*, *L'Action*, *L'Assiette au beurre* prennent violemment à partie le clergé.

A Tréguier, Combes, accompagné d'Anatole France et de Berthelot, inaugure la statue de Renan, protégé par six mille hommes de troupe que huent les catholiques bretons.

Cependant, la fermeture des écoles congréganistes se poursuit. Dix mille auront disparu à la fin de l'été. Six mille écoles libres (environ) seront rouvertes avec des religieuses sécularisées (et en civil) dès la rentrée scolaire.

novembre

Au Sénat, Chaumié fait voter, malgré le rapporteur radical, un projet de loi qui proroge la loi Falloux et n'enlève pas aux congrégations autorisées le droit d'enseigner.

18 décembre

Alors, Combes se décide à présenter un projet de loi qui interdit l'enseignement à tous les membres des congrégations enseignantes auto-

risées, celles-ci devant être supprimées dans les cinq ans.

Mais on s'aperçoit que cette suppression aura des conséquences financières considérables : il faudrait bâtir des écoles de garçons et de filles, trouver quinze cents instituteurs, six mille institutrices.

Il faudrait d'abord laïciser les écoles publiques encore tenues par des frères (treize cents) ou par des religieuses (deux mille deux cents).

Le vote de la loi est donc retardé.

1904, janvier

La lutte engagée par le ministère contre l'Église atteint son plus haut point d'acuité.

L'année 1904 sera celle de la rupture des relations avec Rome, celle aussi des « fiches » et des délations.

5 janvier

Le pape refuse de nommer les évêques à des sièges vacants aussi longtemps qu'une entente préalable n'aura pas été conclue avec le gouvernement français sur la formule du *nobis nominavit* ou une formule analogue. Combes réclame l'institution canonique pour trois évêques.

10 janvier

A la Chambre des députés, à l'occasion de la rentrée des Chambres, Jaurès n'est pas réélu vice-président. On constate un durcissement des députés socialistes qui, à l'instigation de Millerand, ancien ministre du Travail, reprochent au gouvernement de sacrifier les intérêts de la classe ouvrière à sa politique anticléricale.

Les partis se regroupent et on assiste à plusieurs scissions : de l'*Union démocratique*, fondement du bloc, se détache une *gauche démocratique* formée des partisans inconditionnels du ministère; du parti radical-socialiste, une gauche radicale-socialiste hostile aux dissidents qui ont fait échouer Jaurès.

Le parti socialiste se scinde en *parti socialiste français*, fidèle au bloc dirigé par Jaurès, et en *parti socialiste de France*, dirigé par Guesde et Vaillant, qui fait une opposition systématique.

Les dissidents du bloc viennent ainsi renforcer l'opposition. La majorité se désagrège.

février

Le Japon déclare la guerre à la Russie. La France n'intervient pas dans le conflit.

mars

En politique étrangère, Delcassé

Malgré les bouleversements subis par la France depuis la chute de l'Ancien Régime, la marine avait su maintenir tant bien que mal les usages qui la régissaient depuis plusieurs siècles. Dès 1902, le ministre Camille Pelletan tente de mettre fin aux traditions par une démocratisation systématique. Sous son influence, les navires de guerre emprunteront leur nom au vocable révolutionnaire, tel ce cuirassé baptisé « Liberté ». (Photo Roger-Viollet.)

poursuit ses négociations en vue d'un accord avec l'Angleterre.

Combes ne songe qu'à faire aboutir la loi sur l'enseignement privé et continue à prendre des mesures hostiles au clergé et à la religion. Il fait enlever les crucifix des prétoires. Il interdit aux ecclésiastiques de se présenter au concours de l'agrégation.

Enfin la loi scolaire est votée avec quelques atténuations. Le délai accordé aux écoles congréganistes pour disparaître est porté à dix ans et le texte consent au maintien des

LA POLITIQUE MARITIME DE PELLETAN

Ce chartiste barbu, entré dans la politique, avait entrepris de démocratiser la marine, le corps resté le plus fidèle à de vieilles traditions. Qu'il ait choisi pour de nouveaux navires les noms de Liberté ou Égalité avait peu de conséquences, mais qu'il ait soutenu les marins et les ouvriers des arsenaux contre leurs supérieurs était infiniment plus grave ; qu'il ait négligé l'avis des amiraux, favorisé les officiers mariniers au détriment des anciens élèves de l'École navale, voulu tout voir par lui-même était de mauvaise administration, mais qu'il ait ralenti la construction des cuirassés paraissait très nuisible. Violemment attaqué par la presse conservatrice ou modérée, il fut peu défendu par les journaux républicains et Combes lui-même dut accepter la création d'une commission chargée d'examiner la gestion de son ministère.

écoles destinées à la formation de maîtres pour l'étranger et les colonies.

En fait, un bon nombre d'écoles congréganistes primaires et secondaires subsisteront jusqu'en 1914 et d'autres se maintiendront en faisant appel à des prêtres séculiers. Ainsi la lutte contre l'enseignement privé aboutira à un échec.

17 mars

Interpellé sur sa politique anticléricale, Combes obtient un vote de confiance, mais à une très faible majorité (282 voix contre 271). Il doit maintenant faire face à une opposition de gauche et de droite.

19 mars

Il n'en poursuit pas moins sa politique hostile au Vatican et annonce qu'aucune nomination aux évêchés ne sera ratifiée, aussi longtemps que les candidats désignés par lui aux sièges vacants n'auront pas été acceptés. Refus du pape. Réplique de Combes : le gouvernement français entend maintenir son droit aux nominations.

29 mars

De nouveau interpellé au sujet des mesures prises par le ministre de la Marine, Pelletan, Combes doit accepter la nomination d'une commission d'enquête extra-parlementaire votée par 318 voix contre 256.

8 avril

Victoire pour Delcassé : une convention franco-anglaise est signée. Elle concrétise l'accord entre les deux pays. La déclaration détermine leur sphère d'influence en Amérique, en Asie, en Océanie et surtout en Afrique où l'Angleterre nous laisse les mains libres au Maroc. France et Angleterre s'appuient mutuellement pour résister à l'expansion allemande. Ce n'est pas une alliance formelle, c'est l'entente cordiale qui rétablit l'équilibre européen. Guillaume II, averti de cet accord dès le 23 mars, le juge naturel... pour l'instant.

12 avril

Et au Reichstag, le chancelier Bülow déclare que son gouvernement n'a rien à objecter.

24-29 avril

Mais voici qu'éclate un très grave

incident diplomatique entre le Vatican et Paris. Malgré son peu d'enthousiasme à les accueillir, car il prévoyait fort bien les conséquences de cette visite, Émile Loubet a reçu le roi Victor-Emmanuel et la reine Hélène dans la capitale en octobre 1903. Le président de la République est invité à son tour. Par une note envoyée à toutes les chancelleries des pays catholiques, Pie X fait savoir qu'il considère cette visite comme offensante pour le Saint-Siège et pour le pape, prisonnier au Vatican. La note, par une indiscrétion d'un petit État catholique, est publiée dans *L'Humanité*. Elle soulève une vive irritation dans la majorité du bloc.

Le voyage a lieu et est un succès pour nos rapports avec l'Italie.

21 mai

Pour donner satisfaction à sa majorité, le gouvernement rappelle l'ambassadeur de France auprès du Vatican, ne laissant à l'ambassade qu'un chargé d'affaires.

27 mai

Répondant à un interpellateur radical, Delcassé déclare inadmissible l'acte du pape évoquant auprès de gouvernements étrangers une affaire purement française. Il est approuvé par 427 voix contre 95.

juin

Un nouveau conflit va précipiter la rupture définitive : deux évêques, ceux de Laval et de Dijon, sont mandés à Rome pour y répondre de leur attitude trop conciliante à l'égard du gouvernement, attitude qui leur a valu de violentes critiques. Combes leur interdit de quitter la France et proteste auprès du pape contre cette convocation faite à l'insu de son gouvernement.

Au Maroc, notre influence augmente. La plupart des puissances considèrent déjà que nous sommes responsables de l'ordre dans l'empire chérifien.

juillet

Le Vatican refuse de s'incliner en invoquant le droit et le devoir du pape à l'égard des évêques.

30 juillet

En conséquence, le gouvernement français fait savoir qu'il met fin aux relations diplomatiques officielles avec le Vatican, retire ce qu'il

restait de membres à l'ambassade et renvoie le nonce.

août

Les deux évêques mandés à Rome obéissent au pape et donnent leur démission.

Que va devenir le Concordat ? Comment se feront désormais les nominations d'évêques ? Delcassé et Émile Loubet tentent de trouver un compromis. Un membre de la nonciature est resté à Paris. Combes lui-même hésite encore à proposer la séparation des Églises et de l'État. Il préférerait attendre les élections législatives.

août

Il le souhaite d'autant plus que les difficultés parlementaires s'aggravent. Les socialistes français viennent d'accepter la charte du socialisme international établie à Amsterdam par un congrès international. Cette charte condamne tout accord avec la société bourgeoise, impose la nécessité de maintenir la lutte des classes et l'unité du parti. C'est la rupture définitive du bloc.

septembre

Notre pénétration pacifique s'accentue au Maroc. « Le sultan nous donnera bientôt le sultanat en gage », écrit Cambon.

octobre

Un grave incident dans la mer du Nord que l'escadre russe traverse pour attaquer le Japon : des bateaux de pêche anglais ont été coulés par erreur. Grâce à l'intervention de la France, l'incident est porté devant la Cour internationale de La Haye et n'a pas de suite.

LES FICHES DU GÉNÉRAL ANDRÉ

Au ministère de la Guerre, le général André accomplit depuis deux ans une besogne analogue à celle de Camille Pelletan au ministère de la Marine. Mais elle est plus accentuée encore. Il veut introduire la politique dans l'armée, détruire l'esprit de caste, éliminer les officiers antidreyfusards.

Toutes les mesures qu'il prend ne sont pas mauvaises : les officiers sont autorisés à épouser une femme sans dot. Ils peuvent se mettre en civil hors du service et ne sont plus tenus à prendre leurs repas au mess.

Mais on reproche à André de ne favoriser l'avancement que des officiers républicains et francs-maçons, de les nommer à Paris, de négliger les armements, ce qui est exact, de chercher à obtenir la révision du procès de Dreyfus. Le 8 juillet 1904, une mesure prise contre un officier compromis dans l'affaire n'est approuvée à la Chambre que par 273 voix contre... 273.

On reproche surtout à André le système des « fiches ». Pour être renseigné sur les opinions des officiers, il a créé un système de fiches nominatives qui sont rédigées et centralisées au Grand-Orient de France.

Un journal a pu se procurer une de ces fiches et la publie. C'est un tollé général contre ces procédés de délation et d'espionnage.

6 octobre

Après de longues hésitations, le gouvernement espagnol adhère à la convention franco-anglaise d'avril sur le Maroc qui lui reconnaît une zone d'influence.

22 octobre

Interpellé sur la rupture des relations avec le Vatican à la rentrée de la Chambre, Combes répond qu'il n'a fait que suivre la tradition gallicane qui dénie au pape le droit de priver un évêque de son siège. Il est approuvé par 325 voix contre 237.

fin octobre

Mais c'est son dernier succès. L'affaire des « fiches », qui éclate peu après, va amener la dislocation et bientôt la chute de son ministère.

28 octobre

Interpellé à la Chambre, le ministre n'obtient qu'une demi-confiance (276 voix contre 274). Une commission d'enquête est constituée.

novembre

Nouvelle interpellation sur l'absence de suite donnée à l'enquête exigée par les députés. André déclare qu'il entend défendre les officiers républicains. Il est giflé par un adversaire, Syveton. La Chambre n'en condamne pas moins la délation. Syveton sera trouvé mort, quelques jours plus tard, dans sa prison...

15 novembre

André donne sa démission et est remplacé par l'agent de change Berteaux.

décembre

Interpellé à son tour, Combes explique que, dans les régions où la représentation est hostile au gouvernement, il est obligé de faire appel à des délégués choisis par les

Alexandre Mille-rand (1859-1943) avait commencé sa carrière politique comme député radical en 1885. Son évolution vers la gauche le fera réélire, en 1889 et 1893, comme socialiste indépendant. Plusieurs fois ministre, il ne cessera de glisser vers le centre droit, ce qui lui aliénera peu à peu ses anciens amis et le contraindra, devenu président de la République, à démissionner avant la fin de son septennat. (Photo Roger-Viollet.)

préfets, qui fournissent des renseignements sur les fonctionnaires. Doumer, ancien gouverneur général de l'Indochine, et Ribot mènent l'attaque contre ces procédés de surveillance policière. Millerand dénonce cet espionnage « anonyme et officiel ». Le 9, Combes obtient encore une faible majorité, mais alors que, rallié à l'idée de sépara-

C'est en 1901 que le général Louis André (ci-contre), ancien élève, puis commandant de l'École polytechnique, est appelé par Waldeck-Rousseau à remplacer le général de Galliffet au ministère de la Guerre. Voulant « rapprocher le corps des officiers de la nation républicaine », il procède à certaines réformes dont une partie semble bienfaisante. Mais l'instauration de fiches consignant les opinions politiques et religieuses des officiers et jouant un rôle prépondérant dans leur avancement demeure la tare de sa carrière parlementaire. (Photo Roger-Viollet.)

Après avoir laissé croire à un rapprochement avec la France, l'empereur allemand Guillaume II pratique à notre égard une politique d'intimidation en déclarant, à Tanger, sa volonté de soutenir l'indépendance du Maroc. (Bundesbildstelle, Bonn.)

tion des Églises et de l'État depuis septembre, il songe à faire préparer une loi en ce sens, il sent qu'il n'a plus la confiance de la Chambre.

1905, 10 janvier

La Chambre élit Doumer comme président. Le candidat du bloc, Brisson, est battu.

19 janvier

Sans avoir été réellement mis en minorité, Combes, flétri par son système de délation, est contraint de se retirer.

fin janvier

Le ministre des Finances du cabi-

net Combes, Rouvier, est chargé de former le ministère. Il prend avec lui des radicaux et d'anciens progressistes. Delcassé reste aux Affaires étrangères ; Aristide Briand, ancien socialiste, devient ministre de l'Intérieur et des Cultes.

début de février

A la Chambre, Rouvier présente son programme qui comporte les réformes militaires, la séparation des Églises et de l'État, la réforme fiscale, des lois d'assistance et l'institution de la Caisse des retraites des ouvriers.

Ce programme est approuvé par une énorme majorité : 573 voix contre 99.

10 février

Mais la Chambre entend donner la priorité à la séparation, aussitôt après le vote de la loi militaire et du budget.

février

Adoption définitive de la loi militaire.

Préparée dès 1902 par le général André, longuement discutée à la Chambre et au Sénat, la loi réduit le service militaire à deux ans, supprime de nombreuses exemptions, institue le service auxiliaire, oblige les élèves de Saint-Cyr à faire un an de service dans l'armée active. La loi aboutit à diminuer les effectifs d'environ 55 000 hommes.

21 février

A Moukden, en Mandchourie, les Russes subissent une grave défaite.

4 mars

Le projet définitif de la loi de sépa-

Guillaume II à Tanger, en mars 1905. On reconnaît le Kaiser en tête du cortège, chevauchant un cheval blanc. La belle tenue du souverain, sa rigueur toute germanique sont en accord avec la personnalité profonde de l'empereur qui tiendra, quelques jours plus tard, de véhéments propos contre les succès de la France au Maroc. (Archives Südd-Verlag, Munich.)

ration, préparé par une commission dont Aristide Briand avait été rapporteur, est déposé sur le bureau de la Chambre.

23 mars

Début de la discussion de la loi de séparation.

29 mars

Mais l'opinion publique a des préoccupations plus graves. Au Reichstag, à deux reprises, le prince de Bülow déclare que l'Allemagne saura empêcher toute atteinte à ses intérêts économiques au Maroc.

31 mars

Et, débarquant théâtralement à Tanger, Guillaume II, au cours d'une déclaration fracassante, affirme qu'il soutiendra l'indépendance du souverain du Maroc, laissant ainsi entendre qu'il ne reconnaît aucun droit particulier à la France.

8 avril

La Chambre refuse de soumettre le projet de la loi de séparation aux conseils généraux et municipaux.

12 avril

Par une note aux chancelleries, l'Allemagne fait savoir qu'elle n'a jamais reconnu officiellement la convention franco-anglaise sur le Maroc.

avril

Avant de se séparer pendant les vacances de Pâques, la Chambre adopte les premiers articles de la

Paul Renouard, dessinateur, graveur et peintre, est l'auteur d'une série de croquis gravés à l'eau-forte consacrés à la période 1880-1920 à Paris. Grand observateur, il a su reproduire avec exactitude l'ambiance d'un moment, l'action d'un événement. Dans cette évocation d'une réunion publique en 1885, on sent admirablement l'atmosphère tendue dans laquelle se déroulaient les congrès politiques de l'époque. Il est intéressant de noter que quelques femmes se trouvent mêlées à la foule du parterre. (Bibliothèque des Arts décoratifs, Paris. Photo J.-L. Charmet.)

loi de séparation et, après une vive discussion, ceux qui instituent les associations cultuelles.

23-24 avril

Réunis en congrès à Paris, les socialistes, sous l'impulsion de Jaurès, votent l'unification de leur parti qui prend le titre de parti socialiste S.F.I.O. (section française de l'Internationale ouvrière).

12 mai

Une mission allemande envoyée à Fez décide le sultan du Maroc à rejeter toutes les réformes proposées par la France.

L'Allemagne réclame une conférence internationale pour régler le sort du Maroc.

Que va faire la France ? L'escadre russe vient de subir une défaite navale irrémédiable à Tsoushima. La Russie est affaiblie pour de longues années, troublée par des révoltes intérieures. Un ami personnel de Guillaume II, le baron de Donnersmark, envoyé à Paris, ne cache pas que la France s'expose à la guerre si elle ne sacrifie pas Delcassé et sa politique franco-anglaise.

Delcassé veut résister. Il y est poussé par l'Angleterre. Il sait que les deux pays possèdent une supériorité navale certaine.

Mais notre armée est-elle en état de supporter le choc de l'armée allemande ?

27 mai

Malgré la crise internationale, la Chambre poursuit l'examen de la loi de séparation. Un des articles les plus délicats, celui qui stipule que le Conseil d'État sera chargé de déterminer à quelle association — s'il y en a plusieurs — seront remises les fondations faites à l'Église est adopté.

En fait, le cas ne s'est jamais produit.

1er juin

Au cours d'une visite officielle à Paris, Alphonse XIII et Loubet sont l'objet d'un attentat.

6 juin

Tandis que Clemenceau écrit dans son journal : « Nous ne pouvons plus reculer », Delcassé propose au Conseil des ministres d'accepter l'offre de l'Angleterre qui se déclare prête à nous soutenir et de refuser la conférence internationale.

Rouvier, porte-parole des milieux d'affaires hostiles à la guerre, et Loubet, qui connaît l'insuffisance de notre préparation, repoussent cette solution. Tous les ministres les suivent. Le Conseil accepte le principe d'une conférence internationale.

18 juin

Plein d'amertume, Delcassé donne sa démission. Rouvier prend le portefeuille des Affaires étrangères.

Ce départ est considéré comme une victoire de l'Allemagne. Dans *L'Aurore*, Clemenceau écrit : « Être ou ne pas être, voilà notre dilemme. »

La Chambre achève de discuter la loi de séparation. Les associations cultuelles auront la jouissance gratuite des édifices du culte dont les communes n'ont que la nue-propriété. Les municipalités réglementeront les processions, les sonneries de cloches. Le trouble apporté à l'exercice du culte est sévèrement réprimé.

3 juillet

La loi est définitivement adoptée par 341 voix contre 233.

juillet

Au cours d'une entrevue secrète sur le yacht impérial, Nicolas II et Guillaume II jettent les bases d'une entente à laquelle la France sera invitée à adhérer.

Cette entrevue, que les ministres russes ne connaîtront que plus tard, n'aura aucune suite. L'Allemagne a voulu dissocier la France de l'Angleterre en se rapprochant de la Russie.

24 septembre

Après deux mois de discussions, le programme de la conférence est établi. Il porte sur la souveraineté du Maroc, l'organisation d'une police internationale dans le pays, les droits éventuels de la France.

septembre

A Chalon, le congrès socialiste, devenu pour la première fois le parti socialiste unifié, décide de présenter partout des candidats aux prochaines élections législatives.

LA LOI DE SÉPARATION

A la fin des longues discussions qui ont précédé le vote de la loi de séparation, Aristide Briand, qui a été conseillé dans son travail de rapporteur par l'archevêque de Rouen, Mᵍʳ Fuzet, peut déclarer :

« La loi que nous avons faite après cinquante séances... vous êtes obligés de reconnaître qu'elle est finalement, dans son ensemble, une loi libérale. »

La République assume la liberté de conscience. Elle garantit la liberté des cultes, mais ne reconnaît, ne salarie ni ne subventionne aucun d'eux.

La grave question, c'est celle de la dévolution des biens dont jouissaient les Églises, et tout spécialement l'Église catholique. La loi propose leur dévolution, comprenant aussi bien les monuments servant au culte, les presbytères, les séminaires, les évêchés que toutes les fondations pieuses, œuvres de charité et autres, à des associations cultuelles qui en auraient la gestion.

Mais ces associations sont formées de membres élus en dehors de toute considération hiérarchique. Le cas pourrait donc se produire de voir des associations cultuelles composées de non-catholiques, d'athées ou d'anticléricaux appelées à administrer les biens de l'Église.

Cette disposition allait provoquer le rebondissement du conflit avec l'Église de France et empêcher l'application de la loi.

politique franco-anglaise qui tend à isoler l'Allemagne.

7 novembre

La Chambre repousse à une faible majorité une proposition de loi autorisant les ouvriers de l'État à former des syndicats.

6 décembre

Par 281 voix contre 102, le Sénat adopte la loi de séparation qui, trois jours plus tard, est publiée au *Journal officiel.*

19 décembre

L'affaire de Tanger a provoqué un réveil dans l'opinion française. Des

4 octobre

A un journaliste français, le chancelier von Bülow explique ouvertement qu'il a voulu riposter à la

Le vote de la loi de séparation ne manque pas d'entraîner de violentes réactions. Les catholiques vont descendre dans la rue. Mais, comme toujours, ces défilés, loin de demeurer passifs, s'achèveront par une confrontation assez brutale avec les forces de l'ordre. (Cabinet des estampes. Photo B.N.)

écrivains comme Barrès protestent avec énergie contre tout abandon. Dans *L'Action française*, organe du nationalisme intégral qui groupe de jeunes monarchistes, Maurras proteste également et publie *Kiel et Tanger*. Charles Péguy se sépare de ses amis socialistes.

A la Chambre, Rouvier déclare : « Nous ne songeons qu'à sauvegarder nos droits. »

Mais l'agitation ouvrière s'est aggravée en 1905.

1906, début de janvier

A Algésiras s'ouvre la conférence internationale sur le Maroc. Treize nations y participent, parmi lesquelles on voit pour la première fois des représentants des États-Unis. La

Ce dessin humoristique faisant allusion à la séparation de l'Église et de l'État est de Forain. Publié dans le « Figaro » du 10 décembre 1905, il met en présence un prêtre et un parlementaire et en dit long sur les motifs qui ont poussé ce dernier à voter la loi de séparation. « Vos crimes ? dit l'homme politique. Vous avez brûlé Savonarole, Jean Huss ! emprisonné Galilée ! et favorisé mon adversaire aux dernières élections. » (Photothèque des Presses de la Cité.)

LE MOUVEMENT OUVRIER

Les grèves se multiplient en France à partir de 1904. Cette année-là, on en a compté mille vingt-six. En 1905, il y en a huit cent trente. L'année a été plus paisible. Ces huit cent trente grèves ont groupé 177 666 grévistes, atteint 5 302 établissements, entraîné 2 746 834 journées de chômage, dont 224 654 jours chômés par force pour 18 146 ouvriers non grévistes. La moyenne de durée des grèves a été de quatorze jours.

Dans 184 grèves, les grévistes ont obtenu satisfaction ; 361 se sont terminées par une transaction ; 285 ont échoué.

471 grèves ont été provoquées par des demandes d'augmentation de salaire, 41 par des réductions de salaire. La durée du travail en a provoqué 133.

Malgré les nombreuses améliorations de son sort, le les délégués des syndicats qui peuplent les usines. Des femmes commencent à apparaître. (Photothèque des

grande république, sortie de son isolationnisme, s'intéresse désormais aux affaires européennes.

17 janvier

Le mandat d'Émile Loubet venant à expiration un mois plus tard, le congrès réuni à Versailles élit président de la République Armand Fallières, président du Sénat, par 449 voix contre 371 à Paul Doumer, candidat soutenu par l'opposition.

Petit-fils d'un forgeron de Nérac, fils d'un greffier de justice de paix, avocat foncièrement républicain, Armand Fallières a été plusieurs fois ministre. Sénateur depuis 1890, il est inscrit au groupe de la gauche démocratique. Homme cultivé, d'esprit voltairien, il est par tempéra-

ment un modéré. Dans le message qu'il adresse aux Chambres après son installation, à la fin de février, il rappelle qu'on doit gouverner dans l'intérêt supérieur de la nation.

fin janvier

L'application de la loi de séparation exige qu'un *inventaire* soit dressé du mobilier de chaque église avant leur remise aux associations cultuelles. Cette mesure, purement administrative, doit être exécutée par des fonctionnaires de l'administration de l'Enregistrement et des Domaines ou par des juges de paix. Elle donne lieu à une très violente campagne.

Les catholiques affirment en effet que ces inventaires sont un pré-

monde ouvrier continue à s'agiter, entraîné par comités de grève se réunissent, dans lesquels les Presses de la Cité. Photo Josse Lalance.)

lude à la spoliation. Dans les régions particulièrement catholiques, en Bretagne, en Anjou, dans le Pays basque ou dans le Nord, de tumultueuses manifestations sont organisées pour empêcher les inventaires. Les curés protestent solennellement. Il faut souvent faire appeler les gendarmes ou la troupe. Certains officiers démissionnent plutôt que d'ordonner d'enfoncer les portails des églises.

14 février

Aussi bien, par l'encyclique *Vehementer*, le pape Pie X condamne la loi de séparation comme contraire à la constitution de l'Église, en tant qu'elle ignore la hiérarchie ecclésiastique.

3 mars

Les inventaires continuent à provoquer des troubles extrêmement graves. Dans le Nord, au cours d'une collision entre le service d'ordre et les manifestants, un garçon boucher est tué.

10 mars

Interpellé à la Chambre, le ministère, qui a perdu son ministre des Affaires étrangères en juin 1905, son ministre de la Guerre en novembre, est mis en minorité et donne sa démission.

Le même jour, une terrible catastrophe s'abat sur les mines de Courrières dans le Nord. Un coup de grisou, croit-on — car les circonstances du drame n'ont pu être exactement déterminées — provoque la mort de douze cents mineurs. Par un véritable miracle, treize mineurs seront pourtant dégagés vivants le 30 mars.

La Fédération des mineurs du Pas-de-Calais décrète la grève générale qui touche quatre-vingt-cinq mille ouvriers.

13 mars

Formation du ministère Sarrien : il comprend trois progressistes (Barthou, Poincaré, Leygues). Aux Affaires étrangères Léon Bourgeois, à l'Intérieur Clemenceau qui, élu au Sénat, a fait campagne pour Fallières et obtient ainsi son premier portefeuille; enfin Briand, lui aussi, fait partie de la combinaison.

C'est un ministère de transition destiné à attendre les élections. Pourtant, à l'Intérieur, Clemenceau manifeste sa poigne. Il suspend les inventaires (alors qu'il en reste encore vingt mille à effectuer) :

— Je n'exposerai pas une vie

Réunie à l'instigation de l'Allemagne, la conférence d'Algésiras s'achève en avril 1906 pour la plus grande satisfaction de la France, qui acquiert au Maroc une prépondérance de fait. Celle-ci aboutira d'ailleurs, en 1912, à l'établissement du protectorat français sur l'Empire chérifien. Voici, parmi les délégués des treize nations qui ont participé à la Conférence, ceux du Maroc : El Mokri, El Torres, Ben Uris et Saffar. (Photo Roger-Viollet.)

humaine pour faire compter les chandeliers d'une église, déclare-t-il au Sénat.

avril

La conférence d'Algésiras s'achève. C'est un grand succès diplomatique pour la France, un échec pour l'Allemagne qui en avait obtenu la réunion. Par 10 voix contre 3 (Allemagne, Autriche, Maroc), les puissances reconnaissent un rôle spécial dévolu à la France pour le maintien de l'ordre, la police et le développement économique de l'empire chérifien.

Guillaume II manifeste sa mauvaise humeur à l'Italie qui ne l'a pas soutenu et se félicite de l'appui de l'Autriche, « son brillant second ».

1er mai

La journée est marquée par des incidents à Paris et en province. La C.G.T., qui comprend tous les syndicalistes révolutionnaires, a pris pour thème de ses revendications l'adoption de la journée de huit heures.

Clemenceau interdit les manifestations et fait arrêter le secrétaire général de la C.G.T. Grâce aux dispositions prises par le préfet de police Lépine, des heurts trop violents sont évités. Il y a néanmoins quelques bagarres. Ce 1er mai a pour conséquence de créer un conflit entre le parti radical et la gauche socialiste.

6-20 mai

Les élections législatives s'achèvent en triomphe pour le parti radical. L'opposition est réduite à 174 sièges : conservateurs et action libérale 78, progressistes 66, nationalistes 30. Les républicains de gauche (modérés) ont 90 élus. Les radicaux sont 115, les radicaux-socialistes 132, les socialistes indépendants 20 et les socialistes unifiés 59.

Le bloc compte 326 députés, y compris les socialistes unifiés. Mais si ceux-ci passent dans l'opposition, il lui faudra l'appoint des républicains de gauche de l'Alliance démocratique.

1er juin

Candidat traditionnel des radicaux, Brisson est élu président de la Chambre par 382 voix. Il le restera jusqu'à sa mort en 1911.

6 juin

Pour la première fois, un autobus est mis en circulation dans les rues de Paris.

21 juin

Les conflits sociaux se sont multipliés depuis deux mois. Pour maintenir l'ordre, Clemenceau n'a pas hésité à envoyer la troupe. Interpellé par les socialistes, il répond à Jaurès : « Ce n'est pas la forme de la société qu'il faut améliorer, c'est l'homme ! »

Jaurès réplique qu'il faut laisser la liberté au prolétariat. Cette passe d'armes annonce la rupture entre radicaux et socialistes.

12 juillet

La Cour de cassation annule le jugement du conseil de guerre de Rennes. Dreyfus est réintégré dans l'armée avec le grade de commandant. Picquart est nommé général de division. Bruyantes manifestations des Camelots du roi et de *L'Action française*.

juillet

Fait mémorable : sur la pelouse de Bagatelle, Santos-Dumont, le plus Parisien des Brésiliens, parvient à enlever son *Antoinette* et à parcourir au-dessus du sol quelques dizaines de mètres.

Le 20 juillet 1906, un décret nomme le chef d'escadron Alfred Dreyfus chevalier de la Légion d'honneur. Ainsi le traître d'hier est-il aujourd'hui totalement réhabilité. Cette photo (à droite) représente Dreyfus peu après la cérémonie. En face de lui se tient le général Gillain qui vient de lui remettre la décoration. (Cabinet des estampes. Photo Bibliothèque nationale.)

Les origines de l'aviation

L'histoire de l'aviation commence avec les oiseaux et ne saurait se comprendre sans eux. Cela remonte à l'après-midi du cinquième jour : « Ainsi fut le soir, dit la Bible, ainsi fut le matin ; ce fut le quatrième jour.

« Puis Dieu dit : Que les eaux produisent en toute abondance des animaux qui se meuvent et qui aient vie ; et que les oiseaux volent sur la terre, vers l'étendue des cieux. »

Le temps s'efface. L'oiseau neuf du cinquième jour essaie ses ailes. Le ciel est un ciel de Judée où s'allument les premières étoiles. Au terme d'une longue nuit viendra l'homme. *Un jour après l'oiseau.*

En cette journée tient tout l'orgueil d'être aviateur. Parvenu, au prix de bonds maladroits et de terreurs vaincues, à la ressemblance de l'oiseau, le pilote y a gagné une antériorité fabuleuse : ses ancêtres, les oiseaux, ont connu la terre sans l'homme alors qu'aucun homme, jamais, n'a connu la terre sans oiseau.

L'oiseau, c'est l'*évasion*. Et de tout temps, l'idée d'évasion — donc l'idée de liberté — a eu des ailes. Essayez d'imaginer un moyen de quitter une île déserte, un cachot, une cime soudainement isolée par l'avalanche, un puits profond et lisse, immanquablement vous songerez à l'oiseau. C'est ainsi que l'obsession a dû naître et gagner à travers les âges : très doucement, à coups de petites audaces, de petites exigences, de petites jalousies aussi, car l'oiseau, depuis le sixième jour, narguait l'homme.

Non seulement il effaçait à son gré les barrières, comblait les gouffres, ignorait les cataclysmes du feu et de l'eau, mais encore il volait vers l'infini, là où commence le mystère.

Besoin d'évasion, curiosité — de

Félix Tournachon, dit Nadar, passionné par le problème de l'aérostation, réalisa en 1858 les premières photographies prises en ballon. Le voici à bord de l'un d'eux. (Photo René Dazy.)

ces deux attractions, laquelle agit la première? Laquelle affirma tout de suite son magnétisme? Si l'on s'en tient à la légende, c'est le besoin d'évasion — ou plutôt son impérieuse nécessité — qui entraîna l'homme vers le ciel.

Bénis soient alors Minos et son Labyrinthe! Sans eux Dédale eût-il convaincu son fils d'oser l'aventure aérienne avec le fragile support de plumes collées à la cire sur ses épaules? Sans eux aurions-nous aujourd'hui le mythe d'Icare, cygne foudroyé dans le lac bleu du ciel hellène?

Les aviateurs le reconnaissent pour ancêtre, mais il ne leur suffit pas. L'aviation est un fruit. Elle a mûri lentement et partout à la fois. Les uns parlent de mandarins chinois emportés sur des tapis à feux de Bengale, les autres de bêtes monstrueuses aux ailes éployées et aux têtes de mammifères, toute l'imagerie de la Grèce et de l'Égypte, celle de Babylone, celle des Incas et combien d'autres encore peuplent le sommeil des hommes et la magique aisance des oiseaux.

Mais ceux en qui les aviateurs se reconnaissent le plus apparurent plus tard. Ils se nommaient Léonard de Vinci, Mouillard, Ader, Lilienthal. Leurs noms viennent sous la plume comme l'on devait, dans l'Antiquité, énumérer les dieux. Ce sont ceux des aviateurs. Ceux-là ont cherché à imiter les oiseaux, non dans le dessein de s'évader d'un labyrinthe, mais pour s'évader d'eux-mêmes ou fuir leur époque.

Pour voler, Léonard a posé ses pinceaux, Ader le téléphone qu'il avait introduit en France, Mouillard est mort de misère et Lilienthal du premier accident aérien : le sien.

Léonard était assoiffé de tout : d'art, de philosophie, de médecine, de mécanique et du métier des

Prenant pour la réalité ce qui n'est encore qu'une fiction, une gravure anglaise publiée par l'Illustration évoque la machine à vapeur volante de Samuel Henson survolant Douvres. Le brevet fut pris par l'inventeur le 28 mars 1843. Malheureusement, il ne put réunir les fonds nécessaires à la réalisation de l' « Ariel » — ainsi avait été baptisé l'appareil — et seule une maquette fut mise au point. (Musée de l'Air, Paris.)

armes. Autour de lui, une course était ouverte pour conquérir de nouveaux terrains de chasse à la curiosité humaine. Pour les trois autres, le XIXe siècle finissait. L'homme civilisé croyait tout connaître de lui-même parce qu'il avait arpenté des milliers de fois le sol de sa cellule.

Mais il était devenu un prisonnier. Partout, semblait-il, ce qui devrait être découvert l'était.

Presque plus de taches blanches sur les atlas, chemins de fer sur les voies, automobiles sur les routes, photographie, téléphone... A force de vélocité, le progrès mécanique fixait partout, paradoxalement, des limites. Le siècle, grand ouvert à la vapeur et à l'électricité, rétrécissait son domaine à coups de bielles, de dynamos ou d'ondes. Rien n'était plus loin de rien.

Alors, ceux qui rêvaient de longues chevauchées suivies de francs combats sentirent combien on les avait appauvris. Devant tant de mystères dévoilés, ils éprouvèrent l'effroi d'être nés *trop tard*. Pelletier d'Oisy, un des premiers aviateurs, composa un véritable hymne à un Moyen Age naufragé.

« Croyez-vous que ça devait être bien : vivre sur son sol, passer sa vie à pourfendre les pillards et les mécréants, s'entourer des plus belles femmes et des plus beaux chiens, protéger les moines et les livres, rendre à tous prompte et saine justice, sans grimoires ni simagrées, se dépenser en longues chasses, manger à plein gosier et rire à pleines dents, et parfois, pour varier un peu, s'offrir le luxe d'une croisade... »

A ce cri répondra quelque cinquante années plus tard — le temps précisément d'avoir *fait* l'aviation — le cri désespéré de Saint-Exupéry :

« Je hais mon époque de toutes mes forces. L'homme y meurt de soif. »

Entre ces deux cris s'inscrit toute l'histoire de l'aviation. Pelletier d'Oisy étanche sa soif dans l'aviation des pionniers. Saint-Exupéry est mort, les lèvres sèches, alors que nous allions entrer dans l'aviation du silence — l'aviation sans l'homme.

Les pionniers !

Le mot fait sourire. Question de vêtement d'abord ! On voit tout de suite des messieurs moustachus, casquette renversée sur la nuque, grosses lunettes aux yeux — des grands-pères, ou, tout au plus, des vieux beaux ou des gommeux. Et, parce qu'ils sont habillés ainsi, on pense que leurs exploits eux-mêmes sont démodés, et, de ce fait, dérisoires. L'aviation souffre de son costume. Tandis que le guerrier antique, le chevalier du Moyen Age sont parvenus jusqu'à nous par le chemin héroïque de l'*Iliade*, de la chanson de geste, de la tragédie ou du drame romantique, le pionnier semble sorti d'une comédie de Labiche.

Question d'âge ensuite ! Les héros qui ont passé vingt ans sont plus difficiles à mettre sur des socles et les pionniers avaient atteint l'âge mûr. L'immortalité est friande de chair fraîche ; elle est soucieuse

d'esthétique. Voyez comme elle a spontanément préféré Icare à Dédale !

Autre idée fausse : on a généralement tendance à croire que l'avion est une automobile qui vole et donc à s'imaginer que nos ancêtres étaient des techniciens à ailes. Mais, avant le moteur, il y eut les plumes. L'on rêva de *planer* avant de songer à *voler*.

Pour qui est instruit de cette vérité, tout change. Nos ancêtres ne sentent plus le cambouis et l'essence mais l'herbe des prés. Certains d'entre eux sont entourés d'oiseaux, vifs ou morts, qu'ils ont dressés, étudiés, décalqués, disséqués. Peut-être même ont-ils, au revers de leur jaquette, un duvet qui tremble ou une fiente, comme des volailleux endimanchés qui, avant de sortir pour la messe, sont allés donner à manger aux poules.

Dehors, ils regardent le ciel et observent la nature. Dès lors, on les cache et, s'ils se montrent, on les désigne du doigt.

Par souci de respectabilité bourgeoise, on tait leurs mains d'oiseleurs, le ridicule de leurs bonds de pintade et, du même coup, leur angoisse de réprouvés, bref, tout ce qui fait leur vertu.

Mais, en dépit des quolibets et des haussements d'épaules, l'évasion se poursuivait. Par l'aviateur.

Là-haut, solitaire, le pilote gardait pour lui seul la magie du vol. Ce pour quoi il avait osé et risqué devenait domaine réservé. En bas, on lui forgeait des chaînes.

Le temps viendra vite où l'on s'inquiétera de ces hommes-oiseaux dont les mains domptent les nuages et dont le regard défie le danger.

Et, changé en oiseau, ce siècle, comme
    Jésus, monte dans l'air
Les diables dans les abîmes lèvent la tête
    pour le regarder.

Le 18 octobre 1863, Nadar s'envolait à bord du « Géant », le ballon de 6 000 m³ qu'il venait de faire construire. Malgré un traînage au Hanovre au cours du deuxième vol, accident qu'il décrit dans ses « Mémoires du " Géant " », l'aérostat put servir encore quelques fois. (Musée de l'Air, Paris.)

Ils disent qu'il imite Simon mage en Judée
Ils crient s'il sait voler qu'on l'appelle voleur [1].

Le XIXᵉ siècle va avoir cinquante ans, le duc d'Orléans vient de mourir dans un accident de voiture, le romantisme commence à faire sourire, Leverrier s'apprête à découvrir la planète Neptune, Daguerre, qu'on a failli interner, perfectionne les travaux de Niepce sur la photographie, Pasteur, âgé de vingt ans,

arrive à Paris lorsque, le 8 août 1843, paraissent dans *l'Illustration*, « journal universel », trois gravures représentant « la machine à vapeur aérienne de M. Henson » survolant le port de Douvres.

Le moment approche. Bientôt des gens graves, décorés, le plus souvent barbus, se groupent autour d'un physicien éminent, membre de l'Institut, nommé Jacques Babinet, inventeur du *spiralifère*, amorce de l'hélicoptère, et qui apporte à leurs réunions sa grande science et son masque de Danton triste. Ils s'ap-

1. Guillaume Apollinaire *(Zone)*.

pellent Nadar, de La Landelle, Ponton d'Amécourt, Landur, Liais, de Lucy, Clément Ader.

Le plus remuant est Félix Tournachon. Il a choisi le pseudonyme de Nadar pour diriger la *Revue comique* où il donne des caricatures. Puis la photographie, nouvelle-née, l'attire. Il ouvre un atelier et devient vite le plus célèbre des photographes de son temps. Mais c'est le *plus lourd que l'air* qui l'obsède! Nadar fonde donc la « Société de navigation aérienne », crée *L'Aéronaute*, journal précurseur qui trouve en tout et pour tout quarante-deux abonnés. Félix Tournachon ne se décourage pas : il s'envole dans un ballon gigantesque, appelé précisément le *Géant* — et manque y périr avec sa femme. En dépit des échecs, sa foi reste entière. Il se tourne vers Victor Hugo. De son rocher, le poète lui adresse une lettre vibrante, interminable, hérissée d'allusions politiques, où abondent les mots « liberté » et « tyran ». Mais ce n'est pas Napoléon III (qu'elle évoque) qui va la lire, c'est Nadar. Il en fera la lecture à ses compagnons :

Il s'agit de s'envoler.
Comment?
Avec des ailes.

Tout y est : « le moindre hochequeue » qui « raille Newton pensif », l'apostrophe transparente : « Exilez donc l'alouette », l'annexion d'Arago, « ce grand et illustre savant libre », la prédiction politique : le jour où l'homme volera « ce jour-là, Géo s'appellera Démos ». Cette missive datée de janvier 1864 a valeur de manifeste. Elle range le petit groupe de chercheurs de la « Société de navigation aérienne » parmi les apôtres de la liberté. N'affirment-ils pas que l'imitation des oiseaux affranchissant l'homme de la pesanteur le délivrera du même coup « des armées,

des chocs, des guerres, des exploitations, des asservissements, des haines ».

Mais on en est encore au « plus léger que l'air ». Nadar proclame dans *La Presse* du 31 juillet :

« Ce qui a tué, depuis quatre-vingts ans tout à l'heure qu'on la cherche, la direction des ballons, c'est les ballons... Vouloir lutter contre l'air en étant plus léger que l'air, c'est folie! »

Les paroles essentielles ont été prononcées. La primauté du « plus lourd que l'air » a été proclamée.

L'histoire de l'aviation pourrait s'ouvrir sur ces mots :

« En ce temps-là, l'Aviation s'appelait encore l'Aérostation et nos ancêtres commençaient, en secret, à vénérer la sainte Hélice... [1] »

Il faut un vrai courage, en cette fin du XIXe siècle, pour se reconnaître « aérophile ». Encore convient-il de savoir limiter ses prétentions. M. Jules Marey (de l'Institut comme Babinet) peut « chronophotographier » des oiseaux. C'est là entreprise sensée. A la rigueur, M. Alphonse Pénaud a licence d'imaginer un jouet volant, animé par un moteur en caoutchouc [2], et M. Victor Tatin ne commet rien de répréhensible en perfectionnant ce modèle réduit et en lui faisant parcourir cent quarante mètres au-dessus du sol. Charles Richet, un authentique savant, l'y encourage

---

1. L'expression figure dans le *Manifeste de la sainte Hélice*, proclamation de Nadar après la constitution du comité pour la construction du *Géant* (comité comprenant de La Landelle, Ponton d'Amécourt, Jules Verne, Victor Hugo, George Sand, Alexandre Dumas, Émile de Girardin).

2. Il a même licence, désespéré de ne pouvoir réunir les fonds nécessaires à la réalisation de ses projets, de se tuer à trente ans. Avant de se donner la mort, il rassemblera ses plans dans un petit cercueil, qu'il ira déposer à la demeure de son commanditaire incrédule.

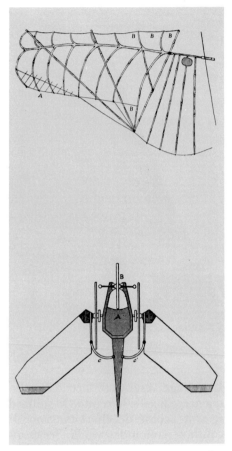

Croquis d'une aile et d'un aéroplane conçus par Mouillard. Le matériau employé doit être léger et résistant : fort bambou jeune ou hampe d'agave. (Département des imprimés. B.N. Photo J.-L. Charmet.)

et le comte de La Vaulx, un homme du meilleur monde, ne tardera pas à le subventionner. Tout cela, à bien y regarder, ne saurait offenser la morale bourgeoise ni faire courir le moindre risque à la bonne société.

Autre chose est de vouloir *soi-même* s'envoler. Comment un être civilisé peut-il s'affubler ainsi de plumes, et s'offrir, mi-chauve-souris mi-pintade, à la risée de ses contemporains ? « L'oiseau qui pense ! » a dit ce fou de Victor Hugo. Qui diable a vu un oiseau penser ? Cela ne se trouve ni dans Buffon, ni dans Toussenel, ni même dans Michelet,

dont l'ouvrage *L'Oiseau* vient de paraître en librairie. S'il pouvait entendre de telles élucubrations, le positiviste Auguste Comte se retournerait dans sa tombe.

Louis Mouillard est né à Lyon le 20 septembre 1834. Son père y exerçait la profession de voyageur de commerce et il eut pour ami d'enfance Alphonse Daudet. Il termina ses études sur un prix de musique vocale et un prix d'honneur de gymnastique. Le chant et l'agilité, que peut-on rêver de mieux, pour un futur oiseau ? « J'avais quinze ans, écrit Mouillard, quand le hasard voulut qu'un oiseau produisît devant moi une évolution qui fut pour moi une révolution. Depuis lors, je n'ai plus douté, et je n'ai poussé plus loin cette étude que pour pouvoir persuader ceux qui n'ont pas vu. »

Son étude, Mouillard va la mener comme un halluciné. Achetant des oiseaux, les pesant vifs, puis morts ; mesurant leurs ailes déployées, se livrant à des calculs de surface et de portance, épinglant, disséquant, observant, le fils du représentant lyonnais finira par arracher aux rois de l'azur le secret du vol.

« S'il est une pensée tyrannique, avoue-t-il, c'est assurément celle de ce mode de locomotion. Une fois entrée dans une intelligence, elle s'en empare en maîtresse ; c'est alors une obsession continuelle, une espèce de cauchemar auquel il est presque impossible de se soustraire. »

N'étant pas mathématicien, il doit procéder empiriquement, mais à force de soins et de veilles il parvient à énoncer : « Un homme de quatre-vingts kilos pourra avec des ailes de sept mètres soixante d'envergure, et avec l'aide du vent, s'élever dans les airs. »

Mouillard ne se contente pas d'affirmer : il essaie. « Des ailes ? »,

a dit Victor Hugo. Il les fabrique. Où? En Égypte où il s'est terré pour fuir la malignité publique. « On était si vite et si cavalièrement traité de rêveur, même de fou, avoue-t-il, qu'il y avait urgence, sous peine de discrédit complet, de cacher à tous ce vice de l'intelligence. » Hissé au sommet d'un mât, sur une barque, au milieu du Nil, il attend la saute de vent favorable, et s'élance, bras en croix, jambes agitant des poulies. Il tombe, se luxe une épaule « par la pression des deux ailes qui avaient été ramenées l'une contre l'autre, comme celle d'un papillon au repos. » A peine guéri, il recommence. L'idée le hante. On le montre du doigt, on le chansonne dans le quartier de Mousky où il gîte, 15, rue de l'Église-Catholique.

Pour faire connaître le résultat de ses travaux, il publie en 1881 *L'Empire de l'air* et y place en frontispice sa devise : « Oser. »

L'ouvrage est mal accueilli. La science officielle le réfute; Mouillard se voit accusé de charlatanisme. Il continue, amoindri, vieilli. Ses essais répétés échouent tous. Dix ans plus tard, vaincu, mais entêté, il donne *Le Vol sans battement*. Dès l'avant-propos, il s'humilie : « Il faut excuser le voyant. » Et il poursuit : « Un problème pareil use la vie d'un homme, et la mienne est finie. Je me retire de la lutte, attristé de n'avoir pas été cru. »

Il mourra pauvre, exilé, brisé. Quand, en 1910, le consulat de France au Caire mettra aux enchères publiques ses affaires personnelles, on en tirera « trente-deux francs pour des papiers, dessins, tableaux et un appareil dit aéroplane. »

Otto Lilienthal — la traduction littérale serait Otto Valdelys — est né en 1848 à Anklam en Poméranie. En ce pays de côtes plates, de ciel gris, de mer glaciale, ils sont deux frères, deux garnements

Les proportions de l'appareil de Mouillard sont celles d'un grand vautour. La surface des ailes est de 24 m², celle de la queue de 11 m². (Département des imprimés. Bibliothèque nationale. Photo B.N.)

d'une douzaine d'années, à se retrouver la nuit, au sommet des dunes. Non loin, la Baltique mugit; l'air est traversé par les cris des mouettes. C'est l'heure où, à l'abri des regards, l'on peut essayer d'imiter les oiseaux.

Ce rêve d'enfance, Otto Lilienthal, devenu ingénieur, y demeure fidèle. Lui aussi, comme Mouillard, se construit une voilure — de sept mètres d'envergure précisément — une voilure de coton nervurée de bambou et de rotin, dans laquelle il prend place comme le thorax et l'abdomen d'une libellule géante [1]. L'appareil de Mouillard pèse une quinzaine de kilos, celui de Lilienthal une vingtaine. Des bords de la Baltique aux rives du Nil, s'ignorant, l'Allemand et le Français vont riva-

liser d'audace et de science [1]. L'Allemand ira le plus loin.

Méphisto juché au sommet d'une colline, on voit sa silhouette inquiétante dévaler la pente, s'enlever, genoux pliés, planer pendant cent, deux cents, trois cents mètres, et se reposer. Lilienthal joue du vent comme un artiste, et s'en réjouit : « Cette sorte de vol libre et de déplacement sûr à travers l'air donne plus de plaisir qu'aucune espèce de sport. » En manches de chemise, coudes en avant, bras ligotés à la voilure, chapeau sur la tête, l'ingénieur poméranien multiplie les essais. « Celui qui veut arriver à maîtriser l'air doit apprendre à imiter la dextérité des oiseaux. » Entre 1891 et 1895 il réalise plus de deux mille glissades avec des postures diverses, mais en marquant une amélioration constante. En 1896, Lilienthal se rend à Rhinower pour y poursuivre ses essais.

« Nous devons voler et tomber, écrit-il, voler et tomber... jusqu'à ce que nous puissions voler sans tomber. »

Le 9 août, il vole et tombe. Il tombe et meurt, la colonne vertébrale brisée.

Clément Ader est né à Muret en 1841. Aujourd'hui Muret possède un « musée Ader », au premier étage du bâtiment municipal, au-dessus du poste de police, juste dans le feuillage des arbres. Le visiteur, je me suis fait ouvrir le tiroir du bureau sur lequel Ader travaillait. Coincé depuis longtemps, il résistait aux efforts du gardien. Enfin, il s'entrebâilla. Il sentait le bois moisi et la poussière enclose. A l'intérieur, rien — sinon, desséchés, culottés

1. On a constaté depuis une curieuse ressemblance entre cet appareillage et la graine *Zanonia Macrocarpa*, graine de courge grimpante de Malaisie, qui s'abrite au creux d'une voilure nervurée et peut parcourir mille kilomètres au hasard des vents.

1. Quand Mouillard fait éditer, en 1891, *Le Vol sans battement*, Lilienthal publie *Le Vol des oiseaux considéré comme base de l'aviation.*

Clément Ader (autoportrait). Le premier,
à bord de son appareil l' « Éole », le
9 octobre 1890, il quittera le sol et « volera »
sur une cinquantaine de mètres. (Musée de
l'Air, Paris.)

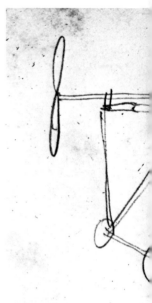

C'est à bord de
l' « Éole », gigan-
tesque chauve-souris
de quatorze mètres
d'envergure et six
mètres de longueur,
que Clément Ader
parvient, le premier,
à s'élever au-dessus
du sol. (Musée de
l'Air, Paris.)

comme des tuyaux de pipe en écume,
des os creux de chauve-souris.
Chauve-souris! Si Mouillard et
Lilienthal ont pris pour modèles
les oiseaux, Ader a opté, après Léonard de Vinci, pour le mammifère
ailé, une meilleure transition, lui
semblait-il. Comme l'Allemand à
douze ans, comme le Lyonnais à
quinze, le jeune Clément tente, dès
sa quatorzième année, l'expérience
du vol. Lui aussi se cache pour
éviter les sarcasmes, lui aussi attend
la tombée de la nuit, lui aussi
éprouve en même temps la solitude,
le noir et l'ivresse de commettre,
honnêtement, un acte condamna-
ble. La plaine garonnaise bruit de
tous ses roseaux. Clément va au
confluent du fleuve et de la Louge,
sur le coteau désert de Fabas, et,
revêtu d'un « costume d'oiseau »
aux ailes de lustrine noire, s'offre au
vent d'autan.

Plus tard, devenu ingénieur —
comme Lilienthal — Ader se rend
à Paris, y perfectionne le téléphone
de Graham Bell et installe le premier réseau téléphonique. Il fréquente le cercle de Babinet et de
ses amis, se rend célèbre dès l'exposition d'électricité de 1881, grâce
à son « théâtrophone ». Le voici
réclamé dans tous les salons, félicité,
décoré. Ses inventions, qu'il appelle
ses « nourrices », lui permettent
d'acquérir un hôtel à Passy, 68, rue
de l'Assomption. Comblé, il pourrait
y vivre l'existence d'un provincial
qui a conquis la capitale.

Mais l'idée du vol ne lui en laisse
pas le temps. Ader installe chez
lui une immense volière, la peuple
de bengalis, de roussettes des Indes,

« Le plus lourd que
l'air » qu'il vient de
construire est le fruit
d'une longue recher-
che, jalonnée de cal-
culs et de croquis.
Car il fallait aussi
concevoir un moteur
à vapeur assez léger
et assez puissant
pour soulever l'ap-
pareil. (Musée de
l'Air, Paris.)

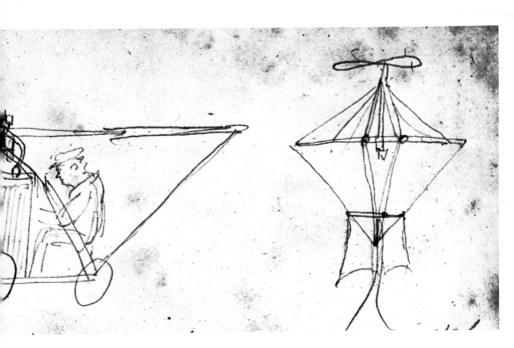

d'oiseaux de toutes plumes et, dans un compartiment à part, de vautours. La fièvre qui dévore Mouillard s'empare de lui à son tour. Il crayonne, calcule, note. On le voit debout, dans son habit sombre, au milieu de la cage. D'une main, il tient au bout d'un fil une chauvesouris sanglée dans un corselet de toile. Ainsi, prisonnière, son vol lui appartient. Pendant des heures il s'use les yeux — de grands yeux noirs lucides — à suivre les évolutions de l'animal. Mais cela ne lui suffit pas; il a d'autres questions à poser à son modèle; il veut savoir comment la voilure s'articule au corps. Pour cela, de petits squelettes — ils paraissent dérisoires, lorsqu'on les a dépouillés de leur membrane — accumulent leurs os creux dans l'atelier construit en hâte, au fond du jardin. Quand il rêve, Ader voit des chauves-souris; quand il dessine, ce sont des chauves-souris. Le *cauchemar* a pris forme.

L'inventeur n'y tient plus; il brûle de passer à la réalisation d'une première maquette. Avant de l'entreprendre, il va en Alsace étudier

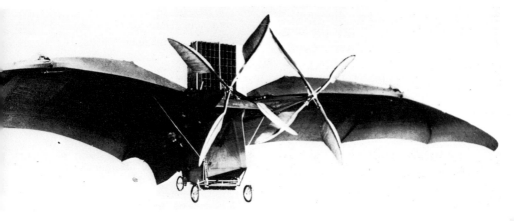

le vol des cigognes, puis en Algérie où il observe le plané des rapaces des hauts plateaux.

En septembre 1885, l'atelier de la rue de l'Assomption est encombré. Ader loue d'autres locaux plus vastes, rue Pajou. Là, il se remet au travail. Son aéroplane aura la forme d'une chauve-souris de quatorze mètres d'envergure et de six mètres cinquante de longueur. Et il sera mû par un moteur à vapeur.

Maintenant, Ader est pressé. On lui livre le bois, la toile, le moteur. En hâte, il assemble la bête monstrueuse. Entoilée jusqu'aux pattes, elle est chaussée de trois patins, nantie de deux ailes bombées, et propulsée par une hélice dont chacune des pales ressemble à une feuille d'arbre dans le vent. Le 19 avril 1890, Ader prend son chapeau et se dirige vers le Bureau des inventions. Pour s'y rendre, il passe devant la tour Eiffel, qui va avoir un an dans quelques jours, et qui, elle aussi, nargue le ciel. Ce qu'Ader serre sous son bras, c'est un brevet qu'il s'apprête à déposer : le brevet de l'avion.

L'ingénieur de Muret, non content d'avoir créé le premier appareil volant, l'a baptisé d'un néologisme : avion [1] du latin avis : oiseau.

L'été s'écoule; vient l'automne. Ader chancelle. Ainsi qu'il l'écrira dans quelques jours à son ami

1. *Quand il eut assemblé les membres de l'ascèse,*
   Comme ils étaient sans nom dans la langue française,
   Ader devint poète et nomma l'avion.

   (Guillaume Apollinaire.)

Depuis que l'on parlait de machines aériennes, les avis étaient partagés quant au nom qu'il conviendrait de leur donner. Alfred Mézières, Henri Houssaye, Paul Deschanel et Jules Lemaître tenaient pour aéroplane; Paul Hervieu pour aéro; Jules Claretie pour aéronef; René Bazin pour autoplaneuse; Gabriel Hanotaux pour aéromobile; Melchior de Vogüé pour icarien; Jean Richepin pour alérion. Ader fit un AVION et mit tout le monde d'accord.

Nadar, la mise au point de son avion lui a coûté « beaucoup de travail, de fatigue et d'argent ». Il est temps de procéder aux essais. L'appareil, baptisé *Éole*, sort des ateliers de la rue Pajou, gagne par la route le parc du château d'Armain-villiers, près de Gretz, en Seine-et-Marne. Il pleut sur les feuillages déjà roussis par l'arrière-saison, puis, au hasard d'une éclaircie, le soleil luit sur la route. L'air sent la terre humide. Ader, installé dans la demeure de Mme Isaac Pereire, pré-pare son envol. On l'imagine, la moustache longue et fournie, allant et venant, interrogeant le ciel. Un loup flairant une piste.

Le vent ? Comment est le vent ? Au moins aucune indiscrétion n'a été commise ? Où sont donc les jardiniers ?

Le 9 octobre 1890, à seize heures, l'inventeur donne le signal. Le soleil décline, incendiant la forêt proche. Ader recommande aux rares personnes présentes : « Suivez-moi

Les autorités militaires assistant à la démonstration de l'Avion III d'Ader, à Satory, en 1897. L'essai est un demi-échec. Contrarié par un vent violent, l'appareil n'a pu se maintenir sur la piste circulaire et le ministère de la Guerre ne donne pas suite à sa commande. (Musée de l'Air, Paris.)

Ce certificat d'addition au brevet d'inven-tion déposé par Ader le 19 avril 1890 porte cette mention : « Objet de l'invention : Appareil ailé pour la navigation aérienne dit « Avion ». (Photos musée de l'Air, Paris.)

bien du regard. Si je parviens à partir, notez l'endroit où les roues de l'avion auront quitté le sol. »

Et, à quatre heures cinq minutes, l' « avion n° 1, portant le nom d'*Éole*, a perdu terre, et s'est sou-tenu dans l'air sur ses ailes en rasant le sol sur une distance d'environ cinquante mètres avec la seule ressource de sa force motrice ».

Ce compte rendu, *c'est l'authen-tique acte de naissance de l'aviation.*

Il faudra attendre treize ans pour qu'en soit dressé l'acte officiel. Ce jour-là, 17 décembre 1903, par un vent froid d'hiver, à Kitty Hawk (Caroline du Nord) cinq personnes se sont dérangées pour assister au premier vol des frères Wright. Plus exactement, selon le mot de Wilbur Wright, elles se sont dérangées « pour ne pas voir voler un homme ». Et Orville Wright, à leur grande stupéfaction, tient l'air pendant quarante mètres à trois mètres d'altitude. Une photographie est là pour en témoigner.

De son côté, Clément Ader est en butte à l'incompréhension des pouvoirs publics et anéanti par la malheureuse expérience de Satory : devant les officiels assemblés, ingénieur de génie mais médiocre pilote, il a échoué dans la démonstration imposée; le vieil homme n'est plus qu'un mort vivant. En cette année 1903, au mois de mai, il franchit le seuil de l'avionnerie qu'il a installée 11, rue Jasmin. Avant de quitter définitivement ses ateliers, il passe trois jours à détruire tous ses plans, à faire briser et incinérer, pièce par pièce, toutes ses maquettes. Il repart vaincu, vieilli, sans ailes [1]. Dehors, c'est le printemps.

Plus tard, bien plus tard, on le nommera commandeur de l'ordre de la Légion d'honneur. Il dira : « Ils m'ont étranglé avec la cravate. »

Ne nous y trompons pas. Ils ne sont pas seulement héroïques, un peu ridicules et attendrissants, ces pionniers moustachus, casquette retournée, visière sur la nuque, grosses lunettes de scaphandrier au front, ils sont *actuels*. Depuis eux rien ne s'est passé. Nous n'avons rien in-

Passionné de navigation aérienne, Santos-Dumont s'intéressa tout d'abord aux aéronefs dont il fit construire plusieurs types. Mais très vite il se consacra à l'aviation. Le 23 octobre 1906, il survole la plaine de Bagatelle sur une longueur de 60 m. Le 12 novembre suivant, il réalise une envolée de 221 m. On voit (ci-contre) le navigateur au cours d'un vol. Ci-dessous, il transporte son avion « La Demoiselle » sur sa voiture automobile. (Musée de l'Air, Paris.)

venté, sinon des perfectionnements. Entre Santos-Dumont, proclamé en 1906 l'homme le plus vite du monde en l'air avec 41,292 km à l'heure, et le plus haut avec 220 mètres d'altitude et les recordmen américains volant aujourd'hui à des vitesses multiples de la vitesse du son à la limite de la stratosphère, on s'est contenté d'ajouter des zéros à des chiffres. Du travail de comptable. Au nom de cette arithmétique, des milliers d'hommes se sont plantés en pleine terre, dans les labours ou les gazons, les mers ou les étangs.

Le dernier mort effaçait l'avant-dernier, un record en chassait un autre.

Le temps des pionniers était révolu.

---

1. Grâce à Dieu, le courage lui manque pour saboter « l'avion n° 3 ». On peut encore le voir au Conservatoire des arts et métiers.

10 août

Dans une lettre adressée aux évêques français, Pie X interdit absolument la formation des associations cultuelles dont certains prélats se seraient accommodés.

4-7 septembre

L'assemblée générale des évêques français s'incline devant la décision du pape. Les « cultuelles » ne fonctionneront pas. Mais alors, que vont devenir les églises, les biens immobiliers et mobiliers appartenant à l'Église de France?

septembre

A Amiens, la C.G.T. détermine la charte de la révolution sociale. Le syndicalisme doit être le mouvement offensif de la classe ouvrière, prendre la direction des grèves, ordonner au besoin le *sabotage* du travail et l'action directe. Les « renards » qui refusent de faire grève doivent être poursuivis impitoyablement. La C.G.T. doit mener une action antimilitariste dans l'armée.

C'est une véritable déclaration de guerre à la société.

octobre

Ne se jugeant plus représentatif de la majorité, le ministère Sarrien démissionne. Clemenceau, le premier qui ait fait alors ses consultations en automobile, forme son grand ministère. Il garde le portefeuille de l'Intérieur, met Briand à l'Instruction publique et aux Cultes, le général Picquart à la Guerre, Barthou aux Travaux publics, Caillaux aux Finances (ce dernier est un partisan convaincu de l'impôt sur le revenu). Il crée un

Depuis 1904, les grèves n'ont cessé de troubler l'or des ouvriers non grévistes — surnommés « les giques critiquées par l'extrême-gauche. D'où ce des et intitulé : « Sous le règne de Clemenceau : Les du capital et du travail ». (Photothèque des Presses

ministère du Travail chargé des questions ouvrières et le confie à Viviani, socialiste dissident, excellent orateur, très anticlérical.

Le programme de Clemenceau ne comporte pas moins de dix-sept projets de réformes (retraites ouvrières, journée de huit heures, statut des fonctionnaires, rachat des chemins de fer de l'Ouest, impôt sur le revenu, etc.).

Si certains de ces projets, comme le rachat des chemins de fer de l'Ouest, seront votés, d'autres ne seront jamais discutés.

dre social. Afin de maintenir la liberté de travail
jaunes » —, Clemenceau prend des mesures éner-
sin extrait des « Temps nouveaux » du 20 avril 1907
« argousins » protègent les « jaunes », ou l'alliance
de la Cité. Photo Josse Lalance.)

octobre-novembre

La grande question est d'abord celle de l'application de la loi de séparation. Faute d'une entente avec l'épiscopat, Briand organise le culte par voie réglementaire. Les curés resteront occupants des églises « sans titre juridique ». Le culte est assimilé à une réunion publique mais on dispense les prêtres de la déclaration préalable prévue par la loi de 1881. Les églises appartiennent aux communes (à l'exception des cathédrales qui reviennent à l'État).

Les municipalités doivent — si elles le veulent — en assurer l'entretien.

Palais épiscopaux, séminaires sont dévolus à l'État, les presbytères aux communes (qui les loueront souvent aux desservants pour un loyer symbolique). Le sort de toutes les fondations pieuses, des legs, ainsi que tous les biens des fabriques, devait être réglé ultérieurement.

8 novembre

Viviani se félicite de l'œuvre anticléricale accomplie en commun. Devant la Chambre, il s'écrie : « Nous avons éteint dans le ciel des lumières qui ne se rallumeront plus! » En revanche, Briand se déclare prêt à toutes les conciliations, sans renouer pour autant avec le Vatican. Il est approuvé par 391 voix contre 148.

12 novembre

Santos-Dumont parvient à parcourir 221 mètres en aéroplane et obtient le Grand Prix de l'Aéro-Club. L'aviation va progresser à grands pas.

22-30 novembre

A la sauvette, ce qui provoquera un grand scandale dans tout le pays, députés et sénateurs portent leur indemnité parlementaire de 9 000 à 15 000 francs par an. Les « Q.M. », comme on les appelle, sont raillés et injuriés.

Interpellé à la Chambre sur ce vote par surprise, le gouvernement obtient une approbation de la dépense par 290 voix contre 218.

17 décembre

En dépit de son grand âge (quatre-

Après la loi de séparation, les immeubles appartenant au clergé sont dévolus à l'État. L'archevêque de Paris, Mgr Richard, malgré son grand âge, est expulsé du palais archiépiscopal de la rue de Grenelle. Il apparaît, ci-contre soutenu par deux vicaires généraux. De telles mesures, fort mal accueillies par les catholiques, provoquent des manifestations. Voici l'une d'elles (ci-dessous) se déroulant devant le Sénat. (Photos Roger-Viollet.)

vingt-sept ans), Mgr Richard, cardinal-archevêque de Paris, est expulsé de l'archevêché. Un grand concours de fidèles l'accompagne chez Denys Cochin qui lui offre une hospitalité provisoire.

décembre

Clemenceau fait expulser le chargé d'affaires du Vatican qui jusque-là était demeuré à Paris.

1907, 19 janvier

Maurice Barrès, qui cherche à replacer devant l'opinion le problème de l'Alsace et de la Lorraine en publiant sa trilogie des *Bastions de l'Est*, est reçu à l'Académie française.

20 janvier

A Paris, violente manifestation en faveur du repos hebdomadaire. Le dispositif mis en place par Lépine empêche les manifestants de se regrouper.

28 janvier

Devant la Chambre, un député signale la détresse des vignerons du Midi et demande au gouvernement de prendre des mesures en leur faveur s'il veut éviter des troubles.

février

Le ministre des Finances, Caillaux, dépose sur le bureau de la Chambre le projet de loi relatif à l'impôt progressif sur le revenu. Mais la discussion est ajournée.

mars

L'année se caractérise par une succession de grèves qui perturbent l'existence quotidienne : celle des électriciens prive les Parisiens de lumière électrique pendant plusieurs jours (mais il ne faut pas oublier que beaucoup d'immeubles ne sont encore éclairés qu'au gaz).

A la Chambre, Aristide Briand fait voter une loi qui supprime la déclaration préalable à toute réunion publique prévue par la loi de 1881. Ainsi le clergé peut librement exercer le culte dans les églises sans être soumis à cette formalité gênante, source éventuelle de conflits. La lutte entre l'Église et l'État aboutit à élargir le droit de réunion.

Incident grave au Maroc : un médecin français est massacré à Marrakech. Les forces armées françaises massées à la frontière algérienne se préparent à intervenir...

avril

... Et occupent la ville marocaine d'Oudjda.

Suite de l'agitation sociale : c'est au tour des fonctionnaires de manifester. Ils n'ont ni le droit de se grouper en syndicats ni de se mettre en grève. Ils sont mécontents des mauvaises conditions d'avancement, de l'encombrement de certaines administrations par des protégés des ministres. Dans une lettre ouverte au gouvernement, ils réclament le droit de se syndiquer. La Fédération des instituteurs affirme qu'elle adhère à la C.G.T. Plusieurs fonctionnaires sont révoqués. Clemenceau, qui se proclame le «premier flic de France », déclare à la Chambre :

« Nous refusons de réintégrer les fonctionnaires qui se sont mis en révolte contre le gouvernement de la République. On n'est pas obligé d'être fonctionnaire. Quand on l'est, on a certaines obligations à remplir. Il y a encore en France un

*Pour protester contre l'iner-
tie du Gouvernement devant
la pénible condition des
populations viticoles — trop
de cultures de vignes au
détriment des autres —,
quelques maires du Lan-
guedoc donnent leur démission. Clemenceau ordonne
l'arrestation de l'un d'eux :
le Dr Ferroul. Les vigne-
rons s'insurgent et incendient la sous-préfecture de
Narbonne. La troupe fait
usage de ses armes. Là où
sont tombées les victimes,
les Narbonnais élèvent un
« tumulus » commémoratif.
En vain a-t-on fait appel
au 17ᵉ régiment d'infan-
terie de Béziers, stationné
à Agde. Trois cents hommes
mutinés, fraternisent avec
la foule. (Cabinet des
estampes. Photo B.N.)
Après Narbonne, Béziers
à son tour s'agite, entraîné
par son porte-parole, Marcellin Albert, dit le « chef
des gueux ». (Photo Roger-
Viollet.)*

certain nombre de citoyens qui ne le
sont pas. Je prétends qu'ils ne doivent
pas être à la merci des autres. »

L'attitude du gouvernement est
approuvée par 343 voix contre 210.
Les socialistes, par la voix de Jaurès,
manifestent leur opposition.

Clemenceau connaît lui-même
quelques difficultés au sein de son
ministère. Briand avait imaginé un
système de contrat entre les préfets
et les évêques pour la jouissance
des églises, toujours dans le but
d'éviter des conflits. Clemenceau
rejette le projet qui est finalement
abandonné.

A Paris, grève générale de l'alimentation. Elle ne dure pas.

1ᵉʳ mai

La journée est moins agitée que
l'année précédente. Clemenceau a
pris soin de faire arrêter les principaux chefs syndicalistes. Ils sont
remis ensuite en liberté. Le préfet
Lépine veille personnellement au
maintien de l'ordre.

mai

A La Haye s'ouvre la seconde
conférence internationale de la paix.
L'Allemagne ayant refusé que la
question de la limitation des armements soit inscrite à l'ordre du jour,
la conférence se borne à codifier
les usages de la guerre et à créer
un bureau permanent d'arbitres
internationaux. Le jurisconsulte
français Renault et Léon Bourgeois
ont joué un rôle important au cours
de la conférence. Devant les menaces
allemandes, le gouvernement anglais

autorise son ministère de la Guerre à engager des conversations avec l'état-major français en prévision d'une attaque contre la France.

mai-juin

Troubles alarmants dans le Midi languedocien.

Les vignerons sont mécontents : trop de surfaces cultivées depuis dix ans, trop d'accroissement des récoltes par la pratique du sucrage, le sucre ayant été détaxé. Les ventres sont vides et les celliers sont pleins.

Le prix du vin est tombé à dix francs l'hectolitre. Les vignerons réclament sans succès une loi interdisant la fraude du sucrage et limitant le développement des surfaces plantées.

LA PRESSE AVANT 1914

Il y a d'abord les cinq grands. *Propriété du sénateur Dupuy,* Le Petit Parisien *tire à 1 200 000 exemplaires.* Le Petit Journal, *le plus ancien et longtemps le plus lu, ne dépasse plus 600 000 exemplaires.* Le Journal, *qui appartient à Henri Letellier, a des prétentions littéraires et publie de grands reportages internationaux.* Le Matin, *de Bunau-Varilla, a une diffusion moins considérable. Organe de la bourgeoisie libérale,* L'Écho de Paris, *des frères Simond, s'enorgueillit de réunir les noms de Barrès, de Bourget, d'Albert de Mun. Il est de tendance nationaliste et catholique.*

A eux cinq, ils ont au total cinq millions de lecteurs. Les quatre premiers affectent l'impartialité politique : c'est la presse d'information.

La presse d'opinion connaît des tirages moins flatteurs : L'Humanité, *socialiste,* L'Action, *radicale-socialiste,* L'Aurore, *le* Gil Blas *représentent les tendances de gauche. La* Croix, *qu'on lit dans les presbytères,* L'Éclair, *de Judet,* La Libre Parole, *de Drumont,* La Presse *(nationaliste) et, naturellement,* L'Action française *sont les organes de la droite. La plupart de ces quotidiens tirent à moins de cent mille exemplaires.* L'Œuvre, *de Gustave Téry, est encore hebdomadaire.*

D'abord boulevardier et littéraire, Le Figaro, *sous la direction de Calmette, prend un caractère politique mais conserve par ses chroniques un ton très parisien.*

Le soir, on achète Le Temps, *un des piliers de la république, organe d'information et de politique auquel Adrien Hébrard a su, par les collaborateurs qu'il a réunis, donner une influence considérable bien qu'il ne tire qu'à 60 000 exemplaires.*

Le Journal des débats, *libéral de droite, conserve une clientèle de qualité.*

Voilà un éventail de la presse parisienne. En province, La Dépêche de Toulouse, La Petite Gironde *de Bordeaux,* Le Progrès *de Lyon,* l'Ouest-éclair *de Rennes,* L'Écho du Nord *de Lille couvrent plusieurs départements. Certains, comme* La Dépêche *des frères Sarraut, ont une grande influence politique dans les régions où ils sont diffusés.*

9 juin

Énorme manifestation à Montpellier. Violentes bagarres. Il y a des blessés. Le chef des agitateurs s'appelle Marcellin Albert.

13 juin

Pour marquer leur solidarité avec les vignerons, de nombreux maires donnent leur démission et ferment les mairies.

Clemenceau révoque le maire de Narbonne et engage des poursuites contre les chefs du mouvement.

17 juin

La séparation des Églises et de l'État a mis l'épiscopat français dans la dépendance étroite du Saint-Siège et l'indépendance totale à l'égard de l'État. Les nouveaux évêques nommés par le pape montrent une fidèle obéissance à Pie X.

Celui-ci condamne avec netteté le modernisme, tendance au libéralisme. Le modernisme est jugé par le pape comme une « peste pernicieuse ».

18 au 21 juin

Dans le Midi, la foule se rue sur la sous-préfecture de Narbonne qu'elle tente d'incendier; il faut faire appel à la troupe pour réprimer la sédition. Mais, parti d'Agde, le 17e régiment d'infanterie, composé principalement de jeunes gens de la région, refuse de marcher contre les rebelles. Les mutins finissent par rentrer dans le devoir. Le régiment est expédié à Gafsa, dans le Sud-Tunisien.

A Perpignan, plusieurs foyers d'incendie sont allumés à la préfecture.

Manifestation d'une ampleur exceptionnelle — 120 000 vignerons — à Béziers : « Sus aux fraudeurs! Au secours! »

23 juin

Toute l'habileté de Clemenceau consiste à faire venir à Paris Marcellin Albert, à lui faire des promesses... et à lui prêter cent francs pour son voyage de retour!

Le chef des vignerons est déconsidéré auprès de ses troupes. Le 29 juin, Clemenceau fera voter une loi contre le mouillage et le sucrage. Une mauvaise récolte permettra de résorber les excédents. Les esprits s'apaisent.

30 juillet

Au Maroc, plusieurs ouvriers français sont massacrés à Casablanca.

Sous le commandement des généraux Drude et d'Amade, des troupes françaises débarquent à Casablanca.

31 août

Un accord est signé entre l'Angleterre et la Russie, ce qui met un terme à leur différend.

septembre

Réuni à Marseille, le congrès de la C.G.T. met particulièrement l'accent sur la propagande antimilitariste dans l'armée. La C.G.T. est appuyée par Gustave Hervé, directeur du journal *La Guerre sociale*.

16 septembre

Par l'encyclique *Pascendi dominici gregis*, Pie X renouvelle solennellement la condamnation du modernisme.

octobre

Au Maroc, le sultan Abd el-Aziz rend visite au résident général de France à Rabat et semble se placer sous sa protection. Son frère Abd el-Hafid, calife de Marrakech, se pose en champion de l'indépendance de l'empire chérifien.

10-13 octobre

A la suite du congrès radical de Nancy, Jaurès et ses amis rompent définitivement avec le gouvernement de Clemenceau. Celui-ci n'en dispose pas moins d'une majorité suffisante à la Chambre.

décembre

Grève prolongée dans l'industrie du bâtiment.

1908, janvier

La moitié de la législature s'est écoulée et, du vaste programme en dix-sept points établi par Clemenceau, aucun n'a été vraiment exécuté. A la rentrée des Chambres, le chef du gouvernement propose le vote de trois projets de loi : sur les retraites ouvrières (il sera ajourné faute d'étude suffisante sur le coût de l'opération), le rachat des chemins de fer de la Compagnie de l'Ouest et l'institution de l'impôt progressif sur le revenu.

L'agitation continue parmi les fonctionnaires, principalement chez les postiers et les instituteurs.

La Confédération générale du Travail (C.G.T.), animée par son secrétaire général Greffuelhes et l'éminence grise de celui-ci, Pouget, pousse de plus en plus les ouvriers à faire pression sur les patrons. Elle garde son autonomie à l'égard des partis politiques, même du parti socialiste.

mars

L'*Action française*, organe du nationalisme intégral, que dirigent Charles Maurras et Léon Daudet, devient un journal quotidien. Ce n'était jusque-là qu'un bimensuel.

Monarchiste, antiparlementaire, *L'Action française* défend avec énergie les thèses de la monarchie traditionnelle. En matière religieuse, elle combat opiniâtrement la démocratie chrétienne de Marc Sangnier et *Le Sillon* soutient les positions du cardinal Billot et de Pie X. Elle attire de nombreux intellectuels mais n'a aucune influence sur le Parlement et les électeurs.

13 avril

Les biens des fabriques et des évêchés, évalués à quatre cents millions, n'ont pas encore été dévolus. Aristide Briand, couronnant ainsi son œuvre législative, les fait

attribuer — faute de pouvoir les remettre aux associations cultuelles — à l'État ou aux communes avec affectation à l'Assistance publique. Les fondations pieuses sont éteintes, mais elles peuvent être revendiquées par les héritiers en ligne directe des fondateurs.

mai

Tandis que Paris et la France entière se passionnent pour l'affaire Steinheil (un crime passablement mystérieux où l'on voit reparaître la belle Mme Steinheil, ancienne amie du président Félix Faure) les électriciens se mettent de nouveau en grève.

juin

Après de longs débats, la Chambre et le Sénat votent enfin le rachat par l'État de la Compagnie des chemins de fer de l'Ouest, celle dont la gestion était la plus médiocre. C'est la première nationalisation des chemins de fer et le seul article du grand programme de Clemenceau qui soit exécuté.

Après l'exploit de Santos-Dumont, l'aviation connaît un nouveau succès. Le 13 janvier 1908, et pour la première fois en Europe, Henri Farman couvre, à Issy-les-Moulineaux, un circuit fermé d'un kilomètre à vingt mètres au-dessus du sol. Cette performance lui fait attribuer la coupe Deutsch-Archdeacon du grand prix de l'Aviation. Une photographie représente le pilote quelques instants avant son atterrissage, à bord de son appareil équipé par les frères Voisin. (Cabinet des estampes. B. N. Photo B.N.)

Mme Steinheil et sa fille Marthe, photographiées à la suite du double assassinat du peintre Steinheil et de Mme Japy, sa belle-mère. Après bien des péripéties — on ira jusqu'à accuser la « belle Meg » de ce double meurtre — le procès se terminera par un non-lieu. (Photo Roger-Viollet.)

La majorité, qui s'est séparée des socialistes, commence à se désagréger. Les radicaux sont inquiets de l'agitation qui se poursuit dans l'enseignement primaire parmi les jeunes instituteurs souvent socialistes et antimilitaristes. Certains songent à se rapprocher du centre gauche et de l'Alliance républicaine. Mais la masse des électeurs ne suit pas encore et au congrès radical, tout en condamnant le sabotage et la grève générale, les délégués déclarent ne pas connaître d'ennemis à gauche et proclament « la nécessité de continuer la lutte contre l'Église et la réaction ».

fin juin

Le transfert des cendres d'Émile Zola au Panthéon provoque des manifestations dans les rues de Paris. Elles sont organisées par la Ligue des patriotes de Maurice Barrès et les camelots du roi. Clemenceau prononce l'éloge de l'écrivain.

juillet

De nouvelles grèves, celles des terrassiers, donnent lieu à de violents incidents. Une fois encore, Clemenceau envoie la troupe pour contenir les agitateurs, permettre la liberté du travail à ceux qui ne veulent pas faire grève. Il y a des heurts sanglants à Draveil et à Villeneuve-Saint-Georges. On déplore plusieurs morts et blessés.

Clemenceau annonce qu'il ne cédera pas et fait arrêter plusieurs membres dirigeants de la C.G.T. (qui seront bientôt relâchés).

L'agitation se poursuit chez les postiers qui se mettent en grève et chez les instituteurs. Les socialistes interpellent le gouvernement. La Chambre vote une motion qui interdit le droit de grève aux fonctionnaires.

août

Politique extérieure : En Turquie, les jeunes officiers, las de la décomposition d'un empire qui a perdu tout prestige, écœurés de la médiocrité du sultan Abd ul-Hamid, chassent celui-ci et s'emparent du pouvoir avec l'intention proclamée de rénover l'État en demandant l'aide de l'Allemagne (où ces jeunes officiers ont été formés).

Ces événements d'Orient vont avoir les plus graves conséquences sur l'équilibre européen.

Au Maroc le sultan, attaqué par son frère, champion de l'indépendance du pays à l'égard de la France, doit se réfugier auprès de l'armée française. Il se met ainsi sous la protection de la France.

15 septembre

Graves incidents au Maroc. Tandis que le général d'Amade, qui a reçu des renforts, soumet la région fertile et peuplée de la Chaïoua, on découvre que le consul d'Allemagne à Casablanca favorise la désertion de soldats de la Légion étrangère d'origine autrichienne. Ceux-ci sont arrêtés au moment où ils allaient s'embarquer. Au cours d'une bagarre avec la police française, un agent du consulat allemand est frappé. L'opinion publique allemande s'enflamme. La Wilhelmstrasse réclame des excuses :

« Des excuses, jamais! » s'écrie Clemenceau.

Grâce aux bons offices de l'Angleterre et de la Russie, l'affaire, après de laborieuses négociations, est portée devant la Cour internationale de La Haye qui apaise le conflit. La ferme attitude de Jules Cambon, notre ambassadeur à Berlin, a contraint l'Allemagne à s'incliner.

5 octobre

Mettant à profit l'abdication du sultan turc, l'Autriche annexe la Bosnie et l'Herzégovine, deux provinces slaves soumises théoriquement à la Turquie. Vive émotion en Russie, et surtout en Serbie où l'on n'entend pas abandonner ses frères de race.

De même, en Bulgarie, le tsar Ferdinand proclame l'indépendance du pays. Autre source de futurs conflits.

novembre

Moulay Hafid est proclamé sultan du Maroc à la place de son frère qui est déposé.

18 décembre

Les progrès de l'aviation, au cours de l'année, ont été considérables. Au mois d'octobre, Henri Farman a pu parcourir le trajet

S'appuyant sur le sentiment national des Marocains, le sultan dissident du Maroc, Moulay Hafiz, arrache le pouvoir à son frère, Abd el-Aziz. Il monte sur le trône le 16 août 1908, mais ne s'y maintiendra que quatre ans. (Photo Roger-Viollet.)

Dominant de sa lourde masse le premier salon de l'aéronautique ouvert au Grand Palais le 18 décembre 1908, voici le dirigeable « Ville de Bordeaux » : volume 3 000 m³, moteur 80/90 HP Renault, armé de deux mitrailleuses Hotchkiss. (Cabinet des estampes. Bibliothèque nationale. Photo B.N.)

de Mourmelon à Reims (27 kilomètres) à 50 mètres de hauteur.

Aussi à Paris, au Grand Palais, s'ouvre le premier salon de l'aéronautique organisé par l'Automobile-club de France. Autour du dirigeable *Ville-de-Bordeaux* et de plusieurs ballons, il présente les premiers modèles d'aéroplanes. On a donné la place d'honneur à l'*Avion* de Clément Ader qui est déjà vieux de onze ans! C'est l'ancêtre...

25 décembre

Au cours de sa promenade quotidienne (à pied) le président de la République est victime d'un attentat sans gravité. Un garçon de café, lecteur de *L'Action française*, lui a égratigné le cou en voulant lui tirer la barbe. Le coupable sera condamné à quatre ans de prison, ce qui excitera la verve du rédacteur des *Feuillets rouges* qui trouve que c'est payer bien cher ce crime de lèse-barbe! Ce rédacteur, encore inconnu, s'appelle... Vincent Auriol...

1909, 3 janvier

Moulay Hafid est reconnu par toutes les puissances comme sultan du Maroc.

fin janvier

Inauguration près d'Épinal de la première station militaire de télégraphie sans fil, qui communique avec le poste établi à la tour Eiffel.

9 février

L'arbitrage de la Cour internationale de La Haye a, dans l'ensemble, donné raison à la France. On assiste alors à un rapprochement apparent entre la France et l'Allemagne : par un accord signé le 9 février, celle-ci reconnaît à la France la liberté d'action politique et, en échange, est associée à l'exploitation économique du Maroc.

Cette entente ne trompe pas les Anglais : « Ce n'est pas assez pour faire oublier à la France l'Alsace et la Lorraine », dit Charles Harding à Edouard VII un peu inquiet de cet arrangement. Pourtant Bülow estime que jamais les relations entre les deux pays n'ont été aussi calmes.

Mais le chancelier du Reich va bientôt tomber en disgrâce.

février

Événement littéraire à Paris : paraît le premier numéro de la *Nouvelle revue française* où se retrouveront les écrivains de la nouvelle génération : André Gide, Roger Martin du Gard, Rivière et quelques autres.

mars

Par 389 voix contre 129, la Chambre adopte le principe de l'impôt progressif sur le revenu qui doit remplacer les quatre vieilles contributions directes (foncière, mobilière, patente, portes et fenêtres). L'impôt nouveau atteint aussi bien les revenus fonciers que les revenus mobiliers et même la rente française. Le Sénat, hostile à la réforme, élit une commission qui arrête le projet.

22 mars

Échec à la Triple-entente : les Serbes réclamaient l'indépendance pour la Bosnie et l'Herzégovine. Les Russes les soutenaient et demandaient la réunion d'une conférence internationale puisque l'équilibre dans les Balkans était rompu.

Bülow refuse sèchement et déclare que l'Allemagne soutiendra l'Au-

C'est en mai 1909, au théâtre du Châtelet, que l'imprésario russe Serge de Diaghilev offre, pour la première fois aux Parisiens, ses fameux « Ballets russes ». Les danseurs du Théâtre-Impérial Marie : Anna Pavlova, Michel Fokine, Tamara Karsavina, Ida Rubinstein, Vaslav Nijinski et sa sœur Bronislava, Adolphe Bolm, Michel Mordkine remportent un véritable triomphe dans « les Sylphides », « le Pavillon d'Armide » (ci-dessus), « le Prince Igor » et « Cléopâtre ». (Bibliothèque de l'Arsenal, Paris.)

triche en cas de guerre. La Russie n'est pas prête pour un conflit. Elle s'incline à regret.

En France, nouvelle grève chez les postiers. Clemenceau n'hésite pas à en révoquer deux cent soixante-quatre.

26 mars

Un vif débat s'est instauré à la Chambre au sujet des grèves des fonctionnaires. Clemenceau propose de leur donner un statut légal qui exclut le droit de grève.

L'ordre du jour est voté par 341 voix contre 237, mais l'agitation se poursuit.

28 mars

Réception de Raymond Poincaré à l'Académie française.

avril

Pour riposter au gouvernement qui refuse le droit de grève aux fonc-tionnaires, la C.G.T. propose une grève générale qui n'est pas suivie d'effet. C'est au contraire le gouvernement qui, en deux fois, suspend d'abord puis révoque près de six cents postiers grévistes (228, puis 312).

La réintégration de ces fonctionnaires révoqués figurera désormais sur le programme socialiste et même radical.

mai

De nouveau la C.G.T. propose sans succès la grève générale.

17 mai

Au théâtre du Châtelet, Serge de Diaghilev et les ballets russes triomphent dans les *Danses polovtsiennes* du *Prince Igor*. C'est un des événements artistiques de l'année.

23 mai

Le premier aérodrome établi entre

GRÈVE DES POSTES

Propriétaire de deux bonnes équipes de

PIGEONS-VOYAGEURS

Bien entraînés pour le Parcours : **PARIS-LILLE-TOURNAI**

OFFRE SES SERVICES A DES CONDITIONS RAISONNABLES

Ecrire : Christ. VANWASCAPPEL, Aviculteur

13, rue de l'A. B. C., LILLE

Imprimerie Franco-Belge, Rue de la Violette, BRUXELLES

Pour remédier à la grève des postes de 1909, un aviculteur de Lille, « propriétaire de deux bonnes équipes de pigeons voyageurs » a eu l'idée d'offrir ses services pour acheminer le courrier sur le parcours Paris-Lille-Tournai. (Bibliothèque de l'Arsenal, Paris.)

Juvisy et Savigny-sur-Orge est inauguré en présence d'une foule évaluée à vingt mille personnes.

Les spectateurs se retirent assez déçus. Faute de vent, les aéroplanes n'ont pu s'élever que tard dans la soirée.

25 mai

Le ministère Clemenceau commence à s'user.

Tout d'abord, l'autoritarisme de son chef déplaît à beaucoup de parlementaires.

Le « Tigre » est de plus en plus brutal. D'autre part, il a pris nettement position contre la réforme du mode de scrutin, alors que la campagne en faveur de la représentation proportionnelle, menée en particulier par Charles Benoist, est très vive.

Une motion de défiance, présentée par Delcassé qui critique l'emploi des crédits pour la flotte, est repoussée par 316 voix contre 207.

LA R.P. QU'EST-CE ?

La représentation proportionnelle, déjà adoptée en Belgique et en Suisse, oppose le scrutin de liste au scrutin d'arrondissement. Les sièges sont attribués suivant le nombre de voix obtenues par chaque parti selon le quotient électoral. Imaginons, par exemple, 100 000 électeurs et 5 sièges : parti A, 40 000 voix, 2 sièges ; parti B, 40 000 voix, 2 sièges ; parti C, 20 000 voix, 1 siège.

Ce système satisfait le sentiment de justice. Il comporte de nombreuses modalités (vote préférentiel, utilisation des restes). Il permet aux grands courants d'opinion de se manifester.

Le grand défenseur de ce système à la Chambre fut Charles Benoist. La droite, les progressistes et les socialistes lui apportèrent leur soutien.

Au cours des années 1907 et 1908, les grèves se multiplient, paralysant partiellement, pour une ou plusieurs journées, les branches qu'elles affectent. Après l'arrêt de travail des électriciens, vient celui de l'alimentation. Les ports de Marseille, du Havre et de Dunkerque sont également touchés, ainsi que le bâtiment à Paris et Draveil. Certaines de ces manifestations s'achèvent par un affrontement sanglant entre ouvriers et forces de l'ordre. La violence de ces journées apparaît dans cette illustration du « Petit Journal » représentant une bagarre aux alentours de la Bourse du Travail, en août 1908. (B.N. Photo J.-L. Charmet.)

Le congrès syndicaliste tenu à Amiens en 1906 a défini ainsi son programme d'action : développer l'
en effet, se multiplient à travers la France, ponctuées de cortèges d'ouvriers soucieux de montrer leu

victoires 1871-1918

...tte ouvrière par l'intensification des grèves. Celles-ci,
...ohésion. (Photo Roger-Viollet.)

En 1876, au mois d'octobre, se tenait à Paris un congrès des chambres syndicales. Il s'agissait de faire le point des ambitions de la classe ouvrière, après six ans de république. Le texte publié était très attendu. Il fut sans ambiguïté : « Il est indispensable à la classe ouvrière qui, jusque-là, a marché de concert avec la bourgeoisie républicaine de s'affirmer dans ses intérêts propres. »

C'est sans doute de cette année-là que date le véritable essor d'un mouvement qui allait, profondément, modifier la vie politique française et, par ses luttes et ses résultats, changer la vie de beaucoup de Français.

On se souvient que le Second Empire avait permis les coalitions et autorisé le droit de grève. De même avait-on rendu légales les chambres syndicales.

Débuts prometteurs, certes, mais l'élan allait être brisé tout net par la répression qui suivit la Commune. Beaucoup de représentants du mouvement ouvrier moururent dans la bataille de Paris. Un grand nombre furent emprisonnés, déportés. Une loi de fer, celle du 22 mars 1872, allait se situer dans une perspective identique : elle prévoyait des peines graves (amendes, prison) contre ceux qui incitaient à la grève, qui parlaient ou écrivaient contre la propriété.

Aucune ambiguïté non plus dans l'attitude gouvernementale au cours des années suivantes. Le gouvernement de M. Thiers allait interdire au lendemain même de sa formation l'Union syndicale ouvrière. Deux ans plus tard, on interdisait à Lyon l'Union des ouvriers sur métaux.

Malgré ces conditions très dures, les groupements ouvriers allaient se multiplier. On voyait des travailleurs d'un même métier se grouper en chambres syndicales de dix-huit

Fleuristes, Feuillagistes, Plumassières

La journée de 9 heures

C'EST MOINS DE MISÈRE

Fleuristes, Feuillagistes, Plumassières

La journée de 9 heures

C'est une heure de plus
à passer
avec ceux que nous aimons

Fleuristes, Feuillagistes, Plumassières

Rien ne s'oppose à la journée de 9 heures si ce n'est nos Patrons.

Une série de slogans fut imprimée pour demander que soit accordée la journée de neuf heures aux ouvrières, fleuristes, feuillagistes et plumassières. (Photo Roger-Viollet.)

membres, car dans cette limite on n'avait pas besoin d'une autorisation. Les idées de mutualité et de coopération reculaient. En revanche les congrès ouvriers se réunissaient de plus en plus souvent. Et c'est en 1876 que le congrès tenu à Paris réclamait avec force une nouvelle loi sur les associations.

D'évidence, ce mouvement est imprégné de socialisme. Longtemps le socialisme français est resté étranger aux idées marxistes. Attitude qui se ressent de ses origines : ses fondateurs ont été beaucoup plus des artisans que des ouvriers. C'est Jules Guesde qui va introduire le marxisme dans le mouvement ouvrier. Ce militant passionné avait

dû se réfugier en Italie après la Commune. Rentré en France en 1876, il est encore tenté par l'anarchie. La lecture du *Capital*, en 1877, modifie entièrement ses conceptions. En 1878, il tente de réunir un congrès ouvrier international. Il est arrêté, jeté en prison. Sa popularité d'un seul coup s'affirme. En 1879, au congrès de Marseille, une majorité se rallie aux idées collectivistes soutenues par Guesde. On va fonder la Fédération du parti des travailleurs socialistes dont Marx, Engels et Guesde ont rédigé le programme minimum. Cette fondation est importante : elle marque la politisation du mouvement ouvrier. En 1880, le congrès de Paris adhère aux principes soutenus par les ouvriers de Guesde et de Lafargue. Mais, la même année, au congrès du Havre, les défenseurs de la propriété individuelle se séparent catégoriquement de Guesde. Un médecin, Brousse, ancien ami de Bakounine devenu modéré, s'est opposé à son programme, déclaré excessif et confus. Désormais les guesdistes s'opposeront à la Fédération des travailleurs socialistes de Brousse. Les partisans de Brousse seront appelés « possibilistes ». Ils se veulent plus réformistes que révolutionnaires.

Mais d'autres travailleurs militent ailleurs. Après la mort de Blanqui (1879), le mouvement qu'il avait fondé s'est modifié sous l'influence de Vaillant et devient une sorte d'école socialiste. Il faut aussi compter avec les anarchistes, partisans, puis adversaires du mouvement ouvrier.

Ce mouvement revendicatif finira par être entendu par le gouvernement. Les Communards sont rentrés, certains vont siéger à la Chambre et même au Sénat. L'optique a changé. Waldeck-Rousseau, en 1884, fait

enfin voter une loi qui autorise les associations professionnelles de plus de vingt personnes. Les syndicats ont le droit d'ester en justice. Ils peuvent acquérir les immeubles nécessaires à leurs réunions. Le républicain libéral qu'est Waldeck-Rousseau a voulu sincèrement favoriser l'existence des syndicats. Il a écrit aux préfets : « Il vous appartient de favoriser l'essor de l'esprit d'association, de le stimuler, de faciliter l'usage d'une loi de liberté. » Il n'est pas exclu qu'il y ait eu une arrière-pensée dans l'attitude de Waldeck-Rousseau : peut-être espère-t-il ainsi canaliser le mouvement ouvrier.

Le patronat cherchera à limiter l'application des effets de la loi de 1884, notamment en faisant naître ou en soutenant des organisations opposées. C'est à cette épo-

Des grévistes particulièrement agités sont arrêtés. Ci-dessus, une midinette. Ci-dessous, un postier. (Photos Roger-Viollet.)

que que va naître un syndicalisme soutenu par les patrons et ayant pour insigne le genêt. En réaction contre les autres syndicats appelés « rouges », celui-ci se fera connaître comme le syndicat « jaune », mot appelé à un grand avenir. Mais le mouvement, vite discrédité, ne connaîtra, lui, aucun avenir.

La loi de mars 1884 sera complétée par celles du 1er juillet 1891 et du 12 mars 1920 sur les syndicats professionnels.

Une certaine opposition s'est fait jour, dans les milieux ouvriers, contre la loi de 1884, à l'égard de laquelle s'élevaient de légitimes suspicions. Malgré tout, les syndicats et les autres groupements ouvriers ont fini par s'y plier. Il faut reconnaître que c'est à la suite de cette loi que le syndicalisme s'est étendu en France. M. Paul Louis en a donné des exemples : la Chambre des instruments de précision de Paris compte 270 membres en 1892, plus de 3 000 en 1906. Les chiffres officiels indiquent 68 syndicats en 1884, 821 en 1889; 4 685 en 1905 avec 781 344 adhérents. C'est dans la Seine que l'on trouve le plus grand nombre de syndiqués, 241 000 (en 1905). Vient ensuite le Nord avec 77 000. La même année 1905, on trouve 69 000 femmes adhérant à une association professionnelle.

Au-delà de l'organisation locale qu'est le syndicat, les dirigeants ouvriers sentirent la nécessité d'une organisation supérieure, assurant une meilleure gestion, plus apte à soutenir les mouvements de grève. Ainsi se constitueront les fédérations. On en comptera 63 en 1905, sur lesquelles 50 appartiennent à la Confédération générale du travail (C.G.T.).

Par ailleurs, les bourses du travail jouent en France un rôle bien par-

A la suite du congrès syndical tenu à Amiens, en 1906, le vote d'une loi assure aux salariés le repos hebdomadaire. Mais l'application n'est pas immédiate et des manifestations se produisent pour matérialiser l'impatience des bénéficiaires. On voit ci-contre le préfet Lépine mêlé à la foule qui défile le 20 janvier 1907. (Photo Roger-Viollet.)

ticulier. Selon la définition de M. Louis, une bourse du travail réunit sous un même statut tous les syndicats ouvriers d'une même ville. Elles ont en vue les intérêts généraux des ouvriers plus que les intérêts corporatifs particuliers. Très actives, elles s'occupent de la propagande, du recrutement des adhérents, de leur formation en tant que syndicalistes. Elles organisent des services de placement, de chômage, etc.

Le nom de Fernand Pelloutier est attaché au développement des bourses du travail. Son influence est grande quant à la formation de l'idéal révolutionnaire. Il défend la grève générale, l'action directe,

la méfiance à l'égard de la politique.

A l'image des syndicats, les bourses ont voulu se constituer en fédération. La Fédération des bourses entrera dans la C.G.T. en 1895, quand celle-ci se constituera au congrès de Limoges. La C.G.T. rassemble les syndicats, les bourses du travail, les fédérations générales, départementales, régionales, les syndicats nationaux et les fédérations d'industrie, les fédérations de bourses. La fusion définitive sera réalisée en 1901 au congrès de Montpellier. C'est deux ans plus tard, au congrès de Bourges, que la tendance révolutionnaire l'emportera sur la tendance réformiste. A Bourges —

moment historique — se décide le mouvement national pour la journée de huit heures, le 1er mai 1906. MM. Dolléans et Dehove notent, à propos de l'action et de l'esprit de la C.G.T., que celle-ci n'est pas purement corporative. L'influence de l'anarchie se fait toujours sentir, donc d'une certaine manière celle de la politique. Cette influence se manifeste par le refus d'une représentation parlementaire régulière, l'antimilitarisme, l'antipatriotisme, la grève générale, le boycott et le sabotage. Logiquement, le personnel parlementaire ne cessera de réclamer des sanctions contre la Confédération. Une autre conséquence de l'état d'esprit régnant à la C.G.T. :

la rupture avec les socialistes parlementaires. A cette époque, la C.G.T. est dirigée par des syndicalistes de valeur : Varlin, Pelloutier, puis Greffuelhes, Delesalle, Pouget, Niel, etc.

Lors . du congrès d'Amiens, en 1906, certains tenteront un rapprochement entre le syndicalisme et le socialisme. Mais Greffuelhes et les révolutionnaires l'emporteront. Ils affirmeront l'indépendance du mouvement vis-à-vis des partis politiques. Ce sera la charte d'Amiens, selon laquelle « le syndicalisme se suffit à lui-même ». Le parti socialiste finira par accepter cette situation.

Pendant toute cette période, les

Ci-dessus, le syndicaliste Léon Jouhaux, présidant le Conseil économique du Travail dans la salle de la Coopérative du faubourg Saint-Antoine. (Photo R. Dazy.) Ci-dessous, deux militants C.G.T. : Varenne et sa femme. (Photo Roger-Viollet.)

Les terrassiers du métro protestent à leur tour. « Comme nos camarades des mines, nous ne voulons faire que HUIT HEURES dans nos souterrains... » (Photo Roger-Viollet.)

syndicats ne cesseront d'organiser de nombreuses actions, prenant parti notamment contre le conflit marocain, pour la journée de huit heures, pour les viticulteurs du Midi, contre le « gouvernement d'assassins » (après les morts de Draveil), en faveur de Durand (condamné à mort), contre la guerre (après Agadir), contre la vie chère, les lois « scélérates », pour la semaine anglaise, contre le service de trois ans. Les grèves sont nombreuses, le record semblant atteint en 1911 avec 1 471 grèves.

Le gouvernement fera voter quelques lois sociales, comme la garantie du travail et de l'emploi aux femmes en couches, comme les retraites ouvrières. Mais il ne cédera pas sur les huit heures.

A mesure que grandit le péril de la guerre, l'antimilitarisme du mouvement syndical va se muer en une sorte d'internationalisme visant à éviter le conflit. Beaucoup croiront longtemps pouvoir y parvenir. Les syndicalistes français seront surpris et déçus par l'attitude de leurs collègues allemands en 1914. Leur antimilitarisme se muera souvent en patriotisme, sans qu'ils abandonnent pourtant leurs revendications, même pendant la guerre.

A la veille de la guerre de 1914, le syndicalisme français proclame son particularisme : il conserve son hostilité et sa méfiance vis-à-vis de l'État, considéré comme l'émanation de la classe dominante. Face à cet État, il continue à recommander l'action directe. Il refuse l'accord avec les partis politiques qui risquent d'être trop dépendants de cet État qu'il nie. Son idéologie, purement révolutionnaire, tend au renversement du régime capitaliste et donc de l'État, à l'abolition du salariat et du patronat.

VERS LA GUERRE

1909, 25 juillet

Chargé de former le ministère, Aristide Briand prend l'Intérieur, place Millerand aux Travaux publics, laisse Pichon aux Affaires étrangères et remplace aux Finances le bouillant Caillaux par le rassurant Cochery.

Dans sa déclaration ministérielle, le président du Conseil s'affirme résolu à défendre le principe d'autorité sans renier ses opinions passées.

La confiance est votée par 346 voix contre 46. La session est aussitôt déclarée close.

Grand succès pour l'aviation française : Louis Blériot traverse pour la première fois la Manche, des falaises de Calais à celles de Douvres. Il l'emporte de quelques jours sur Latham dont la tentative a échoué, son appareil étant tombé en mer.

A Béthisy, près de Reims, premier meeting d'aviation.

14 septembre

Dans une déclaration collective, l'épiscopat français condamne la neutralité scolaire et dénonce « l'école laïque, trop souvent hostile aux croyances chrétiennes ».

C'est la guerre entre l'instituteur et le curé qui commence. La défense laïque figurera désormais au programme de toutes les formations politiques de gauche.

18 octobre

Un aéroplane biplan de Wilbur Wright, piloté par le comte de Lambert, survole Paris et tourne autour de la tour Eiffel.

20 octobre

A Périgueux, Briand prononce un grand discours-programme. Il annonce une réforme électorale sans préciser exactement sa pensée. Il préconise l'apaisement et dénonce les « petites mares stagnantes » de la politique d'arrondissement.

Cette expression eut un énorme succès. Elle fut maintes fois reprise à la tribune de la Chambre et par les journalistes. Elle devint aussi proverbiale que le « Français

Lorsque s'ouvre l'année 1910, les Parisiens sont loin d'imaginer que leur fleuve, si paisible, peut déborder de son lit. Le 15 janvier, dangereusement grossie par les eaux de l'Yonne, la Seine devient menaçante. Le 20, gonflée par la Marne augmentée du Grand Morin, elle monte encore, envahissant les quartiers riverains. La rue de Bellechasse est submergée par 1,50 m d'eau. L'esplanade des Invalides ressemble à un lac. Les caves sont envahies par les flots, les égouts débordent, les infiltrations menacent le métro. La gare d'Orsay est fermée, la gare Saint-Lazare bloquée par les eaux. Seules les barques en permettent l'accès, ainsi qu'en témoigne cet extraordinaire document photographique. (Photo Roger-Viollet.)

moyen » d'Édouard Herriot.

octobre-novembre

La Chambre entame la discussion sur la représentation proportionnelle. Briand a tout de suite annoncé que la réforme ne s'appliquerait pas aux prochaines élections législatives de 1910.

Le principe de la R.P. est adopté par 281 voix contre 235 mais, finalement, le projet est ajourné par 291 voix contre 225.

La lutte pour ou contre la R.P. se continue hors du Parlement. Bourgeois et Combes se prononcent contre elle.

1910, 7 janvier

Les progrès de l'aviation se poursuivront pendant toute l'année : l'aviateur Latham bat le record de hauteur en atteignant 1 000 mètres.

janvier

La lutte autour de l'école laïque devient plus ardente. Les instituteurs de la Marne décident d'attaquer l'archevêque de Reims en justice pour diffamation.

Interpellations à la Chambre. Elles émanent aussi bien des représentants de la droite que de la gauche. Briand regrette que les catholiques n'aient pas répondu à son appel à l'apaisement et obtient un vote de confiance.

Aucune des mesures proposées par les défenseurs de l'école laïque (monopole de l'enseignement, surveillance des établissements privés) n'aboutit.

janvier-février

Un véritable fléau s'abat sur Paris : les inondations. L'eau atteint la gare Saint-Lazare, la place François-Ier sur la rive droite, le boulevard Raspail sur la rive gauche.

De nombreuses villes de banlieue sont également inondées. En barque, le président Fallières va rendre visite aux sinistrés. Partout, il a fallu établir des pontons pour les habitants.

7 février

Les inondations ont obligé à reculer la date d'un événement bien parisien : la première de *Chantecler*, d'Edmond Rostand. La pièce reçoit un accueil plutôt frais, tant de la critique que du public.

12 février

Après trente-huit séances de discussions, la Chambre vote enfin le projet de loi sur les retraites ouvrières et paysannes, une des promesses du programme radical.

La loi ne sera promulguée que le 5 avril et mise en application par Paul-Boncour que le 3 juillet 1911. Elle est mal vue aussi bien des intéressés que des syndicats et obtient peu de succès, malgré les efforts de l'administration. Les syndicats y voient en effet un essai d'incorporation de la classe ouvrière au régime capitaliste.

mars

Un nouveau terrain d'aviation, avec une piste d'atterrissage de cinq kilomètres, est créé près du Bourget.

Sans ressources, redoutant de se trouver isolé, peu soutenu (au moins en apparence) par les Allemands, Moulay Hafiz se rapproche de la France et signe avec elle un accord aux termes duquel il accepte la

A bord d'un monoplan construit par ses soins, Louis Blériot décide d'entreprendre la traversée de la Manche. Le 25 juillet 1909, à 4 h 45, après un vol d'essai et de minutieuses vérifications du moteur, Blériot s'envole de Calais. 38 minutes plus tard, à 5 h 13, il atterrit près de Douvres. (Haut : photo Roger-Viollet. Bas : musée de l'Air, Paris.)

présence des troupes françaises pour assurer l'ordre aussi longtemps qu'un corps marocain dirigé par des officiers français ne pourra pas les remplacer. En échange de quoi la France lui consent un prêt de 101 millions.

fin mars

Début de la campagne électorale. Le président du Conseil, Aristide Briand, prononce plusieurs discours. Un des plus importants est celui de Saint-Chamond :

« Deux mots ont été prononcés

Un premier voyage vers le pôle Sud, en 1903, avait permis au commandant Charcot de découvrir une terre qu'il appela « Terre Loubet ». Cinq ans plus tard, le 15 août 1908, à bord du trois-mâts à vapeur « Pourquoi-pas ? », Charcot reprenait la mer au Havre. Pendant deux ans, hivernant dans les mers australes, il poursuit ses recherches et précise la carte des régions polaires découvertes. Enfin, poussée par la nécessité, l'expédition doit se résoudre à la retraite. Ci-dessous, Charcot avant son départ. (Photos Roger-Viollet.)

qui ont produit un effet énorme, presque magique. On a parlé d'apaisement, de détente et, tout de suite, au simple énoncé de ces mots, la confiance est venue à nous. Pourquoi ? C'est que nous sommes à une heure où le pays sent un grand, un irrésistible besoin d'union, de concorde et de fraternité... »

avril-mai

Élections législatives générales. Elles font apparaître un léger glissement de la majorité vers le centre droit. Si les conservateurs ne sont plus que 71 au lieu de 80, les nationalistes reviennent au nombre de 17 au lieu de 16, les progressistes 60 (sans changement), les républicains de gauche (modérés) 93 au lieu de 82, les radicaux-socialistes 252 au lieu de 269, les socialistes indépendants 30 au lieu de 29, les socialistes unifiés (Jaurès) 74 au lieu de 55.

Mais de nombreux députés se sont fait élire sous l'étiquette radicale alors que leurs tendances personnelles les poussent vers les modérés. Ces élections présentent trois caractéristiques :

1º Forte poussée des socialistes qui amènera ce parti à s'affirmer plus nettement en opposition avec les radicaux.

2º Renouvellement du personnel législatif : des « vieilles barbes » radicales sont restées sur le carreau, de jeunes députés siègent pour la première fois. Ils sont pour la plupart partisans de la R.P.

3º La « mystique républicaine » fait place à une foi patriotique plus ouvertement affirmée que naguère. L'armée retrouve toute sa valeur dans la nation. On redoute l'Allemagne et ses armements. On commence à se demander si le système des alliances, garantie de l'équilibre européen, ne mène pas finalement à la guerre.

fin mai

Dans son programme de gouvernement, Aristide Briand promet une réforme électorale avec un scrutin élargi (formule vague), le statut des fonctionnaires, le contrôle des écoles privées. Il poursuit donc la politique d'apaisement qui ne satisfait pas la gauche.

19 mai

Les Français, il est vrai, paraissent se passionner plus pour le passage de la comète de Halley que pour la politique. Camille Flammarion les a effrayés par ses pronostics. En réalité, la Terre traverse la queue de la comète sans provoquer la moindre catastrophe.

juin

Retour du trois-mâts à vapeur *Pourquoi-Pas ?* du commandant Charcot, parti pour explorer le pôle Sud deux ans plus tôt. Il a multiplié les observations scientifiques.

9 juin

La France possède déjà près de 800 aéroplanes (alors qu'elle ne compte que 45 000 voitures automobiles, exactement 44 840 à la fin de 1909 soit une pour 4 400 habitants). Voici que deux officiers, en joignant rapidement le camp de Châlons à l'aérodrome de la Maison-Blanche, près de Vincennes, montrent l'intérêt de l'aviation militaire qui va bientôt prendre son essor.

juin

Interpellation à la Chambre. Briand apaise la gauche en affirmant que, s'il pratique une politique indépendante des groupes, il se retirerait au cas où la majorité ne serait pas à gauche. La confiance est votée par 403 voix contre 110.

Une commission chargée d'étudier la réforme électorale est créée. Elle se compose des représentants des divers partis, au prorata du nombre de leurs membres. Cette procédure nouvelle sera désormais étendue à toutes les commissions. Les partisans de la représentation proportionnelle sont en majorité dans la nouvelle commission (25 contre 19).

juillet

L'exécution de l'anarchiste Liabeuf, exaltée par Gustave Hervé et par Alméreyda (qu'on retrouvera pendant la Première Guerre mondiale...), provoque à Paris une violente manifestation vigoureusement réprimée par le préfet de police Lépine.

août

Pour améliorer les relations franco-allemandes en Afrique, la compagnie française de la Ngoko-Sangha au Congo forme un consortium avec une société allemande du Cameroun pour créer des lignes de chemin de fer et une société marocaine de travaux publics.

Le gouvernement français refusera finalement de subventionner la compagnie. Ce projet n'aboutira pas.

25 août

Le pape a multiplié les avertissements au *Sillon* de Marc Sangnier. Dans une lettre adressée aux évêques français, Pie X condamne formellement le journal et les tendances du socialisme chrétien. Marc Sangnier s'incline : *Le Sillon* disparaît. Il sera remplacé par une feuille moins engagée : *La Démocratie*. L'Association catholique de la jeunesse française n'en continue pas moins son œuvre de formation sociale des jeunes gens.

3 septembre

Nouveaux progrès de l'aviation. Un aviateur français, Chavez, parvient à franchir les Alpes, mais son appareil s'écrase en atterrissant près de Domodossola et il trouve la mort dans cet accident.

octobre

Les cheminots mécontents décident la grève générale des chemins de fer. Pour forcer les employés à poursuivre leur service, Aristide Briand n'hésite pas à mobiliser d'abord ceux du Nord puis ceux de tous les autres réseaux. La C.G.T. soutient le mouvement. Des trains sont arrêtés, des fils télégraphiques coupés, des grèves partielles déclarées. Finalement la victoire reste au gouvernement. Plusieurs centaines de cheminots qui n'avaient pas répondu à l'ordre de mobilisation ou commis des sabotages sont révoqués.

fin octobre

Naturellement, le chef du gouvernement est interpellé à la rentrée des Chambres. Il n'hésite pas à déclarer : « Je vais vous dire une chose qui va vous faire bondir. Dans les circonstances exceptionnellement graves, si les frontières étaient menacées, si la patrie était en danger, ce serait le devoir du gouvernement de suppléer par son initiative aux insuffisances de la loi. »

Dans son ordre du jour, voté par 329 voix contre 183, la Chambre flétrit le sabotage, la violence et l'antipatriotisme.

1er-3 novembre

Mais Briand éprouve le besoin de rajeunir son ministère. Il donne sa démission et reforme aussitôt un gouvernement où il fait entrer des hommes nouveaux ainsi que Louis

Revue de Longchamp le 14 juillet 1880, par Édouard Detaille. Indépendamment des tribunes largement garnies, nombreux furent les Parisiens qui vinrent suivre, sur le champ de courses, le spectacle grandiose des régiments assemblés pour le défilé. Parmi les personnalités présentes dans la tribune d'honneur, se trouvaient, entre autres, Gambetta, Jules Grévy, Le Royer, Freycinet, Orloff. Les détachements militaires étaient présentés par des chefs tels l'amiral Courbet, les généraux Clinchant, Blot, de Galliffet et de Cissey.

Ci-dessus, Aristide Briand. Avocat comme tant d'autres hommes politiques, il se distingue par son esprit de conciliation et son talent oratoire. (Photothèque des Presses de la Cité.)
Ci-dessous, Hubert Lyautey, photographié en 1908 au Maroc. Futur résident général, il entreprend son œuvre de pacification et fera du Maroc le plus beau fleuron de la France d'outremer. (Photo Roger-Viollet.)

Lafferre, dignitaire éminent de la franc-maçonnerie.

Ces habiletés n'apaisent pas l'opposition de gauche qui réclame la réintégration des cheminots révoqués.

décembre

Briand répond que ces réintégrations dépendent des compagnies de chemin de fer mais que, pour sa part, il refuse de réintégrer ceux de l'État et ne veut pas d'une amnistie générale.

1911, 8 janvier

Le réveil nationaliste en France s'accompagne, de l'autre côté de la ligne bleue des Vosges, de manifestations. Jamais les Alsaciens ni les Lorrains n'ont accepté l'annexion. Des sociétés sportives regroupent les patriotes. Le caricaturiste Hansi (de son véritable nom Jean Waltz), l'abbé Wetterlé, le docteur Pierre Bücher soutiennent les énergies. A Metz, une manifestation devant les monuments de Fabert et de Ney s'achève par *la Marseillaise*. Il y a des arrestations, des condamnations.

La publication par René Bazin de son roman *les Oberlé* pose le problème de l'émigration des Alsaciens et des Lorrains en France. Pour sa part, Maurice Barrès estime qu'ils ne doivent pas émigrer.

12 janvier

A la rentrée des Chambres, la division interne de la gauche s'ac-

En 1911, sur l'initiative de Gabriel Astruc, est décidée la construction de Théâtre des Champs-Élysées. L'œuvre est confiée aux frères Perret dont les réalisations en béton armé ont séduit par leur nouveauté. Les travaux sont achevés en 1913 et la décoration intérieure de l'édifice confiée à Maurice Denis, Bonnard, Lebasque, Vuillard et Bourdelle. (Photo J.-L. Charmet.)

Quatre ans après la révolte des vignerons du Midi, ceux de Champagne s'agitent. La crise atteint son degré le plus aigu en avril 1911. Brandissant des pancartes sur lesquelles ils proclament leurs revendications, les Champenois — et particulièrement ceux de l'Aube — défilent en groupes tantôt calmes, tantôt vociférants. (En haut, Cabinet des estampes Photo B.N. En bas, photo Roger-Viollet.)

centue. Brisson n'est réélu à la présidence de la Chambre des députés qu'à une faible majorité. On accuse Briand de favoriser les députés qui le soutiennent, même s'ils appartiennent aux partis modérés.

25 février

Un jeune député du Lot-et-Garonne, Jean Malvy, lui reproche avec véhémence de retarder la fermeture des établissements congréganistes. L'ordre du jour de confiance n'obtient que 13 voix de majorité (avec l'appoint des progressistes). Las et déçu de l'échec de sa politique d'apaisement, Briand démissionne.

février-mars

Sénateur appartenant au groupe de l'Union républicaine, le radical-socialiste Monis forme le nouveau cabinet. Cruppi est aux Affaires étrangères, Delcassé reçoit le ministère de la Marine, Berteaux le portefeuille de la Guerre, Caillaux (qui espérait mieux) celui des Finances. C'est un partisan résolu de l'impôt sur le revenu dont le projet, voté par la Chambre, sommeille toujours dans les cartons du Sénat.

La déclaration ministérielle est vague et sans couleur : réforme électorale, réforme des contributions, application sans faiblesse de la loi de séparation et de celle sur les congrégations. La confiance est votée par 309 voix contre 144.

avril

Mais le ministère est bientôt aux prises avec une crise viticole. Les viticulteurs de Champagne protestent contre la délimitation des vins de leur région qui prive certains crus de l'appellation « champagne ». De violentes manifestations ont lieu en Champagne et aussi — pour les mêmes motifs — dans le Bordelais.

27 avril

Monis doit en même temps faire face à de graves difficultés au Maroc. Pour assurer la sécurité des Français (et des étrangers) qui y sont installés, le gouvernement, à la demande de Moulay Hafiz qui doit lutter contre les Berbères révoltés, décide d'envoyer une colonne expéditionnaire sous le commandement du général Moinier. Une telle décision ne va-t-elle pas provoquer des réactions en Allemagne ?

mai

Première représentation du *Martyre de saint Sébastien* de Claude Debussy et Gabriele d'Annunzio.

21 mai

Les progrès constants de l'aviation ont poussé les grands journaux à organiser des courses internationales : Paris-Madrid, Paris-Rome et quelques autres. La première prend le départ le 21 mai. Pour montrer l'intérêt que leur gouvernement porte à l'aviation, le président du Conseil et le ministre de la Guerre sont venus assister à l'envol des concurrents. Un avion tombe sur le groupe des officiels. Monis est gravement blessé, Berteaux est tué.

La course sera gagnée par Védrines ; celle de Paris-Rome, qui a lieu quelques jours plus tard, par Roland Garros.

21 mai

Après de sanglants combats, la colonne expéditionnaire française

Ambassadeur de France à Berlin, Jules Cambon (ci-contre) fit preuve d'une remarquable habileté lors des négociations franco-allemandes de 1911. Il écrira, à propos des envoyés du Quai d'Orsay : « Ils ne savent pas ce qu'ils veulent, me mettent constamment des bâtons dans les roues, excitent la presse et jouent avec le feu. » (Photo Roger-Viollet.)

pénètre victorieusement à Fez.

29 mai

De son lit, Monis s'efforce de gouverner. Il a « replâtré » son ministère. La Chambre commence la discussion de la loi électorale.

8 juin

Les Français occupent Meknès. Dès la fin d'avril, le secrétaire d'État allemand aux Affaires étrangères a mis en garde notre ambassadeur à Berlin, Jules Cambon. Au cours d'une entrevue à Kossingen, Kider-len-Wächter ne cache pas que son gouvernement exigera des compensations au Congo.

23 juin

Le ministère, qui végète depuis un mois, ayant perdu un de ses membres les plus influents, est mis en minorité par le Sénat et se retire. Le budget de 1911 n'est pas encore voté et il faut adopter un septième « douzième provisoire » (le douzième du budget de l'année précédente).

24 juin

Une grande réunion patriotique organisée à Paris pour protester contre un article injurieux d'un journal allemand groupe des milliers de jeunes, de l'*Action française* aux frontières du parti socialiste.

Le même jour, Maurice Barrès et Hansi tiennent à Nancy une réunion analogue.

30 juin

Formation du ministère Caillaux. Le bouillant et élégant député se

Ancien ministre des Colonies dans le cabinet Monis, Adolphe Messimy (ci-contre) reçoit de Caillaux le portefeuille de la Guerre. Peu après son investiture, il nommera Joffre généralissime de l'armée française. (Photo Roger-Viollet.)

réserve le ministère de l'Intérieur, met de Selves aux Affaires étrangères, Klotz aux Finances, Messimy à la Guerre, Albert Lebrun aux Colonies. Il garde Delcassé et quelques autres.

La déclaration ministérielle, assez vague, est bien accueillie à gauche. Mais on sait Caillaux adversaire de la représentation proportionnelle, ce qui lui vaut l'hostilité de l'extrême-gauche et des modérés.

1er juillet

Et voici que, dès le lendemain du vote de confiance, éclate une crise internationale aiguë : l'ambassadeur d'Allemagne à Paris notifie l'envoi d'un navire de guerre allemand en rade d'Agadir.

Il ne s'agit en fait que d'une simple canonnière, la *Panthère* (qui sera peu après remplacée par le croiseur Berlin). La Wilhelmstrasse justifie cet acte en prétextant qu'elle doit défendre les intérêts allemands dans le Sud marocain. En réalité, la rade d'Agadir n'a aucune valeur économique et à Agadir même ne se trouve qu'une compagnie allemande qui commerce par l'intermédiaire des indigènes. Il est visible que Guillaume II veut impressionner la France en saisissant un gage pour obtenir des compensations.

9 juillet

Tandis qu'au Maroc nos troupes pénètrent à Rabat et que les Espagnols, de leur côté, s'emparent de Larache, tandis que Caillaux fait arrêter Gustave Hervé qui traîne dans son journal le drapeau français dans le fumier, les chancelleries s'agitent.

Dès le 4, notre ambassadeur à

Après une magnifique carrière aux colonies, Joseph Joffre (ci-dessus) est promu chef d'état-major général de l'armée (généralissime) en 1911. (Photo Roger-Viollet.)

Berlin, Jules Cambon, a reçu mission d'interroger Kiderlen-Wächter, le secrétaire d'État aux Affaires étrangères. L'Allemagne abat ses cartes : elle se désintéressera du Maroc si la France lui abandonne le Congo tout entier. Tout au plus renoncerat-elle au Togo : un œuf pour un bœuf...

21 juillet

Indignation au Quai d'Orsay. On parle de rupture. Est-ce la guerre ? Les pangermanistes y poussent. A la Chambre des communes, Lloyd George, chancelier de l'Échiquier du cabinet Asquith, prononce un dis-

cours fracassant : « Pas de paix humiliante! » Les conversations s'engagent entre états-majors français et anglais.

En revanche, la Russie est réticente. Elle a gardé amertume des conseils de modération que la France lui a donnés au moment de l'annexion de la Bosnie et de l'Herzégovine par l'Autriche. A son tour, elle conseille la prudence.

23 juillet

Devant cette réserve, Caillaux, qui connaît la faiblesse de notre armement et la mauvaise organisation du haut-commandement, décide d'engager personnellement, pardessus la tête de son ministre des Affaires étrangères, et secrètement, des conversations avec l'Allemagne.

Ces conversations ont lieu par l'intermédiaire du baron de Lancken qui, au nom de l'empereur, accepte de diminuer les exigences allemandes.

28 juillet

Le général Joffre est nommé chef d'état-major général. C'est lui qui commandera les armées françaises s'il y a la guerre. Il prend Castelnau comme adjoint. Messimy réorganise le haut-commandement.

29 juillet

Les conversations se poursuivent entre Kiderlen-Wächter et Jules Cambon.

août

Mais elles sont difficiles car, tant en France qu'en Allemagne, les manifestations belliqueuses se multiplient. A Paris, des groupes se réunissent au pied de la statue de

Un fait divers peu banal vient, au cours de l'été 1911, distraire les Français de la tension politique des mois précédents : on a volé la Joconde. Les recherches se poursuivent sans succès. Et les Français de se gausser. Dans les rues de Paris, les camelots offrent aux passants la dernière rengaine : « L'as-tu vue la Joconde ? ». Bientôt, à Florence, son voleur — un italien nommé Perugia — est arrêté. Voici, enfin retrouvée, Mona Lisa contemplée par le peintre Cavenaghi, le directeur des Beaux-Arts, M. Ricci, et le directeur de la galerie, M. Poggi. Après avoir été exposé à Rome et à Florence, le tableau sera restitué au Louvre au début de l'année 1914. (Photos Roger-Viollet.)

Strasbourg, place de la Concorde. L'opinion publique est excédée et reproche au cabinet d'avoir entamé des négociations.

21 août

Par chance, un fait divers sensationnel distrait les Français : on a volé la *Joconde* au musée du Louvre. Cette disparition provoque à la fois indignation et amusement. La police cherche en vain le coupable...

7 septembre

... et arrête Guillaume Apollinaire et Picasso, accusés d'avoir recelé des statuettes phéniciennes volées précédemment au Louvre par un secrétaire du premier. Vive émotion dans le monde des arts et des lettres. Les deux jeunes hommes seront bientôt relâchés, leur bonne foi ayant été reconnue. Mais *Mona Lisa* court toujours...

21 septembre

Les négociations sont si ardues qu'une rupture est envisagée. Panique à la Bourse de Berlin. L'annonce par l'Italie de son intention

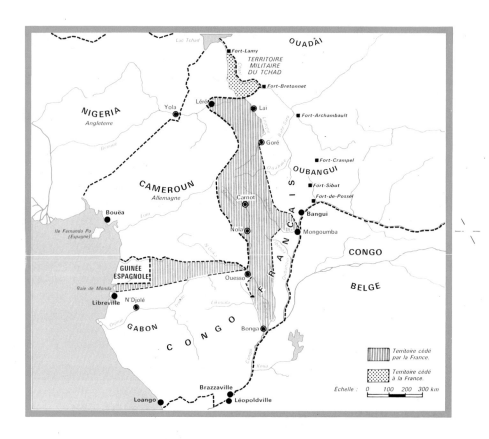

DÉPENSES MILITAIRES	1901	1902	1904	1906	1908	1909	1910
ANGLETERRE	1 155	1 739	726	631	671	676	687
RUSSIE	883	961	993	1 048	1 202	1 260	1 282
ÉTATS-UNIS	694	580	596	611	634	810	830
FRANCE	673	731	702	859	782	800	872
ALLEMAGNE	670	704	718	949	1 079	1 025	1 008
AUTRICHE-HONGRIE	312	316	316	314	319	350	
ITALIE	264	280	282	277	298	308	
JAPON	95	118	95	129	265	227	

DÉPENSES NAVALES	1901	1902	1904	1906	1908	1909	1910
ANGLETERRE	694	781	930	741	804	811	882
FRANCE	372	298	292	305	319	333	375
ÉTATS-UNIS	285	347	528	572	490	611	625
RUSSIE	235	302	302	298	243	238	
ALLEMAGNE	190	270	286	327	440	514	538
ITALIE	117	126	127	138	158	170	
JAPON		72	88	72	209	185	
AUTRICHE-HONGRIE	45	50	53	53	57	66	

d'envahir la Tripolitaine et la Cyrénaïque inquiète l'Allemagne qui accepte certaines des exigences de la France.

25 septembre

L'explosion du cuirassé français *Liberté*, une des plus belles unités de notre flotte, en rade de Toulon cause une vive émotion : 110 morts, 236 blessés graves, tel est le lourd bilan de cette catastrophe qui endeuille notre marine nationale, déjà éprouvée cette année-là par l'explosion du croiseur *La Gloire*.

octobre

L'Italie déclare la guerre à la Turquie pour s'emparer de la Cyrénaïque et de la Tripolitaine.

4 novembre

L'accord franco-allemand est enfin signé : l'Allemagne reconnaît notre protectorat sur le Maroc. La France cède à l'Allemagne 275 000 kilomètres carrés de notre colonie du Congo (le bassin de la Sangha avec des pointes vers les fleuves Oubangui et Congo). En échange, l'Allemagne nous abandonne une petite bande prélevée au nord de son Cameroun (à gauche carte de ces régions).

L'arrangement peut paraître satisfaisant. Il déchaîne la colère dans les deux pays. Les pangermanistes sont furieux. Clemenceau invective Caillaux qui a abandonné des territoires français à l'avidité germanique.

De plus en plus une partie de l'opinion publique des deux pays se persuade que la guerre est inévitable et la course aux armements s'accentue (le tableau ci-contre indique, en millions de francs, les dépenses des pays respectifs).

novembre-décembre

Ce mécontentement se traduit à la Chambre au moment où elle doit ratifier la convention franco-allemande. Caillaux est violemment attaqué.

21 décembre

L'année s'achève sur un fait divers tragique : un encaisseur est assassiné en pleine rue par des bandits en automobile. C'est le premier exploit de la « bande à Bonnot ».

1912, 8-10 janvier

La Chambre a ratifié l'accord intervenu entre la France et l'Allemagne. Au Sénat, Poincaré, Bourgeois et Clemenceau attaquent Caillaux en lui reprochant d'avoir mené des tractations secrètes. Caillaux nie. Son ministre des Affaires étrangères, Selves, lui apporte un démenti, puis démissionne. Caillaux se retire.

13 janvier

L'opinion publique réclame un gouvernement fort et stable. Raymond Poincaré lui paraît l'homme de la situation. Ce Lorrain, fervent patriote, se proclame laïc mais préfère l'apaisement à la lutte. Il ne veut pas la guerre mais estime que la France doit être en mesure de la soutenir. Ce juriste entend montrer l'autorité du gouvernement. Ce financier veut un budget en équilibre et voté en temps voulu. Il est adversaire de l'impôt progressif sur le revenu.

15 janvier

Le ministère est constitué. Poincaré prend le portefeuille des Affaires étrangères, met Millerand à la Guerre, Delcassé à la Marine, Steeg, ferme radical, à l'Intérieur, Briand à la Justice, Guist'hau, ami de Briand, à l'Instruction publique, Dupuy (directeur du *Petit Parisien*) aux Travaux publics, Bourgeois au Travail; Klotz reste aux Finances, Lebrun aux Colonies, Pams à l'Agriculture.

16 janvier

Dans sa déclaration à la Chambre, Poincaré parle seulement de la réforme électorale et insiste « sur la nécessité de donner au pays un sentiment de sécurité ».

Le congrès radical d'octobre 1911 avait réclamé des réformes fiscales et démocratiques ainsi que la défense de la laïcité. Il n'en est pas question.

« Nous pouvons dire adieu à l'impôt sur le revenu et à la défense laïque », soupire Pelletan.

La confiance est votée par 440 voix sur 446 votants; la droite et les socialistes s'abstiennent.

16-28 janvier

Tandis que la Chambre s'attaque au budget puis vote une nouvelle loi sur le secret du vote (création de l'isoloir), Poincaré montre sa fermeté. Après des succès initiaux qui les ont conduits à Tripoli, les Italiens éprouvent des difficultés dans la guerre qu'ils mènent contre les Turcs et croient que ceux-ci sont soutenus de Tunisie par la France. Ils ont arraisonné et mené à Cagliari deux paquebots français. Poincaré en exige la libération mais accepte que l'incident soit porté devant la Cour internationale de La Haye. Les Italiens restent amers et notre ambassadeur à Rome, Barrère, déplore ce refroidissement des relations franco-italiennes.

février

La confiance renaît dans le pays : pour manifester la présence de l'armée, Millerand rétablit les retraites militaires qui chaque samedi, dans les villes de garnison, électrisent les gamins et enchantent les badauds. Ce n'est qu'un petit signe, mais caractéristique du renouveau patriotique de la France.

Les Anglais s'inquiètent de l'accord franco-allemand et tentent de négocier avec l'Allemagne une limitation des armements navals. Les entretiens de Berlin se soldent par un échec et Winston Churchill, premier lord de l'Amirauté, déclare aux Communes : « Si les Allemands construisent deux cuirassés, nous en construirons quatre! »

mars

A la Chambre, les députés partisans de la représentation proportionnelle n'arrivent pas à se mettre d'accord sur l'attribution des voix restantes après la répartition faite au quotient électoral : les reportera-t-on sur une liste régionale ou sur la liste ayant obtenu le plus de sièges? Finalement, la discussion d'urgence du projet est ajournée.

13 mars

Les puissances orientales, Bulgarie, Serbie, Grèce, Monténégro, veulent profiter de la décadence turque que les jeunes officiers qui gouvernent le pays n'ont pu arrêter. Tout ce que ces « Jeunes Turcs » ont décidé, c'est de chasser les chrétiens de Macédoine.

Bulgarie et Serbie signent un accord secret. Quand Poincaré l'apprendra au mois d'avril, il déclarera :

Raymond Poincaré et son ministère, en janvier 1912. Le nouveau président du Conseil apparaît à tous comme l'homme fort réclamé par les difficultés de l'heure. Sa qualité de Lorrain et son patriotisme lui donnent, au regard des foules, un prestige indiscutable. D'ailleurs, Poincaré ne manquera pas, dans son discours d'investiture, de mettre l'accent sur la nécessité de « donner au pays le sentiment de sa sécurité ». (Photothèque des Presses de la Cité.)

« Ce traité contient en germe non seulement une guerre contre la Turquie, mais contre l'Autriche. »

16 mars

Au Maroc, le sultan Moulay Hafiz sollicite le protectorat de la France.

mars

Les « bandits tragiques » de la bande à Bonnot poursuivent leurs exploits. L'opinion publique réclame une action énergique de la police.

30 mars

Signature officielle du traité établissant le protectorat de la France sur le Maroc.

avril

La mort de Brisson a laissé vacante la présidence de la Chambre. L'élégant Paul Deschanel (qui a déjà présidé l'Assemblée de 1898 à 1902) est élu par 292 voix contre 208 au vice-président Étienne, grâce à l'appui des modérés et aux divisions des radicaux.

15-17 avril

La signature du traité franco-marocain provoque le soulèvement général du Maroc. L'armée du chérif elle-même et les tabors (bataillons d'infanterie) participent à l'insurrection. La révolte a commencé à Fez où plusieurs Français ont été massacrés.

24 avril

Cernés dans une maison, les bandits de la bande à Bonnot sont pour la plupart arrêtés après avoir tué le sous-chef de la Sûreté, mais Bonnot est parvenu à s'échapper.

27 avril

Devant la situation au Maroc, le gouvernement nomme le général Lyautey résident général.

Bonnot est mortellement blessé après s'être longtemps défendu.

LA BANDE A BONNOT

La Bande à Bonnot, *c'est l'anarchie dévoyée. La reprise individuelle a cédé le pas au banditisme pur et simple. Avec elle, le drapeau noir marche dans le sang.*

Et il porte en proue le symbole du modernisme bourgeois : l'automobile. Les coups de revolver qui abattent, en décembre 1911, le garçon de recettes de la rue Ordener s'achèvent sur une fuite pétaradante.

La fameuse bande est constituée d'un assemblage fort composite d'individus n'ayant, au départ, en commun, que le refus. Refus « jusqu'au-boutiste » de certaines valeurs sociales. Ayant constaté la vanité des efforts d'un Kilbatchiche pour faire triompher l'Idée, ils ont, sombrement, résolu de s'attaquer, arme au poing, à la société dont chaque membre, favorisé ou soumis, est tenu individuellement pour coupable.

A leur tête, Jules Bonnot, 34 ans, ouvrier mécanicien, militant syndicaliste, faux-monnayeur. C'est l'homme fort, celui qui a le savoir-faire. Il affiche une technique presque exemplaire. Son ascendant sur les autres est immédiat. Il est prêt à tout. Il est courageux — sa mort en témoignera. C'est donc un dur qui n'hésite pas à tuer s'il le faut. Il est rapide dans ses décisions, parfois brutal. Il cultive avec amertume le mépris du bourgeois et des fonctionnaires.

En fait, l'anarchie en tant que doctrine ne l'intéresse guère. Mais il comprend très vite qu'elle peut lui apporter la justification de ses actes criminels. Et des troupes. Il est le type même du bandit, défini comme « l'individu qui vit d'attaques à main armée ». Il a la parole brève, coupante. C'est un chef.

Il ira jusqu'au bout : le 29 avril 1912 à l'aube, il ne faudra pas moins

Ci-dessus, l'arrestation d'un anarchiste, à Ivr laisse deviner l'émotion qui s'emparait de la fou

d'une grande partie de la police parisienne, de la compagnie des pompiers et de deux compagnies de la Garde républicaine pour abattre Bonnot, réfugié dans un garage de Choisy-le-Roi. Et ce, en présence notamment de M. Lépine, préfet de police, de M. Guichard, chef de la Sûreté, et du procureur de la République, entourés de tous les envoyés de journaux, de quelques opérateurs du cinéma naissant, et de trente mille badauds surexcités.

A côté de lui, à l'exception de Garnier et Valet, membres de la bande, anciens déserteurs, que l'on ne peut abattre à Nogent-sur-Marne, qu'en y mettant le même prix que pour Bonnot, les autres semblent des apprentis ou des intellectuels.

L'intellectuel par excellence c'est Kilbatchiche — futur Victor Serge. Il sera secondé par une femme : Rirette Maîtrejean. Il incarne une figure exactement antithétique de celle de Bonnot. Anarchiste — la majuscule est de rigueur — avant tout et par-dessus tout « théoricien » du mouvement. Il est un homme de pensée. Ce qu'il voudra de toutes ses forces, et lui aussi jusqu'au bout, c'est

*·sque l'un d'eux tombait aux mains de la police.
Photothèque des Presses de la Cité.)*

donner un fondement théorique et philoso-
phique à l'association. Il devra vite
déchanter et désavouer Bonnot. La rupture entre les deux hommes sera complète,
quelque peu avant la dissolution totale
de la bande et l'arrestation ou la mort
de ses membres. Mais, devant la justice,
Kilbatchiche, toujours assisté de Rirette
Maîtrejean, tiendra tête bravement.

Callemin, que l'on nomme Raymond
la Science, tant est grande sa soif de
lecture, ressemble assez, par son côté
intellectuel, à Kilbatchiche. Il n'a que
21 ans. C'est un faible. Mais il ira
sans défaillance à la guillotine.

Faibles en fin de compte, les autres le
sont aussi. Carouy, taillé en hercule,
ancien tourneur sur métaux, ou Soudy.
Ils ont d'emblée adopté et suivi Bonnot.
Toutes leurs entreprises avortées jusque-
là connaissent une fulgurante réussite,
que consacre très vite la renommée, trans-
mise par la voix des journaux. Les bourgeois parlent avec effroi de la « bande à
Bonnot », des « bandits tragiques ». Le
préfet de police de Paris est saisi de
l'affaire qui inquiète peu à peu tous ceux
qui de près ou même de moins près
approuvent l'ordre social existant, ou en
profitent.

« L'affaire » remue l'opinion publique.

Dès lors, comment ne pas se laisser
emporter, griser même par cette aventure,
quand on a comme certains d'entre eux à
peine vingt ans ? Faire trembler la sacro-
sainte société ! Mettre à bas ses fondements si bien assurés !

Soudy est un bel exemple : jeune,
pauvre, tuberculeux. Qu'a-t-il à défendre ? Qu'aurait-il à perdre ? La rencontre de Bonnot lui donne tout, canalise
son énergie, le fait reconnaître de tous,
lui permet de faire peur à tous. On le
surnommera « l'homme à la carabine ».

Bonnot, lui, est l'homme de la tragédie. Il incarne tout à la fois la chance
aveugle et féroce et la malédiction finale.
Venu à l'anarchie pour en tirer avantages
crapuleux, il mourra en véritable « anar »,
innocentant d'un billet écrit de son sang
des complices accusés à tort. Mais il
aura corrompu les purs. Sciemment ou
non. De Callemin, il aura vraiment fait
un bandit.

Il est normal, juste et un peu triste
que, décriée par la société (même les
ouvriers de la région parisienne réclamaient la mort de Bonnot), la bande
soit rejetée par les anarchistes. « La
propagande par le fait » a causé le plus
grand mal à l'Idée.

Le 28 février 1913, les sentences
tombent : Callemin, la mort. Soudy, la
mort. Carouy, travaux forcés à perpétuité.
Kilbatchiche, cinq ans de réclusion.

Rirette Maîtrejean est acquittée. Elle
devait écrire dans ses Mémoires :
« Derrière l'illégalisme, il n'y a pas des
idées. Ce qu'on y trouve : de la fausse
science et aussi des appétits, surtout des
appétits. »

Le nom d'Hubert Lyautey reste attaché à la pacification du Maroc. Saint-Cyrien et ancien élève de carrière militaire comme jeune officier de hussards, puis passe dans un régiment de chasseurs à cheval. Au de Gallieni, il sent naître une vocation coloniale qui s'affirme au cours des années qu'il passe à Madagas 1903, promu général, il prend le commandement de la subdivision d'Aïn-Sefra. De 1906 à 1910, il a rencontré autrefois Lyautey, explique dans ses Mémoires les raisons qui l'ont poussé à le choisir comme général Lyautey, que j'avais vu autrefois à Alger chez M. Jonnart et qui m'avait séduit par la vivacité hension de l'âme musulmane. » De 1912 à 1916, puis de 1917 à 1925, Lyautey assume la charge qui pratiquant une politique de hardiesse calculée, de prudence et d'habileté et posant les jalons d'une œuvre de ses fonctions, lors d'une réception du sultan Moulay Youssef. (Photothèque des Presses de la Cité.)

13 mai

Le général Lyautey débarque à Casablanca.

24 mai

Il fait son entrée solennelle à Fez. Le même jour, plusieurs rebelles ont été passés par les armes.

mai

Poincaré gouverne énergiquement : il ordonne des mesures pour ramener dans le devoir les fonctionnaires indisciplinés.

mai

En Orient, Bulgarie et Grèce concluent une alliance secrète.

17 juin

Fidèle à sa promesse, Poincaré demande à la Chambre d'ouvrir le débat sur la représentation proportionnelle. L'ensemble de la loi instituant la représentation proportion-

l'École d'application d'état-major, il débute sa
Tonkin, où il est envoyé en 1894 sous les ordres
car (1897-1902) puis en Afrique du Nord. Dès
est à la tête de la division d'Oran. Poincaré, qui
résident du Maroc : « ... je me décidai pour le
de son intelligence et par sa sympathique compré-
lui a été confiée pour le plus grand bien du Maroc,
magnifique. Ce document le montre dans l'exercice

nelle avec « panachage » (droit de
voter pour des candidats figurant
sur des listes différentes) et apparentement (pour le report des restes)
est voté le 10 juillet par 339 voix
contre 217.

Mais le Sénat reste résolument
hostile à la réforme.

1er juillet

Au cours d'une séance spéciale à
la Chambre, Poincaré défend sa
politique et celle de Lyautey. Il
obtient une large majorité.

13 juillet

En même temps, il encourage les
conversations entre états-majors
français et russe. Le premier obtient,
à la suite de la signature d'un protocole, que soient raccourcis les délais
d'entrée en action des armées russes
en cas de guerre.

De son côté, le gouvernement
anglais manifeste son désir de
conclure avec la France un arrangement naval.

22-23 juillet

Cet accord est signé et les conversations entre les états-majors des
deux pays sont poussées plus profondément : on étudie le débarquement
d'un corps expéditionnaire anglais
en France.

5 août

Afin de renforcer l'alliance
franco-russe, Poincaré se rend en
Russie à bord d'un navire de guerre
pour éviter de traverser l'Allemagne.

12 août

Au Maroc, le sultan Moulay
Hafiz abdique et est remplacé
par Moulay Youssef.

7 septembre

Les troupes françaises, conduites
par le colonel Mangin, s'emparent
de Marrakech. La victoire française
au Maroc s'affirme.

septembre

Les syndicats d'instituteurs ayant
manifesté l'intention d'adhérer à la
C.G.T., le gouvernement décide
de les dissoudre et envisage même
de dissoudre aussi la C.G.T. qui

vient de tenir un congrès particulièrement violent au Havre.

1er octobre

L'aviation militaire est définitivement organisée en un certain nombre d'escadrilles.

8 octobre

Et voici le début de la guerre balkanique. Le roi de Monténégro, le premier, déclare la guerre à la Turquie pour sauver la Macédoine. La Turquie, à son tour, déclare la guerre à la Serbie, la Grèce et la Bulgarie.

15 octobre

Acculée à se défendre, la Turquie signe la paix avec l'Italie en lui abandonnant Cyrénaïque et Tripolitaine.

octobre

Victoires foudroyantes des Serbes, des Grecs et des Bulgares. Les Alliés occupent Salonique, Durazzo, Scutari. L'armée bulgare n'est plus qu'à 40 kilomètres de Constantinople.

Ces succès inquiètent l'Autriche et réjouissent les Russes. Ces deux puissances mobilisent plusieurs corps à grand fracas. A Nantes, Poincaré déclare : « Tant qu'il y aura sur la surface du globe des peuples capables d'obéir inopinément à un idéal belliqueux, les peuples les plus sincèrement fidèles à un idéal de paix seront dans l'obligation de rester prêts à toute éventualité. »

Il fait savoir à la Russie que la France accomplira tous ses engagements en cas d'attaque allemande, même si la guerre a pour origine un conflit balkanique.

L'opinion publique, les grands journaux se félicitent des succès remportés par les Grecs et les Serbes. C'est que l'armée de ces peuples a été instruite par des officiers français, que son armement est français, alors que l'armée turque a été formée par des officiers allemands et que ses canons viennent de chez Krupp. Cette guerre-éclair persuade en outre l'opinion (et ses dirigeants, à commencer par Poincaré) qu'un conflit général serait de courte durée.

Cependant les Serbes ne cachent pas leur volonté d'obtenir un port sur l'Adriatique, ce à quoi l'Autriche ne consentira jamais.

15 novembre

La diplomatie reprend le pas sur les armes. Grâce à l'intervention de l'Angleterre, les belligérants acceptent de tenir une conférence à Londres tandis qu'une autre, plus générale, assemblera tous les représentants des pays européens.

22 novembre

Premier résultat de la guerre des Balkans : les gouvernements anglais et français échangent des lettres qui, sans amener l'Angleterre à une alliance formelle, renforcent l'entente en déclarant qu'en cas de crise internationale, les deux gouvernements se concerteront pour mettre éventuellement en application les décisions prises par leurs états-majors.

Émile Zola jeune. Tableau peint par Manet. Son œuvre considérable est marquée par un style puissant et évocateur. Sous sa plume imaginative, le drame du monde ouvrier prend des dimensions gigantesques. (Musée du Jeu de Paume. Photo des musées nationaux.)

RAYMOND POINCARÉ

Né à Bar-le-Duc en 1860, ce Lorrain, animé du patriotisme le plus ardent, a parcouru une carrière éblouissante que justifie son éloquence solide, son inlassable activité.

Ministre de l'Instruction publique à trente-trois ans, ministre des Finances à trente-cinq, il appartient au parti progressiste, mais son laïcisme bon teint ne le rend pas suspect aux radicaux-socialistes.

C'est l'homme qui a toujours raison. Ses raisonnements sont impeccables, indiscutables. Avocat, il plaide sans chaleur — et c'est ce que ses adversaires lui reprochent : « Il sait tout et ne comprend rien », a dit de lui Clemenceau. Jugement parfaitement injuste. Son caractère possède des zones d'ombre. En réalité, sa froideur dissimule une grande sensibilité.

C'est un financier, ce n'est pas un économiste. C'est un avocat, ce n'est pas un orateur. Mais s'il compte des ennemis acharnés, Caillaux, Clemenceau, il a su conquérir la confiance de l'opinion publique qui ne voit en lui que le patriote lorrain, plein de foi intransigeante dans les destinées de la France.

« Les bons Français, écrit Albert de Mun le jour de l'élection de Poincaré à la présidence de la République, se tournent vers lui chargés d'inquiétude et d'espoir. »

Devant une guerre que de nombreux esprits déclarent déjà inévitable, cette élection ramène la confiance.

Le 17 janvier 1913, par 483 voix sur 870 votants, Raymond Poincaré est élu à la présidence de la République. Un mois plus tard, le 18 février, a lieu la cérémonie de transmission des pouvoirs. Dans un landau de gala escorté par un escadron de cuirassiers, Aristide Briand vient chercher le nouveau chef d'État à son domicile particulier pour le conduire à l'Élysée où l'attend M. Fallières. Ensemble, ils gagnent l'Hôtel de Ville où doit avoir lieu la réception organisée par le conseil municipal de Paris. Cette photographie représente le président sortant et le nouvel élu entourés de quelques personnalités. De gauche à droite, au premier rang : Antonin Dubost, président du Sénat, Armand Fallières, Raymond Poincaré et Paul Deschanel, président de la Chambre. Au second rang : Émile Loubet et Aristide Briand, ministre de l'Intérieur. (Cabinet des estampes. Bibliothèque nationale. Photo B.N.)

sur la place d'Armes et tout au long du trajet qui ramène le nouvel élu : « Ce n'est pas un homme qui triomphe, ce n'est pas un parti. C'est une idée nationale », écrit *Le Journal* le lendemain.

21 janvier

L'élection de Poincaré laisse vacante la présidence du Conseil. Briand, qui s'est toujours montré un allié de Poincaré, prend cette présidence et remanie le cabinet.

18 février

Selon l'usage, il remet sa démis-

sion après l'investiture solennelle du nouveau président de la République qui le charge naturellement de reformer le cabinet.

fin février

Le programme de Briand porte sur la réforme électorale, l'impôt sur le revenu, l'amnistie, le statut des fonctionnaires, une charte du travail. Dans son message aux Chambres, Poincaré met l'accent sur la défense nationale :

« Il n'est possible à un peuple d'être efficacement pacifique qu'à la condition d'être toujours prêt à la guerre. »

Aux Assises de la Seine, quatre des membres de la bande à Bonnot sont condamnés à mort, trois d'entre eux exécutés en avril, les autres à des peines de travaux forcés.

4 mars

Réunion du conseil supérieur de la guerre; il doit discuter des mesures à prendre pour rétablir l'équilibre des forces rompu par les décisions du gouvernement allemand qui, dès octobre 1912, a résolu d'augmenter considérablement les effectifs et les armements afin de s'assurer une supériorité militaire décisive.

Le conseil demande surtout l'accroissement du nombre des hommes sous les drapeaux et la création d'une artillerie lourde.

6 mars

En conséquence, Briand dépose sur le bureau de la Chambre un projet de loi portant la durée du service militaire à trois ans. Ce projet soulève une vive opposition dans les rangs de la gauche.

Il est pourtant d'autant plus nécessaire de l'adopter que l'Angleterre, soucieuse de rassurer une opinion publique inquiète des bruits de guerre, affirme par la voix de son Premier ministre qu'elle ne s'est nullement engagée à participer à une guerre sur le continent.

18 mars

Briand n'a pas hésité à engager l'existence de son ministère devant le Sénat pour obtenir le vote de la représentation proportionnelle. Les sénateurs sont irréductibles. Le Sénat repousse la réforme par 161 voix contre 128. Briand démissionne.

21 mars

Louis Barthou, un ancien progressiste, forme le cabinet composé de radicaux et de modérés. C'est vraiment le premier cabinet qui ne soit pas exclusivement de gauche. Le programme du nouveau président du Conseil comprend la loi de trois ans, l'impôt sur le revenu, une réforme électorale comportant une représentation équitable des minorités, la défense de l'école laïque.

La confiance est votée le 25 mars par 225 voix contre 152.

En réalité, Barthou se propose de laisser tomber le projet de loi de défense laïque et songe même à négocier clandestinement — on l'a su depuis — le rétablissement des relations entre la France et le Vatican.

30 mars

Fin de la conférence de Londres chargée de rétablir la paix dans les Balkans. Les résultats ne satisfont aucun des belligérants. La Turquie est la grande vaincue, mais les Serbes sont mécontents parce que les Autrichiens ont obtenu le retrait de leurs troupes de la côte adriatique et la création d'une principauté albanaise confiée à un prince allemand, et qui englobe Scutari, contre le gré des Monténégrins (il faut envoyer une garnison internationale pour les obliger à lâcher prise). La Bulgarie est mécontente de la part qui lui est attribuée, la Grèce, la Roumanie aussi. Cette paix risque donc de rallumer le conflit dans les Balkans.

Le même jour est inauguré à Paris le théâtre des Champs-Élysées, œuvre des frères Perret entièrement construite en béton armé, avec une décoration sculptée de Bourdelle.

avril

Plusieurs incidents de frontière irritent les Allemands et les Français : descente d'un zeppelin à Lunéville, d'un avion allemand à Avricourt, altercation au buffet de la gare de Nancy, franchissement de la frontière par des scouts allemands. Dans tous ces cas, la France montre une grande fermeté.

4 mai

A Caen, Barthou, dans un grand discours, justifie la loi de trois ans :

Dans le cadre moderne du théâtre des Champs-Élysées achevé en 1913, au mois de mai de la même année, Diaghilev mettra en scène, sur une musique d'Igor Stravinsky, le ballet « le Sacre du printemps ». (Bibliothèque de l'Arsenal, Paris.)

« Notre pays veut la paix, mais seulement la paix qui s'accorde avec sa fierté et sa dignité, non la paix de la peur. »

Et il annonce son intention de maintenir sous les drapeaux la classe libérable le 1er octobre.

11 mai

Après les socialistes français et allemands qui se sont réunis à Bâle pour décider de l'attitude à prendre afin d'empêcher la guerre, des parlementaires français issus de la gauche se réunissent à Berne dans les mêmes intentions. La conférence ne peut formuler que quelques vœux pieux.

En réalité, le Reichstag s'apprête à voter un impôt d'un milliard de marks pour porter l'armée allemande à 815 000 hommes et la doter d'un matériel perfectionné.

15 mai

Riposte de la France : malgré une violente opposition de la gauche, le maintien de la classe sous les drapeaux est voté par 322 voix contre 155.

Ce vote provoque une agitation dans les casernes, troubles que le gouvernement réprime vigoureusement. Barthou envisage de dissoudre la C.G.T. qui encourage les grévistes.

18 mai

Par la voix de Caillaux, le parti radical-socialiste se prononce contre la loi de trois ans.

29 mai

A Paris, *Le Sacre du Printemps* de

> ## LES CONSÉQUENCES DE LA GUERRE BALKANIQUE
>
> *La première conséquence de cette guerre est l'humiliation de l'Allemagne, plus désireuse que jamais d'une revanche que le grand état-major réclame pour se prouver à lui-même qu'il reste le plus fort. Guillaume II, qui ne tient pas à la guerre, finira par être débordé par ses officiers et laissera son alliée, l'Autriche-Hongrie, chercher querelle aux Slaves. L'empereur connaît cependant très bien les risques qu'une telle politique fait courir à la paix européenne.*
>
> *La seconde conséquence est, en France, le nouvel état d'esprit du grand état-major qui se sent beaucoup plus sûr de lui : sa doctrine, l'offensive à outrance, est bonne puisqu'elle vient de donner les meilleurs résultats. Le canon de 75 est une arme remarquable et il n'est pas nécessaire de prévoir une artillerie lourde importante : une guerre avec l'Allemagne ne durerait pas trois mois !*

Stravinsky, ballet donné au nouveau théâtre des Champs-Élysées par Serge de Diaghilev, provoque une véritable bataille d'*Hernani*...

juin

Il fallait s'y attendre : mécontents du règlement imposé par la conférence de Londres, les vainqueurs se disputent les dépouilles de la Turquie. La Roumanie (qui n'a pas participé à la guerre) réclame un morceau de la Dobroudja à la Bulgarie en compensation des agrandissements de celle-ci. La Russie soutient ses prétentions et propose son arbitrage. Redoutant qu'il lui soit défavorable, la Bulgarie attaque la première. Elle est aussitôt envahie par les Roumains, les Serbes, les Grecs et les Turcs.

19 juillet

La loi de trois ans est votée à la Chambre par 389 voix contre 223. Pour permettre la libération de la classe, la loi décide d'abaisser à vingt ans l'âge de l'appel sous les drapeaux, ce qui permet d'appeler en même temps les deux classes de 1912 et de 1913 et donnera un contingent suffisant en 1914. Mais il ne faut pas oublier que nous avons 70 000 hommes au Maroc où la paix revient peu à peu, malgré la résistance des tribus dans le Sud.

7 août

La Bulgarie vaincue signe le traité de paix à Bucarest. Elle cède le territoire réclamé par la Roumanie et ne reçoit de la Macédoine que 18 000 km²; la Serbie en a 39 000 avec 1 300 000 habitants; la Grèce obtient la côte de la Macédoine orientale avec le port de Cavalla. L'agrandissement de la Serbie barre à l'Autriche la route de Salonique. Le nouveau roi de Grèce, Constantin, bien que soutenu dans ses prétentions par la France, proclame sa sympathie à l'égard de Guillaume II, son beau-frère.

L'Autriche annonce secrètement à l'Italie qu'elle est bien décidée à en finir avec la Serbie.

23 septembre

Pour la première fois, un avion français piloté par Roland Garros franchit la Méditerranée.

Depuis l'exploit réalisé par Blériot en traversant la Manche, les progrès de l'aviation n'ont cessé de se confirmer. Le 23 septembre 1913, Roland Garros établit à son tour un record : la traversée de la Méditerranée. Parti de Saint-Raphaël, il atterrit à Bizerte après avoir parcouru 730 kilomètres sans escale en 7 h 53 mn. Voici, à son arrivée, Garros devant son appareil. (Musée de l'Air, Paris.)

16-18 octobre

Réunis en congrès à Pau, les radicaux-socialistes mettent au point leur programme pour les élections de 1914.

Ils élisent Caillaux président et se prononcent contre la loi de trois ans et pour un rapprochement avec les socialistes.

novembre

Graves incidents en Alsace : à Saverne, un officier allemand a traité les Alsaciens de voyous. La population se déchaîne contre lui. Il doit être muté mais la presse allemande redouble ses attaques contre la France dont les pangermanistes réclament ouvertement le démantèlement.

Guillaume II, au cours d'une conversation avec le roi des Belges, Albert, sonde ses intentions au cas où l'Allemagne passerait par la Belgique pour attaquer la France.

Moltke, chef d'état-major allemand, conseille en effet la victoire rapide sur la France avant de se retourner contre la Russie.

2 décembre

Le budget de 1914, dont la Chambre a commencé la discussion, s'élève à 5 milliards 873 millions. Pour faire face aux dépenses militaires, Barthou veut lancer un emprunt de treize cents millions destiné à éponger le déficit chronique. Les titres seront exempts de tout impôt (ce qui laisse entendre que le gouvernement renonce à l'impôt sur le revenu). La motion impliquant le confiance est repoussée par 290 voix contre 265.

9 décembre

Formation du ministère Doumergue. Ce sénateur radical-socialiste confie les Finances à Caillaux et prend avec lui une majorité de ministres adversaires de la loi de trois ans. Toutefois, il promet d'appliquer loyalement la loi, de faire voter l'impôt sur le revenu et de chercher avec le Sénat une solution transactionnelle pour la loi électorale. La confiance lui est accordée par 302 voix contre 141.

La vie de l'esprit

Une guerre qui s'achève ne modifie pas le comportement intellectuel d'un peuple. Pas plus qu'une guerre qui commence. C'est pourquoi les classifications purement historiques s'accordent mal avec l'histoire des mouvements intellectuels. Depuis la guerre de 1870 jusqu'à la fin du XIXᵉ siècle, on peut dire que la littérature française n'est guère qu'un prolongement : celui de l'époque précédente. Au lendemain de la défaite, la vedette incontestée de nos lettres reste Victor Hugo, idole des Français. En poésie, le grand nom de Leconte de Lisle se profile sur une école qui le vénère. Heredia met ses pas dans les siens : « l'art pour l'art », sonorité, perfection de la forme et de la rime. Au théâtre, survivance aussi de Dumas fils et d'Émile Augier. Renan et Taine dominent une certaine pensée. *Les Origines de la France contemporaine* de Taine (1875) prolongeront longtemps leur influence sur la jeunesse.

Les frères Goncourt qui, dans leurs romans, affirment vouloir restituer *l'humain* avec la précision d'une plaque photographique, ont débuté en 1851. Alphonse Daudet, plus sensible, plus accessible à l'émotion, a lui aussi fait ses premières armes sous l'Empire.

Émile Zola lui-même est issu de la génération d'avant la guerre : il a publié son premier livre : *Contes à Ninon* en 1864. Et, sous l'Empire, toujours : *Thérèse Raquin*. Il se veut le disciple de Balzac, de Stendhal, de Flaubert. Pourtant, c'est ce même Zola qui, sous la IIIᵉ République, va affirmer avec éclat l'existence d'une nouvelle école : le naturalisme. En lisant *l'Introduction à l'étude de la médecine expérimentale* de Claude Bernard, il trouve son chemin de Damas. Tout à coup, il imagine qu'il peut exister un « roman expérimental »; ce sera l'*His-*

Ci-contre, les danseurs russes Nijinski et Anna Pavlova, dans une figure du ballet : « Le Pavillon d'Armide ». (Bibliothèque de l'Arsenal. Photothèque des Presses de la Cité.)

toire naturelle et sociale d'une famille sous le Second Empire, autrement dit les Rougon-Macquart. Il a trente et un ans quand, en 1871, il publie le premier volume. Comment oublier ces chefs-d'œuvre qui ont nom *l'Assommoir* : le monde ouvrier, l'ivrognerie, la déchéance d'une famille, des ténèbres grouillant de vie ? *Nana* : la haute noce sous Napoléon III ; *Germinal* : le monde du travail qui souffre et qui lutte. En vingt-deux années, Émile Zola mènera à bien sa tâche immense : vingt romans, trente et un volumes, douze cents personnages.

Bien sûr, Zola, comme tous les génies, a rencontré la haine, l'incompréhension, l'injure. On l'a accusé de pornographie, des caricatures l'ont montré sous l'apparence d'un cochon. Quand il a pris parti pour Dreyfus et publié le célèbre *J'accuse*, les attaques contre lui ont pris des proportions véritablement frénétiques. Il sera condamné, exilé,

amnistié. Il évolue vers une sorte de philosophie sociale. « Les lettrés, dit Pierre de Boisdeffre, font la fine bouche. » Mort asphyxié en 1902, Zola sera, six ans plus tard, inhumé au Panthéon. Mais longtemps il reste méconnu. Il faudra plus de quarante ans pour que l'on reconnaisse sa place, qui est immense, dans les lettres françaises. André Gide, un des premiers, demandera justice pour Zola. Cocteau dira : « J'estime que Zola est un grand poète, un grand lyrique inconnu. » Et Upton Sinclair : « L'œuvre de Zola est l'un des grands monuments de la littérature mondiale. »

Maupassant, lui, n'avait que vingt ans quand a éclaté la guerre de 1870. Il est donc logique que son œuvre marque d'une façon plus précise la France « fin de siècle ». Pourtant, Guy de Maupassant se veut élève de Flaubert. C'est ce dernier qui a guidé ses premiers pas dans la littérature, lui apprenant à observer, à noter méticuleusement ses impressions avant de les traduire. Le jeune Maupassant doit encore à Flaubert d'avoir connu le monde littéraire de son temps : Daudet, Huysmans, Zola. Grâce à eux, il a débuté dans le journalisme, expérience dont il tirera *Bel Ami* (1885). Ses véritables débuts datent de 1880, avec une nouvelle dont le retentissement fut immédiat : *Boule de suif*. En fait, Maupassant va se révéler le maître incontesté de la nouvelle. Il en publiera seize volumes qui s'ajouteront à six romans. Il a su admirablement montrer la société de son époque, le cadre de la vie, les filles, le plaisir, l'eau sous toutes ses formes. Tenaillé par une angoisse quasi physique, il a sans cesse exprimé son désir d'*ailleurs* : « Oh ! fuir, partir, fuir les lieux connus, les hommes, les mouvements pareils aux mêmes heures, et les mêmes pensées, surtout ! » Atteint de syphilis il mourra fou en 1893. L'école réaliste aura trouvé en lui son maître.

Sans doute faut-il admettre avec Thibaudet que les années 1885 marquent un tournant dans notre littérature. C'est le temps, pour beaucoup de jeunes, d'une rupture avec le passé. Paraissent de multiples petites revues qui pourfendent les étoiles d'hier. Hugo est mort. Fort peu respectueux à l'égard de Taine et de Renan, le jeune Maurice Barrès proclame la nécessité d'un « culte du moi ». Le même Taine se trouve également bousculé par le jeune Paul Bourget. La poésie dit adieu à Leconte de Lisle. Voici l'école dite « décadente » mais restée « symboliste ». On ne veut plus des beaux vers ciselés, on cherche des rythmes neufs. Voici le temps d'un maître, éternel adolescent, Arthur Rimbaud, « mystique à l'état sauvage », auteur des *Illuminations* et d'*Une Saison en enfer*. Après une vie d'aventures, il meurt dans un hôpital de Marseille en 1891. Au nom de Rimbaud, celui de Paul Verlaine demeure à jamais lié. Les deux poètes ont vécu une liaison orageuse, allant jusqu'à la tentative de meurtre, conduisant Verlaine en prison. Dans son *Art poétique*, Verlaine réclame « de la musique avant toute chose ». Dans ses vers, il met tout son *moi* qui chante, aime, et pleure. Poète de toutes les extases, de toutes les recherches sensuelles *(Parallèlement)*, il est aussi celui des aspirations simples et pures. Il mourra, prophète barbu et ivre du Quartier latin, dans un taudis de la rue Descartes, en 1896.

Sur le mouvement symboliste, ainsi baptisé par le poète Jean Moréas, Mallarmé avait régné, en artiste autant qu'en théoricien. Il veut que la poésie suggère comme la

Maurice Barrès (ci-dessus en 1911). Oubliant l'individualisme de ses débuts, il évoluera vers un patriotisme ardent. (Photothèque des Presses de la Cité.)

musique, en employant des vocables « choisis pour leur qualité complémentaire ». Il faut aboutir à « l'image s'envolant des rêveries ». Primauté à l'émotion, mais Mallarmé en viendra ainsi à l'hermétique, au symbolique.

Une grande époque, certes, mais, en 1900, le symbolisme était mort. On en était à une étape nouvelle et imprévisible : une réaction classique, dont Moréas était l'instigateur, avec Albert Samain et Henri de Régnier. Dans ce climat renouvelé, le paganisme d'Anna de Noailles n'apparaît pas insolite.

En 1908, nouveau tournant : Jules Romains publie *La Vie unanime*. A sa suite, une école voudra « exprimer la réalité sociale, l'âme collective, le contact direct avec le monde, dans des vers sevrés d'intimisme et de convention » (Frédéric Boyer). Tous les noms qui surgissent maintenant sont ceux d'hommes libres, fascinés par la vie, ses étrangetés,

Charles Péguy (ci-dessus, peint par J.-P. Laurens) : son profond mysticisme le ramènera à la foi catholique et marquera son œuvre de poète. (Musée de Chartres. Photo JdC.)

François Thibault, dit Anatole France (ci-dessous) : son œuvre tout entière est empreinte d'une ironie et d'un scepticisme tout voltairiens. (Photo Roger-Viollet.)

ses contradictions, son insolite. Voici Valéry Larbaud, Max Jacob, Léon-Paul Fargue, Alexis Léger qui signera Saint-John Perse, Jean Cocteau, qui débute, Blaise Cendrars.

Nouveau tournant encore en 1910, capital celui-là. Un auteur de quarante-deux ans débute en publiant *Cinq grandes odes* : c'est un diplomate. Il s'appelle Paul Claudel (1868-1955). Les rares lecteurs de ce grand livre découvrent tout à coup une prosodie nouvelle, *le verset*, construit sur l'assonance et sur le souffle. On peut dire que Claudel a inventé une nouvelle poésie française. « Les grands écrivains, a-t-il dit, n'ont jamais été faits pour subir la loi des grammairiens, mais pour imposer la leur, et non pas seulement leur volonté, mais leurs caprices. »

Les noms qui dominent la période d'avant 1914 sont ceux de Charles Péguy, qui scande sa foi et prône le socialisme, et de Guillaume Apollinaire. A la veille de la guerre, en 1913, ce dernier publie *Alcools*, recueil de poèmes écrits depuis 1898. On y trouve ces pièces uniques, très représentatives de toute la poésie moderne : *la Chanson du mal-aimé* et *le Pont Mirabeau*.

Le roman, lui, est entre les mains de ceux que l'on a appelés plaisamment les quatre mousquetaires : Anatole France, Paul Bourget, Pierre Loti, Maurice Barrès. La carrière d'Anatole France est un règne. S'inscrivant dans une tradition et un esprit très français, faits de scepticisme, d'ironie, de non-conformisme, et en même temps d'ingénuité, il évoluera vers l'engagement politique, deviendra apôtre socialiste. En tout cas, sa gloire est immense (*le Crime de Sylvestre Bonnard, le Lys rouge, l'Histoire contemporaine*). Depuis les imprécations des surréalistes, on ne le lit plus guère, mais il n'est pas exclu qu'il retrouve un jour un public. En revanche l'œuvre romanesque de Paul Bourget a sombré, définitivement. A peine parle-t-on encore de son *Disciple*. Mais on lit toujours Pierre Loti (*Ramuntcho*, *Pêcheur d'Islande*). Quant à Maurice Barrès, apologiste du « culte du moi », on ne le cite plus que pour l'influence qu'il eut, un temps, sur la jeunesse française. Qui lit encore son meilleur livre : *les Déracinés* ? En revanche, ses *Cahiers* ont encore des lecteurs.

Plus oubliés encore, ceux que l'on croyait grands : Paul Adam, René Bazin, Marcel Prévost. En revanche, le conteur dont on ne parlait qu'avec une condescendance amusée, Jules Renard, est aujourd'hui à sa place vraie, qui est une des premières. On admire son *Poil de Carotte*, et son *Journal*.

Hors de toute école, Romain Rolland donne l'un des premiers romans-fleuves : *Jean-Christophe*.

Mais, dans cette époque si frémissante de vie, ce qui, à nos yeux, compte avant tout, ce sont ces quelques débutants qui apparaissent dans nos lettres. Avant 1914, une petite équipe s'affirme : celle de la *Nouvelle revue française*, fondée en 1909. André Gide a déjà publié *la Porte étroite* et *le Retour de l'enfant prodigue*. *Les Caves du Vatican* sont de 1914. Le jeune Paul Valéry a publié *la Soirée avec Monsieur Teste*, mais a provisoirement renoncé à la littérature. Roger Martin du Gard a publié *Jean Barois*, Colette les *Claudine*, Jules Romains *les Copains*, Giraudoux *les Provinciales*.

Bien mieux, Marcel Proust a publié dès 1896, à vingt-cinq ans, *les Plaisirs et les jours*. « On eût fort étonné, je pense, a dit André Maurois, les écrivains qui vivaient en 1900, en leur disant que l'un des plus grands d'entre eux, celui qui

André Gide (ci-dessus, en 1891) : l'élégance et le classicisme de son style, la puissance évocatrice de ses descriptions ne parviennent pas à faire oublier son refus de conformisme.

Gabrielle Colette, la « grande Colette » (ci-dessous, en 1914). Sa psychologie, son style souple et musical ont enchanté le XXᵉ siècle naissant. (Photos Roger-Viollet.)

Marcel Proust (ci-dessus), perpétuellement à l'affût du « secret du monde ». Son œuvre est l'expression de l'univers réfléchi et déformé par l'esprit. (Photo Roger-Viollet.)

Guillaume Apollinaire (ci-dessous) : par ses compositions d'avant-garde teintées de lyrisme, par sa fantaisie, il est sans conteste l'un de nos plus grands poètes modernes. (Cabinet des estampes. Photo B.N.)

allait renouveler l'art du roman et faire pénétrer dans le monde de l'art les idées des philosophes et le vocabulaire des savants de cette période, était un jeune homme toujours malade, inconnu du public, de la plupart des lettrés, et considéré par ceux qui l'avaient rencontré comme un homme du monde, intelligent peut-être, mais incapable d'une grande œuvre. » Pourtant, Marcel Proust, dès 1910, a commencé à écrire *A la recherche du temps perdu*. Le manuscrit de son premier volume, *Du côté de chez Swann*, refusé par la N.R.F., il est parvenu à le faire publier chez Bernard Grasset en 1913. A ses frais.

La guerre qui vient fauchera le délicieux Alain-Fournier *(le Grand Meaulnes)*, Péguy, Apollinaire, Psichari, Jean-Marc Bernard. Un jeune poète, atteint de dysenterie, sera exempté de service et sauvé pour la littérature : il s'appelle François Mauriac.

Le tournant de 1885 a-t-il atteint aussi le théâtre ? Pas de doute : les grands ancêtres sont morts. On ne les regrettera pas. La Belle Époque semble, pour la scène française, un apogée. En ce qui concerne au moins la fréquentation des salles. Jamais il n'y a eu autant de théâtres à Paris et en province. Le public s'y bouscule. La liste des pièces jouées nous effare par son abondance. Mais, en vérité, on n'y discerne rien qui ressemble à un renouveau. Le Boulevard continue, en fait, la comédie bourgeoise à la Dumas fils. On admire, on encense, on respecte François de Curel, Eugène Brieux, Paul Hervieu, Henri Bernstein, Henri Bataille. Et encore Alfred

A droite, en haut : « Inondation à Port-Marly », par Sisley.
En bas, « Entrée de village », par Pissarro. (Photos Bulloz.)

1

Capus, Henri Lavedan, Georges de Porto-Riche. Qu'en reste-t-il ? Robert Kanters explique : « Ils périssent faute d'avoir su trouver un ton durable, une langue de théâtre accessible comme toute langue classique. »

A part, il faut mettre Edmond Rostand. Délibérément, il a voulu faire revivre le romantisme à la Belle Époque. En un temps qui voit triompher l'esprit petit-bourgeois, il installe à la scène un souffle qui, totalement, va à contre-courant. Et tout à coup, on s'émerveille, on rêve, on s'enthousiasme. Le *Cyrano de Bergerac* de Rostand fait appel à des sentiments peut-être élémentaires, mais il plaît, on l'aime, il émeut. Rostand a créé là un personnage, l'un des plus vivants du théâtre français. Et durable. Sa résonance, à l'ère atomique, demeure aussi forte qu'à la Belle Époque. Singulier privilège. Le *Poil de carotte* de Renard, transposé au théâtre, atteint le public par des procédés différents, mais avec une efficacité semblable. Là aussi, nous découvrons un caractère qui, du fait de son incontestable réalité, de son âme, ne mourra pas.

En fait, ce qui a survécu de ce théâtre — à part Rostand et Renard — ce sont les auteurs à qui l'on n'attachait pas la moindre importance, les *amuseurs*. Il en est souvent ainsi. Souvenons-nous de Labiche pour l'époque précédente ou d'Offenbach. Notre génération a découvert chez Feydeau et Courteline d'admirables artisans du rire, certes, mais surtout de merveilleux peintres de la sottise bourgeoise. Dans un registre mineur, Flers et Caillavet ont également survécu.

Une époque s'achève. La tentative du *théâtre libre* d'Antoine a tourné court : le naturalisme ou le réalisme au théâtre, à quoi bon ? On attend autre chose. Est-ce un hasard si, en 1914, un certain Paul Claudel fait jouer *l'Échange* et *l'Otage* à Paris ?

Dès le début du XXᵉ siècle, une nouvelle vague d'artistes donne à la peinture une orientation inattendue. Ce n'est plus l'expression de la réalité que l'on cherche à reproduire, mais une interprétation personnelle, une impression individuelle des formes et des couleurs. La vérité qui fut le souci constant des classiques n'existe plus que pour la peinture officielle, la seule alors reconnue et appréciée. Car les œuvres des artistes d'avant-garde ne sont accessibles qu'à un nombre très restreint d'initiés, ou se disant tels. Certains poussent à un tel point leur fanatisme pour la nouvelle école qu'ils donnent l'idée à un jeune écrivain alors bien peu connu, Roland Dorgelès, de jouer à ces éclectiques outranciers un tour à sa façon. Avec quelques complices de la bande du « Bateau-Lavoir », Dorgelès imagine de faire peindre une toile par l'âne du Père Frédé, du « Lapin Agile ». De sa queue trempée dans la peinture, l'animal barbouille consciencieusement en présence de Mᵉ Brionne, huissier. Puis l'œuvre est exposée au Salon des Indépendants de 1910 sous ce titre évocateur : « Et le soleil s'endormit sur l'Adriatique... » Elle est signée Joachim Raphaël Boronali. Et les connaisseurs de s'extasier, sans qu'aucun d'entre eux ne se doute un instant que sous ce nom à consonance italienne se dissimule l'anagramme d'Aliboron ! Les conservateurs triompheront, bien sûr, mais la nouvelle école finira néanmoins par s'imposer et la peinture connaîtra un nouvel âge d'or. Après avoir accepté l'impressionnisme avec Manet, Renoir, Pissarro, Claude Monet, Sisley, Degas, on tolérera le fauvisme avec Matisse, Vlaminck, Dufy, Derain, et le cubisme avec Picasso et Braque. On reconnaît, à droite, quelques-unes des toiles les plus marquantes des maîtres de l'école moderne. (Photos Top Réalités, Giraudon et des musées nationaux.)

« Entrée du port de Marseille » par Signac.

vants évolue vers un style nouveau qu'on appellera l'impressionnisme. Les impressionnistes considèrent que, dans un tableau, le plus important c'est la lumière. Voilà qui n'est pas nouveau. Ce qui l'est, c'est que les peintres veulent saisir les paysages à un instant donné, en offrir une image instantanée. La représentation des sujets, des paysages, des personnages va s'en trouver modifiée et aussi la technique. Les peintres vont notamment utiliser la « division des touches ». Ils voudront suggérer la lumière par des rapports de couleurs, restituer ses vibrations en juxtaposant des valeurs simples. D'où la primauté donnée à la couleur, aux couleurs claires, aux taches de lumière. Le nom d'impressionniste a été imaginé par un journaliste du *Charivari*, après la présentation du tableau de Monet, *Impression, soleil levant*, à l'exposition organisée en 1874. Vers 1890, Seurat et Signac se voudront néo-impressionnistes.

Mais plusieurs peintres, en subissant les influences d'écoles, vont manifester une personnalité trop grande pour s'inscrire dans des limites théoriques. C'est le cas de Toulouse-Lautrec, naturaliste sans l'être, peintre des cafés, des théâtres, du *Moulin rouge* et de ses danseuses. Difforme physiquement, il a le goût de toutes les difformités, morales ou physiques. Le génie de la cruauté et du tragique. De même, Paul Cézanne pourrait être réclamé par plusieurs écoles. A ses débuts, certains aspects de ses paysages annoncent le fauvisme. Après 1870, il traverse une période impressionniste, sans être attiré par la lumière éphémère mais par la stabilité de celle-ci. Peu à peu, il trouve sa voie, refuse le classement de toute école, toute théorie : « La peinture n'a pour but qu'elle-même. » Immense, l'influence de

Cézanne sur les peintres du XXᵉ siècle. Il impose l'idée qu'un tableau n'est pas une reproduction de la nature mais une transposition : « La nature, j'ai voulu la copier. Je n'y arrivai pas, mais j'ai été content de moi, lorsque j'ai découvert que le soleil, par exemple, ne se pouvait pas reproduire, mais qu'il fallait le représenter par autre chose, par la couleur. »

Gauguin, lui, a abandonné son métier, sa famille, pour se consacrer à la peinture. Il voyagera en Bretagne, partira pour la Martinique, puis pour Tahiti. D'abord influencé par les impressionnistes, puis par Cézanne, il ne l'est plus que par lui-même. Dans son art, on croit découvrir l'influence des gravures japonaises, des arts primitifs, mais aussi de Giotto, de Raphaël ou de Corot. Lui aussi transpose la nature au travers de son imagination. Un tableau, il le considère comme une musique.

Van Gogh ne partage pas les idées de Gauguin. Ce grand peintre — le plus grand peut-être — est apparenté par certains aux impressionnistes, par d'autres aux symbolistes, par d'autres encore au fauvisme. En fait, il est Van Gogh. S'il a subi des influences, il s'en est libéré. Il estime que les tons d'un tableau doivent produire avant tout une sensation, qu'elle soit d'angoisse ou de joie. Or sa vie est faite de beaucoup plus d'angoisses que de joies. Admirablement, il saura les transposer, livrant à la postérité, à jamais, l'image de ses fantasmes et de ses souffrances.

Entre 1900 et 1914, naissent écoles après écoles. De plus en plus, on pense que le sujet n'est plus indispensable, qu'il ne subsiste que comme moyen. Marcel Duchamp se posera comme l'inventeur des *ready-made*. De plus en plus, on pense que la peinture est avant

*Il fallut dix ans au sculpteur Rodin pour réaliser cet ensemble : « Les Six Bourgeois de Calais »,
commandé en 1884. Si la conception générale du groupe fut souvent discutée, le génie de l'artiste
apparaît néanmoins dans la diversité des attitudes, dans le réalisme des expressions. (Photo
Roger-Viollet.)*

tout, comme le constate Louis Hautecœur, « une combinaison de lignes et de couleurs sur un plan ». On aboutira, en poussant cette idée à l'extrême, à une déformation subjective des couleurs et des lignes. Mais on pourra aussi aboutir à une déformation objective. La déformation subjective donne naissance au fauvisme, à l'expressionnisme, au surréalisme. La déformation objective donne naissance, elle, au cubisme et à la peinture abstraite.

Le mouvement fauviste se fait connaître au Salon d'automne de 1905 et, naturellement, fait scandale. Son représentant principal est Henri Matisse qui ne veut tenir compte, en art, que de l'imagination à partir de la nature. Le sujet n'est pour lui qu'un prétexte. Lignes et couleurs ne doivent plus exprimer que la sensation. Matisse fait figure de chef d'école, mais Derain, Vlaminck, Rouault exercent déjà une influence considérable qui ne fera que s'affirmer par la suite.

Certains de leurs contemporains ne s'en inscrivent pas moins résolument hors école. C'est le cas de Dufy, qui transforme ses personnages en silhouettes colorées et qui modifiera peu à peu son trait en calligraphie. C'est le cas de Van Dongen qui recherche la simplification du trait comme de la couleur,

11

Considérée comme le chef-d'œuvre du sculpteur Aristide Maillol, cette « Pomone » (à gauche) témoigne de son souci de conserver un contact étroit avec le réel, stylisé cependant dans les formes harmonieuses et pleines qu'il affectionnait. (Photo Bulloz.)

Ce « cheval » (à droite) sculpté en 1914 par Raymond Duchamp-Villon offre un spécimen de l'art cubiste. (Musée national d'Art moderne. Photo Giraudon.)

d'Albert Marquet qui renonce aux couleurs vives des fauves au profit des gris et des bleus.

Hors école encore, le Douanier Rousseau qui puise sa spontanéité dans une naïveté de plus en plus « travaillée ». Utrillo, lui aussi, s'apparente aux naïfs, il travaille d'après cartes postales, mais il sait maîtriser la lumière.

Rouault peint des filles, des clowns, des crépuscules, il évoque l'aspect dérisoire des choses et des êtres en tant qu'images de nous-mêmes. Son inspiration est chrétienne, mais tragique, son dessin est schématique.

L'incontestable nouveauté, dans ce mouvement, la vraie rupture avec le passé, c'est l'apparition d'abord du cubisme, ensuite de l'art abstrait.

Les cubistes veulent donner une nouvelle représentation du réel, en réduisant les formes naturelles à des formes géométriques. Nous découvrons ainsi une réaction contre la sensation. Né vers 1908, le cubisme résulte surtout des recherches de Picasso et de Braque. C'est en 1907 que Picasso peint *Masque* et *les Demoiselles d'Avignon*. Il donnera *Bols et Flacons* en 1908. Très rapidement, le cubisme va se diversifier.

Fernand Léger, influencé par le cubisme, aboutit à des personnages en forme de sphères, de cônes, de cylindres. Peintre de l'ère industrielle, il se révèle le chantre de la machine. Ceci à l'image des futuristes, autre école créée à l'initiative d'Italiens installés à Paris.

Décidément, l'époque est à l'in-

terrogation. A la recherche de réponses quant à l'objet, à sa place dans la nature, à ses relations avec l'homme, donc avec l'espace. Les abstraits vont, à ces questions, formuler leur réponse. Les premières recherches datent de 1909, 1910. Elles sont le fait de peintres étrangers. Ce n'est que plus tard que l'on découvrira des peintres français abstraits.

Parallèlement à cette peinture de recherche, subsiste une peinture traditionnelle que l'on a peut-être condamnée un peu vite et avec trop d'absolu. Ses maîtres sont Meissonier, Gérôme, Bouguereau, Bonnat, Carolus-Duran, Hellen, etc.

La sculpture, à cette époque, est tout entière dominée par deux noms : Rodin et Maillol. Rodin, élève de Carpeaux, a été marqué par Michel-Ange et Donatello. Dans une première phase de sa carrière, il s'est attaché à l'attitude *(les Bourgeois de Calais)*. De plus en plus, il travaillera à simplifier, il recherchera le symbole *(le Penseur, Balzac)*. A la fin de sa vie, il se contentera de suggérer la réalité. L'influence de Rodin a été considérable en France et à l'étranger. Il a eu comme élève Bourdelle qui s'est proclamé ensuite « l'antidisciple de Rodin » et a bâti sa sculpture sur le nombre et les proportions.

Maillol, lui, s'oppose directement à Rodin. Il n'aborde la sculpture que vers quarante ans, s'étant jusque-là consacré à la peinture. Il a subi l'influence des Grecs. A de rares exceptions près, il ne poursuit qu'un seul thème : la femme. Il a le goût des formes rondes. Il s'attache au torse, au bassin, aux jambes. Ses femmes sont plutôt courtes, elles représentent l'image de la sérénité dans la beauté. Son chef-d'œuvre est *Pomone*.

Dès le Second Empire, les architectes ont de plus en plus souvent utilisé le fer. Viollet-le-Duc, en 1872, constatait que l'architecture était gagnée par le rationalisme. De nouveaux besoins, la nécessité de constructions inédites sont apparus avec le développement de la civilisation industrielle. On doit construire des gares, des grands magasins, des hôtels de grande taille, des banques, des usines, des églises. Exemples : le Sacré-Cœur de Montmartre, le grand magasin du Printemps. La tour Eiffel, construite en 1889 pour l'Exposition, peut être considérée comme l'apothéose du genre et d'une tendance.

Curieusement, à la Belle Époque, l'architecture est influencée par l'art décoratif. Deux tendances vont se dégager, selon que l'architecte est ou non un décorateur. Les tenants du *modern style* donnent la primauté au décor. Ils recherchent l'élément naturel, ils copient les fleurs, ou plutôt leurs tiges. L'aboutissement de cette théorie, on le trouve avec les œuvres de Guimard. Les fameuses entrées de métro en sont un exemple remarquable. Les architectes décorateurs utilisent toutes sortes de matériaux de couleurs, les faïences, les grès, les placages de bois, les peintures vives. Cette architecture-là va disparaître au début du xxe siècle.

En revanche, l'architecture du béton armé prend son essor. En 1902, pour la première fois, les frères Perret donnent à un immeuble de la rue Franklin une armature entière en ciment armé. Leur chef-d'œuvre est le théâtre des Champs-Élysées (1911-1913) avec ses placages de bronze sur la façade, ses points d'appui en ciment armé, les entrées de chacune des trois salles.

Les sciences et les techniques enrichissent d'ailleurs la décoration. On devra à Gallé des verreries et des meubles inspirés de la flore, ou de la poésie décadente de Robert de Montesquiou. Il faut encore citer le nom de Lalique, à la fois bijoutier, relieur et verrier, celui de l'ébéniste Majorel.

« Depuis 1900, écrit Pierre Hiégel, la musique traverse la plus fabuleuse aventure de son histoire. » Une véritable révolution dans la sensibilité musicale s'opère en effet à partir de 1900. Et son berceau est la France. Cette révolution est l'œuvre de quelques musiciens de génie qui font triompher, malgré les résistances, malgré les scandales, de nouvelles harmonies, de nouvelles recherches orchestrales.

Après la guerre de 1870, il faut citer l'originalité des œuvres de César Franck. Et puis voici Lalo et surtout Bizet qui donne des chefs-d'œuvre *(Carmen)*.

Mais, comme en peinture, on attend une révolution. Son instigateur s'appelle Claude Debussy. Dès 1893, il donne le *Prélude à l'après-midi d'un faune*, prouvant qu'il s'est affranchi de toute influence. D'ailleurs il proclame qu'il ne peut exprimer que sa propre personnalité. On sait que la première représentation de *Pelléas et Mélisande* fut une autre première d'*Hernani*. L'œuvre s'imposera. Elle est le chef-d'œuvre de Debussy. Ses productions suivantes, toujours discutées à la création, finiront ainsi par triompher. Par exemple *La Mer* (1905). Qui soulignera assez l'importance primordiale de Debussy ? Et aussi son influence : il a libéré la musique française de l'influence wagnérienne.

A cette époque, Maurice Ravel a, lui aussi, triomphé des oppositions. Il a donné *Pavane pour une infante défunte, Shéhérazade, Ma Mère l'Oye*. Ravel a voulu s'opposer au pathé-

Claude Debussy (1862-1918). Son génie musical s'exprime dans de vastes compositions dramatiques comme « Pelléas et Mélisande » ou de grandes œuvres symphoniques telle « La Mer ». Son influence marquera les œuvres des musiciens de la nouvelle vague, parmi lesquels Maurice Ravel. (Photo Roger-Viollet.)

tique. Il a cherché — et trouvé — un nouveau langage harmonique.

Il serait injuste de passer sous silence les noms de Gabriel Fauré, qui a introduit intimité et subtilité dans la musique de chambre et les mélodies, de Massenet, de Paul Dukas et même de Gustave Charpentier.

Cette musique française renouvelée a pris en Europe la place jusque-là occupée par l'Allemagne. Si l'étranger l'apprécie fort, le public français, hélas, la méconnaît. Ainsi se vérifiera la sagesse du proverbe, valable encore en toutes choses : nul n'est prophète en son pays.

1

1914, janvier

Les partis politiques préparent les élections législatives. Briand et Barthou fondent une Fédération des gauches, hostile à Caillaux et au ministère Doumergue.

Au contraire, les socialistes réunis en congrès à Amiens, tout en reconnaissant que la reconstitution du bloc des gauches est impossible, se rapprochent des radicaux-socialistes pour combattre en commun la loi de trois ans et l'impérialisme militaire. Ils s'engagent les uns envers les autres à se désister en faveur du mieux placé au premier tour.

février

Le journal *le Figaro*, dont le rédacteur en chef est Gaston Calmette, lance une violente campagne contre Caillaux accusé d'être intervenu auprès du procureur général Fabre en faveur de l'escroc Rochette.

13 mars

Le Figaro publie une lettre de Caillaux à sa première épouse dont il a divorcé. Il s'y montre adversaire de l'impôt sur le revenu... qu'il défend à la Chambre.

16 mars

Craignant la publication d'autres lettres intimes où elle serait mise en cause, Mme Caillaux va trouver Calmette et le tue dans son bureau du *Figaro*. Puis elle se constitue prisonnière.

18 mars

Caillaux démissionne, mais entend se défendre contre ses accusateurs. Barthou donne lecture de la lettre adressée au procureur général par Caillaux, dont la carrière politique semble compromise.

fin mars

Le Sénat repousse une fois encore la représentation proportionnelle, huit fois votée par la Chambre.

avril

Au Maroc, Lyautey et ses adjoints achèvent la pacification de la plaine et des abords montagneux.

A la Chambre des communes, le gouvernement anglais répète qu'il n'a pris aucun engagement pour intervenir dans une guerre continentale. Il semble d'ailleurs paralysé par les conflits d'Irlande et par les grèves.

26 avril-10 mai

Élections législatives : elles constituent un net succès pour la gauche opposée au service de trois ans. En effet, les socialistes sont 104, les républicains socialistes 24, les radicaux-socialistes valoisiens 172, la gauche radicale 66, l'Union républicaine (Fédération de la gauche) 23, les républicains de gauche 53, la gauche démocratique 31 et la Fédération républicaine 37 (ces deux groupes issus des anciens progressistes), l'Action libérale (catholique) 23, la droite et les conservateurs 59. La majorité de gauche, hostile à la loi de trois ans, groupe plus de trois cents voix.

Cependant Deschanel est réélu sans difficulté président de la Chambre.

mai

Nouveaux succès au Maroc. Deux expéditions parties l'une de l'est, l'autre de l'ouest se rejoignent et

Le 16 mars 1914,
Mme Caillaux, la
femme du ministre
des Finances, assas-
sine le directeur du
« Figaro », Gaston
Calmette, afin de
mettre un terme à la
campagne de presse
menée par le jour-
naliste contre le mi-
nistre. Ce dessin
extrait du « Petit
Parisien » tente de
reconstituer le
drame : sortant de
son manchon un
browning, Mme
Caillaux le décharge
sur sa victime.

Malgré une longue
période de paix, l'ar-
mée française n'a
rien perdu de ses
qualités offensives et
remporte, au cours
de la campagne du
Maroc, une suite de
brillants succès, telle
la prise de Taza.
(Département des
imprimés. B.N.
Photos JdC.)

entrent dans Taza, ainsi la France est maîtresse du passage entre le Maroc et l'Algérie.

2 juin

Selon l'usage, le ministère Doumergue donne sa démission.

Poincaré voudrait que soit formé un cabinet de concentration républicaine. Viviani se récuse. Pour sauver la loi de trois ans, Poincaré fait appel à Alexandre Ribot, un ancien progressiste âgé de soixante-douze ans.

12 juin

Guillaume II a une entrevue confidentielle en Bohême avec l'archiduc François-Ferdinand, héritier de la couronne d'Autriche. Il l'encourage à en finir avec les Serbes.

12-13 juin

Le même jour, Ribot présente son programme devant la Chambre et défend courageusement la loi de trois ans. Il est renversé le soir même par 306 voix contre 262.

Sentant venir le danger que l'Allemagne représente pour l'équilibre européen et la maîtrise des mers, l'Angleterre se rapproche ostensiblement de la France. Faute d'une alliance plus concrète, la visite du roi George V apporte aux Parisiens le témoignage de l'Entente cordiale. Voici, à gauche, le souverain sortant de l'Hôtel de Ville.

Ci-dessous, René Viviani. Il fut président du Conseil de juin 1914 à octobre 1915. (Photos Roger-Viollet.)

13 juin

Le lendemain Viviani forme le nouveau gouvernement avec des radicaux-socialistes et des républicains socialistes. Il promet le retour au service militaire de deux ans quand l'armée, et surtout les réserves seront réorganisées. Il obtient un vote de confiance par 370 voix contre 137 et fait voter un emprunt de 800 millions à trois et demi pour cent.

28 juin

Au cours d'un voyage qu'il accomplit avec son épouse morganatique, la duchesse de Hohenberg, l'archiduc héritier d'Autriche, François-Ferdinand, est assassiné ainsi que sa femme à Sarajevo par un étudiant serbe du nom de Prinzip.

Il ne faut pas oublier que Bosnie et Herzégovine n'ont jamais accepté leur annexion par l'Autriche et que des groupes clandestins luttent contre le prince héritier, peu favorable aux Slaves que soutient la Russie.

L'attentat de Sarajevo donne à l'empereur François-Joseph l'occasion qu'il recherchait pour rendre à l'empire austro-hongrois, vermoulu et fatigué, les succès dont il a besoin.

En France, l'attentat inquiète les esprits avertis mais ne trouble pas encore profondément l'opinion publique.

Les Français songent davantage aux vacances ou au procès de Mme Caillaux qui va s'ouvrir...

5 juillet

A Kiel, Guillaume II déclare : « Il faut en finir avec les Serbes. » Il donne à l'empereur François-Joseph l'assurance qu'il le soutiendra en cas de conflit. Au fond de lui-même, l'empereur d'Allemagne

Le 18 juin 1914, l'archiduc François-Ferdinand, prince héritier d'Autriche, et son épouse morganatique, la duchesse de Hohenberg, font leur entrée à Sarajevo, en Bosnie. Ils ont pris place dans une voiture automobile découverte lorsque, une première fois, une grenade est lancée sur le véhicule. Une heure plus tard, nouvel attentat. Il est perpétré par un étudiant serbe. Mais cette fois l'assassin a réussi : François-Ferdinand et son épouse sont mortellement atteints. Ce drame va servir de prétexte à la double Monarchie pour intervenir en Serbie et réaliser son vieux rêve de domination dans les Balkans. L'opposition de la Russie provoquera la Première Guerre mondiale. (Photo Roger-Viollet.)

espère bien qu'un conflit austro-serbe n'aboutira pas à une guerre générale. Il est persuadé que l'Angleterre restera neutre.

15 juillet

Les Chambres se séparent après la clôture de leur courte session.

16 juillet

Le président Poincaré part pour la Russie avec Viviani. Il effectue un voyage d'amitié convenu depuis longtemps.

Il est reçu avec enthousiasme et passe une grande revue à Tsarskoïe-Selo.

20 juillet

Devant les assises de la Seine s'ouvre le procès de Mme Caillaux. Le compte rendu occupe la première page des journaux.

Dans l'atmosphère tendue des premiers mois de 1914, la France et la Russie multiplient les manifestations d'amitié. Au début de juillet, le président de la République Raymond Poincaré et le Premier ministre Viviani rendent visite au tsar Nicolas II qui les reçoit avec des honneurs exceptionnels. On voit ci-dessus le souverain et le président passer en revue les marins russes en grande tenue d'été. (Photothèque des Presses de la Cité.)

23 juillet

Mais le 23 juillet, comme s'achève le voyage du président de la République, on apprend que l'Autriche a lancé un ultimatum à la Serbie. Elle exige que la Serbie châtie sévèrement tous ses ressortissants qui se sont livrés à une propagande contre elle, accepte que la police autrichienne et d'autres organismes impériaux collaborent avec la police serbe pour rechercher les complices des coupables de l'attentat et donne sa réponse dans un court délai.

« Vous voulez la guerre », dit Sazonov, ministre des Affaires étrangères russe, à l'ambassadeur d'Autriche. Bienvenu-Martin, qui à Paris assure l'intérim des Affaires étrangères, cherche à obtenir de M. de Schoen, l'ambassadeur d'Allemagne, la promesse d'une conférence internationale.

25 juillet

La réponse serbe est aussi conciliante que possible : le gouvernement ne fait de réserves que sur l'ingérence des agents autrichiens en Serbie.

Il est trop tard : décidée à mater les Serbes, l'Autriche rompt les relations diplomatiques avec la Serbie.

26 juillet

Aussitôt Guillaume II, alors en croisière dans la mer du Nord, rentre précipitamment à Berlin. Poincaré et Viviani regagnent la France en annulant la visite qu'ils devaient faire au roi de Suède.

ME ANNÉE. — N° 3758   Pages — 5°   SAMEDI 1er AOUT 1914   6 Pages — 5°

l'Humanité

JOURNAL SOCIALISTE   Directeur Politique : JEAN JAURÈS

JAURÈS ASSASSINÉ

JEAN JAURÈS

A NOTRE DIRECTEUR

L'ASSASSINAT

Dans la tension grandissante des derniers jours de juillet 1914, le porte-parole du pacifisme et du socialisme international, Jean Jaurès, est la victime choisie par un fanatique. Dans le bar où il a l'habitude de se rendre — le café du Croissant — , il est frappé d'une balle de revolver tirée de l'extérieur par un certain Raoul Villain. Mais ce drame n'aura aucune répercussion profonde dans le pays et les troupes de cavalerie — 1er et 2e cuirassiers — consignées à Paris pour maintenir l'ordre pourront rejoindre le front. (Jack-Photos, Castres.)

L'Italie est réticente. L'Angleterre cherche par tous les moyens à prévenir le conflit. La Russie prend des mesures de prémobilisation.

28 juillet

L'Autriche déclare la guerre à la Serbie et commence à bombarder Belgrade. Le gouvernement serbe se replie à Nich.

Guillaume II hésite encore, mais le grand état-major allemand le pousse à saisir l'occasion. Plusieurs télégrammes sont échangés entre l'empereur et le tsar.

Cette fois, toutes les opinions publiques sentent que la guerre s'approche. L'acquittement de Mme Caillaux passe presque inaperçu.

29 juillet

Retour de Poincaré et de Viviani

Après une longue période de paix, les mêmes scènes de patriotisme et d'exaltation vont se dérouler en France comme en Allemagne. Dans Berlin enthousiaste et surchauffé, la proclamation de l'état de prémobilisation est annoncée à une foule particulièrement dense.

Peu après, les troupes défilent, partant pour la frontière et acclamées par les civils. On voit ci-contre une femme en pleurs tendre à un soldat quelques fleurs... qui seront plantées aux canons des fusils. C'est la « guerre fraîche et joyeuse » qui commence bien et s'achèvera en tragédie. (Photos Bundesarchiv, Bonn.)

qui sont accueillis par les acclamations de la foule.

Pour bien marquer les intentions pacifiques de la France, le gouvernement ordonne que toutes nos troupes de couverture opèrent un retrait de dix kilomètres le long de la frontière. Bethmann-Hollweg, chancelier du Reich, fait sonder les intentions de l'Angleterre. L'ambassadeur refuse de s'engager à rester neutre, mais en même temps lord Grey, chef du Foreign Office, déclare à notre ambassadeur qu'il reste dans l'expectative. Jaurès se rend à Bruxelles pour adjurer le bureau de la IIe Internationale d'intervenir. Il échoue. Le patriotisme l'emporte sur le pacifisme. Jaurès rentre découragé.

30 juillet

La Russie décrète la mobilisation générale. A Berlin, Guillaume II se déchaîne contre l'Angleterre qui refuse de déclarer officiellement qu'elle restera neutre. Après avoir longtemps tergiversé, l'empereur, à dix heures du soir, dit à Moltke, chef d'état-major général : « Maintenant, faites ce que vous voulez! »

31 juillet

L'état de « danger de guerre », *kriegsgefahrzustand*, est proclamé en Allemagne. Des bandes parcourent Berlin en criant : « *Nach Paris!* » En uniforme blanc, Guillaume II déclare à la foule qui l'acclame : « On nous force à mettre l'épée à la main! »

La fièvre monte également à Paris où on s'arrache les éditions spéciales des journaux. A huit heures du soir, Jaurès est assassiné dans un café de la rue du Croissant par un illuminé du nom de Raoul Villain qui sera jugé en 1919... et acquitté.

Le même soir, le baron de Schoen, ambassadeur d'Allemagne, fait savoir que si la Russie n'arrête pas immédiatement sa mobilisation, l'Allemagne mobilisera à son tour et que cette mobilisation signifie la guerre. Si la France entend rester neutre, elle devra remettre en gage les forteresses de Toul et de Verdun. Le gouvernement français doit répondre avant le lendemain, quatre heures.

Joffre qui, depuis cinq jours, lutte pour que la mobilisation générale soit décrétée, obtient enfin le transport de cinq corps d'armée près de la frontière. Viviani veut espérer encore dans la médiation de l'Angleterre.

1er août

Joffre menace de démissionner si le gouvernement ne décrète pas la mobilisation générale. Le tsar a rejeté l'ultimatum enjoignant à la Russie d'arrêter la mobilisation. Les dés sont jetés. L'ordre de mobilisation générale est lancé à travers toute la France. A cinq heures de l'après-midi, le tocsin sonne partout. L'affiche s'accompagne d'une déclaration du gouvernement qui se veut rassurante : *La mobilisation n'est pas la guerre.* A Berlin, le même ordre est donné à peu près en même temps.

L'Allemagne, sous de mauvais prétextes, enjoint à la Belgique de laisser passer ses troupes à travers son territoire. Fort de son droit, Albert Ier repousse l'ultimatum.

Le même jour, l'Allemagne « se

Ce pendentif intitulé : « Sylvia » est l'œuvre des joailliers Paul et Henri Vever. Conçu en 1900, ce bijou est l'expression même du modern style. Il figura à l'Exposition universelle de 1900. (Musée des Arts décoratifs. Photo JdC.)

LES RESPONSABLES DE LA GUERRE

Longtemps, en France, on a jugé l'Allemagne seule responsable. Depuis, les historiens ont nuancé leur jugement.

Il est certain que l'expansion slave, encouragée par les victoires remportées en 1913, a animé la Serbie. Mais ce petit peuple n'aurait pas osé de lui-même affronter l'Autriche-Hongrie. Il a été provoqué, attaqué le premier.

Il est établi que l'empire austro-hongrois, redoutant, à la mort de François-Joseph, une dislocation de ses peuples, a cherché un succès facile, avec l'espoir d'une guerre courte et la certitude de l'appui germanique.

On admet aujourd'hui que l'empire des tsars, dont le panslavisme est connu, a agi avec une précipitation qui a aggravé la situation.

Non sans raison, la France reproche à l'Angleterre de n'avoir pas eu une attitude nette dès le début de la crise. Si la Grande-Bretagne avait affirmé sa solidarité avec la France au mois de juillet 1914, Guillaume II aurait peut-être hésité. Peut-être, mais ce n'est pas sûr.

Le Kaiser était un rodomont, mais ses rodomontades encourageaient le grand état-major allemand, hanté par la crainte de l'encerclement et redoutant d'avoir à soutenir sur deux fronts une guerre longue. Dans l'esprit des chefs de cet état-major, le potentiel de guerre français ne pouvait que se renforcer au cours des années suivantes. L'occasion leur paraissait favorable. Il fallait en finir avec la France par la guerre.

La République française avait été longtemps pacifique. Le gouvernement mesurait les risques d'une guerre. Il restait attaché à la paix.

Le mécanisme des alliances l'a contraint à soutenir la Russie et peut-être doit-on reprocher à ce gouvernement et au président Poincaré de n'avoir pas modéré la hâte russe, de même que le gouvernement allemand n'a pas tempéré la brutalité autrichienne. Enfin, il ne faut oublier ni les intérêts économiques et financiers ni « la course aux armements », génératrice de conflits.

considère en état de guerre avec la Russie ».

2 août

L'Angleterre demande à l'Allemagne de renoncer à l'invasion de la Belgique. Refus de l'empereur.

3 août

Prétextant que des avions militaires ont jeté des bombes près de Karlsruhe et de Nuremberg, l'Allemagne déclare la guerre à la France.

Le même jour, lord Grey affirme que l'Angleterre se portera au secours de la Belgique et apportera tout son concours à la France.

4 août

Albert Ier se met à la tête des troupes belges.

Alfons Mucha, d'origine tchèque, est l'auteur de ce bronze patiné évoquant la ravissante Cléo de Mérode. Ce buste fut réalisé pour la maison Fouquet, à Paris. Il appartient maintenant à la collection Gillion Crowet, à Bruxelles, ensemble exceptionnel de meubles et d'objets d'art modern style. (Photo Roger-Viollet.)

Année. — N° 13.791.

Le Petit Paris

5 centimes   Le plus fort tirage des journaux du monde entie

ABONNEMENTS

La France décrète la mobilisat

L'ALLEMAGNE DÉCLARE LA GUERRE

La Situation

*llemagne a déclaré la guerre à la
ie. Le sort en est jeté, et tous les ef-
de pacification tentés sont désor-
frappés de stérilité. La guerre gé-né-
apparaît maintenant à l'horizon im-
iat de l'Europe.
importe de noter presque heure
heure les événements qui se sont
édé dans la journée d'hier avec une
nante rapidité. On avait peine à se
......

En quittant le quai d'Orsay, M. de
Schœn se rendit à son ambassade, puis
il rendit visite à l'ambassadeur d'Autriche, le comte Szecsen.

**La démarche de l'ambassadeur
d'Autriche-Hongrie**

L'ambassadeur d'Autriche fit une assez
longue visite entre six et sept à M. Viviani. D'après les indications que nous
avons recueillies, il aurait tenu un langage plutôt conciliant, et aurait admis la
possibilité pour l'Autriche d'accepter les
bons offices d'une tierce puissance vis-
à-vis de la Russie.
Cette démarche n'était pas l'un des

UNE PROCLAMATION DU GOUVERNEMENT

A la Nation française !

Depuis quelques jours, l'état de l'Europe s'est considérablement aggravé,
en dépit des efforts de la diplomatie. L'horizon s'est assombri.
A l'heure présente, la plupart des nations ont mobilisé leurs forces. Même
des pays protégés par la neutralité ont cru devoir prendre cette mesure de précaution.
Des puissances, dont la législation constitutionnelle ou militaire ne ressemblent pas à la nôtre, ont, sans avoir pris un décret de mobilisation, commencé

Comn

l'ordr

La premi
crite — por
posée, à qu
de l'état-ma
Palais. Écr
de papier
mois :

O.R.

Dimanche 2 Août 1914.

DIRECTION
16-18, rue d'Enghien, Paris (10ᵉ)
TÉLÉPHONE: GUT. 02.73 - 02.75 - 13.00

ANNONCES
Les annonces et réclames sont reçues
☐ À L'OFFICE D'ANNONCES ☐ II
10, place de la Bourse, 10, Paris (2ᵉ)
TÉLÉPHONE GUTENBERG : 17.39

générale
RUSSIE

Le départ des mobilisés

À la gare de l'Est

La gare de l'Est et ses abords surtout ont présenté, pendant toute la journée d'hier, une animation inaccoutumée jusqu'à ce jour. Il s'y passa des scènes inoubliables, inspirées par le plus pur patriotisme.

Dès midi, des réservistes qui avaient reçu le matin leur ordre d'appel individuel par la poste, arrivaient porteurs de musettes et de paquets remplis de victuailles. Ils se présentaient aux grilles de la gare, lesquelles étaient fermées en partie pour la facilité du service d'ordre.

Les hommes rejoignant leur corps sur les...

Le dimanche 2 août 1914, le drame éclate : l'Allemagne a déclaré la guerre à la Russie. Pressé par Joffre, le gouvernement français décrète la mobilisation générale en spécifiant néanmoins : « La mobilisation n'est pas la guerre. » Aucun Français ne s'y trompe. « Le Petit Parisien », le plus populaire des journaux, annonce la nouvelle par des articles enflammés. (Bibliothèque historique de la ville de Paris. Photo J.-L. Charmet.) La foule des réservistes se presse à la gare de l'Est, entourés de leurs familles. (Photo Roger-Viollet.)

ET PENDANT CE TEMPS...

1910, 6 mai
Mort d'Edouard VII et avènement de George V.
juillet-août
Accord russo-japonais au sujet de la Mandchourie et annexion de la Corée par le Japon.
1911, septembre
Début de la guerre entre l'Italie et la Turquie pour la possession de la Tripolitaine.
1912, 12 février
Proclamation de la république en Chine.
1913, 4 mars
Wilson devient président des États-Unis.
septembre
Violents troubles en Irlande.
décembre
Assassinat du roi George de Grèce. Avènement de Constantin.
1914, 14 juin
Les Anglais accordent le « home rule » aux Irlandais au grand mécontentement des protestants de l'Ulster.
La guerre des Balkans et les événements compris entre 1914 et 1919 ont été traités avec la chronologie générale.

Tandis que la Chambre écoute un message de Poincaré proclamant « l'union sacrée », Bethmann-Hollweg entend justifier devant le Reich l'invasion de la Belgique et du Luxembourg. A l'ambassadeur d'Angleterre, il déclare : « Nos deux peuples vont-ils s'affronter pour un chiffon de papier ? » Le « chiffon de papier » pèsera lourd contre l'Allemagne aux yeux de l'opinion publique mondiale.

5 août

La Grande-Bretagne déclare la guerre à l'Allemagne.

Une page de l'histoire du monde est tournée.

DE LA MARNE A VERDUN

1914, 5-7 août

Tandis que la mobilisation s'effectue dans l'ordre et, souvent, dans l'enthousiasme car, exception faite de quelques esprits lucides (comme Maurras ou Ernest Lavisse), chacun est persuadé que la guerre sera de courte durée, l'Italie se déclare neutre dans le conflit. Quel est donc le rapport des forces en présence et quels sont les plans de guerre des adversaires ?

7 août

L'offensive est lancée en Haute-Alsace par la trouée de Belfort. Le 7e corps s'empare de Thann, de Cernay et bientôt de Mulhouse. Le même jour, les Allemands prennent la citadelle de Liège (les forts résisteront plusieurs jours), franchissent la Meuse et foncent à travers la Belgique.

10 août

Tandis que les Belges opèrent leur retraite, nous devons abandonner Mulhouse (qui sera repris le 17, puis définitivement abandonné et nous ne garderons que Thann).

14 août

Sur l'ordre de Joffre, Castelnau lance une offensive en Lorraine vers Fénétrange et Morhange. Pressé de toutes parts, il doit se replier sur le Grand-Couronné, ces hauteurs boisées qui dominent Nancy, et sur le col du Bonhomme où nos armées résistent victorieusement. Notre première offensive a échoué.

16 août

Tandis qu'en Serbie les Autrichiens battus se replient, Joffre prépare deux nouvelles offensives.

21 août

La IIIe et la IVe armée française attaquent vers Arlon et Neufchâteau, afin de prendre de flanc l'armée allemande. Battues par l'armée du Kronprinz qui sert de pivot dans le grand mouvement d'enveloppement

Le 13 avril 1915, la guerre est commencée depuis près de neuf mois. Ce jour-là, les Parisiens peuvent assister, rue Royale, au défilé d'un bataillon d'infanterie coloniale traversant la capitale, en route pour le front. La troupe, on le voit, n'a plus la belle tenue d'avant-guerre, mais elle semble efficace et résolue. Comme dans les images d'Épinal, une femme accompagne son mari en portant son fusil auquel a été attaché le drapeau du régiment. (Musée de la Guerre, Paris. Photothèque des Presses de la Cité.)

LES FORCES EN PRÉSENCE

Du côté de l'Allemagne et de l'Autriche-Hongrie, 120 millions d'hommes, bloc occupant des territoires contigus ; de l'autre, France, Grande-Bretagne, Belgique, Russie, Serbie, 238 millions d'hommes séparés par d'énormes distances.

Les chiffres de la population ne signifient pas grand-chose. Ce sont les forces militaires et navales, ainsi que les forces économiques, qui peuvent emporter la décision. Allemagne et Autriche comptent 147 divisions d'infanterie et 22 divisions de cavalerie ; les puissances de l'Entente 167 divisions d'infanterie, 36 de cavalerie. Mais, au début de la guerre, la Grande-Bretagne ne peut mettre en ligne que 5 divisions d'infanterie, cette misérable petite armée dont parle dédaigneusement le Kaiser. La Russie possède un immense réservoir d'hommes, mais ses divisions sont dispersées à travers un territoire démesuré et la pénurie de cadres et de matériel se fait cruellement sentir. L'armée belge ne peut opposer qu'une faible résistance à la ruée des troupes allemandes. En fait, pendant toute la première partie de la campagne, tout le poids de la guerre va reposer sur la France et sur l'Allemagne. Celle-ci a 87 divisions d'infanterie, 11 de cavalerie, la France 73 divisions d'infanterie, 10 de cavalerie.

L'armée française possède un canon remarquable : le 75, mais elle est extrêmement pauvre en artillerie lourde, en mitrailleuses, en véhicules automobiles alors que l'armée allemande dispose d'une énorme supériorité. Le fantassin français est armé d'un excellent fusil, le Lebel, mais il est lourdement équipé et, malgré les projets de réforme, toujours vêtu de ce désastreux pantalon garance dont la couleur trop voyante sera une des causes des hécatombes du début de la guerre.

Enfin, les réserves en munitions sont insuffisantes.

Les armements navals sont au contraire à l'avantage des puissances de l'Entente. Si la marine de guerre russe, enfermée dans la mer Noire et dans la Baltique, ne peut jouer qu'un rôle d'appoint, la Grande Flotte britannique est maîtresse de la mer du Nord et, avec les autres escadres, compte 64 cuirassés, 10 croiseurs de bataille, 100 petits croiseurs alors que la flotte allemande de l'amiral Tirpitz ne possède que 40 cuirassés, 4 croiseurs de bataille, 50 petits croiseurs. Quant à la France, elle a concentré presque toutes ses forces navales, 21 cuirassés et 30 croiseurs, dans la Méditerranée. Le commandement allemand fera porter tout son effort sur la lutte sous-marine qui permettra de torpiller des navires de commerce en nombre chaque année plus considérable. L'aviation est rudimentaire chez tous les belligérants.

Depuis quinze ans, le plan de guerre allemand a été établi. C'est le plan Schlieffen, du nom de son auteur. Il consiste à développer une large manœuvre par la droite à travers la Belgique.

Pour mettre en œuvre le plan Schlieffen, von Moltke dispose de sept armées comprenant au total 78 divisions. La première armée, commandée par Kluck, constitue l'aile marchante. Elle doit assurer le mouvement enveloppant et est forte de trente divisions ; la deuxième (Bülow) occupe le terrain à gauche de Kluck ; puis viennent la troisième armée (Hausen) entre la lisière orientale des Ardennes et Malmédy, la quatrième armée (duc de Wurtemberg) qui est plus au sud ; la cinquième, commandée par le Kronprinz, se concentre vers Thionville ; la sixième et la septième (prince Ruprecht de Bavière et général Heeringen) forment l'aile

...uillaume II, aux côtés du feld-maréchal von Mackensen et du général von Seeckt. (Photo Ullein, Berlin.)

...es navires de combat ci-dessous — des cuirassés d'escadre — évoquent de façon impressionnante la formidable puissance navale que représente l'Angleterre. (Archives Südd-Verlag, Munich.)

gauche allemande. Au plan Schlieffen s'oppose du côté français le plan d'attaque dit plan XVII.

Le G.Q.G., malgré plusieurs avertissements donnés au gouvernement français, ne croit pas à l'invasion de la Belgique. Le plan de concentration a donc échelonné les armées françaises à l'est et au nord-est, les quartiers généraux étant situés à Rethel, Verdun, Neufchâteau et Épinal. L'aile gauche française, soutenue par l'armée britannique du maréchal French et commandée par le général de Lanrezac, suffira dans l'esprit du généralissime à contenir l'aile droite allemande tandis qu'il pourra lancer deux offensives, l'une en Lorraine entre Vosges et Moselle, l'autre dans le Luxembourg belge. En perçant ainsi le centre du dispositif adverse, c'est la manœuvre d'Austerlitz, il contraindra les armées allemandes à se replier.

Malheureusement, Joffre ignore le chiffre exact des forces ennemies engagées dès le début des combats. Il ne sait pas que les divisions de réserve, doublant les divisions d'active, ont été mises en ligne. Il a ainsi concentré ses armées : la première (général Dubail) se rassemble entre Belfort et Lunéville ; la deuxième (Castelnau) autour de Nancy, sa gauche vers Nomény ; la troisième (Ruffey) prend place entre la Moselle et Audun-le-Roman ; la cinquième entre Montmédy et Longuyon, elle est prolongée par le corps de cavaliers du général Sordet. Enfin la quatrième armée (général de Langle de Cary), concentrée entre Bar-le-Duc et Commercy, passe dès le 2 août au nord de Verdun et s'intercale entre la troisième et la cinquième armée.

Ainsi disposées, toutes ces armées sont prêtes, dès la deuxième semaine d'août, à passer à l'offensive.

entrepris par l'armée allemande, elles se replient sur Sedan et Montmédy. Deuxième échec. Notre centre doit donc battre en retraite.

21-23 août

L'armée de Lanrezac qui, avec les quatre divisions anglaises de French, constitue notre aile gauche, fortement pressée par les deux armées de Kluck et de Bülow, ailes marchantes de l'armée allemande, attaque le 22 août sur la Sambre, de Namur à Charleroi.

23-24 août

Après trois jours de combats, la Ve armée de Lanrezac et les Anglais doivent se replier sur la ligne générale Arras-Verdun. Troisième échec : la bataille des frontières est perdue et c'est l'invasion du nord et du nord-est de la France.

25 août

Le grand état-major a laissé jusque-là les Français dans l'ignorance de la situation exacte. Les « bobards » pleuvent dans la presse. Il faut pourtant renseigner le pays. D'un laconisme désespérant, le communiqué officiel de ce jour porte : « Situation inchangée de la Somme aux Vosges. » Ainsi les Allemands sont sur la Somme, alors qu'on les croyait en Belgique. A Paris, dans les milieux politiques, c'est l'affolement.

26 août

Joffre garde un sang-froid imperturbable. Il limoge les chefs qui se sont révélés incapables. Par des prélèvements sur l'armée de Lorraine, il constitue une VIe armée qu'il place à la gauche des Anglais,

Les premières batailles et l'avance des troupes allemandes jettent de nombreux réfugiés sur les routes. Ces paysans belges ont chargé ce qu'ils ont pu sauver sur des charrettes et viennent chercher refuge en France. A Paris, la foule inquiète suit sur une carte le développement des opérations et de l'invasion menaçante. Les souvenirs de 1871 demeurent vivaces et de nombreux témoins du siège résident encore dans la capitale. Tout ceci explique le tourment visible des jeunes femmes représentées sur cette photographie d'époque. (Cabinet des estampes. B.N. Photo B.N.)

*Mettant à exécution le plan Schlieffen, l'état-major allemand ordonne l'entrée de ses troupes en Bel
Comme toujours, les masses de cavalerie précèdent le mouvement et ne vont pas tarder à se heurter aux
rencontre. Plus en arrière, le fantassin (ci-dessous), démodé mais résolu, attend de pied ferme le premier
des estampes, B.N. Photo B.N.)*

sous le commandement de Maunoury. L'essentiel est d'éviter l'enveloppement de son aile gauche en pivotant sur la droite solidement accrochée de Verdun à Nancy.

Gallieni devient gouverneur de Paris.

27 août

Viviani élargit son gouvernement et en fait vraiment un gouvernement d'union sacrée en y faisant entrer Ribot, quelques modérés et quelques socialistes. Millerand devient ministre de la Guerre.

On comptait sur le « rouleau compresseur » russe. Les Russes sont battus à plate couture par Hindenburg à Tannenberg. Pourtant, ils nous ont rendu un grand service. Sûr de la victoire sur le front ouest, Moltke a détaché deux corps d'armée de l'armée Kluck pour les envoyer sur le front est. Il a

*...gique, malgré l'opposition du roi Albert Ier.
...escadrons français envoyés précipitamment à leur
...choc, appuyé sur son excellent fusil Lebel. (Cabinet*

également prélevé sur cette armée un corps d'armée pour investir Anvers, un autre pour prendre Maubeuge.

29 août

A la droite des Anglais, l'armée Lanrezac s'est repliée sur la ligne Guise-Aubenton pour ne perdre le contact ni avec eux ni avec la IVe armée. Elle attaque l'armée Bülow (IIe armée allemande) sur le front Guise-Vervins. C'est une victoire, mais sans lendemain puisque la IVe armée et les Anglais poursuivent leur repli. Toutefois, elle a permis de dégager la Ve armée.

31 août

Gallieni annonce que la capitale « sera défendue jusqu'au bout » et, avec des moyens très faibles, organise le camp retranché de Paris.

1er septembre

Quelle est alors la situation des armées allemandes? La Ire, par Bruxelles, a effectué un vaste mouvement tournant et marche sur Paris; la IIe s'est insérée entre Soissons et Reims et marche vers la Basse-Marne. Elle est soutenue par la IIIe dont l'axe général passe à l'est de Reims; la IVe et la Ve cherchent à envelopper l'armée française qui tient solidement les Hauts de Meuse et Verdun. La VIe est en Lorraine.

Kluck a une journée d'avance sur l'armée Bülow. Sans l'attendre, il continue sa marche sur Paris mais, négligeant l'objectif politique (la capitale), il cherche à atteindre l'objectif stratégique (l'armée française en retraite). Il infléchit donc sa marche vers l'est de la capitale. Par Senlis et Luzarches, il fonce vers le sud-est.

2 septembre

Sur le conseil de Joffre, le gouvernement part pour Bordeaux.

Moltke, dont le Q.G. est à Luxembourg (grave erreur : il est trop éloigné du champ de bataille), approuve l'acte de Kluck. Il sait pourtant qu'une force considérable se constitue à l'ouest de Paris. Il donne donc à la Ire et à la IIe armée allemande l'ordre de rester face au front est de la capitale.

Kluck n'obéira pas. Il précipite sa marche en avant vers la Basse-Seine.

3 septembre

Gallieni et Joffre ont été avertis du mouvement d'infléchissement de l'armée Kluck. Dans leur esprit se dessine une vaste manœuvre enveloppante, l'armée Kluck étant prise

Le général Gallieni, nommé gouverneur militaire de Paris, a reçu la mission de défendre la ville contre l'envahisseur. Soldat prestigieux auréolé de la gloire de ses campagnes coloniales, il inspire confiance aux habitants et leur donne, en quelques mots, connaissance de sa résolution de lutter jusqu'au bout. Il aura l'idée d'une manœuvre entièrement nouvelle pour l'époque : le transport de dix mille soldats à l'aide de taxis réquisitionnés. Cette troupe fraîche jetée dans la bataille contribuera à la victoire de la Marne. On voit, ci-contre à gauche, un fragment de la longue colonne. (Ci-contre, Établissement cinématographique des Armées, Ivry. En bas : photo Keystone.)

comme dans une nasse. Mais il faut d'abord réorganiser le commandement. Lanrezac est relevé de ses fonctions et remplacé par Franchet d'Esperey. Il faut laisser à l'armée anglaise le temps de se reprendre.

En outre, Joffre constitue une nouvelle armée formée par des divisions prélevées dans l'est. Il la confie au général Foch et l'insère entre la Ve et la VIe armée.

4 septembre

Gallieni estime qu'avec les 150 000 hommes dont il dispose, il peut lancer sur le flanc de Kluck une offensive qui, combinée avec une attaque générale, peut amener un encerclement des forces allemandes. Ce plan repris par Joffre permettra bientôt la victoire de la Marne.

5 septembre

Joffre se rend à Melun et obtient du maréchal French l'assurance que l'armée anglaise participera à la bataille.

A dix heures du soir, il donne l'ordre général d'attaque et à six heures du matin, le 6, signe l'ordre du jour célèbre : « Une troupe qui ne peut pas avancer devra, coûte que coûte, garder le terrain conquis et se faire tuer sur place. »

Le même jour, Charles Péguy tombe à Villeroy.

6-11 septembre

Et c'est la bataille de la Marne.

Dès le 5, Maunoury a attaqué vers Meaux. Von Kluck s'en inquiète peu. Il croit qu'il est soutenu par l'armée Bülow qui doit pivoter à Montmirail et se porter vers Marne et Seine. Il apprend le lendemain que la IIIe armée est arrêtée sur le Petit-Morin. Remontant vers le nord, il tente encore de déborder l'armée Maunoury, cherche à s'aligner sur l'armée Bülow et combat

sur l'Ourcq. Mais un trou s'est creusé entre les deux armées par où tentent de s'engouffrer l'armée anglaise et celle de Franchet d'Esperey. En vain la IVe et la Ve armée allemande tentent de faire sauter le verrou de Verdun que tient Sarrail.

GOUVERNEMENT MILITAIRE DE PARIS

Armée de Paris, Habitants de Paris,

Les Membres du Gouvernement de la République ont quitté Paris pour donner une impulsion nouvelle à la défense nationale.

J'ai reçu le mandat de défendre Paris contre l'envahisseur.

Ce mandat, je le remplirai jusqu'au bout.

Paris, le 3 Septembre 1914.

Le Gouverneur Militaire de Paris,
Commandant l'Armée de Paris,

GALLIENI

La pression de l'armée Maunoury s'accentue le 7. Von Kluck retraite sur l'Ourcq. Le trou entre son armée et celle de Bülow s'agrandit, mais Kluck a renforcé son flanc. Pour le contenir, Gallieni lance dans la bataille des troupes fraîches amenées de Paris par taxis.

Le 8 septembre, les Anglais et la cavalerie passent le Petit-Morin et s'enfoncent dans la trouée laissée par le départ de la Ire armée. Bülow s'efforce de disloquer la IXe armée de Foch pour envelopper la Ve armée française et l'armée anglaise (combats de Mondement et des marais de Saint-Gond). Foch tient bon. A droite, toutes les attaques du Kronprinz sur Verdun sont repoussées et Castelnau tient Nancy qu'il dégage par l'offensive du Grand-Couronné. Pourtant, Kluck tient sur l'Ourcq et ne désespère pas de reprendre l'offensive le 9, malgré le danger que constitue pour lui l'avance de l'armée anglaise et de celle de Franchet d'Esperey. Mais le 9, le colonel Hentsch, envoyé de Moltke, après avoir vu Bülow qui juge la situation grave car la Ire et la IIe armée allemande risquent d'être enveloppées, donne l'ordre de retraite. Au soir, toute l'armée allemande recule vers l'Aisne : un recul de 60 kilomètres.

C'est la victoire.

Joffre en est le vainqueur (s'il avait perdu la bataille, il aurait été responsable de la défaite). Gallieni, Maunoury, Foch ont eu leur part au succès par leur habileté stratégique. Mais le grand vainqueur, c'est le soldat français qui, après trois semaines de retraite a retrouvé en lui assez de ressources pour repartir en avant et vaincre.

8 septembre

Après trois semaines de résistance,

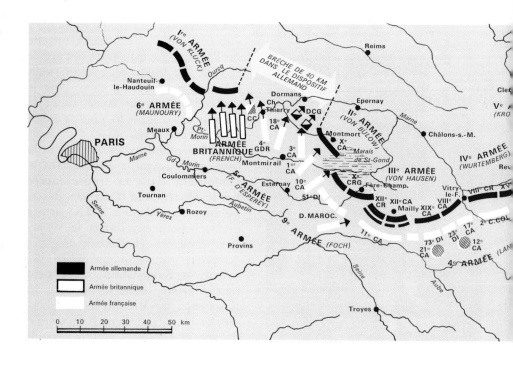

Ce plan précise les positions atteintes par les armées allemandes au début de septembre 1914. En face, les généraux Sarrail, de Langle de Cary, Franchet d'Esperey, le maréchal anglais French et le général Maunoury tentent de s'opposer à la poussée germanique.

Dès le début des opérations, les Anglais débarquèrent plusieurs divisions composées uniquement de soldats de métier. Leur belle tenue fit l'admiration des populations françaises. (Photo Roger-Viollet.)

Maubeuge est tombé.

15 septembre

Le front se stabilise sur l'Aisne, car nos troupes épuisées n'ont pu pousser la poursuite et s'emparer des défenses fortifiées que les Allemands ont pu établir au nord de la rivière et le long du Chemin des Dames. Début du bombardement de la ville de Reims. La cathédrale reçoit de nombreux obus.

22 septembre

Les Allemands tentent une offensive à l'est de Verdun et en Argonne. Ils échouent mais parviennent à créer dans cette région, et jusqu'à Saint-Mihiel, un saillant qui met entre leurs mains la route, la voie ferrée et le canal permettant de ravitailler Verdun.

24 septembre

Remontant vers le nord, chacun des adversaires tente de déborder l'autre pour atteindre les ports. Entre Oise et Somme, à travers la Picardie, une armée commandée par Castelnau s'oppose à une nouvelle armée (la VIIe) que les Allemands ont formée à droite de leur Ire armée. Elle ne parvient pas à la déborder et nous devons aider les Belges qui défendent le camp retranché d'Anvers.

28 septembre

Une escadre anglaise bombarde l'île allemande d'Héligoland.

8 octobre

Chute d'Anvers. Craignant de voir les Allemands marcher sur Calais, French obtient de Joffre de rapprocher son armée de ses bases et d'occuper la Flandre occidentale.

15 octobre

Guerre maritime : à leur tour, des navires allemands bombardent quelques villes du Norfolk et du Yorkshire. L'ennemi s'en tient à cette démonstration.

16 octobre

L'armée belge qui a pu s'échapper d'Anvers prend position sur l'Yser. Forte de 82 000 hommes commandés par le roi Albert (dont le gouvernement s'est installé au Havre), elle est soutenue à droite par les fusiliers marins de l'amiral Ronarc'h qui tiennent Dixmude, et par les Anglais qui couvrent un large front au sud jusqu'à la Lys. Foch coordonne cet ensemble de troupes. Ce pays est couvert de nombreuses voies d'eau régularisées par des écluses qui débouchent dans la mer à Nieuport.

23 octobre

Les Allemands attaquent les premiers avec des troupes fraîches sans se soucier des pertes. Ronarc'h tient bon à Dixmude, mais l'ennemi a pris pied dans la boucle de l'Yser, de Nieuport à Dixmude, et la situation est critique.

29-30 octobre

L'ouverture des écluses arrête la progression allemande du côté de la mer. Leur poussée est pourtant si forte que les Anglais songent à évacuer Ypres. Foch obtient de French qu'ils y renoncent. La chute d'Ypres aurait en effet risqué d'amener la perte de toute la Flandre maritime.

1er novembre

Les Anglais tiennent au mont Kemmel. La brèche faite au sud d'Ypres est colmatée grâce à la valeur de nos troupes coloniales.

Le même jour, 1er novembre, l'escadre de l'amiral Craddock est battue par celle de l'amiral von Spee au large des côtes du Chili, à Coronel.

Sur la mer Noire, deux unités allemandes, le *Goeben* et le *Breslau*, ont bombardé Odessa et se sont réfugiées à Constantinople. La Turquie déclare la guerre aux Alliés et ferme le détroit des Dardanelles.

Sur le front est, les Allemands reculent dès le 27 octobre, mais tiennent bon derrière le Niémen que le grand-duc Nicolas n'a pu traverser.

Les Russes ont repris Lodz et commencent à franchir les Karpates. Ils sont arrêtés grâce aux renforts que les Autrichiens ont reçus du front ouest.

4 novembre

Car la bataille se calme sur l'Yser. Les pertes sont excessivement lourdes des deux côtés.

15 novembre

Les Allemands s'emparent enfin de Dixmude. Toute la Belgique est

---

Malgré une retraite pénible et longue, le soldat français garde un moral étonnant. Von Kluck lui-même déclarera que l'on n'avait jamais vu des hommes ayant reculé si longtemps être capables « de reprendre le fusil et d'attaquer au son du clairon ». Cette peinture de Rémi Mel — dédiée à ses « compagnons d'armes » — est caractéristique de l'esprit qui régnait alors dans les troupes. Un soldat blessé va s'effondrer, mais il conserve son fusil serré contre sa poitrine, en un geste instinctif. (Musée de l'Armée. Document H. Decaux.)

entre leurs mains à l'exception d'une mince bande de territoire qui entoure Nieuport et Ypres.

Les grandes opérations militaires de 1914 sont terminées. Le front se stabilise de la mer du Nord aux Vosges et, sur le front est, du Niémen aux Karpates.

17 novembre

Le Japon qui a déclaré la guerre à l'Allemagne le 23 août s'empare de la forteresse chinoise de Tsing-Tao.

8 décembre

La bataille des Flandres est à peine terminée que Joffre qui, malgré la terrible saignée de la bataille de la Marne (313 000 tués ou disparus) n'a pas renoncé à l'offensive, donne à Foch ordre d'attaquer dans la direction de Cambrai pour dégager la région de Soissons. D'autres offensives sont lancées sur le reste du front. La plupart échouent.

8-15 décembre

Victoire navale anglaise aux îles Falkland : deux des plus belles unités allemandes, le *Scharnhorst* et le *Gneisenau*, sont coulées.

15 décembre

Les Serbes, commandés par le roi Pierre Ier, obligent les Autrichiens à évacuer Belgrade.

Le même jour, le gouvernement français et le président de la République regagnent Paris.

1915, janvier

La guerre de tranchées, la guerre de position ont succédé à la guerre de mouvement. La victoire de la Marne a arrêté l'ennemi, mais une partie du territoire français est envahie avec Lille et le bassin houiller du Nord, la totalité du bassin métallurgique de Briey.

janvier

Si la bataille de la Marne a été si terriblement coûteuse en hommes, c'est en partie à la tenue trop voyante du fantassin que cette hécatombe est due. On adopte enfin un uniforme moins repérable : la tenue bleu horizon. Le casque, ou bourguignotte, remplace le képi. L'armement se modifie. On multiplie les mitrailleuses, les fusils à grenades, le « crapouillot », un peu analogue aux vieux mortiers des guerres de l'Ancien Régime. Mais le canon de 75 reste le roi de l'artillerie, les canons lourds sont encore en nombre insuffisant.

9 janvier

Les Allemands reprennent l'Hartmannswillerkopf, un des sommets des Vosges dont nos troupes s'étaient emparées au début d'août 1914.

15 février

Dès le mois de novembre, Joffre avait donné l'ordre, dans une instruction générale, aux commandants d'armées de préparer de nouvelles offensives afin d'obtenir la rupture

A gauche, un fantassin allemand. Son uniforme n'est que provisoire. A droite un fantassin français. Il est revêtu du bleu horizon qui, dès 1915, deviendra la couleur des nouveaux uniformes français. C'est de cette même année que date la généralisation de la bande molletière dans les troupes de l'infanterie. Elle demeurera en usage presque jusqu'à la fin de la Seconde Guerre mondiale. (Musée de l'Armée, Paris. Photos J.-L. Charmet.)

La violence des combats ne permet pas toujours d'enlever les blessés et d'enterrer les morts. Ci-dessus, quelques cadavres allemands groupés, vraisemblablement abattus par une rafale d'artillerie. Quelques chevaux ont partagé le sort de leurs cavaliers. (Établissement cinématographique des Armées, Ivry.)

du front et la reprise de la guerre de mouvement.

La première de ces offensives est déclenchée en Champagne par la IVe armée (de Langle). Les premières lignes allemandes sont enlevées, mais nos troupes se heurtent à une défense élastique des Allemands qui contre-attaquent. En outre, la préparation d'artillerie a été insuffisante et le mauvais temps gêne les opérations.

février

Les conférences entre Alliés aboutissent à deux résultats principaux : renforcement du blocus des côtes allemandes (auquel l'adversaire ripostera en multipliant les raids de ses sous-marins sur des navires de commerce de l'ennemi ou même des neutres : « Le pavillon ne protège pas », a proclamé Guillaume II) et surtout préparation d'une expédition destinée à forcer le détroit des Dardanelles afin de pouvoir ravitailler plus aisément en armement

les Russes qui en ont grand besoin.

Joffre était hostile à l'opération. C'est Churchill, lord de l'Amirauté, qui l'a fait décider.

mars

Aussi bien Sazonov, ministre russe des Affaires étrangères, ne cache pas à ses alliés que la possession des détroits, de Constantinople et de la Thrace du Sud figure dans les buts de guerre de la Russie.

4 mars

Des *Tauben* bombardent Paris, faisant victimes et dégâts.

12 mars

Fin de l'offensive de Champagne. Les gains en terrain ont été faibles et la bataille a coûté près de 50 000 tués, blessés ou prisonniers. Joffre n'en estime pas moins que ce succès « modeste et incomplet est un premier pas vers la victoire ».

18 mars

Une escadre franco-britannique tente de forcer les Dardanelles. Mais les Turcs sont sur leurs gardes. Ils ont renforcé leurs positions. Le cuirassé *Bouvet* saute sur une mine. Deux cuirassés anglais sont coulés. Le *Suffren* et le *Gaulois* sont gravement endommagés. Les pertes sont très lourdes. Preuve est faite qu'il faut combiner l'opération navale avec une opération terrestre.

26 mars

En Alsace, les chasseurs alpins reprennent l'Hartmannswillerkopf.

avril

Bien que la Grèce soit neutre et son roi, Constantin, favorable aux puissances centrales (sa femme est sœur de Guillaume II), Anglais et Français concentrent des troupes en Égypte puis dans l'île grecque de Lemnos pour reprendre l'attaque des Dardanelles.

19 avril

Joffre prépare une seconde offensive, en Artois celle-là, avec le concours des Belges et des Anglais, afin de libérer les mines du Nord. La préparation est confiée, sous l'autorité de Foch, commandant le groupe d'armées, au général Pétain.

22 avril

Au nord d'Ypres, les Allemands lancent pour la première fois une attaque par gaz asphyxiants, malgré l'interdiction portée par le pacte international de La Haye du 29 juillet 1899. L'effet est terrifiant mais le résultat assez mince et bientôt, grâce aux masques, on apprendra

Une image tragique de la guerre navale : le cuirassé « Gneisenau » vient d'être coulé par la marine anglaise. Les matelots britanniques ont mis les embarcations à la mer et cherchent, selon les traditions séculaires, à recueillir leurs anciens ennemis que l'on aperçoit accrochés à des épaves ou surnageant grâce à leurs ceintures. (Imperial War Museum.)

à se défendre contre les nappes de gaz qui se retournent parfois, en raison du vent, contre ceux qui les lancent.

23 avril

Les Allemands, que l'emploi des gaz avait portés jusqu'à la route d'Ypres, ne profitent pas de la situation qui est rétablie par une contre-attaque.

25 avril

En Alsace, on reperd le sommet de l'Hartmannswillerkopf.

fin d'avril

Le débarquement sur les deux rives du détroit des Dardanelles, opéré par des troupes françaises et celles de l'Empire britannique (des Australiens), est extrêmement ardu et coûteux. Soumis au feu des armes turques, incapables de creuser des tranchées dans ce terrain rocailleux, les Alliés se maintiennent difficilement.

Depuis le début de la guerre, les Alliés d'un côté, les puissances centrales de l'autre tentent d'entraîner dans leur camp l'Italie qui s'est déclarée neutre. Bethmann-Hollweg a même envoyé l'ancien chancelier Bülow à Rome pour gagner le roi Victor-Emmanuel et son ministre Salandra. Efforts vains. Le 26 avril, Salandra signe un traité encore secret avec les Alliés.

7 mai

Le paquebot anglais *Lusitania* est coulé dans l'Atlantique. Ce glorieux exploit qui fait 1 198 victimes, parmi lesquelles 128 Américains, suscite aux États-Unis un mouvement d'horreur et une véhémente protes-tation de la République américaine. L'Allemagne a commis une grave faute psychologique.

9 mai

Entre Lens et Arras, à l'ouest de la colline de Notre-Dame de Lorette et à l'est de la côte de Vimy, l'offensive d'Artois est lancée. Admirablement montée par Pétain, précédée d'une intense préparation d'artillerie, elle obtient en quelques heures des résultats remarquables. Les lignes allemandes sont enfoncées, l'avance dépasse 4 kilomètres. La division marocaine atteint la cote 119; devant elle s'ouvre la plaine de Douai. La percée semble faite.

Hélas, le manque de réserves stoppe notre avance. Nos nouvelles positions sont impossibles à défendre.

Dès le 20 mai, Joffre tire la leçon de cette entreprise manquée. Il entend bien la reprendre dans de meilleures conditions.

23 mai

L'Italie déclare la guerre à l'Autriche-Hongrie.

26 mai

Aux Dardanelles, les Alliés prennent pied sur la presqu'île de Gallipoli mais ne peuvent s'emparer de la ville.

En France, l'aviation forme des escadrilles de bombardement qui, pour riposter aux *Tauben*, vont bombarder les usines allemandes et les nœuds ferroviaires.

mai-juin

Pour répondre aux offensives d'Artois, les Allemands lancent dans le massif forestier de l'Argonne des

En dépit de la convention de La Haye de 1899, l'Allemagne utilise, dès le 22 avril 1915, les premiers gaz de combat. Ceux-ci sont lancés pour la première fois sur le front d'Ypres, sous forme de nappes de chlore. On voit, ci-contre, une compagnie se préparant à résister à une attaque, le 20 mai 1915, au moyen de masques rudimentaires faits de tampons de gaze humide. (Imperial War Museum.)

Le torpillage du paquebot britannique « Lusitania », attaqué le 7 mai 1915 par un sous-marin allemand, provoquera chez les Alliés et chez les neutres une intense émotion. (Photo Ullstein, Berlin.)

Le général Gouraud aux Dardanelles, en 1915. Remplaçant le général d'Amade à la tête du corps expéditionnaire français, il sera grièvement blessé et amputé du bras droit. (Photothèque des Presses de la Cité.)

attaques menées par le 16ᵉ corps contre les deux corps d'armée de Sarrail. A l'aide de lance-flammes et d'obus asphyxiants (les obus à croix verte), les Allemands parviennent à s'emparer du nord du massif afin d'investir peu à peu Verdun.

3 juin

Le général Gouraud est gravement blessé devant Gallipoli et perd un bras.

15-22 juin

Dans les Vosges centrales, les chasseurs alpins s'emparent du col de Linge.

Joffre a ordonné la reprise de l'offensive en Artois puisqu'on a dû abandonner la plus grande partie du terrain conquis avec la crête de Vimy.

On attaque tous les points d'appui à la fois. Aucun d'eux ne cède. Anglais et Belges sont arrêtés après avoir progressé d'un kilomètre à peine. Pour 8 000 prisonniers, la bataille a coûté 300 000 tués, blessés ou disparus. Cependant, cette double offensive a mis en lumière les qualités d'organisateur de Pétain.

De Chantilly, où il a installé son quartier général à la fin de 1914, Joffre prépare une troisième offensive.

juin

Sur le front ouest, les Allemands sont restés sur la défensive, se contentant d'arrêter les offensives de Joffre. C'est qu'ils ont décidé de porter tous leurs efforts sur le front est, tant pour soulager les Autrichiens que pour en finir avec la Russie.

En 1914, les troupes russes ont essuyé de graves revers : tant en Prusse orientale que dans les Karpates, leur avance a été stoppée. Falkenhayn voudrait les repousser au-delà de leurs anciennes frontières pour contraindre le tsar, que les Alliés ne peuvent secourir depuis l'échec des Dardanelles, à demander la paix.

Mackensen, à la tête des troupes austro-allemandes, perce le front russe sur vingt kilomètres à la hauteur de Gorlice; c'est la ruée vers Przemysl et Lemberg (Lvov) qu'il atteint le 22, après une avance de 200 kilomètres!

C'est alors que, dans l'esprit du haut-commandement allemand, surgit l'idée d'un gigantesque encerclement des armées russes du centre. Mackensen remontera vers Brest-Litovsk tandis qu'Hindenburg, parti

Autre nouvelle arme employée par les Allemands : les lance-flammes, les « Flammenwerfer ».
Appareils portatifs d'une portée assez courte — une vingtaine de mètres —, ils étaient utilisés
comme arme de combat rapproché pour projeter sur l'ennemi des liquides enflammés. (Archives
Südd-Verlag, Munich.)

du nord de la Prusse orientale, débordera la droite des armées russes. Finalement, Falkenhayn trouve le projet trop ambitieux et veut seulement détruire le centre des armées russes.

13-14 juillet

Tandis que les armées italiennes, ouvrant les hostilités, attaquent sur le Corso, les Allemands continuent à lancer des offensives locales en Argonne.

La contre-offensive préparée par Sarrail est stoppée et l'adversaire parvient même jusqu'à nos secondes lignes, ce qui nous coûte de très lourdes pertes en hommes et officiers. Chargé d'une enquête sur cette défaite (que les Alle-

mands n'exploitent d'ailleurs pas), le général Dubail conclut à un malaise dans la IIIe armée provoqué par le comportement de ce chef sectaire.

Sarrail est relevé de son commandement. Comme il possède des appuis politiques, on le destine au front d'Orient.

20 juillet

Une contre-attaque allemande dans les Vosges nous fait perdre une partie du terrain conquis.

7 août

Les troupes alliées sont défaites à Sluyla-Anaferta. Le même jour, l'as de l'aviation Pégoud est abattu et, deux jours plus tard, une de nos escadrilles de bombardement perd neuf appareils.

9 août

Durement pressés, les Russes sont contraints d'abandonner Varsovie.

22 août

Les contre-attaques lancées dans les Vosges par les chasseurs alpins obtiennent peu de résultats.

2 septembre

Joffre envisage une vaste offensive à la fois en Champagne, en Argonne et en Artois : Ire armée britannique, X^e armée française sur le front de la Bassée-Vimeux; IVe, IIe et VIe armées entre le massif de Moronvillers et l'Argonne; V^e armée entre le massif de Craonne et la vallée de l'Aisne. Pas de rabattement latéral, il faut pousser en avant en direction générale de l'est et du nord.

16–28 septembre

Contrariée par le mauvais temps, cette offensive échoue complètement : l'armée britannique et la Xe armée ne peuvent s'emparer du village de Souchez et de la côte de Givenchy. En Champagne, la IVe armée parvient à créer une brèche à l'ouest de la ferme de Navarin, mais la brèche ne peut être élargie les jours suivants. Le manque de réserves et de troupes fraîches oblige à suspendre les attaques.

5 octobre

Ferdinand, tsar des Bulgares, déclare la guerre à la Serbie; la position des armées serbes, pressées par les Bulgares et les Autrichiens, risque de devenir critique.

6 octobre

Une dernière attaque dans la région de Navarin et de Tahure permet seulement quelques gains de terrain. L'offensive a abouti à faire 25 000 prisonniers, dont 350 officiers, à enlever 150 canons. Mais cette victoire toute relative a été payée de 115 000 tués ou prisonniers et. le front allemand n'a pas été percé.

18 octobre

En Russie, les Allemands atteignent Kovno (Kannas). Avant l'hiver, Hindenburg pousse au-delà du Niémen jusqu'à Vilno; Mackensen, remontant du sud, atteint Brest-Litovsk et pousse jusqu'aux marais de Pinsk. Mais les armées russes n'ont pas été encerclées et le front est se stabilise de Riga aux Karpates en passant par Pinsk. Les Allemands ont conquis des terres, fait des centaines de milliers de prisonniers. Le grand-duc Nicolas abandonne le commandement des armées du Caucase que le tsar prend personnellement.

fin octobre

Pour aider les Serbes, les Alliés ont décidé d'ouvrir un nouveau front en Grèce. Malgré les protestations du roi Constantin, qu'aurait pourtant dû soutenir la Serbie, 65 000 Français et 15 000 Anglais débarquent à Salonique. Les débuts sont prometteurs. Les troupes alliées occupent Florina et Monastir.

29 octobre

Longtemps silencieux, les députés

La « méprisable petite armée anglaise de 1914 » devient de jour en jour plus importante, mieux entraînée aux rigueurs du combat moderne. Cette photographie montre des fantassins lourdement équipés participant à une attaque sur le front de la Somme. (Photothèque des Presses de la Cité.)

s'agitent. L'échec des trois offensives de Joffre fait naître des critiques acerbes à l'égard du commandant en chef.

Il ne suffit pas de « les grignoter », comme il l'a dit lui-même. Finalement, Viviani est renversé...

30 octobre

... et remplacé par Briand qui forme un nouveau cabinet d'union nationale en donnant le portefeuille de la Guerre au général Gallieni.

début de novembre

L'offensive alliée au-delà de Salo-nique est stoppée sur une ligne qui va de Prilep à Sérès.

novembre

Pressés par l'armée de Mackensen et les Bulgares, les Serbes doivent abandonner leur pays. Tout un peuple, dans des conditions de souffrances atroces, guidé par son roi qui partage ses misères, se met en marche vers la côte adriatique où une flotte franco-britannique s'apprête à le recueillir. 160 000 hommes, 10 000 animaux seront, en janvier-février 1916, ainsi transportés dans l'île de Corfou, occupée par un groupe alpin français, ravitaillés et réorganisés.

Les énormes progrès réalisés par l'aviation au cours des années précédentes permettent une évolution de la tactique militaire : reconnaissance des tranchées ennemies en même temps que combats aériens. Ci-contre un appareil Farman est prêt à décoller, équipé de l'une des mitrailleuses légères employées à partir de 1915. (Photothèque des Presses de la Cité.) Bien que l'Amérique ne soit pas encore entrée en guerre, quelques volontaires se sont spontanément engagés. Voici plusieurs d'entre eux, en 1915, défilant, drapeau en tête, devant l'Opéra. Ils se dirigent vers la gare Saint-Lazare. Là, un train les conduira à Rouen où ils suivront un entraînement intensif. (Cabinet des estampes. B.N. Photo Charmet.)

24 novembre-11 décembre

La nomination d'un général au ministère de la Guerre pourrait créer des frictions entre Joffre et Gallieni. Joffre réclame l'unité de direction. Briand le confirme dans son commandement en chef des armées nationales et, pour assurer des liaisons meilleures avec les généraux d'armée et le gouvernement,

nomme Castelnau chef d'état-major général.

6-8 décembre

Au cours de la deuxième conférence interalliée tenue à Chantilly, il est décidé de reprendre au printemps une offensive générale sur le front franco-britannique et sur les fronts italien et russe.

fin décembre

Castelnau part pour Salonique où il réorganise le commandement. Le général Sarrail a fait de Salonique et de sa région un camp retranché que les Bulgares n'osent pas attaquer en traversant la Grèce. Ce front oriental restera ainsi stabilisé pendant deux ans.

Le bilan de l'année 1915 est peu satisfaisant : les offensives ont été coûteuses et n'ont pas permis la percée. Les Russes ont été rejetés loin des frontières de l'ancienne Pologne, de Riga à Csernowicz. Les Italiens se sont contentés de prendre Gorizia. L'expédition des Dardanelles a échoué et nous allons, au début de janvier 1916, évacuer la presqu'île de Gallipoli. Joffre songe à une nouvelle offensive pour la fin de l'hiver 1916. L'institution des permissions maintient le moral des soldats et « les civils tiennent », selon le mot célèbre de Forain.

1916, janvier

Entre Belfort et Verdun, le général allemand Falkenhayn a hésité un moment. Finalement il choisit Verdun dont la position dans un saillant où, entre Sainte-Menehould et Saint-Mihiel, les Allemands occupent trois des côtés est particulièrement favorable à une attaque. Il dispose de quatorze voies ferrées et

de bonnes routes alors que, pour atteindre Verdun, les Français n'ont plus qu'un chemin de fer à voie étroite, le *Meusien*, et la route de Bar-le-Duc.

Dès la fin de décembre, Joffre a donné ordre aux généraux d'armées de préparer l'offensive d'été. Mais le général en chef anglais Douglas Haig, qui vient de remplacer French, est réticent. Joffre parvient à le convaincre. La conscription que l'Angleterre va enfin adopter alimentera en troupes fraîches l'armée britannique.

14-18 février

Foch est chargé de préparer pour la fin de juin l'offensive franco-britannique de rupture dans la Somme sur un front large de trente kilomètres.

21 février

Mais, quelques jours plus tard, l'offensive sur Verdun se déclenche par le tir de plusieurs millions d'obus sur les première et deuxième lignes françaises. Le *trommel-feuer* s'abat sur les positions françaises. La plus grande bataille de la guerre commence.

Il serait faux de croire que le G.Q.G. n'a pris aucune précaution dans le secteur de Verdun; l'alarme a été donnée par les aveux des déserteurs. Des avions ont signalé les mouvements de troupe et d'artillerie. On a même eu connaissance de l'ordre du jour du Kronprinz aux troupes d'assaut.

Mais Joffre, craignant que cette attaque ne soit qu'une feinte destinée à masquer une offensive plus importante sur Amiens, préfère échelonner en arrière ses réserves pour les porter sur le point menacé. Seul, Gallieni avait vu juste. Les forts de

Verdun étaient restés désarmés.

21 février

Malgré l'effroyable déluge de feu qui s'est abattu sur nos lignes, quand le premier assaut est donné à seize heures quarante-cinq, des soldats français sortent des décombres — « Debout, les morts! » — et résistent. A la fin de la première journée, le bois d'Haumont, le bois de Ville et la plus grande partie de celui des Caures sont perdus.

22-24 février

Nous abandonnons ceux de la Wawrille et Herbebois, Samogneux sur notre gauche. La première et la deuxième position sont abandonnées. La neige tombe, rendant les combats plus atroces. Les Allemands, débordant par Samogneux, se sont emparés de la cote 304 et avancent jusqu'à Louvement et la côte de Poivre. Les forces françaises placées à l'est risquent l'encerclement. Le général de Langle de Cary, qui commande le groupe d'armées, envisage le repli et l'abandon de la rive droite de la Meuse qui entraînera celui de Verdun.

25 février

Mais Joffre constitue une nouvelle armée et envoie sur place Castelnau qui donne pour instruction formelle de défendre Verdun sur la rive droite de la Meuse. Pour mettre de l'ordre et diriger la résistance, Joffre nomme Pétain qui va d'abord organiser les transports vers les champs de bataille — la *voie sacrée* de Bar-le-Duc à Verdun — et s'efforcer de soulager la peine et la fatigue du soldat en multipliant les relèves.

Le même jour, les Allemands s'emparent sans difficulté du fort

Considéré par le Kronprinz comme la « pierre angulaire nord-est de la plus puissante forteresse du principal ennemi », Douaumont est l'objet des premières et sanglantes attaques des Allemands. Malgré la courageuse défense du XXe corps, le fort ne pourra résister aux offensives de l'ennemi et capitulera le 25 février 1916. On voit ici deux guetteurs observant les mouvements de l'assaillant. (Photothèque des Presses de la Cité.)

de Douaumont... qui était désarmé et gardé par quelques territoriaux! Ce qui ne les empêche pas de crier victoire et d'annoncer la prise de ce fort comme un exploit!

29 février

Pétain a installé son quartier général à Souilly, sur la route de Bar-le-Duc à Verdun.

Il organise pour le transport des troupes (15 à 20 000 hommes) et des munitions (2 000 tonnes *par jour*) une véritable *noria* de camions, une chaîne montante et descen-

dante qui fonctionne nuit et jour.

29 février-4 mars

Les Allemands enlèvent la position d'Hardaumont, le bois de la Caillette, le bois de Chauffour et le village de Douaumont.

Les Français défendent le terrain pied à pied. Des troupes fraîches ne cessent d'arriver des autres points du front.

6-10 mars

Pour neutraliser l'artillerie fran-çaise qui paralyse leur avance, les Allemands attaquent sur les deux rives de la Meuse à la fois. Ils progressent le long de la rive gauche et enlèvent la côte de l'Oie et le bois de Cumières.

14 mars

Ils se jettent à l'assaut du Mort-Homme dont ils ne peuvent occuper que le versant nord. Sur la rive droite, le combat s'étend depuis le 10 entre Douaumont et Vaux. Les Allemands annoncent la prise du fort de Vaux. Il n'en est rien. Ils

Ci-dessus, un spectacle devenu quotidien depuis qu'a commencé la bataille de Verdun : la mort. Sous l'œil à demi enterrés par l'explosion d'un obus. (Photothèque des Presses de la Cité.)

ont seulement pris l'ouvrage Hau-dromont, la côte du Poivre et le village de Vaux.

16 mars

Malade, le général Gallieni donne sa démission de ministre de la

Guerre. Il mourra quelques mois plus tard.

Il est remplacé par le général Roques.

20 mars

Sur la rive gauche, la 11ᵉ division

ndifférent d'un soldat, des cadavres gisent, parfois

bavaroise ne parviennent pas à s'emparer de la cote 304 qui domine la vallée.

28 mars–5 avril

Reprise générale de l'attaque; sur la rive gauche, pour réduire le saillant français qui s'est formé autour de nos positions primitives entre Malancourt et Béthincourt. L'attaque allemande échoue en partie. Malancourt est perdu le 31 mars. Haucourt tombe le 5 avril, Béthincourt le 8. Mais nos lignes tiennent bon à Avocourt, à la cote 304, au versant sud du Mort-Homme et au nord de Cumières. Sur la rive droite, les Allemands se sont emparés du village de Vaux, mais n'ont pu dépasser le bois de la Caillette et les Français ont pu pousser des avant-postes jusqu'aux premières crêtes de Douaumont.

9 avril

Nouvelles et violentes attaques sur les deux rives. Elles n'aboutissent qu'à des gains de terrain insignifiants.

Pétain peut proclamer : « Courage, on les aura! »

Mais la peine des hommes est atroce. La pluie ou la neige, la boue, la faim accablent le soldat de Verdun. La mort est partout et elle atteint, proportionnellement, plus d'officiers que d'hommes. Pas de lignes de tranchées. Le soldat se terre dans des trous d'obus. La relève n'apporte même pas le repos. Que de blessés attendent la mort sur le sol déchiqueté...

21 avril–1er mai

Les Français entreprennent de dégager, sur la rive droite de la Meuse, le Mort-Homme que les Allemands entourent de trois côtés. Malgré la résistance allemande, nos lignes sont reportées sur les positions antérieures.

2 mai

Nommé chef du groupe des armées

Le généralissime Joffre et le général Pétain dans le village meusien de Souilly où, à partir de février 1916, Pétain a installé son quartier général. (Photothèque des Presses de la Cité.)

du centre, Pétain est remplacé à Verdun par Nivelle et son adjoint Mangin.

3 mai

Reprise des attaques sur la rive gauche. Elles visent la cote 304 dont les Allemands ne peuvent pas atteindre le sommet.

15 mai

Pour soulager le front de Verdun, Joffre, tout en préparant l'offensive de la Somme, avait instamment demandé à nos alliés d'attaquer sur les autres fronts. Russes et Italiens s'y préparent. Mais ce sont les Autrichiens qui attaquent les premiers les troupes du général

Cadorna dans le Trentin. En quelques jours, ils s'emparent de trois cents kilomètres carrés. L'offensive russe les contraint bientôt à interrompre leurs attaques.

22 mai

A Verdun, sur la rive droite de la Meuse, les Français reprennent

Ce portrait du général Gallieni fut reproduit dans « l'Illustration ». Le chef militaire y est représenté lisant une carte, non loin de ses officiers d'état-major. Bien qu'atteint par la limite d'âge depuis 1913, Gallieni avait été nommé gouverneur militaire de Paris. Dans ce rôle — le dernier qu'il remplira avant sa mort prochaine — son habileté et son autorité aideront grandement au succès de la bataille de la Marne. (Document extrait de l'Illustration.)

Cet ordre du jour autographe du général Pétain à la IIe armée devait devenir célèbre. Rédigé le 10 avril 1916, il agira sur le moral des troupes engagées comme un message de confiance. (Photo B.N.)

Le ravitaillement du secteur de Verdun pose un problème que l'état-major résout en faisant parcourir sans cesse la fameuse « voie sacrée » par des colonnes de camions employés pour la première fois en grand nombre. Ce dessin aquarellé de Georges Scott (à gauche) permet d'imaginer le trafic intense de cette « noria ». (Musée de l'Armée, Paris. Photo Charmet.)

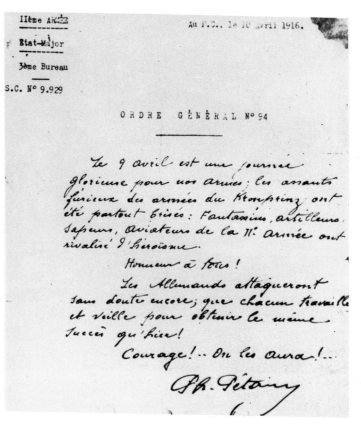

IIème ARMÉE
État-Major
3ème Bureau
S.C. N° 9.929

Au P.C., le 10 avril 1916.

ORDRE GÉNÉRAL N° 94

Le 9 avril est une journée glorieuse pour nos armes; les assauts furieux des armées du Kronprinz ont été partout brisés : Fantassins, artilleurs, sapeurs, aviateurs de la IIe armée ont rivalisé d'héroïsme.

Honneur à tous !

Les Allemands attaqueront sans doute encore; que chacun travaille et veille pour obtenir le même succès qu'hier !

Courage !... On les aura !...

Ph. Pétain

l'initiative et tentent de dégager Douaumont. Ils n'y parviennent pas.

30-31 mai

Le nouveau commandant de la flotte allemande, l'amiral Scheer, décide de bombarder les côtes anglaises : 5 cuirassés, 5 croiseurs légers, 22 torpilleurs se heurtent, à la fin de l'après-midi du 31 mai, aux 11 cuirassés et aux 11 croiseurs de bataille de l'amiral Beatty et à la *Grand Fleet* de l'amiral Jellicoe. Celui-ci ne peut barrer le passage à l'ennemi qui retourne à sa base après un violent combat naval. Les Anglais ont perdu 3 croiseurs de bataille, 3 croiseurs cuirassés, 4 torpilleurs et 6 097 marins; les Allemands un croiseur de bataille, 4 croiseurs légers, 5 torpilleurs et 2 545 marins. La flotte allemande n'a pas forcé le blocus britannique. L'ennemi a dû rompre le combat et regagner ses bases. Les Anglais tiennent pourtant cette bataille du Jutland pour un demi-échec.

31 mai-9 juin

Les Allemands savent que l'adversaire prépare une offensive sur la Somme. Ils veulent en finir avec Verdun en continuant à attirer dans ce creuset le plus grand nombre de divisions françaises. Ils reprennent l'offensive sur la rive droite en augmentant encore leur effort.

4 juin

Mais, sur le front est, après des attaques sans conséquence à l'extrémité nord du front (sud-ouest de Riga), les Russes lancent leur grande

*C'est à l'amiral britannique John Rushworth Jellicoe (en haut, à droite) qu'est confié, du mo
ment de la « Grand Fleet », chargée de bloquer la marine allemande en mer du Nord. On voit (en hau
qu'ils surveillent. Malgré la suprématie de la marine britannique, la « Grand Fleet » sera incapable
combat naval du Jutland se soldera par un demi-échec. (Imperial War Museum.)*

*Cette pièce de 155 montée sur affût métallique (en bas) est prête à faire feu. Un chemin de fer Deca
de batterie. (Archives Südd-Verlag, Munich.) Ainsi aidés par l'artillerie, les Français tentent, e
On voit, ci-dessous, à gauche, au cours d'une attaque française, deux soldats allemands plonger dar
particulièrement violente. (Photothèque des Presses de la Cité.)*

août *1914* jusqu'à la fin de *1916*, le commande-
gauche), quelques navires patrouillant dans les eaux
truire l'ennemi dans son repaire et le grand

le en a assuré le transport jusqu'à la position
ai *1916*, de reprendre le fort de Douaumont.
trou d'obus pour se protéger d'une explosion,

offensive sur cent cinquante kilomètres au sud de Rovno. Les troupes, bien armées, bien entraînées,
que commande le général Broussilov
sous la haute direction du général
Alexéiev, enfoncent les lignes austro-
hongroises sur une largeur de cinquante kilomètres et visent la ligne
du Sereth et les Karpates méri-
dionales.

9 juin

A Verdun, après une résistance
désespérée, le commandant Raynal
capitule. Le fort de Vaux est entre
les mains de l'ennemi.

Mais déjà les Allemands sont obligés d'envoyer en hâte des troupes
vers l'est. Cependant, la prise de
Vaux les déchaîne. Par quatre fois,
ils tentent de s'emparer du Mort-
Homme. Ils sont repoussés mais,
sur la rive droite, ils continuent à
progresser. Pétain demande que
l'offensive de la Somme soit lancée

Chassés de Galicie en 1915 par les Autrichiens et les troupes allemandes de Mackensen, les Russes tentent, en juin 1916, de s'y réinstaller, sous le haut commandement du général Broussilov. Ici des soldats russes derrière leur mitrailleuse, observent l'ennemi. (Photo Roger-Viollet.)

le plus tôt possible et encourage les soldats de Verdun à « tenir ».

13 juin

Désormais, les offensives sur les autres fronts se succèdent. Les Russes lancent leur attaque principale au nord de la première. Elle se heurte à une résistance opiniâtre et échoue, tandis que les Allemands parviennent à arrêter la débâcle des Austro-Hongrois. Les Russes décident alors de reporter tout leur effort sur le front sud-ouest.

22-23 juin

Les Allemands se ruent à l'assaut des dernières positions qui protègent Verdun : les ouvrages de Froideterre, le village de Fleury, le fort de Souville. Le 23, après un bombardement de plusieurs centaines

de milliers d'obus à gaz, ils s'emparent de Thiaumont, de Fleury; quelques éléments avancés atteignent Froideterre d'où ils peuvent deviner la masse sombre de la citadelle.

Ils n'iront pas plus loin. Dès le lendemain, les contre-attaques françaises commencent.

24-25 juin

Sur le front italien, les Austro-Hongrois, sans attendre l'attaque de l'adversaire, se mettent en retraite. En trois jours, les Italiens ont repris la majeure partie du terrain perdu et Cadorna peut préparer une vaste offensive sur l'Isonzo.

1er-10 juillet

Début de la grande offensive de la Somme. Malgré Verdun, Joffre

En haut, à droite, conférence au quartier général anglais, le 25 juin 1916. On reconnaît, au centre, Aristide Briand. A sa gauche, le général Haig. (Photothèque des Presses de la Cité.)

En bas, l'un des navires de guerre allemands touchés par l'artillerie anglaise va prendre feu. Il s'agit du vaisseau de ligne le « Schleswig-Holstein ». (Archives Südd-Verlag, Munich.)

n'a jamais renoncé à la préparer — et c'est un de ses mérites. Dans son esprit, le but stratégique à atteindre est le faisceau de communications de l'ennemi que jalonnent Cambrai, Le Cateau. Maubeuge En liaison avec les Anglais, l'attaque est lancée le 1er juillet au matin. Dès le 2, la seconde position allemande est entre nos mains. Grâce au perfectionnement de l'armement, à la mise en service des premiers chars d'assaut, la VIe armée française, sous les ordres de Fayolle et de Foch (qui commande le groupe d'armées) pousse jusqu'aux abords de Péronne, avançant de dix kilomètres, faisant prisonniers 12 000 hommes et 235 officiers. Les Anglais, durement contre-attaqués par les Allemands, ont avancé plus lentement. L'ennemi se ressaisit, retire des divisions du front de Verdun et reconstitue ses lignes.

20 juillet

Une seconde attaque ne réussit que partiellement.

28 juillet

Une troisième offensive russe oblige encore les Autrichiens à reculer. Cette fois, les Russes atteignent les frontières de la Galicie et approchent des Karpates.

30 juillet

Une troisième attaque sur la Somme échoue complètement. Joffre estime qu'il est pourtant indispensable de poursuivre le combat en liaison avec nos alliés sur les autres fronts, au nord et au sud de la Somme, malgré la fatigue de l'armée anglaise qui compte maintenant un million d'hommes et a été placée sous le commandement de Haig.

Voici soigneusement camouflée, une pièce d'artillerie l'enfoncement dans les terrains mous et à faciliter chevaux. Sa portée plus considérable permettait a

août

En Russie, le général Alexéiev conçoit un vaste mouvement enveloppant aux deux extrémités du front, à l'aile nord dans la région de Kovel, au sud au col des Tatars. Percées sur plusieurs points, les positions autrichiennes sont ramenées sur le Stokhod. Malgré l'offensive de la Somme, les Allemands envoient des divisions sur le front est. Une attaque russe partant de Riga, à l'extrême nord, permet de

...urde en action dans les Vosges. Il s'agit d'un canon de 120 long, à roues à palettes destinées à limiter ...oulage à travers champs. Cette pièce, beaucoup moins mobile que le canon de 75, était attelée à huit ...a mettre en batterie à des emplacements éloignés. (Cabinet des estampes. B.N. Photo J.-L. Charmet.)

gagner du terrain. En Galicie, les Russes prennent pied sur la rive est du Stokhod. Ils franchissent la coupure du Sereth et s'emparent de Stanislau. Ainsi une partie du terrain perdu en 1915 est reconquise et les Austro-Hongrois, qui ont dû abandonner le commandement de leurs troupes à Hindenburg, sont découragés.

Pendant ce temps, en Italie, Cadorna attaque dans le secteur de Monfalcone et de Gorizia avec 225 bataillons. Les Italiens s'empa-

rent de Gorizia mais ne peuvent atteindre Trieste. L'offensive a été trop tardive. Le manque de coordination entre les commandements alliés se fait sentir.

17 août

Longtemps hésitante, la Roumanie signe un traité d'alliance avec les Alliés, déclare la guerre à l'Autriche-Hongrie et commence à envahir la Transylvanie. Joffre lui envoie une mission, commandée par le général Berthelot, pour la conseiller.

28 août

Falkenhayn, dont les plans ont échoué, est relevé de son commandement sur le front ouest et remplacé par le maréchal Hindenburg assisté de Ludendorff.

3-4 septembre

Joffre n'a pas renoncé à atteindre ses objectifs sur la Somme. L'attaque reprend le 3 septembre. L'armée Fayolle s'empare de Cléry. Le lendemain, la Xe armée enlève Soyécourt et fait 2 100 prisonniers. Mais les Britanniques n'avancent pas.

12 septembre

Cinq divisions françaises attaquent au nord de la Somme et atteignent Bouchavesnes.

15 septembre

L'emploi de gros chars d'assaut par les Britanniques leur permet d'avancer de deux kilomètres en quelques heures et de faire 4 000 prisonniers.

25 septembre

Ils prennent le village de Combles et mettent pied sur le plateau de Thiepval, leur objectif depuis plusieurs semaines.

Ces prisonniers allemands ont été capturés dans la région de Verdun. Encadrés par une unité de cavalerie, ils sont acheminés vers leur camp. Les soldats français qui regardent passer ce long cortège semblent assez indifférents, dépourvus même d'animosité envers l'ennemi d'hier. (Photothèque des Presses de la Cité.)

fin septembre

La Roumanie est intervenue trop tard : ni la Russie ni l'armée de Sarrail à Salonique ne peuvent l'aider. Pressée par l'armée austro-hongroise de Mackensen et une armée allemande conduite par Falkenhayn, l'armée roumaine doit se mettre en retraite...

octobre

... et est bientôt contrainte d'abandonner la Transylvanie.

Les combats se poursuivent dans la Somme. Le mauvais temps, la brièveté des jours, l'épuisement des soldats les enlisent peu à peu. L'offensive s'achèvera au début de novembre. Si elle n'a pas atteint les objectifs visés par Joffre, elle a permis de gagner cent quatre-vingts kilomètres carrés d'un terrain puissamment fortifié par l'adversaire et coûté 50 000 prisonniers et des pertes humaines plus considérables aux Allemands qu'aux Alliés. Elle a découragé les Allemands.

Voici l'un des chars d'assaut employés par la Grande-Bretagne : le Mark IV. C'est le 15 septembre 1916, à Flers, dans la Somme, que seront lancés les quarante-neuf premiers « tanks » anglais, les Mark I. De 1916 à 1918, l'Angleterre produira successivement les Mark I à V, puis les Whipet. (Photothèque des Presses de la Cité.)
Ci-dessous, le général allemand August von Mackensen en uniforme des hussards de la mort. (Südd-Verlag, Munich.)

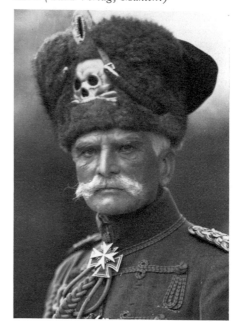

24 octobre

Car en même temps, Nivelle et Mangin ont entrepris, par une série d'opérations locales, d'améliorer nos positions devant Verdun. Minutieusement préparée, d'abord répétée par chaque régiment entre Bar-le-Duc et Saint-Dizier, l'offensive déclenchée à la fin d'octobre obtient des résultats foudroyants. Le 24, l'infanterie coloniale du Maroc enlève Douaumont. Le front adverse est enfoncé de sept kilomètres sur une profondeur de trois.

3 novembre

Le fort de Vaux est repris. Joffre peut proclamer : « Les Allemands ont perdu la bataille de Verdun. »

novembre

Malheureusement, en Roumanie, Falkenhayn et Mackensen traversent le Danube et font leur jonction. Ils poursuivent leur avance.

29 novembre

Le bilan militaire de 1916 est nettement favorable aux Alliés. Partout, la situation s'est retournée, Verdun a coûté à la France 275 000 hommes (dont 100 000 tués), mais 310 000 aux Allemands. Le fantassin allemand est épuisé. Les Austro-Hongrois ont été battus en Italie comme en Russie.

Ces succès n'empêchent pas les critiques. Depuis quelques mois, les pacifistes relèvent la tête et un congrès tenu à Zimmerwald, en Suisse, a réuni au mois de septembre autour de Lénine et de Trotski quelques socialistes et syndicalistes des pays belligérants. Joffre est violemment attaqué à la Chambre. On critique ouvertement les officiers

du G.Q.G. de Chantilly et le député-sergent Maginot mène l'attaque. Briand tente en vain de défendre Joffre en comité secret.

1er décembre

En Grèce, le roi Constantin, qui ne cache pas ses sympathies pour l'Allemagne, lève le masque. En dépit des efforts de Venizélos et de ses amis qui appuient l'armée d'Orient, le roi fait attaquer par des soldats grecs un détachement de 2 500 marins français de l'amiral Dartige qui venait de débarquer au Pirée. Il y a de nombreux morts et blessés. Les partisans de Venizélos sont partout massacrés. Les Alliés proclament le blocus de la Grèce qui ne pousse pas plus avant — pour l'instant — son attaque.

Sarrail tient solidement à Salonique.

A la fin de l'année 1916, les soldats anglais occupent une partie du front à l'ouest du dispositif général. A côté des unités du type classique et ancien, on commence à apercevoir les premiers éléments motorisés transportés par les engins relativement primitifs de l'époque. La photographie ci-contre prise dans la Somme montre quelques « Tommies » coiffés du casque rond et transportant leurs mitrailleuses sur des side-cars. (Photothèque des Presses de la Cité.) François-Joseph est mort. Son neveu et successeur, Charles, a pris en main le destin de la double monarchie dont il sera le dernier souverain. Cette photographie prise à Presbourg le montre accompagné de l'impératrice Zita et du jeune archiduc Otto, en train d'écouter l'hymne national hongrois. (Archives Südd-Verlag, Munich.)

6 décembre

En Roumanie, les Allemands et les Autrichiens s'emparent de Bucarest. Le gouvernement roumain se réfugie à Jassy. Les Russes recueillent les restes de l'armée roumaine.

9 décembre

Cette succession de déplorables nouvelles fait le plus mauvais effet à Paris. Briand sent que son gouvernement est menacé. Il décide de remanier les ministères et, à la Guerre, remplace le général Roques par le général Lyautey rappelé du Maroc où il a admirablement réussi à maintenir le calme.

12 décembre

Depuis la disparition du vieil empereur François-Joseph, mort à

Dans une tranchée (à gauche) quelques soldats tentent de se protéger des gaz. Leurs moyens sont encore rudimentaires : tampons de gaze sur le nez et la bouche et lunettes plus ou moins étanches. L'homme debout s'apprête à lancer une grenade. (Photothèque des Presses de la Cité.)

Le nouveau commandant en chef, le général Nivelle (à droite), a été, jusqu'à présent, un soldat dynamique et heureux. Aussi le gouvernement et l'opinion mettent-ils beaucoup d'espoir en lui. Malheureusement, il ne tardera pas à les décevoir. Son passage à la tête des armées sera bref et se soldera par une sanglante et stérile offensive. (Photothèque des Presses de la Cité.)

quatre-vingt-six ans le 2 novembre, et remplacé par son petit-neveu Charles, l'Autriche donne des signes de faiblesse tels que le chancelier Bethmann-Hollweg préfère prendre les devants et, au Reichstag, propose de réunir une conférence de la paix, une paix blanche qui laissera naturellement l'Alsace et la Lorraine à l'Allemagne.

Le même jour, Foch et Castelnau sont limogés et chargés de missions sans importance. Foch est furieux. A Joffre qui l'a sacrifié, il déclare : « Cela ne vous empêchera pas d'être débarqué à votre tour ! »

13 décembre

A l'offre de paix allemande, Briand et Lloyd George ripostent en repoussant les propositions du chancelier allemand. Briand obtient à la Chambre un vote de confiance.

15 décembre

En revanche, on ne veut plus de Joffre. Déjà le général Nivelle est nommé commandant des armées du nord en remplacement de Foch.

15-25 décembre

Reprise des attaques à Verdun : le secteur est dégagé. Nous faisons 12 000 prisonniers et prenons 115 canons. Nivelle et Mangin achèvent ainsi les opérations destinées à dégager la citadelle.

18 décembre

Wilson, président des États-Unis, demande aux belligérants de préciser leurs buts de guerre. Les exigences de l'Allemagne sont telles qu'il comprend que les propositions faites devant le Reichstag ne sont que propagande pour désunir les Alliés.

20 décembre

Joffre est élevé à la dignité de maréchal de France...

26 décembre

... et remplacé par Nivelle comme commandant en chef des armées françaises. Ses adversaires triomphent. Lyautey, qui vient d'arriver à Paris, accepte cette décision.

31 décembre

Dans une note collective, les Alliés dénoncent les propositions de l'Allemagne « sans sincérité ni portée ».

Le même jour, à Petrograd (Saint-Pétersbourg), le *starets* Raspoutine est assassiné par le prince Youssoupov et ses amis.

DE L'ANNÉE
DIFFICILE
A LA VICTOIRE

1917, janvier

A la demande instante de Ludendorff, Guillaume II décide de reprendre le torpillage intensif des navires de commerce, même neutres, à partir du 1er février, ce qui lui vaut de véhémentes protestations de la part des États-Unis.

22 janvier

En face du refus opposé par l'Allemagne de modifier son attitude, le président Wilson précise devant le Sénat américain ce qui pourrait, selon lui, servir de base à des négociations de paix sincères. Il réclame naturellement la liberté des mers.

1er février

La guerre sous-marine n'en reprend pas moins avec une rare violence. Plus d'un million de tonnes seront coulées certains mois. Le torpillage du courrier régulier Folkestone-Dieppe, le 24 mars, causera la mort du compositeur espagnol Granados. Devant ce déchaînement, les États-Unis décident de rompre les relations diplomatiques avec l'Allemagne.

février

Au Moyen-Orient, les Anglais du général Maud remportent des succès et parviennent à s'ouvrir la route de Bagdad. Le vieux rêve pangermaniste de la ligne de Berlin à Bagdad commence à s'effondrer.

13 février

A Paris, arrestation de la belle Mata-Hari (de son véritable nom Marghareta Zelle) soupçonnée d'espionnage.

27 février

Le général Nivelle, qui — il serait injuste de l'oublier — a dirigé victorieusement les opérations sur l'Ourcq pendant la bataille de la Marne et remporté d'importants succès dans

Depuis le début de la guerre, la puissance du feu a obligé les troupes à s'enfermer dans des fortifications de campagne de plus en plus perfectionnées. Mais le potentiel destructeur de l'artillerie a augmenté en même temps et d'effroyables bombardements arrivent à bouleverser entièrement le système de défense. Les combattants en sont réduits à s'abriter dans les trous d'obus et les replis de terrain, comme le montre ce document photographique : des soldats entourés d'explosions attendant le moment de reprendre leur périlleuse marche en avant. (Archives Südd-Verlag, Munich.)

la région de Verdun à la tête de la IIe armée, adopte les objectifs prévus par Joffre et ne modifie pas la doctrine du grand quartier général (transféré à Beauvais) : destruction des masses principales, rupture du front et exploitation intensive.

Pour l'offensive qui se prépare, il est décidé que les forces britanniques du maréchal Haig seront subordonnées au commandement français.

Nivelle dénonce la propagande pacifiste qui se répand, par des tracts ou des journaux comme *le Bonnet rouge*, parmi les troupes.

1er mars

Institution en France des premières cartes de rationnement; on commence par le sucre.

5 mars

L'échec des offres de paix du gouvernement allemand n'a pas découragé certaines bonnes volontés.

Frère de Zita (épouse du nouvel empereur Charles), le prince Sixte de Bourbon, qui combat avec les Alliés sous l'uniforme belge — il est descendant de la branche aînée des Bourbons — reçoit de son beau-frère des offres de paix comportant notamment le retour de l'Alsace-Lorraine à la France, la reconstitution de la Belgique, la création d'un royaume slave.

Il est reçu à l'Élysée en présence de Jules Cambon. Poincaré fait observer que ni la France ni l'Angleterre ne réclament rien à l'Autriche, mais que ces puissances doivent avoir l'accord de l'Italie.

11 mars

En Irak, les Anglais s'emparent de Bagdad.

Pendant ce temps, sur le front occidental, Ludendorff, qui redoute l'offensive alliée en préparation, décide de raccourcir le front en évacuant la région de Soissons pour se replier sur la ligne fortifiée Siegfried : Arras, Saint-Quentin, La Fère, Vailly. L'armée du prince Albrecht de Bavière (d'où le nom de *repli Albrecht* qui fut donné à l'opération) détruit tout, même les arbres fruitiers, avant d'abandonner ce terrain. L'action, menée par un froid glacial, s'effectue sans que Nivelle s'en aperçoive. Au début même, il n'y croyait pas! Elle a pour effet de déjouer le plan de son offensive qui prévoyait la réduction de ce saillant. Mais les deux fronts principaux, au nord d'Arras et à l'ouest de Soissons, restant intacts, Nivelle ne modifie pas son plan général.

14 mars

Excédé par les interpellations dont il est l'objet à la Chambre siégeant en comité secret, Lyautey refuse de répondre à certaines questions...

15 mars

... et donne sa démission.

Le même jour, les émeutes qui grondent depuis plusieurs semaines dans toutes les grandes villes de Russie éclatent. Elles ne peuvent être réprimées. Le tsar Nicolas II abdique en faveur de son frère Michel qui annonce un plébiscite

La guerre est naturellement le sujet qui s'impose aux peintres et aux dessinateurs de l'époque. Si certains d'entre eux se rapprochent parfois davantage de l'imagerie d'Épinal, d'autres, tel Luc-Albert Moreau, traitent les événements avec une réelle gravité. Ainsi, ce tableau évoque avec un singulier réalisme les fatigues et les dangers endurés par les unités de premières lignes. C'est « la contre-attaque » sanglante menée par une division d'infanterie. (Musée national d'Art moderne, Paris. Giraudon.)

et l'élection d'une Assemblée constituante. Un gouvernement formé par le prince Lvov et le socialiste Kerensky prend le pouvoir. Il est faible, soumis aux pressions des comités révolutionnaires, mais affirme son intention de poursuivre la guerre.

20 mars

La démission de Lyautey entraîne la chute du cabinet Briand. Poincaré charge Ribot de former le nouveau gouvernement avec Painlevé, mathématicien éminent mais politique faible et médiocre, à la Guerre, et à l'Intérieur Malvy qui est un ami des pacifistes.

24 mars

Continuant leurs négociations pour la paix, le prince Sixte de Bourbon et son frère Xavier sont reçus à Vienne par l'empereur Charles qui leur confirme ses intentions.

2 avril

Au cours d'une séance solennelle au Capitole, le président Wilson, qui a longuement fait travailler son opinion publique, explique que l'Allemagne a tenté de lancer le Mexique contre les États-Unis et obtient l'autorisation de déclarer la guerre à l'Allemagne.

Date capitale dans l'histoire des hostilités. Durant les mois qui suivent, la plupart des nations des deux Amériques suivent l'exemple des États-Unis.

Combattant valeureux dans l'armée belge, décoré de la croix de guerre française, S.A.R. le prince Sixte de Bourbon-Parme (ci-dessus) s'efforcera en vain de négocier une paix honorable pour tous les belligérants. Bien accueilli par l'empereur Charles, il se heurtera à l'hostilité des gouvernements français et anglais qui veulent obtenir l'effondrement des empires centraux, estimés responsables de la guerre. (Photo Ullstein, Berlin.)

3 avril

Mis au courant des propositions communiquées par le prince Sixte, Lloyd George les approuve.

4 avril

Le gouvernement Ribot-Painlevé se demande s'il est bien opportun de lancer la grande offensive sur le front occidental. Le recul allemand n'a-t-il pas désorganisé notre dispositif? Franchet d'Esperey et Pétain

Épuisée, exsangue, la France fait de plus en plus appel aux populations africaines. Encadrées par des officiers et sous-officiers français, les troupes indigènes apportent au combat l'ardeur de leur tempérament et la technique d'un excellent entraînement. Pittoresques à souhait, elles tentent souvent l'objectif des photographes. Voici la nouba d'un régiment de tirailleurs photographiée en couleurs par les célèbres frères Lumière. (Établissements Lumière, Lyon.)

La guerre sous-marine bat son plein et met les Alliés en péril. Opérant en plongée ou en surface à l'aide de canons à tir rapide (ci-dessus), les U-Boots allemands menacent la liberté des mers. (Photo Ullstein, Berlin.)

Les ouvrages qui résistent à l'artillerie sont souvent attaqués à l'aide des galeries de mine. On voit, à droite, la crête des Éparges après deux explosions, en mars 1917. (Photothèque des Presses de la Cité.)

se montrent réticents, de même que Douglas Haig. Nivelle et Mangin sont confiants.

6 avril

Au dernier conseil de guerre tenu à Compiègne, devant ces oppositions, Nivelle donne sa démission. Poincaré la refuse. L'offensive dont tout le monde parle aura lieu — dans les pires conditions : c'est tout juste si l'ennemi ne connaît pas la date, l'heure exacte et les points où elle se déclenchera.

16 avril

A Petrograd arrivent Lénine et ses compagnons qui ont traversé l'Allemagne dans un wagon plombé (c'est-à-dire qu'il ne doit pas être ouvert pendant cette traversée) bien décidés à fomenter la révolution bolchevique.

Le même jour se déclenche la grande offensive sur le front occidental. Les Anglais, qui attaquent les premiers, enlèvent brillamment la crête de Vimy mais ne peuvent déboucher sur la plaine de Douai. Ils ont pris Liévin et sont dans les faubourgs de Lens après avoir fait 14 000 prisonniers. Du côté français, l'assaut est donné le 16 avril après une extraordinaire préparation d'artillerie, ce qui a achevé de mettre en garde l'armée du Kronprinz. La principale attaque se produit de Soissons à Reims. Comme l'a prévu Pétain, les premières lignes sont enlevées avec des pertes terribles devant le village de Laffaux. Mais les secondes lignes sont à peine entamées. Les Allemands démasquent leurs nids de mitrailleuses bien abrités dans les cavernes de ce plateau calcaire. Même à Berry-au-Bac la première ligne ne cède pas ou est reconquise par les Allemands après une contre-attaque.

Du 17 au 20 avril, les Français ont fait 21 800 prisonniers et pris 183 canons. Mais la rupture n'a pas été obtenue. Nivelle est décidé à poursuivre l'attaque après un temps de répit.

fin avril

A la conférence interalliée qui se tient à Saint-Jean-de-Maurienne, les propositions de paix de l'Autriche sont communiquées au gouvernement italien du baron Sonnino qui les repousse catégoriquement.

La tentative de Sixte de Bourbon a échoué.

Cependant, au cours d'une conférence tenue à Berlin autour du chancelier, Ludendorff, que l'entrée en guerre des États-Unis commence à inquiéter, indique à quelles conditions l'Allemagne pourrait envisager la paix : elle accepterait la cession d'une mince bande de terre en Alsace et en Lorraine.

C'est absolument insuffisant, mais va relancer les efforts des pacifistes.

4-9 mai

Malgré l'hostilité marquée du gouvernement, l'offensive — à objectif limité cette fois — reprend pour la conquête du Chemin des Dames, ce plateau ainsi appelé parce qu'il permettait, au xviiie siècle, aux filles de Louis XV de gagner leur château de Boves.

Elle échoue, est infiniment coûteuse et sera une des causes des mutineries qui éclatent alors dans l'armée française.

POURQUOI CES MUTINERIES?

Les soldats français, principalement les fantassins sont las de cette guerre meurtrière, de ces offensives coûteuses et vaines où plusieurs milliers d'entre eux perdent la vie pour gagner quelques centaines de mètres de terrain qu'une contre-attaque fait souvent reperdre.

Le soldat n'a plus confiance dans les états-majors. Il reproche à certains officiers de conserver les habitudes du temps de paix et d'exiger de lui, quand il est au repos, les mêmes exercices qu'à la caserne.

Il est ébranlé par une propagande insidieuse, par ces tracts, par ces feuilles comme Le Bonnet rouge *qui se livrent à de véritables campagnes pacifistes. En outre, il n'ignore pas que des bruits de négociations circulent. Pourquoi se faire tuer si la paix doit être signée et, surtout, pourquoi se sacrifier si cette paix doit être blanche?*

Il est ému par des nouvelles — le plus souvent déformées — qui se répandent : des femmes de mobilisés ont été attaquées, violées par des Noirs (ou par des Jaunes). Il est écœuré du nombre des embusqués, des affectés spéciaux qui s'enrichissent à l'arrière pendant qu'il se fait massacrer. Il sait que Paris s'amuse : c'est le 18 mai 1917 qu'est présenté au Châtelet le premier ballet cubiste, Parade, *sur un argument de Jean Cocteau avec la musique d'Erik Satie et les décors de Picasso.* Parade *a fait scandale. Les auteurs se sont faits traiter de « Boches »! Les journaux sont remplis de cette histoire qui semble intéresser les Parisiens autant que les offensives manquées...*

Voilà pourquoi le poilu — certains, du moins — refuse de « marcher ». Mais il ne faut rien exagérer : le mouvement a touché à peine un cinquième des régiments (sur deux millions de mobilisés). Proportion infime. Une répression rigoureuse mais limitée — il y eut, au maximum, une cinquantaine d'exécutions — des mesures habiles prises par Pétain (rétablissement d'un tour régulier pour la permission, repos aux hommes qui viennent de monter en ligne, etc.) ramènent très vite le calme et rétablissent le moral de l'armée française.

L'Allemagne a d'ailleurs subi une crise analogue. Le haut-commandement allemand a ignoré (ou su trop tard) celle que traversait l'armée adverse. Il n'y a pas cru, connaissant la discipline du soldat français. Il n'en a absolument pas profité.

6-29 mai

Ces mutineries, ces refus de monter en ligne vont se poursuivre durant tout le mois.

mai

Les mutineries atteignent le 128e régiment d'infanterie qui refuse de monter en ligne.

Après une intervention des officiers et quelques exemples, les soldats se soumettent.

15-16 mai

Les généraux Nivelle, Mangin et Mazel sont relevés de leur commandement. Le général Pétain devient chef d'état-major général de l'armée française.

Des cas d'indiscipline collective se produisent en 1917 dans certains régiments d'infanterie. Par une propagande active, les mutins cherchent à entraîner leurs camarades (ci-contre). L'état-major accuse l'arrière et en appelle à l'énergie du gouvernement, tout en faisant sur place les exemples nécessaires. On voit, ci-dessous, l'exécution de l'un des mutins. (Photothèque des Presses de la Cité.

Camarades.

Nous sommes 3 régiments qui n'avons pas voulu monter en ligne. Nous allons à l'arrière à vous tous d'en faire autant. Si nous voulons sauver notre peau. Signé 5ème Division

mai

En Italie, sur le front de Trieste, Cadorna lance uue offensive, la bataille de l'Isonzo, qui s'achève en victoire. Le port est menacé. L'armée autrichienne risque de s'effondrer.

19-29 mai

Tandis qu'à Munich Mgr Pacelli (futur Pie XII) poursuit une mission de paix que le pape Benoît XV lui a confiée, la crise de l'armée française s'étend. Le 19 mai, tout un bataillon

Appelé à la présidence du Conseil grec en 1917, Eleuthérios Venizélos, soutenu par la marine et l'armée françaises, sera le champion de l'alliance conclue entre son pays, la France et la Grande-Bretagne. (Photo Roger-Viollet.)

se révolte; le 27, à Soissons, deux régiments (le 36ᵉ et le 129ᵉ) refusent de partir et veulent marcher sur Paris. Des grèves éclatent en outre dans certaines usines.

Mais déjà Pétain, qui dans les deux semaines qui suivent sa prise de commandement a visité un grand nombre de divisions, donne aux officiers des instructions pour que soit ménagé le soldat français et que s'exerce toute la bienveillance de ses chefs. Il ordonne néanmoins de faire des exemples pour rétablir la discipline.

28 mai

L'attitude de la Grèce inquiète les Alliés qui, à Saint-Jean-de-Maurienne, ont décidé de soutenir Venizélos contre Constantin et d'envoyer à Athènes un haut-commissaire représentant les trois puissances.

Un Français, Charles Jonnart, ancien ministre des Affaires étrangères, est nommé à ce poste.

2 juin

A Cœuvres, plusieurs compagnies de réserve refusent de faire l'exercice et veulent, elles aussi, marcher sur Paris. Ce sont les unités les plus proches de la capitale qui sont les plus touchées. Il faut encore faire des exemples. Les recours en révision des jugements des conseils de guerre sont supprimés.

3 juin

Les instructions de Pétain sont nettes : il faut se contenter d'objectifs précis et limités. Les combats qui ont repris au Chemin des Dames pour la possession des crêtes (Froidemont, Hurtebise, Craonne) rendent aux soldats leur ardeur et permettent d'envisager des actions plus vastes sur l'Aisne à l'automne.

5 juin

Mais les tentatives de paix se poursuivent. Gouverneur civil de Belgique, le baron Lancken, qui a joué un rôle important au moment d'Agadir, fait savoir à Briand par l'intermédiaire du baron Coppée et de Mᵐᵉ de Mérode que Guillaume II — qui a eu vent des tentatives de négociations de Charles d'Autriche — veut sincèrement la paix.

Le même jour, Jonnart débarque à Salonique.

7 juin

Au tour des Anglais d'attaquer dans le secteur d'Ypres pour dégager la côte de Flandre. Ils parviennent à réduire le saillant formé par les lignes allemandes au sud de la ville. Ils font 7 000 prisonniers et avancent de quatre kilomètres en profondeur.

Longue à se mettre en route l'armée américaine commence néanmoins à se manifester en Europe. Des soldats américains, robustes et biens équipés, débarquent à Saint-Nazaire. (Cabinet des estampes, B.N. Photo J.-L. Charmet.)

13 juin

Les premiers contingents américains, commandés par le général Pershing, débarquent à Boulogne.

21-30 juin

En Grèce, Venizélos est accueilli à Athènes par les acclamations de la population. Le 28, il rompt les relations diplomatiques avec l'Allemagne. Le 30, Jonnart débarque au Pirée, accompagné d'une escadre et de dix mille hommes, tandis que Sarrail occupe toute la Thessalie. Deux jours plus tard, le roi Constantin abdique. Cette fois, la Grèce a basculé dans le camp allié.

fin juin

En France, c'est la reprise en main de l'armée française. Pourtant la propagande pacifiste se poursuit : avec les subsides d'un aventurier du nom de Bolo Pacha, Caillaux fonde *le Pays*, un organe pacifiste.

début de juillet

L'Allemagne connaît de son côté des heures difficiles. Le Kronprinz, comme Hindenburg, conseille à Guillaume II, s'il veut sauver le peuple allemand et sa dynastie, de renoncer à toute annexion à l'est comme à l'ouest.

1er juillet

Pour relever le moral de l'armée, Kerensky, en Russie, décide de faire lancer une grande offensive en direction de Lvov et de Kalisz. Inattendue, elle remporte un plein succès.

Les Russes avancent de vingt

Dès son débarquement, l'armée américaine, répartie en divers points du territoire, poursuit un entraînement intensif en vue de la guerre moderne. Ci-contre, un mitrailleur s'apprête à mettre son engin en batterie. (Cabinet des estampes. B.N. Photo J.-L. Charmet.)

Ministre de l'Intérieur dans le cabinet Briand, Louis Malvy est un pacifiste notoire et un partisan de la négociation. Violemment attaqué par Clemenceau, en butte aux articles furieux du leader royaliste Léon Daudet, Malvy sera contraint de démissionner et son départ entraînera la chute du cabinet. Ses adversaires ne désarmeront pas pour autant et obtiendront peu après son arrestation. Il sera traduit devant la Haute-Cour et condamné pour forfaiture. (Photo Roger-Viollet.)

kilomètres en un jour, font plusieurs milliers de prisonniers.

Leurs attaques se poursuivent jusqu'au 19.

6 juillet

Au Reichstag, le député du centre Erzberger déclare que l'Allemagne devrait affirmer à la face du monde qu'elle ne cherche aucune conquête.

14 juillet

A Paris, une éclatante revue des troupes montre que l'armée française retrouve le moral.

19 juillet

Le Reichstag vote une résolution (assez vague) affirmant que l'Allemagne n'est animée par aucun esprit de conquête.

20 juillet

En Russie, une violente contre-offensive allemande ne rencontre pas de résistance. Non seulement, en quelques jours, les Allemands ramènent les Russes sur leurs lignes de départ, mais ils avancent de 130 kilomètres sur un front de 300 et s'emparent de Tarnopol et de Tchernourzy. Seules les divisions roumaines, reconstituées par le général Berthelot, résistent à l'extrême droite du front allemand. Ludendorff prépare une grande offensive d'enveloppement.

Le G.Q.G. allemand proteste avec violence contre le vote du Reichstag qui risque de ruiner le moral de l'armée. Bethmann-Hollweg, usé par huit ans de pouvoir, démissionne et est remplacé par Michaelis, un fantoche soumis à Ludendorff.

23 juillet

Au Sénat, Clemenceau dénonce le directeur du *Bonnet rouge*, un Catalan anarchiste du nom d'Almereyda qui est en trop bonnes relations avec Malvy et est subventionné par les fonds secrets. Maurice Barrès agit de même à la Chambre.

24 juillet

Condamnation à mort de Mata-Hari.

31 juillet

Les Ve et IIe armées britanniques et là Ire armée française attaquent vers Dixmude en direction d'Ostende et de Bruges, sur le canal de l'Yser. Les assaillants enlèvent Streenstraete et avancent de trois kilomètres, mais sont arrêtés par un véritable bourbier de ruisseaux gonflés par les pluies.

Après quinze jours de combat et des pertes extrêmement lourdes, les Anglais arrêtent leur offensive pour la reprendre plus tard.

1er août

A la suite de la mission de Mgr Pacelli, le pape Benoît XV lance un appel à la paix qui est un véritable projet de médiation. Ce mémorandum est mal accueilli des Alliés. Il est certain que l'absence d'une représentation diplomatique

Figure trouble et mal définie de courtisane de luxe, la belle Mata-Hari (ci-contre) expiera sévèrement sinon un crime de trahison, du moins ses imprudences. (Photo Roger-Viollet.)

française au Vatican se fait cruellement sentir. La France ne répond pas au pape.

début d'août

Pour mettre fin à ces offensives de paix, le gouvernement français refuse d'accorder des passeports aux députés qui voulaient se rendre à Stockholm au congrès socialiste international.

8 août

Arrestation d'Almereyda, directeur du *Bonnet rouge*...

15 août

... qui est retrouvé mort (par suicide?) bien à propos dans sa cellule.

20 août-3 septembre

Pour améliorer les positions françaises autour de Verdun, le général Fayolle, chef du groupe des armées du centre, lance une série d'opérations limitées, assauts précédés de barrages roulants d'artillerie. Malgré l'emploi de l'ypérite par les adversaires, elles aboutissent à la prise du Mort-Homme et de la cote 304 sur la rive gauche de la Meuse, le bois des Chaumes et Caurières sur la rive droite. Sur cette rive, l'ennemi ne renonce pas à reprendre les observatoires perdus. La lutte s'apaise peu à peu. La plupart des objectifs ont été atteints.

29 août

A Paris, les défaitistes n'ont pas renoncé à leurs projets. Par l'intermédiaire du premier président de la Cour d'appel de Paris, Monier, un ami de Caillaux, Bolo Pacha négocie l'achat du *Journal* (du sénateur Humbert). Le 29 août, l'administrateur du *Bonnet rouge*, Duval, est mis en prison. Sur lui, on trouve un chèque émanant d'une banque allemande. Un autre député, Turmel, est convaincu de toucher de l'argent pour livrer à l'ennemi le compte rendu des comités secrets de la Chambre. *L'Action française* dénonce violemment ces scandales. Peu à peu, tous ces traîtres sont démasqués et jetés en prison.

Clemenceau accuse de nouveau Malvy d'être le complice des traîtres. Il est interdit à Humbert de siéger à la commission de l'armée.

2 septembre

Malvy est contraint de démissionner.

Pour sa part, Briand, qu'anime un sincère désir de paix, continue à prendre au sérieux les propositions de Lancken. Finalement, il n'est pas autorisé à se rendre en Suisse pour y rencontrer le médiateur qui en conçoit une vive amertume. Le même jour, Ludendorff lance sa grande offensive contre les Russes dans le Nord et s'empare de Riga.

7-27 septembre

La démission de Malvy entraîne celle de Ribot. Poincaré charge Painlevé de constituer le nouveau ministère. Ulcérés de n'avoir pas été autorisés à se rendre à Stockholm, les socialistes refusent d'y participer, rompant ainsi l'union sacrée. Painlevé confie les Affaires étrangères à Ribot.

septembre

Kerensky, en Russie, établit qu'il y a collusion entre bolcheviks et Allemands. Trotski est arrêté. Lé-

Les états-majors des deux Empires ont décidé d'en finir avec l'Italie. Intensifiant les combats, ils y obtiendront des succès spectaculaires et les souverains eux-mêmes viendront constater les résultats et encourager les troupes par leur présence. Voici, en haut, Charles et Guillaume au milieu de leur état-major étudiant la carte et se faisant préciser l'avance réalisée. Ci-contre, le kaiser Charles et le maréchal Conrad von Hötzendorff contemplent les mitrailleuses prises à l'armée italienne. (Archives Südd-Verlag, Munich.)

Clemenceau à la tribune de la Chambre. Ses discours énergiques, véritables réquisitoires contre les pacifistes, reflètent toute son ardeur patriotique. (Photo Roger-Viollet.)

nine s'enfuit en Finlande d'où il continue à diriger les émeutes.

Le général Kornilov reproche à Kerensky, qui vient de former un nouveau cabinet « exclusivement national », de n'être qu'un orateur velléitaire et marche sur Petrograd. Mais les soldats se révoltent et massacrent sauvagement leurs officiers. Kornilov est arrêté à son tour. Ses tentatives ont échoué.

26 septembre

Les Turcs sont de nouveau battus sur l'Euphrate. Successeur du général anglais Maud que le choléra a emporté, le général Marshall marche sur Mossoul. Les Turcs ont perdu tout le Proche-Orient.

9 octobre

Au Reichstag, le secrétaire d'État à la Guerre Kühlmann, se faisant l'écho du haut-commandement alle-

mand, déclare que « jamais l'héritage reçu de nos pères ne pourra faire l'objet de négociations ou de médiations ».

14 octobre

Vainqueur à l'est, Ludendorff veut en finir avec l'Italie. Il lance une vaste offensive, non sur le Tyrol mais sur le point le plus faible du front italien, là où l'adversaire ne l'attend pas. Ludendorff attaque sur Caporetto où Cadorna, persuadé que les montagnes constituent la meilleure des protections, n'a laissé qu'une division.

Les lignes italiennes dessinent un immense arc de cercle depuis le lac de Garde et le Trentin jusqu'à l'Adriatique, à l'ouest de Trieste. A l'est, les positions suivent à peu près le cours de l'Isonzo. Elles semblent protégées par les massifs montagneux des Alpes carniques et des Alpes juliennes, difficilement franchissables. Il n'y a en effet qu'une seule route qui, par Caporetto, se dirige vers Udine, ou des sentiers muletiers qui rejoignent le haut Tagliamento. Il paraissait donc impossible de passer au nord de Tolmino et de Cividale.

15 octobre

Exécution de Mata-Hari.

16 octobre

Interpellé à la Chambre des députés sur les négociations de Briand et du baron Lancken, Ribot bredouille indistinctement la note qui a été remise à Briand. Celui-ci bondit et en donne une lecture fort claire. Colère des députés qui n'ont pas été tenus au courant de ces négociations. Ni Ribot ni Painlevé ne s'en relèveront.

23 octobre

Tandis qu'en Flandre les Anglais reprennent obstinément leur offensive mais doivent renoncer à atteindre Ostende et Zeebrugge, le général Maistre, qui a remplacé Mangin à la tête de la VIe armée, lance une offensive, toujours limitée, destinée à prendre le fort de Malmaison pour améliorer les positions françaises du nord de l'Ailette (le canal de l'Oise à l'Aisne) au Chemin des Dames. L'opération réussit. Le fort de Malmaison est enlevé. Le saillant est réduit. Le Chemin des Dames devient intenable pour les Allemands.

24 octobre

Avec six armées allemandes et austro-hongroises, principalement formées de corps ayant combattu dans les Karpates, Ludendorff lance son offensive sur le front de Caporetto. C'est un succès complet. Caporetto tombe dès le premier jour. L'avance atteint vingt-sept kilomètres. La percée est faite. L'armée italienne abandonne l'Isonzo et reflue vers les ponts de la Piave.

26 octobre

Toute l'armée italienne doit se replier pour empêcher l'encerclement. La IIIe et la IVe armées italiennes font retraite vers le Tagliamento. A la demande de Cadorna, Foch est envoyé avec des renforts de la Xe armée française transportés par voie ferrée.

Les Allemands et les Autrichiens ont franchi les Alpes juliennes et menacent la plaine du Frioul. Ils ont fait des milliers de prisonniers.

A travers la boue des inondations, les troupes italiennes refluent. Udine est occupé. Cadorna se demande s'il devra reculer jusqu'à la Piave. Foch concentre les divisions françaises et anglaises entre Brescia et Mantoue. Le général Diaz, qui remplace Cadorna, rétablit enfin son front sur la Piave.

31 octobre-6 novembre

En Palestine, les Anglais prennent Gaza et menacent Jaffa.

début de novembre

L'offensive allemande se déchaîne sur la Piave. Cette fois, la situation est différente. Les Allemands prennent le mont Tomba mais échouent devant le mont Grappa. La bataille se poursuit pendant plusieurs semaines. Les Italiens résistent.

2 novembre

Sur le front français, les Allemands évacuent le Chemin des Dames.

L'offensive de la Malmaison s'achève par un incontestable succès tactique qui a redonné courage à l'armée française, car les pertes ont été relativement faibles.

6 novembre

En Russie, la révolution bolchevique éclate. Les soviets et Lénine prennent le pouvoir. Ils annoncent leur intention de conclure immédiatement un armistice avec l'Allemagne et l'Autriche.

7 novembre

La défaite de Caporetto a prouvé aux Alliés la nécessité de coordonner leurs opérations. On est encore loin du commandement unique mais, à la conférence de Rapallo, on crée un conseil supérieur de la guerre qui se réunira chaque mois à Versailles. Foch (remplacé plus tard par Weygand) y représente la France.

13 novembre

Cette défaite de Caporetto, l'effondrement de la Russie amènent par contrecoup la chute du faible ministère Painlevé, renversé à la Chambre des députés. Bien qu'il ne l'aime pas, Poincaré fait appeler Clemenceau; le « Tigre » est le seul homme capable de tenir la barre à l'heure la plus difficile de la guerre.

Avec des fidèles éprouvés, Pichon, Leygues, Klots, Pams, sans dosages ni compromissions, Clemenceau forme un gouvernement dont il sera un chef énergique. Il appelle Mandel pour diriger son cabinet.

17 novembre

En Palestine, les Anglais s'emparent de Jaffa.

19 novembre

A la Chambre, Clemenceau promet de châtier les fautes et les crimes « sans faiblesse comme sans violence » : « Nos soldats ont des droits sur nous... Le pays connaîtra qu'il est défendu! »

Il obtient 418 voix de majorité.

20 novembre

Décidé à prendre sa revanche de l'échec qu'il a subi en Flandre, le maréchal Haig lance une offensive dans le secteur ouest de Cambrai avec cette ville pour objectif. Minutieusement préparée, l'attaque réussit.

Avec l'aide des chars, les Britanniques avancent de sept kilomètres en profondeur et font 5 000

prisonniers. Ludendorff a le temps d'amener des réserves et de reprendre une partie du terrain perdu. La bataille a permis toutefois de constater l'importance de l'emploi des chars. Pour sa part, Ludendorff reste persuadé du contraire.

2 décembre

Russes et Allemands commencent les négociations d'armistice à Brest-Litovsk.

9 décembre

Complètement encerclés au milieu de tous leurs ennemis, abandonnés par les Russes, les Roumains sont contraints de signer l'armistice de Focsani.

10 décembre

En Palestine, Anglais et Français font une entrée triomphale à Jérusalem.

En Grèce, le général Guillaumat remplace Sarrail.

La bataille d'Italie s'achève. Elle a permis aux Autrichiens et aux Allemands de s'avancer de 120 kilomètres en profondeur, de faire 300 000 prisonniers, de conquérir un énorme butin.

Mais l'armée italienne n'a pas été anéantie. Le front s'est reformé, plus étroit et facile à défendre. Même, à la fin du mois, les Italiens reprennent le mont Tomba. La tactique de Diaz, plus humaine que celle de Cadorna, va permettre aux Italiens d'user les dernières forces autrichiennes.

15 décembre

La suspension d'armes entre Allemands et Russes est signée à Brest-Litovsk.

A droite, le général Allenby, vainqueur des Turcs, pénètre dans Jérusalem, le 11 décembre 1917. (Imperial War Museum.)

Ci-dessous, une délégation russe arrive à Brest-Litovsk où doit être signé un armistice désastreux pour la Russie. (Archives Südd-Verlag, Munich.)

Au front et à l'arrière pendant la Grande Guerre

Jamais dans notre histoire, les Français ne se sont trouvés lancés aussi totalement dans la guerre. Pendant de longs siècles, la guerre, chez nous, était seulement l'affaire de spécialistes. Même sous le Premier Empire, les Français adultes mobilisés ne représentaient — on s'en souvient — qu'une assez faible minorité. Tout à coup, c'est une nation entière qui se voit sous les armes. Pendant toute la durée de la guerre, huit millions d'hommes environ ont été mobilisés. Sur ce total la moitié à peu près ont combattu. Et 1 300 000 ont donné leur vie. La plupart des survivants ont été blessés une fois au moins.

Tous les métiers, toutes les conditions sociales sont concernées. Sous l'uniforme, voici l'aristocrate et le paysan, le bourgeois et l'ouvrier. Les seules différences tiendront maintenant aux armes dans lesquelles sont versés les mobilisés.

Les fantassins représentent les trois quarts du corps de bataille, ils éprouvent 85 à 90 % des pertes. La cavalerie ne jouera qu'un rôle éphémère au début de la guerre. Les artilleurs, le génie, le service de santé, le ravitaillement, le train des équipages, les aviateurs sont autant de catégories dont les conditions de vie diffèrent essentiellement. Mais tous sont imprégnés, au plus haut point, de l'esprit de corps.

Rarement sans doute des hommes ont connu d'aussi terribles souffrances que pendant la Grande Guerre. Le mot même de tranchées apparaît comme le symbole de l'héroïsme et de la peur. Le symbole de toute une guerre. C'est Paul Valéry qui l'a écrit : « En vérité, l'homme moderne, l'homme quelconque, vêtu en soldat, en dépit de tout ce que l'on pensait et disait de la diminution de son caractère... a rejoint, pendant cette guerre, le

Dans un paysage quasi lunaire, les troupes fraîches prennent position. « La relève », par Luc-Albert Moreau. (Musée national d'Art moderne, Paris. Photo Giraudon.)

point le plus haut où l'homme d'aucun temps soit jamais parvenu, en fait d'énergie, de résignation, de consentement aux misères, aux souffrances et à la mort. »

Les Boches, certes. Mais le froid, la boue, représentent des ennemis tout aussi redoutables. Pendant quatre ans, un à deux millions de fantassins vivent là dans des trous où seules l'ingéniosité, la débrouillardise permettent de subsister. La principale occupation, entre les attaques ? Écoper l'eau et affermir les parois de terre qui s'effondrent. Souvent, on enfonce jusqu'aux genoux. Dans cette « colle », il faut vivre, manger, dormir. Et l'odeur ! Et les rats ! Un témoin, Floran Fels, écrit : « Dans ces trous que l'on appelait les tranchées, avec leurs systèmes de sapes, de boyaux, aux caillebotis pleins d'eau et d'excréments, on manquait pratiquement de tout. J'appris vite à suspendre le pain à un fil de fer pendu au milieu de la cagna, pour le mettre hors d'atteinte des rats ; à dormir avec des godasses trempées, car tenter de les remettre après les avoir enlevées eût été illusoire ; à dormir roulé dans une capote mouillée, dormir quatre heures au milieu du vacarme, des bruits humains, des odeurs pestilentielles, mais dormir. »

Dans ces tranchées, ou près d'elles, combien de blessés ont appelé pendant des heures et sont morts sans que personne ait pu venir les chercher ! Ceux que l'on transporte au poste de secours, voilà ce qui les attend : « A 6 heures du matin, raconte l'aide-major Lavy, la préparation d'artillerie commence : roulement ininterrompu, auquel les postes répondent avec énergie... Les blessés commencent à affluer. Le sergent D... a tout son larynx, sa trachée et son œsophage ouverts, béants jusqu'à la carotide. C'est un véritable égorgement. Il a toute sa connaissance, ne pouvant émettre aucun son sauf le glouglou de l'air et du sang passant dans sa plaie. Il nous regarde de ses grands yeux bleus si intelligents. Il est d'une bravoure exemplaire devant la mort qui, malgré nos efforts pour enrayer l'hémorragie, l'enlève au bout d'une heure. L'assaut est fixé à midi moins cinq... Tous les copains, nous nous serrons la main. Les feux de barrage se succèdent devant et derrière nous. Des blessés hurlent dans les trous d'obus. Nous allons les panser, sans, bien souvent, pouvoir les en tirer. Plaies légères et délabrement affreux, je panse de mon mieux... Un malheureux de qui j'essaie de garrotter la fémorale, est blessé d'un éclat profond dans la poitrine, pendant que je le panse. Un jeune caporal m'arrive, tout seul, avec les deux mains arrachées au ras des poignets. Il regarde ses moignons rouges avec des yeux exorbités. Je tâche de trouver un mot qui le console, et lui crie : "Que fais-tu dans le civil ?" J'ai alors la réponse qui m'empêche de rien ajouter : "Je suis sculpteur", dit-il... Avec cela, nos mains sont sales, pleines de terre et de sang. Où sont les lavages de plaies à l'eau bouillie et leur rinçage préconisé par les gens de l'arrière qui n'ont jamais entendu siffler une balle ?... Nous sommes exténués : depuis le 17 (nous sommes le 23), nous n'avons pas dormi une heure par nuit. »

Tout cela, c'est ce que Georges Duhamel appellera — avec quelle justesse ! — la « vie des martyrs ». En vérité, comment ne pas penser

Ferdinand Foch en novembre 1918. Sept étoiles brodées sur sa manche indiquent la nouvelle dignité conférée au généralissime : celle de maréchal de France. (Collection particulière. Photothèque des Presses de la Cité.)

aussi à ce qu'a écrit Maurice Genevoix : « Ce que nous avons fait,
c'est plus qu'on ne pouvait demander à des hommes ; et nous l'avons
fait. »

Le bleu horizon ne sera adopté
qu'au début de 1915, le kaki étant
réservé aux troupes coloniales
d'Afrique du Nord. Sur la·tête, les
soldats ont commencé par porter
une calotte de fer sous le képi,
mais elle leur sert surtout de gamelle. Le casque de type « bourguignotte » va apparaître en 1915.
L'hiver, les éléments de l'uniforme
disparaissent sous les rembourrages
en journaux, les peaux de lapin ou de
lièvre, les chandails, les cache-nez,
passe-montagne de toutes les couleurs. Aux pieds on porte des bottes
en toile huilée, avec des semelles de
bois. On s'entoure les pieds et les
jambes de « chaussettes russes » ou
de chiffons.

A chaque homme, on confie un
équipement, le bidon d'un litre, la
musette de toile et le sac, qui pèse
vingt kilos et contient le paquetage
réglementaire. Comme armement, le
fusil Lebel. On manie très rarement
la baïonnette.

L'artillerie a été peu à peu perfec-
tionnée. On la munit de viseurs
télémétriques et de périscopes. Mais
l'artillerie lourde restera inférieure
à celle dont disposent les Allemands
et assez imprécise : le 75 a tendance à
tirer sur les fantassins français, ce
qui n'arrange pas les rapports de
ceux-ci avec les artilleurs. Parmi les
autres armes, le fusil mitrailleur qui
n'est pas encore tout à fait au point.
La mitrailleuse Hotchkiss est en
service de plus en plus souvent à
partir de 1915.

Après avril 1915, les soldats du
front devront lutter en outre contre
les gaz asphyxiants, utilisés pour
la première fois par les Allemands
à Ypres. Les moyens de lutte sont
tout d'abord réduits. On essaie
d'épurer l'air des tranchées par

Spectacle bouleversant et néanmoins banal pour des hommes qui la côtoient à chaque instant : la mort. Ici, des infirmiers traînent derrière eux, sur un brancard de fortune, le cadavre d'un soldat, tué peut-être depuis plusieurs jours. (Photothèque des Presses de la Cité.)

Une tâche sans grandeur et pourtant périlleuse lorsqu'il faut joindre les premières lignes : la corvée de soupe et de vin — familièrement appelé « pinard ». (Photothèque des Presses de la Cité.)

la pompe Vermorel. Les hommes se protègent le visage avec des compresses imprégnées d'eau hyposulfitée et des lunettes. Ce sera ensuite le masque d'une pièce, le « groin de cochon ». Il n'est pas très pratique.

Les tranchées, on les quitte pour plusieurs motifs : quand on est muté; quand on effectue un stage de spécialisation; quand on est blessé; quand on est tué. Les soldat distinguent deux sortes de blessures : la « blessure tout court » qui conduit à la mort ou à l'opération; et la « fine blessure » qui conduira à l'hôpital de l'arrière, l'*hosto*. La fine blessure est considérée comme une aubaine. Il vaut mieux être blessé à la jambe qu'au bras, parce qu'on guérit moins vite. Par contre, les hommes n'ont aucune envie d'être faits prisonniers. On en comptera pourtant 450 000. Souvent, à quinze jours de tranchée succèdent huit jours de cantonnement dans les villages ou ce qu'il en reste.

Mais ce dont on rêve, c'est la permission. A partir de juillet 1915 on y part tous les quatre mois, en principe. Malheureusement, il faut bien le constater, ces permissions qui théoriquement devaient resserrer les liens entre le front et l'arrière, ont abouti à l'effet contraire. Les « poilus » observent souvent avec écœurement que l'on vit à l'arrière comme si rien n'avait changé depuis le mois d'août 1914. Certes, les combattants profitent des théâtres, des restaurants, des boîtes de nuit, mais, quand ils regagnent le front, leur amertume est grande en songeant à ces civils qui, eux, ne sont privés de rien. Le philosophe Alain constate : « Huit jours de permission, c'est comme un homme qui serait pendu deux fois. » En outre, les civils se montrent trop empressés avec les soldats, peut-être parce qu'ils ont mauvaise conscience. On demande aux combattants de conter leurs exploits, alors ceux-ci se figent dans leur fierté, ils se taisent. La lecture des journaux exaspère les combattants : ce ne sont qu'exhortations

patriotiques, feuilletons cocardiers comme *l'Espionne de Guillaume* ou *la Fille du Boche*. Presque toujours, l'auteur a écrit cela au chaud, dans un appartement douillet. Beaucoup de combattants mariés jalousent les civils et redoutent qu'ils ne prennent leur place auprès de leur femme. On aboutit à un sentiment étrange, confié par maint combattant : remonter en ligne procure parfois une sorte de soulagement.

A l'arrière, pourtant, il est faux de penser que rien n'a changé. Du fait du départ des hommes, on assiste à une sorte de mobilisation féminine, également sans précédent. Dans les administrations, dans les usines, dans les ateliers, partout les femmes remplacent les hommes. A Paris, on en voit conduire des tramways. Certaines sont facteurs. Il en est même qui deviennent mécaniciennes de locomotives. A la campagne, les femmes prennent en main cultures et récoltes, remplacent complètement les hommes partis, avec l'aide des vieux et des enfants. Un grand nombre de volontaires sont devenues infirmières.

Sur un plan tout autre, la guerre a entraîné la dépréciation de la monnaie et l'inflation. Le coût de la vie augmente en flèche. Le litre de lait vaut à Tours 30 centimes à la fin de 1915, deux francs en 1918. Les carottes valent aux Halles 12 centimes le kilo en 1913, 35 en 1915, 80 chez les commerçants. Un ménage de petits bourgeois dépense pour se nourrir une fois et demie plus en 1916 qu'en 1913. Contre la hausse des prix, le gouvernement a d'abord agi sans méthode. Et puis, l'État a fini par prendre en main l'économie tout entière, fixant les prix et les salaires, passant des commandes, réquisitionnant, vendant. Mis à part quelques cas particuliers, il faut malgré tout constater que les Français n'ont pas souffert de la faim. La nourriture ne manquera vraiment qu'en 1918, aux approches de l'armistice.

La crise la plus grave a été celle du charbon qui a sévi sur toute la France, avec les deux hivers très rigoureux de 1916-1917, et 1917-1918. On a dû supprimer la visite des musées et les palais nationaux. Les commerçants ont dû fermer à 18 heures. Pour se chauffer, on a coupé les arbres du bois de Boulogne, arraché l'écorce des platanes ; on s'est disputé les caisses des Halles. On se sert même de boulettes de vieux journaux mouillés, mélangés à de la poussière de charbon. On se sert de la « marmite norvégienne » et du « cuiseur ».

Certaines maladies progressent rapidement : la tuberculose, la syphilis notamment. Mais la terrible épidémie de grippe espagnole, apparue en avril 1918 et qui se propagera jusqu'en octobre, fera 91 465 morts en France.

Il faut mettre à part les départements occupés du nord de la France où la vie, dès 1914, s'est révélée affreusement pénible. Les habitants doivent supporter des contributions de guerre, des brimades diverses, des réquisitions et surtout des restrictions alimentaires implacables. Pendant quatre ans, les populations meurent littéralement de faim. Et puis viendront les arrestations, les déportations, les exécutions.

Comment parler de la vie quotidienne des Français en 1914-1918 sans évoquer les « profiteurs » ? Certains commerçants augmentent leurs bénéfices. D'autres deviennent « fournisseurs aux armées ». Ils s'enrichissent rapidement, ce sont les « nouveaux riches » dont le luxe scandalise.

Parallèlement, la moralité pu-

Interminable et meurtrière, la guerre entraîne la mobilisation par anticipation du contingent de la classe 1918. On voit ici le départ des nouveaux appelés, le 16 avril, à la gare Montparnasse, où leurs familles les ont accompagnés. La séparation imminente a mis sur les visages une gravité empreinte de tristesse. (Photothèque des Presses de la Cité.)

blique subit le contrecoup de la guerre. C'est la recherche de la « fête », augmentée encore par le risque de la mort qui plane sans cesse et par la place nouvelle qu'occupe la femme. Cette immoralité qui, souvent, s'affiche dans la rue n'a fait qu'augmenter le fossé entre civils et soldats.

Les scandales ne sont pas faits non plus pour arranger les choses. On en voit de tous genres, anodins ou plus graves. En novembre 1916, lors de la réouverture de l'Opéra, c'est le « scandale des épaules nues » qui éclate à propos du luxe des toilettes et des bijoux. Le gouvernement interdira toute autre tenue que le costume de ville dans les théâtres subventionnés. Autre scandale, celui, en juin 1917, de l'accaparement des pommes de terre. On arrête cent cinquante personnes.

Ce qui est certain, c'est que toute la population française a été atteinte par la guerre. Rarissimes sont les familles qui n'ont pas de mort à pleurer, des disparus, des blessés, des prisonniers. Certaines familles nombreuses sont particulièrement atteintes. Dans l'Ariège, une femme perd huit fils sur onze. Malgré tout, le moral reste haut. Les familles, les mères font face à l'épreuve, aidées par leur patriotisme ou par la religion. On note que les églises, partout, sont pleines.

Au début du conflit, les Français ont fait trêve à leurs divisions. La gauche, sans hésiter, s'est engagée dans la guerre. Léon Jouhaux, secrétaire de la C.G.T., a rejoint le cardinal Amette au comité du Secours national. Les socialistes Jules Guesde et Marcel Sembat sont entrés au gouvernement. Mais, devant la tragédie, devant le sang répandu, on verra renaître un certain pacifisme à partir de juillet 1916. Dans les usines, dans les admi-

Les femmes ont pris la relève des hommes partis au front. On les voit fabriquant des obus, parfois conduisant des tramways ou, encore, ramassant le courrier. Mais on les trouve aussi faisant queue pendant des heures pour n'obtenir qu'un seul sac de charbon. (Cabinet des estampes. Bibliothèque nationale. Photos Bibliothèque nationale.)

nistrations, les revendications, tues au début de la guerre, seront de nouveau proclamées. Les grèves éclateront.

Mais l'état d'esprit des Français, pendant ces quatre années, c'est Péguy qui l'a exprimé dès le 4 août 1914 : « Nous sommes partis, soldats de la République, pour le désarmement général et la dernière des guerres. »

Pour ces millions d'hommes, cela se résumait par trois syllabes : la *der des der*. Sans cet espoir — qui n'était qu'un rêve — auraient-ils pu *tenir* ?

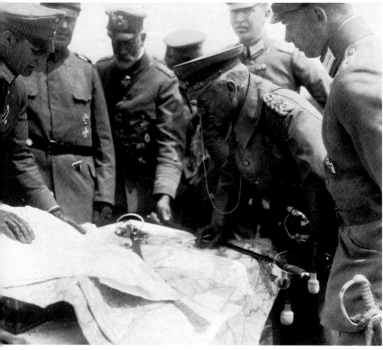

Au début de l'année 1918, l'état-major allemand décide de jouer sur le front occidental la carte décisive : couper les lignes alliées afin de rejeter les Anglais à la mer. On voit, à gauche, Guillaume II suivre sur une carte l'avance allemande entre Montdidier et Noyon. (Photo Ullstein, Berlin.)

A droite, carte de l'avance allemande au printemps 1918.

1918, janvier

Au début de l'année, les effectifs sur le front occidental s'équilibrent à peu près. Les Allemands disposent de 178 divisions (1 630 bataillons), les Alliés de 167 divisions (1 585 bataillons). Mais ces derniers sont mieux armés. En Italie, 50 divisions italiennes et 11 divisions françaises et anglaises en face de 46 divisions austro-allemandes.

Sur le front est, 58 divisions allemandes, 38 autrichiennes. Le conseil de Versailles estime que les deux tiers vont être ramenés à l'ouest. C'est donc environ 260 divisions qui peuvent lancer des offensives sur un point quelconque du front.

9 janvier

Soucieux d'assurer une certaine unité diplomatique entre les Alliés, Wilson publie un *mémorandum* en quatorze points qui constitue les buts de guerre des États-Unis :

1° Pactes de paix publiquement préparés et conclus.

2° Liberté des mers.

3° Disparition des barrières économiques.

4° Échange de garanties concernant la réduction des armements.

5° Règlement large et libre des revendications coloniales.

6° Évacuation par les Allemands de tous les territoires russes.

7° Restauration de la Belgique et réparations à son égard.

8° Retour de l'Alsace-Lorraine à la France et restauration des régions françaises envahies.

9° Réajustement des frontières italiennes.

10° Droit pour les peuples d'Autriche-Hongrie de disposer d'eux-mêmes.

11° Évacuation de la Roumanie, de la Serbie, du Monténégro. La Serbie recevra un libre accès à la mer.

12° Abandon de la souveraineté turque sur les Dardanelles.

soit nommé chef d'état-major général.

Il est en outre décidé que, pour soulager le front français, le front tenu par les Britanniques s'étendra jusqu'à l'Ailette. La jonction se fait à Barisis. La relève s'effectue sans difficulté. Haig commet l'erreur de confier son nouveau secteur à des troupes fatiguées.

février

Car le plan du chef d'état-major allemand, Ludendorff, est de porter son offensive sur le point le plus faible, s'emparer d'Amiens, important nœud de communications, et rejeter les Anglais à la mer en séparant les Alliés par une brèche énorme.

février

Pour saper le moral des Parisiens, il lance des attaques de *Gothas*, puissants appareils triplans de bombardement. Les Parisiens occultent leurs fenêtres, descendent ou devraient descendre à la cave et leur moral reste excellent malgré le nombre de morts et de blessés qui augmente.

9-10 mars

Les bombardements aériens font vingt-neuf morts en une nuit.

21 mars

La grande offensive allemande se produit le 21 mars à 9 heures 40 du matin. Sur un front de 100 kilomètres, du nord d'Arras au sud de l'Oise, les XVIIe et XVIe armées (59 divisions) se ruent sur les positions britanniques et françaises après une courte préparation d'artillerie. Tout le dispositif anglais est enfoncé dans

13º Constitution d'une Pologne indépendante.
14º Création d'une Société des Nations.

2 février

Au conseil de Versailles se substitue un conseil exécutif (Foch, général Wilson puis Rawlinson, Cadorna et Blyss). C'est un nouveau pas vers le commandement unique.

3 février

Avant que les Américains, dont le nombre augmente chaque semaine, puissent entrer en ligne, il faut tenir le front occidental. Au conseil exécutif de Versailles, Foch propose de rester sur la défensive et fait admettre la constitution d'une réserve générale massée en trois points. Mais Pétain et Haig, peu soucieux de diminuer leurs forces, réduisent les contingents à fournir et le conseil manque d'autorité, bien que Foch

Pour saper le moral des populations civiles, les raids de Gothas se multiplient. Voici, ci-dessus, un groupe de maisons après le passage de l'un d'entre eux. Affolés, de nombreux Parisiens — surtout femmes et enfants — préfèrent quitter la capitale et envahissent les gares (ci-contre). (Cabinet des estampes. Bibliothèque nationale. Photo B.N.)

la région de Saint-Quentin.

Si la poussée est contenue au sud d'Arras, la brèche est faite en direction d'Amiens. Haig songe à se replier vers la côte, Pétain à couvrir Paris.

23 mars

Et, pour effrayer les Parisiens, *Gross Gustav* ou le *Pariser kanon* que les Français appelleront la *Grosse Bertha* (du nom de la fille de Krupp) situé près de Crépy-en-Valois sur la colline de Montjoie, commence à lancer des obus à intervalles réguliers sur la capitale.

24 mars

Sur le front d'Amiens, la situation s'aggrave d'heure en heure. Foch remet à Clemenceau une note dans laquelle il déclare qu'on va droit à la catastrophe si un organe directeur de la guerre n'est pas créé immédiatement.

25 mars

A Compiègne et à Abbeville, après de longues discussions auxquelles participent Foch, Pétain, lord Milner (du cabinet britannique), Clemenceau, Poincaré, Haig et le général Wilson il est décidé de confier à Fayolle le soin de commander les armées franco-britanniques qui se replient.

Ce n'est pas suffisant.

26 mars

A Doullens, la conférence interalliée charge enfin le général Foch de coordonner l'action des armées alliées.

— Vous l'avez, votre commandement, bougonne Clemenceau.

— Beau commandement d'une

bataille perdue pendant sept jours !

27 mars

Mais aussitôt, dans un ordre du jour, il invite les troupes à *durer sur place*. Dès la veille, la liaison entre Français et Britanniques a été rétablie. Les réserves affluent. Amiens est sauvé.

29 mars

A 16 heures 27, un obus de la Grosse Bertha crève la voûte de l'église Saint-Gervais comble de fidèles à l'heure de l'office du Vendredi Saint. Il y a plus de cent morts et des dizaines de blessés. L'indignation est grande en France comme à l'étranger.

30 mars–4 avril

Les Allemands poussent en vain vers Villers-Bretonneux. L'offensive allemande s'achève. Elle a permis aux Allemands de faire 90 000 prisonniers et de créer une énorme poche, un saillant en pleine campagne dont les pointes extrêmes sont distantes de 60 kilomètres des tranchées de départ. Péronne, Rosiers, Roye, Noyon, Montdidier ont été pris. Mais la brèche de vingt kilomètres a été refermée.

9–14 avril

Ludendorff voudrait emporter la décision avant que les renforts américains ne fassent sentir leur poids dans la bataille.

Au nord du front, il lance une nouvelle offensive contre les Anglais et les Portugais dans le secteur d'Armentières sur la Lys. En trois jours, cette offensive obtient d'importants résultats : Armentières tombe.

14 avril

Le général Foch est nommé commandant en chef des armées alliées.

15–30 avril

A son tour, la IVe armée allemande s'ébranle contre la IIe armée britannique. Elle s'empare du saillant et de la ville d'Ypres, prend d'assaut le mont Kemmel, Neuve-Église, Meterem et Locre. Mais déjà le prix du commandement unique se fait sentir. Foch a fait remonter vers le nord dix-sept divisions retirées du front de l'Aisne et de la région de Compiègne appartenant aux IIe et Xe armées françaises. Le 30 avril, les assauts allemands se brisent contre les nouvelles positions de nos armées. La deuxième attaque de Ludendorff est arrêtée.

Loin d'encourager le soldat allemand, ce succès — relatif — le démoralise car il découvre les énormes stocks de vivres que les Anglais n'ont pu emporter, au moment où le blocus se fait de plus en plus durement sentir en Allemagne.

23 avril

Ce blocus s'aggrave d'autant plus que, par une opération hardie à laquelle participent cent soixante-deux bâtiments de guerre, la *Navy* parvient, en coulant trois vieux navires, à obstruer le canal de Bruges par où passent les sous-marins allemands basés à Bruges. Le blocage du port d'Ostende, quelques semaines plus tard, complète l'opération. Les sous-marins allemands sont de plus en plus menacés et doivent effectuer de longues randonnées. Bien protégés, les convois américains traversent l'Océan et amènent les hommes à

raison de 120 000 par mois, comme Foch l'a demandé.

2–3 mai

Foch voit son commandement étendu au front italien. Le comité exécutif, qui n'a plus d'utilité, est supprimé.

25–27 mai

Décidé à gagner la partie à tout prix, Ludendorff déclenche une troi-

Le général Foch, commandant en chef des armées alliées, et le général américain Pershing à Chaumont, en juin 1918. (Photothèque des Presses de la Cité.)

L'empereur Guillaume II entouré du maréchal von Hindenburg et du général Ludendorff, examinant une carte au quartier général. Dès 1916, les deux chefs devaient travailler dans une étroite collaboration qu'ils considéraient eux-mêmes comme « un mariage heureux », malgré les nombreuses critiques qu'elle souleva. Quand, en août 1916, Hindenburg reçu le commandement suprême, Ludendorff dirigea en fait toutes les forces de la coalition germanique, mais ne put s'opposer à la catastrophe finale. (Archives Südd-Verlag, Munich.)

Le 13 juin 1917, le port de Boulogne reçoit quatre bâtiments de guerre battant pavillon américain. À bord, le premier corps expéditionnaire dont les hommes veulent se battre « pour sauver la liberté et la démocratie », sous les ordres de leur commandant en chef, le général Pershing. Ceux que la population surnomme les « sammies » se battront courageusement, tels ces soldats qui, coiffés de leur casque rond et plat, s'élancent hors d'une tranchée, le 26 mai 1918, à Courtigny. (Établissement cinématographique des Armées, Ivry.)

sième offensive en Champagne, de Reims à Vauxaillon. Objectif : la Marne et, éventuellement, Paris. Tactique : celle de l'infiltration, dépasser les points de résistance et continuer à avancer. L'offensive est lancée après une brève et violente préparation d'artillerie.

27-29 mai

Succès foudroyant. Il semble que Foch ait été surpris. Les Allemands débordent le Chemin des Dames, traversent l'Aisne et atteignent la Vesle à Fismes. Le 29, ils entrent à Soissons. Ils ont avancé de 55 kilomètres en trois jours, fait 45 000 prisonniers. 15 divisions se sont volatilisées. Nos pertes atteignent 125 000 hommes dont 90 000 tués.

30 mai-2 juin

Les Allemands atteignent la rive nord de la Marne.
Pétain et Haig, que Foch va voir,

réclament des renforts.
Les premières divisions américaines entrent en ligne à Cantigny et au bois Belleau.

En dépit d'une contre-offensive française, la Marne est traversée sur plusieurs points. Château-Thierry est occupé. Les Allemands foncent sur Paris dont ils ne sont plus qu'à 60 kilomètres. Y aura-t-il un second miracle de la Marne ?

C'est une défaite sans précédent. Mais Paris reste calme. Certes, femmes et enfants quittent la ville. Clemenceau garde la tête froide, défend Foch furieusement attaqué au Parlement et déclare qu'il ne quittera pas la capitale :

« Je me battrai devant Paris, je me battrai dans Paris, je me battrai derrière Paris ! »

5 juin

Pourtant, l'or de la Banque de France est expédié dans la direction de l'intérieur.

6 juin

Franchet d'Espérey prend le commandement des troupes alliées en Grèce.

6-9 juin

La situation sur le front occidental est dramatique : les Allemands poussent dans la direction de la forêt de Villers-Cotterêts. Foch lui-même reconnaît qu'il doit colmater les brèches avec des moyens empiriques.

Mais Foch reste calme et jamais le soldat français, qui se sent commandé à l'intérieur comme sur le front, n'a eu un moral aussi élevé. Il a confiance en Foch, en Pétain, en Clemenceau.

9 juin

Les Allemands tentent de réunir deux des profondes poches qu'ils ont créées dans le front français. Ils sont arrêtés au nord de Compiègne.

11 juin

Avec cinq divisions et des chars, Mangin contre-attaque à la lisière de la forêt de Villers-Cotterêts. Grâce aux chars, les fantassins avancent de deux à trois kilomètres. La VIIe armée allemande est contenue au sud-ouest de Soissons.

C'est le troisième échec de Ludendorff.

13-27 juin

Les « marines » américains luttent pour reconquérir le bois Belleau dont ils finissent par s'emparer malgré de lourdes pertes. Ainsi les divisions américaines sont maintenant en mesure de se battre.

Pour Ludendorff, il est temps de se presser...

7 juillet

Aussi prépare-t-il la *Friedensturm*, la grande ruée qui ramènera ensuite la paix. Le quartier-maître général décide de porter l'offensive vers Châlons-sur-Marne, puis de descendre la rivière jusqu'à Paris.

Mais Gouraud qui commande la IVe armée et Berthelot la Ve ont mis au point une tactique nouvelle conforme aux instructions de Foch : renoncer à défendre les premières lignes en n'y laissant que des centres de résistance et concentrer celle-ci quelques kilomètres en arrière. En même temps, Foch prépare une contre-offensive qu'il confie à Mangin et à Degoutte.

La date de l'offensive allemande est révélée le 14 juillet par des prisonniers.

15-16 juillet

Cinquante-sept divisions alleman-

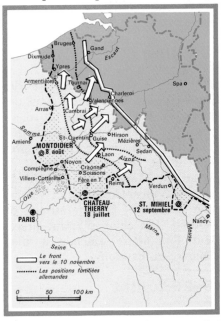

Ci-dessus, on voit l'avancée des troupes allemandes jusqu'à Villers-Cotterêts et Château-Thierry, puis leur recul jusqu'au 11 novembre 1918.

des se ruent à l'assaut des cinquante divisions françaises. En face de l'armée Gouraud, c'est l'échec. Les chars allemands sautent sur les mines; la résistance sur les secondes lignes surprend l'adversaire qui est tombé dans le vide et a perdu son temps à réduire les points de résistance.

La Ve armée (Berthelot) ne peut empêcher les Allemands de franchir la Marne à Épernay et de dépasser la rivière sur vingt kilomètres de large et cinq de profondeur. Mais l'ennemi ne peut pousser au-delà de Château-Thierry dont la gare est brillamment défendue par un régiment américain. Et Foch refuse à Pétain de retarder l'offensive de Mangin.

Le même jour, l'ancien ministre Malvy est condamné par la Haute-Cour à cinq ans de bannissement.

17 juillet

Les Allemands ne progressent plus au sud de la Marne.

18 juillet

Et c'est maintenant au tour des armées alliées de se lancer dans des offensives. Foch a assigné un rôle à chaque groupe d'armées. Tandis que celui du centre couvre Paris en profondeur et les Anglais Lens, la Xe armée (Mangin) débouche de la forêt de Villers-Cotterêts, la VIe armée (Degoutte) attaque au sud de l'Ourcq. Les chars d'assaut précèdent l'infanterie amenée à pied d'œuvre en camions.

18-26 juillet

321 chars légers progressent sans arrêt. En quarante-huit heures au sud de Soissons, dans la vallée de l'Aisne, l'avance est de huit kilo-

mètres en profondeur. Les Allemands sont contraints de repasser la Marne, laissant dix mille prisonniers. La VIe armée avance jusqu'à Fère-en-Tardenois; Château-Thierry est libéré. Mangin s'empare de la crête Grand-Rozoy-Cramailles. Soissons est repris. A la fin de juillet, les Allemands se replient sur l'Aisne et la Vesle. La poche créée en mai est résorbée.

En son quartier général de Bombon, à l'ouest de Nangis, Foch a, dès le 24 juillet, préparé les offensives suivantes, car il ne veut pas laisser de répit à un ennemi chez qui l'opinion publique commence à flancher. La puissance, en divisions et en matériel, est maintenant du côté des Alliés.

Premier objectif : dégager les voies ferrées en cinq opérations.

1° La première, dans la région de la Marne (en cours d'exécution), la seconde dans celle de Commercy, visant à réduire le saillant de Saint-Mihiel à l'est de Verdun, libérera la voie ferrée Paris-Avricourt.

2° Une troisième, œuvre des armées franco-britanniques, dégagera entièrement la ligne Paris-Amiens.

3° Une quatrième dans la région du Nord éloignera tout risque des ports de Dunkerque et de Calais. Enfin une cinquième aura pour objectif les mines du Nord.

Il faut en outre prévoir que l'ennemi cherchera à se replier sur des lignes puissamment fortifiées. On ne doit pas lui laisser le temps de s'y accrocher. Haig, Pershing et Pétain approuvent ces plans.

En collaboration, le général Estienne et Louis Renault ont mis au point le char d'assaut « F.T. », armé soit d'un canon de 37, soit d'une mitrailleuse. Sorti en série dès 1918, il recevra le baptême du feu en forêt de Villers-Cotterêts le 30 mars. Voici deux d'entre eux peints par François Flameng. (Musée de l'Armée, Paris. Photo couleurs J.-L. Charmet.)

Au 52ème mois d'une guerre sans précédent dans l'histoire l'armée française avec l'aide de ses Alliés a consommé la défaite de l'ennemi.

Nos troupes, animées du plus pur esprit de sacrifice, donnant pendant quatre années de combats ininterrompus l'exemple d'une sublime endurance et d'un héroïsme quotidien ont rempli la tâche que leur avait confiée la Patrie.

Tantôt supportant avec une énergie incomptable les assauts de l'ennemi, tantôt attaquant elles-mêmes et forçant la Victoire, elles ont après une offensive décisive de quatre mois, bousculé, battu et jeté hors de France la puissante armée allemande et l'ont contrainte à demander la paix.

Toutes les conditions exigées pour la suspension des hostilités ayant été acceptées par l'ennemi, l'armistice est entré en vigueur, ce matin, à onze heures.

Ph. Pétain

Fermé pour cause de Victoire

7 août

L'offensive Mangin-Degoutte s'est achevée en victoire. Foch est élevé à la dignité de maréchal de France.

8 août

Au sud d'Amiens, sur ce front qu'elles avaient eu tant de peine à maintenir, la IVe armée britannique (Rawlinson) et la Ire armée française (Debeney) entament une offensive préparée par 2 000 canons, précédée de 360 chars. Les Britanniques avancent de vingt et un kilomètres, les Français de dix et font 25 000 prisonniers.

« Le 8 août est le jour de deuil de l'armée allemande », écrira plus tard Ludendorff. Le quartier-maître général a compris que la guerre est perdue. Il ordonne les replis sur la ligne Hindenburg, puis sur la ligne Hermann que jalonnent Bruges, Courtrai, Le Cateau, Guise et fait expédier sur l'Allemagne tout le matériel qui peut être enlevé dans les régions occupées.

9-20 août

Cette fois, tout le front se met en branle de la mer à la Meuse. L'armée Mangin reprend ses attaques entre Noyon et Soissons, conquiert les hauts plateaux, atteint l'Oise et l'Ailette. Les Allemands abandonnent le cours de la Vesle et le massif de Lassigny; au nord, ils évacuent la poche d'Armentières.

13 août

A Spa, Ludendorff et Hindenburg déclarent à Guillaume II qu'il faut traiter car il n'y a plus aucun espoir de remporter la victoire.

21-28 août

La IVe armée anglaise s'empare d'Albert, de Bapaume et de Combles.

26-29 août

La IIIe armée française entre à Roye, prend le mont Saint-Quentin, libère Péronne, Ham, Tergnier.

Les Alliés ont atteint la ligne Hindenburg. Partout les Allemands ont été ramenés sur leur point de départ, abandonnant un énorme matériel, laissant sur le terrain des milliers de morts et de prisonniers.

A Paris, les gouvernements alliés reconnaissent le Conseil national tchécoslovaque qui se range à leurs côtés.

3-8 septembre

Foch détermine le plan des grandes actions concentriques qui doivent rejeter l'ennemi hors des territoires occupés, rompre les lignes Hindenburg et Brunhild, atteindre tout le cours de la Meuse, de la Hollande à Verdun, pour couper la retraite à l'ennemi.

12 septembre

La Ire armée américaine attaque la poche de Saint-Mihiel. Les Allemands perdent six mille hommes et se dérobent pendant la nuit. La poche a cessé d'exister. Pershing songe maintenant à rejeter la Ve armée allemande depuis le fleuve jusqu'à l'Argonne, réalisant ainsi la grande conception de Foch.

Le 11 novembre 1918, Philippe Pétain rédige le dernier et grave communiqué ci-contre destiné à la presse. Il le conclut néanmoins d'un alerte : « Fermé pour cause de Victoire. » (Photothèque des Presses de la Cité.)

Tandis que leur production s'accélère, les chars français se perfectionnent tant en légèreté qu'en maniabilité. On voit ci-dessus une colonne de Renault montant en ligne en août 1918. Leurs interventions heureuses et multiples les feront surnommer les « chars de la Victoire ». (Établissement cinématographique des Armées, Ivry.)

14 septembre

Le premier, l'empereur Charles comprend que la guerre est perdue. Il se déclare prêt à offrir la paix par l'intermédiaire des puissances neutres ou du Saint-Siège. A la tribune du Sénat, Clemenceau repousse cette proposition qui met Guillaume II en fureur.

15 septembre

Tous les fronts s'ébranlent : avec deux divisions, Franchet d'Esperey lance une vaste offensive sur les armées bulgares, conseillées par le général allemand Mackensen, et que protègent les montagnes. Le soir même, il a conquis les monts Sokols,

Dobro Polje et Kamen qui culminent à 1 800 mètres. Le front bulgare est rompu.

16-17 septembre

La seconde position bulgare, le Kuziak, tombe; le lendemain l'avance atteint 25 kilomètres. L'armée française, traînant les canons de montagne par de mauvais sentiers, se dirige d'une part à l'ouest vers la vallée de la Tcherna, d'autre part vers le Vardar.

24 septembre

Le Vardar est franchi. L'aile marchante traverse la frontière bulgare et prend Stroumitza et, de l'autre côté, Prilep.

Toute l'armée bulgare bat en retraite. Prisonniers et butin s'amoncellent.

Les chasseurs d'Afrique du général Jouinot-Gambetta foncent sur Uskub par les montagnes.

25 septembre-2 octobre

La IVe armée (Gouraud) atteint tous ses objectifs. Malgré un terrain truffé de mines, elle avance de douze kilomètres. Les soldats allemands résistent pourtant avec opiniâtreté. Mais le recul de la IIIe armée allemande oblige la Ire, à sa droite, à se replier sur l'Aisne.

Le 1er octobre, la Ve armée française s'élance à son tour et s'empare des hauteurs qui couronnent Reims. Dans le Nord — car toutes ces attaques sont simultanées — les Britanniques atteignent le canal du Nord et l'Escaut. Les Français libèrent Saint-Quentin.

Les Italiens reconnaissent le Comité yougoslave comme le gouvernement d'un État libre.

26 septembre

Les Américains, exécutant les plans de Pershing, attaquent en Argonne. Ils s'emparent du piton de Montfaucon et avancent de sept kilomètres le long de la Meuse. Mais, faute d'expérience, ils ne peuvent envoyer de réserves. L'offensive doit être arrêtée.

28 septembre

Les Anglais et les Belges prennent Dixmude. Les armées allemandes résistent encore en Flandre et sur la Meuse; au centre, elles ne cessent de reculer. La ligne Hindenburg est forcée.

A Spa, Ludendorff et Hindenburg

estiment qu'il est nécessaire d'obtenir un armistice pour permettre aux armées allemandes de se regrouper sur les frontières.

29 septembre

L'armée d'Orient s'empare d'Uskub. Coupée de ses lignes de retraite, la Xe armée germano-bulgare capitule.

Depuis plusieurs jours, le tsar Ferdinand négocie secrètement avec Franchet d'Esperey. Le même jour, à 23 heures, il accepte toutes les conditions de l'armistice qu'on lui impose : évacuation des territoires serbes et grecs, démobilisation de l'armée bulgare, libération des prisonniers, reddition des armes sans réciprocité.

Mais Mackensen entend continuer la lutte.

1er octobre

En Syrie, les Anglais s'emparent de Damas.

1er-19 octobre

Sur tous les points du front occidental, c'est la victoire.

En Flandre, les armées anglaises poussent vers Douai et menacent de prendre à revers les positions allemandes. La plus grande partie de la Flandre occidentale est libérée. Bruges fait un accueil délirant aux troupes belges et anglaises. Ostende est dégagé.

Le 19, toute la côte est libérée jusqu'à la Hollande.

Les Allemands n'essaient pas de résister sur leurs positions fortifiées.

Du 8 au 10 octobre, l'armée Debeney attaque au-delà de Saint-Quentin en direction de Busigny, Bohain et Guise.

Le 14 octobre, l'armée Gouraud et la 1re armée américaine s'emparent du défilé de Grandpré en Argonne.

Au nord, dans la nuit du 17 au 18, les Allemands abandonnent Lille. Le 19, Roubaix et Tourcoing sont libérés.

5 octobre

Le prince Max de Bade, qui comme chancelier a remplacé Hertling, lui-même successeur de Michaelis, fait savoir au président Wilson que l'Allemagne est prête à négocier sur la base de ses quatorze points.

7 octobre

Enivrés à la pensée de libérer eux-mêmes leur pays, les Serbes poussent jusqu'à Nich.

8 octobre

Wilson répond qu'il s'en tient strictement à l'acceptation des quatorze points.

Le même jour, la 17e division coloniale française occupe Sofia. Le tsar Ferdinand a abdiqué quatre jours plus tôt.

12 octobre

Max de Bade se déclare prêt à accepter les conditions du président Wilson.

14 octobre

Mais, entre-temps, Foch a expliqué à Wilson qu'il est nécessaire d'obtenir l'occupation de la rive gauche du Rhin et de têtes de pont sur la rive droite, avec livraison de tout le matériel de guerre, pour éviter une reprise des hostilités.

Au chancelier Max de Bade, Wilson fait donc savoir que les conditions de l'armistice doivent être fixées par les chefs militaires des armées alliées.

Devant ces exigences, le G.Q.G. allemand essaie de poursuivre le combat. Le 24 octobre, Hindenburg proclame : « La réponse du président Wilson exige la capitulation militaire... Par là même, elle est inacceptable pour nous autres soldats. »

Il n'empêche que toutes les armées allemandes refluent vers le Rhin.

19 octobre

Foch signe les nouvelles instructions générales aux armées alliées : le groupe de l'extrême nord marchera sur Bruxelles, de la frontière hollandaise à l'Escaut.

La 1re armée française attaquera de La Capelle-sur-Civet pour tourner la ligne Hunding ; la Ve armée partira de la ligne de l'Aisne en direction de Château-Porcien ; la IVe armée (Gouraud) et la 1re armée américaine prendront pour objectif Charleville-Mézières. C'est le rejet de toutes les forces ennemies en retraite sur la Meuse et même au-delà du fleuve.

Le même jour, Wilson répond à l'empereur Charles qui, l'avant-veille, a demandé à ses fidèles peuples d'Autriche « de former des conseils nationaux en vue de la constitution d'un État fédéral », que les Alliés ne reconnaissent plus que les États indépendants de Tchécoslovaquie et de Yougoslavie.

24 octobre

Et voici que, sur la Piave, les Italiens lancent la vaste offensive que Foch leur réclamait depuis plusieurs semaines.

Sous les ordres du général Graziani, les troupes italiennes repassent le fleuve.

26 octobre

Le prince Max de Bade veut négocier, malgré les instances d'Hindenburg et de Ludendorff. Celui-ci donne sa démission et est remplacé par le général Groner qui déclare à son tour qu'il faut céder.

27 octobre

Max de Bade télégraphie à Wilson que « toutes les conditions sont acceptées ».

29 octobre

Les Italiens remportent la victoire de Vittorio Veneto qui efface Caporetto. L'armée autrichienne se retire sans combattre.

La révolution éclate à Vienne et à Budapest.

Les Polonais s'emparent de Cracovie.

Les régiments austro-hongrois se mutinent.

31 octobre

L'armistice de Moudros, négocié au Proche-Orient par l'amiral anglais qui commande l'escadre de la mer Égée, consacre la capitulation de la Turquie. Bosphore et Dardanelles sont occupés par les Alliés.

Le même jour, au cours d'une réunion des chefs alliés chez le colonel House, Foch déclare qu'il ne fera pas répandre une goutte de sang de plus si l'Allemagne accepte les conditions qui lui sont imposées.

1er-5 novembre

Au milieu des acclamations de tout un peuple, l'armée serbe entre à Belgrade.

Mackensen, qui a reçu cinq divisions de renfort, essaie de couvrir la Hongrie tandis que Franchet d'Esperey envoie deux divisions en Roumanie pour ouvrir un nouveau front sur le Danube. La Roumanie reprend les armes et expulse les troupes d'occupation allemandes. La Hongrie se soulève et le chef du gouvernement provisoire, Karolyi, fait arrêter Mackensen tandis qu'il traversait Budapest dans son train spécial.

Sur le front occidental, toutes les instructions de Foch sont exécutées : les armées du nord et les Britanniques s'emparent de Valenciennes, du Quesnoy, de Landrecies. L'Escaut est débordé, la position Hermann rompue; les Allemands abandonnent le saillant de Tournai et de Condé.

3 novembre

L'empereur Charles signe un armistice qui constitue une véritable capitulation : 450 000 hommes, 7 000 canons restent entre les mains des Italiens. Il abdique quelques jours plus tard.

A Kiel, les marins de l'escadre allemande, à qui on demandait d'effectuer une sortie désespérée, se révoltent et se groupent en conseils révolutionnaires d'ouvriers et de paysans.

4 novembre

Les conditions de l'armistice sont définitivement arrêtées.

5 novembre

Le président Wilson fait savoir à Max de Bade que le maréchal Foch est chargé de faire connaître

Après tant de souffrances, la défaite militaire allemande provoque de graves désordres à l'intérieur du pays. Les militaires et les civils manifestent contre les souverains et leurs gouvernements. On voit à gauche des ouvriers des fabriques d'armement défilant dans les rues de Berlin et, à droite, des soldats acclamant des groupes de révolutionnaires à Munich. Cette grave agitation est la conséquence du refus d'abdiquer opposé, le 31 octobre 1918, par l'empereur Guillaume II à son chancelier Max de Bade. (Archives Südd-Verlag, Munich.)

ces conditions aux plénipotentiaires allemands.

Les Allemands se replient sur deux cents kilomètres de front de l'Escaut à la Meuse. L'armée Gouraud est à dix kilomètres de Mézières, à vingt de Sedan. Les armées du centre atteignent la ligne Vervins, La Capelle, Avesnes.

6-7 novembre

Par l'intermédiaire du poste radio de la tour Eiffel, le gouvernement allemand fait connaître le nom de ses plénipotentiaires et demande en quel point ils peuvent entrer dans les lignes françaises.

Il leur est répondu qu'ils doivent se présenter sur la route de La Capelle. Les cinq voitures où ont pris place Erzberger, Winterfeld, Oberndorff et leurs interprètes arrivent le 7 novembre au soir.

8 novembre

Le train des plénipotentiaires arrive en forêt de Compiègne au carrefour de Rethondes. Weygand les oblige sèchement à déclarer qu'ils *demandent* l'armistice et fait donner lecture des conditions.

L'armée Gouraud atteint Mézières qu'elle occupe le 9.

Castelnau prépare une offensive qui a pour objectif le Rhin afin d'encercler totalement l'ennemi et de le contraindre à un gigantesque Sedan.

Cette offensive, prévue pour le 14, n'aura pas lieu.

Le même jour, la révolution éclate partout en Allemagne. La république est proclamée à Munich d'où le roi de Bavière a dû s'enfuir. A Guillaume II qui est à Spa, Max de Bade télégraphie que son abdication est nécessaire.

9-10 novembre

L'armée Gouraud occupe Mohon. La Meuse est franchie sur plusieurs points. Le 10, Rocroi est pris.

La révolution éclate à Berlin. On acclame la république. Max de Bade annonce que Guillaume II renonce au trône. L'empereur s'enfuit en Hollande où le kronprinz le rejoin-dra. Max de Bade démissionne à son tour.

Il est remplacé par un gouvernement provisoire que préside le socialiste Ebert, avec Scheidemann comme chancelier.

Ceux-ci invitent les plénipotentiaires allemands à accepter les clauses de l'armistice. Foch a consenti à laisser à l'ennemi cinq mille mitrailleuses et à permettre aux officiers et soldats allemands, dont le courage est reconnu, de garder leurs armes personnelles.

11 novembre, 5 heures du matin

L'armistice est signé. Il entre en application six heures plus tard.

Le « cessez-le-feu » de la Grande Guerre est sonné à 11 heures.

En cette aube du 11 novembre, le front passe près de Gand, entre Ath et Soignies à l'est de Mons, franchit la Sambre entre Maubeuge et Charleroi, passe par Chimay, Rocroi, borde la Meuse à peine franchie de Mézières à Sedan, rejoint Stenay, Damvillers, Étain, Thiaucourt pour atteindre la Moselle entre Toul et Metz.

Pétain signe le dernier communiqué officiel qu'il termine par ces mots écrits de sa main : « Fermé pour cause de Victoire. » C'est le 1 561ᵉ jour de la guerre.

12 novembre

Aux armées, Foch déclare :
« Officiers, sous-officiers, soldats des armées alliées, après avoir résolument arrêté l'ennemi, vous l'avez pendant des mois, avec une foi et une énergie inlassables, attaqué sans répit.

« Vous avez gagné la plus grande bataille de l'histoire et sauvé la cause la plus sacrée, la liberté du monde.

« Soyez fiers! D'une gloire immortelle vous avez paré vos drapeaux. La postérité vous garde sa reconnaissance. »

13-30 novembre

Les Allemands exécutent les clauses de l'armistice. La France recouvre l'Alsace et la Lorraine d'où les fonctionnaires prussiens s'enfuient.

Journées émouvantes et magnifiques. A Metz, le 22 novembre, devant Clemenceau, Poincaré remet à Pétain le bâton de maréchal de France.

Foch fait son entrée à Strasbourg.

26 novembre-5 décembre

Tous les souverains accourent à Paris : le 26 novembre, George V et le prince de Galles, puis le roi des Belges et la reine Élisabeth, objets de formidables ovations, le roi d'Italie, le prince de Piémont, Masaryk, président de la jeune République tchécoslovaque.

14 décembre

C'est au tour de Wilson, accompagné de ses conseillers intimes, House, Lansing, le général Bliss. Il est l'objet d'immenses acclamations.

L'année s'achève dans une joie intense, malgré la grippe espagnole,

cette terrible épidémie qui atteint toute l'Europe.

1919, janvier

La grippe dite espagnole va exercer ses ravages à travers l'Europe et le monde. Elle fera des dizaines de milliers de victimes.

Paris n'en continue pas moins à s'amuser, à retrouver les plaisirs de la paix. Les années folles commencent...

18 janvier

Cette paix, il faut la préparer. Au Quai d'Orsay, sous la présidence de Clemenceau, s'ouvre la conférence qui doit en arrêter les clauses que l'on imposera aux vaincus. Trente-sept nations sont représentées. Mais le travail est préparé par les délégués de cinq puissances. Clemenceau (secondé par Tardieu), Lloyd George et Wilson dirigent la commission où siègent également l'Italie et le Japon.

fin janvier

En Allemagne, Hindenburg et ses troupes écrasent à Berlin le soulèvement bolchevique (ou spartakiste) de Liebknecht et de Rosa Luxemburg.

14 février

Toutes les délégations adoptent le principe de la création d'une Société des Nations « destinée à faire régner une juste paix dans le monde et à empêcher une nouvelle guerre ». Wilson triomphe... en Europe car, finalement, le Sénat américain repoussera le projet. La S.D.N. restera une ligue européenne. Wilson quitte momentanément Paris.

Le 11 novembre 1918, à 11 heures du matin, les cloches de Paris sonnent à toute volée et la grande nouvelle explose : l'armistice est signé. Aussitôt, maisons, boutiques, écoles se vident. Une foule en délire envahit les rues, se retrouve place de l'Opéra (ci-contre. Photo Roger-Viollet.)

A Rethondes où ils se sont rencontrés, les délégués des puissances belligérantes viennent de signer l'armistice. Celui-ci, conclu pour trente-six jours, est solennellement annoncé aux troupes : sur le front, le clairon sonne enfin le « cessez-le-feu » tant attendu, tandis que le maréchal Foch s'apprête à regagner Paris. La seule photographie qu'il ait tolérée de ce moment historique le montre à cet instant, devant le wagon de l'armistice. Au pied de celui-ci, de gauche à droite, on reconnaît l'amiral Hope, le général Weygand, l'amiral Weymiss, le maréchal Foch et le capitaine de vaisseau V. Mariott. (Photothèque des Presses de la Cité.)

19 février

Un illuminé du nom de Cottin blesse Clemenceau de deux coups de revolver.

fin février

Après un mois de travail, aucun des grands problèmes de la paix n'a été tranché. Clemenceau, à la demande de Foch et de plusieurs personnalités comme Maurice Barrès, aurait souhaité la création d'une République rhénane. Il se heurte au refus de Wilson et de Lloyd George qui ne veulent pas créer une « nouvelle Alsace-Lorraine ».

Il est finalement décidé que les Alliés occuperont la rive gauche du Rhin (avec des têtes de pont sur la rive droite) pendant quinze ans

LES CLAUSES DE L'ARMISTICE

Les clauses de l'armistice sont telles qu'elles doivent interdire à l'Allemagne de reprendre la lutte. Elles comportent :
— L'évacuation de tous les territoires occupés par les armées adverses, y compris l'Alsace et la Lorraine.
— L'évacuation de toute la rive gauche du Rhin. Ce territoire devait rester administré par les autorités locales sous la surveillance des armées alliées.
— L'évacuation de trois têtes de pont de trente kilomètres de rayon sur la rive droite du Rhin, devant Cologne, Mayence et Coblence.
— Tous les frais de l'occupation à la charge de l'Allemagne.
— Une zone démilitarisée de dix kilomètres sur la rive droite et au-delà des têtes de pont.
— La livraison immédiate de 5 000 canons, 25 000 mitrailleuses (sur un total de 30 000), 3 000 minenwerfer, 2 000 avions.
— La livraison de 5 000 locomotives, 150 000 wagons, 5 000 camions.
— La livraison de cent soixante sous-marins. L'internement de dix cuirassés, huit croiseurs légers, cinquante destroyers.
— La libération de tous les prisonniers de guerre, sans réciprocité.
— L'évacuation par les Allemands de tous les pays où ils ont des troupes : Autriche-Hongrie, Roumanie, Turquie.
— L'annulation des traités de Brest-Litovsk et de Bucarest.
— L'évacuation de toutes les colonies allemandes d'Afrique.

A Paris et dans toute la France, la joie est indescriptible. La ville tout entière s'est répandue dans les rues, chantant, dansant, entraînant les soldats dans une folle farandole. C'est un délire extraordinaire. Sur les marches de l'Opéra, Marthe Chenal chante la Marseillaise.

A la Chambre des députés, Clemenceau proclame : « Au nom du peuple français, au nom du gouvernement de la République française, j'envoie le salut de la France une et indivisible à l'Alsace et à la Lorraine retrouvées. »

La Chambre vote une motion déclarant : « Le citoyen Georges Clemenceau, le maréchal Foch et le président Raymond Poincaré ont bien mérité de la patrie. »

La liesse de la capitale se poursuit toute la nuit.

et plus longtemps si l'Allemagne ne remplit pas ses obligations. En outre, les États-Unis et l'Angleterre garantissent la France contre toute agression de l'Allemagne. Quant à la Sarre, il est décidé que son administration sera confiée à la France et que les Sarrois, après quinze ans, décideront de leur sort par plébiscite. La question du partage des colonies allemandes et des pays administrés par la Turquie pose moins de problèmes. On décide de les placer sous un mandat international confié à la France (Cameroun, Togo, Syrie et Liban) ou à l'Angleterre (Palestine, Mésopotamie).

14 mars

Wilson, qui est allé réchauffer sa popularité sérieusement battue en

La défaite de l'Allemagne rend à la France l'Alsace et la Lorraine. Le 29 novembre 1918, les soldat porte de Shirmeck. Profondément émus, les Alsaciens, dont beaucoup ont revêtu le costume régiona drapeaux tricolores. (Photo Roger-Viollet.)

brèche aux États-Unis, est de retour à Paris.

Les réunions des quatre grands (France, États-Unis, Grande-Bretagne et Italie) reprennent. De nombreuses questions restent à régler.

mars

Après de nouvelles émeutes en Allemagne, les élections générales amènent au pouvoir un gouvernement social-démocrate. Ebert de-

vient président de la République de Weimar.

7 avril

La question polonaise est une des plus délicates. Le délégué polonais à la conférence, le pianiste Paderewski, réclame la formation d'une République de Prusse orientale ayant pour capitale Königsberg. Il essuie un refus. Finalement on décide d'ouvrir un corridor à travers la Prusse pour donner à la Pologne

...nçais font leur entrée dans Strasbourg par la ...sistent à ce glorieux défilé en brandissant des

20 avril

Au tour des Italiens de manifester leur mécontentement. Ils n'acceptent pas la frontière naturelle du Brenner qu'on leur a accordée au nord, ce qui constitue une sérieuse entorse aux principes des nationalités. On leur laisse Lissa et Lagosta sur la côte adriatique. Ils exigent Fiume sous prétexte qu'il s'y trouve une minorité italienne. Devant le refus de l'Angleterre, de la France et des États-Unis, leurs délégués rentrent chez eux.

22 avril

La question de la Rhénanie est définitivement réglée.

25 avril

Conduite par le comte de Brockdorff-Rantzau, la délégation allemande arrive à Versailles et est logée au *Trianon-Palace*.

7 mai

Les Italiens reprennent leur place. Les propositions de paix sont remises aux Allemands.

mai

Parmi les questions en suspens, reste celle des réparations évaluées à la somme fabuleuse de douze cents milliards de francs-or. Il est finalement décidé qu'une commission réglera le problème.

Reste aussi la question de la Haute-Silésie, que la Pologne réclame comme peuplée en majorité de Polonais, d'Eupen et de Malmédy attribués à la Prusse en 1815 et que la Belgique demande. Cette dernière obtient satisfaction.

Les propositions connues en Alle-

accès à la mer Baltique et on fait de Dantzig une ville libre sous le contrôle de la Société des Nations.

La question des minorités dans les pays nouveaux (Allemands des Sudètes en Tchécoslovaquie, en Roumanie et en Grèce, considérablement agrandies) n'est pas tranchée. On promet garantie et protection aux habitants, sous le même contrôle.

Devant les antagonismes qui se manifestent entre Alliés, Wilson menace de repartir.

Convoquée à Versailles depuis le 7 mai 1919, la délégation allemande, après bien des discussions, se décide enfin, le 28 juin, à signer le traité de paix. C'est dans la Galerie des Glaces du château, où s'était déroulée, près d'un demi-siècle plus tôt, la proclamation de l'Empire allemand, que les signatures sont échangées. Un document d'époque représente la place d'Armes le jour de la signature du traité. (Photothèque des Presses de la Cité.)

magne soulèvent une indignation générale. Le comte de Brockdorff-Rantzau proteste contre le rejet sur son pays de toutes les responsabilités de la guerre. Il repousse les clauses qui arrachent des territoires à l'Allemagne. Il demande même un plébiscite en Alsace-Lorraine.

Toutes les contre-propositions sont rejetées. Les Alliés acceptent seulement que la souveraineté politique de la Sarre soit confiée à la Société des Nations et qu'un plébiscite ait lieu en Haute-Silésie.

17 juin

Les Allemands sont invités à signer dans les cinq jours.

Le catholique Erzberger estime qu'il faut s'incliner. Un cabinet excluant les opposants est constitué. L'Assemblée de Weimar vote la signature par 237 voix contre 138.

21 juin

Par un coup minutieusement préparé, l'amiral Reuter parvient à faire saborder toute la flotte de guerre allemande réunie à Scapa-flow, la grande base britannique. Les Anglais sont furieux d'avoir été joués.

Foch est disposé à faire entrer cent divisions en Allemagne.

Mais les Allemands sont prêts à signer.

Arme nouvelle et efficace, les chars d'assaut sont en bonne place dans le long défilé de la victoire. Voici quelques-uns d'entre eux descendant les Champs-Élysées après être passés sous l'Arc de Triomphe. Tout au long du parcours, les troupes sont acclamées par une foule délirant d'enthousiasme. Parmi celle-ci, beaucoup de militaires qui, n'étant pas de service, sont venus admirer leurs camarades. (Photo Roger-Viollet.)

23 juin

Brockdorff-Rantzau ayant démissionné, Hermann Müller, ministre des Affaires étrangères, et le docteur Bell signent le traité.

28 juin

Dans la galerie des Glaces du château de Versailles qui avait vu en 1871 la proclamation de l'Empire allemand, en présence des représentants de toutes les nations alliées et de soldats (qui l'ont bien mérité), le traité de Versailles est signé.

Suivront les signatures à Saint-Germain-en-Laye, le 10 septembre 1919, du traité avec la République d'Autriche, le 27 novembre, à Neuilly-sur-Seine, le traité avec la Bulgarie, le 4 juin 1920, le traité avec la Hongrie signé à Trianon, le 10 août 1920, le traité avec la Turquie signé à Sèvres. Ils consacrent le dépeçage de l'empire d'Autriche morcelé en quatre États (Tchécoslovaquie, Hongrie, Autriche, Yougoslavie), la Pologne, la Roumanie et l'Italie recevant des territoires très vastes à ses dépens. Autant de sources de conflits futurs...

14 juillet

Et c'est le merveilleux, l'inoubliable défilé de la victoire, sous l'Arc de Triomphe.

LES ANNÉES FOLLES

1919, 1er mai

La paix n'est pas encore signée et les troubles sociaux recommencent déjà en France. Les ouvriers, qui ont pourtant obtenu que la journée de travail soit réduite à huit heures, se plaignent de la cherté de la vie, des difficultés de logement. Des troubles éclatent à l'occasion de la journée du 1er mai. Clemenceau les réprime brutalement. Il y a quelques morts et plusieurs blessés.

22 juillet

Avant de se séparer, la Chambre adopte enfin le projet de réforme électorale instituant le scrutin départemental à un tour : quand une liste emporte la majorité absolue, tous ses députés sont élus. A défaut d'une majorité absolue, les sièges sont attribués à la représentation proportionnelle. Le Sénat adopte aussi la loi.

novembre

Le bloc national remporte la victoire. Le bloc des gauches est écrasé : 86 radicaux-socialistes, 94 socialistes, contre 450 députés du bloc national, de l'extrême droite (avec Léon Daudet, codirecteur de *l'Action française*) aux républicains de gauche. Castelnau, Maginot sont parmi les élus. C'est la Chambre bleu horizon.

Le ministère Clemenceau continue.

1920, 17 janvier

... pour peu de temps.

Le septennat de Poincaré s'achève, et celui-ci n'aspire qu'à quitter l'Élysée. De nombreux parlementaires songent à élire Clemenceau qui est disposé à accepter. Mais le caractère anticlérical du Tigre, qui refuse d'envisager le rétablissement des relations avec le Vatican, lui aliène les voix catholiques, nombreuses dans la Chambre bleu horizon. Briand mène campagne contre lui. A la réunion préparatoire, le 16 janvier, il ne réunit que 389 voix contre 406 à Paul Deschanel, président de la Chambre. Clemenceau annonce aussitôt qu'il invite ses amis à ne pas voter pour lui. Le lende-

Peu à peu, délaissant la doctrine isolationniste de Monroe, les Américains se considèrent comme une puissance à l'échelon mondial. Sous l'impulsion du sénateur Frank Billings Kellogg, ils engagent la France dans une politique de renonciation à la guerre. Ainsi naît le « pacte Briand-Kellogg » qui, après de laborieuses négociations, est signé à Paris le 27 août 1928, dans le salon de l'Horloge, au Quai d'Orsay. On voit ici le ministre allemand Stresemann paraphant le pacte. Derrière lui est assis Briand. (Photo Keystone.)

Un mois après l'élection de Paul Deschanel a lieu, à l'Hôtel de Ville de Paris, la réception du nouveau chef de l'État. On voit ici, en landau découvert, le président Poincaré accompagnant le nouveau chef de l'État. (Cabinet des estampes. Photo B.N.)

main, Deschanel est élu par 734 voix contre 130 divers. La carrière du « Père la Victoire » est terminée.

Élégant, disert, soucieux d'être un arbitre et non un président « potiche », Paul Deschanel est malheureusement un grand nerveux, sujet à des crises de mélancolie anxieuse ou d'extrême nervosité qu'il ne peut réprimer. Son état de santé ne va pas cesser de s'aggraver au cours des premiers mois de sa présidence.

18 janvier

Clemenceau démissionne. Sur le conseil de Poincaré, Deschanel demande à Alexandre Millerand de former le gouvernement. L'ancien ministre de la Guerre en 1914, haut-commissaire en Alsace après l'armistice, est obligé, pour tenir compte des tendances politiques du Sénat, de former un cabinet où les radicaux, Albert Sarraut, Queuille, Steeg,

Ci-contre, le maréchal Foch et le général Weygand circulant, à pied, dans une rue de San Remo, lors de la conférence qui y tint ses assises du 19 au 26 avril 1920. Soucieux d'une paix durable, le maréchal ne devait pas ménager ses efforts pour soutenir sa thèse du maintien du Rhin comme frontière militaire nécessaire à la France. (Cabinet des estampes. B.N. Photo Safara.)

sont nombreux. Parmi les nouveaux, André Maginot est aux Pensions, François-Marsal aux Finances. La tâche de ce dernier est lourde : il faut reconstruire les régions envahies, ranimer l'industrie et lutter contre la vie chère et l'inflation qui menace.

17 février

Devant le Sénat transformé en Haute Cour, s'ouvre le procès de Caillaux accusé de complicité avec l'ennemi. Après deux mois de débats, l'ancien ministre sera condamné à trois ans de prison et remis aussitôt en liberté, en raison du temps de prévention qu'il a effectué.

février

Affaires extérieures : non seulement les gouvernements alliés ont refusé de reconnaître la Russie soviétique qui, pour sa part, n'accepte pas le traité de Versailles, mais ils soutiennent les Russes blancs qui combattent les Soviets. Ils ne peuvent néanmoins empêcher l'échec de l'amiral Koltchak qui est fait prisonnier et fusillé.

mars

Troubles sociaux et nombreuses grèves en France. Millerand les réprime énergiquement.

11 mars

Un projet de loi portant rétablissement des relations diplomatiques avec le Vatican est déposé sur le bureau de la Chambre.

30 mars

Pour réprimer des complots, le chancelier allemand Müller a envoyé des troupes dans la Ruhr sans demander l'autorisation aux Alliés. D'accord avec l'Angleterre, Millerand fait occuper Francfort, Darmstadt et Hanau.

avril

A la conférence de San Remo, réunie pour régler les questions d'Orient, Millerand renonce à Mossoul et à la Palestine en faveur des Anglais.

13 avril

On annonce l'arrestation d'un certain Landru accusé d'avoir fait disparaître plusieurs femmes. L'affaire Landru va passionner l'opinion publique pendant de longs mois.

1er mai

Échauffourées, violents troubles à Paris et dans les principales villes de province. Il y a plusieurs morts et de nombreux blessés.

11 mai

La C.G.T. donne l'ordre de grève générale. Millerand poursuit la C.G.T. pour atteinte à la sûreté de l'État, fait arrêter le secrétaire de la fédération des cheminots, organise des transports de remplacement.

21 mai

Cessation de la grève. La classe ouvrière est troublée et divisée par le progrès du communisme en France.

23 mai

Depuis deux mois, les accès de nervosité du président Deschanel se multiplient. Au cours d'un voyage qu'il doit effectuer en Auvergne pour

Épuisée par quatre années de guerre, atteinte dans son économie comme dans sa population, la Fran *du franc, la hausse des prix provoquent des mécontentements. A l'occasion du 1ᵉʳ mai 1920, de violen* *Parmi les « points noirs » de la capitale, la porte Saint-Martin où, dans les rues barrées par des autob* *B.N. Photo Meurisse.)*

inaugurer un monument aux morts, il tombe du train, dans la nuit, sans se blesser.

mai-juin

En Russie, l'armée Wrangel est battue et jetée à la mer par les troupes de l'armée rouge organisée par Trotski. Tout ce que la France a pu faire, c'est d'envoyer des navires qui recueillent les derniers éléments de l'armée Wrangel et des Russes émigrants. En vain, le lieutenant de vaisseau Marty a tenté de soulever les marins français en faveur des Soviets. Arrêté, il sera sévèrement condamné et deviendra un des chefs du parti communiste français.

juillet

Le problème des réparations n'est pas résolu. Les Anglais, qui redoutent une France trop forte et souhaitent le relèvement économique de l'Allemagne, trouvent excessives les prétentions françaises. A la conférence de Spa, il est enfin décidé que la France, la plus éprouvée, recevra 51 % des versements.

juillet

Mais ceux-ci n'ont pas encore commencé et le franc perd chaque jour de sa valeur tandis que les prix augmentent. Il faut instituer une taxe de 1,10 % sur le montant des ventes (taxe sur le chiffre d'affaires), et une taxe de 10 % sur certains produits. L'impôt foncier est doublé, le taux de l'impôt sur le revenu augmente.

Palliatifs insuffisants.

Le nouvel État polonais, soutenu par la France, en butte à l'hostilité de l'Angleterre, doit se défendre

...naît rapidement une période difficile. La baisse ...nifestations éclatent tant à Paris qu'en province. ...troupe doit intervenir. (Cabinet des estampes.

contre ses voisins tchèques à qui il est contraint de céder des territoires. Mais le plus grand péril lui vient des armées bolcheviques qui déferlent sur son sol. Pilsudski prend le pouvoir.

août

Yougoslavie et Tchécoslovaquie signent un traité d'alliance. Ainsi se constitue peu à peu ce qu'on appellera « la Petite Entente ».

Revenus de Russie où ils ont assisté au congrès constitutif de la IIIᵉ Internationale, Cachin et Frossard font une ardente campagne en faveur de celle-ci.

septembre

Envoyé par Millerand, le général Weygand, accompagné d'importants renforts français, parvient à réorga-niser l'armée polonaise de Pilsudski et gagne la bataille de Varsovie en rejetant les Russes au-delà de leurs anciennes frontières.

21 septembre

L'état de santé de Paul Deschanel l'oblige à donner sa démission.

23 septembre

Alexandre Millerand est élu président de la République par 695 voix sur 892 votants. Georges Leygues, un homme fin, courtois, sans énergie, forme le nouveau cabinet. Il prend le portefeuille des Affaires étrangères et garde la plupart des ministres du précédent cabinet.

octobre

Signature de l'armistice russo-polonais.

octobre-décembre

Des conférences tenues à Paris, Bruxelles et Londres permettent de fixer à 132 milliards de marks le montant des sommes que l'Allemagne doit payer au titre des réparations. L'Allemagne en offre 30! L'Angleterre et la France saisissent des gages et occupent Düsseldorf (avec les usines Krupp) et Duisburg dans la Ruhr. L'Allemagne cède. Le chancelier Wirth, qui remplace le Dr Simons, commence à payer. Mais l'inflation galopante et la crise économique rendent la situation de l'Allemagne très précaire.

novembre

Aux États-Unis, Harding succède au président Wilson. Les Grecs expulsent Venizelos et rappellent le roi Constantin.

novembre

Les États-Unis refusent de ratifier le traité de Versailles (ils signeront l'année suivante un traité séparé avec l'Allemagne). La garantie donnée à la France devient caduque : amère déception pour notre pays.

Un accord conclu à Rapallo entre l'Italie et la Yougoslavie oblige d'Annunzio à abandonner Fiume.

Le traité de Riga est signé entre la Russie et la Pologne. Il établit un véritable *cordon sanitaire* entre les nouveaux États et la Russie soviétique : création des États baltes (Estonie, Lettonie, Lituanie), résurrection de la Finlande, cession de la Bessarabie à la Roumanie.

11 novembre

A l'occasion des fêtes anniversaires de l'armistice un soldat in-

Après le bref mandat de Paul Deschanel que son état de santé a contraint à démissionner, est élu Alexandre Millerand. (Photo Keystone.) Jadis collaborateur de Clemenceau à « La Justice », cet ancien radical a évolué vers un socialisme actif, luttant pour l'amélioration du sort des travailleurs. Cette tendance ne l'empêchera nullement, parvenu au pouvoir, de réprimer avec énergie des grèves génératrices de désordre. On voit l'arrivée de Millerand à l'Assemblée nationale avant son élection, le 23 septembre 1920. (Cabinet des estampes B.N. Photo Rol.)

connu est inhumé sous l'Arc de Triomphe.

30 novembre

La Chambre des députés vote le rétablissement des relations diplomatiques avec le Vatican.

décembre

Au congrès socialiste réuni à Tours, Cachin demande l'adhésion du parti à la IIIᵉ Internationale. Léon Blum refuse. C'est la scission. Au parti communiste, dont *l'Humanité* devient l'organe, s'oppose la S.F.I.O. (section française de la IIᵉ Internationale ouvrière). Parmi les députés socialistes élus en 1919, treize seulement adhèrent au nouveau parti. Désormais le parti socialiste n'est plus le parti d'extrême gauche.

Les comités qui soutiennent le bloc national (comité Billiet ou Mascuraud) dénoncent le péril communiste et font campagne contre « l'homme au couteau entre les dents ».

La chute du franc s'accentue. La livre sterling cote 60 francs (au lieu de 40, un an auparavant), le dollar 26 au lieu de 11. Le budget accuse un grave déficit.

1921, 12 janvier

Devant les difficultés financières qui s'aggravent, le cabinet Leygues est renversé après quatre mois d'une existence cahotante. Millerand fait appel à Aristide Briand.

16 janvier

Écarté du pouvoir depuis trois ans, celui-ci forme un ministère de centre gauche : Paul Doumer aux Finances, Louis Barthou à la Guerre,

Léon Bérard à l'Instruction publique. Ce dernier, esprit fin et cultivé, fera voter une réforme de l'enseignement qui remet à l'honneur les études gréco-latines.

février-mars

Aristide Briand qui a pris le portefeuille des Affaires étrangères entend se consacrer aux conférences internationales et au règlement de l'éternelle question du paiement des réparations. Il veut aussi aboutir à renouer avec le Vatican. Enfin, la France évacue la Cilicie et envoie le général Gouraud en Syrie.

21 mars

Le plébiscite en Haute-Silésie donne une majorité en faveur du rattachement à l'Allemagne. Néanmoins, le 20 octobre, la conférence des ambassadeurs alliés et la S.D.N. accorderont la Haute-Silésie orientale à la Pologne.

30 mai

Sans attendre la ratification par le Sénat — lequel se montre quelque peu réticent — de la loi rétablissant les relations diplomatiques avec le Vatican, Briand envoie un ambassadeur auprès du pape, Jonnart.

Mgr Ceretti est nommé nonce apostolique à Paris. Briand négocie la formation d'associations diocésaines qui, en respectant la hiérarchie catholique, remplaceraient les « cultuelles » condamnées par Rome.

juin

La fondation du parti communiste français a d'importantes répercussions sur le syndicalisme ouvrier. Au congrès de Lille, la Confédération générale du travail refuse à une

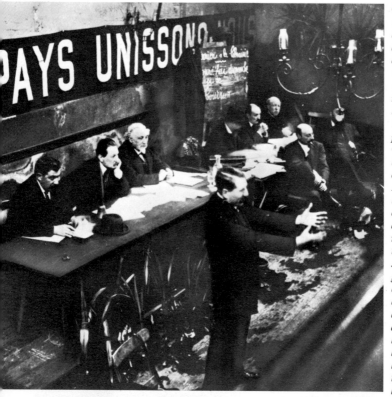

C'est à Tours que se tient, du 25 au 31 décembre 1920, le congrès du parti socialiste S.F.I.O. On voit, ci-contre, Marcel Cachin prononçant un discours lors de la séance du 27 décembre présidée par Mercier et Comte. Ci-dessous, la sortie du congrès, ce même 27 décembre. Après que le parti S.F.I.O. eut décidé d'accepter les vingt et une conditions mises par l'Internationale communiste à son adhésion, un télégramme du soviétique Zinoviev provoqua la scission. Tandis que la minorité conservait son appellation de S.F.I.O., la majorité devenait la S.F.I.C. : Section française de l'Internationale communiste. (Cabinet des estampes. B.N. Photos Meurisse.)

faible majorité d'adhérer à la IIIe Internationale. Aussitôt se forme une nouvelle centrale syndicale : la C.G.T.U. (Confédération générale du travail unifiée) de tendance communiste.

juillet

Les troubles économiques deviennent aigus en Allemagne et déjà des groupes se forment. A Wiesbaden, le ministre des Finances du Reich signe avec Louis Loucheur, ministre des Régions libérées, des accords aux termes desquels des fournitures en main-d'œuvre et en matériel pourraient se substituer aux prestations en argent. Le refus des industriels français et anglais qui redoutent la concurrence allemande rend bientôt ces accords caducs.

Affaires coloniales : si le Maroc français reste calme, grâce à Lyautey, Abd el-Krim remporte, dans le Rif, une victoire qui lui permet de constituer un ensemble cohérent et de prêcher la guerre sainte « pour délivrer le sultan prisonnier des chrétiens ».

octobre

A Washington s'ouvre une conférence ayant pour objet l'étude du désarmement général des nations. Cette conférence va se poursuivre pendant de longs mois sans aboutir à des résultats concrets.

Le chef arabe Abd el-Krim. Emprisonné par les Espagnols à la demande du général Lyautey et libéré au bout de onze mois, ce fils d'un caïd de la tribu rifaine des Beni Ouriaghel va grouper plusieurs tribus sous son autorité et prêcher la guerre sainte contre les Espagnols et les Français. (Photo Roger-Viollet). On voit, à gauche, un caïd aux ordres d'Abd el-Krim haranguant ses soldats. (Cabinet des estampes. Photo B.N.)

Millerand et Briand envoient une mission auprès de Kemal Pacha qui travaille à réorganiser l'armée turque. Sur le conseil de Lyautey (et en grand secret), Franklin-Bouillon, qui dirige cette mission, conclut un accord donnant pleins pouvoirs à celui que lord Balfour et les Anglais traitent de chef de brigands. La France reconnaît de fait Kemal Pacha, mais conserve le Sandjak (territoire) d'Alexandrette.

7 novembre-1er décembre

Devant les assises de Seine-et-Oise, à Versailles, s'ouvre le procès Landru qui passionne l'opinion publique. Malgré les efforts de ses avocats et bien qu'il ait toujours soutenu qu'il est innocent, Landru est condamné à mort.

26 novembre

Premier concert transmis par l'émetteur de la tour Eiffel.

décembre

L'effondrement du mark inquiète l'Angleterre. Lloyd George redoute une révolution communiste en Allemagne. Il est décidé que la question des réparations sera examinée au cours d'une nouvelle conférence, qui doit se tenir à Gênes, et que Briand, Lloyd George et le ministre italien, Bonomi, prépareront à Cannes au début de janvier.

L'année s'achève sous d'heureux auspices pour la plupart des Français, malgré la défaite du boxeur Carpentier devant Dempsey, défaite qui a été ressentie comme un deuil national. L'industrie progresse. La production automobile atteint le chiffre annuel de 55 000 voitures et doublera en deux ans. Citroën s'apprête à lancer sa célèbre 5 CV qui va connaître un immense succès.

Pour avoir découvert le vaccin contre la tuberculose, Calmette et Guérin ont obtenu le prix Nobel.

1922, 5 janvier

A Cannes, Lloyd George et Briand tombent d'accord pour consentir des délais de paiement à l'Allemagne en échange de quoi l'Angleterre offre à la France une alliance qui garantit sa sécurité.

Cette politique souple et réaliste déplaît à Millerand et à Poincaré qui, élu sénateur de la Meuse au renouvellement du tiers du Sénat en 1921, est devenu président de la commission des Affaires étrangères de cette assemblée.

Par télégramme, Millerand rappelle à Briand qu'il ne peut conclure aucun accord sans son assentiment et celui du Parlement. Le président de la République sort ouvertement de son rôle traditionnel.

La presse nationaliste, *l'Action française*, *l'Écho de Paris*, se déchaîne contre Briand dont elle rappelle l'attitude pacifiste pendant la guerre.

11-12 janvier

Accouru à Paris, Briand défend sa politique, proteste à la Chambre contre les bruits calomniateurs répandus sur lui. Il obtient un vote de confiance de justesse mais, sans attendre le vote, se sachant désavoué par la plupart des autres ministres, refusant en outre d'engager la lutte avec l'Élysée, il donne sa démission.

15 janvier

Chargé par Millerand de former le nouveau cabinet, Poincaré accepte. Il prend naturellement le portefeuille des Affaires étrangères, met

Charles de Lasteyrie aux Finances, Barthou à la Justice, Chéron à l'Agriculture, Albert Sarraut aux Colonies, Maginot à la Guerre, laisse Léon Bérard à l'Instruction publique.

Ce cabinet, qui reflète mieux les tendances de la Chambre bleu horizon, restera pratiquement en place jusqu'à la fin de la législature.

Mais, absorbé par la politique extérieure, ce gouvernement n'aura pas le courage de remettre de l'ordre dans les finances du pays. Les lois qu'il fera voter ne seront que des palliatifs.

février

Un des premiers actes de Pie XI, qui vient de succéder à Benoît XV, sera d'approuver la création en France des associations diocésaines qui ont pour effet de donner aux biens du clergé un statut juridique.

22 février

Landru est guillotiné.

En condamnant à mort un certain Landru, le 30 novembre 1921, les jurés de la cour d'assises de Versailles mettent fin à une affaire criminelle qui, depuis deux ans, a passionné l'opinion. Celui que l'on a surnommé « le Barbe-Bleue de Gambais » est accusé d'avoir amené et brûlé, dans sa villa, dix « fiancées » successives. Si Landru, défendu par Me de Moro-Giafferi, reconnut ses escroqueries, il nia farouchement les crimes. Il n'en fut pas moins guillotiné le 25 février 1922, le président Millerand ayant refusé sa grâce. Voici, en haut, Landru avec l'une de ses « fiancées », Fernande Segret. (Photo Roger-Viollet). Ci-contre, lors de son procès. (Cabinet des estampes. B.N. Photo Rol.)

Soucieuses d'obtenir de l'Allemagne le paiement des indemnités de guerre, la France et l'Angleterre vont entamer des pourparlers qu'elles confient à leurs ministres : Lloyd George et Aristide Briand. Les deux hommes apparaissent ici au cours d'un de leurs entretiens privés. L'un et l'autre sont partisans d'une politique de conciliation en faveur du vaincu, mais telle n'est pas l'opinion du gouvernement d'alors et des nationalistes, qui exigent l'application intégrale du traité de Versailles. (Photothèque des Presses de la Cité.)

mars

Fin de la conférence de Washington sur le désarmement. Celui des armées de terre n'a pas été décidé et la France garde intacte la plus forte armée d'Europe. Mais elle a dû consentir à ramener le tonnage de sa flotte de guerre à 175 000 tonnes, derrière le Japon, la Grande-Bretagne et les États-Unis. La conférence a fait apparaître l'isolement de la France en face de ses anciens alliés.

31 mars

Le Parlement vote une loi sur les loyers. Ce texte interdit, sauf cas exceptionnels, les majorations de ceux-ci. Il aura pour effet de porter un coup funeste à la construction, d'empêcher les propriétaires de rénover leurs immeubles et sera générateur d'une crise du logement qui durera pendant de longues années. À l'époque, elle donne satisfaction à la grande majorité des Français, pour la plupart locataires.

avril

La conférence prévue se réunit à Gênes. Poincaré limite étroitement l'ordre du jour à la question des réparations. Mais, qu'il s'agisse du chancelier Wirth ou du chancelier Cuno qui lui succède, les Allemands, par tous les moyens, refusent de livrer le matériel qu'ils doivent fournir et ne payent que fort irrégulièrement.

Il est vrai que le mark tombe de jour en jour : un franc français vaut 750 marks et une bonne chambre se paie à Trèves 0,75 franc. En Allemagne, le ministre des Affaires étrangères, Walter Rathenau, est assassiné par les pangermanistes.

mai

Aux élections législatives anglaises, Lloyd George est battu et remplacé par le conservateur Baldwin. Ce changement ne modifie en rien la politique anglaise qui réprouve, comme les États-Unis, l'attitude rigoureuse de Poincaré.

fin juillet

En dépit des difficultés intérieures et extérieures, la France (et surtout Paris) s'amuse. Le jazz triomphe. Pourtant la liberté des mœurs scandalise et la publication de *la Garçonne*, par Victor Margueritte, provoque un mouvement d'indignation.

novembre

En France, la campagne contre l'Allemagne s'accentue. Des journaux de droite encouragent Poincaré à se saisir de gages pour contraindre le Reich à payer. Pourtant, la France, dans ce mouvement, reste isolée. Seule, la Belgique la soutient.

La radio entre dans une phase d'exploitation active. Une antenne émettrice a été installée à Levallois et des studios boulevard Haussmann : c'est Radio-Paris dont les émissions régulières connaissent à partir de novembre un très grand succès et contribuent à faire vendre des appareils.

17 décembre

Autre sujet d'intérêt : la Croisière noire. Des autochenilles, mises au point par André Citroën, se proposent de traverser le désert de Touggourt à Tombouctou, sous la direction de Haardt et Audouin-Dubreuil.

1923, 1er janvier

On annonce que l'aviateur Sadi Lecointe vient de battre à Istres le record mondial de vitesse en atteignant 348 km/heure.

Les journaux consacrent de longues colonnes à la question : « La France va-t-elle occuper la Ruhr ? » Communistes et socialistes, rangés aux côtés du prolétariat allemand, réprouvent cette solution, de même que l'Angleterre.

7 janvier

La Croisière noire de Haardt et Audouin-Dubreuil atteint Tombouctou. C'est une victoire pour la technique et l'industrie automobiles françaises.

10 janvier

Poincaré se décide : il notifie à l'Allemagne son intention de pénétrer dans la Ruhr. Désavoué par l'Angleterre, il est soutenu par la Belgique.

11 janvier

A la tête de deux divisions françaises, le général Degoutte atteint Essen. La Ruhr est bientôt occupée.

22 janvier

Secrétaire général de la ligue d'*Action française*, Marius Plateau est tué de plusieurs coups de revolver par une militante anarchiste Germaine Berton. Celle-ci sera acquittée par le jury de la Seine le 24 décembre suivant.

L'action des ligues se fait de plus en plus virulente et se transporte dans la rue.

janvier

L'occupation de la Ruhr provoque une violente réaction en Allemagne. Le président de la République proteste dans un message à son peuple. Le chancelier Cuno proclame la résistance passive qui se transforme bientôt en résistance active : sabotages et attentats auxquels répondent des représailles sévères.

A Lausanne s'achève la conférence entre la Turquie et les Alliés : c'est une victoire pour Mustapha Kemal. La Turquie retrouve 23 000 km² en Europe, au grand mécontentement des Britanniques qui ont dû céder. La Turquie obtient en outre la présidence de la commission des Détroits et le droit d'entretenir des forces militaires.

Mustapha Kemal deviendra bientôt le premier président de la jeune République turque.

février

Le chef communiste Cachin se rend à Essen pour encourager les ouvriers de la Ruhr à la résistance et injurie « Poincaré la Guerre ».

La Chambre, après une séance particulièrement violente, vote la levée de l'immunité parlementaire de Cachin qui est incarcéré à la Santé.

mai-juin

En Allemagne, la résistance passive est contrecarrée par l'ingénio-sité des Français et des Belges qui envoient techniciens et ingénieurs pour remplacer les saboteurs. La chute du mark s'accentue à des allures vertigineuses. Il faudra bientôt 250 000 marks pour se procurer un journal !

Des mouvements séparatistes ou communistes se dessinent en Bavière, en Saxe et en Thuringe.

septembre

Les industriels de la Ruhr préconisent eux-mêmes la cessation de la résistance passive. Cuno démissionne et est remplacé par le chancelier Stresemann. Celui-ci parvient à mater les révoltes de Dresde et de Hambourg.

26 septembre

L'ambassadeur d'Allemagne à Paris vient annoncer à Poincaré la fin de la résistance passive.

Poincaré n'a voulu voir dans l'occupation de la Ruhr qu'un moyen de pression, une mesure de sécurité pour assurer l'exécution du traité de Versailles. Il ne veut pas se brouiller avec l'Angleterre. Millerand voudrait aller plus loin, exploiter le succès et négocier avec la grande industrie allemande pour former avec elle et la sidérurgie lorraine une alliance charbon-acier. Poincaré refuse sèchement cette politique.

14 octobre

De même, il n'approuve pas les termes du discours préélectoral que le président de la République, sortant de son rôle constitutionnel et se plaçant à la tête de la majorité, prononce à Évreux. Millerand condamne le sectarisme des radicaux, le pacifisme des socialistes :

Briand ayant démissionné, Poincaré, qui lui succède, notifie le 10 janvier 1923 son intention d'occuper la Ruhr. Aussitôt sont acheminées les premières troupes, parmi lesquelles ces spahis pénétrant à Wiesbaden. (Photo B.N.) Les Allemands répliquent à ces mesures par une résistance passive ou par le sabotage, sans crainte, comme on le voit, des baïonnettes de nos soldats. (Südd-Verlag, Munich.)

La célèbre pipe d'Édouard Herriot fait la joie des caricaturistes qui ne manquent jamais de la représenter avec lui. Cet universitaire qui possède une culture exceptionnellement raffinée est physiquement massif, d'aspect et de manières peu distingués. Son intransigeance lui vaut beaucoup d'ennemis et il est férocement attaqué par toute la presse de droite. Cependant, ses adversaires lui reconnaissent des qualités d'administrateur dont il fait la preuve comme maire de Lyon. (Document René Dazy.)

« Si, en dépit d'expérience, les mêmes hommes devaient se laisser entraîner par les mêmes chimères, la nation, du moins, a compris; elle n'est pas près d'oublier. » Il envisage le jour où « ... il sera permis d'entreprendre l'œuvre délicate et indispensable de la révision. Par des retouches à notre constitution, dans les formes qu'elle-même a prévues, on l'adapterait aux besoins généralement ressentis de donner au gouvernement plus de stabilité, aux intérêts économiques plus de garanties; on en ferait un instrument plus souple et plus sûr d'une politique républicaine, sociale, nationale, exclusivement dévouée à la prospé-

rité et à la grandeur de la patrie ». Ce discours soulève les clameurs des journaux de gauche.

14 novembre

Primo de Rivera devient chef du gouvernement espagnol.

20 novembre

Le fils de Léon Daudet est retrouvé mort dans un taxi. Suicide ou assassinat? C'est le début d'une longue affaire politico-policière qui va durer plusieurs années.

décembre

Mort de Maurice Barrès.

1924, janvier

La crise financière s'aggrave. Les bons du Trésor (qui constituent un emprunt à court terme) venus à échéance ne se renouvellent plus ou mal. Les émissions échouent. Le cours du franc s'effondre. Sur le marché des changes, la livre est cotée 96 francs, le dollar 19... et le cours des rentes françaises ne cesse de baisser.

Pourtant, les experts anglais et français ont adopté le plan proposé par le financier américain Dawes. Aux termes de ce plan, l'Allemagne accepte de payer une somme annuelle d'un milliard de marks, redevance qui s'élèvera progressivement jusqu'à deux milliards 500 millions. Les chemins de fer et l'industrie allemands servent de gage au paiement. Le Dr Schacht a habilement entrepris de rétablir l'économie de son pays et, pour l'aider, un important emprunt lui a été accordé. L'économie allemande se relèvera rapidement.

La Chambre des communes a été

dissoute en Angleterre et les Anglais, mécontents des conservateurs, élisent un gouvernement travailliste soutenu par les libéraux et dirigé par MacDonald.

22 janvier

La campagne électorale est déjà engagée en France. Un nouveau journal, *le Quotidien*, que dirige Pierre Bertrand, « fondé pour la défense des institutions républicaines », attaque violemment la politique de Poincaré et va jusqu'à lui reprocher... les inondations qui désolent Paris !

Radicaux et socialistes s'unissent pour former le cartel des gauches.

janvier

A la fin du mois, les élections sénatoriales (renouvellement d'un tiers du Sénat) marquent un très net glissement vers la gauche.

février

Les fonctionnaires réclament une augmentation de leur traitement que Poincaré leur refuse. Ils se groupent en une puissante fédération qui réunit rapidement 150 000 membres et manifestent bientôt jusque dans la rue.

En Allemagne, les séparatistes rhénans sont massacrés à Pirmasens.

8 mars

Le cours de la livre atteint 127 francs.

9-22 mars

Alors, Poincaré est contraint de prendre les mesures financières les plus rigoureuses pour enrayer la chute du franc : augmentation de

---

ET PENDANT CE TEMPS...

1919, septembre
Gabriele d'Annunzio s'empare de Fiume.
1920, février
Mussolini fonde le parti fasciste. Accord entre l'Italie et la Yougoslavie au sujet de Fiume que d'Annunzio abandonne.
1921, 26 avril
Signature d'un traité entre la Yougoslavie et la Roumanie. Naissance de la Petite Entente.
juillet
Rapp et Ludendorff, aidés d'un certain Hitler, préparent un putsch en Bavière.
Accord entre la Turquie et l'Angleterre sur les Détroits. Mustapha Kemal attaque la Grèce victorieusement.
1922, 22 janvier
Mort du pape Benoît XV.
6 février
Élection du cardinal Achille Ratti, pape sous le nom de Pie XI.
17 avril
Signature à Rapallo d'un accord entre l'Allemagne et les Soviets.
23 mai
Malade, Lénine doit accepter une nouvelle politique économique (N.E.P.) plus libérale. Staline prend de plus en plus d'importance auprès de lui.
septembre
Mustapha Kemal s'empare de Smyrne. Les Anglais proclament l'indépendance de l'Égypte sous le roi Fouad et, aux Indes, jettent Gandhi en prison.
octobre
Les Anglais signent un armistice avec Mustapha Kemal. Le traité de Sèvres est rompu.
24 octobre
Marche de Mussolini sur Rome.
novembre
Mustapha Kemal remplace le sultan en Turquie.
décembre
Conférence de Lausanne sur les problèmes turcs.
1923, 8 novembre
Le putsch d'Hitler et de Ludendorff échoue à Munich. Condamné à cinq ans de forteresse, Hitler écrit *Mein Kampf* en prison.

Succédant à Alexandre Millerand démissionnaire, Gaston Doumergue, à l'accent méridional savoureux, devait devenir rapidement populaire par ses manières affables et son sourire. Élu en juin 1924, il inaugura son septennat par une remise de décorations distribuées à l'occasion du défilé du 14 juillet. Voici, recevant des mains du président la médaille militaire, les généraux Nollet, Targe et Degoutte. (Cabinet des estampes. B.N. Photo Meurisse.)

tous les impôts de 2 % — c'est le double décime — renforcement du contrôle fiscal, réalisation d'un milliard d'économies. Ces mesures — à deux mois des élections — sont prises par le biais des décrets-lois, car les parlementaires hésiteraient à les voter. L'opposition crie à la dictature.

La Banque de France intervient sur le marché des changes par des ventes massives de livres sterling et de dollars. Le gouvernement obtient une avance de 6 millions de livres auprès de banques britanniques et de 100 millions de dollars auprès de la banque Pierpont Morgan. Le cours de la livre et du dollar baisse.

26 mars

A la suite d'un incident d'ordre secondaire entre les députés et le ministre des Finances, Charles de Lasteyrie, le gouvernement est mis en minorité.

Millerand, qui intervient sans hésiter, voudrait faire lire un message présidentiel devant les Chambres pour apporter le soutien du président de la République à Poincaré. Celui-ci s'y refuse. Les journaux de gauche attaquent Millerand.

29 mars

Nouveau cabinet Poincaré. François-Marsal remplace Lasteyrie aux Finances. La plupart des ministres de l'ancien gouvernement ont disparu (à l'exception de Maginot et d'Yves Le Troquer). Ces changements sont peu appréciés à la veille des élections.

avril

Le cartel des gauches publie son programme : retour à la laïcité intégrale avec suppression de l'ambassade de France auprès du Vatican, introduction de la loi de séparation en Alsace-Lorraine et son application rigoureuse en France, égalité fiscale, lutte contre les féodalités des puissances économiques, abaissement du coût de la vie, réforme sociale et émancipation du peuple.

mai

La livre est tombée à 66 francs, le dollar à 15,23.

Triomphe du cartel des gauches aux élections législatives.

Plus de la moitié des députés sortants sont battus et, parmi eux, Léon Daudet, André Tardieu, le général de Castelnau, Mandel, Maunoury, Charles de Lasteyrie. Le cartel des gauches obtient 266 sièges contre 229 aux modérés de la majorité sortante. Les communistes sont au nombre de 26. Le système électoral, qui n'a pas été modifié (scrutin départemental à un tour), a joué cette fois en faveur de la gauche.

fin mai

Le grand vaincu n'est pas seulement Raymond Poincaré, c'est Alexandre Millerand qui est sorti du rôle traditionnel du président de la République. La presse de gauche victorieuse et, surtout, *le Quotidien* se déchaînent contre lui et exigent son départ.

4 juin

Première réunion de la nouvelle Chambre.

6 juin

Édouard Herriot, chef du parti radical vainqueur, refuse de former

le cabinet et de prendre la présidence du Conseil que lui offre Millerand.

Les députés de la nouvelle majorité exigent en effet le départ du président de la République.

8 juin

Ni Poincaré, ni Painlevé, ni Steeg (ami de Millerand qui l'a fait nommer gouverneur général de l'Algérie) n'acceptent de former le cabinet.

10 juin

François-Marsal se dévoue. Il forme un cabinet uniquement pour lire devant les Chambres un message d'Alexandre Millerand.

Celui-ci dénonce l'atteinte portée aux institutions républicaines par les exigences de la Chambre.

Par 317 voix contre 207, la Chambre refuse d'entrer en relation avec le ministère François-Marsal. Il ne reste plus à Millerand qu'à démissionner.

13 juin

Mais, au congrès qui se réunit à Versailles pour élire le nouveau président de la République, le cartel subit un premier échec : il avait désigné Paul Painlevé comme candidat de la majorité. Mais le président du Sénat, Gaston Doumergue, laisse ses amis voter pour lui et il est finalement élu par 515 voix contre 309 à Painlevé. La gauche est furieuse, mais doit s'incliner. On ne monte pas deux fois en huit jours une affaire Millerand.

15 juin

Gaston Doumergue, dont le bon sourire deviendra vite populaire, charge Édouard Herriot de former le cabinet.

Les socialistes, dont Léon Blum, successeur de Marcel Sembat, dirige le groupe, lui promettent leur soutien, mais refusent de participer au gouvernement. Herriot forme donc un cabinet de radicaux et de républicains socialistes : Chautemps à l'Intérieur, François-Albert à l'Instruction publique, Édouard Daladier (un des plus jeunes ministres, il n'a que quarante ans) aux Colonies, Queuille à l'Agriculture. Lui-même s'est réservé le portefeuille des Affaires étrangères.

17 juin

Dans une déclaration ministérielle bien frappée, Édouard Herriot annonce son programme : apaisement à l'extérieur, retour à la laïcité, justice sociale.

Déjà le cours de la livre atteint 83 francs.

Avant la fin du mois, Caillaux et Malvy sont amnistiés.

5 juillet

Ouverture solennelle des Jeux Olympiques internationaux par Gaston Doumergue, au stade de Colombes. Les sportifs français n'y brilleront pas particulièrement.

juillet

Édouard Herriot entend améliorer les relations avec la Grande-Bretagne.

Il s'est engagé à évacuer la Ruhr au début de l'année 1925. Aux Chequers où MacDonald passe le traditionnel week-end, il a une entrevue avec son homologue anglais. S'il n'apporte pas de résultats tangibles, cet entretien dissipe les nuages entre les deux pays.

août

L'annonce du retour à la laïcité rigoureuse amène de vives réactions parmi les catholiques. Les religieux anciens combattants, sous la direction du P. Doncœur, forment une ligue de défense.

En Alsace et en Lorraine, la menace de l'introduction des lois laïques provoque également un violent mécontentement et on assiste au réveil du mouvement autonomiste.

5 septembre

A l'ouverture de la Ve session de la Société des Nations à Genève, la délégation française, qui comprend, entre autres, Léon Bourgeois, Paul-Boncour, Herriot et Briand, proclame, par la voix d'Herriot, la position de la France en matière de sécurité et de désarmement. Le ministre des Affaires étrangères tchécoslovaque, Édouard Benès, lance la formule célèbre : arbitrage, sécurité, désarmement. Quarante-sept nations signent un protocole définissant l'agresseur et rendant les sanctions obligatoires contre lui. La sécurité de chacun est garantie par l'action des États signataires. On peut donc envisager le désarmement.

septembre

Le gouvernement a donné l'ordre d'expulser les clarisses d'Alençon, congrégation non autorisée. Aussitôt, de violentes manifestations éclatent. Il y a des bagarres. Finalement les clarisses ne s'en vont pas.

12 octobre

Mort d'Anatole France dans sa propriété de la Béchellerie, près de Tours.

28 octobre

La France reconnaît officiellement le gouvernement des Soviets : Krassine occupe l'ambassade de la rue de Grenelle, fermée depuis 1917, tandis qu'Herbette va représenter la France à Moscou.

Staline n'en refuse pas moins d'endosser les dettes contractées par le gouvernement tsariste. Les porteurs de fonds russes en France sont définitivement frustrés.

3 novembre

Le premier journal parlé est radiodiffusé du haut de la tour Eiffel.

4 novembre

Coolidge est élu président des États-Unis.

22 novembre

Le succès de la première Croisière noire a engagé André Citroën à recommencer. Une nouvelle Croisière noire, que filme le cinéaste Léon Poirier, fait la liaison Colomb-Béchar-Tombouctou, et le constructeur du quai de Javel songe à organiser des voyages réguliers et à créer des hôtels au Sahara.

22 novembre

Transfert solennel des cendres de Jaurès au Panthéon.

C'est la grande journée triomphale du cartel.

29 novembre

En Syrie (dont la S.D.N. nous a confié le mandat), le général Sarrail remplace Weygand qui avait pacifié le pays.

Paul Painlevé à Cannes, vers 1925. Son élocution laborieuse fera dire de lui : « Painlevé est capable de mettre le désordre jusque dans les mathématiques. » (Cabinet des estampes. B.N. Photo Meurisse.)

31 décembre

Mais les difficultés économiques et financières s'amoncellent. « Les Français ont le cœur à gauche et le portefeuille à droite. » Édouard Herriot hésite entre le libéralisme et le socialisme. Les socialistes qui préconisent l'impôt sur le capital font fuir la confiance. La livre cote 103 francs le 31 décembre, le dollar 26.

1925, janvier

L'évacuation de la Ruhr a été décidée par le gouvernement d'Édouard Herriot. Elle commence et se poursuivra pendant plusieurs mois.

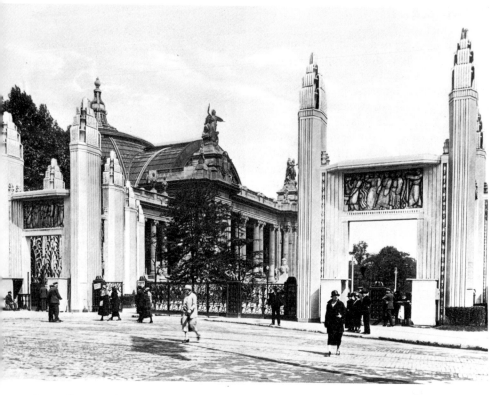

En avril 1925 s'ouvre, à Paris, l'exposition des Arts décoratifs dont les pavillons couvrent le cours la Reine, le cours Albert-Ier, le pont Alexandre-III, l'esplanade des Invalides et le quai d'Orsay. Le long des berges de la Seine sont amarrées les trois péniches de Paul Poiret : « Amours », « Délices » et « Orgues ». Mais le style que les exposants ont voulu lancer se démodera vite. (Photo Roger-Viollet.)

février

Le programme du retour à une laïcité rigoureuse se heurte de plus en plus à l'opposition des catholiques. Le général de Castelnau fonde la Fédération nationale catholique qui organisera au cours du printemps, dans les principales villes de France, d'imposantes assemblées groupant plusieurs milliers de personnes.

11 mars

Après l'évêque de Strasbourg, Mrg Ruch, qui s'élève contre l'introduction des lois laïques en Alsace, les cardinaux et archevêques de France signent une protestation solennelle. Il faut noter que le Vatican observe un silence prudent. Pourtant le 22 février précédent, au cours de la discussion du budget, les crédits concernant l'ambassade de France au Vatican ont été supprimés. Mais le Sénat n'a pas encore voté le budget.

fin mars

Dans ce pays qui retrouve peu à peu son équilibre économique, l'État reste pauvre et connaît des crises de trésorerie. Pour faire face aux dépenses et rembourser les porteurs de bons du Trésor, il faut demander des avances à la Banque de France. Mais le plafond des avances de celle-ci à l'État est fixé par la loi. Herriot n'ose pas demander à la Chambre le relèvement de ce plafond. Au temps de Poincaré, les grandes banques d'affaires consentaient des prêts temporaires pour rembourser ceux de la Banque de France. Elles les refusent à Herriot et la publication du bilan de la Banque fait apparaître qu'il a dépassé le maximum des avances fixé. Il a « crevé le plafond » !

3 avril

Le ministre des Finances Clementel démissionne. Il est remplacé par Anatole de Monzie. Replâtrage inutile.

10 avril

Le ministère Herriot est renversé au Sénat par 156 voix contre 132.

11 avril

Et on apprend à Paris qu'au Maroc Abd el-Krim qui a, l'année précédente, contraint certaines garnisons espagnoles à évacuer plusieurs points, créant ainsi une zone d'insécurité à la frontière française du Rif, vient de lancer une puissante offensive contre Taza.

17 avril

Formation du ministère Painlevé. Politiquement, il est analogue au précédent. Joseph Caillaux est chargé des Finances, Briand des Affaires étrangères, Steeg de la Justice, Anatole de Monzie de l'Instruction publique. Dans sa déclaration ministérielle, Painlevé reconnaît qu'il renonce à supprimer l'ambassade de France au Vatican. La politique de laïcisme est abandonnée et l'Alsace-Lorraine reste sous le régime du Concordat.

22 avril

A l'occasion des élections municipales, de violents heurts ont lieu entre communistes et ligues de droite. Trois membres des Jeunesses patriotes sont tués rue Damrémont par des communistes.

L'opinion publique est troublée : au Quartier latin, les étudiants manifestent contre la nomination à la faculté de droit d'un professeur, ancien chef de cabinet du ministre de l'Instruction publique. Il y a de rudes bagarres qui se poursuivront pendant le mois de mai.

28 avril

A Paris, le président Doumergue inaugure l'exposition internationale des Arts décoratifs qui montre la prospérité retrouvée de la France.

mai

La mort soudaine du général Mangin — certains insinuent qu'elle pourrait ne pas être naturelle — surprend l'opinion publique.

La Chambre finit par voter le budget de 1925. Caillaux a lancé un emprunt de 4 % garanti par le change.

19 juillet

... et afin d'encourager les Français à souscrire, le ministre des Finances s'adresse à eux par le canal de la radio.

C'est la première fois qu'un ministre utilise ce moyen. Il est vrai que la radio se répand à une vitesse vertigineuse. Des milliers de postes sont déjà en service.

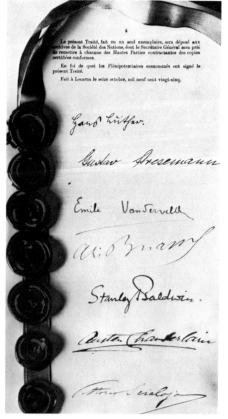

Préparé en grande partie par Aristide Briand, que l'on voit à droite sur ce document photographique, le pacte de Locarno est solennellement signé le 25 octobre 1925. Les hautes parties contractantes sont représentées par des hommes politiques dont certains échapperont à l'oubli. Voici leurs noms, apposés au dernier feuillet du pacte : Hans Luther, Stresemann, Vandervelde, Briand, Baldwin, Chamberlain et Vittorio Scioloja. Générateur de grands espoirs, ce traité ne sera jamais appliqué et deviendra rapidement la cible des nationalistes de tous les pays. (Document Actualités Gaumont en haut. Photo Südd-Verlag, Munich, en bas.)

La pénible disparition de Philippe Daudet, fils du grand polémiste monarchiste, devait être politiquement exploitée par ses amis comme par ses adversaires. En 1925, l'ancien député de Paris fut cité en justice par le chauffeur de taxi Bajot, formellement accusé par l'Action française de complicité dans le meurtre. Faute de preuves matérielles suffisantes, le jury retint le délit de diffamation contre Léon Daudet (assis au premier plan de la photographie), qui fut condamné à cinq mois de prison. (Photo Roger-Viollet.)

juillet-août

Les difficultés coloniales de la France s'aggravent.

Au Maroc, des postes français doivent être évacués.

Sous l'impulsion de Lyautey, le général Naudin et son adjoint le lieutenant-colonel Catroux parviennent à contenir l'avance des Rifains. Mais le gouvernement s'impatiente devant la lenteur de cette guerre d'usure (qui économise pourtant hommes et moyens).

En Syrie, Sarrail doit faire face à une révolte générale des rudes montagnards druses, mécontents de ses procédés brutaux. Un gouvernement insurrectionnel est constitué à Damas. Sarrail n'hésite pas à faire bombarder la ville. La révolte s'étend.

En Indochine, le gouverneur général est assassiné et des émeutes locales éclatent. La politique souple d'Alexandre Varennes à l'égard des populations ramènera le calme.

août

Le gouvernement décide d'envoyer le maréchal Pétain au Maroc avec cent mille hommes de renfort. Lyautey estime qu'il se trouve dans une situation fausse. Il patiente d'abord et attend qu'une série d'opérations, avant la saison des pluies, nous ait permis de reprendre tous les postes abandonnés.

septembre

La politique de Caillaux ne plaît pas à l'aile gauche de la majorité qui, avec les socialistes, préconise l'impôt sur le capital et, au congrès de Nice, fait prévaloir ses conceptions.

10-25 octobre

Tandis qu'à Paris les grèves se multiplient en faveur des Rifains et qu'il faut arrêter le député Doriot, un des meneurs communistes des

manifestations, Aristide Briand, représentant de la France à la session de la Société des Nations, négocie avec Stresemann.

Le 25 octobre, le pacte de Locarno est signé. L'Allemagne reconnaît les frontières occidentales du Reich. La Grande-Bretagne et l'Italie (représentée par Mussolini) sont garantes de cet important traité.

« C'est la collaboration entre les pays qui s'ouvre, déclare Briand, les États-Unis d'Europe commencent. »

Clemenceau, rompant un long silence, dénonce les lacunes d'un pacte qui n'assure pas la sécurité des nouveaux États issus de la guerre. cette « Petite Entente » qui, en conséquence d'un pacte signé avec elle le même jour, risque d'entraîner la France, son alliée, garante de ses frontières.

En outre, nous ne pourrons désormais, pour le paiement des réparations, compter que sur la bonne volonté de l'Allemagne.

octobre

Le maréchal Lyautey demande son rappel et rentre en France dans l'indifférence injurieuse du gouvernement. Il est remplacé par Steeg au Maroc.

26 octobre

Devant la cour d'assises de la Seine s'ouvre le procès Léon Daudet.

27 octobre

Caillaux a tenté de concilier ses projets financiers avec ceux de l'opposition. Painlevé, qui n'est pas d'accord avec lui, porte à Doumergue la démission du cabinet et est immédiatement chargé de former un nouveau gouvernement.

29 octobre

Le nouveau ministère Painlevé est constitué. Il comprend plusieurs ministres du précédent cabinet. Painlevé a pris le portefeuille des Finances, Georges Bonnet, un jeune radical féru de réforme, l'administration du budget.

11 novembre

Henry de Jouvenel remplace Sarrail en Syrie. Il ramènera le calme et la paix.

22 novembre

Painlevé a proposé un plan de redressement financier comportant, entre autres, la consolidation des bons du Trésor (ce qui évitera de les rembourser). La gauche radicale redoute les aventures financières. Elle repousse le projet et Painlevé est renversé.

28 novembre

Cette fois, c'est Aristide Briand qui forme le cabinet, bien qu'il soit assez mal vu du cartel, mais c'est le seul ministre qui se soit maintenu depuis deux ans.

Avec Chautemps, Loucheur (qui remplacera Paul Doumer le 16 décembre), Monzie, Briand forme le troisième cabinet d'une année qui en aura vu passer quatre.

décembre

L'État est pauvre. Le cours de la livre atteint 103 francs, le dollar, 24. La valeur des rentes baisse, mais celle des valeurs mobilières grimpe chaque jour à la Bourse. La reconstruction des pays envahis s'achève. L'industrie et le commerce sont prospères et, si les nouveaux pauvres sont nombreux, les nouveaux riches étalent leur fortune.

C'est la plus belle période des années folles.

1926

La Chambre des députés ratifie le pacte de Locarno par 413 voix contre 17. Le Sénat le ratifiera également cinq mois plus tard, le 4 juin, par 272 voix contre 6.

début de mars

Si le cabinet Briand parvient ainsi à faire approuver sa politique étrangère, il est moins heureux dans ses tentatives de rétablissement des finances. Le projet de loi financière qu'il présente à la Chambre comporte une taxe sur les paiements au sujet de laquelle il pose la question de confiance.

6 mars

La Chambre repousse cette taxe. Briand démissionne.

9 mars

Chargé par Doumergue de former le nouveau cabinet, Briand reprend plusieurs de ses ministres et confie les Finances à Raoul Péret, député appartenant à la gauche radicale. « Raoul Péret... si Raoul pouvait », ironisent les chansonniers.

Briand a eu la malencontreuse idée de donner le portefeuille de l'Intérieur à Malvy, l'ancien condamné de la Haute Cour. Le premier contact entre celui-ci et la Chambre est si houleux qu'il préfère démissionner le 9 avril. Il est remplacé par Jean Durand.

Le budget n'est pas voté. Les caisses publiques commencent à se

CASCADE DE MINISTÈRES

Cette cascade de ministères, dont on a fait justement grief à la IIIe République, ne doit pas masquer les réalités.

Le nom du président du Conseil change (encore s'opère-t-il souvent des chassés-croisés), les portefeuilles passent de main en main, mais ce sont les mêmes hommes qui restent au pouvoir (Camille Chautemps pendant plus de deux ans). La République possède un personnel de gouvernement rompu à la politique, et l'instabilité est moins grande qu'elle ne paraît à première vue. Mais ces ministres qui ne font que passer sont néanmoins gênés et peuvent rarement entreprendre une action de longue haleine. C'est le drame du régime et de ses institutions dont les grands commis des ministères comme Berthelot, secrétaire général du Quai d'Orsay, ou Paul Léon aux Beaux-Arts, sont les bénéficiaires. Enfin, ces ministres sont, pour la plupart, d'un certain âge. Ils ont dépassé la soixantaine. Ils s'adaptent mal aux nouveaux problèmes économiques et financiers que l'avant-guerre ignorait et qui se posent avec acuité après la guerre.

vider. La confiance fuit.

31 mars

Sur le marché des changes, le taux de la livre atteint 140 francs, celui du dollar 29.

avril

Le maréchal Pétain lance dans le Rif une grande offensive contre Abd el-Krim, sous les ordres du

Nommé au commandement supérieur des troupes du Maroc, le maréchal Pétain, après une longue ε
à sa technique de la puissance du feu, il a rassemblé de considérables moyens d'artillerie (à droite
Ainsi la France et l'Espagne, conjuguant leurs efforts, vont-elles mettre fin à la guerre du Rif. Ab
promis la vie sauve. Déporté à la Réunion, il parviendra néanmoins à s'évader et reprendra la lutte

général Boichut et en accord avec les troupes espagnoles du général Sanjurjo.

30 avril

Chute régulière du franc. La livre se négocie à 148, le dollar à 31.

27 mai

Au Maroc, Abd el-Krim, encerclé près de Targuist où les troupes du général Ibos sont entrées le 23, est contraint de se rendre.

C'est pratiquement la fin de la guerre du Rif.

L'œuvre de pacification et de mise en valeur du protectorat entreprise par Lyautey va se poursuivre.

14 juin

Incapable d'obtenir le choix entre les deux politiques financières, Raoul Péret démissionne...

15 juin

... ce qui entraîne la chute du cabinet Briand.

24 juin

Neuf jours plus tard Briand forme un nouveau ministère. Cette fois, c'est Caillaux qui retrouve le portefeuille des Finances. Il préconise une politique résolument libérale : pas de

inutieuse préparation, confie au général Boichut la mission d'anéantir Abd el-Krim. Toujours fidèle
i soutiendront efficacement l'action des troupes traditionnelles de l'Afrique du Nord (à gauche).
-Krim, vaincu, sera condamné à mort par l'Espagne. Il préférera se rendre à la France qui lui a
Photos Südd-Verlag, Munich.)

prélèvement sur le capital, pas d'annulation de la dette nationale (qui eût été une faillite déguisée) mais des impôts nouveaux.

30 juin

Le cours de la livre dépasse 175 francs, celui du dollar 36. Les étrangers anglais et américains commencent à affluer à Paris pour bénéficier de changes aussi avantageux.

17 juillet

Pour appliquer ce plan de sauvetage financier que les experts réunis par Péret préconisent : impôts nouveaux, emprunt, stabilisation, il faut légiférer par décrets-lois et obtenir les pleins pouvoirs.

Or, la personnalité de Caillaux inquiète. La majorité n'a pas envie de lui accorder les pleins pouvoirs qu'il réclame. Édouard Herriot, qui préside la Chambre depuis le 22 avril 1925, n'hésite pas à descendre de son fauteuil présidentiel pour défendre les droits de l'Assemblée, les libertés républicaines menacées et la légalité.

Le résultat est prévisible. Le ministère Briand-Caillaux est renversé.

20 juillet

Il est normal qu'Édouard Herriot soit chargé de former le nouveau

---

LES CAUSES DE L'INFLATION

Les Français n'ont plus confiance dans leur monnaie et la confiance ne se commande pas.

Les places étrangères jouent la baisse du franc. Les capitaux français se réfugient à l'étranger d'autant plus aisément qu'il n'existe aucun contrôle des changes. Les industriels, obligés d'acheter à l'étranger les matières premières dont ils ont besoin, accumulent les stocks en prévision de hausses nouvelles. Ils contribuent ainsi à accroître la défiance à l'égard du franc.

La Chambre des députés ne peut parvenir à choisir entre une politique résolument socialiste, préconisée par Léon Blum, Vincent Auriol et la gauche du parti radical, et une politique plus libérale que les radicaux centristes ne peuvent pratiquer qu'avec les modérés.

---

cabinet. Il confie les Finances à Anatole de Monzie.

Mais l'inflation prend des allures catastrophiques. La livre se négocie à 243 francs, le dollar à 49! Les rentes françaises s'effondrent. Le vieux 3 % perpétuel est tombé à 51 francs alors que les titres étrangers grimpent allègrement. Le Suez vaut près de 16 000 francs. La grande presse que soutiennent les organismes financiers entretient la crainte de la faillite. Les commerçants affolés ne cessent d'augmenter leurs prix en redoutant de ne plus pouvoir se réapprovisionner avec une monnaie qui perd chaque jour de sa valeur.

21 juillet

Au cours d'une pathétique séance,

Édouard Herriot reconnaît qu'il sera peut-être obligé de suspendre les paiements. De Monzie propose la vente des forêts domaniales! Le Trésor ne dispose plus que de 60 millions. Le ministre a fait appel au concours des États-Unis et des banques françaises. Ni les États-Unis ni les banques n'acceptent de l'aider. Des groupes de manifestants viennent battre les grilles du Palais-Bourbon et conspuer Herriot.

Le jour même de sa présentation, le cabinet est renversé par 288 voix contre 243.

Gaston Doumergue — qui n'attendait que cet échec — demande à Poincaré de sauver le franc. Le cartel des gauches a vécu.

23 juillet

Le gouvernement Poincaré est constitué. C'est « la réconciliation des enfants au chevet de la mère malade », selon l'expression d'Herriot lui-même.

Raymond Poincaré est président du Conseil et ministre des Finances, Briand aux Affaires étrangères, Painlevé à la Guerre, Herriot à l'Instruction publique, Barthou à la Justice, Albert Sarraut à l'Intérieur, Tardieu aux Travaux publics, Louis Marin aux Pensions. Des radicaux à l'Union républicaine démocratique (U.R.D.), tous les partis sont représentés par des hommes d'expérience, d'anciens présidents du Conseil.

fin juillet

Le seul nom de Poincaré suffit-il à ramener la confiance? Dès la fin du mois, la crise du franc semble jugulée. Les bons du Trésor dont personne ne voulait plus se placent avec facilité. Le cours de la livre et celui du dollar retombe en quelques

Chargé de former le gouvernement, Poincaré fait appel à des personnalités très connues parmi lesquelles cinq anciens présidents du Conseil de tous les partis. Voici, de gauche à droite, les membres de ce cabinet dit « des six présidents » : Briand, Leygues, Herriot, Poincaré, Painlevé et Barthou. (Photo Roger-Viollet.)

jours à 203 et 41. Ils seront à la fin d'août à 164 et 34.

août-septembre

C'est qu'autorisé à gouverner par décrets-lois, Poincaré est décidé à appliquer une rigoureuse politique d'économies. Il opère une série de réformes administratives et judiciaires. Il supprime une centaine de sous-préfectures, autant de tribunaux d'arrondissement. Plusieurs seront rétablis, mais certains disparaissent définitivement. Ces mesures porteront bientôt leurs fruits.

L'opposition se tait. Les socialistes se contentent de protestations académiques. Les communistes manifestent dans la rue à toute occasion, mais le nouveau préfet de police, Jean Chiappe, s'entend à rétablir le calme et maintient l'ordre malgré les extrémistes de l'extrême droite ou de l'extrême gauche.

10 septembre

Conformément aux accords de Locarno, l'Allemagne est admise à la Société des Nations.

« Arrière les canons, arrière les fusils et les mitrailleuses, arrière les voiles de deuil, s'écrie Aristide Briand, à la tribune de la S.D.N. Place à la conciliation, à l'arbitrage et à la paix ! »

Briand est sincère. Stresemann l'est peut-être moins. Le soir même, dans une brasserie de Genève, le chancelier allemand se réjouit de voir que les anciens alliés ont reconnu une part de responsabilité dans la guerre, et déclare qu'il a bon espoir que l'Allemagne retrouve un jour ses colonies et son armée.

17 septembre

Ces déclarations font le plus mauvais effet en France. Pourtant Briand garde confiance et, quelques jours plus tard, déjeune tête à tête à Thoiry, près de la frontière française, avec Stresemann. Rien ne sortira de cette entrevue, car Poincaré manifeste quelques réticences. Les sarcasmes de la presse nationaliste n'empêchent pas Briand de poursuivre une politique qui, selon lui, devrait consolider en Allemagne une démocratie pacifique.

22 décembre

La livre est retombée à 122 et le dollar à 25. C'est le triomphe de la politique de Poincaré.

29 décembre

Le pape Pie XI condamne les doctrines de *l'Action française*. Quelques jours plus tard, dans un article retentissant intitulé *Non possumus*, Charles Maurras refuse de s'incliner.

1927, 15 janvier

L'année s'ouvre sous de meilleurs auspices. A Paris, on a repris les grands travaux d'urbanisme. On prolonge des lignes de métro. On achève enfin le boulevard Haussmann jusqu'au carrefour Richelieu-Drouot. Il est solennellement inauguré par Gaston Doumergue, dont l'accent chantant et le bon sourire plaisent aux Français. « Gastounet », comme l'appellent les chansonniers, est très populaire.

Il est vrai qu'il est nécessaire d'améliorer la circulation. Le nombre des automobiles dépasse le million et la production annuelle atteint 250 000. La France occupe le troisième rang dans le monde après les États-Unis et l'Angleterre.

31 janvier

Briand veut faire confiance à l'Allemagne : les Alliés renoncent à contrôler le désarmement de celle-ci.

7 mars

Le gouvernement dépose sur le bureau de la Chambre un projet de loi ramenant progressivement la durée du service militaire à un an.

6 avril

Pour bien montrer aux États-Unis que la France n'est pas une nation impérialiste, Briand leur propose de signer un « pacte de renonciation à la guerre ». Toute-

Après l'échec de Nungesser et Coli, disparus en sens inverse. A bord du « Spirit of Saint Lou tard, à 22 h 19, il atterrit au Bourget. L'en (Photo Roger-Viollet.)

fois, la France préconise l'application de sanctions en cas de manquement au pacte.

8 mai

Après une longue préparation, les aviateurs Nungesser et Coli s'élancent sur leur avion l'*Oiseau Blanc* pour traverser l'Atlantique-Nord.

9 mai

Divers journaux, en particulier *la Presse*, annoncent triomphalement l'arrivée de Nungesser et Coli à New York. Joie indescriptible à Paris. C'est, hélas, une fausse nouvelle qu'il faut bientôt démentir. On ne connaîtra jamais la fin des deux aviateurs.

21 mai

Et c'est le jeune aviateur américain Lindbergh qui, le premier, réalise la traversée de l'Océan d'est en ouest, de New York à Paris. Il atterrit au Bourget à 23 h 15 et est accueilli avec un grand enthousiasme.

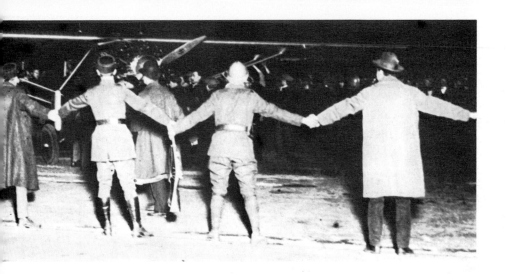

de traces, le jeune Américain Lindbergh tente la traversée — en réalité plus facile — de l'Atlantique uitté New York le 20 mai 1927, à 12 h 52 (heure française). Trente-trois heures et demie plus e de la population française est tel qu'il faut protéger le vainqueur de ses élans par trop dangereux.

11 juin

Le secrétaire d'État aux Affaires étrangères des États-Unis, Frank B. Kellogg, approuve le projet d'Aristide Briand de renonciation à la guerre. Les négociations continuent.

13 juin

Ayant épuisé toutes les chicanes de la procédure, Léon Daudet est invité à se constituer prisonnier pour purger les cinq mois de prison auxquels il a été condamné pour diffamation. Avec ses amis de l'Action française, il s'enferme dans l'immeuble du journal, rue de Rome. Les forces de police investissent ce nouveau « fort Chabrol », mais le préfet de police Chiappe parvient à convaincre Léon Daudet de se rendre.

25 juin

Il est vrai que treize jours plus tard, par un subterfuge rocambolesque, un comparse ayant imité la voix du ministre de l'Intérieur et donné au téléphone l'ordre de libérer le chef royaliste, celui-ci peut passer

en Belgique où il restera jusqu'au 1er janvier 1930.

juillet

L'année parlementaire s'achève paisiblement. Le budget a été voté. Non seulement il est en équilibre, mais il accuse un excédent des recettes sur les dépenses, ce qui permet à Poincaré d'augmenter les traitements des fonctionnaires qui n'avaient pas été modifiés en dépit de l'enchérissement régulier du coût des denrées. Le président du Conseil songe même à revaloriser le franc. Finalement, il se contentera de le stabiliser à un cours fixé par rapport aux valeurs étrangères : 125 francs pour une livre, 25 francs pour un dollar. Le franc de 1914 a perdu les quatre cinquièmes de sa valeur.

22 août

L'été n'est pas tellement calme. Aux États-Unis, condamnés à mort (depuis six ans!) pour un meurtre dont il n'a jamais été prouvé qu'ils étaient coupables, Sacco et Vanzetti, deux Italiens de Boston, ont été exécutés malgré les protestations du

Comme d'habitude, les élections législatives de *1928* donnent lieu à une débauche de propagande de tous les partis et, notamment, à un affichage renforcé. On remarque ici un appel de « *l'Écho de Paris* » invitant les candidats modérés à intensifier la lutte anti-socialiste et anti-communiste. Les résultats de ces élections feront apparaître une nette progression des modérés et un recul de la gauche. (Cabinet des estampes B.N. Collection Harlingue.)

monde entier, du pape, de Mussolini.

De violentes émeutes organisées par les communistes éclatent à Paris. Boulevard Sébastopol, boulevard Poissonnière, au Château d'Eau, les manifestants se ruent sur la police, saccagent les cafés, profanent la tombe du soldat inconnu sous l'Arc de Triomphe.

Ces émeutes, qui se produisent partout, se continuent pendant quelques jours. Elles ont pour effet d'apeurer les bourgeois quelques mois avant les élections législatives.

8-10 septembre

Motif d'orgueil national : les « quatre mousquetaires » du tennis français : Cochet, Lacoste, Borotra, Brugnon, déjà finalistes au cours des deux années précédentes, remportent la Coupe Davis et ramènent celle-ci des États-Unis en France.

novembre

La Chambre des députés discute et adopte une nouvelle loi électorale. La représentation proportionnelle est abandonnée, et l'on revient au scrutin uninominal à deux tours, avec des circonscriptions souvent élargies.

28 décembre

Le secrétaire d'État américain Kellogg propose à Briand d'étendre le pacte de renonciation à la guerre (sauf en cas de légitime défense) à tous les États du monde. Briand accepte.

1928, 19 janvier

La Chambre des députés vote une loi réduisant à un an le service militaire.

16 mars

Avant de se séparer, car les élections législatives approchent, les députés votent la première loi instituant en France les assurances sociales. Elle ne concerne encore que les ouvriers et est d'une application très limitée.

27 mars

La radiodiffusion accomplit des progrès considérables. Le ministre du Commerce inaugure la première liaison radio-téléphonique entre Paris et New York.

14 avril

Les aviateurs Coste et Bellonte se posent à Paris venant de Tokyo. Ils ont fait le tour du monde, 56 670 km, en 337 heures. C'est toutefois par bateau qu'ils ont franchi l'étape San Francisco-Tokyo.

22-29 avril

Élections législatives en France. Les communistes, qui ont refusé de se désister au second tour en faveur des socialistes ou des radicaux, récoltent un million de voix, mais n'ont finalement que 14 élus au lieu de 26 dans l'Assemblée précédente. Les socialistes s'étaient engagés à se désister en faveur des radicaux, même si ceux-ci avaient soutenu le ministère d'union nationale. En revanche, tous les radicaux ne reportent pas leurs voix sur les candidats socialistes arrivés en meilleure position qu'eux au premier tour.

Ce désaccord profite aux modérés qui sortent vainqueurs de la compétition d'autant plus que la masse des électeurs, satisfaits de Raymond Poincaré, votent surtout pour ceux qui soutiennent sa politique financière.

Le déplacement des voix n'aboutit qu'à de faibles écarts. Les radicaux perdent 15 sièges, les socialistes 5.

La Chambre de 1928 comprend 102 membres appartenant à l'Union républicaine démocratique (centre droit), 38 indépendants, 19 démocrates populaires, 64 républicains de gauche, 29 membres de l'Action républicaine, 53 membres de la gauche radicale. La majorité formée de ces groupes et groupuscules, qui est fidèle à Poincaré, compte au total 323 députés. L'opposition (radicaux-socialistes, socialistes, républicains socialistes et communistes) en dénombre 283.

mai

Selon l'usage, Raymond Poincaré remet sa démission. Il est aussitôt chargé par Doumergue de reformer le cabinet. Il reprend tous ses ministres à l'exception de celui du Travail, André Fallières, battu aux élections et remplacé le 7 juin par Louis Loucheur.

A Strasbourg, le procès intenté aux chefs des autonomistes alsaciens s'achève par plusieurs condamnations.

25 juin

La Chambre vote la loi monétaire qui consacre la dévaluation du franc mais en même temps sa stabilisation.

Au franc de germinal est substitué le « franc Poincaré » qui ne contient plus que 65,05 milligrammes d'or, correspondant à une parité de 125 francs pour la livre et de 25 francs pour le dollar.

La France semble guérie, l'industrie prospère, les caisses de l'État sont remplies. Les radicaux-socialistes paraissent souhaiter revenir à l'opposition.

juillet

Aux Jeux Olympiques d'Anvers, la France connaît des déceptions. Notre champion de course à pied est battu aux 1 500 mètres, mais l'Algérien El Ouafi enlève le marathon et nous remportons une bonne douzaine de médailles d'or et autant de médailles d'argent.

27 août

Signature à Paris, par les représentants de soixante-quatre nations, du pacte Briand-Kellogg qui met la guerre « hors la loi ».

2-14 septembre

Après la mort du ministre du Commerce, Maurice Bokanowski, tué dans un accident d'avion à Toul, Henri Chéron prend le portefeuille du Commerce, et Poincaré transforme le sous-secrétariat d'État à l'aviation en ministère dévolu à Laurent Eynac (titulaire depuis 1922 de ce sous-secrétariat).

16 septembre

Au cours d'une entrevue entre Aristide Briand et le chancelier Müller, il est convenu que le plan de paiement des réparations Dawes sera révisé. Est étudiée aussi l'évacuation anticipée de la Rhénanie.

1er octobre

En U.R.S.S., Staline qui a exilé Trotski au Turkestan adopte le premier plan quinquennal qui doit amener l'établissement du socialisme.

fin octobre

Les radicaux-socialistes se réunissent en congrès annuel à Angers.

LE SCANDALE DE « LA GAZET

Il y avait déjà eu quelques scandales financiers depuis la fin de la guerre : en 1923, la faillite de la Banque industrielle de Chine où avait été compromis le frère du secrétaire général du Quai d'Orsay, Philippe Berthelot, celui de Rochette — un financier déjà poursuivi avant la guerre — qui avait tenté de placer des valeurs fictives grâce à son journal « Bourse et Finance ».

Rochette n'était qu'un petit garçon à côté de Mme Hanau.

C'était une femme remarquablement astucieuse. Au moment où Poincaré rétablissait la confiance en stabilisant la monnaie, au moment où Aristide Briand signait le pacte de Locarno et mettait la guerre hors la loi, Mme Hanau, flanquée de son ex-mari Lazare Bloch, lançait « la Gazette du Franc », journal destiné à soutenir la politique qui avait alors l'approbation de la majorité des Français. Elle prétendait posséder des informations exceptionnelles afin de conseiller

FRANC »

En 1928, une monu-
mentale affaire d'es-
croquerie passionne
l'opinion. Elle a pour
auteur Mme Hanau,
que l'on voit, à
gauche, sortant du
cabinet du juge
d'instruction. (B.N.
Cabinet des estampes.
Photo Rol.) A droi-
te, la foule des
curieux stationne de-
vant les locaux de son
journal financier :
« La Gazette du
Franc. » (Photo
Roger-Viollet.)

les petits épargnants. Grâce à ses belles relations, elle obtint non pas l'appui mais les félicitations d'un nombre impressionnant de personnalités parisiennes, depuis Raymond Poincaré jusqu'au cardinal Dubois lui-même dont cette bonne israélite subventionnait les œuvres.

« La Gazette du Franc » aurait pu n'être qu'un organisme financier ni meilleur ni pire que d'autres, mais Mᵐᵉ Hanau résolut de drainer les économies des petits épargnants. Elle constitua des sociétés plus ou moins fictives ; elle trouva aisément des souscripteurs, put avec les premiers fonds distribuer de magnifiques dividendes. Elle menait grand train de vie, tenait table ouverte, travaillait dix heures par jour avant de filer à tombeau ouvert, car elle conduisait toujours très vite, vers quelque casino où elle passait des nuits entières, ce qui ne l'empêchait pas d'être de retour dès le matin dans ses somptueux bureaux pour dicter son courrier, monter de

nouvelles affaires et trouver d'autres dupes.

Elle avait affermé la page financière de plusieurs journaux, parmi lesquels « le Quotidien », l'organe du cartel des gauches, qui en mourut car la catastrophe finit par arriver. Les grandes banques s'étaient dressées contre les entreprises hasardeuses de Mᵐᵉ Hanau. Inculpée d'escroquerie, d'infraction à la loi sur les sociétés, d'action illicite sur les marchés financiers, Mᵐᵉ Hanau, après trois années de belle vie et la disparition d'un nombre respectable de millions, fut arrêtée le 4 décembre 1928. Son ex-mari et un certain nombre de comparses la suivirent en prison. Le procès ne fut appelé devant le tribunal correctionnel de la Seine que le 30 octobre 1930. Mᵐᵉ Hanau fut condamnée à deux ans de prison. Elle soutint toujours que si on l'avait laissée en liberté elle serait parvenue à rétablir sa situation. Sa vie était finie. Elle se donna la mort.

Le congrès se déroule sans incident. A la veille de la clôture — les ministres radicaux sont déjà repartis pour Paris — un vote-surprise à propos des congrégations, que la loi de finances acceptait d'autoriser, est obtenu à la suite d'une virulente attaque de Caillaux, trop heureux de prendre cette revanche sur Poincaré. Par ce vote, les ministres radicaux sont mis en demeure de se retirer.

Herriot et les autres ministres radicaux démissionnent donc.

6-11 novembre

Poincaré se contente de replâtrer son cabinet en mettant Tardieu à l'Intérieur, Marraud à l'Instruction publique. L'union nationale a vécu. Le nouveau gouvernement prend un caractère nettement plus accentué vers la droite et les modérés. Les radicaux et les socialistes se regroupent dans l'opposition.

4 décembre

Le scandale financier de *la Gazette du Franc* éclate à Paris. Mme Hanau est arrêtée. Quelques jours plus tard, c'est le tour du sénateur Klotz, ancien ministre dont l'immunité parlementaire a été levée.

1929, 9 février

A Paris, se réunissent, sous la présidence du délégué des États-Unis Owen Young, des experts chargés de régler définitivement le problème des réparations dues par l'Allemagne en révisant le plan Dawes jugé d'application trop sévère pour celle-ci.

20 mars

Mort du maréchal Foch. Ses funérailles à Notre-Dame et l'inhumation de son corps aux Invalides donnent lieu à de grandioses céré-

Si, en France, tout finit par des chansons, tout, aussi, commence par des dessins. Ici, le caricaturiste Tap représente Poincaré tenant en équilibre un nourrisson qui n'est autre que le budget de 1929. La légende laisse prévoir l'adoption de cet enfant par les Chambres. (Cabinet des estampes. B.N. Photo JdC.)

Avec la mort du maréchal Foch disparaît, le 20 mars 1929, une des plus grandes figures du monde moderne. « Cet homme, disait le roi Albert Ier de Belgique, ferait marcher des morts ! » Les Parisiens, comme la France tout entière, n'ont pas oublié le grand vainqueur de la guerre 14-18 et se pressent sur le passage du cortège funéraire. (Cabinet des estampes, B.N. Photo Rol.)

monies auxquelles participent souverains et chefs d'État.

31 mai

Adoption du plan Young préparé par les experts financiers (parmi lesquels figure un représentant de l'Allemagne) : le plan prévoit le paiement de 34,5 milliards de marks-or en 59 annuités, ce qui réduit la dette de l'Allemagne de 70 %.

27 juillet

Avec surprise, les Français apprennent que Raymond Poincaré, qui vient de subir une grave opération, est contraint pour des raisons de santé de donner sa démission de chef du gouvernement.

C'est la fin de la carrière de celui qui, depuis près de vingt ans, a dominé et souvent dirigé la politique française.

29 juillet

Doumergue charge Briand de prendre la tête du gouvernement. Celui-ci conserve tous les ministres de Poincaré, mais on estime généralement qu'il s'agit là d'un ministère de transition ou de vacances...

6-31 août

Pour Briand, la question la plus importante reste celle des rapports avec l'Allemagne. A La Haye, les représentants des nations intéressées réunis en conférence adoptent le plan Young. Au cours des débats, un incident diplomatique éclate entre le délégué de la Grande-Bretagne Snowden et le ministre des Finances Henri Chéron qui se fait traiter de « grotesque et de ridicule ». Il faut apaiser les susceptibilités.

Finalement le plan Young est ratifié. La commission des réparations et le contrôle allié sur certains revenus de l'Allemagne sont supprimés. L'Angleterre et la France acceptent d'évacuer toute la Rhénanie avant le 30 juin 1930.

La France reste astreinte à payer ses dettes envers les États-Unis.

5 septembre

A la tribune de la S.D.N., Briand suggère l'établissement d'une fédération européenne qui se substituerait à la diplomatie traditionnelle.

septembre

Les Anglais commencent à évacuer la Rhénanie.

3 octobre

Mort de Gustave Stresemann en Allemagne. Il a accompli sa mission

En novembre 1929, un grand bourgeois paris. La générosité avec laquelle il distribue les portefeu l'opposition. « Ce n'est pas un ministère, c'est pas encore habitués à une telle débauche d' « F premier rang : Chéron, Lucien Hubert, Tarc Photo Bibliothèque nationale.)

et relevé son pays, réintroduit une Allemagne déjà puissante dans le concert des nations.

22 octobre

Comme il fallait s'y attendre, la Chambre des députés renverse, dès le jour de la rentrée du Parlement, le ministère Briand en refusant de renvoyer les interpellations comme celui-ci le demandait.

Après avoir offert à Daladier puis à Clémentel de former le gouvernement (avec la conviction qu'ils n'y parviendraient pas), Doumergue fait appel à André Tardieu.

...ré Tardieu, succède à Briand, tombé en octobre. ...istériels excite la verve des chansonniers et de ...», dira-t-on. Les Français, en effet, n'étaient ...es ». Sur cette photographie, on reconnaît, au ...nd, Leygues et Loucheur. (Cabinet des estampes.

2 novembre

Formation du ministère Tardieu. Il comprend seize ministres (deux nouveaux ministères : Postes et Marine marchande) et douze sous-secrétaires· d'État, chiffre qui n'a encore jamais été atteint.

C'est un ministère de centre droit. Si Briand reste aux Affaires étrangères, Chéron aux Finances, Laurent Eynac à l'Air, si on retrouve des hommes politiques connus comme Maginot (qui va s'attacher à faire construire la ligne fortifiée à laquelle il donnera son nom), on trouve également des hommes moins âgés,

car Tardieu veut renouveler le personnel de la IIIe République.

24 novembre

Mort de Georges Clemenceau. Suivant les volontés du Tigre, ses obsèques revêtent la plus grande simplicité.

ET PENDANT CE TEMPS...

1924, 22 janvier
Mort de Lénine. Staline s'empare du pouvoir.
octobre
Les élections en Angleterre ramènent au pouvoir Baldwin et les conservateurs.
1925, 26 avril
En Allemagne, le maréchal Hindenburg est élu président de la République.
1928, 20 mai
Aux élections législatives allemandes, victoire des sociaux-démocrates, tandis que le parti national-socialiste a douze élus.
6 novembre
Aux États-Unis, élection à la présidence de Hoover, candidat républicain.
1929, 11 février
La signature du traité du Latran entre Pie XI et Mussolini met fin au conflit qui séparait, depuis 1871, l'Italie du Vatican, et crée l'État du Vatican.
30 mai
En Angleterre, aux élections aux Communes, triomphent les travaillistes conduits par Macdonald.
14 août
Fondation à Zurich de l'agence juive chargée d'organiser l'immigration et la colonisation des Israélites en Palestine.
23-24 octobre
Début d'une grave crise financière aux U.S.A. : effondrement des cours, récession économique et chômage en sont les conséquences. L'Europe sera peu à peu atteinte.
13 novembre
Création de la Banque des règlements internationaux.

LES ANNÉES DIFFICILES

1930, 3-20 janvier

La deuxième conférence de La Haye ratifie définitivement le plan Young. Mais ce règlement des réparations ne tardera pas à être remis en question à la suite du développement de la crise économique en Europe.

4 janvier

La Chambre des députés vote les crédits nécessaires à la construction de la ligne fortifiée dite « ligne Maginot ».

26 janvier

Au début du mois, l'étrange disparition du général Koutiepov, président des anciens soldats de l'armée russe en France, soulève l'indignation de l'opinion publique. On soupçonne les Soviets d'être responsables de l'enlèvement. On ne retrouvera jamais le général Koutiepov...

février

Graves mutineries de tirailleurs indigènes encouragées par le jeune parti national vietnamien (fondé en 1927) à Yen-Baï au Tonkin. Elles sont durement réprimées et suivies de rigoureuses sanctions.

17 février

• Pour avoir maladroitement posé la question de confiance sur un sujet secondaire, le ministre des Finances, Chéron, est mis en minorité et entraîne la chute du cabinet Tardieu (alors que celui-ci assistait à la conférence sur le désarmement à Londres). Jouant le jeu, Doumergue fait appel à Chautemps, chef de l'opposition.

21-25 février

Chautemps forme un cabinet de gauche... qui est renversé le jour même de sa présentation, ce qui

Dès 1930, la France connaît avec acuité le grave problème du chômage. La « crise » qui, après avoir frappé l'Amérique, sévit en Europe, met de multiples entreprises en difficulté. Les licenciements sont nombreux et les ouvriers congédiés ont beaucoup de peine à retrouver du travail. Une maigre allocation leur est accordée et les organismes officiels s'efforcent, souvent sans succès, de leur procurer de l'embauche. On voit ici un groupe de chômeurs stationnant devant la Bourse du travail et montrant plus de résignation que d'espoir. (Photo Roger-Viollet.)

montre qu'une telle formation ne peut être acceptée par la majorité.

2 mars

Tardieu constitue un deuxième cabinet où il prend soin de se débarrasser du maladroit Chéron et de faire appel à des hommes jeunes et nouveaux comme Paul Reynaud à qui il confie les Finances, Pierre Laval (Pensions), P.-E. Flandin (Commerce et Industrie). C'est vraiment le renouvellement du personnel politique.

2-5 mars

De très graves inondations dans le Sud-Ouest et le Midi pyrénéen, qui surprennent par leur brutalité et leur rapidité, font plusieurs centaines de victimes et endommagent 143 000 hectares de terres. C'est un désastre qui amène Tardieu à créer l'aide aux victimes des calamités agricoles.

10 mars

Prélude aux grandes fêtes du centenaire de la conquête de l'Algérie, une revue navale est passée en rade d'Alger en présence du président de la République.

fin mars

L'institution d'une pension en faveur des anciens combattants est votée par la Chambre des députés.

Un projet de loi sur la gratuité progressive des études secondaires est également adopté.

12 mai

Magnifique victoire des ailes françaises : préparée depuis plusieurs années par Didier Daurat, la tra-versée de l'Atlantique-Sud de Saint-Louis du Sénégal au cap Saint-Roque, près de Natal, est effectuée par Mermoz.

La « ligne » qui transporte le courrier de France en Amérique du Sud par hydravion en moins de 24 heures est créée.

30 juin

Les troupes françaises achèvent d'évacuer la Rhénanie, cinq ans avant le délai fixé par le traité de Versailles.

14 juillet

A l'occasion de la fête nationale, grande célébration, par un défilé des troupes, du centenaire de la conquête de l'Algérie.

1er septembre

Sur le *Point d'interrogation*, Coste et Bellonte, partis du Bourget, traversent l'Atlantique-Nord en 21 heures et atterrissent sur l'aérodrome de Curtiss Field, non loin de New York.

22 septembre

Au Tonkin, révolte des paysans à Vinh. La répression est sévère. On compte 270 morts.

8 novembre

Le krach de Wall Street entraîne la chute de banquiers imprudents. Albert Oustric est du nombre. Il est contraint de déposer son bilan et sa faillite fait éclater un nouveau scandale financier.

On découvre, en effet, qu'Oustric a obtenu d'importants appuis parlementaires, en particulier celui du garde des Sceaux, Raoul Péret...

Conséquence du plan Young adopté le 31 mai 1929 : la France accepte l'évacuation anticipée de la Rhénanie, perdant ainsi sa principale garantie sur l'Allemagne. On voit, ci-contre, la dernière phase de cette libération : à Trèves, en juin 1930, en présence des derniers occupants présentant les armes, le drapeau est amené. (Photo Keystone.) Le dessinateur J. Bray a croqué cette caricature originale d'André Tardieu en lui donnant le corps et l'attitude du fameux Lion de Belfort, ville qu'il représentait au parlement. (Document René Dazy.)

17 novembre

... qui est obligé de donner sa démission. Tardieu le remplace par Chéron.

28 novembre

Oustric est arrêté. Deux autres sous-secrétaires d'État sont compromis et démissionnent aussi.

Oustric est condamné à un an de prison et à 3 000 francs d'amende. Le scandale entraîne la chute du cabinet Tardieu que renverse le Sénat.

13 décembre

Steeg constitue un ministère de gauche, avec Chéron, Briand, Barthou, Chautemps, Albert Sarraut, Painlevé.

LE PREMIER MINISTÈRE LAVAL

Briand, Tardieu et Paul Reynaud entourant le nouveau président du Conseil. (Photo Keystone.)

Sénateur, plusieurs fois ministre au temps du cartel, Laval fait encore figure d'homme jeune. Il a quarante-huit ans. C'est un Auvergnat robuste, bon avocat, ardent au travail. Il a longtemps milité dans les rangs de la gauche et même de l'extrême gauche, un tantinet anarchiste au début de sa carrière politique. Mais il s'est rapidement rapproché des modérés. Il se prétend le disciple et le continuateur d'Aristide Briand (qu'il prend soin de conserver d'ailleurs comme ministre des Affaires étrangères). C'est aussi un ami d'André Tardieu à qui échoit dans ce cabinet le ministère de l'Agriculture, poste pour lequel ce bourgeois parisien ne paraît pas particulièrement désigné. Mais Tardieu, précédé de son immense fume-cigarette, s'adapte à tout.

Le ministère Laval ne semble pas dans sa composition très différent du ministère Tardieu. Le président du Conseil est ministre de l'Intérieur. On continue à prati-quer ce détestable dualisme entre le porte-feuille des Finances (à Pierre-Étienne Flandin) et celui du Budget (à François Pietri), comme si les unes pouvaient être dissociées de l'autre au moment où la crise économique atteint la France et où toute l'administration financière du pays devrait être concentrée dans les mêmes mains. Les autres ministres appartiennent au centre, droit ou gauche, ou au parti démocrate-chrétien. André Maginot est resté à la Guerre, pour continuer à parfaire sa « ligne ». Paul Reynaud est aux Colonies, Champetier de Ribes aux Pensions.

Il y a quinze ministres et onze secrétai-res d'État.

En réalité, le style même du gouvernement a subi quelques transformations. Réaliste, Pierre Laval a conscience des difficultés auxquelles il faut faire face. Mais le Parlement et le pays ne s'en rendent pas compte.

Il paraît certain qu'il s'agit d'un ministère de transition appelé à rester au pouvoir tout juste le temps de la « trêve des confiseurs ».

Ainsi quatre ministères en un an — durée moyenne, trois mois ! — inflation de ministres et de sous-secrétaires d'État ; division artificielle et illogique du ministère des Finances en trois portefeuilles (Finances, Budget, Économie nationale), indifférence aux graves problèmes économiques qui se posent constituent autant de signes avant-coureurs de la décomposition du régime.

fin décembre

Évacuation de la Sarre.

1931, 3 janvier

Mort du maréchal Joffre. Il est enterré dans sa propriété de Louveciennes. A la fin du mois, le maréchal Pétain est élu à l'Académie française au fauteuil de Foch.

22 janvier

Comme il fallait s'y attendre, le ministère Steeg est renversé dès la rentrée des Chambres après avoir vécu un mois et dix jours.

27 janvier

Gaston Doumergue charge Pierre Laval de/ former le nouveau gouvernement qui est constitué le 27 janvier.

1er mars

Signature d'un accord naval franco-anglo-italien.

9 mars

Célébration à Paris du centenaire de la fondation de la Légion étrangère qui s'est brillamment distinguée sur les champs de bataille, en particulier pendant la guerre de 1914.

10 mars

L'Allemagne annonce qu'elle se propose de signer un accord douanier avec l'Autriche, contrairement aux stipulations du traité de Versailles.

fin mars

Départ de la Croisière jaune. L'expédition patronnée par André Citroën se propose de relier Beyrouth à Tien-Tsin à travers la Perse, l'Afghanistan, le Turkestan et la Chine. Dirigée par Haardt et Audouin-Dubreuil, elle comprend parmi ses participants un jésuite encore peu connu, le P. Teilhard de Chardin.

avril

A Nice, Doumergue montre les dangers de l'union douanière austro-allemande : « La France doit se tenir sur ses gardes... et veiller au bon état de ses finances. »

14 avril

Les élections municipales en Espagne donnent la victoire aux républicains. Alphonse XIII abdique et quitte le pays.

6 mai

Le président de la République inaugure au bois de Vincennes l'Exposition coloniale, admirablement agencée par Lyautey. Avec sa reproduction du temple d'Angkor-Vat, c'est un reflet très complet de l'empire français en même temps qu'un bilan de l'œuvre accomplie.

Renouvelant l'exploit de la Croisière noire, Haardt et Audouin-Dubreuil entreprennent, le 4 avril 1931, la traversée de l'Asie centrale. C'est la Croisière jaune, effectuée comme la précédente expédition à bord d'autochenilles Citroën. D'énormes difficultés attendent l'équipe, en particulier dans l'Himalaya où les voitures devront être abandonnées. La mort de Haardt à Hong Kong, le 16 mars suivant, réduira la fin de l'expédition à une simple traversée de l'Indochine. (Cabinet des estampes. Photo B.N.)

6 juin

Le chancelier Brüning annonce solennellement que l'Allemagne n'est plus en mesure de payer les annuités des réparations. En effet, les faillites de grosses industries se multiplient. Atteintes par le retrait des capitaux américains, des banques ferment leurs portes. La situation n'est pas plus brillante en Angleterre. Ainsi, dans la crise économique qui s'abat sur l'Europe, seule la France semble encore épargnée.

Elle peut prêter une somme considérable à l'Autriche pour lui éviter l'union douanière avec l'Allemagne que Briand a nettement condamnée.

C'est dans le bois de Vincennes, autour du lac Daumesnil, qu'est établie l'Exposition coloniale de 1931 organisée par Lyautey. Chaque colonie, chaque contrée placée sous protectorat français ou sous mandat offre des échantillons de ses productions locales. Une place privilégiée a été réservée au Maroc dont la représentation a été fixée par cette toile évocatrice et colorée. (Photothèque des Presses de la Cité.)

13 juin

Le septennat de Doumergue s'achève. Élections à la présidence de la République. Les amis de Briand poussent celui-ci à se présenter bien qu'il considère que sa tâche au Quai d'Orsay n'est pas terminée. Il a l'appui des socialistes, des radicaux, des démocrates-chrétiens de Champetier de Ribes. Tardieu et Laval lui ont promis celui des modérés. En réalité, ils mènent une campagne discrète contre lui. Renouvelant l'erreur de Clemenceau, Briand laisse poser sa candidature. Au premier tour de scrutin, il n'obtient que 401 voix contre 441 à Doumer. Le pèlerin de la paix, vieilli et vivement frappé par cet échec, se retire. Paul Doumer est élu par 504 voix contre 334 à Marraud, candidat de l'opposition.

Briand veut démissionner. Doumergue lui fait observer qu'il n'y a aucun déshonneur dans sa défaite. Il reste, mais c'est un homme fini.

20 juin

La crise économique s'aggrave aux États-Unis et dans le monde entier. Les prix de gros baissent. Il y a surproduction qu'il faut résorber par tous les moyens. On en viendra bientôt à détruire les biens de consommation, à brûler et jeter à la mer le café du Brésil.

Le président Hoover propose l'ajournement pendant un an du paiement de toutes les dettes de guerre sans distinction.

6 juillet

La France regimbe mais finit par accepter la proposition Hoover sous réserve que la fraction inconditionnelle continuera à être réglée, étant entendu que cette fraction sera aussitôt reversée à la Banque des règlements internationaux.

Pratiquement, le paiement des dettes de guerre est terminé et ne reprendra plus.

18 juillet

Visite du chancelier Brüning et de son ministre des Affaires étrangères, Curtius, à Paris.

Laval et Briand proposent de prêter à l'Allemagne 500 millions de dollars gagés par le produit des douanes allemandes. Les ministres allemands refusent.

20 juillet

Une autre conférence financière entre la France et l'Angleterre à Londres n'aboutit pas davantage.

21 juillet

Les ministres et les sous-secrétaires d'État compromis dans le scandale Oustric sont acquittés par le Sénat

Après avoir été ministre des Colonies, puis du Blocus et des Régions libérées dans le cabinet Clemenceau, Albert Lebrun est élu à la présidence de la République en 1932, succédant à Paul Doumer. Ce polytechnicien honnête, scrupuleux mais médiocre et timoré va se borner au rôle de président-potiche dont plusieurs de ses prédécesseurs ont cru devoir sortir. Sous son septennat, les institutions de la IIIᵉ République ne vont cesser de se détériorer et le malheureux président aura à résoudre, de 1932 à 1940, seize crises ministérielles. Relatant sa rencontre, en 1945, avec Albert Lebrun, le général de Gaulle explique qu'il avait trouvé un homme à qui avait manqué, pour être un chef d'État, au plein sens du terme, « qu'il fût un chef et qu'il y eût un État ». A l'expiration de son septennat, Albert Lebrun, devant la montée des périls, n'en sera pas moins réélu. (Photo Hubert Josse.)

Le 6 mai 1931, Gaston Doumergue inaugure solennellement l'Exposition coloniale. En voiture déco l'exposition : la reconstitution du Temple d'Angkor, dont l'avenue est jalonnée des vingt-cinq pavillo: manifestation. (Photo Keystone.)

réuni en Haute Cour de Justice.

10 août

L'Angleterre, menacée de faillite, obtient de la France une avance de 25 millions de livres et un crédit de trésorerie de 40 millions.

3 septembre

A l'assemblée de la S.D.N., l'Autriche renonce formellement à son projet d'union douanière avec l'Allemagne.

21 septembre

L'Angleterre supprime la libre convertibilité de la livre en or. Le cours de la livre tombe à 87 francs. De ce fait, la Banque de France qui a conservé le papier anglais pour ne pas aggraver la situation financière

des Britanniques, éprouve une lourde perte.

27 septembre

Pour la première fois depuis 1878, deux ministres français, Briand et Laval, se rendent à Berlin où ils reçoivent un accueil chaleureux. Mais la conférence reste sans résultat.

16 octobre

Un autre voyage de Laval à Washington n'aboutit pas davantage.

12 novembre

Revenant sur une décision prise à la demande de Poincaré en 1929, le Parlement décide qu'à partir du 1er janvier 1933 l'exercice budgétaire partira de nouveau du début

*te, le cortège présidentiel passe devant le clou de
stituant la participation de l'Indochine à cette*

de l'année et non du 1er avril. Le
budget de 1932, dont les députés
commencent l'examen, ne porte
donc que sur neuf mois (1er avril-
31 décembre 1932).

15 novembre

Fin de l'Exposition coloniale. Elle
a remporté un magnifique succès.

4 décembre

Pour diminuer le chômage qui ne
cesse d'augmenter, le Parlement vote
la loi dite « d'outillage national »
procurant aux ouvriers des travaux
financés par l'État.

16 décembre

La Chambre commence à exami-
ner le projet de loi électorale tendant
à supprimer le deuxième tour de

scrutin, tout en maintenant le scrutin
uninominal d'arrondissement. Ce
projet de loi serait favorable aux
partis modérés.

La crise économique mondiale
commence à se faire ressentir en
France. Les stocks s'accumulent
chez les industriels, les ventes diminuent, et, en conséquence, on enregistre des moins-values sur les prévisions de rentrées fiscales. Le budget
va bientôt cesser d'être en équilibre.
Pourtant, le franc reste solide, les
réserves d'or abondantes.

1932, 7-14 janvier

La mort du ministre de la Guerre,
André Maginot, oblige Pierre Laval
à remanier son cabinet. André Tardieu prend le portefeuille laissé va-
cant et Laval celui des Affaires
étrangères où il remplace Briand,
malade et usé.

8 janvier

Les Allemands font savoir qu'ils
sont incapables de reprendre le
paiement des réparations, et, par la
voix du chancelier Brüning, demandent un nouveau moratoire.

2 février

La conférence du désarmement
s'ouvre à Lausanne. Tardieu y propose l'internationalisation de l'aviation de bombardement et de l'artillerie lourde mises à la disposition de
la S.D.N. Proposition chimérique...

12 février

La Chambre des députés vote la
nouvelle loi électorale instituant le
scrutin uninominal à un tour, et le
vote des femmes. Cette loi ne sera pas
adoptée par le Sénat.

Le même jour, après avoir surmonté de terribles difficultés, la Croisière jaune parvient à Pékin. Elle a parcouru 12 115 kilomètres. Un mois plus tard, Haardt succombe à une pneumonie.

16 février

Le second cabinet Laval se heurte à l'hostilité du Sénat qui se refuse à différer le débat sur la politique générale du gouvernement et rejette la question de confiance par 157 voix contre 134. Laval démissionne.

20 février

Painlevé n'ayant pu constituer un cabinet de concentration, c'est finalement André Tardieu qui forme le nouveau gouvernement. Il garde la plupart des ministres du cabinet précédent (Laval, Reynaud, Pietri) en leur confiant d'autres portefeuilles que ceux qu'ils détenaient. La presse s'étonne et raille ces chassés-croisés.

7 mars

Mort d'Aristide Briand.

1er avril

Vote du budget de 1932 et clôture de la session parlementaire.

6 avril

Ouverture de la campagne électorale. Elle sera particulièrement vive. Le public est las de ces jeux de la politique, de ces ministères qui vivent un mois ou deux. Si le cartel des gauches ne se reforme pas, avec un programme commun, du moins radicaux et socialistes sont-ils d'accord pour voter au second tour pour le candidat le mieux placé des deux formations.
A la salle Bullier, Tardieu présente

son programme électoral et fait appel à tous les hommes d'ordre, y compris les radicaux.

10 avril

De Narbonne, Léon Blum lui répond en présentant à son tour le programme socialiste : limitation des armements, assurances contre le chômage et les risques agricoles, nationalisation des chemins de fer et des grandes compagnies d'assurances.

11 avril

Promulgation de la loi instituant les allocations familiales.

1er mai

Le premier tour des élections législatives montre déjà une progression des voix obtenues par les partis de gauche.

6 mai

En inaugurant la vente annuelle des écrivains anciens combattants, Paul Doumer est victime d'un attentat. Gorguloff, un Russe déséquilibré et mystique, tire sur lui plusieurs coups de feu. Le président meurt dans la nuit.

8 mai

Au second tour des élections législatives, les partis de gauche l'emportent. Malgré l'appel lancé sur les ondes par André Tardieu la veille du scrutin, les modérés n'obtiennent que 259 sièges (au lieu de 334). La gauche passe de 268 à 356 sièges : radicaux-socialistes 160, S.F.I.O. 132, les communistes (qui ont voté pour le candidat de gauche le plus favorisé au lieu de se maintenir comme en 1928) n'ont que

Le vendredi 6 mai, Paul Doumer, président de la République depuis un an à peine, s'est rendu à la fondation Rothschild, rue Berryer, où a lieu une vente de livres au profit des écrivains anciens combattants. Brusquement, des coups de feu éclatent et Doumer tombe, mortellement atteint. Le meurtrier est un certain Gorguloff, sujet russe au cerveau quelque peu dérangé. Transporté à l'hôpital Beaujon, le président succombera dans la nuit. (Cabinet des estampes. Photo B.N.)

11 sièges, divers gauche 53 sièges. Les grands perdants sont les républicains de gauche (tendance modérée) et les radicaux indépendants.

10 mai

Situation paradoxale : c'est l'ancienne Chambre (dont les pouvoirs ne sont pas encore expirés) qui, avec le Sénat, élit le successeur de Doumer à Versailles.

Le choix du Congrès se porte sur Albert Lebrun, président du Sénat, qui est élu par 643 voix contre 114 au socialiste Paul Faure, et 8 à Cachin, communiste.

3 juin

Conséquence des élections, Édouard Herriot est chargé de former le nouveau cabinet après la démission de Tardieu dont la majorité vient d'être battue.

Herriot, qui a conservé un mauvais souvenir du soutien à éclipses des socialistes en 1924, cherche à former un cabinet de concentration républicaine.

Il échoue et doit se rejeter vers la gauche; seul Leygues lui apporte son concours. Le cabinet (18 ministres, 11 sous-secrétaires d'État) est surtout formé de députés radicaux-socialistes et de sénateurs de la gauche démocratique (même tendance). Aux Finances, il a placé Germain Martin qui passe pour défendre une stricte orthodoxie financière.

La situation économique est grave : les exportations diminuent, les prix agricoles s'effondrent, la production industrielle s'affaiblit et le chômage augmente.

En Allemagne, où Hindenburg a été réélu président de la République, von Papen forme le gouvernement.

6 juillet

Ouverture à Lausanne d'une conférence financière internationale.

9 juillet

Fin de la conférence de Lausanne. L'Allemagne est définitivement dégagée du paiement des réparations, en échange d'un versement symbolique de trois milliards de marks à la Banque des règlements internationaux et de 82 millions de paiement en nature à la France.

Mais les dettes de la France envers les États-Unis ne sont pas annulées pour autant.

16 juillet

La Chambre adopte le programme financier d'Herriot.

Ce programme d'austérité comporte la réduction des dépenses civiles et militaires, un impôt sur les valeurs mobilières et les opérations de Bourse, une augmentation du taux de l'impôt sur le revenu et des tarifs postaux.

27 juillet

Gorguloff est condamné à mort. Il sera exécuté le 14 septembre.

18 septembre

Convoqué en session spéciale, le Parlement vote une loi autorisant le gouvernement à rembourser ou à convertir certains fonds publics.

Car les impôts rentrent mal et le déficit des recettes s'aggrave.

16 octobre

Les élections sénatoriales apportent peu de changements à la composition de la Haute Assemblée.

Le ministère Paul-Boncour a vécu et le cabinet Daladier lui succède. Le voici à sa sortie de l'Élysée, le 31 janvier 1933, jour de sa constitution. Parmi ceux qui le composent, on reconnaît le président Daladier au centre, entouré de Camille Chautemps et de Joseph Paul-Boncour.

11 décembre

Herriot espère assurer la sécurité de la France à la conférence du désarmement. L'Allemagne réclame et obtient la reconnaissance du principe de l'égalité des droits en cette matière.

14 décembre

Herriot estime qu'en dépit de la cessation du paiement des réparations par l'Allemagne, nous devons continuer à régler nos dettes aux États-Unis. Traduisant l'état d'esprit de l'opinion publique en France, le Parlement est hostile à cette thèse et renverse le gouvernement par 402 voix contre 187.

Ainsi s'achève le premier cabinet d'une législature qui n'en comprend pas moins de onze en quatre ans, ce qui prouve assez la décadence des institutions de la IIIe République.

Mais le nombre des chômeurs est passé de 247 000 à 284 000 en trois mois. Le déficit de la balance commerciale atteint 10 milliards. Les dépenses publiques excèdent de 25 % les recettes.

Il est vrai qu'il y a six millions de chômeurs en Allemagne et quatorze aux États-Unis.

18 décembre

Formation du cabinet Paul-Boncour. On y retrouve Leygues, Daladier, Painlevé, Albert Sarraut, Dalimier, A. de Monzie. Aux Finances Henri Chéron, ancien ministre de Poincaré, cela pour rassurer l'opi-

La rupture du plan Young, en abolissant la dette de guerre que l'Allemagne doit verser à la France, provoque un vaste mouvement de mécontentement. En vain, Laval se rend-il à Washington pour tenter de faire appliquer le plan. La réaction est aussi vive quand le président Hoover prétend exiger de notre pays la dette de guerre qu'il a contractée envers les États-Unis. Seul Herriot est disposé à payer. On le voit ici au cours de son voyage à Washington, le 28 avril 1933 en compagnie du président Roosevelt. (Cabinet des estampes. B.N. Photo Mondial.)

nion. Chéron constitue un comité d'experts chargé de présenter un plan de redressement économique et financier.

1933, 4 janvier

Le comité d'experts dépose ses conclusions. Le plan prévoit 5 milliards 326 millions d'économies (obtenues par un prélèvement sur les traitements des fonctionnaires et la mise à la retraite de plusieurs milliers d'officiers) et 5 milliards de recettes dues à l'augmentation des impôts. Chéron se refuse à tout emprunt.

Paul-Boncour consulte les syndicats qui manifestent une violente opposition. Léon Blum fait observer qu'en période de crise il est vain de vouloir obtenir un équilibre rigoureux. Chéron finit par accepter l'éventualité de l'emprunt.

25 janvier

Il est trop tard, le ministère est renversé par 401 voix (socialistes et modérés) contre 171.

Le même jour, en Allemagne, von Schleicher, qui n'a pu faire adopter son plan financier ni obtenir d'Hindenburg une nouvelle dissolution du Reichstag, donne sa démission.

30 janvier

Hindenburg fait appeler Hitler qui devient chancelier du Reich.

31 janvier

Formation du premier ministère

Daladier. Celui-ci garde 15 députés ou sénateurs du précédent cabinet sur 23.

Il appelle quelques nouveaux, qui passent pour les « Jeunes Turcs » du parti radical : Pierre Cot, Frot, François Albert. Il confie les Finances à Georges Bonnet.

3 février

La France recense près de 400 000 chômeurs complets. Il y en a en réalité deux fois plus.

13 février

Daladier et Bonnet ont repris les projets financiers de Chéron en acceptant toutefois de ne résorber que la moitié du déficit budgétaire : majoration de l'impôt général sur le revenu, réduction du traitement des fonctionnaires.

20 février

Les fonctionnaires observent alors une grève d'une demi-heure.

27 mars

Mécontent d'y avoir été condamné pour avoir occupé la Mandchourie, le Japon quitte la Société des Nations.

avril

Avec plusieurs experts financiers, Herriot part pour les États-Unis, afin de rencontrer Roosevelt.

31 mai

Pour trouver des ressources nouvelles, le Parlement institue la Loterie nationale.

En outre, un emprunt permet à l'État de tenir jusqu'à la période des vacances.

7 juin

Pour parer aux périls qui s'amoncellent à l'Est, Paul-Boncour négocie avec Mussolini, Hitler et l'Angleterre, un pacte à quatre qui est signé à Rome. Ce pacte constitue un succès pour le Duce qui se croit déjà l'arbitre de l'Europe.

Mais la France a exigé que ce pacte soit rattaché aux conventions de la S.D.N.

Elle doit en outre rassurer les pays de la « Petite Entente » inquiets de cet accord des « Quatre Grands »

12 juin

Ouverture d'une conférence économique mondiale à Londres.

15 juin

La France décide de ne pas régler le montant de la nouvelle échéance dont elle est redevable au titre des dettes de guerre.

27 juillet

La conférence économique internationale de Londres s'achève. Elle n'a abouti à aucun résultat positif.

28-30 juillet

Déclin du sport : nos joueurs de tennis perdent la coupe Davis au bénéfice de l'Angleterre.

3-6 septembre

La mort de Georges Leygues, ministre de la Marine, oblige Daladier à remanier son cabinet. Le ministre des Colonies, Albert Sarraut, prend le portefeuille du défunt et est remplacé aux Colonies par Albert Dalimier.

Fidèles à leur idéologie nationaliste, les Croix de Feu viennent de s'incliner devant la tombe du maintenant dans l'avenue Foch. (Photo Keystone.)

Les syndicats ont pris une place prépondérante. Depuis que le droit syndical a été reconnu aux fonctionnaires, ceux-ci en usent habilement et parviennent, grâce à leur masse, à influencer les décisions du gouvernement.

Discrédité, le régime parlementaire est battu en brèche par les ligues.

En dehors de l'*Action française*, il n'existait guère de groupements et de ligues antiparlementaires dans les années qui suivent la guerre. Les *Jeunesses patriotes*, qu'anime Pierre Taittinger, se déclarent fidèles à la forme républicaine et réclament seulement, à l'exemple de nombreux Français, un pouvoir exécutif plus fort, un Parlement moins omnipotent. Elles interviennent rarement dans la rue, sauf au moment des élections pour assurer le service d'ordre aux réunions des candidats qu'elles soutiennent. C'est ainsi qu'en 1925 un groupe de *Jeunesses patriotes* s'est heurté, rue Damrémont, à un groupe de jeunes communistes et deux de leurs membres ont été tués. A partir de 1932, elles accentuent leur propagande et recrutent de nouveaux adhérents. On en compte plus de 30 000 à Paris et dans le département de la Seine.

Il existe des ligues nouvelles : les *Croix de Feu* et les *Briscards* se sont constitués en 1927. Ils ne réunissent alors que des anciens combattants ayant effectivement gagné leur « brisque » sur le front. Puis sont venus s'y adjoindre les *Fils et Filles des Croix de Feu* et les *Volontaires nationaux*. Leur président est, depuis 1931, le colonel de La Rocque, un très brillant officier qui a été attaché à l'état-major de Lyautey puis à celui de Foch après la guerre. Il a quitté l'armée en 1929. Il est certain que le mouvement du colonel de La Rocque a eu l'agrément et le soutien d'industriels et directeurs de journaux, d'hommes politiques comme Tardieu ou Laval. Le mouvement se veut nationaliste et social, tout en montrant une certaine défiance à l'égard des revendications ouvrières. Les *Croix de Feu* veulent que « cela change ». Mais ils n'indiquent pas expressément de quelle façon. Ils combattent le communisme (et

Soldat inconnu. La tête du cortège s'engage

c'est pourquoi certains industriels, hantés par la crainte d'un coup de force de l'extrême gauche, favorisent leur mouvement). Ils constituent une réserve en cas de troubles. Mais leur programme politique est faible. Ils n'ont avec eux aucun homme de gouvernement susceptible de prendre le pouvoir. D'autres ligues ont moins d'importance : le Francisme de Marcel Bucard deviendra bientôt un mouvement à la solde des dictatures voisines. Comme la Solidarité française, subventionnée par François Coty qui, après avoir fondé « l'Ami du peuple », s'est rendu acquéreur du « Figaro », ces groupements se calquent sur les organisations fascistes. Leurs membres ont un uniforme (chemise bleue, béret noir). Ils sont toujours prêts à se bagarrer, mais leurs effectifs ne dépassent pas, pour chacun d'eux, dix mille adhérents.
L'Union nationale des combattants se défend de faire de la politique. Elle veut plus de propreté dans les institutions et c'est pourquoi elle manifestera au cours des journées de février 1934.

septembre

A la nouvelle conférence du désarmement qui vient de se réunir à Genève, l'Allemagne exige l'application immédiate de l'égalité des droits en matière d'armement, ce qui eût abouti à une forte réduction de l'armée française. La France refuse.

24 octobre

Les mesures financières du gouvernement Daladier ont été insuffisantes. En cette fin d'année, le déficit budgétaire s'aggrave. Daladier propose d'opérer un nouveau prélèvement de 6 % sur les traitements et pensions. Il convient d'observer que le coût des denrées, en cette période de déflation, est en baisse. Il se heurte à la vigoureuse opposition des socialistes, dont une partie de la clientèle électorale se recrute parmi les fonctionnaires. Le ministère est renversé par 329 voix contre 241.

26 octobre

Albert Sarraut, frère du directeur de *la Dépêche de Toulouse*, met sur pied un cabinet où on retrouve la plupart des ministres précédents avec quelques nouveaux venus, comme Jean Mistler aux P.T.T., Georges Bonnet et Abel Gardey qui se partagent les Finances et le Budget.

5 novembre

Scission au sein du parti socialiste, formation d'un parti socialiste de France avec Marcel Déat.

12 novembre

En Allemagne, Hitler est plébiscité et obtient 95 % des voix.

L'AFFAIRE STAVISKY

Alexandre Stavisky. (Photo Roger-Viollet.)

Les escroqueries innombrables de Stavisky seraient restées dans le domaine des faits divers si ce chevalier d'industrie n'avait obtenu le concours de plusieurs hommes politiques, ce qui a transformé l'affaire en un vaste scandale et soulevé la colère des groupes et des ligues, menaçant le régime lui-même, suscitant l'écœurement de l'opinion publique.

D'origine russe, Alexandre Stavisky pratique depuis trente ans tous les genres d'escroqueries. Plusieurs fois condamné, arrêté en 1926, il dépiste souvent la police en changeant de nom.

En outre, il jouit de protections occultes, obtient la remise de son procès et, depuis 1927, sous le nom de M. Alexandre, mène grand train.

Avec une bande de complices, un ou deux députés, la protection de quelques hommes politiques, Stavisky a monté une merveilleuse affaire : celle

23 novembre

Albert Sarraut a repris en partie les projets de son prédécesseur : le prélèvement sur les traitements se fera sous forme d'une retenue supplémentaire de 4 % pour la constitution des pensions et une réduction équivalente des pensions d'ancienneté.

Le gouvernement accepte d'amender son projet dans un sens plus favorable aux petits fonctionnaires...

Ce qui ne l'empêche pas d'être renversé. Voici donc quatre ministères qui ont été balayés depuis le début de l'année. « La France est politiquement à gauche et financièrement à droite », observe un journaliste. Refusant de renoncer au libéralisme économique, le parti radical entraîne le pays vers la débâcle financière. Le mécontentement grandit dans l'opinion publique et parmi les anciens combattants groupés autour de la ligue des

des bons des Crédits municipaux. Les anciens monts-de-piété, pudiquement devenus les Crédits municipaux, prêtent sur gages. Pour se procurer des fonds, ils sont autorisés à émettre des bons à intérêts qui trouvent facilement preneur dans le public, puisque ces Crédits disposent en principe des gages que l'on vend quand les prêts ne sont pas remboursés. Ainsi Stavisky, avec la complicité du directeur du Crédit municipal d'Orléans qui a émis d'innombrables bons, a pu encaisser 44 millions. Un peu brûlé dans le chef-lieu du Loiret, il monte la même opération avec l'aide du maire de Bayonne, député radical-socialiste du nom de Garat, un directeur à sa dévotion, Tissier, et des démarches couronnées de succès auprès du ministre du Travail, Dalimier, et de celui du Commerce, Julien Durand. Le budget du Crédit municipal de Bayonne passe ainsi de 40 millions en 1931 à 100 millions en 1932. Garat trouve en Stavisky un homme toujours prêt à l'obliger financièrement, et de même Dubarry, journaliste véreux dont le journal « la Volonté » vit de chantage et de fonds secrets.

Aux élections de 1932, Dubarry et Stavisky font élire député à Paris Bonnaure, un de ces avocats qui vivent dans l'entourage de la bande. Grâce à Dalimier, Bonnaure parvient à faire placer des bons du Crédit municipal de Bayonne auprès des compagnies d'assurance en quantités aussi importantes que possible.

Stavisky médite même un coup plus fantastique sur le fonds agraire chargé d'indemniser les Hongrois dépossédés au traité de Trianon. Il pourrait se procurer ainsi plusieurs centaines de millions d'argent frais et rembourser les bons de Bayonne dont le découvert commence à devenir inquiétant. Mais il est trop tard. Le scandale éclate.

Croix de Feu. Le chômage s'étend, et le marasme industriel s'aggrave.

27 novembre

Camille Chautemps forme le cabinet après un échec d'Herriot. Il reprend à peu près les mêmes hommes, met Bonnet et Marchandeau aux Finances et au Budget.

Les mesures préconisées sont insuffisantes et risquent d'être appliquées trop tard.

12 décembre

Chautemps obtient enfin le vote par la Chambre des mesures financières, entre autres, un prélèvement modéré sur les traitements. Les socialistes ont quitté la salle des séances avant le vote et se sont abstenus.

24 décembre

Les journaux annoncent l'arrestation d'un certain Tissier, directeur

Depuis quelques années, le colonel de La Rocque, brillant combattant de la Grande Guerre, a fondé les « Croix de Feu » et rassemblé dans cette ligue beaucoup d'anciens soldats attachés à l'idéal de patriotisme et d'honnêteté. Son programme est imprécis, mais la présentation et l'organisation des réunions sont parfaites. Le voici devant un micro, entouré de drapeaux, se préparant à haranguer ses fidèles. (Photo Roger-Viollet.)

du Crédit municipal de Bayonne, accusé d'avoir émis 200 millions de faux bons de caisse.

30 décembre

On découvre que ce Tissier est complice d'un escroc fameux nommé Alexandre Stavisky.

C'est le début d'un grave scandale politico-financier.

1934, 3 janvier

Le directeur du Crédit municipal de Bayonne, Tissier, met en cause le député-maire de la ville, Garat.

Le scandale occupe maintenant la première place de tous les journaux.

7 janvier

Le Parlement n'étant pas en session, le député Garat ne bénéficie pas de l'immunité parlementaire. Il est arrêté. Il révèle le lieu où se cache Stavisky.

8 janvier

Au moment d'être arrêté dans une villa près de Chamonix, Stavisky se suicide... ou est suicidé.

9 janvier

A Paris, personne ne croit au suicide de Stavisky. La police l'a supprimé pour qu'il ne puisse pas parler. Son avocat n'était-il pas le propre frère du président du Conseil et le procureur général Pressensé, le beau-frère de celui-ci ?

A la Chambre, Philippe Henriot dénonce la collusion. Des groupes se réunissent devant le Palais-Bourbon. On crie : « Assassins, voleurs, à la porte ! »

10 janvier

Un journal ayant publié une lettre du ministre Dalimier, qui recommandait le placement dans le public des bons de Bayonne, « étant donné les avantages de sécurité qu'ils présentent », Dalimier doit démissionner.

11 janvier

Arrestation d'Albert Dubarry, directeur du journal *la Volonté*, accusé de complicité avec Stavisky.

12 janvier

Malgré une violente intervention d'André Tardieu et d'Ybarnegaray, la Chambre refuse de constituer une commission d'enquête. Nouvelles manifestations devant le Palais-Bourbon.

15 janvier

La Chambre vote la levée de l'immunité parlementaire du député Bonnaure.

16-27 janvier

Les bagarres se multiplient. Il faut faire protéger les abords du Palais-Bourbon par des gardes à cheval, ainsi que l'Élysée et le ministère de l'Intérieur.

Aux troupes des ligues patriotiques, Action française, Croix de Feu, Jeunesses patriotes, se mêlent les communistes qui réclament les Soviets partout.

Les bagarres se poursuivent jusqu'à l'Hôtel de Ville. On relève de nombreux blessés.

27 janvier

La démission du garde des Sceaux, compromis dans l'affaire, entraîne celle du cabinet Chautemps. Nouvelles et violentes manifestations dans la soirée.

31 janvier

Constitution du ministère Daladier. Il comprend surtout des radicaux-socialistes et quelques modérés. A l'Intérieur, Frot, considéré comme énergique.

3 février

Effectivement, celui-ci commence par frapper le préfet de Seine-et-Oise Bonnefoy-Sibour, le directeur de la Sûreté générale et même l'administrateur de la Comédie-Française sous prétexte que *Coriolan*, la pièce qu'il a montée, provoque chaque soir des manifestations contre le gouvernement. Chiappe refuse le poste de résident au Maroc qu'on lui offre. Le préfet de la Seine se solidarise avec lui.

4 février

Les ministres modérés démissionnent et sont remplacés par des radicaux.

5 février

Manifestations du Conseil municipal de Paris en faveur de Chiappe. Les émeutes deviennent de plus en plus graves.

6-7 février

Et c'est la journée d'émeutes du 6 février. Les décisions arbitraires du gouvernement ont soulevé l'indignation. Tous les journaux appellent les organisations politiques et les ligues à manifester le 6 février, jour de la présentation du cabinet Daladier devant la Chambre.

Le nouveau préfet de police a pris d'impressionnantes dispositions pour barrer l'accès du Palais-Bourbon et du ministère de l'Intérieur. Les stations de métro Concorde et Chambre-des-Députés ont été fermées. Les manifestants se massent sur les Champs-Élysées et dans le jardin des Tuileries qu'on a laissé ouvert. Vers 17 heures, la foule se lance à l'assaut aux cris de : « Vive Chiappe ! Assassins! Avec nous les agents! » La nuit tombe. Les gardes mobiles s'efforcent de dégager le pont. Une grêle de projectiles s'abat sur eux.

Cette foule est en grande partie composée de petits bourgeois, de commerçants, d'artisans écœurés par la politique. Mais voici les groupes d'anciens combattants qui foncent. Le feu est mis à un autobus qui s'est imprudemment engagé sur la place. Le chef des services de la police municipale fait sonner les sommations. Brusquement, les barrages cèdent. Des coups de feu claquent. Il y a déjà sept morts et une quarantaine de blessés. L'émeute est déchaînée.

A la Chambre, Daladier a lu la déclaration du gouvernement au milieu des interruptions, des cris : « Démission, démission — A bas les fascistes! » ripostent les communistes. Daladier annonce naturellement qu'on fera toute la lumière sur les scandales mais n'accepte que trois interpellations sur les dix-huit qui ont été déposées, et cette façon d'agir le fait traiter de dictateur. Les députés sont avertis de ce qui se passe sur le pont de la Concorde. Les foules se ruent sur la Chambre.

Puis on entend le claquement des coups de feu. Le député aveugle, Georges Scapini, se dresse :

« On se bat aux portes du Palais. On tire, Monsieur le Président, avez-vous donné l'ordre de tirer? Répondez! »

Daladier se tait. Ferdinand Buisson qui préside cherche à clore la discussion, à faire lever la séance.

Scapini : « C'est un gouvernement d'assassins! Qu'il s'en aille! »

Finalement, Daladier l'emporte par 343 voix contre 297. Mais, dehors, la situation s'aggrave de minute en minute. Une colonne d'anciens combattants, dirigés par Georges Lebecq, leur président, remonte vers le faubourg Saint-Honoré et est arrêtée à cent mètres de l'Élysée. En tête des émeutiers, des conseillers municipaux de Paris avec leur écharpe. Georges Lebecq est blessé. On se bat sur les Champs-Élysées. L'émeute se poursuit jusqu'à trois heures du matin.

Il y a eu vingt morts, plus de quinze cents blessés.

Dans la nuit, Daladier et Frot veulent faire venir la troupe, car la police parisienne n'est pas sûre. Le parti radical s'affole. Le 7, on apprend que Daladier a démissionné. Albert Lebrun, sur le conseil de Pierre Laval, téléphone à Tournefeuille où s'est retiré l'ancien président de la République et supplie Gaston Doumergue de quitter sa retraite et de venir former un cabinet d'union afin d'apaiser les esprits et éviter peut-être le pire.

Doumergue accepte et arrive à Paris le 8 au matin. Une foule nombreuse l'acclame à la sortie de la gare d'Orsay.

« La Femme au chapeau rouge », par Van Dongen (détail). Avec ce portrait, le peintre campe exactement la Parisienne des « années folles », à la bouche petite et rouge, aux yeux immensément agrandis par le maquillage. (Photos Top Réalités.)

Ce sont des Anciens Combattants sans armes qui criaient
"A BAS LES VOLEURS ! VIVE LA FRANCE "
que le Cartel a fait tuer le 6 Février 1934

ONT POPULAIRE

MOSCOU

**CE SONT LES
SOVIETS QU
TIRENT LES FICELLE
DU FRONT POPULAIR**

Le 6 février 1934, les manifestations des jours précédents tournent à l'émeute. Le service d'ordre réagit brutalement et de nombreux blessés sont évacués par leurs camarades, ci-contre. (Cabinet des estampes. B.N.) Un autobus flambe tout près de l'Obélisque, ci-dessous. (Photo Intercontinentale.)

Comme à chaque élection, les différents partis placardent leurs revendications, promesses et slogans: ici, la propagande des Républicains nationaux mettant en avant les souvenirs du 6 février et la crainte de l'influence soviétique, à gauche (Cabinet des estampes. Photo B.N.)

Cette flambée de colère était-elle dirigée contre la République? A l'exception des groupes d'Action française, les manifestants ne veulent pas renverser les institutions. Ce ne sont pas des « fascistes ». Ce sont d'honnêtes gens écœurés par la vénalité des politiciens. Ils ont trouvé un certain appui áuprès de la police, très attachée à Chiappe. C'est une réaction spontanée des Parisiens orchestrée par les ligues. Mais les conséquences sont graves. Mettant à profit ces émeutes, communistes et socialistes s'unissent en un « front commun » au cri de : « Le fascisme

Herriot, des radicaux et des modérés. Le maréchal Pétain a reçu le
portefeuille de la Guerre. Les socialistes sont exclus.

Le même jour, grandes manifestations communistes dans les quartiers
est de la capitale. La police riposte
durement. Il y a 8 morts et 300
blessés.

12 février

La grève générale de 24 heures
décrétée par la C.G.T. est diverse-
ment suivie. Si les services publics
(transports, électricité, gaz, téléphone) ne fonctionnent pas, on ne
compte que 50 % de grévistes chez
Renault, 60 % chez Citroën. Il y a
des bagarres en banlieue (quatre
morts et quelques barricades vite
détruites). La province ne suit pas
le mouvement, sauf en plusieurs
villes industrielles.

Communistes et socialistes défilent
côte à côte.

15 février

Malgré les interruptions et les
cris des députés communistes, Doumergue obtient un vote de confiance
au Parlement, 402 voix contre 125.

16 février

Deux commissions sont constituées
pour enquêter sur les événements du
6 février et les causes qui les ont
provoqués.

20 février

Sur la voie ferrée, près de Dijon,
on découvre le cadavre du conseiller
à la cour de Paris, Prince, qui devait
déposer devant une des commissions
d'enquête. Il semble probable qu'il
a été supprimé pour éviter des révélations.

*6 février 1934. Des Champs-Élysées à la
Concorde se produisent les heurts les plus
violents. Un instant de trêve : le cortège
des Anciens Combattants, calme et digne,
se dirige vers la rue Royale. (Photo Roger-
Viollet, haut et B.N., bas.)*

ne passera pas », ce front commun
qui deviendra le front populaire.

8 février

Riposte des communistes qui
manifestent à leur tour, brisent des
vitrines sur les grands boulevards
et annoncent une manifestation de
protestation et une grève générale.

9 février

Gaston Doumergue forme un cabinet d'union nationale avec Tardieu,

En réponse aux émeutes du 6 février, les journaux de gauche appellent les travailleurs à la grève et à une manifestation de masse sur le cours de Vincennes. Cette démonstration a lieu le 9 février et rassemble des effectifs assez considérables, sans toutefois atteindre l'importance de la manifestation de la droite. Des placards très violents sont ici brandis par la foule qui sera sévèrement contenue par un service d'ordre impitoyable. (Photos Cabinet des estampes. B.N., haut et Hubert Decaux, bas.)

SAMEDI 10 FÉVRIER 1934	# LE POPULAIRE	Le numéro : 30 centimes
17ᵉ ANNÉE — N° 4621	Organe du Parti Socialiste (S.F.I.O.)	ÉDITION DE PARIS

REDACTION ET ADMINISTRATION
9, rue Victor-Massé, 9 - Paris (9°)
Jusqu'à 20 heures : TRUDAINE **94-46**
Téléphone : A partir de 20 heures : TAITBOUT **47-10**
Adresse Télégraphique : NALPOPUL-PARIS
Directeur Politique : LÉON BLUM

Adrien Marquet de l'"Union Jean-Jaurès", ministre aux côtés de M. Tardieu, "l'aventurier", flétri par Jean Jaurès !

ABONNEMENTS
SERVICE DE PUBLICITE : 5, rue Saint-Augustin, PARIS
Téléphones : GUTENBERG 76-68 et 61-21, LOUVRE 47-28
Administrateur-Délégué : JEAN LEBAS

Travailleurs, contre le fascisme, cessez tous le travail lundi Venez en masse manifester Cours de Vincennes !

Gouvernement de Bloc National

Je ne veux pas m'arrêter aux détails, et c'en est un malgré tout que la présence de Marquet entre M. Tardieu et M. Flandin, ni ne veux revenir que l'essentiel, le Bloc National et sa constitution. Je dis le Bloc National et non pas l'Union Nationale, car il n'y a pas de salut sans un échec du peuple des travailleurs.

C'est la troisième fois au moins de quinze ans. Et, pour la seconde fois, la formation du Bloc National embrasse la revanche du terrain électoral.

En 1920, l'arme employée fut le désordre monétaire et la panique — provoqués l'un et l'autre par ceux qui les exploitaient.

En 1924, la coupe entre la volonté du suffrage universel, c'est-à-dire monté dans le rapport des grandes, de l'émeute de mardi et de ses suites dramatiques.

La réaction avait, bien entendu, mis en sujet les sensibilités et craintes à l'éveille, comme on le voit prévoir la fontaine électorale en assemblée le paysage.

Mais y intervient a lieu pour...

Au Peuple de Paris !

Lundi prochain, par une grève de vingt-quatre heures, la Confédération Générale du Travail appellera TOUT LE PROLETARIAT FRANCAIS à une protestation pacifique, mais ample et cohérente contre les dangers réels que font courir aux libertés publiques, aux droits ouvriers, au régime républicain lui-même, les tentatives de coup de force fasciste dont Paris a été le théâtre.

LE PARTI SOCIALISTE sera tout entier dans cette lutte.

Il a donné à ses organisations de province toutes instructions utiles pour assurer le plein succès de cette mobilisation prolétarienne.

A Paris, les Fédérations socialistes de la Seine et de Seine-et-Oise convoquent LUNDI à 15 HEURES, au Cours de Vincennes, les travailleurs de la région parisienne. Le cortège, formé sur le cours de Vincennes, se rendra place de la Nation.

Il y a trente-cinq ans, la population de la capitale était rassemblée aux mêmes lieux pour le triomphe de la République.

Aujourd'hui, c'est pour LA DEFENSE DE LA REPUBLIQUE.

RASSEMBLEMENT LUNDI

Contre les corrompus,
Contre les factieux royalistes et fascistes,
Pour les libertés publiques,
Pour les libertés ouvrières.

LA FEDERATION SOCIALISTE DE LA SEINE, LA FEDERATION DE SEINE-ET-OISE, LE GROUPE SOCIALISTE AU PARLEMENT, LA C.A.P. DU PARTI SOCIALISTE.

LE SOUFFLE DE LA PROVINCE

De partout, les nouvelles ne sont parvenues si précises et réconfortantes.

Le peuple veille.

Le peuple n'est pas dupe de certaines feintes...

22-28 février

Autorisé par le Parlement à prendre des décrets-lois (qui devront être ratifiés ensuite), Doumergue fait voter le budget de 1934.

7 mars

Au cours de sa déposition devant la commission d'enquête, l'ancien préfet de police, Jean Chiappe, accuse le ministre de l'Intérieur, Eugène Frot, d'avoir envisagé un coup d'État.

Le 10, Daladier proteste avec véhémence. La confrontation entre les deux hommes n'amène aucun résultat.

avril

La politique financière de déflation est poursuivie. Ministre des Finances et du Budget, Germain Martin voudrait réduire les traitements et salaires pour donner satisfaction à l'opinion publique qui trouve le nombre des fonctionnaires trop considérable. Il ne se rend pas compte que diminuer le pouvoir d'achat sous prétexte que les prix ont baissé, c'est atteindre la production intérieure, frapper les petites entreprises, les artisans, augmenter le chômage.

17 avril

L'Allemagne veut réarmer. L'Angleterre voudrait un désarmement général que la France refuse, car elle redoute la période des « classes creuses ».

13 mai

Au congrès radical, les députés compromis dans l'affaire Stavisky sont exclus du parti.

ET PENDANT CE TEMPS...

1930, 14 septembre
Aux élections allemandes, succès des communistes (77 sièges) et des nationaux-socialistes (107) au détriment des socialistes et du centre.

5 octobre
Grand défilé des Casques d'Acier *(Stahlhelm)* à Coblence.

1931, 12 février
Le pape Pie XI inaugure la station de Radio-Vatican en adressant une allocution au monde entier.

14 avril
Victoire des républicains aux élections municipales espagnoles. Abdication d'Alphonse XIII.

15 mai
Le pape publie l'encyclique *Quadragesimo anno* qui précise la doctrine sociale de l'Église.

24 août
En Angleterre, Macdonald, devant la crise financière, forme un gouvernement d'union nationale avec Baldwin.

25 octobre
Triomphe des conservateurs aux élections législatives anglaises. Le gouvernement de coalition continue.

1932, 31 juillet
Victoire des nationaux-socialistes aux élections législatives allemandes. Le parti d'Hitler remporte 230 sièges.

4 septembre
Von Papen dissout le nouveau Reichstag.

6 novembre
Aux nouvelles élections, les nazis n'ont plus que 196 sièges.

8 novembre
Franklin Roosevelt est élu président aux U.S.A.

12-26 juin

Bagarres dans diverses villes de province (Saint-Étienne, Lorient, Toulouse, Menton) à l'occasion de réunions des Croix de Feu du colonel de La Rocque; divers éléments de gauche cherchent à s'y opposer.

Un nouveau drame vient assombrir l'année
1934 : l'assassinat du roi de Yougoslavie
en visite officielle en France. Le 9 octobre,
Alexandre Ier vient de débarquer à Marseille.
Il est accueilli par le ministre des Affaires
étrangères, Louis Barthou. A bord d'une
voiture découverte, les deux hommes se
dirigent vers le monument aux morts de
l'armée d'Orient où le roi doit déposer une
gerbe. C'est alors que Petrus Kalamen,
membre de l'organisation croate des oustachis,
blesse à mort le roi et le ministre. On voit
ci-contre le colonel Piollet, qui escortait la
voiture, frapper de son sabre le meurtrier.
(Photos A.F.P. et Keystone.)

Ministre du cabinet
Daladier, Eugène
Frot fut violemment
pris à partie par les
journaux de droite et
accusé d'être respon-
sable de la tuerie du
6 février. L'ancien
préfet de police
Chiappe prétendra
même, le 7 mars,
qu'il avait envisagé
de sortir de la légalité
par un coup d'État.
(Photo Roger-Viol-
let, à gauche Cabinet
des estampes. B.N.
Photo Mondial, à
droite.)

18 juillet

Au cours des vacances parlementaires, Tardieu met en cause Camille Chautemps devant la commission d'enquête sur l'affaire Stavisky.

21 juillet

Cette déposition ayant provoqué un vif émoi dans les milieux radicaux, Gaston Doumergue revient précipitamment de Tournefeuille, où il se reposait, et s'efforce de rétablir la cohésion de son ministère de trêve. Il y parvient non sans peine.

25 juin

Autres bagarres à Paris et à Lyon entre participants à des réunions du front commun et Croix de Feu, ou Camelots du Roi. Il y a deux morts à Lyon.

28 juin

Au Parlement, Paul Reynaud préconise une dévaluation du franc.

27 juillet

Mort du maréchal Lyautey.

18 septembre

Au cours de sa session générale annuelle, la Société des Nations admet l'U.R.S.S., ce qui amènera un changement de tactique de la part du parti communiste français. Staline commence, en effet, à redouter les menaces nazies et il faut que la France soit en mesure de l'aider.

9 octobre

Depuis le printemps, le ministre des Affaires étrangères, Louis Barthou, cherche à resserrer nos liens avec les pays de la « Petite Entente » pour isoler l'Allemagne. Il s'est rendu à Varsovie, à Prague, à Bucarest, à Belgrade et accueille le roi Alexandre de Yougoslavie à Marseille. Les ennemis du roi, membres du groupe des oustachis séparatistes et pronazis, parviennent, par suite de la carence de la police marseillaise, à abattre à bout portant le roi et le ministre.

13 octobre

Le ministre de l'Intérieur, Sarraut, donne sa démission, il est remplacé par Marchandeau, maire de Reims. Laval devient ministre des Affaires étrangères.

2-3 novembre

Ces remaniements font apparaître les fissures du cabinet. Quand Doumergue présente son projet de réforme de la Constitution, qui comporte en particulier la possibilité pour le chef de l'État de dissoudre la Chambre sans avoir besoin de l'accord du Sénat, Herriot soutient que Doumergue tente une expérience de pouvoir personnel. Avec ses collègues radicaux, il démissionne.

Doumergue à son tour démissionne. Il n'a pas su profiter du prestige personnel qu'il avait en février pour réformer la Constitution vieillie de la République.

8 novembre

La trêve continue pourtant et, au nouveau gouvernement, dirigé par P.-E. Flandin, on retrouve Herriot et plusieurs radicaux. Flandin a en effet promis à Herriot de renoncer au projet de réforme constitutionnelle. Mais Tardieu ne reviendra pas au pouvoir. Poincaré vient de mourir. Le personnel politique se modifie. Laval garde les Affaires étrangères, Germain Martin, les Finances, Georges Mandel devient ministre des Postes qu'il va rénover et améliorer.

Le nombre des chômeurs est de 412 000. Il augmente de 15 000 par mois. La crise économique est loin d'être surmontée.

1935, 7 janvier

Poursuivant une politique de pactes avec les pays étrangers, pour neutraliser l'Allemagne, Pierre Laval signe avec Mussolini des accords franco-italiens tendant à garantir l'indépendance de l'Autriche. Par ailleurs, Laval abandonne au Duce 104 000 km² aux confins de la Libye et de l'Afrique équatoriale, en échange de quoi les privilèges des Italiens en Tunisie sont un peu réduits. Mais il ne semble pas que Laval ait laissé les mains libres à Mussolini en Éthiopie. Or le Duce songe à conquérir ce pays par la force.

13 janvier

Le plébiscite organisé en Sarre, selon les conventions du traité de Versailles, donne une majorité écrasante de 93 % en faveur de l'Allemagne.

15 mars

Chef d'état-major de l'armée depuis le 15 janvier, le général Gamelin s'inquiète de la faiblesse numérique des classes creuses (1935-1936-

Comme le prévoit le traité de Versailles, les habitants de la Sarre doivent, quinze ans plus tard, se prononcer par référendum sur le maintien du statut international ou sur leur rattachement à l'Allemagne. Une ardente propagande des nationaux-socialistes la fait opter pour cette dernière. Pourtant, près de dix pour cent de ses habitants se sont prononcés pour la nationalité française et près de 20 000 Sarrois émigreront. (Photos Südd-Verlag, Munich.)

Formé en 1935 et avant-dernier de la législature, le ministère Laval (ci-dessus) appliquera avec rigueur des mesures efficaces mais impopulaires. (Photo Keystone.)

1937). Flandin obtient du Parlement le vote de la prolongation du service militaire de dix-huit mois à deux ans. Paul Reynaud, acquis aux idées du colonel de Gaulle, préconise la constitution d'unités autonomes de chars cuirassés de combat. Le ministre de la Guerre lui réplique que la doctrine de l'état-major étant la défensive derrière l'imprenable ligne Maginot, de telles unités sont inutiles.

16 mars

Le lendemain, au mépris du traité de Versailles, Hitler rétablit le service militaire obligatoire en Allemagne.

11 avril

A Stresa, réunion d'une conférence entre la France, l'Angleterre et l'Italie.

Les trois puissances réaffirment leur volonté de préserver l'indépendance de l'Autriche et leur fidélité au pacte de Locarno.

La S.D.N. condamne formellement la dénonciation unilatérale des clauses du traité de Versailles par l'Allemagne, geste purement symbolique.

2 mai

A Moscou, Laval signe un pacte avec l'U.R.S.S. Mais il a supprimé la clause essentielle d'assistance mutuelle entre les deux pays, en cas d'agression contre l'un d'eux, de la part d'un autre État européen.

12 mai

Le front commun (radicaux, socialistes, communistes), qui ne cesse de se fortifier, remporte d'importants succès aux élections municipales, principalement dans la banlieue parisienne.

13 mai

Conséquences prévues : la crise économique et financière subit une nouvelle poussée. Le nombre des chômeurs augmente de 20 000 par mois. Le chiffre d'affaires d'un grand magasin parisien est tombé en six ans de 714 à 365 millions. Les prix agricoles restent plus élevés qu'ailleurs, mais ne sont maintenus artificiellement que par des subventions. L'or de la Banque de France fuit régulièrement et la cote des rentes françaises baisse.

14 mai

A Moscou, Laval a des entretiens avec Staline pour renforcer la coopé-

Ci-contre, au cours des entretiens de 1935, Pierre Laval et Staline. Ils vont signer un pacte qui n'aura aucune portée. (Documents Actualités Gaumont.)

En 1937, « Normandie » remportait le Ruban bleu après avoir traversé l'Atlantique Nord à la vitesse, alors incroyable, de 32,64 nœuds. L'année d'après, le paquebot anglais « Queen Mary » faisait mieux, enlevant à son tour le fameux ruban. Mais « Normandie » n'en laissa pas moins à tous ceux qui l'ont visité une impression incomparable de somptuosité. Long de 313,75 mètres, large de 36,40 mètres, il jaugeait 83 423 tonneaux, pouvait transporter 2 200 passagers et 1 300 hommes d'équipage. Il fut détruit, en 1942, dans le port de New York, par un incendie que l'on croit criminel. (Photothèque des Presses de la Cité.)

ration avec l'U.R.S.S. Celle-ci redoute de plus en plus le nazisme. Ainsi les communistes français veulent maintenant une armée française forte, et abandonnent leur antimilitarisme traditionnel.

31 mai

Pour tenter de juguler la crise financière, Pierre-Étienne Flandin demande à gouverner par décrets-lois. Affaibli par un grave accident de voiture qu'il a eu au début du mois, il défend mal son projet et est renversé par 353 voix contre 202.

3 juin

Le paquebot *Normandie* conquiert le ruban bleu, record de rapidité pour la traversée de l'Atlantique.

Président de la Chambre depuis 1927, Fernand Bouisson, un ancien socialiste, est chargé par Lebrun de former le cabinet. Il prend avec lui Edouard Herriot, Louis Marin et le maréchal Pétain, ministres d'État qui jouent le rôle de « potiches », et confie les Finances à Caillaux. Après avoir obtenu un premier vote de confiance...

5 juin

... il est mis en minorité et doit se retirer.

7 juin

Il appartient désormais à Pierre Laval de former un gouvernement décidé à prendre des mesures financières rigoureuses. Constituant un ministère de centre gauche, avec plusieurs députés ou sénateurs modérés, il va diriger pendant huit mois toute la politique intérieure et extérieure de la France et, par ses initiatives malheureuses, amener le triomphe du front populaire.

18 juin

L'Allemagne et la Grande-Bretagne signent un accord naval qui laisse à la première la possibilité d'avoir un tonnage égal à 33 % de la flotte britannique de surface et à 45 % pour les sous-marins. La France et l'Italie refusent de s'associer à cet accord.

14 juillet

Les radicaux, que la nouvelle politique communiste attire, se rallient en masse au front populaire.

A l'occasion du 14 juillet, une grande manifestation a lieu de la Bastille à la République. En réclamant : « Travail, Paix, Liberté », 500 000 personnes défilent et acclament Léon Blum, Thorez et Daladier (Herriot reste, pour sa part, réservé).

Le groupe de Vigilance des intellectuels antifascistes, la Ligue des droits de l'homme, les syndicats participent à la manifestation, qui constitue en quelque sorte l'acte de naissance du front populaire. Les chefs prononcent le serment qui doit rassembler tous les républicains antifascistes.

juillet-octobre

Pour sa part, Laval, mettant à profit la lassitude de l'opinion publique en face de l'impuissance parlementaire, gouverne par décrets-lois. Il a opté pour la politique de déflation. Par un premier train de décrets, il décide de diminuer toutes les dépenses de l'État de 10 %. Cette mesure s'applique aussi bien aux traitements des fonctionnaires qu'aux coupons de rente. Elle touche le secteur privé : les loyers, les salaires sont rognés de 10 %. Mais le prix des denrées ne suit pas. Les commerçants, qui ont subi de graves mécomptes, redoutant de ne pouvoir renouveler leurs stocks, maintiennent leur prix. En outre, les dépenses militaires augmentent considérablement. Les décisions de Pierre Laval auraient pu avoir des heureux effets à long terme. Or, le temps ayant manqué, les difficultés extérieures, les troubles intérieurs s'accroissent. Les décrets-lois Laval provoquent surtout le mécontentement des classes les moins favorisées.

De plus, Laval poursuit une politique de rapprochement avec l'Italie, de défiance à l'égard de l'Angleterre.

6-7 août

Violents incidents entre ligues de droite et front populaire à Toulon et à Brest.

15 août

Les Italiens manifestent de plus en plus clairement leur intention de conquérir l'Éthiopie qui est membre de la S.D.N. La concentration d'une flotte britannique en Méditerranée ne les trouble pas. A Paris, une conférence internationale tente vainement d'apaiser le conflit.

3 octobre

Les troupes italiennes commencent à envahir l'Éthiopie. C'est la revanche de l'échec cruel que l'Italie avait essuyé en ce pays en 1896.

Ci-contre, dessin de propagande lancé par le parti communiste pour protester contre l'augmentation des taxes sur l'essence. (Cabinet des estampes. Photo Biblio. nat.) Ci-dessous, la ville de Dessié (Éthiopie), le 20 décembre 1935, après un bombardement aérien. (Photo Associated Press.)

11 octobre

Ce conflit ne peut laisser la France indifférente; ce sont ses ingénieurs qui ont construit le chemin de fer d'Addis-Abeba à Djibouti. Elle entretient d'importantes relations culturelles avec l'Éthiopie. Sentimentalement, une grande partie de l'opinion publique est favorable au négus

Le Roi des Rois d'Éthiopie, Hailé Sélassié Iᵉʳ, défendra courageusement son trône et son peuple contre les attaques des Italiens. On le voit ici se préparant à passer en revue les troupes fidèles, mais insuffisamment armées et instruites, qui seront écrasées par la puissance du matériel moderne. (Cabinet des estampes. B.N. Photo Rol.)

Une autre partie prend la défense de l'Italie, celle-ci suivant la politique coloniale de la France et de l'Angleterre en Afrique.

Mais l'Éthiopie n'a pas besoin d'être colonisée.

Cependant la S.D.N. se contente de constater que l'Italie est l'agresseur et conseille de lui appliquer des sanctions économiques (article 16 du pacte). Laval les applique fort mal.

4 novembre

Devant les assises de la Seine s'ouvrent enfin les procès des complices de Stavisky. Les commissions d'enquête se sont contentées de voter des blâmes aux députés compromis. Les jurés de la Seine acquitteront onze des inculpés. Tissier sera condamné à sept ans de travaux forcés, les autres comparses à des peines de prison.

29 novembre

Au cours d'un débat d'ordre financier à la Chambre, Paul Reynaud condamne la politique de déflation, génératrice de récession économique, et préconise la dévaluation du franc.

LE PROGRAMME DU FRONT POPULAIRE

Aisément unanimes contre les dictateurs, les associés du front populaire, de la gauche unie, ont eu plus de peine à rédiger, avant les élections générales, un programme commun. Assez curieusement les communistes, qui voulaient à tout prix aboutir, se déclarèrent prêts à toutes les concessions que réclamait le parti radical, et ce fut surtout avec les socialistes que les discussions se révélèrent âpres et difficiles.

Sur le plan politique, on se mit aisément d'accord pour demander la dissolution des ligues d'extrême droite, la défense de l'école laïque (que nul à cette époque ne songeait à attaquer), celle des droits syndicaux, la publication des bilans de la presse quotidienne afin de connaître quels intérêts se cachaient trop souvent derrière certains organes.

Sur le plan économique, l'accord fut plus malaisé ; la réforme de la Banque de France, dont le conseil des régents était soumis à l'in-fluence des deux cents plus gros actionnaires, « les deux cents familles », fut volontiers adoptée. La lutte contre les deux cents familles devint un des thèmes préférés du front populaire. Mais la formule « ni déflation ni dévaluation » posait des problèmes difficiles à résoudre. Au fond, les radicaux restaient attachés à la vieille politique libérale et hostiles à un dirigisme économique. Pour leur complaire, les dirigeants du front populaire se contentèrent de préconiser un programme de grands travaux, la création d'un fonds de chômage, la réduction de la durée du travail (semaine de quarante heures), tous articles qui n'avaient rien de révolutionnaire, ni même de proprement socialiste puisque c'était le plan appliqué par Roosevelt aux États-Unis pour juguler la crise. Entre ce libéralisme radical et le dirigisme socialiste, les divergences allaient plus tard s'accuser.

27-29 novembre

Laval et Samuel Hoare, ministre britannique des Affaires étrangères, ont préparé un plan destiné à mettre fin au conflit éthiopien : les deux tiers du pays seraient cédés à l'Italie. L'empereur Hailé Sélassié conserverait son trône et le reste. La divulgation de ce plan, par une indiscrétion, soulève une vive émotion en France et en Angleterre. Sir Samuel Hoare démissionne et est remplacé par Anthony Eden. Interpellé par Paul Reynaud à la Chambre, Laval n'obtient qu'une faible majorité.

1936, 10 janvier

Le comité du Rassemblement populaire publie son programme.

Les communistes, les socialistes et les radicaux ont fini par se mettre d'accord.

12 janvier

Publication de la loi autorisant le gouvernement à dissoudre des ligues

« Lolotte » par Modigliani. (Musée d'Art moderne. Photo H. Josse.)

par simple décret pris en Conseil des ministres.

19 janvier

Le comité exécutif du parti radical, condamnant la politique extérieure de Laval, invite les ministres radicaux à quitter le gouvernement, ce qui entraîne la démission du ministère trois jours plus tard.

24 janvier

Albert Sarraut forme un ministère de concentration républicaine (radicaux et républicains de gauche, à l'exclusion des modérés). C'est un ministère de transition, destiné à attendre les élections.

13 février

A la suite d'un attentat commis par les Camelots du Roi sur Léon Blum, au cours des obsèques de Jacques Bainville, le gouvernement dissout la ligue d'Action française et les Camelots du Roi.

27 février

La Chambre des députés ratifie le pacte franco-soviétique.

6 mars

Au congrès de Toulouse, les syndicalistes de la C.G.T. et de la C.G.T.U. votent la réunification des deux centrales.

7 mars

Hitler claironne qu'il dénonce le pacte de Locarno et donne à ses troupes l'ordre de réoccuper la zone rhénane. Il propose en outre la création d'une zone démilitarisée entre la Belgique, la France et l'Allemagne.

Que va faire le gouvernement faible et apathique de Sarraut? Celui-ci peut bien déclarer : « Jamais je ne laisserai les flèches de la cathédrale de Strasbourg sous le feu des canons allemands. » Simple manifestation verbale. Le grand état-major hésite à lancer plusieurs divisions sur la Rhénanie, et pourtant il est probable qu'en ce cas Hitler aurait cédé, car son armée est bien loin d'être forte : mais l'Angleterre se tient sur une nette réserve. Le gouvernement se contente de condamner l'attitude d'Hitler devant le Parlement et de porter l'affaire devant la S.D.N.

19 mars

Et celle-ci se prononce pour une condamnation morale de l'Allemagne. Hitler a gagné son premier combat.

7 avril

Ouverture de la campagne électorale.

Les communistes se veulent rassurants. Ils tendent la main aux catholiques et même aux anciens combattants devenus Croix de Feu. Ils prêchent le bien-être, la liberté, la paix.

Le centre des républicains nationaux qu'anime Henri de Kérillis, directeur de l'Écho de Paris, mène campagne contre le front populaire et dénonce la collusion des radicaux et des communistes. Ceux-ci

« Le rêve » par Chagall. (Musée d'Art moderne. Photo H. Josse.)

Adolf Hitler, dont les qualités de tribun galvanisent les foules, est devenu l'idole du peuple allemand. En violation du traité de Versailles, il décide la remilitarisation de la Rhénanie. On voit, à droite les soldats allemands traversant le Rhin pour en réoccuper la rive gauche, le 7 mars 1936. (Photos Südd-Verlag, Munich.)

répliquent : « Pour l'ordre, votez communiste! »

La campagne est d'une extrême ardeur. Les affiches se multiplient sur les murs. Rarement on a atteint un tel climat de passion, ce qui explique le nombre élevé des votants : 85 %, le plus fort pourcentage depuis 1914.

26 avril-3 mai

Et, tandis que l'Italie achève la conquête de l'Éthiopie, s'emparant d'Addis-Abeba, obligeant l'empereur Hailé Sélassié à se réfugier à Londres, la France vote : c'est la victoire incontestable du front populaire. Avec 149 élus (et 27 apparentés),

1933, 31 janvier
Hitler devient chancelier du Reich.

3 février
Hitler dissout le Reichstag.

28 février
Incendie du Reichstag. Le geste sera attribué aux communistes qu'Hitler pourra ainsi éliminer.

mars
Hitler abolit la Constitution de Weimar. Après les élections, le Führer, qui a obtenu une majorité écrasante, se voit octroyer les pleins pouvoirs.

14 octobre
L'Allemagne annonce qu'elle se retire de la conférence du désarmement et de la S.D.N.

1934, 28 juin
A Venise, entretien entre Hitler et Mussolini. Ce dernier reste opposé à la réunion de l'Autriche à l'Allemagne.

30 juin
La « nuit des longs couteaux » permet à Hitler d'éliminer tous ses adversaires.

25 juillet
Assassinat du chancelier Dollfuss à Vienne et échec d'un putsch. La tentative d'Anschluss échoue, Mussolini ayant envoyé des troupes sur la frontière du Brenner.

2 août
Mort du maréchal Hindenburg. Hitler devient chancelier du Reich et chef de l'État.

1935, 15 novembre
Aux élections législatives anglaises, écrasante victoire du parti conservateur de Baldwin.

1936, 16 février
Triomphe du *Frente popular* aux élections en Espagne.

le parti socialiste obtient le plus grand nombre de sièges. Les radicaux sont 111, les communistes 72. L'opposition (modérés et droite) n'a que 222 élus.

Le front populaire prend donc le pouvoir.

Des années folles

aux années troubles

Allongé sur un trottoir, l'homme fumait une cigarette dont le bout rougeoyait à travers la nuit opaque d'un Paris insolite.

Un agent accourut, bâton levé :
— Voulez-vous éteindre votre cigarette !

La réponse jaillit, d'une voix goguenarde :
— J'peux pas, j'suis mort.

Ce soir-là — un soir de 1938 — Paris jouait à la guerre. Répétition générale ! La « défense passive » mettait au point des méthodes

conçues minutieusement. Lumières pourchassées, ambulances jettant dans la nuit l'éclat de leurs nickels neufs, courses essoufflées d'équipes héroïquement casquées.

Sur les trottoirs, des clochards complaisants incarnaient les morts

La population rurale a ressenti particulièrement les effets de la guerre. Bien souvent ne demeurent attachés à la terre que de très jeunes et un aïeul, trop âgé pour avoir été mobilisé. Aussi les femmes collaborent-elles avec courage aux travaux des champs. (Photo Roger-Viollet.)

d'une attaque aérienne supposée. Le bout de la nuit, pour eux, serait une bonne soupe et un morceau de saucisson.

C'était la fin d'une époque. Un personnage de Jean Sarment s'écriait dans une pièce périodiquement reprise :

— Tout ça ce sont des histoires d'entre-deux-guerres.

Cela avait duré vingt ans.

Vingt années durant lesquelles la France s'était cherchée sans se retrouver. Vingt années sur lesquelles s'interroge l'historien. Les contemporains n'ont pas compris. Et nous, devant tant d'incohérences, nous avons peut-être plus de mal encore à comprendre.

Il faut songer à ce que fut l'après-guerre. L'immense soulagement, la fin du cauchemar. Le retour de millions d'hommes dans leur foyer. Le délire de joie tempéré par les larmes : on n'oubliait pas ceux qui ne rentreraient jamais. Mais, logiquement, un terrible appétit de vivre. Réaction normale et prévue : le Directoire après la Terreur. En 1920, comme en 1795, Paris et la France dansèrent. Musiques nouvelles, rythmes inconnus : rag-times, blues, one-step, tangos. La capitale compta deux cents « instituts de danse ».

Ce fut le Paris du *Bœuf sur le toit* où Cocteau conduisait Radiguet, où Doucet au piano jouait du jazz en lisant un roman policier. Paris des *Arts Décoratifs*, le cubisme à la portée de tous. Paris du charleston et des mots croisés. Tristan Bernard donnait cette définition : « Vide les baignoires et emplit les lavabos. » Le mot était : « entracte ».

Les femmes portaient la robe au genou, le cheveu coupé court : on disait *à la garçonne* et on trouvait cela audacieux. Mistinguett chantait la gloire de la belote qui pénétrait jusque dans les salons du faubourg Saint-Germain. Pitoëff imposait Pirandello à Paris. Freud était à la mode, sans que la plupart de ceux qui en parlaient y comprissent grand-chose.

Paris, surtout de la jeunesse. En 1925, une génération nouvelle s'épanouissait. Elle était d'Action Française ou communiste. Extrémiste en tout cas. Extraordinairement studieuse — et sérieuse. Une khâgne de Louis-le-Grand réunissait en une seule année Robert Brasillach, Roger Vailland, Thierry Maulnier et Maurice Bardèche.

Maulnier émerveillait Brasillach ; ce dernier prétendait que si l'on demandait à Maulnier : « Qui a éteint quoi ? », il répondait aussitôt qu'il s'agissait de l'extinction du feu sacré par Théodose en 496. Cette jeunesse se reconnaissait en un goût commun : celui du cinéma muet. Les salles spécialisées — Ursulines, Ciné-Latin, Vieux-Colombier — suscitaient l'enthousiasme des garçons et des filles de vingt ans. *Le Cuirassé Potemkine*, interdit, passait à huis clos devant des publics délirants. L'annonce du *parlant* fut pour beaucoup un déchirement. Certains jurèrent de ne plus franchir le seuil d'un cinéma.

Mais cette jeunesse ne représentait qu'un seul aspect de la vie française. Celle-ci, comme toujours, était parcourue par une infinité de courants où il faut chercher les dominantes.

L'analyse de l'après-guerre ne peut négliger ce qu'on a appelé si justement « la saignée » de 1914-1918. Le pays a perdu 27 % des Français mâles de dix-huit à vingt-sept ans, presque un sur trois. Sur l'ensemble de la population active, cent cinq personnes sur mille sont mortes. On obtient un total de 1 900 000 morts (soldats et civils).

Ont survécu 600 000 invalides, 60 000 amputés.

Donc, logiquement, au lendemain de la guerre, on se marie beaucoup. Cette nuptialité optimiste se prolongera jusqu'à la période 1936-1939. Alors, on ne comptera plus que 271 000 mariages par an contre 380 700 en 1921-1925. La raison ? Les « classes creuses » de la guerre arriveront à l'âge du mariage. Même phénomène pour la natalité. Les naissances atteignent 834 000 en 1920, mais tout de suite elles fléchissent. On enregistre 770 000 naissances par an entre 1921-1926. La moyenne s'abaisse à 618 000 entre 1936-1939. A la veille de la Seconde Guerre mondiale, la France sera en voie de dépeuplement, les décès l'emportant sur les naissances. Dès 1935, elle perd 18 000 habitants par an, alors que l'Allemagne en gagne 453 000. Ce sont les classes aisées qui ont le moins d'enfants. Les professions libérales fournissent le plus grand nombre de familles sans enfants.

La population urbaine a finalement dépassé la population rurale. Lors du recensement de 1936, on compte dix-sept villes de plus de 100 000 habitants et 867 de plus de 5 000. Elles regroupent 19 638 000 habitants contre 14 350 000 avant la guerre. Pour pallier les insuffisances de la population, pour résoudre les problèmes de main-d'œuvre, on a fait appel à l'immigration. Les étrangers travaillant en France sont 2,4 millions en 1926 ; 2,7 en 1931 ; 2,2 seulement en 1936. On a accordé environ 500 000 naturalisations.

L'après-guerre, ç'avait été aussi le pays en partie détruit, les régions du Nord et de l'Est ravagées, 6 000 km de voies ferrées et 52 000 de routes hors d'usage, la moitié de la flotte marchande disparue.

Indiscutablement, l'effort de la

Ci-dessus, une installation industrielle vers 1920 : l'usine de produits chimiques de Montereau. Ci-dessous, deux mineurs. (Photos Roger-Viollet.)

reconstruction avait porté très vite ses fruits. En un temps record, la situation avait été redressée. Dès 1924, la production de charbon est la même que celle d'avant-guerre. En 1930, la France est le premier producteur européen de fonte. Elle est le second producteur de fer, le premier de bauxite, un des premiers de potasse. Elle occupe le quatrième rang mondial pour l'industrie du coton, le cinquième pour l'industrie de la soie. Elle est le premier exportateur de lainages. La production électrique double entre 1913 et 1931. Égal progrès pour l'industrie automobile : 120 000 voitures circulaient en 1913, 1,7 million en 1931. De même pour l'aéronautique : la France vend des avions en Roumanie, Tchécoslovaquie, Pologne. Les

industries chimiques et électriques se révèlent particulièrement actives. La métallurgie fournit en 1929 10 441 000 tonnes de fonte, et 9 666 000 d'acier.

Malgré tout, le matériel reste trop souvent archaïque. On est stupéfait de constater que, en 1931, sur 562 000 établissements industriels, 69 % n'ont pas l'électricité, et 73 % pas de force motrice.

Une industrie prospère, un relèvement rapide — pourtant un profond malaise. Il ne fera que s'accroître jusqu'en 1936. Pourquoi ?

De bonne foi on avait cru que l'état de vainqueur ferait disparaître tous les problèmes. La France avait pendant quatre ans accumulé d'immenses dettes. La production de guerre n'avait pu être financée que par l'inflation. Les Français ne s'en alarmaient guère : « L'Allemagne paiera. » Les traités avaient, en effet, prévu que l'Allemagne verserait d'énormes indemnités de guerre. Elle n'avait pu y faire face et, d'ailleurs, n'avait jamais envisagé de le tenter. Elle courait vers la banqueroute et s'y jetait tête baissée. Décidément, ce n'est pas d'outre-Rhin que viendrait le règlement des problèmes financiers français. On peut lire dans notre chronologie l'évocation de l'obsession du pays, nostalgique de la stabilité d'avant-guerre, s'épuisant à tenter l'impossible restauration de ce qui n'existait plus. On crut de bonne foi à la stabilisation définitive sous Poincaré. Le franc à quatre sous, c'était toujours quelque chose ! Or, la crise mondiale, née à Wall Street en 1929, allait déferler sur le monde. L'indice de la production industrielle passa de 100 en 1928 à 56 en 1932. De 1909 à 1935, l'indice moyen des revenus va passer de 100 à 70. En 1935, la France comptera officiellement 465 000 chômeurs, mais

il faut penser, avec Georges Lefranc, que le chiffre réel avoisinait le double : « La crise a atteint surtout les chômeurs, les salariés dans leur ensemble, les commerçants et les artisans, les paysans par la mévente de leurs produits, les fonctionnaires à la suite de la politique de déflation suivie par les gouvernements. »

Par rapport à l'avant-guerre, la condition de vie des ouvriers s'est pourtant améliorée. Ils ont plus de loisirs, peuvent s'intéresser aux sports ou au cinéma, consommer davantage de viande ou de sucre. Leur habillement se rapproche de plus en plus de celui des bourgeois, ils abandonnent volontiers les travaux pénibles aux travailleurs immigrés. Ce qui demeure, c'est l'insécurité de l'emploi, c'est le problème des conditions de travail, l'automatisation, la déshumanisation. Comme le note Robert Mandrou, la rationalisation menace à la fois l'équilibre psychique et physique des ouvriers. Par ailleurs, certaines branches de l'industrie et du commerce demeurent très en arrière en ce qui concerne les salaires. Enfin, pour la plupart des ouvriers, continue à se poser le problème du logement, surtout dans les grands centres. A Paris, en 1925, 400 000 ménages vivent dans une seule pièce, et 350 000 personnes habitent à l'hôtel.

De plus en plus, le fossé s'est creusé entre le monde ouvrier et la bourgeoisie. Celle-ci, par un réflexe hérité du XIXe siècle, éprouve surtout de la méfiance pour ceux qui travaillent de leurs mains. On accuse les ouvriers d'être aux ordres de Moscou, position trop souvent confortable pour refuser des augmentations de salaire. Pendant de longues années, le patronat français a refusé avec indignation toute réforme d'ordre social, notamment les congés payés. Ce combat de retardement s'est retourné contre ceux qui le livraient. Pierre Gaxotte a lucidement souligné cette « vilaine habitude des patrons de se laisser arracher ce qu'ils pourraient donner de bonne grâce ». Cette situation économique et sociale explique, avec la crainte du fascisme, le front populaire de 1936.

Elle nous semble à la fois très près et très loin de nous, cette société de l'après-guerre.

Avant tout, elle reste toujours divisée en classes bien délimitées, mais, du fait de la guerre, les frontières ont tendance à s'abaisser. Le Monde monolithique de l'avant-guerre a perdu sa cohésion morale. Il s'est ouvert à de nouveaux personnages, aux « nouveaux riches », souvent profiteurs de guerre, aux écrivains, poètes ou musiciens. Ce Monde-là, sans qu'il s'en rende compte, ne fait que se survivre. L'autre tourmente le balaiera définitivement. Déjà, horrifiant les douairières, de jeunes nobles d'anciennes familles « travaillent ». Leur épouse elle-même se tourne vers la couture ou les produits de beauté. La grande courtisane, elle aussi, est en voie de disparition : les femmes du Monde sont plus libres et font par leur comportement douter de la nécessité de l'amoureuse tarifée. Et, ce qu'il ne faut pas négliger, l'homosexualité se révèle plus ouvertement pratiquée.

C'est toujours le Monde, en revanche, qui lance la mode. Les deux sexes sont allés vers la simplicité. Pour les hommes, adieu au haut-de-forme, à la redingote, à la canne. Le smoking a remplacé l'habit, le pyjama a pris la place de la chemise de nuit et le caleçon court a tué le caleçon long. Le complet-veston triomphe. On ne porte plus guère de barbe, seulement une moustache réduite ou, même, pas de moustache du tout.

Mode singulière que celle des « années folles », qui transforme la femme et la libère sans, pour autant, la mettre en valeur. Ci-dessus, une robe en moire, sans manches et découvrant le mollet (vers 1920). (Archives Lipnitzky.)

Deux audacieuses en costume de bain et... chapeau cloche en 1925. (Photo Roger-Viollet.)

Pour les femmes, adieu aux frous-frous et aux corsets en forme de carcans. On en est à la combinaison, au soutien-gorge. Les robes, en tissu souple, s'arrêtent au mollet. On porte des chapeaux « cloches ». Vers 1925, voici plus d'audace encore. Les femmes n'ont plus de hanches, de poitrine, de fesses. Elles portent des robes-sac, des robes-chemise, de crêpe ou de jersey pour la journée, lamées et décolletées le soir. Révolution : la robe s'arrête au genou. Mais, vers 1928, la robe s'allongera de nouveau.

Évolution encore, dans la coiffure. Le cheveu court est apparu vers 1920, mais ne s'est répandu que très lentement. Vers 1925, la nuque est rasée et les lèvres sont saignantes.

La bourgeoisie, elle aussi, a été atteinte par la guerre. Elle qui avait connu, depuis le XIXᵉ siècle, un règne absolu, voit sa toute-puissance remise en doute. Et d'abord à ses propres yeux. Avant tout, elle est atteinte dans ses revenus et dans son capital. C'est comme si on la découpait toute vive. Les rentes d'avant-guerre ont nominalement conservé leur valeur. Mais les francs dans lesquels elles sont libellées ne valent plus que quatre sous. Beaucoup de rentiers ont été ruinés. Les porteurs des fonds russes, eux, doivent renoncer à la totalité de leur avoir. Aussi les emprunts, auxquels la bourgeoisie française souscrivait naguère avec tant d'empressement, ne trouvent plus guère de preneurs. Ceux qui possèdent des valeurs doivent surveiller de près la Bourse, s'ils ne veulent pas se réveiller ruinés. C'est de cette époque que date le grand succès des feuilles boursières et financières.

Traditionnellement, la bourgeoisie reste attachée au travail : les oisifs sont très rares, les « rentiers » disparaissent. Les sommes rapportées par la profession ont plus d'importance désormais pour une famille que les héritages ou les dots.

Le train de vie s'est modifié, simplifié. On a réduit le nombre des domestiques. On reçoit moins, les menus s'allègent. Mais on donne libre cours à une vraie soif de distractions. On a de plus en plus de voitures, on découvre la joie des week-ends, des vacances. A partir de 1931, les grands hôtels restent ouverts, l'été, sur la Côte d'Azur. Les sports d'hiver commencent à être appréciés. Les théâtres, les cinémas, les restaurants regorgent d'une clientèle surtout bourgeoise. Les jeunes filles s'habillent désormais comme leur mère. Elles se poudrent, se fardent parfois, elles fument, boivent des cocktails. Mort définitive de l'oie blanche. Les garçons sont reçus dans les familles, comme des camarades, même s'il s'agit de « flirts ».

La jeune fille passe maintenant son baccalauréat, et parfois un diplôme supérieur. Souvent, elle travaillera.

Ce qui subsiste du règne de la bourgeoisie, c'est l'attirance qu'elle exerce toujours sur ceux qui n'en font pas partie. Insensiblement, des fils de prolétaires se glissent dans la bourgeoisie. Moyen et but. Jacques Chastenet, à qui l'on doit une admirable analyse de l'époque, estime qu'entre les deux guerres il y a peut-être un million de bourgeois de plus qu'avant-guerre.

Une classe en expansion, indiscutablement, c'est la classe ouvrière. En 1913, les ouvriers étaient en France 7 490 000. En 1931, ils sont 8 400 000, dont 2 270 000 femmes. Parallèlement, les agents subalternes des services publics et les employés de commerce sont passés de 2 060 000 à 2 800 000, dont 1 190 000 femmes.

Au sein des entreprises, les ouvriers qualifiés rejoignent les em-

Le charme d'une soirée entre amis autour d'une table recherchée, chez le couturier Poiret que l'on reconnaît au centre. (Archives Lipnitzky.)

Monde disparate que celui de la classe ouvrière où une aisance relative côtoie souvent la misère la plus sombre. Ci-contre, un groupe d'ouvriers photographiés devant leur usine, vers 1930. (Photo Roger-Viollet.)

Un aspect de la vie parisienne vers 1925. L'évolution des véhicules automobiles qui, ici, encombrent l'avenue de l'Opéra. Parmi ceux-ci, les vieux autobus à plate-forme dont le modèle survivra à la Seconde Guerre. (Cabinet des estampes. Photo Bibliothèque nationale.)

ployés de commerce dans une recherche de stabilité et de sécurité. On les retrouve souvent au parti socialiste. Mais, à côté d'eux, les entreprises emploient de plus en plus d'ouvriers non qualifiés, venus de la campagne, de la province ou de l'étranger. Eux sont en butte à une véritable insécurité de l'emploi. Ils se sentent les victimes de la société et accueillent avec faveur le programme communiste.

Cette double orientation du monde ouvrier se retrouve dans le syndicalisme. Celui-ci a suivi l'évolution des partis politiques de gauche. Il n'y avait, avant le congrès de Tours de 1920, qu'une seule et puissante C.G.T. Quand le parti socialiste se divise en parti communiste et en parti S.F.I.O., la centrale syndicale éclate. La rupture durera de 1921 à 1936. A la veille du front populaire, la fusion se fera de nouveau.

Il ne faudrait pas négliger la fondation, en 1919, de la C.F.T.C. (Confédération Française des Travailleurs Chrétiens). Si le nombre de ses adhérents demeurera toujours limité, son influence morale ne cessera de se faire sentir.

Sous l'influence du mouvement syndical, la législation a amélioré la condition des travailleurs. La loi du 25 mars 1919 définit le statut juridique des conventions collectives, celle du 23 avril décide la journée de travail de huit heures, ceci pour tous, sauf pour les travailleurs agricoles et à domicile. La loi du 1er mars 1921 interdit la majoration des loyers. On voit naître également, pour certaines catégories, les assurances sociales et les allocations familiales.

Les paysans ont beaucoup souffert de la guerre. Numériquement, leur classe est la plus touchée. Ceux qui habitaient la zone des combats ont

« Le Petit Parisien » s'enorgueillit d'avoir « le plus fort tirage des journaux du matin ». (Département des périodiques. Photo Bibliothèque nationale.)

Malgré un passé glorieux, « la Presse » d'Émile de Girardin manque de lecteurs et disparaît en 1935. (Département des périodiques. Photo Bibliothèque nationale.)

retrouvé leurs maisons en ruine, leurs exploitations souvent anéanties. Beaucoup, avec courage, se remettront au travail. Mais d'autres, souvent poussés par leur femme, émigreront vers la ville. Les salariés agricoles préféreront devenir simples manœuvres dans l'industrie, où les horaires sont moins pénibles. Par voie de conséquence, l'agriculture, entre les deux guerres, va manquer de bras. Le Sud-Ouest est particulièrement atteint. Par ailleurs, l'agriculture française ne s'est pas adaptée au machinisme. Les régions du Massif Central, du Sud-Ouest, de la montagne, continuent à cultiver de tout, à élever un bétail qui sert à tous les usages, à pratiquer surtout une agriculture de subsistance. Le prix de la vie a augmenté plus que les prix agricoles, d'où un malaise de plus en plus généralisé.

Cette classe perd ses caractéristiques d'avant-guerre : abandon des costumes régionaux, des blouses. Les vêtements se rapprochent de ceux des ouvriers. On oublie les patois au profit du français. On lit le journal, on mange plus de viande, on boit du café. Mais le logement ne s'améliore pas. Ni confort ni hygiène souvent. Bien des exploitations n'ont pas encore l'électricité ni l'eau courante.

L'alcoolisme fait de nouveaux ravages. Dans maintes régions, la fréquentation religieuse est en baisse.

Indiscutablement, l'un des phénomènes de l'entre-deux-guerres est la place que prend la presse dans la vie des Français. Le nombre des lecteurs s'accroît considérablement. Les grands quotidiens améliorent leur technique, utilisent de nouveaux caractères, publient désormais de nombreuses photos. Le bélinogramme permet de reproduire les clichés à distance. On multiplie

Dans la ligne de Jean Jaurès, son fondateur, « L'Humanité » reste à la pointe du combat social. (Département des périodiques. Photo Bibliothèque nationale.

« L'Écho de Paris » dispute à « l'Action française » une clientèle réactionnaire et conservatrice. (Département des périodiques. Photo Bibliothèque nationale.)

« Pensée » par Maurras, « gueulée » par Daudet, « l'Action française » est le fer de lance des royalistes. (Département des périodiques. Photo Bibliothèque nationale.)

Dirigé par Jean Longuet puis par Léon Blum, « le Populaire » est l'organe du parti socialiste. (Département des périodiques. Photo Bibliothèque nationale.)

les grands reportages. Le public est alors informé sur-le-champ, et abondamment, des grands événements du monde : troubles et famine en Russie, inflation allemande, montée du fascisme en Italie, arrivée d'Hitler au pouvoir, la guerre d'Espagne, la guerre sino-japonaise, etc. Entre 1920 et 1930, on voit naître dans les quotidiens les pages spéciales, les pages magazine. De nouvelles rubriques se consacrent au cinéma, à la radio, aux mots croisés, etc. Mais c'est la rubrique sportive qui, partout, se développe le plus longuement. A *Paris-Soir*, Gaston Bénac dirigera environ cent cinquante rédacteurs et correspondants sportifs.

En 1939, *le Petit Parisien*, dirigé par Pierre Dupuy, tire entre 1,2 et 1,3 million d'exemplaires ; *le Journal* à 410 000 ; *le Matin* à 300 000. Ces grands quotidiens d'information se veulent en général gouvernementaux, quel que soit d'ailleurs le gouvernement. Ils accordent une grande place aux faits divers et aux sports. Le journal élégant, *snob*, c'est *le Figaro*. En 1922, il a été acheté par le parfumeur François Coty. A la veille de la guerre, il sera dirigé par Pierre Brisson et Lucien Romier. Très politiques sont *l'Œuvre*, radical ; *le Populaire*, organe du parti socialiste ; *l'Humanité*, journal du parti communiste depuis 1920. *L'Aube* est, avec Georges Bidault, l'organe de la démocratie chrétienne. *Le Jour*, qui a absorbé *l'Écho de Paris*, est, sous la direction de Léon Bailby, de tendance antiparlementaire et nationaliste. En 1939, il tire à 115 000. *L'Action française*, dirigée par Charles Maurras, organe d'extrême droite,

conserve son influence, quoique ne tirant en 1939 qu'à 40 000 exemplaires.

En 1928, François Coty a créé *l'Ami du Peuple* qu'il a voulu vendre dix centimes, alors que les autres quotidiens étaient vendus à vingt-cinq centimes. C'est un échec.

Tous les journaux qui viennent d'être cités paraissent le matin. Le soir, traditionnellement, paraît *le Temps*, journal élégant, lu dans les chancelleries et par la haute bourgeoisie. Son influence est grande, mais son tirage faible. *Le Journal des débats* paraît toujours dans une formule qui date du siècle précédent. Son tirage est infime. En revanche, *l'Intransigeant* remporte un grand succès. Sa présentation moderne, ses photos abondantes plaisent à la petite bourgeoisie, sa clientèle. Mais *l'Intransigeant* ne pourra résister à l'offensive fabuleuse de *Paris-Soir*.

En 1930, *Paris-Soir* est un petit quotidien qui ne tire qu'à 60 000 exemplaires. Un industriel du Nord, Jean Prouvost, l'achète et le transforme du tout au tout. Ce qu'il crée, c'est un journal d'information illustré. Imitant les Américains, il donne une place prépondérante aux titres et aux images. *Paris-Soir* va atteindre un million d'exemplaires en 1934, 1,8 million en 1939. Les pages passent à dix, douze, quatorze et même vingt le dimanche. Prouvost emploie mille personnes. Politiquement, il est neutre. Tous les dirigeants politiques écrivent dans sa rubrique *Libres Opinions*, sauf les communistes.

Les grands quotidiens de province

Le Français de « l'après-guerre » se lance à corps perdu dans la folie du plaisir, voulant oublier deuils, ruines, finances ébranlées. Tout lui est prétexte à s'amuser : bal populaire à l'occasion du 14 juillet (ci-contre carrefour Vavin, peint par Jouclard. Collection particulière. Photo J.-L. Charmet.)

se portent bien, tels que *l'Écho du Nord*, *Ouest-Éclair*, *la Dépêche de Toulouse*, *la Petite Gironde*, *le Progrès de Lyon*, etc.

L'entre-deux-guerres, dans ce domaine, c'est encore le succès des hebdomadaires. En 1922, André Gillon a lancé *les Nouvelles littéraires*. En 1924, paraît *Candide* et, en 1926, *Gringoire*. Ces deux derniers se situent nettement à droite. *Candide* dont le rédacteur en chef est Pierre Gaxotte, se révèle très incisif. Au moment du front populaire et jusqu'à la guerre, le plus fort tirage sera atteint par *Gringoire*, dirigé par Carbuccia, qui atteindra jusqu'à 975 000 exemplaires. Il livrera de violentes campagnes contre les idées et les hommes de gauche.

Il faut citer encore *Je suis partout*, profasciste ; *le Canard enchaîné*, très à gauche ; *Marianne* qui se situe également à gauche, sous la direction d'Emmanuel Berl.

Florissantes, certaines grandes revues : *la Revue des Deux Mondes ; la Revue de Paris ; la Revue de France ; la Nouvelle Revue française ; le Mercure de France. L'Illustration*, grand hebdomadaire illustré, occupe une place à part. Il reste le plus important périodique illustré.

Le catholicisme a ses organes : *la Croix*, quotidien qui tire à 100 000 exemplaires ; des périodiques comme *Études*, rédigées par les jésuites ; *Sept*, proche des dominicains.

Jean Prouvost, avec son sens aigu des exigences du public, fonde en 1937 *Marie-Claire*, destiné aux femmes. Immédiatement, grand succès. En 1938, il lance *Match* où la photo d'actualité l'emporte sur le texte : autre grand succès. A la même époque, *Confidences*, dirigé par Paul Winkler, marque le début de la presse du cœur.

Autre dominante de la vie des Français entre 1919 et 1939 : l'emprise du progrès technique sur l'existence quotidienne. La majorité des Français d'avant 1914 ne vivait guère autrement que sous le Second Empire. Tout à coup, on pénètre dans l'ère de l'électricité, du pétrole, de l'automobile, de la radio, du cinéma, etc. Le règne du moteur électrique, ou à explosion, est définitivement assuré. Partout on l'utilise : dans l'industrie, les transports, qu'ils soient en commun ou privés.

Spectaculaire, le développement de l'automobile. On fabriquait 25 000 voitures par an avant 1914, on atteint 55 000 en 1921, 100 000 en 1923, 178 000 en 1925, 256 000 en 1929. Plus d'un million d'automobiles sont en circulation en France en 1927. Notre parc automobile est le troisième du monde après ceux des U.S.A. et de la Grande-Bretagne.

Bugatti continue à présenter ses petites voitures de course. Les voitures de Panhard et Peugeot sont célèbres pour leur confort et leur robustesse. Mais les deux grandes marques sont celles dont Louis Renault et André Citroën ont assuré l'expansion. Renault produit des camions, des véhicules industriels, sans négliger les voitures particulières. Il améliore l'éclairage, le freinage, etc. Il met au point un réseau d'agents à travers la France.

André Citroën, polytechnicien, fabricant d'obus pendant la guerre, crée, après l'armistice, sa première usine d'automobiles, quai de Javel. En 1922, il présente sa 5 CV qui vaut dix mille francs. En 1929, sa production atteint 87 000 voitures par an. Citroën est riche en idées publicitaires. En 1925, son nom brille sur la tour Eiffel. Il organise successivement la Croisière noire

« *Duo* » *par Braque. (Musée d'Art moderne. Photo Bulloz.)*

Dès après la guerre, les voitures automobiles d'André Citroën connaissent un réel succès. Pour en intensifier encore la vente, le constructeur imagine une publicité coûteuse mais révolutionnaire : son nom inscrit en lettres lumineuses sur la Tour Eiffel. L'un des modèles les plus vendus est la petite 5 CV sortie en 1922. Baptisée « le Trèfle », on la nomme encore « cul pointu ». (Photo Roger-Viollet et collection Citroën.)

(1924) et la Croisière jaune (1931).

Meilleur constructeur que financier, il doit céder ses usines, en 1934, à Michelin. Il a mis au point une voiture révolutionnaire : la traction avant qui triomphera après sa mort, en 1935.

Mais les producteurs étrangers connaissent des augmentations de production plus rapides que les nôtres. La France exporte moins : elle occupait la seconde place en 1932, elle ne sera plus que quatrième en 1939.

Le réseau routier a dû être adapté à l'automobile. Les routes sont empierrées, goudronnées, recouvertes d'asphalte. En 1939, les Français disposent de 300 000 km de routes goudronnées.

L'aspect des villes se modifie. Dans Paris circulent 100 000 voitures. La capitale, avec ses cinq millions d'habitants, dispose en 1930 de 1 000 km de lignes de tramway, de 600 km de lignes d'autobus, de 150 km de lignes de métro. Passages cloutés et feux tricolores se multiplient.

La Grande Guerre a permis d'énormes progrès dans la construction des avions. La première liaison régulière entre Paris et Londres est organisée en avril 1919. Le trajet dure deux heures et demie, trois mille passagers l'empruntent en 1920. La même année sont ouvertes les lignes de Paris-Bruxelles et Paris-Amsterdam. En 1921, ce sera Toulouse-Casablanca. Entre 1919 et 1924, on construit l'aéroport du Bourget. Les tarifs commencent à diminuer, mais il faut encore huit cents francs pour aller à Varsovie.

Les Français se passionnent pour les performances : les records de Sadi Lecointe Pelletier-Doisy, ou les aventures de Mermoz.

En 1928, celui-ci effectue la traversée de l'Atlantique-Sud sur un avion à flotteurs, le *Laté-28*. Il a accompli 13 173 km en 21 h 10 mn, battant le record de distance sans escale en hydravion. L'épopée de l'aviation a son martyrologe : en mars 1927, Nungesser et Coli disparaissent alors qu'ils tentent la traversée de l'Atlantique. Deux mois plus tard, l'Américain Lindbergh réussira dans le sens ouest-est. Pour une traversée d'est en ouest, il faudra attendre Coste et Bellonte, en septembre 1930.

Malheureusement, si la France dispose toujours de pilotes de valeur, elle prendra, au fil des années, un retard technique manifeste, aussi bien dans le domaine militaire que civil. En 1939, nos appareils seront moins perfectionnés et moins rapides que ceux de nos voisins. L'aviation commerciale est cependant en progrès. Air France se développe rapidement, exploitant vingt-quatre lignes en 1934 et trente-trois en 1939. A cette date-là, son réseau atteindra 46 450 km, dont la plus longue ligne exploitée est celle de l'Atlantique-Sud. Quant aux passagers transportés, ils sont 15 407 en 1932, 104 424 en 1938.

Voilà peut-être la grande révolution de l'entre-deux-guerres : les Français, traditionnellement sédentaires, casaniers, se mettent en marche. Si l'avion n'intéresse encore qu'une très faible minorité, il n'en est pas de même de l'automobile, de la moto, du chemin de fer, de la bicyclette. Après l'instauration des congés payés, en 1936, c'est tout un peuple qui s'élancera sur les routes à la découverte de la France.

Ce peuple-là va aussi s'emparer, avec une sorte de joie enthousiaste, d'une nouvelle découverte : la radio.

Les premiers postes étaient apparus après la guerre. On les appelait les postes à galène. Il fallait, pour entendre surtout des parasites, utiliser des écouteurs. Puis les récepteurs à lampes, d'abord à accus, puis sur secteur, firent leur apparition. Les premiers récepteurs à lampes furent exposés, en 1921, à la Foire de Paris. Le Français René Barthélemy imagine, le premier, un récepteur à lampes, branché sur secteur. Dès lors, comme l'a dit Pierre Rousseau, « la téléphonie sans fil cessait d'être l'affaire des physiciens pour devenir celle des ingénieurs de recherche et des industriels ». En 1921, Radiola, premier émetteur privé, commence à fonctionner. Le 6 février 1922, la tour Eiffel diffuse le premier bulletin météorologique. En décembre 1921, la tour Eiffel diffuse une émission qui est entendue jusqu'à Lille. Le 5 novembre 1925 on réalise le premier Journal parlé, dirigé par George Delamare. A partir de 1934, on commercialise des récepteurs libérés de leur *cadre*, de leur haut-parleur extérieur, de leur batterie. Ils sont dotés de trois gammes de réception d'ondes. Les stations régionales du réseau français sont passées à quatorze. En 1939, la radiodiffusion nationale met en service, à Allouis, le plus puissant émetteur du monde.

Il faut citer de nouveau le nom de René Barthélemy, pionnier d'un autre moyen d'expression. Le 14 avril 1931, à Malakoff, à l'École supérieure d'électricité, a eu lieu, à la suite de ses recherches, la première expérience de télévision. Dès lors, sous l'impulsion du ministre Georges Mandel, les expériences seront multipliées jusqu'à la guerre.

Donc, triomphe des techniques. Paradoxalement, les sciences à la même époque paraissent connaître en France un ralentissement. On peut y voir plusieurs causes : on manque de moyens, de personnel, les savants français sont isolés, sans cesse dépassés par les étrangers.

Voici, prise du palais de Chaillot à peine achevé, une vue panoramique de l'Exposition internationale de 1937. De part et d'autre des fontaines du Trocadéro ont été érigés les pavillons étrangers, dont les deux plus importants sont ceux du IIIᵉ Reich et de l'Union Soviétique surmontés de leurs emblèmes respectifs : l'aigle doré hiératique et l'ouvrier et la paysanne brandissant le marteau et la faucille. (Photo René-Jacques.)

Cependant la recherche physique reste en très bonne position avec Frédéric et Irène Joliot-Curie, Jean Perrin et Paul Langevin. La création du C.N.R.S. (Centre National de la Recherche Scientifique) par le gouvernement du Front populaire ne donnera d'abord que peu de résultats.

La médecine et la chirurgie française gardent leur ancienne réputation, grâce aux chercheurs, aux enseignants et aux praticiens.

Ce qui est nouveau également,

c'est une certaine forme de rapports commerciaux.

Jacques Chastenet estime que le travail de la terre ne représente que 86 % de sa valeur d'avant-guerre. La France est le cinquième producteur mondial du vin, avec cinquante-cinq millions d'hectolitres. Mais, sur les autres plans, on constate plutôt une certaine régression. La crise s'amplifiant, on instaurera une protection douanière, on créera un office du blé, des contingentements. Tout ceci se fera un peu au hasard,

sans plan d'ensemble. On devra faire face également à la surproduction vinicole.

Si l'inflation touche l'agriculture, il n'en est pas de même du commerce, qui emploie, en 1931, 15 % d'hommes et 25 % de femmes de plus qu'en 1913. La nouveauté, c'est la publicité dont on use et abuse. C'est le développement de la vente à tempérament. C'est encore l'apparition de nouvelles formes de magasins, les « magasins populaires » ou « Prix uniques ». Le Printemps ouvre des Prisunics, les Galeries Lafayette, des Monoprix. Grand succès. Les détaillants manifestent leur mauvaise humeur. En 1936, on interdira l'ouverture de nouvelles surfaces.

Quant au commerce extérieur, il enregistre un important déficit après la guerre, déficit qui disparaît en 1925, réapparaît en 1929 pour s'amplifier jusqu'à la guerre.

La France d'entre-deux-guerres organise fièrement des expositions par lesquelles elle veut manifester au monde ses productions, voire sa primauté. En 1925, c'est l'exposition des Arts décoratifs. Internationale, elle s'étend de la place de la Concorde au cours Albert-Ier, au quai d'Orsay, à l'esplanade des Invalides, au cours la Reine. C'est le triomphe de la ligne droite, nue. Les grandes surfaces de béton armé alternent avec les plaques de marbre et les verrières multicolores. Meubles aux lignes simplifiées, étoffes luxueuses et éclatantes, ou bien modestes et timides, laques, cristaux fumés, masques nègres, fers forgés, émaux translucides, nombreux bibelots de toutes inspirations.

En 1931, l'Exposition coloniale se tient au bois de Vincennes. Le commissaire général, le maréchal Lyautey, déclare : « La leçon que je voudrais voir se dégager avant tout de cette exposition internationale, c'est une grande leçon d'union : union entre les races, union entre les peuples issus de notre civilisation, union entre nous, Français, de plus en plus conscients du réservoir de forces et de ressources de tous ordres que représentent pour nous, dans leur richesse et leur diversité, nos territoires extérieurs, de plus en plus persuadés, jusqu'au fond des moelles, qu'il faut que toute nation se serre derrière ses colonies et que notre avenir est outre-mer. » Au bois de Vincennes, chaque colonie ou protectorat a son pavillon. Le clou est une reconstitution du temple d'Angkor. Cette exposition sera la seule à réaliser de véritables bénéfices.

L'Exposition coloniale, c'est la proclamation d'une bonne consscience. Quant à leurs domaines d'au-delà des mers, les Français ne se posent aucune question. Ils estiment normal que des peuples vivent sous leur subordination. La métropole n'apporte-t-elle pas la civilisation? Ceux qui annoncent l'heure d'une émancipation ne sont qu'une poignée et on les considère comme des songe-creux.

Dernière exposition, celle de 1937, intitulée : « Arts et techniques dans la vie moderne ». On l'inaugure le 24 mai, au milieu des plâtras, car des grèves nombreuses ont retardé l'achèvement des pavillons.

L'exposition s'étend sur cent hectares, dans un périmètre de huit kilomètres. En partant du quai de Passy, on trouve, sur l'île, le centre de la France d'outre-mer, puis, sur la rive gauche, avant la tour Eiffel, le centre régional. Ensuite, du Trocadéro à l'École militaire, les sections étrangères, la diffusion artistique et technique et, à nouveau, les sections étrangères. L'exposition s'étend sur la rive droite et sur la rive gauche.

Ce qui frappe les visiteurs : le pavillon allemand sur lequel se dresse l'aigle impérial, face au pavillon soviétique où un groupe d'ouvriers brandit la faucille et le marteau.

C'est à l'occasion de cette exposition que l'on a construit le musée d'Art moderne, le palais de Chaillot, le palais de la Découverte. On attendait cinquante millions de visiteurs, il en vint trente. Les résultats financiers furent mauvais.

En 1931, la presse quotidienne et

la presse hebdomadaire se montrèrent fort occupées d'un sujet commun d'enquête : était-on réellement parvenu à la *fin de l'après-guerre ?* Paul Valéry se plaignait de la trop grande rapidité de la vie moderne, contraire aux lois de l'esprit. Albert Thibaudet se moquait des expositions. Jean Paulhan remarquait que l'après-guerre était déjà dans l'avant-guerre. André Gide s'irritait d'être reconduit si tôt dans les rangs des morts.

Au vrai, cet entre-deux-guerres était marqué par un extraordinaire essor intellectuel. Rarement, sur tous les plans de la création, vit-on réunis tant de talents éclatants.

Chose curieuse, ces années folles dont on a tant parlé ne s'imposèrent, dans leurs outrances, qu'à un petit nombre de romanciers. On ne peut guère citer que pour mémoire *la Garçonne* de Victor Margueritte qui fit scandale en 1922, et *l'Homme à l'Hispano* de Pierre Frondaie, paru en 1925.

Embryonnaire avant la guerre, la diffusion radiophonique connaît, ensuite, une évolution rapide. Si les postes récepteurs sont encore volumineux et encombrants, ils permettent néanmoins des auditions très variées, allant du journal parlé au concert, tel celui dont on voit l'enregistrement dans un « studio ». (Documents Hubert Decaux.)

Plus des documents que des œuvres.

La tête de file de l'après-guerre s'appelle Raymond Radiguet. Très jeune, pendant la guerre, il s'est lié avec la femme, plus âgée que lui, d'un soldat qui se bat au front. De cette liaison passionnée et douloureuse, il a tiré un admirable roman : *le Diable au corps*, paru en 1923, alors qu'il n'a que vingt ans. Il mourra la même année.

Marcel Proust est mort sans postérité, en 1922. Mais voici un écrivain d'une puissante originalité qui, d'un seul coup, va incarner et refléter son époque : c'est Paul Morand. A grandes enjambées bousculées, il court le monde, vit la moitié du temps en paquebot, en wagon-lit, en voiture de course. Il confie : « Je n'aime pas les voyages, je n'aime que les changements. C'est la seule vérité, la seule beauté. Je n'aurai pas honte de ma vie tant qu'elle sera mobile. » Paul Morand est fils de la vieille Europe. Il s'épuise à chercher le monde nouveau. Cela donne des œuvres telles que *Tendres Stocks*, *Ouvert la nuit*, *Lewis et Irène*, *Rien que la terre*. Pierre Brisson dit de lui : « C'est un œil. » Aussi un style net, clair, français jusqu'aux moelles.

Un Blaise Cendrars court le monde, lui aussi. Mais, à l'encontre de Paul Morand, il fréquente davantage les bas-fonds que les palaces. Ses livres sont une chasse aux souvenirs, une poétique rencontre avec un monde souvent absurde. Ils ne tiennent pas en place, décidément, les écrivains de cette époque. Joseph Kessel pas plus que les autres. Il est né russe, a vécu en Argentine, s'est fixé en France : cela donne un kaléidoscope d'images bariolées et violentes, la peinture de ces « passants éternels » qu'il aime passsionnément. Et puis Kessel a été pilote de guerre. Il s'en souvient. Il aime les hommes qui volent et qu'il peindra superbe-ment dans l'*Équipage*. Voyageur encore, mais souvent imaginaire, Pierre Mac Orlan se veut le chantre des ports et des filles. Voyageur encore, Pierre Benoit, dont les romans très populaires conduisent des millions de lecteurs aux quatre coins du monde.

Mais les angoisses d'une époque qui se cherche exigent d'autres explorations. André Gide poursuit son œuvre commencée avant guerre. Il donne des livres d'un ton et d'une inspiration aussi nouveaux qu'audacieux, se livrant tout entier à ses lecteurs : *Si le grain ne meurt* (1920), et surtout *Corydon* (1924). Cette franchise lui vaut l'attachement de la jeunesse qui lit passionnément *les Faux-Monnayeurs*. En 1939, Gide donnera son œuvre maîtresse : son *Journal*.

Pendant la guerre, Paul Valéry a fait une rentrée éclatante en publiant *la Jeune Parque*. De 1919 à 1922, il compose de très nombreux poèmes, tels que *le Cimetière marin* dont le retentissement est immense. Sans relâche, il s'élance à la recherche de sa propre vérité et de celle des autres. Ses réflexions, il leur donne la forme de *Dialogues* ou d'*Essais*.

François Mauriac regarde toujours avec la même intensité du côté de la province. Dans les grandes maisons blotties entre les pins landais, il imagine d'âpres tragédies nées de confrontations passionnées et bourgeoises : *le Baiser au lépreux*, *le Désert de l'amour*, *Thérèse Desqueyroux*.

C'est dans une autre province, celle des Cévennes, qu'André Chamson trouve ses thèmes forts et rudes. Jacques Chardonne cherche son inspiration en Charente, Marcel Jouhandeau du côté de Guéret, devenu sous sa plume Chaminadour.

Explorateur d'une éternelle âme française, tel s'inscrit dans notre

souvenir Jean Giraudoux. Très attaché à son enfance limousine, il s'en
va, avec nonchalance et acuité, à la
rencontre de *Suzanne et le Pacifique*
ou de *Siegfried et le Limousin*. Bientôt,
il se consacrera au théâtre. Maurice Genevoix, grand blessé de la
guerre, atteint dans sa chair, a voulu
retrouver l'équilibre dans son pays
de Loire. Il en respire l'odeur forte,
s'apaise à voir couler les eaux tran-
quilles. Son *Raboliot* est magnifique-
ment campé dans cette nature.

Jean Giono, né à Manosque, a
presque toujours vécu dans ce bourg
provençal qui a imprégné toute la
première partie de son œuvre. Véritables chants d'amour pour sa
petite patrie : *Colline, Un de Baumu-
gnes, Regain, Que ma joie demeure*.

Jacques de Lacretelle est lui aussi
peintre d'une existence provinciale
tourmentée, analyste d'êtres déchi-
rés par leurs passions. Son personnage de *Silbermann* (1922) reste
inoubliable.

*André Malraux. Ses romans exaltent le
réconfort de la fraternité virile. Sous la
plume de François Mauriac, ci-dessous,
s'animent des êtres à l'âme perverse mais
finalement perméable à la grâce divine.
(Photos Roger-Viollet.)*

Avec Louis-Ferdinand Céline s'affirme une littérature nouvelle au style disloqué et argotique. Blaise Cendrars, voyageur impénitent, proclame dans ses poèmes et ses romans sa passion de l'aventure. (Photos Roger-Viollet.)

André Maurois puise les thèmes de ses premiers livres dans ses souvenirs de guerre, mais ils sont tissés d'humour britannique. Il s'agit des *Silences du colonel Bramble* et des *Discours du docteur O'Grady*. Dans *Climats* il aborde le problème du remariage. Mais il en viendra vite à la biographie. On doit une grande reconnaissance à André Maurois, car il a fait pénétrer cet art d'analyse dans la littérature française. *(la Vie de Disraeli, Ariel ou la Vie de Shelley, etc.)*

L'entre-deux-guerres littéraire, c'est également le temps des grandes fresques. Roger Martin du Gard publie, de 1920 à 1940, *les Thibault*, vision d'un monde qui disparaît. Georges Duhamel, après avoir peint les horreurs de la guerre, publie successivement le cycle des *Salavin* et celui des *Pasquier*. Jules Romains, après avoir triomphé au théâtre, donne la grande œuvre de sa vie : *les Hommes de bonne volonté*, peinture de la vie française de 1908 à 1933 et qui comprend vingt-sept volumes.

André Bourin s'est demandé si, au fond, dans ce bouleversement, le romantisme avait disparu. Il n'en est pas sûr. Nous non plus. Marcel Arland analyse un nouveau mal du siècle. Drieu La Rochelle exprime sa difficulté d'être. Julien Green, né à Paris de parents américains, revient aux grands problèmes, celui de la foi et celui de la matière. Il exprime avec un très rare talent son déchirement intérieur : *Adrienne Mesurat, Leviathan, Mont Cinère*. Il y a encore bien du romantisme chez Henry de Montherlant. Lui aussi a fait la guerre, lui aussi a été touché par ses horreurs. Mais il semble qu'elles l'aient trempé, durci, virilisé. Il se veut libre et solitaire, orgueilleux et fier de son titre d'homme. Il affronte le taureau

dans l'arène, admire les exploits sportifs. Il publie des livres qui, d'emblée, le placent à la tête de sa génération : *la Relève du matin, le Songe, les Olympiques, les Bestiaires.* Plus tard, *les Célibataires* et la série des *Jeunes filles* lui vaudront une immense notoriété, avant que, lui aussi, ne s'oriente vers le théâtre.

Le romantisme était un engagement. Dans ce sens, peut-être André Malraux est-il romantique. Dès l'âge de vingt-deux ans, en 1923, il séjourne en Extrême-Orient, se lance dans l'aventure, accepte ses périls. Il va en tirer son premier roman : *les Conquérants.* C'est une exaltation du rôle de l'homme, de son destin, du but qu'il doit atteindre. En Europe, Malraux confirmera cet engagement, combattra le fascisme et l'hitlérisme, sera aux côtés des républicains espagnols et prendra une part active

A la fois romancière, comédienne, journaliste, Colette a su exploiter, avec un talent exceptionnel, les thèmes de l'amour et de la sensualité. (Photo Rapho). Marcel Pagnol brosse d'une plume allègre de grandes fresques au parfum méridional. (Photo Roger-Viollet.)

dans la résistance. Ses autres romans soulignent tous son choix : *la Voie royale, la Condition humaine, le Temps du mépris, l'Espoir*.

L'aventure aérienne qui avait inspiré Kessel sonne romantiquement dans l'œuvre d'Antoine de Saint-Exupéry. Pilote de ligne, pilote d'essai, pilote de raid, tous ses livres illustrent cette carrière : *Courrier Sud, Vol de nuit, Terre des hommes, Pilote de guerre*. Il disparaît au cours d'une mission aérienne (1944). Deux œuvres poétiques, très belles, paraîtront après sa mort : *le Petit Prince, Citadelle*.

D'autres engagements, en revanche, fuient le romantisme. Louis Aragon se veut d'abord un adepte du surréalisme. Mais son adhésion au parti communiste français va profondément marquer sa carrière et son œuvre : *les Cloches de Bâle, les Beaux Quartiers*. Louis-Ferdinand Céline, médecin dans la banlieue parisienne, hanté par les contradictions de son époque, donne une œuvre bouleversante, violente jusqu'au paroxysme : *Voyage au bout de la nuit, Mort à crédit*. Georges Bernanos a presque quarante ans quand il publie son premier roman : *Sous le soleil de Satan*, suivi de *la Joie* et de *l'Imposture*. Nous sommes dans un climat de démesure. C'est l'Apocalypse qu'annonce, dans son style fulgurant, Georges Bernanos. Et l'Apocalypse viendra. Bernanos donnera, en 1936, le *Journal d'un curé de campagne*. Il mourra en 1948, venant d'achever ses *Dialogues des carmélites*.

Si l'époque voit le succès de nombreux écrivains femmes, aucune ne peut rivaliser avec la grande Colette. Après la série des *Claudine*, publiés avant-guerre, elle donne *le Blé en herbe, la Naissance du jour*.

D'une remarquable richesse, également, le théâtre de l'entre-deux-guerres. Peut-être assistons-nous à l'apogée du théâtre dit de boulevard. Si Feydeau est mort en 1919, si Caillavet a disparu en 1915, Robert de Flers, associé désormais à Francis de Croisset, écrit *les Vignes du Seigneur, les Nouveaux Messieurs*. Maurice Donnay, Henry Bernstein poursuivent leur carrière. Mais de nouveaux auteurs apparaissent, tels que Jacques Deval *(Tovaritch)*, Alfred Savoir, Louis Verneuil. Édouard Bourdet publie des satires politiques ou sociales. Mais les deux grands noms de l'époque sont ceux de Sacha Guitry et Marcel Pagnol. Sacha Guitry a donné un ton neuf à la comédie. Il y mêle la fantaisie, la poésie, un sens aigu de l'observation, le tout soutenu par un dialogue étincelant *(Jean de La Fontaine, Je t'aime, Faisons un rêve, la Jalousie*, etc.). Marcel Pagnol, lui, puise son inspiration dans le cadre marseillais et provençal. Il crée des personnages inoubliables : *Marius, Fanny, César*. Il stigmatise certaines mœurs politiques dans *Topaze*.

L'époque marque aussi le triomphe de la comédie musicale : *Phi-Phi, Dédé, Pas sur la bouche, l'Amour masqué, Trois valses*.

L'entre-deux-guerres voit également l'apparition d'un théâtre nouveau que l'on appelle d'avant-garde. De nouveaux auteurs sont sollicités par des animateurs à qui l'on doit un renouvellement du mouvement dramatique. C'est d'abord Jacques Copeau qui, au Vieux-Colombier, fait représenter des pièces de Vildrac, d'Obey, la première pièce de Jules Romains. C'est Charles Dullin qui, à l'Atelier, joue Pirandello, révèle Marcel Achard, Armand Salacrou. C'est Louis Jouvet, à la Comédie des Champs-Élysées, qui donne les principales pièces de Jules Romains *(Monsieur le Trouhadec saisi par la débauche, Knock)*, le *Jean de la Lune* de Marcel Achard et

Jean Marais et Ga-
brielle Dorziat
furent de remar-
quables interprètes
des « Parents ter-
ribles » de Jean
Cocteau. Ci-dessous,
Louis Jouvet et Ma-
deleine Ozeray dans
une pièce de Girau-
doux : « La Guerre
de Troie n'aura pas
lieu. » (Archives
Lipnitzki.)

Poète (« Plain-Chant », 1923), romancier (« le Potomak », 1919, « Thomas l'Imposteur », 1923), auteur dramatique (« la Voix humaine », 1930, « les Parents terribles », 1938), cinéaste (« l'Eternel Retour », 1943, « Orphée », 1949), doué pour toutes les formes de l'art, Cocteau était un dessinateur d'une finesse remarquable. On lui doit notamment de nombreux décors et costumes de scène. Le voici, à gauche, dans sa chambre de l'hôtel Castille, à Paris, étudiant les nouvelles lignes de la haute couture. (Photo Roger Schall.)

les principales pièces de Jean Giraudoux : *Siegfried, la Guerre de Troie n'aura pas lieu, Amphitryon 38*, etc. Gaston Baty, au théâtre Montparnasse, met en scène *Crime et châtiment, Madame Bovary* et des pièces historiques de Marcelle-Maurette, en jouant avec un décor de lumières. Georges et Ludmilla Pitoëff sont attirés par les auteurs étrangers : Pirandello, Shaw, mais ils donnent aussi l'*Orphée* de Cocteau. En 1926, Jouvet, Dullin, Baty et Pitoëff constituent le *Cartel* dont l'influence sera grande. Lugné-Poe, à l'Œuvre, joue Jean Sarment, Steve Passeur, Armand Salacrou.

Dans les années qui précéderont la Seconde Guerre mondiale, le virage du théâtre est définitivement amorcé. C'est le temps des grandes pièces de Giraudoux : *Electre* (1937), *Ondine* (1939) ; de celles de Salacrou : *la Terre est ronde, l'Inconnue d'Arras*. Jean Cocteau a abordé la tragédie avec *la Machine infernale* (1934). Il donne *les Parents terribles* en 1938. Mais voici que surgit Jean Anouilh qui donne des pièces féroces, « noires » ou au contraire « roses », mais ce rose lui-même est tissé d'amertume : *Y avait un prisonnier, le Voyageur sans bagage, le Bal des voleurs*.

Sacha Guitry fait jouer le *Nouveau Testament* et *Quadrille*.

Marcel Achard donne une pièce ravissante : *Domino* et Édouard Bourdet *Fric-Frac*.

La Comédie-Française a créé l'*Otage* de Paul Claudel. Celui-ci a écrit *le Soulier de satin* en 1924, mais la pièce ne sera jouée que pendant l'Occupation. Le poète poursuit la longue interrogation de lui-même, sa quête de l'homme et de Dieu.

L'entre-deux-guerres, c'est également le grand succès du music-hall. Aux Folies-Bergère et au Casino de Paris, on monte des spectacles de plus en plus magnifiques où triomphent Maurice Chevalier et Mistinguett. D'ailleurs, la chanson se renouvelle. Les Français fredonnent des chansons inattendues, très différentes des imbécillités à la mode jusque-là. Des refrains ironiques, légers, à la musique pimpante. Mireille et Jean Nohain les composent, Pils et Tabet les chantent : *Couchés dans le foin, le Vieux Château, la Fille de Lévy.* Charles Trenet met de la poésie sur les lèvres des midinettes. Édith Piaf, venue de la rue, imposera sa fragile et tragique silhouette de noir vêtue *(Mon légionnaire).*

Mais le fait dominant, sans conteste, c'est le cinéma. Il est devenu inséparable de la vie des Français, comme d'ailleurs de celle de la majorité des habitants de la planète. Toutes les villes disposent de plusieurs cinémas et on en trouve jusque dans les plus petites bourgades. Les quotidiens et les hebdomadaires réservent une rubrique au *septième art.* Les magazines spécialisés apparaissent en 1921.

La production cinématographique française, interrompue pendant la guerre, a laissé le champ libre à la production américaine. Celle-ci atteint huit à neuf cents films par an. Celle de la France : cinquante films en 1921, cinquante-deux seulement en 1929. Parmi les metteurs en scène français de l'après-guerre : Jean de Baroncelli, Marcel Lherbier, Raymond Bernard, René Clair, Abel Gance, Jacques Feyder, Jean Renoir. Les Français n'ont pas cru au

Figure inoubliable du music-hall de l'entre-deux-guerres, Mistinguett, par sa gouaille, son entrain, ses jambes admirables, demeure l'une des plus grandes meneuses de revue. A cette exceptionnelle vedette dont le talent explose au Moulin-Rouge, aux Folies-Bergère, au Casino de Paris, font face des partenaires non moins brillants, tel Maurice Chevalier. Emplumée, empanachée, « la Miss » chantera, de cette voix à l'accent faubourien dont elle use avec art, des rengaines comme « Mon homme », « Moi, j'en ai marre », « On m' suit », « La Java », « On fait une petite belote »...

parlant mais ont dû se rendre à l'évidence. René Clair donnera *Sous les toits de Paris* et *le Million*. Désormais les salles afficheront des films « cent pour cent parlants et sonores ». Ce sera l'époque d'*Entrée des Artistes* de Marc Allégret; de *la Marseillaise, la Grande Illusion* de Jean Renoir; de *Quai des Brumes* de Marcel Carné; de *la Kermesse héroïque* de Jacques Feyder.

Des auteurs dramatiques découvrent le cinéma et y réussissent avec éclat : Marcel Pagnol adapte ses pièces, mais donne aussi *Regain, la Femme du boulanger;* Sacha Guitry, ses pièces, mais aussi le *Roman d'un tricheur, Remontons les Champs-Élysées, les Perles de la couronne.*

La guerre a-t-elle marqué une rupture dans le domaine des arts? Il ne le semble pas. Tous les mouvements qui vont triompher vers 1920-1925 étaient déjà amorcés avant la guerre.

Ce qui est nouveau, c'est l'intérêt du public. On trouve de plus en plus d'acheteurs. Peut-être l'instabilité de la monnaie en est-elle la cause.

Après la guerre, les Français s'attachent facilement au pittoresque des « Montparnos ». Mais la véritable rénovation de l'art ne se fait plus à Paris. Les grands phénomènes de l'entre-deux-guerres, le Bauhaus et l'art abstrait, De Stijl, les suites du constructivisme russe, l'expressionnisme sont extérieurs à la France. Mais, à part une petite élite, la France les ignore. En 1936 encore, l'hebdomadaire *l'Illustration* reproduit en couleur des peintures fauves de Dufy, Derain, Matisse, Van Dongen, Rouault, et la rédaction s'excuse de mettre de telles œuvres sous les yeux de ses lecteurs. Tant il est vrai, affirme ce journal, que l'anarchie et la laideur ont gagné une partie de l'art.

« La France, dit Pierre Cabanne, devait rester à l'écart de l'avant-garde russe comme de l'abstraction; l'expressionnisme la toucha peu et des peintres comme Rouault, Gromaire, La Patellière, Le Fauconnier, Goerg apparaissent plus proches d'une certaine tradition française issue du dramatisme gothique et exaspérée par le baroque que des troubles désarrois de leurs confrères d'outre-Rhin. »

Pendant la guerre et après la guerre, on avait vu triompher le dadaïsme, avec Marcel Duchamp et Francis Picabia. Leur groupe avait conquis New York et représentait aux yeux des Américains le nouvel art français. D'autres peintres s'éloignaient des théories : Fernand Léger, Braque, Juan Gris. Matisse a été influencé par le cubisme mais il s'oriente vers un fauvisme élargi. Marquet, Derain, Vlaminck, Dunoyer de Segonzac, Utrillo adoptent un réalisme plus ou moins stylisé. Rouault se consacre aux sujets religieux et aux scènes de cirque. Delaunay se tourne résolument vers l'abstraction.

A leurs côtés, voici un groupe formé d'étrangers, pour la plupart israélites, qui se sont installés à Montparnasse, juste après la guerre, à la suite de Modigliani, mort en 1920. Voici Pascin qui peint les filles et les endroits louches; Chagall, peintre de l'imagination, du rêve et de la couleur; Soutine, Zadkine, Kisling, Foujita.

Vers 1925 est apparue une nouvelle école étroitement liée à la littérature et à la poésie : le surréa-

Se libérant de plus en plus du classicisme de leurs prédécesseurs, quelques grands peintres de l'entre-deux-guerres poursuivent hardiment l'évolution de l'art moderne. Ci-contre, « l'Arlequin » de Picasso et « Portrait Dada » par Picabia. (Photos Giraudon et JdC.)

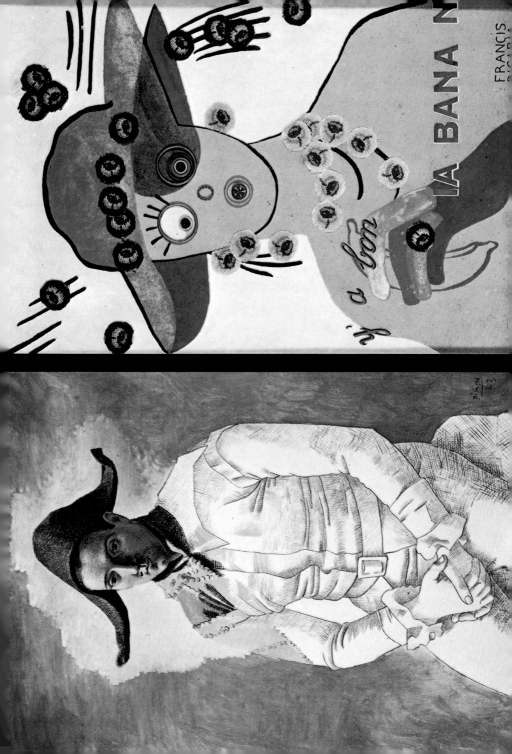

Picasso dans son atelier, en 1929, rue de la Boétie. Ci-dessous, une révélation de l'architecture moderne : l'église du Raincy, construite en 1923 d'après les plans des frères Perret. (Photo Roger-Viollet.)

lisme. S'en réclament : Chirico, Max Ernst, Miro, Dali.

Mais l'époque est tout entière dominée par Pablo Picasso. Il est toujours combattu, injurié, tenu à l'écart par les pouvoirs publics. Désormais, il se meut dans une entière liberté en ce qui concerne la figure, il la déforme, la désarticule, recréant son propre monde. Il déclare : « La nature et l'art sont deux choses absolument différentes. Nous exprimons dans l'art notre conception de ce qui n'est pas dans la nature. » *Le Balcon* est de 1919, *les Trois Musiciens* de 1921, *l'Arlequin assis* de 1926. De Dinard, il rapporte en 1928 et 1929 des « scènes de plage » où le corps humain est décomposé et restitué par lui dans un audacieux amalgame. Pendant la guerre d'Espagne, bouleversé par le

« *Évocation de Lénine* » *par Salvador Dali. (Photo JdC.)*

bombardement d'une petite ville basque par les franquistes, il lance un cri d'angoisse et de colère : *Guernica.*

Des peintres se veulent réfractaires à toute école : Utrillo, Suzanne Valadon, Marie Laurencin. Et puis, bien sûr, il y a les académiques, dont il n'y a rien à dire.

A noter un renouveau de la tapisserie avec Lurçat.

En sculpture, le grand Maillol produit toujours. Et aussi Bourdelle. Un temps, Picasso se consacre à la sculpture, de même que Zadkine. L'exposition de 1937 révèle l'Américain Calder.

Deux noms dominent l'architecture : celui des frères Perret qui reprennent les principes exprimés au Théâtre des Champs-Élysées pour leur Tour de Grenoble, les églises du Raincy et de Montmagny, et celui de Le Corbusier, élève des Perret. Le Corbusier présente ses projets de villes nouvelles à l'exposition de 1925. D'origine suisse, il construit le pavillon de son pays à la Cité Universitaire, utilisant largement le fer et le béton. En 1936, on exposera sa *Cité radieuse,* mais il ne pourra guère appliquer ses théories en France.

L'époque apparaît particulièrement intéressante en ce qui concerne les arts décoratifs. On l'a vu, le style nouveau est apparu à l'Exposition de 1925. La pureté de la ligne l'emporte sur une trop grande ornementation. Grâce à l'électricité on peut créer des ambiances intimes. Leleu, Sube, Dufresne, Brandt font admirer leurs ferronneries. Dans les appartements aux pièces plus petites, les murs sont souvent nus. On les décore avec de grandes surfaces de bois précieux ou bien on les recouvre de tissu. On constate un renouveau de la laque et aussi du vitrail. On recouvre des tables de dalles de verre, de miroirs, de marbre. Les formes de certains meubles deviennent massives : fauteuils, bahuts, vitrines. Aux lits, on préfère des divans.

L'entre-deux-guerres, en ce qui concerne la musique, c'est surtout, comme l'a bien vu Jacques Chastenet, l'apogée du rythme.

Debussy est mort en 1918, Saint-Saëns en 1921, Fauré en 1924, Dukas n'écrit plus. Le compositeur essentiel de ces années-là, c'est Maurice Ravel. Quand l'Américain Gershwin débarque en 1928 à Paris, c'est tout aussitôt Ravel qu'il veut rencontrer, dans sa retraite de Montfort-l'Amaury. Ravel s'attache à des thèmes féeriques, qu'il rythme d'humour : la *Valse,* le *Boléro,* le *Concerto pour la main gauche.* Un Russe installé à Paris, Stravinski, s'inspire du folklore de son pays ou traite des sujets classiques. Erik Satie apparaît comme un précurseur et le maître du groupe des Six : Milhauger, Honegger, Auric, Poulenc, Louis Durey, Germaine Tailleferre. De ce groupe des Six, Jean Cocteau se fait le porte-parole. D'autres compositeurs s'imposent : Henri Busser, Henri Sauguet, Marcel Delannoy, Manuel Rosenthal.

Mais la musique de l'entre-deux-guerres, celle des années folles, c'est le jazz. Il pénètre partout, s'impose partout. Non seulement on le danse, mais les jeunes commencent à se rendre compte qu'il s'agit d'une réelle expression artistique. A la veille de la Seconde Guerre mondiale, importantes seront les recherches du Hot Club de France, avec Django Reinhardt.

Une autre distraction favorite des Français de l'entre-deux-guerres, c'est le sport. Fort peu le pratiquent, mais beaucoup se veulent spectateurs enthousiastes. On se passionne pour

Six musiciens, six artistes, d'où le nom de « Groupe des Six » dont les baptise un journaliste de « Comœdia », Henri Collet. Voici, de gauche à droite : Darius Milhaud, Arthur Honegger, Germaine Tailleferre, Francis Poulenc et Louis Durey. Au piano, leur porte-parole : Jean Cocteau. Seul absent, sur ce cliché pris au Bœuf-sur-le-Toit, Georges Auric, évoqué néanmoins par un dessin de Cocteau. (Archives Lipnitzki.)

les matches de rugby dans le Sud-Ouest, pour les matches de football ailleurs. Mais la grande attraction, c'est le Tour de France cycliste, organisé chaque été par le journal l'Auto. La France participe aux Jeux Olympiques. Elle obtient neuf médailles d'or en 1920, quatorze médailles d'or en 1924. Hélas, le déclin est amorcé et, en 1936, les succès seront peu nombreux.

En tennis, nos couleurs flottent très haut. Les « Mousquetaires » : Brugnon, Borotra, Lacoste, Cochet, gagnent la Coupe Davis en 1927 et la gardent jusqu'en 1933. Jamais depuis elle ne reviendra en France.

Autre passion des Français : la boxe. La défaite de Carpentier devant Dempsey (1921) est considé-rée comme une catastrophe natio-nale.

Tels sont les Français entre les deux guerres. Vingt années seulement de paix. Vingt années de recherche angoissée d'une stabilité qui s'évanouit, d'une paix qui se dérobe. Vingt années qui, aujourd'hui, nous apparaissent tel un sursis.

Avait-il des souvenirs, le clochard qui, dans la nuit noire de 1938, contrefaisait le mort — une cigarette allumée à la bouche ?

Savait-il que, plus que la fin d'une époque, le vaudeville tragique, où il jouait son rôle, signifiait pour les Français bien autre chose : la fin d'un monde ?

DE LA VICTOIRE DU FRONT POPULAIRE A LA DÉBACLE

10 mai

Pour conserver la majorité, il faut rassurer les classes moyennes qui votent pour les radicaux, ce que vont s'efforcer de faire les communistes, qui se gardent bien de participer au nouveau gouvernement.

L'extrême gauche n'en triomphe pas moins bruyamment. Tandis que Henri de Kérillis agite déjà le spectre de la dévaluation, de la fuite des capitaux, de l'aggravation de la crise économique, les socialistes proclament qu'ils sont prêts à assumer toutes les responsabilités du pouvoir.

Léon Blum ne constitue pourtant son gouvernement qu'à la rentrée des Chambres, au début de juin.

Craignant d'être frustrés des fruits de leur victoire, les ouvriers déclenchent des grèves d'un caractère nouveau : ils occupent les lieux de travail. C'est la « grève sur le tas ».

La première a lieu aux établissements Breguet du Havre...

13 mai

... puis aux usines Latécoère de Toulouse.

14 mai-4 juin

Le mouvement gagne tous les établissements industriels de Paris, de banlieue, et presque toute la province. Il ne semble pas qu'il s'agisse d'un mouvement concerté ni qu'il y ait eu mot d'ordre des syndicats ; ce fut plutôt réaction spontanée d'hommes et de femmes qui voulaient obtenir satisfaction.

La grève s'étend, à la fin du mois, aux hôtels, aux imprimeries, aux transports, aux grands magasins. Elle se déroule généralement sans violences (à quelques rares exceptions près). A travers les grilles,

Les scandales financiers, l'instabilité ministérielle servent de prétexte, pour l'opposition à une série de manifestations et de grèves qui mettent le régime en péril. La politique de déflation pratiquée par Laval favorise le regroupement de la gauche. Celle-ci, s'unissant en un « Front populaire » sous le triple mot d'ordre : « Le pain, la paix, la liberté », remporte un éclatant succès aux élections de mai 1936 et porte Léon Blum à la présidence du Conseil. Cependant, impatients d'obtenir les avantages promis, les syndicats déclenchent une série de grèves d'un style nouveau, avec occupation des usines. Soucieux de calmer les esprits et de conserver la direction du mouvement, Blum organise de nombreuses réunions pour haranguer les ouvriers et obtenir qu'ils reviennent à la légalité. On le voit, ici, à Saint-Nazaire, en février 1937. (Cabinet des estampes. Photo B.N.)

Le 14 juillet 1936 est l'occasion, pour le Front populaire, de fêter sa victoire. Léon Blum et Mau
mations de la foule, tandis que les « Amis des Fêtes du peuple », poing levé et sourire aux lèvres, défi
massés sous la bannière de la C.G.T., forment un groupe compact. (Film Gaumont. Photothèque

orez, de la tribune officielle, répondent aux accla-
ce de la Bastille, hommes, femmes et enfants,
sses de la Cité et photo Keystone.)

les femmes viennent ravitailler les prisonniers volontaires. Pas de dégâts aux machines muettes. Le soir, on danse au son de l'accordéon.

Cependant les patrons s'affolent, la bourgeoisie s'inquiète. Les touristes étrangers annulent leurs projets de séjour à Paris. Il est grand temps que Léon Blum prenne le pouvoir.

4 juin

Le gouvernement de Léon Blum est formé. Avec Daladier à la Défense nationale, Chautemps, Jean Zay, à l'Éducation nationale, Pierre Cot à l'Air, Roger Salengro à l'Intérieur et Vincent Auriol aux Finances, il ne comprend que des radicaux et des socialistes : seize ministres, treize sous-secrétaires d'État. Trois femmes font partie du ministère, dont Mme Joliot-Curie à la Recherche scientifique. Enfin Léo Lagrange est chargé des Sports et des Loisirs.

Par radio Léon Blum demande aux ouvriers de reprendre le travail. Il n'est pas écouté. La situation s'aggrave à Paris, où les boulangeries, faute de mazout, risquent de manquer de pain. Un appel de Léon Jouhaux, secrétaire général de la C.G.T., n'a pas plus de succès.

7-8 juin

Alors, à l'hôtel Matignon où est installée la présidence du Conseil, Léon Blum réunit les représentants du patronat et de la C.G.T. Sur la semaine de 40 heures, les congés payés, les conventions collectives, la reconnaissance du droit syndical, on se met facilement d'accord. Plus âpre est la discussion sur l'augmentation des salaires. On accepte finalement de 7 % à 15 % selon les entreprises. Les syndicats s'engagent à faire cesser la grève.

LÉON BLUM, CHEF DE LA MAJORITÉ

Le chef incontesté du parti socialiste est âgé de soixante-quatre ans. Il appartient à une vieille famille de la bourgeoisie parisienne israélite. Ancien élève de l'École normale supérieure, il a préféré les carrières juridiques à l'enseignement et est devenu auditeur, puis maître de requêtes au Conseil d'État. Très influencé par les théories socialistes de Lucien Herr, le bibliothécaire de l'École normale, il fait ses débuts dans la politique comme chef de cabinet de Marcel Sembat et devient tout naturellement son successeur à la tête du parti.

Si Léon Blum est décidé, en prenant le pouvoir, à appliquer le programme du parti socialiste, il ne sait pas moins qu'il devra compter avec les partis bourgeois qui collaborent au front populaire. Il est partisan d'une loyale entente et ne cherche pas à imposer les méthodes révolutionnaires. Tout en satisfaisant intégralement les revendications du front populaire, il refuse d'aller trop loin.

Mais c'est le peuple vainqueur qui va, sans attendre, lui forcer la main.

A la radio, Léon Jouhaux clame le succès et annonce une ère nouvelle pour la classe ouvrière.

10 juin-fin juin

Déçus, parce qu'ils espéraient un changement dans les structures sociales, les ouvriers hésitent. Le parti communiste, lui-même inquiet de la tournure que prennent les événements, les incite à céder : « Il faut savoir terminer une grève. » Celles-ci s'achèveront peu à peu au cours du mois de juin.

11-18 juin

Léon Blum veut donner force de loi aux accords signés à Matignon. Chambre et Sénat votent successivement les lois instituant les congés payés, les conventions collectives et la semaine de 40 heures. Le gouvernement accorde une large augmentation aux fonctionnaires.

Léon Blum n'agit pas à la légère. Son plan de redressement économique est parfaitement cohérent. Il estime en effet que la diminution de la durée du travail obligera le patronat à accroître le nombre de ses ouvriers et résorbera le chômage. Il pense en outre que l'augmentation des salaires amènera un accroissement du pouvoir d'achat des Français et améliorera le marché intérieur. Il n'ignore pas qu'il y a risque d'inflation, mais il espère que les patrons supporteront les charges nouvelles qu'il leur impose.

19 juin

La France accepte de lever les sanctions contre l'Italie. La S.D.N. en fera autant quelques jours plus tard.

20 juin

Par décret (comme il y est autorisé par la loi du 10 janvier 1936), le gouvernement dissout l'association des Croix de Feu, le parti national populaire (ex. Jeunesses patriotes), le Francisme.

Le colonel de La Rocque transforme ses Croix de Feu en un parti politique (le parti social français). Pour sa part, Doriot crée le parti populaire français. Cet ancien com-

A droite, André Malraux à un meeting d'écrivains. (Photo Magnum.)

muniste ne cache pas son admiration pour les doctrines nazies.

13 juillet

L'assassinat du chef monarchiste espagnol Calvo Sotelo déchaîne une insurrection militaire au Maroc espagnol, et le début de la guerre civile en Espagne trois jours plus tard.

14 juillet

Journée de triomphe du front populaire.

24 juillet

Dans le programme du front populaire figurait la lutte contre « les deux cents familles » — les deux cents plus gros actionnaires de la Banque de France, qui choisissent les régents et peuvent exercer une prépondérance considérable sur le pays.

Une loi, sans nationaliser la Banque, en transforme l'administration. Au conseil des régents est substitué un conseil de vingt membres dont la majorité est nommée par le gouvernement, de même que le gouverneur et le sous-gouverneur.

1er-15 août

En dépit des communistes, le gouvernement lance un appel en faveur de la non-intervention des puissances étrangères dans la guerre d'Espagne. Le premier soin de Léon Blum et de son ministre des Affaires étrangères, Yvon Delbos, a été de ranimer la bonne entente avec la Grande-Bretagne. Le 15 août, une déclaration commune proclame cette politique de non-intervention.

11 août

Une loi nationalise les entreprises travaillant pour la Défense nationale. Cette loi sera appliquée avec une extrême timidité : une dizaine d'usines d'aviation seront nationalisées, la plupart des propriétaires restant d'ailleurs à la direction.

16 août

Pour donner satisfaction aux paysans, une loi crée l'office national interprofessionnel des céréales (O.N.I.C.) qui doit fixer le prix du blé, régulariser le marché des céréales, créer des coopératives de stockage et favoriser l'agriculture.

6 septembre

A Luna-Park, Léon Blum justifie sa politique à l'égard de l'Espagne, malgré les hurlements des communistes : « Des avions, des canons pour l'Espagne ! »

9 septembre

Traité entre la France et la Syrie : la France accorde l'indépendance au Liban dans les trois années qui viennent, en échange d'avantages culturels et économiques.

25 septembre

Léon Blum pensait que l'augmentation du pouvoir d'achat, conséquence de celle des salaires, amènerait les industriels et chefs d'entreprise à renouveler leur matériel, à « tourner » vingt-quatre heures sur vingt-quatre, et donnerait un coup de fouet à l'économie nationale.

Mais on ne pratique pas une politique socialiste en conservant le libéralisme économique. La confiance ne se commande pas. L'or fuit, les capitaux aussi. Le chômage ne diminue pas, car on ne remplace pas par des chômeurs les ouvriers spécialisés qui ne travaillent plus que huit heures.

Léon Blum est donc obligé de dévaluer le franc d'environ 25 %.

1er octobre

Le « franc Auriol » qui se substitue au « franc Poincaré » ne contient plus que 42 à 49 milligrammes d'or (au lieu de 60).

Il faut noter que, de leur côté, les États-Unis et la Grande-Bretagne ont dévalué leur monnaie en 1932 et 1933.

Tous les journaux, sauf *le Populaire*, condamnent la dévaluation génératrice de l'augmentation du coût des denrées.

6 novembre

La presse d'extrême droite, *Gringoire* et *l'Action française*, attaque le ministre de l'Intérieur, Roger Salengro, en l'accusant de désertion en 1915.

Il est certain que Salengro a été fait prisonnier par l'ennemi en tentant d'aller chercher des camarades blessés et a bien été condamné par contumace.

13 novembre

Violents débats à la Chambre à propos de Salengro.

En 1937, l'armée française hésite entre deux solutions : le maintien de la structure tradition-nelle d'une armée nombreuse et basée sur la collaboration des trois armes : infanterie, artillerie et cavalerie, ou l'emploi des chars. Un jeune officier, Charles de Gaulle, pourtant formé à l'école du maréchal Pétain, prend ardemment parti pour la solution moderne d'une armée motorisée et blindée et réclame pour la France la création d'un corps de manœuvres de cinq divisions cuirassées. Seul, à l'époque, Paul Reynaud se montrera convaincu de l'utilité d'une telle formation. Voici, lors d'une réunion d'anciens « tankistes » organisée à Metz en 1938, l'un des meilleurs spécialistes des blindés, le général Delestraint, précédant le colonel de Gaulle. Après la signature de l'armistice, le général Delestraint organisera la résistance dans la région de Lyon. Placé par de Gaulle à la tête de l' « armée secrète » à la fin de l'année 1942, il sera, en juin 1943, arrêté par les Allemands et déporté au Struthof, puis à Dachau où il mourra en 1945, assassiné par les S.S. (Collection particulière.)

17 novembre

Submergé par le flot d'injures et de calomnies qu'on déverse sur lui, Salengro se suicide. L'évêque de Lille, le cardinal Liénard, condamne les procédés employés à l'égard du ministre.

décembre

La Chambre vote une loi permettant d'empêcher la presse de calomnier impunément.

31 décembre

Vote de la loi sur les procédures de conciliation et d'arbitrage dans les conflits collectifs du travail.

S'adressant au peuple français, Léon Blum, tout en se félicitant d'être resté fidèle au libéralisme économique, souligne la portée des lois sociales qui ont, en quelques semaines, transformé la condition ouvrière.

1937, 21 janvier

Vote d'une loi qui interdit en France le départ des volontaires pour l'Espagne et la fourniture de matériel de guerre. Ni l'Italie ni l'Allemagne ni l'U.R.S.S. n'observent la non-intervention.

10 février

D'accord avec l'état-major, Léon Blum et Daladier étudient le moyen

Mardi 18 janvier 1938. La France, tout entière préoccupée de la crise ministérielle qui sévit de, accepté de former le Cabinet. La manchette du journal proclame ce succès en grosses lettres. Et le Jeudi 17 février 1938, « Paris-soir » annonce : « L'ultimatum d'Hitler. Les Nazis sont entrés dar française vient ensuite, reléguée derrière les quelques faits divers du jour. Dimanche 13 mars 19 lui-même que les troupes allemandes étaient entrées dans toute l'Autriche. » L'inquiétude transpo Le leader socialiste... a convoqué tous les présidents des groupes de la minorité. Ceux-ci réunis ce m le programme de ce gouvernement était incompatible avec la participation communiste. » Et, pour c même ville envahie par la foule des « nazis » acclamant le nouveau chancelier. Lundi 11 avril 19 cabinet Daladier est constitué. » Deux grandes photographies montrent le président du Conseil quit Mandel, Sarraut et Frossard. Après avoir donné la liste complète du nouveau gouvernement, un q éclatante des « I.A. ». Le péril semble éloigné et la France retrouve une relative quiétude... (Docum

d'augmenter notre armement qui accuse, surtout en matière d'aviation, un retard considérable. Daladier fait voter un plan d'équipement quadriennal de 19 milliards qui devrait permettre de combler nos lacunes. Cet espoir sera déçu parce que l'industrie française, vieillie, sclérosée, est incapable de se ressaisir.

L'état-major, fidèle à la tactique de la guerre précédente, continue à refuser les divisions motorisées autonomes que le colonel de Gaulle est pourtant venu préconiser auprès de Blum et Daladier.

11 février

L'année 1937 doit être celle de l'exposition internationale qu'on

prépare fort lentement. Léon Blum vient haranguer les ouvriers sur les chantiers boueux du futur musée d'Art moderne. Il se fait huer. Il a pourtant adjuré les travailleurs de terminer à temps : « Un échec du front populaire, un retard de l'exposition serait une victoire pour les fascistes ! » Rien n'y fait et les grèves des bras croisés se multiplient sur les chantiers.

Le prix des denrées ne cesse d'augmenter. L'indice des prix de gros accuse une augmentation de 28 % depuis le mois de septembre.

mars

Sur les chantiers de l'exposition, des bagarres éclatent souvent entre

...re jours, paraît soulagée en apprenant par le quotidien « Paris-soir » que Camille Chautemps a
...n clôt sa première page sur une gravure de mode signalant « la nouvelle coiffure pour les brunes ».
...net autrichien. M. Seiss-Inquart, candidat du Führer, devient ministre de l'Intérieur ». La politique
...t le coup de tonnerre : « L'Anschluss est fait », titre « Paris-soir », qui poursuit : « Hitler a annoncé
...avers l'article rédigé par Dominique Canavaggio : « M. Léon Blum hâte ses négociations...
...Palais-Bourbon, se sont déclarés prêts à collaborer à un gouvernement d'union mais en ajoutant que
...page tragique, deux photographies : une vue de Vienne bombardée de tracts antihitlériens et la
...événements autrichiens cèdent la place à la politique française et « Paris-soir » annonce : « Le
...inistère de la Guerre pour l'Élysée, puis entouré des nouveaux ministres, dont MM. Jean Zay,
...age annonce les résultats du scrutin qui, dans toute la « grande Allemagne », a consacré la victoire
...Decaux.)

les ouvriers français et leurs camarades étrangers qui refusent, eux, de faire grève. Les partis politiques de l'opposition se font plus violents. Le colonel de La Rocque et Doriot multiplient les rassemblements.

16 mars

Dans un cinéma de Clichy, les adhérents du parti social français tiennent une réunion. Les communistes, dont Clichy est un fief, crient à la provocation. De violentes bagarres éclatent. La police intervient. Des barricades s'élèvent. Des coups de feu sont tirés : 7 morts, 304 blessés.

Léon Blum qui accourt sur les lieux en habit de soirée — il sort de

l'Opéra — est hué par la foule. Cette fusillade semble rompre la mystique du front populaire.

23–24 avril

Le roi des Belges, Léopold III, dénonce toute alliance, même défensive, et déclare que son pays pratiquera désormais une stricte neutralité. La France et l'Angleterre s'inclinent. Il est vrai que le « canal Albert », large tranchée fortifiée, constitue la ligne Maginot de la Belgique...

29 avril

Le Congrès américain vote une loi interdisant le ravitaillement en

Le *13 mars 1938, Hitler s'adressant à la foule, à Vienne, proclame l'Anschluss. (Photo Südd-Verlag, Munich.) La police autrichienne, en haut à droite, prête serment au fuhrer. (Photo Keystone). Ci-dessous, à gauche, Hitler assiste, suivi du général Keitel, à des exercices de défense aérienne en Poméranie. (Photo A.F.P.) Ci-contre, des soldats nazis, entrés en Autriche dès le 11 mars, font sauter joyeusement les barrières douanières, concrétisant ainsi l'annexion de l'Autriche et la puissance d'Hitler. (Photo Südd-Verlag, Munich.)*

351

armes ou en argent de toute nation en guerre.

24 mai

Inauguration par Albert Lebrun de l'Exposition internationale des « Arts et Techniques dans la vie moderne ». La plupart des pavillons ne sont pas achevés. Seuls s'élèvent, complètement terminés, l'un en face de l'autre, les pavillons de l'U.R.S.S. et de l'Allemagne hitlérienne.

22 juin

Chute du ministère Blum. La situation financière n'a pas cessé de se dégrader. Dès le mois d'avril, Vincent Auriol observe que, s'il peut couvrir les dépenses courantes pendant encore quelques mois, l'avenir reste sombre. Le comité des experts désigné par Léon Blum propose des mesures classiques : augmentation des impôts, diminution des dépenses afin de rassurer les détenteurs de capitaux. Vincent Auriol refuse de présenter de telles mesures. Les experts démissionnent et le ministre des Finances décide d'élaborer un plan financier d'inspiration strictement socialiste, prévoyant entre autres le contrôle des changes. Pour vaincre la résistance du Sénat, Léon Blum demande les pleins pouvoirs jusqu'à la fin du mois de juillet. La Chambre les vote, mais en les restreignant considérablement, sur la proposition du jeune député radical Pierre Mendès France. Le contrôle des changes, en particulier, est interdit. La Haute Assemblée aggrave encore les restrictions. Vincent Auriol déclare inacceptable le projet ainsi remanié. Au Sénat,

Caillaux porte l'estocade finale. Le Sénat repousse un projet transactionnel par 168 voix contre 96.

Il ne reste plus à Léon Blum qu'à démissionner.

28 juin

Formation d'un cabinet Chautemps. La plupart des ministres de Léon Blum conservent leur portefeuille et lui-même devient vice-président du Conseil. Georges Bonnet reprend le portefeuille des Finances. Les trois femmes du précédent ministère disparaissent.

30 juin

La situation financière est dramatique. Il reste vingt millions en caisse et le gouvernement a dû faire appel à la Caisse des dépôts pour assurer les paiements de la fin du mois.

Pour redresser la situation, le ministre propose quelques mesures d'urgence : avance de quinze milliards par la Banque de France, élévation du taux des impôts, économies rigoureuses, enfin suppression de la limite inférieure de la parité entre l'or et le franc. Désormais, celui-ci devient, comme la livre sterling, une monnaie « flottante », ce qui permet de masquer une dévaluation éventuelle. Ces quelques décisions suffisent à rassurer les porteurs de capitaux. Les sorties d'or sont stoppées, les fonds de l'État remontent ; les bons du Trésor sont souscrits.

21 juillet

Le franc sera stabilisé trois

Devenu l'idole du parti national-socialiste, Adolf Hitler ne manque pas une occasion de se montrer à la foule et de la haranguer pour la persuader de la puissance inébranlable de « la grande Allemagne ». Aussi son cinquantième anniversaire sera-t-il le prétexte, à Berlin, d'un rassemblement grandiose. (Photo Hugo Jaeger. Colorific Time Life.)

semaines plus tard. Il ne renferme plus que 38,7 milligrammes d'or fin contre 44,1 le 25 septembre 1936.

31 août

Promulgation de la loi qui crée la S.N.C.F. destinée à se substituer aux anciennes compagnies.

11 septembre

Deux bombes détruisent, à Paris, rue de Presbourg, une partie de l'immeuble où siège le Conseil national du patronat français et, rue de Boissière, l'immeuble du groupe des industries métallurgiques. On accuse les communistes. Ce que semble justifier, quelques jours plus tard, l'enlèvement en plein jour du général Miller, président des anciens combattants russes. Mais ne s'agirait-il pas plutôt d'actes commis par les étrangers réfugiés en France... ou par des groupements secrets d'extrême droite ?

25 novembre

Fermeture de l'Exposition des Arts et Techniques.

décembre

Le mécontentement s'aggrave dans la classe ouvrière. Le coût des denrées ne cesse d'augmenter. Des grèves, avec occupation d'usine, éclatent en banlieue. L'emploi de la garde mobile exaspère les ouvriers.

29 décembre

Grève générale de vingt-quatre

Cette affiche publicitaire date du 1er mai 1930. L'Aéropostale ne se contente plus de transporter les sacs postaux. Déjà prennent place à bord des passagers. (Photothèque des Presses de la Cité.)

heures des services publics. Paris est entièrement paralysé. Tout est en grève, même les pompes funèbres.

Marx Dormoy tente vainement de faire jouer la loi sur la procédure de conciliation et d'arbitrage.

Léon Blum lui-même obtient difficilement la confiance au congrès socialiste.

1938, 13 janvier

A la tribune de la Chambre, Chautemps lance un appel à la classe ouvrière et lui demande de renoncer à toute agitation.

Le communiste Ramette lui répond que ce sont les puissances d'argent qui sont à l'origine de la crise financière.

Les socialistes, refusant de prendre l'initiative de la rupture avec les communistes, retirent leurs ministres. Chautemps démissionne.

14-18 janvier

Georges Bonnet conseille à Albert Lebrun, si on ne peut pas former un gouvernement de concentration, de dissoudre la Chambre. Faible et indécis, le président de la République n'ose pas prendre une telle décision.

Il ne reste plus qu'à faire appel à Chautemps...

19 janvier

... qui forme un ministère presque exclusivement composé de radicaux-socialistes et de quelques socialistes indépendants. Comme il affirme à la Chambre que le front populaire continue, il obtient une large majorité.

Mais la situation financière continue de se dégrader. Les réserves d'or s'amenuisent.

Ci-contre, les membres d'un corps-franc des Sudètes. (Cabinet des estampes. Bibliothèque nationale. Photo Safara.)

12 février

Dans une entrevue qu'il a avec le chancelier d'Autriche, Kurt von Schuschnigg, à Berchtesgaden, Hitler ne cache pas ses menaces et le contraint à de grandes concessions.

20 février

Lord Halifax remplace Eden, en désaccord avec Chamberlain sur la politique extérieure.

Hitler prononce un violent discours au sujet de l'Autriche. Le chancelier Schuschnigg comprend que Mussolini n'interviendra pas pour sauver l'indépendance de son pays.

fin février

Chamberlain veut faire confiance à Hitler et à Mussolini. Secouée par une « purge » d'officiers généraux, l'U.R.S.S. ne peut intervenir.

Schuschnigg avait annoncé son intention d'organiser un plébiscite. Goering l'oblige à céder à Seyss-Inquart, chef des nazis autrichiens et, sous prétexte de troubles qui n'existent pas, celui-ci fait appel aux troupes allemandes.

9 mars

L'Europe ne bouge pas.

La France est sans gouvernement. Devant l'attitude de plus en plus hostile des socialistes qui refusent de lui accorder les pleins pouvoirs en matière financière, Chautemps démissionne.

11 mars

Entrée des troupes allemandes en Autriche.

13 mars

Léon Blum tente vainement de former un ministère d'union, des communistes à Louis Marin. Mais si certains modérés ou démocrates populaires, comme Paul Reynaud ou Champetier de Ribes, conscients du danger de guerre qui se dessine, seraient prêts à accepter, la droite, qui n'a pas pardonné juin 1936 à Blum, refuse dans son ensemble. Blum forme donc un cabinet de socialistes et de radicaux.

13 mars

Proclamation de l'Anschluss.

fin mars-10 avril

La constitution de ce nouveau ministère Blum est accueillie immédiatement par une nouvelle vague de grèves dans le pays. Alors que le président du Conseil, inquiet de la faiblesse de nos armements, demande aux dirigeants des usines qui travaillent pour la défense nationale d'augmenter leur production, il se heurte à un refus catégorique. Les patrons prétendent que la vétusté de leurs installations et l'incertitude économique qui règne ne leur permettent pas de donner satisfaction au gouvernement.

En même temps, Léon Blum présente un projet de pleins pouvoirs comportant l'institution du contrôle des changes et même celle d'un impôt sur le capital, ce qui a pour effet immédiat de soulever tout le Sénat contre ce plan. Il n'en est pas moins voté à la Chambre par 311 voix contre 250, mais, le 8 avril, le Sénat le repousse par 214 voix contre 47.

Quelques manifestations de rue ont lieu devant le palais du Luxembourg organisées par Marceau Pivert et les extrémistes du parti socialiste. Léon Blum, finalement, donne sa démission.

Cette fois, le front populaire a vécu.

12 avril

Daladier forme un ministère excluant les socialistes avec : Albert Sarraut à l'Intérieur, Georges Bonnet aux Affaires étrangères, Marchandeau aux Finances, Reynaud à la Justice, Mandel aux Colonies, Zay à l'Éducation nationale.

Ce cabinet recueille 575 voix contre 5, les communistes eux-mêmes ayant voté « la confiance » pour protéger le pays contre le fascisme international.

22 avril

Le chef des Allemands établis dans le massif montagneux des Sudètes, rattaché en 1919 à la Tchécoslovaquie, expose un programme de revendications inacceptable par Prague.

Les Allemands établis dans ce pays des Sudètes, 1 500 000, veulent l'indépendance, sinon le rattachement à l'Allemagne.

28-29 avril

Daladier et Bonnet rencontrent à Londres Chamberlain et Halifax. La France et l'Angleterre déclarent que leur deux pays sont décidés à maintenir l'indépendance de la Tchécoslovaquie de Benès et Masaryk.

2 mai

Le gouvernement décide par décret une majoration de 8 % des impôts pour les années 1938 et 1939.

Au fur et à mesure que le péril allemand s'affirme, la France aspire au resserrement de son alliance avec la Grande-Bretagne. La visite des souverains anglais, en juillet 1938, est particulièrement bien accueillie. On voit, à gauche, à Versailles le président Lebrun, le roi George VI et la reine Élisabeth. (Photo R. Schall.)

15 mai

On prête à Daladier l'intention d'obliger les usines d'armement à abandonner la semaine de quarante heures. Thorez proteste avec violence.

21 mai

Deux paysans des Sudètes sont tués par des soldats tchèques à la frontière germano-tchèque, qu'ils cherchaient à franchir. Hitler rugit et réclame le retour du pays des Sudètes à l'Allemagne.

juin-juillet

Daladier et Paul Reynaud sont partisans d'abolir momentanément la semaine de quarante heures.

Cependant, l'inquiétude continue de monter avec les revendications d'Hitler sur le pays des Sudètes, et Daladier décide le rappel de 1 100 000 hommes. Les gares de l'Est et du Nord sont envahies par la foule des réservistes. Des casernes, des groupes de soldats sont, eux aussi, acheminés vers les gares. (Cabinet des estampes. B.N. Photos Safara.) Le « Canard enchaîné » ironique, titre le 7 septembre 1938 : « La mobilisation n'est pas la mobilisation. » (Photo H. Decaux.)

Certains membres du cabinet sont hostiles à cette mesure.

L'Angleterre envoie près d'Hitler lord Runciman, chargé d'offrir ses bons offices et de trouver une solution dans l'affaire des Sudètes.

4 juillet

Signature à Paris d'un traité d'amitié franco-turque.

11 juillet

La Chambre des députés vote la loi sur l'organisation générale de la nation en temps de guerre.

12 juillet

Daladier déclare que la France respectera ses engagements d'assistance militaire à la Tchécoslovaquie, conformément au traité du 16 octobre 1925.

19-22 juillet

Visite des souverains britanniques à Paris.

fin juillet

L'opinion publique française, surtout dans les campagnes, comprend mal l'affaire des Sudètes et n'imagine pas que la France puisse être entraînée dans une guerre. Toute une partie de la presse, dont *l'Action française*, demande le maintien de la paix, à quelque prix que ce soit.

11-18 août

Les négociations entre le gouvernement tchèque et les représentants des Sudètes, malgré les efforts de lord Runciman, n'aboutissent pas.

21-22 août

Daladier déclare qu'il faut renoncer à la semaine de quarante heures pour permettre de rattraper le retard en matière d'armement et surtout d'aviation.

Deux ministres — socialistes indépendants — donnent leur démission. Ils sont remplacés par deux modérés.

fin août

Président de la République tchécoslovaque, Édouard Benès, s'inquiète. Ses amis de France ne lui cachent pas que notre pays semble peu favorable à sa cause.

3 septembre

Pourtant, pour répondre aux menaces de l'Allemagne, on rappelle sous les drapeaux 100 000 hommes des premières classes de réserve et les spécialistes de la ligne Maginot. L'avant-veille, Hitler, recevant Henlein à Berchtesgaden, a pris publiquement parti en faveur des revendications des populations des Sudètes.

6 septembre

Au congrès national-socialiste de Nuremberg, 140 000 nazis entendent Hitler affirmer qu'il ne reculera pas devant la Tchécoslovaquie, la France et l'Angleterre.

9 septembre

Désavouant son ambassadeur en France, William Bullitt, Roosevelt déclare que les États-Unis n'interviendront pas en cas de conflit.

8-14 septembre

Est-ce la guerre? En Angleterre, les citoyens britanniques se livrent déjà à des exercices de défense passive. A Paris et dans les grandes villes, la tension monte.

15 septembre

Une lueur d'espoir : Chamberlain rencontre Hitler à Berchtesgaden pour tenter de sauver la paix.

Henlein exige la cession immédiate au Reich des territoires comptant plus de 50 % d'Allemands.

18 septembre

A Londres, Daladier et Bonnet rencontrent Chamberlain et Halifax. Ils proposent en commun la cession à l'Allemagne de trois territoires comprenant 900 000 Allemands.

22 septembre

Prétextant des troubles imaginaires, Hitler qui revoit Chamberlain à Godesberg, sur les bords du Rhin, exige l'entrée des troupes allemandes en Tchécoslovaquie le 26 et la cession des territoires le 28.

Chamberlain se cabre et obtient seulement que la date soit reportée au 1er octobre.

23 septembre

Mobilisation générale en Tchécoslovaquie.

24 septembre

Ordre de rappel en France de 1 100 000 hommes.

La guerre paraît cette fois inévitable. La défense passive s'organise. La Home Fleet quitte l'Écosse.

Conférence militaire franco-britannique à Londres.

26 septembre

Dans un discours prononcé au Palais des Sports à Berlin, Hitler annonce qu'avec le pays des Sudètes, c'est la dernière revendication territoriale qu'il formule.

Le président Roosevelt lance un appel à Hitler et à Benès.

27 septembre

Mobilisation de nouvelles classes de réservistes en France.

28 septembre

Sur l'initiative de Mussolini, il est décidé qu'une conférence réunira à Munich le lendemain les quatre hommes d'État : Mussolini, Hitler, Chamberlain, Daladier.

29-30 septembre

Signature des accords de Munich

qui consacrent le démembrement de la Tchécoslovaquie.

3-5 octobre

Par 555 voix contre 75, la Chambre ratifie les accords de Munich. Le gouvernement obtient les pleins pouvoirs pour réaliser le redressement immédiat de la situation économique et financière du pays.

Pendant ce temps, Hitler, qui n'observe même pas les accords de Munich, annule le plébiscite prévu dans le territoire des Sudètes.

Les troupes polonaises occupent Teschen, à la faveur des accords de Munich, et les Hongrois la Russie subcarpatique. Le président Benès démissionne et est remplacé par Hacha. La Slovaquie obtient un statut de quasi-indépendance.

30 octobre

La cassure entre munichois et antimunichois s'accentue. Au Congrès radical, Daladier rompt définitivement avec les communistes accusés de propager l'agitation dans le pays et de créer des difficultés au gouvernement.

1er novembre

Pour combler les lacunes de notre armement que la semi-mobilisation a fait cruellement apparaître, il faut assainir la situation financière. Paul Reynaud, qui remplace Marchandeau aux Finances, est décidé à appliquer une stricte politique d'économies.

7 novembre

A Paris, assassinat d'un attaché d'ambassade allemand par un Juif polonais. En Allemagne, violentes

LA CONFÉRENCE DE MUNICH ET SES CONSÉQUENCES

La conférence s'ouvre à midi quarante-cinq par un long monologue de Hitler suivi de propositions concrètes préparées par Mussolini. Daladier demande qu'un expert tchèque soit consulté. Hitler refuse. Le président du Conseil français réplique :
« S'il s'agit de démembrer la Tchécoslovaquie, la France dit non. S'il s'agit de permettre à trois millions d'habitants des Sudètes qui veulent être allemands de le devenir, nous sommes d'accord. »
Mais il ajoute : « Si ce pays doit être démembré, mutilé et non pas amputé, je n'ai que faire ici et préfère m'en aller que de m'associer à ce crime. »
Après un déjeuner hâtif, la discussion reprend à seize heures trente. Hitler s'efforce d'amadouer Daladier. On finit par tomber d'accord sur le premier point du projet italien : occupation échelonnée des Sudètes par les troupes allemandes entre le 1er et le 10 octobre. Il y a accrochage sur le second point : la délimitation des régions à majorité allemande dans lesquelles un plébiscite sera organisé.
Finalement, à une heure trente du matin, l'accord est fait. Pratiquement, la France et l'Angleterre ont cédé.
Tandis que la nouvelle se répand dans le monde entier et que partout on pousse un immense soupir de soulagement, à Prague, c'est le désespoir. La ville prend le deuil et le chef de notre mission militaire démissionne.
A midi, l'avion qui ramène Daladier de Munich se pose au Bourget. 500 000 Parisiens se sont portés sur la route pour acclamer le sauveur de la paix. Celui-ci s'attendait à être accueilli par des huées. Il est salué de vivats étourdissants. A la Villette, des bouchers l'acclament ; rue de Rivoli, on lui lance des bouquets ; devant la Madeleine, c'est une ruée de la foule ; à l'Arc de Triomphe où il se rend le soir, nouvelle crise d'enthousiasme. On veut donner le nom de Daladier à une rue de Paris !
Au lendemain de la signature des accords, presque toute la presse a entonné un chant de triomphe. Cependant, quelques esprits avertis nuancent déjà leur satisfaction. A gauche, dans « le Populaire », Léon Blum reconnaît « qu'il se sent partagé entre un lâche soulagement et la honte ». « L'Humanité » dénonce « le brigandage commis à Munich ». A droite, « l'Époque » d'Henri de Kérillis joue les Cassandre : « Trente divisions allemandes débarrassées de tout souci vont se tourner vers nous. » Dans le journal « Temps présent », François Mauriac écrit : « Je sais bien que nous nous réveillerons de cette joie et qu'au-delà de ce grand mur de Versailles abattu par le poing allemand une route inconnue s'ouvre pour nous, pleine d'embûches. »

Convoquée à la demande du ministre anglais Neville Chamberlain, la Conférence de Munich réunissait la France, l'Italie, l'Angleterre et l'Allemagne. Après de vives discussions et la vaine menace, par notre ministre Daladier, de se retirer, les accords étaient enfin signés par lesquels Hitler, que l'on voit paraphant l'acte, promettait formellement de ne plus formuler aucune revendication territoriale en Europe. (Photo Südd-Verlag, Munich.) Ci-contre, Daladier et Chamberlain s'entretenant par le truchement d'un interprète. (Cabinet des estampes. B.N. Photo Safara.)

manifestations contre les Juifs. On pille leurs magasins. On incendie leurs synagogues.

13 novembre

Une série d'importants décrets crée plusieurs milliards de ressources nouvelles; une commission dite de la « hache » doit multiplier les économies dans les services publics. La durée du travail hebdomadaire est portée à quarante-huit heures, et les heures supplémentaires, au-delà de quarante, faiblement rétribuées. Le taux de l'impôt est augmenté.

30 novembre

Riposte des syndicats, qui décident une grève générale. L'attitude résolue de Reynaud et de Daladier fait de cette grève un échec complet. Le même jour à la Chambre des députés italienne, Mussolini et Ciano sont accueillis par les cris de : « Nice, Tunisie, Corse, Savoie!... » Ce sont les revendications territoriales de l'Italie à l'égard de la France.

6 décembre

A la suite de la Grande-Bretagne, la France, par la plume de Georges Bonnet, signe à Paris avec Ribbentrop un accord de non-agression, soulignant la reconnaissance réciproque de leurs frontières. Ce pacte n'est que chiffon de papier, puisque les frontières des autres pays ne sont pas reconnues.

Inquiète de cette attitude de la France et de l'Angleterre, l'U.R.S.S. songe à se rapprocher de l'Allemagne.

16 décembre

Mussolini dénonce les accords signés avec Laval en 1935 concernant le statut des Italiens en Tunisie. Il est vrai que ces accords n'avaient jamais été appliqués.

1939, 1-4 janvier

Voyage en Corse et en Tunisie de Daladier.

Il reçoit un accueil enthousiaste à Ajaccio, à Bizerte, à Tunis, où le bey l'assure de sa fidélité, à Gabès, Sfax et Sousse.

11 janvier

A Rome, Chamberlain et Halifax recherchent un accord avec l'Italie.

25 janvier

Aidées par l'Allemagne et l'Italie, les troupes du général Franco s'emparent de Barcelone et continuent la conquête de la Catalogne.

2 février

Le gouvernement français envoie Léon Bérard en mission auprès du gouvernement du général Franco établi à Burgos.

5 février

Fuyant l'avance des armées nationalistes, les troupes républicaines d'Espagne refluent en désordre à la frontière française.

9 février

Les troupes de Franco atteignent le col du Perthus.

18 février

Accord entre Léon Bérard et Jordana, ministre des Affaires étrangères de Franco.

Après trois ans de guerre civile, les nationalistes espagnols sont vainqueurs sur tous les fronts. Succédant au drapeau rouge des républicains, le pavillon espagnol surgit partout et jusqu'au poste frontière de Port-Bou-Cerbère où ces soldats franquistes le brandissent triomphalement. (Cabinet des estampes. B.N. Photo Safara.)

27 février

La France reconnaît officiellement le gouvernement de Franco...

2 mars

... et nomme le maréchal Pétain ambassadeur à Madrid.

10-14 mars

Le gouvernement tchèque ayant révoqué le gouvernement autonome de la Slovaquie, la Diète de ce pays proclame son indépendance.

15 mars

Au cours d'une entrevue dramatique à Berlin, Hitler oblige le chef du gouvernement tchèque, Hacha, à accepter un texte par lequel il remet les destinées de son pays au Führer. Le jour même, les troupes allemandes entrent à Prague au milieu d'une foule consternée. La Bohême et la Moravie deviennent un protectorat allemand, la Slovaquie, un pays satellite de l'Allemagne. La France et l'Angleterre, « rou-

lées » par Hitler, se contentent de protestations verbales qui les déconsidèrent aux yeux des nations européennes.

18 mars

Les deux pays garantissent l'intégrité de la Roumanie.

Les Anglais sont indignés de ce « coup de Prague ». On assiste à un revirement complet de la Grande-Bretagne.

19 mars

La France, pendant cet hiver 1938-1939, a retrouvé un certain équilibre. Il n'y a plus de grèves mais, incontestablement, une reprise économique et financière qui se traduit par un retour de l'or et le développement de nos exportations. Paul Reynaud prépare le Code de la famille qui institue la prime à la première naissance, un système d'allocations familiales proportionnées au nombre des enfants à charge et un prêt au mariage pour les jeunes ménages. Ce qui ne l'empêche pas de consacrer 56 milliards à la

Défense nationale. Mais toutes ces mesures sont trop tardives. Devant la montée des périls, la Chambre des députés accorde des pouvoirs accrus au gouvernement qui pourra désormais prendre, par décrets délibérés en Conseil des ministres, les mesures nécessaires à la défense du pays.

21 mars

Un premier décret fixe la semaine de soixante heures dans les établissements travaillant pour la Défense nationale.

Le même jour, Albert Lebrun et Georges Bonnet arrivent à Londres rendre aux souverains britanniques leur visite de l'année précédente et renforcer l'alliance.

Hitler demande au gouvernement polonais l'ouverture de négociations sur Dantzig qu'il revendique...

22 mars

... et oblige la Lituanie à céder à l'Allemagne la ville de Memel.

23 mars

La France et l'Angleterre garantissent l'intégrité du territoire de la Belgique, des Pays-Bas et de la Suisse.

25 mars

Mussolini exige du roi d'Albanie, Zog, une union douanière et l'occupation du pays par les troupes italiennes. Refus du roi.

26 mars

Encouragée par la France et l'Angleterre, la Pologne refuse d'engager des négociations qui remettraient en cause le statut de Dantzig.

31 mars

A la Chambre des communes, Chamberlain affirme qu'en cas

Afin de resserrer leur alliance, l'Allemagne et l'Italie viennent de signer le « pacte d'acier ». Le comte Ciano et Hitler saluent la foule à Berlin. Français et Anglais, de leur côté, multiplient les rencontres. En juillet 1939, une conférence réunit Yvon Delbos, Camille Chautemps et Anthony Eden. (Cabinet des estampes. B.N. Photo Nyt et Safara.)

d'atteinte à l'indépendance polonaise le gouvernement de la Grande-Bretagne, comme celui de la France, apportera tout son appui à la Pologne.

5 avril

Au congrès tenu à Versailles, Albert Lebrun est réélu président de la République par 506 voix sur 910 votants.

7 avril

Le Vendredi saint, au petit jour, les troupes italiennes, sans déclaration de guerre, envahissent l'Albanie et occupent le pays. Le roi Zog et la reine Géraldine prennent le chemin de l'exil.

13 avril

La France et la Grande-Bretagne garantissent l'intégrité du territoire de la Grèce.

21 avril

Publication de décrets-lois portant la durée du travail à quarante-cinq heures et établissant un impôt extraordinaire sur les bénéfices industriels. Le déficit budgétaire atteint 15 milliards de francs.

27 avril

La Chambre des communes vote le rétablissement de la conscription.

28 avril

Le 14 avril, Roosevelt avait adressé à Hitler un message pour lui demander de maintenir le *statu quo* en Europe et au Moyen-Orient. Devant le Reichstag (composé exclusivement de députés nazis), Hitler répond qu'il exige le retour de Dantzig à l'Allemagne et le libre passage à travers le couloir polonais. Il s'abstient, dans ce discours, de toute attaque à l'égard de l'U.R.S.S.

Le général Vuillemin, l'amiral Darlan et le général Gamelin (à gauche). Nos trois grands chefs semblent confiants. La France n'a-t-elle pas pour alliées l'Angleterre et l'U.R.S.S. et pour bouclier la ligne Maginot ? (Photo Nyt.)

Les Russes signent avec l'Allemagne, le 25 août, un pacte de non-agression. Ci-dessous, von Ribbentrop et Staline concluent leur alliance par une poignée de main. (Photo Safara.)

22 mai

A Milan, le comte Ciano et Ribbentrop signent le « pacte d'acier », confirmant l'alliance de l'Allemagne et de l'Italie en vue d'assurer à ces deux nations leur espace vital.

27 mai

Ouverture de négociations entre la France, la Grande-Bretagne et l'U.R.S.S. Les premières voudraient obtenir l'aide de la seconde pour maintenir l'indépendance des petites puissances. Mais Staline qui connaît la faiblesse de ses partenaires songe plutôt à un accord avec l'Allemagne.

12-29 juin

Accords d'assistance mutuelle entre la Turquie, la Grande-Bretagne et la France. Celle-ci cède à la Turquie le sandjak d'Alexandrette.

24 juillet

L'U.R.S.S. accepte d'engager des

conversations d'état-major avec la France et la Grande-Bretagne. Des délégations de ces deux pays partent pour la Russie.

29 juillet

En raison de la tension internationale, le gouvernement décide de proroger de deux ans les pouvoirs de la Chambre qui expiraient en juin 1940.

4 août

La mission franco-britannique arrive à Moscou.

12 août

Rencontre à Salzbourg des ministres des Affaires étrangères allemand et italien.
Ribbentrop ne cache pas à Ciano qu'Hitler est décidé à en finir avec la Pologne. Ciano et beaucoup d'Italiens préféreraient éviter la guerre qu'ils redoutent pour leur pays.

14 août

Pour lutter éventuellement contre l'Allemagne, l'U.R.S.S. demande aux négociateurs franco-britanniques le droit pour les troupes russes de traverser le territoire de la Pologne. Le gouvernement du maréchal Pilsudski refuse nettement...

21 août

... puis finit par céder sur les instances de la France.

23 août

Il est trop tard. Le pacte de non-agression germano-soviétique vient d'être signé à Moscou. Staline préfère que les démocraties luttent les premières contre l'Allemagne pour lui permettre de s'armer davantage.
A Paris, l'annonce de la signature du pacte fait l'effet d'une bombe. On commence à mobiliser certaines classes de réservistes.

24 août

Roosevelt, le roi des Belges, le pape lancent des appels en faveur de la paix.

25 août

La Grande-Bretagne et la Pologne signent un traité d'alliance militaire. Les ambassadeurs de France et de Grande-Bretagne à Berlin font savoir à Ribbentrop qu'en cas d'attaque de la Pologne leurs deux pays seront à ses côtés. Le même jour, *l'Humanité*, pour avoir approuvé non sans quelque réserve le pacte germano-soviétique, est interdite.

26 août

Daladier adjure Hitler de consentir à un règlement pacifique de la question de Dantzig. Une partie de l'opinion française — *l'Œuvre* de Marcel Déat — ne veut pas mourir pour Dantzig.

29 août

Hitler accepte de négocier, mais exige sans délai la cession de Dantzig et du corridor, et l'envoi, avant le 30, d'un négociateur polonais à Berlin.
Vaine proposition d'arbitrage de la reine de Hollande et du roi des Belges.

30 août

La Pologne décrète la mobilisation générale.

31 août

Nouvelle adjuration du pape en faveur de la paix.
Le comte Ciano propose la réunion à Berlin d'une conférence qui se réunirait le 5 septembre à San Remo pour réviser les clauses du traité de Versailles qui provoquent la crise internationale. Le gouvernement accepte sous réserve que la Pologne soit invitée.

L'aviation entre les deux guerres

Ci-dessus, la flotte d'Air-Union au Bourget, en 1925. Les appareils présentés sont le Golden Ray Lé lection· Air France.)

liné Breguet et le Farman-60-Goliath. (Col-

Avec le silence des armes, l'avion redevient *outil* « comme la charrue », écrit Saint-Exupéry. Aux tableaux de chasse succèdent les listes de records. Et, bientôt, l'aviation commerciale.

Elle naît deux mois avant la fin de la Grande Guerre. Exactement le 7 septembre 1918.

Ce jour-là, Pierre Latécoère dépose sur le bureau de M. Dumesnil, sous-secrétaire d'État à l'Aéronautique, un dossier portant l'inscription « Liaison France-Maroc-Sénégal-Amérique du Sud ». Qui est Pierre Latécoère? Didier Daurat le présente ainsi : « Il sortait de Centrale et avait repris, à la mort de son père, la scierie mécanique et l'atelier de construction de wagons que ce dernier avait fondés, dès 1872, à Bagnères-de-Bigorre... La guerre donna un élan supplémentaire à ses activités et l'amena à s'intéresser directement à l'aviation. En effet, les usines de Montaudran, près de Toulouse, furent chargées de réaliser un très fort contingent de Salmson. Passionné de techniques nouvelles, et entretenu dans sa foi aéronautique par Massimi, l'industriel avait mis sur pied, pendant la guerre, son projet ambitieux... »

Il s'agit de couvrir 12 400 km en sept jours et demi, alors que le premier vol de plus de mille kilomètres a été réalisé deux ans auparavant, le 20 juin 1916. Et, au moment où Pierre Latécoère forme ce projet, tous les avions de France sont occupés à appuyer l'offensive qui conduira à la victoire. Jamais peut-être la charrue et le glaive ne se sont côtoyés d'aussi près!

Quatre mois plus tard, le matin du premier Noël de paix, le 25 décembre 1918, un Salmson vrombit sur le terrain de Montaudran. A bord, installé à la place du passager, casqué de cuir, lunettes sur les yeux,

Pierre Latécoère. A la place du pilote, le capitaine Henri Lemaître. « L'avion allait décoller, lorsqu'on vit deux silhouettes se hâter à sa rencontre. C'étaient les deux officiers en mission aux usines Latécoère qui tentaient de s'opposer à une entreprise insensée :

« — Ne partez pas! Vous allez échouer. Nous avons fait suffisamment de vols de guerre pour savoir qu'on ne peut pas voler par tous les temps.

« — On écrit tous les jours, répondit Latécoère. L'avion postal n'aura de sens que s'il décolle tous les jours.

« Et il donna l'ordre de départ. »

Tout s'en mêle : le vent d'autan, la brume dans la plaine de la Garonne, la neige sur les Pyrénées, l'absence de terrains où se poser, la rigueur de la douane, la méfiance espagnole. Jour après jour, échec après échec, on progresse. Et, le 11 juillet 1919, moins d'un an après le dépôt du projet, les Lignes Latécoère publient leur tarif, le premier barème de l'aviation commerciale dans le monde :

va en avoir le plus grand besoin

— J'ai fait tous les calculs, a déclaré Latécoère. Ils confirment l'opinion des spécialistes : notre idée est irréalisable. Il ne nous reste qu'une chose à faire : la réaliser.

Didier Daurat donne ses ordres. Un pilote atterrit; il se plaint que le brouillard l'ait contraint à rebrousser chemin :

« — Il n'y a rien à faire, expliquait-il, je ne voyais pas le bout de mes ailes.

« Daurat ne disait rien. De son pas lent, il se dirigeait vers le vestiaire, revêtait sa combinaison de vol et murmurait au passage :

« — Prenez un mois de repos. Je ferai le courrier moi-même.

« Et il décollait pour Barcelone [1]. »

Tout au long du trajet, s'installent aérodromes réguliers et terrains de secours; ravitaillement, essence, huile arrivent; « dans le vent de sable, on monte les infrastructures ». Saint-Exupéry est nommé chef de place à Cap-Juby. A Toulouse, Beauté, Vanier, Lécrivain, Reine, Collet, Guillaumet, Mermoz, Du-

	km	Tarif par kg matériel (en F)	Tarif par passager (F)
Toulouse-Barcelone	380	3,268	245
Barcelone-Alicante	480	4,128	310
Alicante-Malaga	505	4,343	325
Malaga-Rabat	390	3,354	256

Les premiers pas ont été pénibles, meurtriers; la seconde étape sera plus dure encore : maintenant, c'est au désert qu'il faut s'en prendre. Pierre Latécoère rappelle Didier Daurat de Malaga où il est chef d'aéroplace; il le nomme chef de l'exploitation à Toulouse. La ligne a trouvé son « grand patron ». Elle

bourdieu, Vachet, Gourp, Ville forment la grande équipe. Mais voilà qu'un premier incident — un accrochage entre un équipage et les Maures — raidit l'attitude des Espagnols déjà peu enclins à laisser l'Aéropostale camper sur leurs terres

1. G. Fleury, *la Ligne.*

Ces quelques pilotes au visage ouvert, au sourire franc, qui posent devant un appareil des lignes Latécoère, portent tous un nom prestigieux. Ils se nomment Saint-Exupéry, Dumesnil, Guillaumet, Antoine, Reine. (Collection Air France.)

d'Afrique. Un télégramme parvient à Montaudran : « Suite incident Ville et Rozès autorités espagnoles envisagent interdiction traversée Rio de Oro-stop-pilotes refusent continuer service, signé Roig. » Entre Casablanca et Cap-Juby la ligne, frêle fil tendu sur le désert, menace de se rompre. Didier Daurat contre-attaque :

« Pris bonne note votre message-stop-prochain courrier sera assuré par Daurat-Beauregard. »

L'exemple fouette les énergies : la Ligne passe. Selon le mot de Saint-Exupéry, Daurat fait de l'Aéropos-

tale « une sorte de civilisation à part ». Le 22 mai 1926, Jean Mermoz est fait prisonnier par les chameliers bleus ; on doit négocier sa rançon ; le 11 novembre 1926, Gourp, Pintado et Erable sont tués par un rezzou ; l'agonie de Gourp est atroce. N'importe, on continue...

D'autres obstacles se dressent, et, parmi eux, le plus vaste, le plus inquiétant : l'Atlantique-Sud. Pour réaliser entièrement le projet initial, il faut le vaincre. Des légendes courent sur lui. « Le " pot-au-noir " est la hantise des marins qui naviguent dans ces parages. On cite des

Ci-dessous, Didier Daurat, qui deviendra l'impitoyable directeur de « Latécoère ». Ci-dessus, le terrain d'atterrissage de Cap-Juby, installé sur une plage au sud de l'ancien Maroc espagnol. (Collection Air France.)

navires qui y ont pénétré et qui n'en sont jamais ressortis. Barrière infranchissable, disent les uns, mélange mystérieux des deux éléments : air et eau, au ras des vagues, affirment les autres. Mermoz, désigné avec Dabry et Gimié, a écouté toutes les descriptions, enregistré toutes les recettes. Il est prêt.

Le 12 mai 1930, à 10 heures 56, le Laté-28 baptisé *Comte-de-La-Vaulx* court sur le plan d'eau de Saint-Louis du Sénégal. Parmi les sacs de courrier, une lettre adressée par les services techniques du ministère à l'Aéropostale à Natal. Elle ne devra être ouverte qu'à l'arrivée, si l'on réussit : elle contient l'autorisation d'entreprendre la traversée. Une longue journée se passe. On est entre chien et loup, à cette heure indécise, propice aux souvenirs et aux confidences. A bord du *Comte-de-La-Vaulx* les paroles sont rares. Dabry communique le point, Gimié transmet les messages et Mermoz mains sur le manche, pieds engourdis sur le palonnier, maintient la ligne de vol. C'est ainsi qu'on entre dans le "pot-au-noir". Une communication radio reçue à 18 heures délimite les contours exacts de la dépression. Elle s'étend sur une longueur d'environ six cents kilomètres, une largeur de près de cent kilomètres et stagne entre le niveau de la mer et cinq mille mètres d'altitude. Un bouchon gigantesque posé sur l'Atlantique.

Le Laté s'enfonce toujours plus avant dans cette ouate que la lueur de la lune ne parvient plus à percer. A glisser au sein de cette tempête immobile, le pilote éprouve un sentiment d'irréalité. Des piliers de nuages se dressent devant lui; il doit faire un effort de volonté pour ne pas chercher à les éviter, pour ne pas se lancer dans une vaine esquive d'obstacles impalpables. La cabine est une étuve. Torse nu, luisant de sueur, les trois hommes regardent la misérable lueur du tableau de bord : l'unique étoile dans cette bouillie d'eau et d'air englués. La soif les dévore.

L'infernal cataclysme dure trois heures et demie. Une heure plus tard, la terre apparaît, au grand soleil et, à 8 heures 10, l'avion se pose sur le rio Potengui devant Natal. En 21 heures 10, il a couvert 3 173 km, battant le record mondial de distance en ligne droite pour hydravion.

Vanier s'empare du courrier, le transporte à Rio de Janeiro, distant de 2 400 km; il vole au cœur d'un déluge. Le lendemain matin, Reine assure le relais jusqu'à Buenos Aires où Guillaumet décolle pour Santiago du Chili. Il y parvient le 15 mai à 13 heures 30. « Le rêve de Pierre Latécoère est dépassé. »

A quel prix? Ils sont cent vingt et un Français « qui ont tout sacrifié

Jean Mermoz. Un pilote doublé d'un virtuose, au sourire charmeur, au corps d'athlète. Le voici devant « L'Arc-en-ciel ». (Collection Air France.)

à la Ligne » et accompli, pour qu'elle passe, des prouesses de géants. Le 2 février 1928, Mermoz part avec Collenot reconnaître un passage Chili-Argentine dans la partie nord de la cordillère des Andes « jusqu'alors mal explorée ». A quatre mille mètres d'altitude, de furieux courants ascendants plaquent le Laté contre une pente rocheuse. Les deux hommes sont indemnes, mais l'appareil a subi de graves avaries. Pendant trois jours et trois nuits, par une température de moins vingt degrés, pilote et mécanicien réparent l'avion, le délestent de tout ce qui n'est pas indispensable au vol, puis ils le hissent au sommet de la pente. « J'ouvre les gaz, annonce Mermoz... Cette fois, c'est le grand départ... Nous jouons le tout pour le tout. » Et il lance son Laté à la désespérée, vers le gouffre. Entreprise insensée dans laquelle réside

pourtant l'unique chance de trouver une vitesse suffisante pour amorcer une ressource et sortir l'appareil de l'abîme où il s'est englouti. Il réussit.

Le 13 juin 1930, Guillaumet doit atterrir non loin de Laguna Diamante au cœur de la cordillère. Pendant cinq jours, il va se traîner vers la civilisation comme une plante vers la lumière. D'abord, face au vent glacial, il marche; puis il s'écroule, à bout de fatigue, de froid, de faim. Alors, il avance sur les genoux, se fixe un but rapproché — des pierres plates bien visibles — pour y mourir; il le dépasse, en désigne un autre... Vient le moment où il ne peut plus progresser sur les genoux; les genoux refusent. Il rampe.

Quand, enfin, on le recueille, il murmure :

— Ce que j'ai fait, aucune bête ne l'aurait fait.

« — Vous allez partir. N'oubliez pas que la fantaisie, l'héroïsme n'ont pas de sens ici, s'entend dire Saint-Exupéry au moment où il quitte Toulouse pour Dakar. On vous demande d'apporter le courrier à l'heure. Vous êtes un ouvrier. Pas d'éclat, pas d'exploit possible. Le public doit toujours ignorer votre nom, sinon par une ligne dans le journal, le jour où vous serez assez maladroit pour vous faire tuer... »

En remplaçant le culte de l'exploit par la religion du courrier, le goût du panache par le respect de l'horaire, en plongeant les mains de Mermoz dans le cambouis des ateliers de réparation, en interdisant l'accès des terrains à mesdames les épouses ou petites amies des pilotes, Didier Daurat a *fait œuvre classique*. Il a débarrassé le geste aérien de son poncif, du bar de l'escadrille et du looping, du vocabulaire trivial de l'acte sportif, du cliquetis des médailles et du bronze des trophées.

« Quand les pilotes étaient arrivés à Toulouse, écrit Didier Daurat, je m'étais ingénié à briser en eux un orgueil encombrant qui les diminuait, les rendait incomplètement disponibles! Mais j'avais conscience d'avoir jalousement préservé l'essentiel : l'enthousiasme réfléchi, la jeunesse de cœur, le désir de réaliser

A bord du Laté-28, hydravion baptisé « Comte-de-La-Vaulx » en hommage au pionnier, Mermoz tente pour la première fois la traversée de l'Atlantique-Sud. En haut, l'opération de récupération du Potez-25 de Guillaumet, accidenté dans les Andes, en 1930. Ci-contre en bas, le déchargement des sacs postaux transportés par les lignes Latécoère, en 1915. (Collection Air France.)

de grandes choses... Et voilà qu'ils baissaient les bras... »

La défaillance passée, ils se reprirent très vite. Ils moururent pour qu'une lettre mît deux jours à parcourir un trajet qui exigeait naguère deux semaines. Leur sang coula sur des mots d'amour, des commandes de boîtes de conserves,

des échantillons sans valeur, pour, selon le mot cruel de Montherlant, « faire gagner quelques heures aux messages de la filouterie financière ou de l'imbécillité sentimentale ».

La partie était gagnée.

A l'Aéropostale, le raid s'inscrivait parmi les travaux qu'il faudrait

L'un des premiers « aérogrammes » transportés par l'Aéropostale : parti de Paris le 10 mai 1930, il parviendra à destination — Buenos Aires — quatre jours plus tard. (Collection Air France.)

ensuite répéter chaque jour ; il faisait partie d'un programme, il demeurait labeur d'ouvrier. Mais, de par le monde, de nombreux aviateurs dont la paix avait fait des demi-solde, des héros en disponibilité gardaient sur les lèvres le goût du triomphe et rêvaient de grandes performances.

Dès après l'armistice, le 31 mai 1919, un Franco-Américain, nommé Raymond Orteig, fixa et le but à atteindre et le montant de l'enjeu. Il créa un prix de 25 000 dollars destiné à récompenser le premier aviateur allié qui réaliserait la liaison Paris-New York ou New York-Paris. Guynemer mort, Navarre mort, deux grands as français allaient se mettre sur les rangs : René Fonck et Charles Nungesser.

Fonck se prépara longuement en Amérique et, le 21 septembre 1926, eut, au décollage, un grave accident qui aurait pu lui être fatal et qui coûta la vie à son mécanicien et à son radio. Rentré en France pour y prendre livraison de matériel, il déclara :

— J'ai fait construire non pas une, mais deux machines. Si je mets la première à la mer, je tâcherai de réussir avec la seconde, mais il est probable que je réussirai à passer...

Charles Nungesser, de son côté, veut « franchir la mare aux harengs ». L'idée est ancrée dans sa tête depuis des années. Dès 1919, il a déclaré à son frère Robert qui habite à Washington :

— J'ouvrirai une route qui bouleversera la face du monde !

En 1926, il s'estime prêt. Accompagné de Coli, il fait son entrée aux usines Levasseur et annonce :

— Nous avons décidé de traverser l'Atlantique. Vous me connaissez. D'autres en ont beaucoup parlé, moi, je viens vous dire : je pars.

Que représentait ce raid ? D'abord un très grave danger au décollage, danger que l'accident survenu aux compagnons de Fonck venait de rappeler cruellement. L'avion, équipé de réservoirs spéciaux, devait emporter et donc arracher de terre plus de quatre mille litres d'essence. L'expérience était si périlleuse qu'elle ne pouvait être tentée qu'une fois : le jour du grand départ. Si l'envol était réussi, on risquait ensuite la panne mécanique, la tempête, la brume. Point de radio : les deux hommes lui avaient préféré quelques litres d'essence supplémentaires. Des renseignements météorologiques fragmentaires sur les zones d'arrivée : l'Amérique était quasi muette. Bref, l'inconnu.

Nungesser avait choisi le sens le plus difficile : en effet, pendant la majeure partie de l'année, les vents soufflent d'ouest en est. On aurait dit que l'Océan refusait de se laisser franchir par les ambitieux partis des côtes d'Europe. En dépit de ce handicap, l'as s'obstinait; il voulait atterrir à New York à la fois en vainqueur et en ambassadeur.

— Pourquoi ne pourrait-on voler de Paris à New York mais seulement de New York à Paris ? demandait-il. S'il en était ainsi, dans quelques années, tous les Américains seraient en France.

Le 25 avril 1927, Nungesser et Coli informent la commission sportive de l'Aéro-Club de France de leur intention de s'attaquer au record du monde de distance en ligne droite. Prudence, superstition ? Ils ne font aucune allusion au prix Orteig. De part et d'autre de l'Atlantique, d'autres équipages s'affairent : aux U.S.A., Bertaud et Chamberlin; en Italie, Pinedo; en Allemagne, un groupe chargé de mener à bon port un aérobus Dornier. Après le Français Tarascon, un jeune Américain a posé sa candidature au prix Orteig; il se nomme Charles Lindbergh. Et les avertissements se

Le pilote de chasse Charles Nungesser devant son avion, pendant la Première Guerre mondiale. (Photo Keystone.)

multiplient à plaisir : le 16 avril, le commandant Richard Evelyn Byrd s'écrase avec son *America ;* quelques jours plus tard, le *Bellanca* perd son train d'atterrissage au cours d'un essai; l'avion transatlantique géant *American Legion* explose dans un marais au cours de son dernier vol de mise au point.

A Paris, l'aventure prend corps. Puisque Nungesser et Coli paraissent résolus à partir, tout le monde les sollicite. Offres cinématographiques, contrats publicitaires, exclusivités de presse, propositions de commandite s'entassent devant les deux compagnons. A tout cela une réserve, mais d'importance : lorsque l'Atlantique aura été franchi. Silencieux, les deux hommes pèsent leurs chances, refont les calculs de consommation, de portance, de vitesse des vents...

Le 8 mai, à 5 heures 17, l'*Oiseau blanc*, marqué au flanc de l'emblème macabre de Charles Nungesser, commence à rouler sur le terrain du Bourget. La foule, venue assister à son départ, le voit prendre de la vitesse, quitter le sol très légèrement, puis retomber. Nungesser parviendra-t-il à arracher les six tonnes de métal et d'essence avant l'extrémité de la piste qui approche ? Un nouveau bond... un autre... plus court que les précédents. Une dernière fois les roues touchent le sol. Enfin, l'avion décolle. Tout cela n'a duré que quarante-six secondes.

Alors, l'attente commence.

Il pleut sur Paris, la foudre est tombée sur le lycée Fénelon et le trafic téléphonique est perturbé. Jusqu'ici on se préoccupait de la fête de Jeanne d'Arc et de la finale de la coupe de France de football qui auraient lieu dans la journée. Ni l'une ni l'autre ne comptent plus. On attend. Heure après heure les fausses nouvelles réconfortantes

arrivent : l'*Oiseau blanc* a survolé l'Irlande vers midi. L'avion de Nungesser a été aperçu au-dessus de Terre-Neuve le 9 mai à 18 heures 15. On l'a repéré à 13 heures au-dessus d'Orleans (Massachusetts). Il a dépassé Portland (dans l'État du Maine) vers 14 heures 55. A 16 heures, il était visible dans le ciel de Boston. Enfin, soudain Paris éclate de bonheur. Le journal *la Presse* est arraché des mains des vendeurs, on se le passe, on hurle sa joie, on s'embrasse, on applaudit.

« 5 heures. New York. Lorsque l'avion de Nungesser apparut au-dessus de la rade de New York, le commandant Foulbis, chef de l'aviation maritime de chasse, s'était porté à son devant avec une escadrille, et, dès que l'*Oiseau blanc* fut en vue, les sirènes des bateaux mugirent et les bâtiments hissèrent le pavillon. De nombreuses embarcations de plaisance s'étaient portées au large de la baie ainsi que plusieurs avions

François Coli. Le premier, en 1919, il avait réussi la traversée aller et retour de la Méditerranée. (Photo Keystone.)

RÉDACTION, ADMINISTRATION
PUBLICITÉ
146, rue Montmartre, Paris
TÉLÉPHONE

MARDI 10 MAI 1927

LA PRESSE

Edition spéciale

Fondateur : Émile de Girardin   Directeur : André PAYER, député de Paris   Le numéro : 25 centimes

LES HEURES D'OR DE L'AVIATION FRANÇAISE

NUNGESSER ET COLI ONT REUSSI

Les émouvantes étapes du grand raid

A 5 heures, arrivée à New-York

NUNGESSER

PENDANT LA RAFALE

Nungesser à Verdun

En plein Atlantique

Au-dessus de Terre-Neuve

Le départ des aviateurs

Le train d'atterrissage retrouvé à Moissel

Au-dessus de la Nouvelle-Ecosse

Le "sans-fil" d'un torpilleur

Une escorte américaine

Les préparatifs pour l'arrivée

L'ARRIVEE
Ils survolent Boston

5 heures, New-York

LE RAID DE SAINT-RONAN

L'aviateur aurait atterri dans une île du Cap Vert

EN AMÉRIQUE

Les préparatifs de M. Ballanc…

UN COMPETITEUR SE PREPARE

Les essais de Drouhin

AVION BALLANC…

L'AVION DE NUNGESSER

LA PREMIERE VICTOIRE FRANÇAISE

En 1909 Blériot traversait la Manche

L'avion que tel la traversée de la Manche

DROUHIN

LA TRAVERSEE DE LA MEDITERRANEE

Les difficultés de Coli et de Roge…

En haut, à gauche, la photo du départ de Charles Nungesser et François Coli. Un sourire confiant illumine leurs visages. Bientôt, « l'Oiseau blanc » va prendre son envol et les dissimuler à la foule, à tout jamais. « La Presse » annonce leur victoire. Un tragique canular qu'il faudra démentir. (Photo Roger-Viollet et Département des périodiques. B.N.)

militaires du service postal et civils, ces derniers loués par les agences cinématographiques des grands journaux.

« L'amerrissage se fit dans d'excellentes conditions et l'appareil fut aussitôt entouré de nombreuses embarcations tandis que plusieurs hydravions le survolaient à faible altitude.

« Nungesser et Coli, après s'être posés sur l'eau, restèrent un instant immobiles dans leur appareil, comme insensibles aux acclamations. Puis ils se levèrent tous deux de leur siège et s'embrassèrent.

« Un canot automobile vint se ranger le long du fuselage de l'avion et conduisit Nungesser et Coli à quai. Une foule immense les attendait ; parmi ceux qui les reçurent officiellement, plusieurs délégués du gouvernement : M. Harmon, frère de M. Clifford Harmon, président de la Ligue internationale des aviateurs, à qui Nungesser devait remettre un pli qu'il avait apporté de Paris ; le président de l'Aéro-Club des États-Unis, un nombre considérable de journalistes et de cinéastes.

« Nungesser n'a fait aucune déclaration sur son voyage ; il a simplement dit qu'il était heureux d'avoir réussi et qu'il avait hâte de se reposer. » [1]

L'optimisme triomphe.

A 18 heures, M. Paul Painlevé, ministre de la Guerre, adresse un télégramme de félicitations aux deux aviateurs. De la Madeleine à l'Opéra les grands boulevards vivent dans la liesse des bals populaires et des défilés patriotiques. Le public suit des yeux les bandes lumineuses diffusant les nouvelles au sommet des

immeubles. Un peu après 19 heures un avion paraît au ras des toits ; une étincelle en jaillit qui donne naissance à un N pourpre incandescent. C'est la confirmation éclatante de la victoire !

Jamais encore l'aviation n'a suscité un tel enthousiasme. Victorieux, magnifique, le peuple de Paris envahit les boulevards, clame sa joie, chante, s'interpelle, jette au vent le nom de ses deux idoles. Cette fois — et c'est bien la première — l'aventure des « gens de l'air » passionne vraiment ceux qui marchent, se bousculent et se pressent sur la chaussée, ceux qui n'auraient jamais songé à voler.

Las ! A 19 heures 20, un avis officiel, transmis d'Amérique par radio, contraint le ministère du Commerce à reconnaître :

« Nungesser pas encore arrivé. Temps mauvais. »

La foule est anéantie. Les chants cessent, l'immense rassemblement se fige. On roule les drapeaux, on range les photographies. Vers deux heures, on lit les affiches placardées dans les rues : « Le sort de Nungesser et Coli demeure inconnu. » Les premiers cailloux brisent la vitrine du journal la Presse. Alors, déçu, las d'avoir trop crié, trop espéré, sans ressort, le peuple parisien se disperse. On n'entendra jamais plus parler de l'Oiseau blanc et de son équipage.

Treize jours plus tard — le 21 mai 1927 — Charles Lindbergh, qu'on a surnommé le « Fou volant », reliait New York à Paris en trente-trois heures.

Dans ce sillon, d'autres équipages français se frayèrent un passage : Assolant et Lefèvre, Costes et Bellonte, Codos et Rossi. Vers des horizons différents s'illustrèrent les appareils de Dagnaux, Noguès, Bajac, Guilbaud, Costes et Le Brix.

---

1. Georges Ravon, auteur de l'article, l'a qualifié lui-même de « plus grand bobard du demi-siècle ». Sollicités avant lui, Raymond Saladin et Henri Decoin avaient refusé de proclamer ainsi, sans aucune certitude, la réussite du raid.

A New York, Dieudonné Costes est décoré. A sa gauche, son coéquipier Maurice Bellonte. (Photo Keystone.)

Déjà, en 1926, la navigation aérienne commerciale était devenue une réalité. Le raid appartenait au passé. D'instrument de performance l'avion devenait un outil commercial, un moyen de transport, un mode de locomotion. On le construisait en tenant compte du confort du passager, du tonnage transporté, de la consommation de carburant, de la rentabilité. Les coefficients de sécurité étaient révisés, les compagnies d'assurance s'intéressaient à cette nouvelle clientèle, et, dès 1927, le président du tribunal, Raoult, pilote lui-même, soutenait sa thèse à la faculté de droit de Paris : *Sur la responsabilité aérienne des transporteurs.*

C'en était fini de l'époque héroïque. Désormais les pilotes devaient s'astreindre à des règles peu compatibles avec leurs habitudes, leurs vertus et leurs défauts. Avec la présence du passager, l'avion cessait de leur appartenir. Finis les longues courses solitaires, les dialogues avec son moteur, au-dessus des prairies des nuages, interdites les acrobaties qui détendaient les nerfs, empêchaient la monotonie de la route de dégénérer en lassitude ; défendus les gestes d'homme libre qui décidait : « Tant pis, je me pose. Le courrier avant tout. »

Responsable de vies humaines, le pilote fait son dur apprentissage de conducteur d'autobus.

Entre les deux guerres, on le voit, c'est essentiellement sous sa forme commerciale que l'aviation connaît un prodigieux essor.

Dès 1919, le 8 février, Lucien Bossoutrot réalise sur *Goliath Farman* le premier vol international, avec onze passagers, de Paris à Londres.

Outre-Atlantique, où la première ligne aérienne remonte à mai 1918, entre New York et Washington, il faut attendre 1927 pour voir se fonder la Pan American Airways qui relie la Floride à Cuba. L'année suivante, en France, sont inaugurées les liaisons Paris-Côte d'Azur et Paris-Côte Basque. Enfin, en 1933, naît la compagnie Air France.

D'année en année, la progression va s'accélérer. En dix ans le nombre des passagers transportés se trouvera décuplé.

Puis, de nouveau, à l'automne 1939, l'avion redevient « instrument de guerre ».

Le samedi 2 septembre 1939, la fatale nouvelle éclate : la mobilisation est décrétée en France. « Paris-soir » consacre sa première page aux tragiques événements et, se faisant le porte-parole du gouvernement, conseille aux Parisiens de quitter la capitale. (Photo J. Lemaire.) Craignant une attaque par les gaz, le gouvernement avait déjà procédé, le 30 août, à une distribution de masques spécialement conçus pour la population civile. (B.N. Photo Safara.)

1er septembre

A l'aube, sans déclaration de guerre, les troupes allemandes franchissent la frontière polonaise, tandis que l'aviation bombarde les aéroports et les villes. Les ambassadeurs de France et de Grande-Bretagne rappellent dans une note au gouvernement allemand les engagements de leurs pays. Le Conseil des ministres décide la mobilisation générale et l'état de siège.

2 septembre

Le comte Ciano téléphone à Georges Bonnet qu'Hitler ne repousse pas l'idée d'une conférence, mais lord Halifax exige qu'au préalable les troupes allemandes évacuent le territoire polonais. Dans ces conditions, Ciano retire sa proposition.

Au Parlement, il est donné lecture d'un message présidentiel et d'une déclaration du gouvernement annonçant que la France se voit contrainte d'user de la force pour respecter ses engagements. La Chambre vote sans discussion un crédit de 69 milliards, approuvant ainsi implicitement l'attitude du gouvernement.

A 9 heures du matin et à 12 heures, les ambassadeurs de France et de Grande-Bretagne remettent un ultimatum à Ribbentrop, fixant à 11 heures et à 17 heures le début des hostilités entre la Grande-Bretagne, la France et l'Allemagne.

L'Italie annonce qu'elle reste en dehors de la lutte.

4-10 septembre

En France, la mobilisation s'opère avec discipline sinon enthousiasme. Il faut plusieurs jours pour habiller les hommes, les diriger vers les grands secteurs de concentration.

A Paris, on s'attendait à des bombardements immédiats. La Défense passive se met en place. La plupart des grands corps de l'État, les services des ministères, les trésors artistiques, les populations d'Alsace,

même les enfants des lycées sont évacués vers des villes de province ou des châteaux selon les plans établis.

Les Anglais commencent à débarquer dans les ports de la Manche.

8 septembre

Début d'une attaque française devant la ligne Maginot, à la frontière sarroise, entre Bitche et la forêt de Warndt. Avance prudente, car le terrain est truffé de mines. Nous nous emparons de quelques villages, après quoi les troupes reviennent sur leurs positions. C'est tout ce que l'état-major français peut faire pour aider la Pologne.

Désormais, toutes les opérations se borneront à des coups de main des corps francs devant la ligne Siegfried.

16 septembre

A l'est, le sort de la Pologne est réglé en deux semaines. Surprise en pleine mobilisation, l'armée polo-

naise n'a jamais pu se ressaisir. Les bombardements massifs de la Luftwaffe ont détruit ses escadrilles. Les villes sont également bombardées.

Du nord et du sud, deux armées allemandes foncent vers Varsovie.

A son tour, Staline attaque la Pologne à l'est pour s'emparer des territoires qui lui ont été dévolus par le pacte germano-soviétique.

26 septembre

Parce qu'il défend ce pacte et condamne l'agression impérialiste de la France et de l'Angleterre, le parti communiste est dissous.

28 septembre

La capitulation de Varsovie marque la fin des opérations militaires en Pologne. Russes et Allemands signent un traité de partage de celle-ci.

Une fois encore, la Pologne est rayée de la carte du monde. Son gouvernement se réfugie en France et est installé à Angers.

1er octobre

Les députés communistes écrivent au président de la Chambre, Édouard Herriot, pour demander l'ouverture de négociations de paix avec l'Allemagne d'Hitler.

5-10 octobre

Ce geste vaut à trente-cinq d'entre eux d'être arrêtés. Thorez s'enfuit en Russie. Il sera condamné à mort par contumace pour désertion.

6 octobre

Dès le 28 septembre, Molotov pour la Russie, Ribbentrop pour

Ci-contre : Dès le 1er septembre, les conscrits des classes 39-40 sont mobilisés pour deux ans. Et la gare de l'Est, de nouveau, connaît le spectacle des adieux des appelés. (Photo Südd-Verlag, Munich.) Ci-dessous, le commandant Beroweski arrive à Brest-Litovsk, le 29 septembre. Il doit débattre de la situation de la ligne de démarcation germano-soviétique. (A.F.P.)

Tous les hauts lieux de France exercent un véritable attrait chez l'occupant. Plus que n'importe quel autre monument, Versailles sera visité par les troupes d'occupation. (Photo H. Jaeger. Colorific Time Life.)

l'Allemagne avaient signé une déclaration commune proposant l'ouverture d'une conférence de la paix que souhaitent ouvertement l'Italie et (discrètement) le pape.

A l'opéra Kroll de Berlin, Hitler affirme à son tour avec véhémence sa volonté de paix mais annonce qu'en cas de refus il mènera la guerre jusqu'au bout.

Pourquoi poursuivre les hostilités pour la Pologne puisque la Pologne n'existe plus, s'il y a encore des Polonais (courbés bientôt sous le joug d'un gouverneur général) ?

10 octobre

Daladier et Chamberlain refusent d'absoudre l'agresseur et repoussent les propositions d'Hitler.

octobre

Sur mer, les sous-marins allemands attaquent et coulent de nombreux navires de commerce anglais et français. La flotte britannique n'en est pas moins maîtresse du pas de Calais.

30 novembre

Après un mois de pourparlers qui ont pris la forme d'un ultimatum, l'U.R.S.S. attaque la Finlande. La petite armée finlandaise résiste avec acharnement.

17 décembre

Bloqué à Montevideo, le croiseur

allemand, *Amiral Graf Spee*, se saborde.

décembre

Devant l'absence totale d'opérations militaires, tous les services et corps de l'État repliés en province regagnent peu à peu Paris.

1940, 21 janvier

Promulgation de la loi déclarant les députés communistes déchus de leur mandat.

janvier-février

La France et l'Angleterre cherchent les moyens de secourir la Finlande et le général Weygand, envoyé en Syrie, étudie sérieusement un plan d'opérations contre les pétroliers caucasiens.

En réalité, l'inaction continue. Sur mer, les Anglais poursuivent les unités allemandes. Dans les airs, quelques vols de reconnaissance sans portée, la drôle de guerre se poursuit.

13 mars

Quand l'Angleterre se décide à aider la Finlande, il est trop tard. Celle-ci a dû mettre bas les armes et céder aux exigences soviétiques.

19 mars

Cet échec provoque de nouvelles et violentes discussions à la Chambre

Le mois de juin 1940 sonne le glas de la campagne de France. Devant l'avance inexorable de l'ennemi, la foule des réfugiés allonge sur les routes son tragique cortège (Photo H. Jaeger. Colorific Time Life) auquel se mêle l'armée en déroute. Mais nombreux sont les soldats qui sont faits prisonniers. (Photo B.D.I.C.) Acculée, la France demande l'armistice dont elle confie les négociations au général Huntziger.

LA DROLE DE GUERRE

Avec l'apparition du rigoureux hiver 39-40 commence en France la « drôle de guerre ». Installés dans l'inaction, les soldats passent le temps comme ils peuvent. (Cabinet des estampes. Photo B.N.)

On ne se bat pas sur terre, mais la lutte des propagandes est d'une rare activité. A Stuttgart, la radio répète inlassablement : « Les Anglais donnent leurs machines, les Français leurs poitrines. » Des haut-parleurs, installés à portée d'écoute, s'adressent aux soldats dans chacun des camps pour tenter de saper leur moral. Les Français chantent avec les Anglais : « Nous irons pendre notre linge sur la ligne Siegfried », et Maurice Chevalier obtient le plus vif succès avec une chanson dans laquelle il affirme que le colonel est d'Action française, le commandant un modéré, le capitaine un clérical, le lieutenant mangeur de curé...

« Et tout ça, ça fait d'excellents Français ! »

Car s'il y a une organisation qui est parfaitement au point pendant la drôle de guerre, c'est celle du Théâtre aux Armées et les sports qui, pour faire oublier aux troupiers la médiocrité du pinard que l'on prétend assaisonné de bromure, remplacent les opérations militaires. Ce n'est pas tout ; de plus en plus, pour activer les fabrications de guerre, des « affectés spéciaux » sont renvoyés à l'arrière, ce qui n'est pas pour maintenir le bon moral des soldats.

Pour sa part, l'arrière ne souffre nullement de la guerre. Malgré la rudesse d'un hiver particulièrement rigoureux, les théâtres parisiens sont pleins chaque soir. Tous les corps de l'État qui s'étaient disséminés en septembre ont regagné la capitale. Les permissionnaires constatent que la vie y est facile, les officiers nombreux. Ils reviennent au front sans enthousiasme. Le grand état-major se condamne à l'immobilisme et refuse de tirer le moindre enseignement de la campagne de Pologne, malgré les avertissements du colonel de Gaulle et du général Billotte.

entre les partisans d'une paix avec l'Allemagne et les bellicistes; elles affaiblissent le cabinet Daladier déjà fort divisé et qui est mis en minorité.

22 mars

Paul Reynaud, partisan résolu de la lutte, forme le dernier cabinet de la IIIe République : ministère de radicaux et de modérés, avec Daladier à la Guerre, Dautry (ancien directeur de la S.N.C.F.) à l'Armement, Mandel aux Colonies et Monzie aux Travaux publics. Robert Schuman, Champetier de Ribes, Paul Baudoin sont sous-secrétaires d'État. L.-O. Frossard et Jean Giraudoux sont chargés de l'Information et de la Propagande.

Le cabinet obtient une faible majorité : 268 voix contre 256 et 3 abstentions. Reynaud n'a guère confiance en Gamelin, que soutient Daladier.

27 mars

Paul Reynaud signe avec la Grande-Bretagne un accord aux termes duquel les deux pays s'engagent à ne pas conclure séparément de paix ou d'armistice.

début d'avril

Les Allemands ont besoin du fer norvégien : pour leur « couper la route du fer », Reynaud décide les Anglais à poser des mines dans les eaux norvégiennes.

8-9 avril

Riposte foudroyante : des convois allemands traversent le Skagerrak et débarquent dans les principaux ports norvégiens, tandis que le Danemark est occupé sans combat. Le roi et son gouvernement restent à Copenhague.

Sourd, en grande partie, aux appels de quelques militaires prévoyants, le gouvernement français a très insuffisamment encouragé la constitution d'une armée blindée. En nombre trop restreint, les chars que nous possédons n'en sont pas moins excellents, tels ces chars Hotchkiss mis en service en avril 1940. (Photo E.C.A.)

En Norvège, le nouveau gouvernement Quisling essaie sans succès de gagner l'adhésion des populations tandis que Christian X parvient à s'échapper.

Les Allemands poussent jusqu'au port de Narvik, dans le nord de la Norvège.

14-18 avril

A leur tour les troupes franco-britanniques débarquent à Namsos, très au sud de Narvik. Il leur faut plus d'une semaine pour que l'artillerie et la D.C.A. soient à terre. Ils sont battus à Trondhjem.

fin avril

A la Chambre des députés, Paul Reynaud affirme que la route du fer est et restera coupée aux Allemands.

1-2 mai

Les Anglais et les Français se rembarquent. Le général Béthouart est chargé de préparer à Brest une nouvelle expédition, avec des troupes françaises et polonaises.

10 mai

Et c'est alors que la Wehrmacht attaque à la fois la Belgique, la Hollande et lance une offensive dans les Ardennes.

11-14 mai

Aidés par des parachutistes largués derrière les lignes, protégés

Malgré la neutralité des pays scandinaves, l'Allemagne n'hésite pas à envahir la Norvège afin de s'emparer de ses mines de fer (Photo Südd-Verlag, Munich.)

Le 11 mai 1940, le journal « La Nation belge » annonce la mobilisation générale et l'état de siège consécutifs à l'invasion allemande. Aussitôt, les troupes françaises volent au secours de leurs voisins. (Cabinet des estampes. Photo Safara. En bas : photothèque des Presses de la Cité.)

par une aviation qui est quasiment maîtresse du ciel malgré les efforts de nos escadrilles, lançant leurs divisions motorisées, les Allemands franchissent le canal Albert et foncent à travers la Belgique et la Hollande que nos troupes s'efforcent en vain de secourir.

14-15 mai

Quarante divisions dont sept « Panzer » — divisions motorisées —, sous le commandement du général Guderian, lancent l'offensive contre Namur et Sedan. La ligne Maginot, dans le secteur des Ardennes, est notoirement insuffisante et mal garnie, car Gamelin estimait que jamais les Allemands n'essaieraient de franchir ce difficile massif forestier.

L'armée Corap — dont Paul Reynaud fera le bouc émissaire de la défaite — est volatilisée. Les Alle-

DISSENSIONS POLITIQUES ET MILITAIRES

Une attaque des Allemands, le généralissime Gamelin prétend qu'il l'attend avec impatience. Pourtant, rien n'est prêt pour l'affronter. Entre lui et le général Georges, commandant les armées françaises, le désaccord est permanent. Les conflits d'attributions entre les deux chefs et les deux états-majors ne cessent de s'envenimer. Le quartier général de Gamelin est installé à Vincennes, celui de Georges à La Ferté-sous-Jouarre. L'armée française est répartie en trois groupes sous le commandement des généraux Billotte, Prételat et Besson. Quelques divisions ont été laissées sur les Alpes. Les forces alliées comprennent 78 divisions françaises, 10 divisions anglaises, 1 division polonaise. En face, l'armée allemande compte 190 divisions dont 140 se trouvent sur le front occidental. La supériorité en chars d'assaut, en artillerie et surtout en aviation est écrasante du côté de l'Allemagne.

La mésentente entre Gamelin et Georges se double d'une discorde qui devient de plus en plus vive entre Reynaud et Daladier. En fait, au moment où va se produire l'attaque allemande, Reynaud est pratiquement démissionnaire et Gamelin prêt à se retirer.

mands franchissent la Meuse à Sedan et forment, à l'ouest de Dinant, une tête de pont de plus de 15 km de profondeur. Plus au sud, l'armée Huntziger se replie sur la ligne Maginot. Par la brèche, les Allemands continuent d'enfoncer les deux battants de la porte qu'ils viennent d'ouvrir.

L'armée hollandaise capitule. La reine Wilhelmine et son gouvernement se réfugient à Londres.

16 mai

A Paris, c'est l'affolement accru par les bruits qui courent sur la « cinquième colonne » de parachutistes. On brûle les archives du ministère des Affaires étrangères. Sur les routes, un pitoyable troupeau de réfugiés fuit, gênant les mouvements des troupes.

17 mai

Le général Touchon à la tête de la VIe armée, où il a remplacé le général Giraud fait prisonnier, tente en vain de rétablir un front défensif sur l'Aisne et l'Ailette. Il n'y parvient pas.

Les Allemands infléchissent leur marche vers le nord-ouest, pour envelopper l'aile gauche de l'armée française qui est en Belgique et dans le Nord. Gamelin tente de lancer l'aile droite française, regroupée dans l'Aisne et la Somme, pour reformer vers le nord un front continu et couper les divisions ennemies.

18 mai

Paul Reynaud remanie son cabinet et fait appel au maréchal Pétain, installe Mandel à l'Intérieur et remplace Gamelin par Weygand.

19-22 mai

Les Allemands sont à Amiens et à Abbeville. La contre-offensive française, partie du sud et du nord, échoue. Les Britanniques ne songent plus qu'à rembarquer leurs divisions. Au lieu d'aider l'armée du Nord à combattre vers le sud, le général Gort, qui les commande, a prescrit un recul de 40 km dans la région d'Arras.

25 mai

Weygand avertit le comité de guerre qu'au cas où la bataille de la Somme qu'il prépare serait perdue, il faudrait envisager l'armistice.

26 mai

Le roi des Belges, Léopold III, annonce que la Belgique met bas les armes. Le gouvernement Pierlot se réfugie à Londres. Le roi, pour sa part, se tient pour prisonnier de guerre.

29 mai-4 juin

Dès lors, les armées britannique et française du Nord, entièrement encerclées, tentent de gagner le camp retranché de Dunkerque que l'amiral Abrial a organisé. Sous un déluge de feu, la Royal Navy, aidée d'innombrables transporteurs, parvient à évacuer 235 000 Anglais et 115 000 Français. Curieusement, Hitler — pour ménager l'Angleterre — a retardé l'avance de ses troupes vers le camp retranché! Mais tout le matériel est perdu.

Le 4 juin, à l'aube, les derniers soldats se rembarquent. Les Allemands, déjà maîtres de Calais, occupent Dunkerque.

Pendant ces quelques jours dont il a disposé, Weygand s'efforce d'organiser une nouvelle ligne de défense de la Somme à l'Aisne. Il ne se fait guère d'illusions.

5-7 juin

Paul Reynaud remanie de nouveau son cabinet. Il se débarrasse de Daladier et prend le portefeuille de la Guerre qu'il ajoute à celui des Affaires étrangères, place Bouthillier à l'Information et donne un demi-portefeuille au général de Gaulle.

A cette date, l'offensive de la Somme est déjà perdue. Soucieux de préserver son aviation, Churchill a refusé à Weygand le concours de la Royal Air Force. Il n'y a plus de front continu. Soixante divisions françaises tentent de tenir des points d'appui. Que peuvent-elles contre cent trente-huit divisions allemandes dotées de l'armement le plus moderne?

Trois offensives allemandes ont été lancées ce jour-là : une vers Rouen, une vers Paris, une sur Dijon. Le front est percé sur la Somme le 6, sur l'Aisne le 7. L'invasion commence, les bombardements sur Paris (usines Citroën) et les villes de France se multiplient. Affolées, les populations civiles fuient sur les routes, lamentable cortège usant de tous les moyens de transport, de la somptueuse voiture à la charrette de paysan, ou partent à pied!

9 juin

En partie incendiée par les bombardements, la ville de Rouen est occupée.

10 juin

Nous donnant ce qu'on appelle un « coup de poignard dans le dos », l'Italie déclare la guerre à la France. Dans le Sud-Est, les combats se borneront à quelques engagements dans les montagnes.

12 juin

Les Allemands sont à Compiègne et à Châlons-sur-Marne. Le gou-

Poursuivant leur avance, les troupes allemandes parviennent jusqu'à Rouen, qu'elles occupent aussitôt. On voit, à gauche, un soldat ennemi observant, à travers ses jumelles, l'énorme panache de fumée qui s'échappe d'un entrepôt en flammes. Malgré le soleil ardent qui illumine cette journée du 9 juin 1940, la ville est obscurcie par une épaisse et noire fumée que les rayons ne peuvent traverser. (Photo Südd-Verlag, Munich.)

Sentant la France à bout de souffle, l'Italie lui déclare la guerre le 10 juin 1940. C'est le fameux « coup de poignard dans le dos » que le dessinateur Sennep évoque dans ce dessin humoristique intitulé : « Le salut à la romaine ». (Cabinet des estampes. B.N. Photo JdC.)

vernement se transporte à Tours et dans les châteaux de Touraine. Deux conseils suprêmes se tiennent à Briare et à Cangé, le second en présence de Churchill. L'armée française doit-elle capituler (ce qui permettrait de maintenir la fiction de l'alliance avec l'Angleterre), ou demander un armistice ?

Ne pourrait-on pas encore organiser un « réduit breton » ? Aucune décision définitive n'est prise. Le gouvernement décide de se replier à Bordeaux, songeant éventuellement à gagner l'Afrique du Nord.

Paris est déclaré ville ouverte. Sur les routes, les populations sont bombardées par l'aviation italienne.

13 juin

Nouveau Conseil à Cangé. Churchill pose la question, capitale à ses yeux, de la flotte. Weygand et Pétain déclarent que la guerre est perdue.

14 juin

Entrée de l'armée allemande dans la capitale déserte.

Le gouvernement se replie sur Bordeaux. Revenu de Londres où il a rempli une brève mission, de Gaulle apprend qu'une partie des ministres est favorable à la demande d'armistice.

15 juin

Weygand refuse d'ordonner la capitulation. Il veut sauver l'honneur de l'armée et éviter la capture de plusieurs centaines de milliers de soldats français.

16-17 juin

Churchill propose la fusion totale de la France et de l'Angleterre pendant la durée de la guerre, pour éviter la rupture de l'alliance.

La proposition est rejetée par la majorité des membres du gouvernement.

Reynaud, qui avait, le 14, demandé le secours des États-Unis, ne reçoit que de bonnes paroles et de vagues espérances.

Muni d'un ordre de mission de Paul Reynaud et d'une somme de 100 000 francs pris sur les fonds secrets, le général de Gaulle s'envole pour Londres afin de rallier les énergies et de rassembler les éléments d'une force française de résistance.

Dans la nuit du 16 au 17, Reynaud a donné sa démission. Lebrun charge Pétain de former le gouvernement. Weygand, les généraux Colson et Pujo, l'amiral Darlan, Baudoin (Affaires étrangères) Bouthillier (Finances) font partie du gouvernement.

Aussitôt, par l'intermédiaire de l'ambassadeur d'Espagne, Pétain demande à Hitler de faire connaître les conditions d'un armistice.

A midi, dans une allocution diffusée, il annonce aux Français qu'il faut cesser le combat.

18-19 juin

Les Allemands atteignent Brest, Tours, Blois, Orléans (incendiées et bombardées). Ils foncent vers le sud.

A Saumur, les élèves de l'École de cavalerie, aidés de ceux de Saint-Maixent, opposent une résistance courageuse. A Saint-Nazaire, le *Jean-Bart*, à peine achevé, parvient à s'enfuir.

Il y a également des combats d'arrière-garde à Gien et à La Charité-sur-Loire.

Le même jour, de Londres, de Gaulle lance son fameux appel à la B.B.C. :

« Moi, général de Gaulle, actuellement à Londres, j'invite les officiers et les soldats français qui se trouvent en territoire britannique ou qui viendraient à s'y trouver, avec leurs armes ou sans leurs armes, j'invite les ingénieurs et les ouvriers spécialisés des industries d'armement qui se trouvent en territoire britannique ou qui viendraient à s'y trouver, à se mettre en rapport avec moi. »

Cet appel, c'est encore celui d'un chef militaire. Le lendemain, le tournant est pris et c'est maintenant un chef politique qui, le mercredi 19 juin, s'adresse à tous les Français et cette fois, au nom de la France :

Ci-dessus, le 17 juin 1940, le général de Gaulle, escorté du lieutenant de Courcel, quitte Bordeaux pour Londres. (Cabinet des estampes. Photo B.N.)

« A l'heure où nous sommes, tous les Français comprennent que les formes ordinaires du pouvoir ont disparu.

« Devant la confusion des âmes françaises, devant la liquéfaction d'un gouvernement tombé sous la servitude ennemie, devant l'impossibilité de faire jouer nos institutions, moi, général de Gaulle, soldat et chef français, j'ai conscience de parler au nom de la France. »

19 juin

A Bordeaux, c'est la confusion autour de Pétain. Certains se demandent s'il ne faudrait pas continuer la lutte en Afrique du Nord. Albert Lebrun y songe et, déjà, le paquebot *Massilia* se prépare à emmener députés et sénateurs. Laval, qui vient d'arriver à Bordeaux, enjoint à Lebrun, sur un ton presque grossier, de rester. Lebrun restera, mais de nombreux parlementaires partiront sur le *Massilia*.

Le même jour, Hitler fait savoir qu'il est prêt à recevoir les plénipotentiaires français (le général Huntziger et l'ambassadeur Léon Noël) à Rethondes. Ils n'y parviendront que le 21, leur voyage ayant été retardé par l'encombrement des routes.

20 juin

Dans un discours radiodiffusé, Pétain explique aux Français les raisons de notre défaite.

21 juin

Hitler fait connaître les conditions de l'armistice.

Ces conditions sont très dures. Cependant, le texte lu par Keitel sauvegarde l'honneur de l'armée française dont l'Allemagne reconnaît que :

« Si elle s'est effondrée, elle l'a fait après une résistance héroïque, vaincue dans une suite ininterrompue de batailles sanglantes ». Les clauses exigent sans doute l'occupation des trois cinquièmes du territoire, désormais coupé en deux par une ligne de démarcation. Elles imposent une énorme indemnité quotidienne de guerre, l'abandon de nos armes, la captivité d'un million et demi de soldats, mais elles laissent tout de même à la France un gouvernement qui se croit libre, une petite armée de 100 000 hommes, l'autorité sur nos colonies et surtout, et c'est

Nommé par Paul Reynaud, en mai 1940, commandant en chef de tous les théâtres d'opérations, le général Weygand (ci-dessus, photo Keystone) assume le remplacement du général Gamelin dont le plan de campagne a échoué. Soucieux de se rendre compte de la gravité de la situation, le nouveau généralissime va parcourir les différents fronts. Mais, appelé trop tard, il ne peut qu'essayer de reconstituer un front sur la Somme et l'Aisne. Impuissant à redresser une situation perdue d'avance, Weygand préconise alors la demande d'un armistice. Mais Sir Winston Churchill, dans son discours du 10 mai, n'a promis aux belligérants alliés que « du sang, de la peine, de la sueur et des larmes ». Son but de guerre est « la victoire à tout prix ». (Cabinet des estampes. B.N. Photo Brossé.)

le point essentiel, la certitude que notre flotte, désarmée mais libre, ne sera pas livrée aux puissances de l'Axe.

22 juin

L'armistice est signé; le même jour, l'ambassadeur anglais en France, qui redoute que la flotte désarmée ne soit prise par l'Allemagne, signifie la rupture des relations diplomatiques avec la France.

Churchill et de Gaulle (qui ne connaît pas les conditions exactes de l'armistice) dénoncent l'attitude de notre pays.

23 juin

Pierre Laval entre au gouvernement. Son action va rapidement devenir prépondérante. Le maréchal Pétain répond à Churchill en refusant « les leçons d'un ministre étranger ».

De Gaulle forme le Comité de la France libre et lance un second appel :

A TOUS LES FRANÇAIS

« La France a perdu une bataille!

« Mais la France n'a pas perdu la guerre!

« Des gouvernants de rencontre ont pu capituler, cédant à la pani-

Ci-dessus, après la signature du double armistice, le maréchal Pétain, président du Conseil, a installé son gouvernement à Vichy. C'est là qu'il convoque les Chambres en Assemblée nationale. Réunies, le 10 juillet, dans la salle de théâtre du Casino, elles lui confient tous les pouvoirs. Le lendemain, le maréchal prendra le titre de « Chef de l'État français » (dessin de J. Simont. Cabinet des estampes. Bibliothèque nationale.)

que, oubliant l'honneur, livrant le pays à la servitude. Cependant rien n'est perdu !

« Rien n'est perdu, parce que cette guerre est une guerre mondiale. Dans l'univers libre, des forces immenses n'ont pas encore donné. Un jour, ces forces écraseront l'ennemi. Il faut que la France, ce jour-là, soit présente à la victoire. Alors, elle retrouvera sa liberté et sa grandeur. Tel est mon but, mon seul but !

« Voilà pourquoi je convie tous les Français, où qu'ils se trouvent, à s'unir à moi dans l'action, dans le sacrifice et dans l'espérance.

« Notre Patrie est en péril de mort.

« Luttons tous pour la sauver. Vive la France ! »

24 juin

La France accepte les conditions d'armistice peu rigoureuses (occupation de Menton) de l'Italie ; tous les combats cessent le 25 juin à midi.

A Casablanca, Mandel et Daladier, arrivés avec le *Massilia*, tentent vainement d'entraîner le Maroc dans la dissidence. Le résident général, le général Noguès, hésite et refuse. Deux envoyés britanniques, lord Gort et Duff Cooper, arrivent trop tard. Mandel est arrêté. Pétain lance un appel à la fidélité de la France d'outre-mer.

27 juin

Le gouvernement se transporte à Vichy. Les services s'installent dans la ville, à Royat et jusqu'à Clermont-Ferrand.

28 juin-3 juillet

Laval et plusieurs membres du gouvernement veulent obtenir un changement de régime. Lebrun laisse faire. Chautemps, Caillaux, Blum se taisent. Grièvement blessé dans un accident d'auto, indigné par les calomnies qu'on répand contre lui, Reynaud ne peut rien. Et voilà comment un Sénat formé d'hommes de gauche, une Chambre (qui est celle du front populaire) vont abolir le régime, alors que Pétain possède déjà les pleins pouvoirs.

3 juillet

A Mers el-Kébir en Algérie, malgré les négociations entre l'amiral Gensoul et lord Sommerville, une escadre britannique détruit trois de nos plus belles unités, le *Provence*, le *Bretagne*, et le *Dunkerque*. Seul le *Strasbourg* parvient à s'échapper. Ce n'est pas un combat, mais un massacre! 1 297 tués, 351 blessés.

Churchill tente de justifier cette agression. De Gaulle, à la B.B.C., flétrit l'attentat, mais en rejette la responsabilité sur le gouvernement de Vichy. En France, c'est une vague d'amertume et de colère. Après une protestation solennelle du gouvernement, il est décidé qu'il sera sursis à des représailles.

4-7 juillet

Laval prépare un projet de loi visant à abolir les lois constitutionnelles et à charger le maréchal Pétain de promulguer la nouvelle Constitution de l'État français.

Paul-Boncour et Pierre-Étienne Flandin tentent de défendre la IIIᵉ République et, tout en donnant les pleins pouvoirs à Pétain, cherchent à sauver le régime parlementaire.

8 juillet

Le Conseil des ministres approuve le projet de loi constitutionnelle. Pierre Laval, par ses intrigues, ses pressions, obtient l'adhésion de la plupart des parlementaires.

ET PENDANT CE TEMPS...

1936, 10 décembre
En Angleterre, Edouard VIII abdique et est remplacé par son frère George VI.
1937, 21 juillet
Début de la guerre entre la Chine et le Japon.
28 septembre
Entrevue Hitler-Mussolini. L'Italie adhère un mois plus tard au pacte anti-Komintern déjà signé entre l'Allemagne et le Japon.
11 décembre
L'Italie se retire de la S.D.N.
28 décembre
Le pape Pie XI dénonce vigoureusement les persécutions religieuses et racistes en Allemagne.
1938, 5 février
Hitler limoge un grand nombre d'officiers supérieurs, nomme Ribbentrop ministre des Affaires étrangères, en remplacement de von Neurath, et prend en main la politique militaire et extérieure du Reich.
1939, 10 février
Décès du pape Pie XI.
2 mars
Le cardinal Pacelli est élu pape et prend le nom de Pie XII.
28 mars
Les combats cessent à Madrid où Franco fait son entrée. C'est la fin de la guerre d'Espagne.

10 juillet

Réunis en Assemblée nationale au petit casino de Vichy, sénateurs et députés (du moins ceux qui ont pu rallier la capitale provisoire de la France) votent l'article unique du projet qui suspend l'application des lois constitutionnelles jusqu'à la conclusion de la paix, charge le maréchal Pétain d'assumer tous les pouvoirs et lui confie le soin de préparer une Constitution nouvelle, par 569 voix contre 80 et 17 abstentions volontaires.

La IIIᵉ République a vécu.

L' OCCUPATION ET LA LIBÉRATION

1940, 10-13 juillet

Avec l'espoir qu'il pourra un jour prochain regagner Paris, le gouvernement s'installe à l'hôtel du Parc et dans les hôtels voisins. Un premier acte constitutionnel donne pratiquement tous les pouvoirs au chef de l'État français, sauf la possibilité de déclarer la guerre. Les assemblées parlementaires sont ajournées *sine die*. Le maréchal signe les lois et décrets. Ses ministres — il se débarrasse de plusieurs d'entre eux, les parlementaires dès le 12 — ne sont à ses yeux que des officiers d'état-major. Lebrun est invité à rentrer chez lui. Il n'y a plus de République.

juillet

Il faut d'abord remettre la France au travail : voies ferrées détruites, ponts coupés, villes endommagées. Dans les pires conditions, le gouvernement du maréchal s'efforce de panser les plaies.

16-20 juillet

Bien que les Allemands aient expulsé d'Alsace et de Lorraine tous les habitants jugés indésirables, Laval rencontre Abetz à Paris, avec l'espoir — vain — d'obtenir des améliorations au joug qui pèse sur la France.

31 juillet

L'Angleterre décide le blocus des côtes françaises et empêche le trafic entre l'Afrique et la France, malgré les démarches de Pétain auprès des États-Unis.

8 août

Début de la grande bataille de la Luftwaffe contre l'Angleterre. Elle se poursuivra, avec une violence accrue, jusqu'au mois d'octobre. Finalement, elle se solde pour les Allemands par une défaite. Le débarquement sur les côtes anglaises, en dépit de tous les préparatifs, n'aura jamais lieu.

9 août

Accords entre le gouvernement anglais et le général de Gaulle qui

Grâce à leur avance fulgurante, les armées allemandes atteignent en quelques jours les portes de Paris qui, déclaré ville ouverte, est occupé par la Wehrmacht le 14 juin 1940. Les Allemands célèbrent leur victoire par d'imposants défilés dans la capitale française évacuée par une grande partie de ses habitants. L'une de ces marches triomphales part de l'Arc de Triomphe. (Photo Roger Schall.)

va former le Comité national de la France libre.

13 août

Le gouvernement dissout la franc-maçonnerie et toutes les sociétés secrètes. Les fonctionnaires doivent par serment déclarer qu'ils n'en sont pas membres. Plus de deux mille sont révoqués.

24 août

Le gouvernement, qui a déjà créé une Haute Cour de justice, emprisonné tous les ministres et hommes politiques jugés responsables de la défaite, institue des cours martiales qui peuvent juger sans délai les réfractaires au régime. Un autre décret du 3 septembre permet les arrestations arbitraires.

août-septembre

Car déjà se dessinent, .très modestes, très sporadiques, les premiers mouvements de résistance avec Henri Frenay, Emmanuel d'Astier de La Vigerie, le professeur Cavaillès. Ces mouvements sont particulièrement actifs à Lyon où la presse parisienne s'est principalement installée.

Un certain nombre de communistes, qui avaient en vain, dès la fin du mois de juin, demandé aux Allemands l'autorisation de faire reparaître l'Humanité, sans y parvenir, publient une Humanité clandestine qui attaque Pétain, les démocraties impérialistes et engage les ouvriers français à fraterniser avec les Allemands.

27-30 août

L'Allemagne oblige la Roumanie à se laisser amputer d'importants territoires à son profit et à celui de la Hongrie. Ces deux États ne sont plus que des pays satellites.

28 août

Le Cameroun, le Tchad, l'Afrique équatoriale française se rallient au général de Gaulle (qu'un conseil de guerre a condamné à mort par contumace).

3 septembre

Le maréchal Pétain adresse une protestation officielle — et sans effet — contre les agissements d'Hitler en Alsace et en Lorraine.

5 septembre

Nouveau remaniement ministériel. Le général Weygand, éliminé, est nommé délégué général du gouvernement en Afrique du Nord.

7-15 septembre

La troisième offensive aérienne contre l'Angleterre atteint son maximum d'intensité.

20 septembre

Pratiquant la politique d'attentisme et de finasserie, Pétain charge le professeur Rougier de négocier avec Churchill des accords visant à atténuer le blocus et aussi les attaques que la radio gaulliste déverse sur lui. Ces accords secrets n'auront pas longue durée.

22 septembre

L'ambassadeur du Japon auprès

Le 22 juin 1940, au nom de la France, le général Huntziger signe l'armistice à Rethondes. (Photo Hugo Jaeger. Colorific Time-Life.)

LA RÉVOLUTION NATIONALE ET LA FRANCE DE 1940

La révolution nationale, que Pétain et ses conseillers veulent promouvoir, est une révolution de droite dont la doctrine est en grande partie empruntée à l'Action française. A la devise « Liberté, Égalité, Fraternité », se substitue « Travail, Famille, Patrie ». La Déclaration des Droits de l'Homme est abolie puisque toutes les libertés individuelles sont supprimées. La censure est rigoureuse. Par une série considérable de lois et de décrets, le maréchal entend tout réformer : l'enseignement (qui favorise l'enseignement privé en abolissant la loi interdisant aux congrégations d'enseigner), la formation de la jeunesse, les rapports entre les ouvriers et les patrons (suppression des syndicats), l'administration, qui est épurée.

Abasourdis par le désastre qui les a plongés dans le désarroi, les Français réagissent encore peu et font confiance à Pétain dont la popularité est alors immense.

Il est vrai que la situation du pays est effroyable : coupée en deux zones par une ligne de démarcation qui constitue une véritable frontière, la France est aux deux tiers occupée par l'ennemi.

L'Alsace-Lorraine a été directement rattachée au Reich, le Nord et le Pas-de-Calais à l'administration allemande de Belgique. Il existe en outre une zone interdite qui englobe les départements frontières et les côtes. Les laissez-passer sont délivrés au compte-gouttes, la correspondance entre les zones réduites à des cartes imprimées qu'on complète de quelques mots. Les ministres eux-mêmes n'ont pas libre accès à Paris.

3 800 000 réfugiés doivent d'abord regagner leur domicile (à l'exception de 300 000 qui resteront en zone non occupée). Il y a près de 2 millions de chômeurs. Les Allemands — d'apparence correcte — font peser les plus dures contraintes sur le pays. L'agriculture, l'industrie sont entre leurs mains. Ils organisent la pénurie.

Et il y a 1 500 000 hommes dans les camps de prisonniers.

du gouvernement de Vichy met Pétain au courant des intentions d'Hitler sur l'Espagne et le Maroc.

23-25 septembre

Les Forces françaises libres, aidées d'une escadre britannique, tentent de débarquer à Dakar. Le gouverneur Boisson résiste. C'est un échec.

En haut, un soldat allemand observe les ruines d'un village dont certaines maisons brûlent encore. (B.D.I.C.)

En bas, l'avant-garde d'une panzer-division s'avance à travers la Champagne, protégée par une colline. (Archives R. Laffont.)

27 septembre

Signature à Berlin, après négociations à Tokyo, du Pacte tripartite (Allemagne, Italie, Japon), partageant le monde en zones d'influence. Les États satellites d'Europe adhéreront à cet ordre nouveau.

Le pacte comporte une clause d'assistance mutuelle en cas d'agression.

septembre-octobre

Les Allemands, qui avaient déjà autorisé la publication de journaux à Paris et s'étaient emparés du *Petit Parisien* et des Messageries Hachette,

Appelé au pouvoir par le président Lebrun, le maréchal Pétain forme le dernier ministère de la
Weygand, chef d'état-major général de l'armée. A l'arrière-plan, l'amiral Darlan. (Photo Keyston
Londres et les ports souffriront tout particulièrement. On voit, à droite, le premier ministre Wins

autorisent d'autres journaux : *Aujourd'hui, les Nouveaux Temps,* ou d'anciens comme *Paris-Soir* (occupé par les Allemands), et des hebdomadaires comme *la Gerbe.* Tous ces périodiques sont étroitement soumis à la censure et sont à leur entière dévotion.

3 octobre

Première loi contre les Juifs en France. Il leur est interdit d'exercer une fonction publique, d'enseigner, de participer à une entreprise de presse. Les Juifs d'Algérie sont déchus de la nationalité française.

21 octobre

Entrevue Hitler-Laval à Tours. Partisan d'une collaboration avec l'Allemagne qui pourrait aller jusqu'à la guerre contre l'Angleterre, Laval pousse Pétain à rencontrer le Führer.

22 octobre

Entrevue à Hendaye entre Hitler et Franco. Ce dernier, qui a été averti par Pétain des intentions de Hitler, met de telles conditions à un passage éventuel de troupes allemandes sur le sol espagnol qu'elles aboutissent à un refus.

24 octobre

Entrevue de Montoire entre Pétain et Hitler. Pétain élude toute décision concernant une guerre contre l'Angleterre et laisse entendre qu'il n'attaquera jamais nos anciens alliés. Hitler reste vague au sujet de la paix future. On convient seulement d'une politique de collaboration, mal définie.

28 octobre

L'Italie, qui a déjà lancé une offensive vers l'Égypte en partant de

...blique (à gauche). On reconnaît sur cette photographie, de part et d'autre de Pétain, Laval et ...jours en guerre avec l'Allemagne, l'Angleterre est durement éprouvée par les bombardements ennemis. ...chill visitant un quartier sinistré de Londres, le 8 septembre 1940. (Photo Imperial War Museum.)

la Cyrénaïque, attaque la Grèce.

30 octobre

Dans une allocution radiodiffusée, le maréchal Pétain explique ce qu'il entend par la politique de collaboration.

31 octobre

Fin de la bataille aérienne d'Angleterre. C'est une victoire pour celle-ci. Sans doute a-t-elle perdu 375 pilotes et 14 281 tués parmi la population civile. Londres a subi de terribles ravages, Coventry a été rasé, mais la Luftwaffe a perdu 2 375 appareils et l'invasion n'a pas eu lieu.

5 novembre

La réélection triomphale de Roosevelt aux États-Unis va lui permettre d'aider davantage la Grande-Bretagne, mais le président s'engagera prudemment dans cette politique.

6 novembre

Tandis que Pétain, par l'intermédiaire de Jacques Chevalier récemment devenu secrétaire général à l'Éducation nationale (et ami de lord Halifax), confirme les accords passés avec Churchill grâce à la mission Rougier et réaffirme qu'il ne se laissera pas entraîner dans une guerre contre l'Angleterre, Laval multiplie au contraire à Paris les concessions aux Allemands. Il leur cède la majorité des actions des mines de Bor.

11 novembre

Manifestations d'étudiants sur les Champs-Élysées à Paris.
La police allemande réagit brutalement.

Les premières manifestations de la résistance ne tardent pas à se produire. Elles sont durement réprimées et les autorités d'occupation donnent une large publicité aux exécutions qui sanctionnent les attentats commis contre des soldats allemands. Ci-contre une affiche bilingue informe de l'exécution de Richard Hénault. (B. N. Photo Safara.)

12-13 novembre

Aucune concession de la part des Allemands. Non seulement le passage de la ligne de démarcation n'est pas assoupli, mais, poursuivant leur politique de germanisation de l'Alsace et de la Lorraine, les nazis expulsent 66 000 Lorrains et 12 000 Alsaciens.

14 novembre

Une contre-offensive grecque rejette les Italiens en Albanie.

16 novembre

Seul avantage obtenu après Montoire : un accord sur les prisonniers qui permet le retour de certaines catégories (anciens combattants de la Première Guerre mondiale, fils aînés de familles de quatre enfants, agriculteurs, etc.), mais il reste 1 490 000 prisonniers en Allemagne.

29 novembre

Nouvel abandon de Laval : il accepte que l'or belge évacué en France soit rendu à l'administration allemande de Belgique. En fait, c'est l'or de la Banque de France qui fait les frais de l'opération.

29 novembre-2 décembre

Et, tandis qu'un décret du Führer rattache officiellement l'Alsace et la Lorraine au Grand Reich, Laval fait engager des conversations d'état-major en vue d'une action commune franco-allemande contre les colonies d'Afrique dissidentes.

3-10 décembre

Cette politique, qui outrepasse largement celle que Pétain avait acceptée à Montoire, irrite d'autant plus le maréchal qu'il continue à avoir des contacts avec l'Angleterre. Peyrouton, Alibert et quelques autres ministres de Vichy étudient la façon de se débarrasser de Laval.

11 décembre

C'est le moment que choisit Hitler pour accomplir un geste théâtral : il veut restituer à la France les restes du duc de Reichstadt.

— Ils nous prennent notre charbon. Ils nous rendent des cendres! disent les Parisiens moqueurs et hargneux.

Hitler espère que Pétain reviendra à Paris à cette occasion et qu'il s'installera à Versailles. Le maréchal commence par refuser puis se laisse circonvenir par Laval.

13-14 décembre

Pour peu de temps! Il décide enfin de remercier Laval. Au cours d'un Conseil, il demande à tous les ministres de signer une lettre de démission puis, ceci fait, les réinvestit... à l'exception de Laval qui, fou de colère, invective Pétain.

Arrêté, Laval est consigné en son château de Châteldon. A Paris, Déat est également arrêté, mais les Allemands exigent sa libération quelques heures plus tard.

Tel est ce qu'on a appelé le complot du 13 décembre.

15-16 décembre

Fureur des Allemands. Abetz, ambassadeur d'Allemagne à Paris pour la France occupée, entouré d'automitrailleuses, se précipite à Vichy et exige la libération immédiate de Laval, mais Pétain refuse de le reprendre au gouvernement : « Il n'a plus ma confiance. »

Pierre-Étienne Flandin devient ministre des Affaires étrangères. Les autres ministres restent en place.

La cérémonie de la restitution des restes de l'Aiglon se déroule aux Invalides à minuit devant quelques officiels français et allemands, dans la totale indifférence de la population.

18-25 décembre

Représailles allemandes : la ligne de démarcation est strictement fermée, même pour les ministres qui ne peuvent se rendre à Paris et à peine y téléphoner. Flandin est partisan d'une politique ferme, Pétain voudrait continuer à « finasser ».

25 décembre

Pour l'instant, Hitler convoque Darlan à La Ferrière-sur-Epte près de Beauvais et, sans le laisser parler, déverse sa rage sur la France qui refuse la collaboration.

26 décembre

Et pourtant, le lendemain, le gouvernement de Vichy livre aux

Fernand de Brinon, ambassadeur de France, a succédé au général de La Laurencie comme représentant de l'État français en zone occupée. On le voit ici en conférence avec Pierre Laval. (Photo Keystone.)

> ### DARLAN
> *L'homme est difficile à définir.*
> *Ce marin aime passionnément son métier, la France et... lui-même. Il a fait une éblouissante carrière, obtenu qu'on rétablisse en sa faveur le titre d'amiral de la Flotte. On lui doit la reconstitution de notre marine, sortie intacte et victorieuse de la défaite.*
> *Il n'aime pas les Allemands. Il aime encore moins les Anglais. Il hésite souvent sur le parti à prendre, se veut réaliste alors qu'il n'est qu'indécision. Peu aimé des marins, il fera bientôt contre lui l'unanimité des Français.*

nazis l'industriel allemand Thyssen et son épouse, antinazis notoires, réfugiés à Nice.

L'année s'achève sur cet acte déshonorant.

1941, 5 janvier

Arrivée à Vichy du nouvel ambassadeur des États-Unis auprès du maréchal Pétain, l'amiral Leahy.

11 janvier

Ambassadeur de France auprès des autorités d'occupation, Fernand de Brinon expose à Pétain les graves dommages que le renvoi de Laval va causer à la France.

17 janvier

En Cyrénaïque, les Anglais prennent Tobrouk.

18 janvier

Pétain accepte de rencontrer Laval à La Ferté-Hauterive près de Moulins. Après une conversation plutôt orageuse, un communiqué commun est publié qui explique que les malentendus sont dissipés.

Mais Laval ne revient pas au gouvernement. La presse parisienne pronazie se déchaîne contre les traîtres de Vichy et accable d'injures Flandin — qui sent le vide se créer autour de lui — et même le maréchal Pétain.

24 janvier

Institution du Conseil national. C'est un organisme destiné à remplacer les Chambres. Il compte 188 membres (dont 71 anciens parlementaires). Pratiquement il ne tiendra que quelques séances et n'aura aucune utilité.

30 janvier

Brinon informe Flandin que les Allemands ne veulent plus de la collaboration. Ces derniers multiplient les mesures de vexation, réclament 400 millions par jour pour les frais d'occupation de leurs troupes en France, étranglent notre industrie.

3-4 février

A Paris, l'amiral Darlan rencontre Laval qui lui fait part de ses exigences. Il n'accepterait de revenir au gouvernement que s'il en devenait le chef absolu. Il n'en est pas question.

6 février

Les Anglais atteignent Benghazi, en Cyrénaïque.

8-9 février

Le Conseil des ministres définit la politique française : le gouverne-

Le vendredi 13 décembre 1940, le maréchal Pétain met Pierre Laval dans l'obligation de démissionner et le fait consigner dans son château de Châteldon. Cette décision n'est nullement appréciée par l'ambassadeur allemand Otto Abetz qui, dès le lundi 16, se rend à Vichy afin d'obtenir la libération du « dauphin ». Devant l'Hôtel Majestic de Vichy, l'ambassadeur prend congé du chef du cabinet civil du maréchal Pétain, Henri du Moulin de Labarthète. (Photo Keystone.)

ment reste fidèle à la collaboration, mais entend défendre seul l'empire français et refuse toute coopération armée avec l'Allemagne. Flandin décide de se retirer.

20 février

Darlan devient chef du gouvernement, vice-président du Conseil et « dauphin » de Pétain. Il assure les Affaires étrangères, la Marine et l'Intérieur. Le général Huntziger est à la Guerre, Barthélemy à la Justice, Carcopino à l'Éducation nationale, Belin, ex-cégétiste, reste au Travail, Pucheu à la Production industrielle. C'est un ministère de « sages », d'hommes expérimentés, prudents, qui veulent tenter de tirer le meilleur parti de la collaboration sans s'engager avec l'Allemagne. Avec eux, l'attentisme triomphe.

18-24 février

En Afrique du Nord, Weygand, qui travaille à refaire l'armée, obtient de Murphy, consul général à Alger, l'envoi de bateaux de ravitaillement dans la métropole qui en a grand besoin. Les Anglais acceptent ces accords qui auront peu d'effet.

De Gaulle proteste.

Les Allemands installent des colons dans cinq départements de l'Est, après avoir chassé 20 000 agriculteurs de cet *Ostland*.

11 mars

Roosevelt obtient du Congrès le vote de la loi prêt-bail qui permet aux États-Unis de fournir du matériel de guerre à l'Angleterre.

28 mars

Près du cap Matapan, en Méditerranée, les Anglais remportent une bataille navale sur les Italiens.

30 mars- 3 avril

Commandé par Rommel, l'*Afrika Korps* lance une violente contre-offensive en Cyrénaïque. Les Anglais reculent sur leurs positions de départ et ne conservent que Tobrouk.

4 avril

A Bagdad, un coup d'État pro-allemand met les Anglais en posture difficile.

Les Allemands ont conçu un vaste plan d'encerclement du Proche-Orient et de ses pétroles : par le nord (Yougoslavie et Grèce) et par le sud (Égypte).

6-10 avril

C'est pourquoi avec le concours de la Hongrie, État satellite, ils envahissent la Yougoslavie et la Grèce que les Italiens n'ont pu vaincre. Le même jour, Pétain rappelle fermement à la radio qu'il n'entreprendra jamais rien contre nos anciens alliés.

14 avril

Les ports français — et Brest ce jour-là — sont soumis à de sévères bombardements qui font de nombreuses victimes civiles.

18-19 avril

Capitulation de l'armée yougoslave. Le roi Pierre et son gouvernement se réfugient à Londres. Les Bulgares envahissent la Grèce.

27 avril

Les Allemands prennent Athènes. Le roi Georges se réfugie au Caire.

1er mai

Le maréchal Pétain expose aux Français ce que sera la Charte du travail qui doit régler les rapports entre les patrons et les ouvriers.

2 mai

Pour mener à bien leurs plans et aider l'Irak soulevé contre l'Angleterre, il faut que les Allemands puissent utiliser les aérodromes de Syrie (sous mandat français). Contre certains avantages (assouplissement du passage de la ligne de démarcation, échange de produits entre les deux zones, substitution d'une carte de correspondance normale aux formules imprimées, réduction à 300 millions des frais quotidiens d'occupation, libération de 80 000 prisonniers anciens combattants de la guerre 1914-1918, Darlan accepte que l'aérodrome d'Alep soit mis à la disposition des Allemands. Les premiers appareils s'y posent le 9.

10 mai

Le « second » du Führer, Rudolf Hess, s'envole vers l'Angleterre pour tenter de négocier la paix. Il est violemment désavoué par Hitler...

11-12 mai

... qui reçoit fort mal Darlan à Berchtesgaden et lui déclare que, si la France poursuit sa politique d'attentisme et ne se range pas résolument aux côtés de l'Allemagne, elle sera démembrée au moment de la paix.

20 mai

Les Allemands chassent les Anglais de Crète.

27 mai

Les mineurs du nord de la France se mettent en grève pour protester contre la faiblesse des rations et l'insuffisance des salaires. Ils obtien-

Nommé délégué général du gouvernement pour l'Afrique française, le général Weygand va désormais consacrer tous ses efforts à la rénovation de l'armée d'Afrique. Le voici à Casablanca, recevant le serment des légionnaires du Maroc. (Photo Keystone.)

nent partiellement satisfaction. Il faut souligner que cette grève n'a aucun caractère politique.

Le même jour, Darlan accorde de larges facilités aux Allemands en Afrique du Nord (utilisation du port de Bizerte, de la voie ferrée Bizerte-Gabès, vente de camions et de canons), mais il demande en échange des concessions politiques.

2-3 juin

Weygand, accouru à Vichy, montre le danger des accords signés par Darlan. Il obtient de Pétain que les concessions exigées soient telles que les Allemands ne puissent y souscrire. Huntziger et Weygand sauvent ainsi l'Afrique du Nord des Allemands.

8 juin

Les troupes britanniques et celles des Forces françaises libres, sous le commandement du général Legentilhomme, attaquent la Syrie que le général Dentz entend défendre par ses seuls moyens.

9 juin

Lucien Romier et Henry Moissan, tous deux très anti-allemands, entrent au gouvernement.

14 juin

Un nouveau statut des Juifs en France non occupée aggrave toutes les mesures portées contre eux et les spolie de leurs entreprises. Le statut ne va pas aussi loin, pourtant, que celui qui est imposé en zone occupée (port de l'étoile jaune).

17 juin

Rommel a repris la Cyrénaïque où les Anglais ne gardent que

En juin 1941, Hitler a déclaré la guerre à l'U.R.S.S. Les soldats allemands combattent avec une ardeur qui les amène rapidement en vue de Moscou. On voit ci-contre les premières troupes blindées pénétrant en Russie. (Photo Südd-Verlag, Munich.)

Tobrouk. Il est à 150 kilomètres d'Alexandrie...

21 juin

Hitler jette ses armées sur l'U.R.S.S. Il s'y préparait depuis plusieurs mois, mais la conquête de la Yougoslavie et de la Grèce a retardé de plusieurs semaines l'offensive et ce retard aura de graves conséquences.

Autres conséquences en France : tandis que Vichy rompt les relations diplomatiques avec l'U.R.S.S. et autorise les jeunes Français à former une légion contre le bolchevisme, les communistes se jettent ardemment dans la résistance.

Celle-ci s'organise peu à peu, prend contact avec la France libre de Londres, les Anglais et les Américains, crée le mouvement *Combat* qui jouera un rôle important dans l'action de la presse clandestine.

14 juillet

L'armistice de Saint-Jean-d'Acre met fin à la guerre de Syrie. Dentz et ses soldats obtiennent d'être rapatriés en France, sauf ceux qui préfèrent rallier (environ 3 000) les Forces françaises libres.

17 juillet

Ayant percé toutes les défenses russes, les Allemands s'emparent de Smolensk.

18 juillet

Pucheu devient ministre de l'Intérieur.

19 juillet

Vive tension entre la France, l'Allemagne et l'Italie.

Le Japon occupe la Cochinchine

Le général Dentz, haut-commissaire en Syrie, doit s'incliner devant la supériorité des forces anglaises et françaises libres. Le 14 juillet 1941, le général de Verdilhac signe avec les Anglais l'armistice de Saint-Jean-d'Acre. (Photo Parimage.)

au grand mécontentement des États-Unis

1er août

Furieux que les accords signés par Darlan n'aient pas été exécutés, les Allemands multiplient les pressions, les vexations, et Abetz considère qu'il n'y a plus aucune collaboration.

12 août

Ce qui n'empêche pas Pétain, dans une allocution radiodiffusée particulièrement vigoureuse, de soutenir qu'il maintient sa politique de collaboration. Il dénonce le vent mauvais qui souffle sur les esprits, condamne la résistance, annonce l'institution d'une Haute Cour pour juger les responsables de la défaite : Blum, Daladier, Gamelin qui seront incarcérés le 15 octobre au fort du Portalet.

14 août

Des tribunaux d'exception sont institués pour juger les « terroristes ».

La presse parisienne continue à se déchaîner et à injurier le gouvernement de Vichy qui refuse la collaboration militaire avec l'Allemagne.

21-29 août

Période particulièrement sombre. Les premiers attentats contre l'armée d'occupation provoquent l'exécution d'otages choisis parmi les communistes et condamnés par les tribunaux d'exception. Le 24 août, une loi contre ces attentats a été promulguée. Le 27, Laval et Déat sont victimes d'un attentat commis à Versailles par un certain Collette. Leurs blessures sont sans gravité. Le 29 août, les Parisiens apprennent

Sous le prétexte de lutter contre le communisme, le gouvernement de Vichy fait appel aux volontaires pour former la « Légion antibolchevique ». Voici l'un des bureaux de recrutement. Dans la vitrine, une affiche précise : « Défense aux Juifs de stationner... » (Cabinet des estampes. Photo Bibliothèque nationale.)

par affiche que le lieutenant de vaisseau d'Estienne d'Orves a été fusillé comme gaulliste.

3-12 septembre

Nouveaux attentats contre les Allemands à Paris. Nouvelles exécu-tions d'otages. Douze d'entre eux sont fusillés le 12 septembre. Pucheu, en tant que ministre de l'Intérieur, désigne les condamnés.

9 septembre

Les Allemands arrivent devant

Nouveaux attentats, nouvelles représailles : les Parisiens apprennent l'exécution de dix otages français, fusillés le 16 septembre 1941. (Photo Keystone.)

Léningrad dont ils commencent le blocus, aidés des Finlandais du maréchal Mannerheim.

25 septembre

Les Allemands savent très bien que c'est Weygand qui s'est opposé à leur installation en Tunisie. Abetz exige son départ au nom du Führer.

30 septembre

Les armées allemandes commencent leur grande offensive contre Moscou.

octobre

Publication des premiers journaux clandestins : *Combat* et *Franc-Tireur.* Les Allemands exigent l'ouverture d'un consulat général à Vichy. Avec une nuée de fonctionnaires et d'agents, Krug von Nidda s'installe dans la capitale provisoire de la France.

20-22 octobre

L'assassinat d'un officier supérieur à Nantes provoque de terribles représailles : 16 otages fusillés le 21; 27, dont un adolescent communiste de seize ans, Guy Moquet, le 22. On annonce d'autres fusillades.

Pétain est atterré. Il veut aller se présenter lui-même comme otage aux Allemands. Son entourage — au moins une partie — l'en détourne. Il se contente d'exprimer à la radio sa tristesse et de flétrir les attentats que le général de Gaulle et la radio de la France libre encouragent au contraire.

30 octobre

Les Allemands commencent le siège de Sébastopol.

12 novembre

Le général Huntziger trouve la mort dans un accident d'avion. L'amiral Darlan devient ministre de la Guerre.

18 novembre

Cédant aux Allemands, Pétain demande à Weygand de démissionner et le remplace en Afrique du Nord par le général Juin.

22 novembre

En Russie, les Allemands parviennent devant Rostov et menacent les pétroles caucasiens.

1er décembre

Pour tenter d'améliorer les relations entre Vichy et les Allemands, Pétain rencontre le maréchal Goering à Saint-Florentin en Bourgogne. Goering tempête et récrimine devant l'attentisme et la mauvaise volonté des Français.

Rien de concret ne sortira de cette entrevue.

5 décembre

L'hiver s'est installé en Russie. Les armées russes lancent leur première contre-offensive et parviennent à rejeter les Allemands à 80 kilomètres de Moscou. Les deux mois de retard pris par Hitler pour sa campagne de Russie lui sont fatals.

7-8 décembre

Le Japon lance une attaque brusquée contre l'escadre américaine du Pacifique ancrée à Pearl Harbour. C'est un désastre pour les Américains qui perdent 6 cuirassés, 3 croi-

A l'occasion du 14 juillet 1941, le maréchal Pétain et l'amiral Darlan (à gauche) se recueillent devant le monument aux Morts de Vichy. Cette cérémonie sera la seule manifestation organisée pour la fête nationale. (Photo Keystone.)

seurs, 3 contre-torpilleurs, 247 avions.

Le Japon déclare la guerre aux U.S.A. et à la Grande-Bretagne. L'Allemagne et l'Italie déclarent la guerre aux États-Unis. Le conflit est devenu mondial.

9-10 décembre

En Afrique, Rommel doit à son tour reculer presque jusqu'à la Tunisie en évacuant la Cyrénaïque. A Turin, Darlan a une entrevue avec le comte Ciano. Il maintient les positions de la France en Afrique, ce qui accroît l'irritation des Italiens et des Allemands.

Les Italiens ont entièrement perdu l'Éthiopie reprise par les troupes britanniques et les Forces françaises libres.

Sous les ordres de l'amiral Muselier, une formation navale de la France libre arrive dans le port de Saint-Pierre-et-Miquelon, le 24 décembre 1941. (Cabinet des estampes. Photo Bibliothèque nationale.)

8-13 décembre

Les représailles et les vexations continuent en zone occupée. A Paris, le couvre-feu est fixé à 18 heures pendant cinq jours.

13 décembre

Une fois encore, Darlan affirme à l'ambassadeur Leahy que jamais les Allemands ne pénétreront dans nos colonies d'Afrique.

20 décembre

A Berlin, Juin reçoit de Goering deux demandes : accord de ravitaillement dans le port de Bizerte et aide de l'armée française dans le Sud Tunisien.

22 décembre

Le gouvernement français répond en exigeant entière liberté de réarmement en Afrique et libération des officiers prisonniers. Les Allemands constatent que Pétain ne veut décidément pas d'une collaboration militaire.

24 décembre

L'amiral Muselier s'empare de Saint-Pierre-et-Miquelon au nom des Forces françaises libres, ce qui mécontente Roosevelt.

Les Japonais ont pris Hong Kong, Guam et poursuivent leur offensive dans le Pacifique. En Afrique, les Anglais ont pris Benghazi.

31 décembre

Dans son message de fin d'année, Pétain condamne la presse parisienne qui attaque sa politique et s'en prend aux radios de Londres et de Paris.

En hommage à la mémoire d'otages exécutés par la Wehrmacht, Charles de Gaulle et son entourage observent cinq minutes de silence. On reconnaît, de gauche à droite : Honoré Dejean, André Diethelm, l'amiral Muselier, le général de Gaulle, René Cassin et René Pleven. (Photo Hulton.)

Si le maréchal Pétain s'est montré fort réticent envers Otto Abetz, il réserve un accueil infiniment plus chaleureux à l'ambassadeur des États-Unis, l'amiral Leahy. On voit, ci-contre, les deux hommes échanger une poignée de main à l'issue de l'une de leurs rencontres. (Photo Keystone.) C'est en février 1942 que s'ouvre, à Riom, le procès des personnalités que l'on juge responsables de la défaite : Blum, Daladier, Guy La Chambre, le général Gamelin et Jacomet. Devant le Palais de Justice le Premier président de la Cour en conversation avec le préfet du Puy-de-Dôme. (Photo Südd-Verlag, Munich.)

1942, 1er janvier

Eden, au nom de l'Angleterre, Molotov, au nom de l'U.R.S.S., signent un accord aux termes duquel aucun de ces deux pays ne signera la paix sans l'autre ni avant la défaite totale de l'Allemagne.

5-15 janvier

Les rapports entre Vichy et Berlin continuent à se détériorer malgré les efforts d'Abetz, ambassadeur d'Allemagne en France, et de Benoist-Méchin, secrétaire d'État aux Rapports franco-allemands. Le premier espère toujours obtenir la cobelligérance de la France et de l'Allemagne, le second y amener peu à peu le gouvernement de Pétain.

Or, pendant tout le mois de janvier, la résistance de Darlan aux exigences allemandes s'affirme, principalement dans le domaine économique, alors que les Allemands s'y font de plus en plus exigeants.

21 janvier

Tandis que l'aviation de l'Axe bombarde quotidiennement l'île de Malte, base importante pour les Alliés en Méditerranée, l'Afrika Korps reprend son offensive à travers la Libye...

7 février

... et reconquiert toute la Cyrénaïque.

15-28 février

Dans le Pacifique, la conquête méthodique des Japonais se poursuit. Singapour tombe le 15. Les Japonais occupent la Birmanie, coupant ainsi la Chine de Tchang Kaïchek, en guerre avec eux, de l'Inde anglaise. Avant la fin du mois, ils sont maîtres des Philippines, des îles de la Sonde, de la Nouvelle-Zélande, de Java.

19 février

Ouverture à Riom, devant la Haute Cour de justice, du procès des responsables de la défaite : Blum, Daladier, Gamelin, Guy La Chambre (ex-ministre de l'Air). Hitler manifeste son mécontentement. Il escomptait un procès des responsables de la guerre. Les accusés de Riom se défendent vigoureusement et, devant la presse étrangère qui assiste aux débats, n'ont pas de peine à démontrer que Pétain lui-même, plusieurs fois ministre de la Guerre et président du conseil supérieur de celle-ci, encourt une part de responsabilité.

22 février

L'irritation des nazis s'aggrave. Ils menacent la France d'un gauleiter et de polonisation, c'est-à-dire du sort de la Pologne.

3 mars

Le bombardement des usines Renault par l'aviation anglaise fait plusieurs centaines de victimes, mais prouve aux Français que les Alliés possèdent une aviation de plus en plus forte. Malgré les demandes d'Abetz, Pétain refuse de se rendre à Paris pour les obsèques des victimes.

15-26 mars

Dans un violent discours, Hitler ne cache pas la colère que lui cause le procès de Riom. Le conseiller Grimm tente en vain d'amener le gouvernement à une collaboration plus étroite et à l'envoi d'ouvriers en Allemagne. Aucun adoucissement n'étant apporté au régime imposé par l'Allemagne aux Français, bien au contraire, le ministre de la Production industrielle, Lehideux, rappelle aux industriels qu'ils n'ont pas à pousser au départ leurs ouvriers.

Le 26 mars, Pétain a une entrevue secrète avec Laval en forêt de Randon. Laval pose ses conditions pour un retour éventuel au gouvernement.

3-10 avril

Pétain affirme à Leahy que jamais la France ne se rangera aux côtés de l'Allemagne et qu'elle préservera son empire et sa flotte. Mais Krug von Nidda remet au maréchal un véritable ultimatum : ou Laval ou la polonisation.

PIERRE LAVAL

Cet Auvergnat madré a dans sa jeunesse appartenu au parti socialiste et reste un homme de gauche. Il est partisan d'une démocratie autoritaire. Il n'est point totalitaire, mais veut lutter contre le bolchevisme. Il ne croit pas du tout à la révolution nationale — à laquelle personne ne croit plus d'ailleurs, même à Vichy.

En politique étrangère, il voudrait jouer un grand rôle d'arbitre entre les U.S.A. et l'Allemagne après la victoire de celle-ci sur l'U.R.S.S. C'est sa hantise et il est prêt à tout céder aux Allemands pour jouer un jour ce rôle. Mais il ne veut pas aller jusqu'à déclarer la guerre aux Alliés : car ce serait renoncer à son futur rôle d'arbitre.

Il est difficile de se faire plus d'illusions. Laval perdra tout par manque total de réalisme, lui qui se veut réaliste. Il va pousser la politique de collaboration à son point extrême et dresser contre lui — selon ses propres affirmations — 98 % des Français.

14 avril

Suspension du procès de Riom qui ne sera jamais repris. Les accusés retournent au Portalet.

17 avril

Tandis qu'en Allemagne le général Giraud, malgré son âge et ses blessures, parvient à s'évader de la forteresse où il est détenu et à gagner la Suisse et la zone libre, Pétain, contraint de céder aux exigences allemandes, demande à tous les ministres leur démission...

18 avril

... et rappelle Pierre Laval qui devient chef du gouvernement, chargé de toute la politique intérieure et extérieure.

Romier reste ministre d'État, Barthélemy garde des Sceaux, Leroy-Ladurie est à l'Agriculture, Cathala aux Finances, Abel Bonnard à l'Éducation nationale. Laval est à la fois ministre des Affaires étrangères, de l'Intérieur et de l'Information.

En fait, il dirige tout.

27 avril

A l'amiral Leahy, Laval déclare que sa politique est fondée sur la collaboration avec l'Allemagne. Leahy mande à Roosevelt que Laval est contre les Alliés.

28 avril-mai

Premier résultat de la nouvelle politique : le général Oberg devient chef des SS en France. La Gestapo s'installe partout et multiplie arrestations et tortures. Vainement le préfet de police, Bousquet, tente de détourner l'orage.

Au nom de son pays, l'ambassadeur allemand Otto Abetz tente, par tous les moyens, d'amener le gouvernement français à une collaboration étroite. A cet effet, il multiplie les rencontres avec les personnalités officielles. Le voici, le 13 novembre 1941, en conversation avec le maréchal Pétain et l'amiral Darlan. (Photo Südd-Verlag, Munich.)

Les attentats contre les soldats et les officiers allemands se multiplient. Les exécutions d'otages aussi.

4-8 mai

Dans la mer de Corail, les Américains remportent une victoire navale qui sauve l'Australie de la conquête japonaise. La Birmanie est entièrement conquise par les Japonais, et la Chine isolée, l'Inde britannique menacée.

Aux Philippines, capitulation de la garnison américaine de Corregidor. Les Japonais débarquent aux îles Aléoutiennes.

5-7 mai

Les combattants de la France libre, sur l'ordre du général de Gaulle, obligent l'amiral Robert à céder les Antilles françaises. Les Anglais s'emparent du port de Diégo-Suarez à Madagascar.

mai

Tandis qu'une contre-offensive russe est stoppée rapidement, Rommel poursuit son avance en Libye.

26 mai

Mais il est arrêté à Bir Hakeim par les troupes du général Kœnig. Pendant ce temps, le général Leclerc, parti du Soudan, a, en 1941, conquis Koufra en Somalie italienne et juré dans cette ville avec ses officiers qu'il ne s'arrêterait plus avant que le drapeau français ne flotte de nouveau sur la cathédrale de Strasbourg.

30 mai

Malgré les protestations vaines du gouvernement français, les Allemands instituent le service du travail obligatoire en Alsace et en Lorraine. En zone occupée, la

police est désormais doublée par les militants des partis politiques pronazis et la presse parisienne continue à se déchaîner contre Vichy qui ne va pas assez loin dans la collaboration.

30-31 mai

Violents bombardements contre Cologne. Les villes allemandes sont régulièrement attaquées.

3-5 juin

La défaite navale des Japonais à Midway marque le début du redressement américain dans le Pacifique.

11 juin

Fin de la bataille de Bir Hakeim, en Libye, qui est évacué. Mais l'héroïque résistance des troupes françaises libres de Kœnig a retardé l'avance de Rommel; de Gaulle salue cette première véritable rentrée de la France dans la guerre contre l'Axe.

17 juin

Dans un discours désabusé et attristé, Pétain reconnaît l'échec de la révolution nationale. Il conserve pourtant encore le respect et l'affection de nombreux Français. Mais on le sait paralysé.

18 juin

A Washington, dans le plus grand secret, Churchill et Roosevelt décident de préparer le débarquement en Afrique du Nord, l'opération *Torch*.

21 juin

Chute de Tobrouk. Les troupes de Rommel avancent vers l'Égypte.

22 juin

Dans un discours radiodiffusé, Laval annonce la « relève » et déclare : « Je souhaite la victoire allemande parce que sans elle le bolchevisme s'établirait partout. »

L'Afrika Korps de Rommel, la VIIIe armée anglaise d'Auchinleck et les Forces françaises libres, en Afrique, rivalisent de bravoure. On voit, à gauche, une phase des combats de Bir Hakeim. (Documentation française.) A droite, les entrepôts du port de Tobrouk, bombardés, sont en flammes. (Photo Parimage.)

Ces hommes et ces enfants sont des Juifs, ainsi que l'indique l'étoile jaune qu'ils sont contraints de porter sur la poitrine. Arrêtés par la Gestapo, ils sont momentanément internés à Drancy. Leurs visages calmes, parfois souriants, montrent à quel point ils sont ignorants de leur sort futur. (Cabinet des estampes. B.N. Photo Brossé.)

Un événement qui inquiétera certains Français et en découragera beaucoup d'autres : la tentative avortée du débarquement anglo-canadien à Dieppe, le 19 août 1942 (ci-dessus). Cet essai sera pourtant fort utile aux Alliés. (Photo Parimage.)

En août 1942, Rommel est parvenu à El Alamein, donc à 85 km d'Alexandrie. Winston Churchill, profondément soucieux, se rend en Lybie afin d'essayer de redresser la situation. On le voit, à gauche, en compagnie des généraux Montgomery et Alexander. (Photo Parimage.)

Cette phrase soulèvera l'indignation de tous les Français, à l'exception des collaborateurs enfoncés dans une politique que l'Allemagne rend de plus en plus contraignante.

25 juin

Institution de la relève : pour trois ouvriers français partant travailler en Allemagne, un soldat prisonnier est libéré.

En fait, malgré les appels multipliés de Laval, malgré les pressions du gauleiter Sauckel, la relève sera un échec.

30 juin

Les troupes de Rommel ne sont plus qu'à 60 kilomètres d'Alexandrie. Mais elles sont trop éloignées de leurs bases et, faute d'essence, doivent s'arrêter.

1er juillet

Les Allemands reprennent leur offensive en U.R.S.S. Ils s'emparent de Sébastopol.

4 juillet

Les Japonais débarquent à Guadalcanal aux îles Salomon et menacent la Nouvelle-Calédonie.

8-22 juillet

De nouvelles mesures sont prises contre les Juifs en zone occupée. Aidés de Darquier de Pellepoix, commissaire aux questions juives, les Allemands arrêtent 20 000 Juifs qui sont transférés à Drancy puis expédiés dans les camps de la mort. Pétain s'indigne en vain. 3 000 enfants sont également déportés, ce qui provoque la protestation indignée du cardinal Gerlier, archevêque de Lyon, et de Mgr Saliège, archevêque de Toulouse.

22 juillet

Début de la contre-offensive anglaise en Libye. Rommel commence à reculer.

7 août

Les Américains débarquent à leur tour à Guadalcanal.

12 août

Les représailles continuent en France occupée où les résistants sont plus nombreux, mieux organisés, plus pourchassés aussi : 93 otages sont fusillés à Paris.

19 août

Tentative de débarquement des Anglo-Canadiens à Dieppe. Il s'agit moins de débarquer de façon décisive que de tâter la résistance ennemie. Après une journée de durs combats, les Anglo-Canadiens réussissent à se rembarquer, laissant plusieurs milliers de morts, de blessés et de prisonniers.

21 août

L'offensive allemande au Caucase s'est développée. Les Allemands parviennent au pied de l'Elbrouz. Avant de se replier, les Russes commencent à détruire les puits de pétrole. Mais les premières neiges ralentissent l'avance allemande.

22 août

Le Brésil déclare la guerre aux puissances de l'Axe. De nombreux pays de l'Amérique du Sud apportent leur aide aux Alliés.

2 septembre

Nouvelle offensive de Rommel en Libye; elle est bientôt arrêtée.

4-13 septembre

Les premiers combats pour la bataille de Stalingrad commencent.

Ruine après ruine, dans un enfer de feu, les soldats soviétiques luttent pour reconquérir Stalingrad (ci-dessus Photo Südd-Verlag, Munich.)

A gauche, Khrouchtchev et son état-major à Stalingrad : Kiritchenko, Tchouïkov et Eremenko. (Photo France-U.R.S.S.)

5-10 septembre

Tandis que les attentats se multiplient en zone libre et en zone occupée, Laval institue le service du travail obligatoire en zone libre.

Les Anglais, qui ont au cours du mois d'août réprimé les tentatives de soulèvement dans l'Inde et arrêté Gandhi, achèvent d'occuper Madagascar qu'ils rendront peu après à l'administration de la France libre du général de Gaulle.

25 septembre-17 octobre

Les bombardements aériens se multiplient en France. Brest, Le Havre, Saint-Nazaire, Rouen et Le Creusot servent constamment de cible aux avions de la R.A.F.

23 octobre

La contre-offensive de Montgomery contre Rommel se développe. La victoire d'El Alamein lui ouvre le chemin de la Libye. En trois mois, l'Afrika Korps sera rejeté de la Cyrénaïque et de la Tripolitaine et acculé à la frontière tunisienne.

26 octobre

Les Japonais s'efforcent de tenir à Guadalcanal.

2-6 novembre

La débâcle de l'armée Rommel s'aggrave.

8-11 novembre

Débarquement anglo-américain à Alger et à Casablanca. Négociations entre Darlan et les Alliés. Entrevue Laval-Hitler à Munich. Occupation de la zone dite libre.

15-20 novembre

Tandis que l'A.O.F. du gouverneur général Boisson se rallie aux Alliés, en France la Gestapo arrête Weygand, Herriot, s'empare plus tard de Paul Reynaud et de Mandel. La zone sud va être soumise aux mêmes contraintes que la zone nord.

18-19 novembre

Derniers succès de la Wehrmacht à Stalingrad. On se bat dans les rues de la ville. Mais la contre-offensive d'hiver des Russes se déclenche.

25 novembre

Les Américains obtiennent des succès à Guadalcanal.

A Londres, de Gaulle signe un protocole d'accord avec le parti communiste français.

26-27 novembre

Les Allemands avaient promis de respecter Toulon et son camp retranché. Mais, reniant une fois de plus leurs promesses, ils s'apprêtent à s'emparer de notre flotte. L'amiral de Laborde donne ordre de saborder les navires. Toutes nos unités, y compris le cuirassé *Strasbourg*, 5 croiseurs, 1 porte-avions, 10 contre-torpilleurs, 3 torpilleurs, au total 135 bâtiments, toute notre escadre se saborde à l'exception de trois sous-marins qui parviennent à s'échapper.

27 novembre

Hitler ordonne le désarmement de l'armée française. Laval devient le dauphin de Pétain, Darlan et Giraud sont déchus de la nationalité française.

TROIS JOURNÉES DÉCISIVES

Depuis longtemps, des groupes de Français songeaient à remettre l'Afrique du
Nord dans la guerre avec le concours des
Américains. Un premier complot, en 1941,
avait échoué.

Un second semble avoir de meilleures
chances de succès : avec l'aide du consul
général d'Alger, Murphy, il est convenu
que les bâtiments officiels seront neutra-
lisés tandis que les Américains occuperont
la ville. Il en sera de même à Casablanca.

Premier obstacle : Darlan est à Alger
où il est venu près de son fils gravement
malade. Les tentatives d'insurrection
échouent. Les Américains débarquent avec
plusieurs heures de retard. Ils se heurtent
à une résistance assez faible.

Giraud, qui est passé à Gibraltar où
on lui a promis le commandement des
troupes françaises, débarque à son tour.

A Vichy, ordres et contre-ordres se
succèdent. Certains ministres veulent lancer
contre les Allemands la faible armée
française d'armistice. D'autres, et spécialement le général Bridoux, ministre de
la Guerre, s'y opposent.

Le 8 au soir, Darlan signe un armistice pour Alger avec les Américains.
Pétain le désavoue officiellement mais un
télégramme transmis par un code secret
lui laisse carte blanche.

Au Maroc, Noguès a fait arrêter
Béthouart qui voulait ouvrir le Maroc aux
Américains et résiste pendant deux jours
aux Alliés. Il y aura plusieurs centaines
de morts des deux côtés.

Laval est convoqué à Berchtesgaden par
Hitler. Il refuse de déclarer la guerre
aux Alliés, arguant qu'il y faudrait
l'accord des assemblées parlementaires.
Mais il s'incline devant l'occupation de
la zone libre.

Le 10 novembre, tous les combats ont
cessé en Afrique du Nord. Mais les

Américains n'ont pas étendu leur occupa[tion]
tion en Tunisie où l'amiral Esteve[a]
fidèle à Pétain, cède devant le dikt[at]
allemand. Avions et bateaux envahisse[nt]
les aérodromes tunisiens et le port [de]
Bizerte. Le général Barré et certaines [de]
ses troupes entrent en dissidence. Mais [la]
Tunisie est perdue pour plusieurs mois.

Dans la nuit de 10 au 11, les All[e]-
mands envahissent la zone sud sa[ns]
rencontrer de résistance. Seul le génér[al]
de Lattre de Tassigny, à Montpellie[r]
tente d'entraîner ses troupes. Il est arrêt[é]

Pétain aurait pu s'envoler pour l'Alg[é]-
rie. Il aurait refait l'unanimité, c[ar]
l'armée d'Afrique est fidèle au maréch[al]
et hostile aux Allemands. Il est resté [il]
se contentera de protester verbalemen[t]
Pratiquement, il a perdu tout pouvoir

Laval ne peut que s'incliner devant les volontés de l'ennemi. Plusieurs ministres démissionnent.

Finalement, Darlan est investi du gouvernement général de l'Afrique du Nord sous le contrôle allié. Giraud commande les troupes françaises.

A Londres, de Gaulle fulmine. Il n'a été tenu au courant ni de l'opération « Torch » ni des décisions alliées. Jamais les Français n'ont été autant divisés.

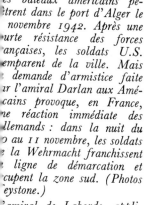

...es bateaux américains pénètrent dans le port d'Alger le ... novembre 1942. Après une ...urte résistance des forces ...ançaises, les soldats U.S. ...emparent de la ville. Mais ... demande d'armistice faite ...ur l'amiral Darlan aux Amé-cains provoque, en France, ...ne réaction immédiate des ...llemands : dans la nuit du ...o au 11 novembre, les soldats ... la Wehrmacht franchissent ... ligne de démarcation et ...cupent la zone sud. (Photos ...eystone.)

...'amiral de Laborde, appli-...ant les consignes secrètes ...'il a reçues de Darlan, ...nne l'ordre de saborder la ...tte de guerre française mouil-...e dans le port de Toulon. ...Photo Parimage.)

décembre

Les Japonais sont stoppés en Papouasie et en Nouvelle-Guinée.

10-24 décembre

A Alger, les factions se multiplient. Le comte de Paris, venu tâter le terrain, retourne au Maroc. Le 24 décembre, un jeune illuminé, Bonnier de La Chapelle, assassine Darlan. Giraud devient commandant civil et militaire en Afrique du Nord. Bonnier (qui avait cru aux promesses des instigateurs de l'acte) sera fusillé le 26.

La France n'a plus ni empire ni flotte. Laval n'est plus que le chef dérisoire d'un État satellite du Grand Reich. Mais les Français sont de plus en plus soulevés contre l'occupant.

19 décembre

Au cours d'une entrevue entre Laval, Hitler et Ciano, le Führer déclare au chef du gouvernement de Vichy qu'il lui fait pleine confiance mais qu'il doit se soumettre à toutes les exigences allemandes.

1943, 14 janvier

Ces exigences allemandes se précisent. Sauckel, chargé par Hitler de recruter la main-d'œuvre en France, réclame 250 000 travailleurs pour l'Allemagne dans les six mois à venir. Il n'est plus question de « relève », mais de travail obligatoire.

14-25 janvier

Réunis à Casablanca, Churchill et Roosevelt, en présence du général de Gaulle et du général Giraud, parviennent d'abord à réconcilier

en apparence la France libre et Alger. Mais — pour l'instant — rien n'est définitivement arrêté; de Gaulle reste à Londres et Giraud conserve le commandement civil et militaire.

La conférence décide d'exiger, pour mettre fin à la guerre, une capitulation sans condition des puissances de l'Axe et un débarquement en Sicile. L'ouverture d'un second front en France est ajournée.

15 janvier

Acculé en Tunisie, Rommel se défend sur la ligne de fortification dite ligne Mareth.

18 janvier

En U.R.S.S., les Russes parviennent à débloquer partiellement Leningrad.

23 janvier

Les Alliés prennent Tripoli où les rejoignent le général Leclerc et sa colonne qui, partis de Koufra, se sont emparés du Fezzan.

24 janvier

Sous de mauvais prétextes, les Allemands évacuent les habitants du Vieux Port de Marseille et détruisent celui-ci.

30 janvier

Laval crée la « milice » chargée de lutter aux côtés de la police allemande contre la résistance et les maquis, de plus en plus actifs. Née du service d'ordre légionnaire (S.O.L.), la milice se recrutera presque exclusivement parmi les pires éléments de la population et deviendra l'exécuteur des œuvres de la Gestapo. Ses exactions et ses crimes ne se compteront plus.

En même temps, la Légion tricolore, différente de la Légion des volontaires français, accueille des mercenaires ou des exaltés pour combattre en Russie.

5 février

Fin de la grande bataille de Stalingrad par la capitulation du maréchal Paulus entre les mains du général Joukov. Hitler annonce cinq jours de deuil en Allemagne.

8 février

Les Japonais évacuent Guadalcanal.

15-17 février

Création en France du service du travail obligatoire pour les jeunes des classes 1940, 1941 et 1942. En contrepartie, la ligne de démarcation est supprimée — elle n'a plus de raison d'être — la correspondance rétablie entre les deux anciennes zones et les départements du Nord

Poussé par quelques agitateurs, un jeune royaliste français, Fernand Bonnier de La Chapelle, assassine l'amiral Darlan. Le meurtrier sera exécuté le surlendemain, 26 décembre 1942. (Photo Keystone.)

Voici, dans les rues de Toulouse, un défilé de la milice, le 8 mars 1943. Ces formations policières ont été créées le 30 janvier 1943 et placées sous les ordres de Joseph Darnand. Leur collaboration avec la Gestapo et leurs actions contre la Résistance les rendront odieuses aux Français. (Cabinet des estampes. B.N. Photo Brossé.)

LES RÉSULTATS DU S.T.O.

Le gouvernement de Vichy a institué la relève qui permet la libération d'un prisonnier de guerre français contre l'envoi de trois ouvriers en Allemagne. On assiste ici au départ d'un convoi qui, partant de Marseille, transporte une équipe recrutée en Provence. Parmi celle-ci, de nombreux ouvriers d'une entreprise de travaux publics engagés à la construction d'un barrage. (Photo Keystone.)

Par tous les moyens, les Français essaient d'échapper au S.T.O. et de camoufler les jeunes gens qui doivent partir pour l'Allemagne.

Au début, tous les procédés dilatoires employés n'obtiennent pas de très bons résultats puisque, au printemps 1943, 500 750 travailleurs de la relève et du S.T.O. sont partis.

Ils ont eu pour contrepartie la libération de 100 000 prisonniers et de 12 000 malades.

Les tranches suivantes sont beaucoup plus faibles : sur les 250 000 travailleurs exigés par Sauckel, 170 000 seulement sont fournis. Malgré les rappels, ce chiffre ne sera guère dépassé et, à partir d'octobre 1943, tous les départs sont suspendus.

Le résultat le plus certain aura été d'amener une grande partie de la jeunesse, y compris celle des chantiers de jeunesse du général de La Porte du Theil, à prendre le maquis, à entrer dans la résistance et à combattre l'occupant.

Si les Alliés ont pu occuper le Maroc et l'Algérie presque sans coup férir, il n'en a pas été de même pour la Tunisie. Ils devront en chasser les troupes allemandes auxquelles la résistance de l'amiral Esteva aura donné le temps de s'implanter. On voit, à droite, une unité anglaise traversant, en mai 1943 la ville de Tunis que les forces de l'Axe viennent d'évacuer. (Photo Parimage.)

et du Pas-de-Calais rattachés à l'administration française (et non plus à la Belgique).

22 février

Entre Dniepr et Donetz, la Wehrmacht lance sa dernière offensive. Elle se poursuivra jusqu'au 26 mars.

16 mars

Les Allemands s'emparent de Koursk.

19 mars

Avec le concours des troupes françaises, les Alliés attaquent Rommel en Tunisie.

21 mars

Les Allemands s'emparent de Bielgorod. C'est un de leurs derniers succès en U.R.S.S.

30 avril

Une nouvelle entrevue de Laval avec Hitler à Berchtesgaden n'a aucun résultat, et marque la fin de la politique active de Laval qui se contente désormais de freiner les exigences allemandes, ayant perdu tout espoir de jouer un rôle dans le conflit, et de se maintenir contre ses adversaires de Vichy qui tentent déjà de circonvenir Pétain.

7 mai

La campagne de Tunisie s'achève par la victoire alliée. Tunis et Bizerte tombent entre leurs mains. L'amiral Esteva, qui représentait Vichy à Tunis, est contraint de regagner la France.

8 mai

La France libre devient de plus en plus forte à l'extérieur comme

La Résistance française aura ses héros et ses martyrs. Voici l'un des plus ardents et des plus célèbres : Jean Moulin. Livré par trahison, il fut arrêté à Caluire le 21 juin 1943. Torturé par la Gestapo, il mourut pendant son transfert en Allemagne. (Photo Keystone.)

en Afrique du Nord. Roosevelt voudrait bien se débarrasser du général de Gaulle et Churchill serait prêt à l'abandonner comme il l'écrit secrètement au président des U.S.A. Il est trop tard.

13 mai

Les troupes italiennes et les restes de l'Afrika Korps capitulent.

19-27 mai

Mettant à exécution, après de longs mois d'un difficile et dangereux labeur, les instructions qui lui avaient été données par le général de Gaulle, le préfet Jean Moulin (Max) parvient à fonder le Conseil national de la résistance qui regroupe les mouvements de résistance intérieure des deux zones (Front national — communiste — Libération Nord et Sud — organisation civile et militaire — Combat, Franc-Tireur), les représentants des partis et des syndicats opposés à Vichy (P.C.F., S.F.I.O., radicaux, démocrates populaires, C.G.T., C.F.T.C.).

Au cours de sa première séance, présidée par Jean Moulin, le C.N.R. nomme le général de Gaulle chef politique de la résistance et Giraud commandant en chef de l'armée.

fin mai

Les Américains reprennent les îles Aléoutiennes. Le général de Gaulle quitte Londres et s'installe à Alger.

3 juin

A Alger est créé le Comité français de la libération nationale, véritable gouvernement formé de la fusion de ceux de Londres et d'Alger, avec une assemblée consultative et des organes de gouvernement. Le Comité est placé sous la co-présidence de Giraud, commandant en chef de l'armée, et de De Gaulle, chef du gouvernement.

10 juillet

Les Alliés débarquent en Sicile.

12-17 juillet

La bataille de Koursk (1 500 chars russes contre autant de chars allemands) s'achève par la victoire des blindés soviétiques. L'armée allemande est réduite à la défensive et bientôt à la retraite.

25-26 juillet

Révolution à Rome. Le Grand Conseil fasciste met Mussolini en minorité (son gendre Ciano a voté contre lui). Le roi Victor-Emmanuel

Il est une qualité essentielle que le Français doit, pendant l'occupation, posséder sans restriction : la patience, car, partout, il lui faut attendre, chez l'épicier comme à l'arrêt de l'autobus. Les vélos taxis ont remplacé les taxis automobiles d'antan. (Photos Zucca.)

annonce au Duce son renvoi et son arrestation. Le maréchal Badoglio forme un gouvernement militaire. Mussolini est déporté aux îles Lipari puis au Gran Sasso, dans les Apennins. Sans attendre, les Allemands s'assurent le contrôle des voies ferrées et des ponts en Italie.

3 août

Et voici que les Russes lancent leur vaste contre-offensive qui, en cinq mois, aboutit à la libération du bassin du Donetz, de l'Ukraine orientale et d'une partie de la Biélorussie.

14-24 août

Au cours de la conférence dite du Québec, Churchill et Roosevelt mettent au point, pour le printemps 1944, le plan *Overlord* de l'invasion de la France.

17 août

Fin de la conquête de la Sicile. Les Allemands qui défendaient l'île sont faits prisonniers ou se rembarquent.

26 août

L'U.R.S.S. reconnaît officiellement le Comité français de libération nationale d'Alger, ce qui oblige États-Unis et Angleterre à l'admettre comme gouvernement provisoire de la France. Les armées alliées débarquent dans le sud de l'Italie.

3 septembre

Signature de l'armistice entre l'Italie de Badoglio et les Alliés. Mais les Allemands ont pris les devants et occupent la plus grande partie de la péninsule. Ils remplacent les Italiens dans les départements du sud-est de la France et en Yougoslavie où les partisans de Tito leur mènent la vie dure.

9-13 septembre

Soulèvement en Corse du Front national bientôt aidé par un débarquement de troupes françaises.
En Russie, l'armée rouge reprend Smolensk.

12 septembre

Otto Skorzeni parvient à libérer Mussolini détenu au Gran Sasso.

23 septembre

Proclamation de la République sociale italienne dite de Salo. L'Italie du Nord devient le théâtre de la guerre civile entre les néo-fascistes et le Comité italien de libération nationale.

27 septembre

Les Allemands évacuent Naples et abandonnent le sud de l'Italie.

5 octobre

Fin des combats en Corse. L'île est libérée. Un préfet nommé par Alger s'y installe.

13 octobre

Le roi d'Italie déclare la guerre à l'Allemagne.

19-30 octobre

Conférence de Moscou entre les

Malgré la pénurie de textiles, Paris n'en continue pas moins d'avoir ses élégantes. Les femmes tirent le meilleur parti du plus petit coupon et de leur ancienne garde-robe qu'elles transforment. Mais Paris est parcouru par les défilés de la Wehrmacht. (Photos Zucca.)

Le sort du monde se discute une première fois à la conférence de Téhéran, du 28 novembre au 1er décembre 1943. Mais la France ne figure pas aux côtés des « trois Grands » : Staline, Roosevelt et Churchill. (Photo U.S.I.S.)

quatre ministres des Affaires étrangères d'U.R.S.S., Grande-Bretagne, États-Unis et Chine. Elle aboutit au projet de création de l'O.N.U.

27 octobre

Le général Giraud donne sa démission de co-président du Comité français de libération nationale pour se consacrer au commandement de l'armée qu'il abandonnera d'ailleurs bientôt. Le général de Gaulle devient le seul chef du gouvernement provisoire de la République française.

12-14 novembre

Le maréchal Pétain est excédé du rôle qu'on lui fait jouer. Avec Lucien Romier, Bouthillier et quelques autres, il voudrait se débarrasser de Laval et convoquer la Chambre des députés et le Sénat. Mais on ne refait pas le coup d'État du 13 décembre 1940.

Les Allemands sont là. Non seulement ils empêchent Pétain de mettre son projet à exécution mais, même, ils profitent des circonstances pour obliger Laval à prendre dans son gouvernement des « ultras » de la collaboration qui remplacent les derniers partisans du maréchal. Pétain cède, mais abandonne pratiquement tout pouvoir.

28 novembre- 1er décembre

Conférence de Téhéran entre Roosevelt, Churchill et Staline. Celui-ci reçoit la promesse de l'ouverture d'un second front à l'ouest. Les Alliés décident le démembrement de l'Allemagne et la destruction de sa puissance économique. Malgré les réserves de Churchill, Roosevelt abandonne les pays de l'Est à l'influence de l'U.R.S.S. La Pologne sera reconstituée et ses frontières sont bordées par l'Oder et la Neisse. Elle recevra donc des territoires allemands en compensation de ceux qu'elle abandonne à l'est.

2 décembre

Les attentats se multiplient en France.

Directeur de *la Dépêche de Toulouse*, Maurice Sarraut est assassiné par des miliciens.

18-31 décembre

Laval doit sacrifier Bouthillier, Bousquet, Laure, Romier, etc. Le général Laure est arrêté le 29 décembre.

Bousquet quitte le secrétariat à la Police le même jour.

Le 31, le nouveau gouvernement est constitué : Philippe Henriot est à l'Information, Darnand à la Police, Gabolde à la Justice, Bonnard reste à l'Éducation nationale, Cathala aux Finances et au Ravitaillement. F. de Brinon est secrétaire d'État, ambassadeur de Vichy à Paris.

Restent hostiles à la collaboration Grasset à la Santé et le général Jannekeyn à l'Air. Tel est le dernier gouvernement de Vichy dont Pétain refusera de présider les séances. Le 18 décembre, Pétain écrit à Hitler qu'il luttera avec lui contre le communisme et qu'aucune loi ne sera modifiée avant d'avoir reçu l'approbation des autorités d'occupation. C'est la totale abdication.

1944, 5 janvier

Les conséquences de cette accentuation de la collaboration se font aussitôt sentir : le général de La Porte du Theil, qui avait courageusement défendu les jeunes gens des Chantiers de jeunesse, et l'ancien secrétaire général à la Police, Bousquet, sont arrêtés et déportés. D'autres ex-ministres ou secrétaires d'État doivent fuir la Gestapo.

5-25 janvier

En Italie s'engage, et s'achève, après vingt jours de combat, par la victoire, la bataille du Garigliano remportée par les tabors (troupes marocaines) et l'armée d'Algérie. Les Alliés franchissent la ligne fortifiée dite ligne Gustav.

10 janvier

Par décret signé de Pierre Laval, Darnand reçoit tous les pouvoirs de police et le droit d'organiser des cours martiales de trois membres qui jugeront sur place et sans délai les « terroristes » et maquisards arrêtés. La milice se déchaîne contre eux. Les cours martiales commenceront à fonctionner le 20 janvier.

22 janvier

Les Alliés débarquent à Anzio, dans le sud de l'Italie.

30 janvier-5 février

Conférence du Conseil de l'empire à Brazzaville. Dans un discours retentissant, de Gaulle affirme l'existence de liens définitifs entre l'empire et la métropole, excluant l'indépendance mais conduisant les peuples des colonies « sur la route des temps nouveaux ». Le discours de Brazzaville contient en germe « l'Union française ».

février

Le général Kœnig, désigné par de Gaulle comme commandant en chef des Forces françaises de l'intérieur (F.F.I.), commence à organiser celles-ci en véritables troupes armées. Les F.F.I. groupent l'armée secrète, l'organisation de résistance de l'armée et les Francs-Tireurs et Partisans (F.T.P.) de tendance communiste. Les parachutages d'armes et d'argent se multiplient. Kœnig dirige également tous les services secrets alliés en

Malgré la défection des forces royales italiennes, les Allemands réussissent à barrer la route de Rome. Pour les déloger des fortes positions qu'ils occupent, il faudra engager des combats extrêmement violents et prolongés. On voit, ci-dessus, le monastère de Saint-Benoît, sur le mont Cassin, ravagé par les bombardements successifs. Les Alliés s'en emparent le 18 mai 1944. (Photo Parimage.)

France. Se multiplient aussi les bombardements sur les installations militaires des villes françaises... et sur ces villes elles-mêmes : Nantes, Rouen et les villes de l'Ouest sont parmi les plus touchées. Nombreuses victimes dans la population civile.

15-19 février

Sur la route de Rome, le mont Cassin constitue une inexpugnable position où résistent les troupes allemandes de Kesselring. Grâce à la manœuvre des généraux Juin et Montsabert, le mont Cassin est enlevé. Le monastère fondé par saint Benoît est entièrement ruiné.

fin février

Aidées de la milice, les troupes allemandes attaquent et détruisent les maquis de Haute-Savoie.

4 mars

L'armée rouge lance sa grande offensive en direction des Karpates. Le 26 mars, elle atteint les frontières roumaines, ayant entièrement libéré l'Ukraine méridionale et la Galicie.

7 mars

De Gaulle signe une ordonnance accordant la nationalité française à l'élite algérienne et abolissant les mesures d'exception appliquées aux musulmans.

9 mars

Tandis qu'en France occupée une nouvelle loi menace de déportation les familles des maquisards ou des résistants, et qu'au cours du mois 4 746 arrestations sont opérées par la police à Alger, devant le conseil de guerre, s'ouvre le procès de Pierre Pucheu, ancien ministre de Pétain, venu en Algérie pour s'engager. Convaincu d'avoir désigné des otages aux Allemands de juillet 1941 à avril 1942, il est condamné à mort et exécuté le 20. Cette nouvelle suscite une grosse émotion à Vichy.

15 mars

Le Conseil national de la résistance, que préside le démocrate-chrétien Georges Bidault, depuis l'arrestation et la mort de Jean Moulin, publie son programme : nationalisations, vastes réformes sociales, sanctions contre les collaborateurs.

16 mars

Après deux mois de tractations et de résistance, Laval nomme Déat ministre du Travail. Directeur de l'*Œuvre*, collaborateur fanatique, Déat poussera aux extrêmes limites l'aide à l'Allemagne nazie.

17 mars

Pétain est contraint d'enregistrer un appel destiné à être radiodiffusé si les Alliés débarquent en France. Cet appel condamne toute aide française apportée à ceux-ci.

25 mars

Les Allemands exigent l'évacuation de la zone côtière de la Méditerranée et, avec l'aide des miliciens, détruisent les maquis du plateau des Glières.
Dix hommes sont fusillés et trois femmes pendues à Frayssinet (Lot).

27-31 mars

Laval engage les jeunes Français

à servir dans les Waffen SS. Le même jour, à Rouffignac (Dordogne), 66 otages sont pris par la Gestapo ; 16 d'entre eux seront déportés.

1er avril

A Ascq (Nord), 86 habitants sont massacrés par des SS à la suite du déraillement d'un train militaire allemand.
Les représailles des maquisards se multiplient.

10-16 avril

A Sièges (Jura), les SS incendient 26 maisons, torturent et fusillent 5 habitants, en déportent 8.

24 avril

Mais Pétain, contraint par les Allemands, condamne par un message tous ceux qui participent à la résistance.

26 avril

Le maréchal vient à Paris pour assister aux obsèques des victimes du bombardement du quartier des Batignolles. Il est l'objet de chaudes manifestations. Dans son discours — qui sera censuré par les Allemands — il se plaint de n'être plus libre.

6 mai

A Alger, le colonel Cristofino, qui a combattu avec les Allemands en Tunisie, est condamné à mort et exécuté.

6-8 mai

En représailles, 9 chefs de la résistance sont condamnés à mort

par la cour martiale d'Annecy; 28 autres résistants sont exécutés.

7 mai

Les Allemands, qui craignent que Pétain ne soit enlevé par les maquisards, obligent celui-ci à s'installer au château de Voisins, près de Rambouillet.

12 mai

Les Alliés bombardent les barrages et les raffineries de pétrole allemands, ce qui a pour effet de diminuer sensiblement la production.

14 mai

Tandis que les Alliés lancent leur grande offensive vers Rome, les Russes reprennent Sébastopol.

15 mai

Dans le Pacifique, les Américains débarquent dans l'île de Wake qu'ils reprennent aux Japonais.

26 mai-6 juin

Pétain est autorisé à revenir à Vichy. Il visite Nancy, Épinal,

Au fur et à mesure que les attentats s'intensifient, la Gestapo multiplie les exécutions. On voit un groupe de Français debout devant le peloton d'exécution. (Archives Documentation française.)

Dijon, Lyon et Saint-Étienne, avant de retrouver l'hôtel du Parc et le château de Lonzat aux environs de Vichy.

3 juin

Le Comité français de libération nationale se transforme en gouvernement provisoire de la République française sous la présidence du général de Gaulle.

4 juin

Libération de Rome. Le roi Victor-Emmanuel et Badoglio abandonnent tout pouvoir.

6 juin

A l'aube, débarquement des Alliés (Américains, Anglais et 2e division française du général Leclerc) en Normandie, à l'ouest de Caen. A la fin de la journée, une solide tête de pont est établie. Le Haut-Commandement allemand ne croit pas qu'il s'agisse du débarquement principal.

Le 4 juin 1944, Rome est enfin libérée par les Alliés qui défilent dans les rues de la capitale italienne. On voit un détachement français passant devant le Colisée. (Photo E.C.A.)

Ci-contre, un accrochage entre les forces de la résistance et l'ennemi, en juillet 1944, dans le maquis du Vercors. (Archives Seconde Guerre mondiale.)

LE DÉBARQUEMENT

Sur des navires spécialement conçus, les Alliés ont amené et débarqué hommes et matériel. P[...] réconfortant des uniformes kakis transportés par les blindés. (Photos Capa Magnum.)

L'opération « Overlord » a été minutieusement préparée sous le commandement d'Eisenhower. Le général de Gaulle n'a été averti de la date que la veille. Le secret a été bien gardé.

5 000 navires, 2 000 avions, 23 000 parachutistes, 176 000 hommes, 20 000 véhicules doivent débarquer en quelques heures dans des ports artificiels de débarquement (Ire armée U.S., IIe armée britannique) entre Sainte-Mère-Église et l'embouchure de l'Orne. Ces ports artificiels s'appellent Utah, Omaha, Gold, Juno, Sword.

Les parachutistes commencent à débarquer vers 2 heures du matin.

Les troupes sont mises à terre quelques heures plus tard.

Les Allemands ont solidement fortifié la région. Le « mur de l'Atlantique », constitué de blockhaus très rapprochés, est difficile à franchir.

Mais le commandement allemand a été pris au dépourvu et, pendant les premières heures, est persuadé qu'il s'agit d'un débarquement de diversion. A la fin de la journée du 6 juin, trois têtes de pont ont été établies autour de Sainte-Mère-Église, Arromanches et Courseulles. Elles vont s'élargir et former un front continu dans les jours suivants.

la campagne normande connaît le spectacle

6-20 juin

Envoyée en renfort vers la Normandie, la division blindée SS *Das Reich* qui se trouvait dans le Sud-Ouest est durement attaquée par des maquisards tout au long de la route.

Pour se venger, à Oradour-sur-Glane (Haute-Vienne), elle enferme toute la population dans l'église et y met le feu. Ce massacre soulève horreur et indignation. A Tulle, ce sont des hommes qui, malgré les courageuses interventions des autorités, sont pendus à des balcons.

En Bretagne, dans le Morbihan, les maquisards aidés de parachutistes français et anglais coupent routes et voies ferrées. Après de durs combats près de Saint-Marcel entièrement incendié, maquisards et parachutistes se dispersent et vendent chèrement leur vie.

12 juin

Commencement du bombardement de Londres au moyen des fusées V 1.

Ces bombardements se poursuivront jusqu'au 6 septembre. A cette date, les rampes de lancement auront été conquises par les Alliés.

Ce même 12 juin, le front de Normandie atteint Carentan, a libéré Isigny et Bayeux, approche de Caen et de Saint-Lô.

Rappelé d'urgence de permission, Rommel s'efforce de contenir l'avance alliée.

14-23 juin

Sur les autres fronts, les Américains remportent une victoire navale aux îles Mariannes, les Russes lancent une offensive générale qui, en un mois, libère tout le territoire soviétique. Une armée franchit les Karpates et oblique vers la Hongrie.

De Gaulle est reçu en libérateur à Bayeux et installe une administration française libre.

20 juin

Les miliciens assassinent Jean Zay, détenu à Riom.

25 juin

Les Alliés, qui ont coupé en deux la presqu'île du Cotentin, sont à Saint-Lô (entièrement détruit), à Caumont. La Ire armée américaine fonce sur Coutances d'un côté, Cherbourg de l'autre. Les Anglais encerclent Caen.

27 juin

Les Américains libèrent Cherbourg et disposent ainsi d'un grand port. Les renforts affluent.

28 juin

A Paris, Philippe Henriot, ministre de l'Information, est assassiné par un groupe de résistants.

8 juillet

En réplique, Mandel est assassiné par des miliciens.

9 juillet

L'amiral Platon et les plus ardents collaborateurs des ministères voudraient renforcer l'action conjointe avec l'Allemagne. Laval s'y oppose.

14-21 juillet

Redoutant d'être emmené par les Allemands, Pétain confie une protestation formelle au nonce apostoli-

que Mgr Valerio Valeri. Il charge l'amiral Auphan d'un message pour le général de Gaulle.

20 juillet-3 août

Au quartier général de Rastenburg, le comte von Stauffenberg a organisé un attentat contre Hitler. Il y a de nombreux morts. Le Führer n'est que blessé. La répression sera terrible. Tous les complices seront pendus ou décapités et des chefs allemands, comme l'amiral Canaris (alors en disgrâce) et Rommel, exécutés ou acculés au suicide.

26 juillet-4 août

Les Alliés libèrent Pise et Florence.

30-31 juillet

Et c'est la grande percée des armées alliées près d'Avranches. Pendant plusieurs jours, la VIIe armée allemande, partant d'Argentan, de Sourdeval, de Mortain, tentera de refermer la brèche. Elle n'y parviendra pas.

Les armées américaines prennent deux principales directions : vers le sud (Vitré, Laval puis Le Mans), vers l'ouest, la Bretagne. En un mois, celle-ci sera entièrement libérée presque sans combats et avec l'aide des F.F.I., à l'exception des poches de Lorient et de Saint-Nazaire qui résisteront jusqu'en mars 1945.

7-15 août

Dernière contre-attaque de l'armée von Kluge qui se retire.

10 août

Aux îles Mariannes, la reprise de Guam permet aux Américains

C'est le 14 juin 1944 que le général de Gaulle pénètre dans la ville de Bayeux, libérée depuis le 7. Le spectacle qui s'offre à ses yeux est réconfortant : non seulement la population, dans un enthousiasme fou, hurle sa joie et l'acclame, mais la ville apparaît intacte malgré les combats récents. Pour la première fois depuis son débarquement, le général s'adresse à la foule. (Archives Documentation française.)

de bombarder Tokyo. Les communications maritimes du Japon sont désorganisées.

12-18 août

Ultime tentative de Laval pour constituer un gouvernement démocratique qui serait en place à l'arrivée des troupes alliées et de de Gaulle. Il va chercher, dans une maison de santé près de Nancy où il est détenu, Édouard Herriot et l'amène à Paris. Mais Herriot n'accepte pas et regagne finalement son asile après maintes tractations.

14 août

Les armées alliées sont à Alençon. La poche de Falaise est réduite, laissant des milliers de prisonniers entre leurs mains. La IIIe armée américaine (Patton) a libéré Nantes, Laval, Angers (après deux jours de combats d'arrière-garde), Tours, et vient d'aborder la Loire sans la franchir. Elle remontera ensuite vers Chartres et Melun. La Ire armée U.S. marche sur Évreux et Vernon, la IIe armée britannique sur Bernay et Louviers, la Ire armée canadienne vers Rouen.

Les destructions par bombardements aériens sont immenses.

15 août

Sous le commandement du général de Lattre de Tassigny, une armée franco-américaine, venue d'Afrique du Nord, débarque sur

Dans la campagne normande, les Alliés poursuivent leur avance. Il n'est pas rare qu'un paysan offre aux libérateurs quelque produit de sa ferme... (Photo Capa Magnum.)

les côtes de Provence. Elle s'empare rapidement de Draguignan, de Brignoles et de Castellane.

16 août

32 jeunes gens sont fusillés à Paris près de la cascade du bois de Boulogne.

17 août

Insurrection de Varsovie (trop précipitée). Faute de secours des Soviétiques, elle s'achèvera au début d'octobre dans un effroyable bain de sang et la déportation de 350 000 civils.

18 août

A Vichy, l'ambassadeur allemand, Renthe-Fink, exige le départ de Pétain pour une ville de l'Est. Le maréchal refuse de s'en aller.

A Paris se tient le dernier Conseil des ministres à Matignon. Les Allemands obligent Laval à partir pour Belfort. Miliciens, collaborateurs compromis, administrations allemandes s'enfuient. Le général von Choltitz est chargé de défendre Paris.

19-25 août

Dans une ville privée de gaz, où l'électricité est rare, c'est l'insurrection générale. Les forces de police commencent par se mettre en grève. Les F.F.I. dressent des barricades. De son quartier général de la Monnaie, le colonel Lizé organise la résistance.

20 août

Après avoir fait constater la veille au soir par le nonce et l'ambassadeur de Suisse qu'il est contraint de céder, Pétain doit quitter Vichy qui

Ci-dessus, le général Dietrich von Choltitz, photographié à la gare Montparnasse après qu'il eut signé la reddition des troupes nazies de Paris, le 25 août. Malgré les ordres reçus d'Hitler, il conservera Paris intact. (Photo Keystone.)

sera libéré quelques jours plus tard par les F.F.I.

23 août

Les Alliés sont à Rambouillet, à Melun et marchent sur Sens. Malgré une trêve (non respectée), les combats continuent, sporadiquement, dans les rues de Paris. Les Allemands tiennent encore certains points. Le consul de Suède, Nordling, s'emploie à sauver la ville. Dans le Midi, Aix-en-Provence et Grenoble sont libres.

24 août

De Rambouillet où il est arrivé, de Gaulle ordonne aux premiers

éléments de la division Leclerc de foncer sur Paris où les chars du capitaine Dronne entrent à 21 heures 30. Toutes les cloches de la capitale sonnent à toute volée.

25-26 août

Renonçant à défendre Paris, Choltitz signe la capitulation à la gare Montparnasse où Leclerc a son quartier général. .

Le soir même, c'est l'arrivée triomphale du général de Gaulle à Paris, entouré de ses compagnons et des membres du Conseil national de la résistance, c'est la réception à l'Hôtel de Ville.

— Je n'ai pas à proclamer la République, dit de Gaulle à Georges Bidault. Elle n'a jamais cessé d'exister.

Mais si Paris est libéré sans avoir brûlé, comme le voulait Hitler, la guerre continue et aussi, à travers toute la France et spécialement dans le Sud-Ouest et le Midi, représailles et vengeances contre les collaborateurs. Répression, épuration et luttes vont se poursuivre pendant de longs mois.

La libération de Paris s'organise. Les
« F.F.I. » y prennent une part active,
tels ces trois hommes (à gauche) qui,
couverts par une jeep, tirent sur un
groupe de soldats allemands. Dans la
soirée arrive enfin un premier détachement
de la 2ᵉ D.B. du général Leclerc. Voici
le général en compagnie de son aide de
camp (ci-contre), regardant défiler ses
chars dans une rue de Paris. (Photos
U.S.I.S.) Vaincus, des soldats allemands se rendent. Ils sont escortés par
des membres de la Croix-Rouge et par
la police parisienne. (Photo Capa Magnum.)

Les Français pendant
la Seconde Guerre mondiale

La moitié des Parisiens attendait en une file interminable, de l'Étoile à Notre-Dame. Il semblait que tout fût oublié : défaite, occupation, divisions entre Français. Tous se retrouvaient, ce samedi 26 août 1944, dans leur attente frémissante.

Sur les Champs-Élysées, un peuple entier s'agglutinait. Les robes claires — ne dépassant pas le genou — riaient au soleil. La majorité des hommes était en manches de chemise.

Des « tractions » passaient en trombe, bariolées d'inscriptions à la chaux et de croix de Lorraine. Sur les marchepieds, ou agrippés aux pare-chocs, ou allongés sur les ailes avant, de jeunes résistants posaient à la foule le problème insoluble de leur origine : F.F.I., F.T.P. ? On ne savait pas très bien ce que voulaient dire les initiales de leurs brassards. D'ailleurs, la plupart des brassards tricolores n'avaient ni insigne ni inscription.

Soudain, une immense acclamation. Elle vient de l'Étoile, court sur les Champs-Élysées, grandit et s'enfle.

Les cous se tendent, les barrages plient, la bousculade est indescriptible.

— Le voilà !
— Où est-il ?
— Le plus grand, bien sûr !

Dominant de toute sa taille le cortège des chefs résistants, le général de Gaulle, « haut comme un cèdre dans une forêt de sapins [1] », s'avance d'un bon pas sous les acclamations qui déferlent. Pour la première fois, un million de Parisiens mettent un visage sur celui qui, jusque-là, n'était qu'une voix. Des larmes coulent, des cris s'étranglent. On trouve émouvant le geste malhabile des avant-bras, avec lequel de Gaulle dit merci à Paris. Même ceux qui ont toujours affirmé que le gaullisme était un « ferment de division », ou un « sentiment d'essence fasciste » — tout a été dit de 1940 à 1944, en France — ceux qui, deux mois plus tôt, acclamaient le maréchal Pétain, même ceux venus par simple curiosité, tous sont émus jusqu'aux larmes. Une heure unique.

1. Pierre Audiat

26 août 1944. Après quatre ans d'occupation allemande, Paris est enfin libéré ! Tandis qu'un immense drapeau tricolore flotte sous l'Arc de Triomphe, la foule envahit les Champs-Élysées, se presse autour des Shermans de la division Leclerc. Grâce à un rouleau de pellicule Agfa, dérobé aux Allemands, un reporter-photographe a pu saisir, en couleurs, cette image exceptionnelle. (Photo J. Lemaire.)

Ainsi s'achèvent quatre années parmi les plus noires de l'Histoire de France. Quatre années desquelles il surnage quelques images, parmi tant d'autres.

Des millions de Français ont fui devant l'avance allemande. En voitures automobiles ou hippomobiles, à bicyclette, à pied, ils se sont élancés sur toutes les routes qui allaient vers le sud. Les avions allemands ont mitraillé les colonnes de réfugiés. Beaucoup n'ont pas pu franchir la Loire. Une petite minorité s'est dirigée vers l'Espagne. La plupart ont rejoint des villes comme Agen, Cahors, Brive, Lourdes, Angoulême. Depuis le début de juin, il y avait 700 000 à 800 000 habitants à Bordeaux.

Dès le lendemain de l'armistice, le retour s'est amorcé. Une ligne de démarcation coupe la France en deux. Dans la zone occupée, premières mesures : les pendules doivent être avancées d'une heure, les armes à feu déposées dans les mairies, le mark vaut vingt francs.

Un Paris vidé. Les rares autos qui circulent — et les motocyclettes — sont allemandes. Un Paris qui doit réapprendre à vivre. Les habitants retrouvent les appartements qu'ils avaient quittés quelques semaines plus tôt. On s'accroche à quelques symptômes qui paraissent aux uns encourageants, aux autres accablants.

Le métro ne s'est interrompu que durant quelques heures. Le gaz et l'électricité n'ont jamais manqué. Les magasins rouvrent leurs portes, assaillis par les soldats revêtus de vert. Tout les intéresse et ils achètent tout : tissus, chaussures, conserves, huile, savon, vins, liqueurs...

La France se trouve partagée en quatre : la zone libre sur laquelle règne le gouvernement de Vichy et la zone Nord, elle-même divisée en trois parties : la zone occupée proprement dite où, sous le contrôle allemand, subsiste une administration française; la zone interdite, regroupant notamment les départements du Nord et du Pas-de-Calais, rattachés à l'administration militaire allemande de Bruxelles. Et, enfin, l'Alsace-Lorraine, annexée par le Reich allemand.

Pour aller de zone occupée en zone libre, on doit franchir la ligne de démarcation. Il faut nécessairement un laissez-passer, appelé *ausweis*. Personne n'est sûr d'obtenir une autorisation. Même de hauts personnages officiels l'attendent plusieurs jours. Si l'on n'a pu obtenir d'*ausweis*, on passe clandestinement la ligne. Il existe des passeurs, certains bénévoles, d'autres intéressés, aussi bien pour la ligne que pour les frontières. Ceux qui essaient de quitter la France peuvent faire appel à de véritables organisations de passeurs professionnels. Cela coûte très cher, de cinq mille à cinquante mille francs pour l'Espagne, de trois mille à huit mille francs pour la Suisse. Certains passeurs, en pleine montagne, demandent un supplément aux fuyards, les dépouillent, les abandonnent, les tuent ou les livrent aux Allemands. Mais beaucoup de passeurs ne cherchent

Lors de la Conférence de Casablanca, Roosevelt et Churchill essaient d'user de leur influence pour réconcilier de Gaulle et Giraud. Ils n'y réussiront que très partiellement et le second sera bientôt éliminé par le premier. (Photo United Press.)

Vaincue, la France doit s'habituer à vivre avec la présence humiliante de l'occupant. Les premiers jours, c'est une ville presque déserte que découvrent les Allemands. La crainte qu'ils font naître dans le cœur des Parisiens, la pénurie d'essence transforment certains quartiers de la capitale. Ainsi un photographe a pu fixer cet aspect insolite de la place de la Concorde, un matin de 1940. (Photo Roger Schall.)

qu'à rendre service à leurs compatriotes. Le colonel Rémy a évoqué leurs actions héroïques.

Ceux qui sont rentrés à l'automne de 1940 ont découvert un pays complètement bouleversé. Des villes sont intactes, mais d'autres sont détruites, tout ou partie : Dunkerque, Amiens, Lille, Orléans, etc. Cinq cents communes à travers tout le pays sont plus ou moins détruites, et 403 797 immeubles sinistrés dont 85 808 rasés. Beaucoup de maisons ont été pillées, sans parler des magasins. Certaines villes n'ont plus d'électricité, donc plus de tramways, plus de téléphone. La guerre a entraîné la mort de 84 000 soldats, mais on compte environ 80 000 morts civils. Dans les villes en ruine, souvent le travail manque.

La production industrielle va diminuer d'un tiers entre 1939 et 1941. Les Allemands exploitent à leur profit les bassins miniers et la sidérurgie de Lorraine, les puits de pétrole, de potasse et l'industrie sidérurgique d'Alsace. Dès juillet 1940, les raffineries de pétrole de la Basse-Seine, les laminoirs des Ardennes ont été démontés et envoyés en Allemagne. Ainsi que 22 000 machines diverses appartenant à l'État et 3 000 à l'industrie privée. Les Allemands exigent 1 000 locomotives le 4 août, 35 000 wagons le 7, 2 000 locomotives et 35 000 wagons le 3 septembre.

La flotte marchande française était la sixième du monde avec 2 950 000 tonnes. Au 25 juin 1940, 285 362 tonnes ont été coulées.

La présence ennemie se fait sentir tout particulièrement dans les magasins et dans le métro — où l'on ne se fait pas faute, prétextant l'affluence, de bousculer la « verdure ». (Photo Roger Schall.) Mais une partie de la France est demeurée libre et, pour passer d'une zone à l'autre, ces paysans franchissant la ligne de démarcation à Moulins doivent montrer un « ausweiss ». (Photo Keystone, en bas.)

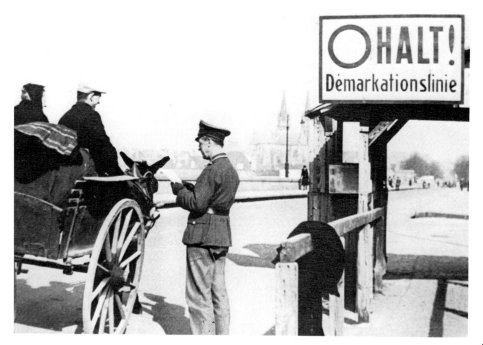

700 000 tonnes mises d'office à la disposition des Alliés, 257 000 bloquées par les Allemands.

On a dû renoncer à une partie importante de notre trafic avec l'outre-mer. En 1941, Marseille ne reçoit, en provenance de l'Afrique du Nord, que la moitié des céréales, d'oléagineux et des fruits d'avant-guerre. Les importations d'Algérie cesseront complètement à la fin de 1942 comme ont déjà cessé celles en provenance d'Afrique, de Madagascar ou d'Indochine. La division de la France en zones n'arrange rien. Les ventes de produits ne peuvent se faire que dans le sens zone libre-zone occupée.

Alors, pour se procurer des ressources nouvelles, on encourage l'agriculture, on remet en culture, plus ou moins forcée, des terres abandonnées (Sologne et Crau). On favorise les jardins ouvriers, on plante des tomates dans les jardins des Tuileries. Les enfants organisent la lutte contre les doryphores, ils récoltent glands et châtaignes.

Le premier hiver de l'Occupation. Une longue nuit. Le charbon manque. On a faim. Dès le 21 octobre, la ration quotidienne de pain est ramenée de 500 à 350 grammes. On voit fleurir sur de nombreuses boutiques — maroquinerie, tissus, confection — de sinistres papillons noirs et jaunes : « *Judisches Geschaft* » (entreprise juive).

Aux portes des magasins d'alimentation, de longues files d'attente. Les restrictions touchent à tout ce qui fait la vie de chaque jour, depuis les chaussures jusqu'à la nourriture. Le 1er avril 1941, on instituera les cartes d'alimentation : multicolores, elles permettent d'obtenir les rations officielles. Les Français sont divisés en plusieurs catégories : les moins de trois ans; J1, de trois à six ans; J2, de six à treize ans; J3,

de treize à vingt et un ans; A1, adultes de vingt et un à soixante-dix ans; T, travailleurs de force de vingt et un à soixante-dix ans. Les T ont droit à des suppléments de vin, de pain, de viande et à la jalousie de tous les autres. Autres catégories : C, pour les agriculteurs de vingt et un à soixante-dix ans et V pour les plus de soixante-dix ans.

L'usage des cartes va devenir de plus en plus compliqué, cependant que les rations ne cesseront de diminuer. A côté des cartes d'alimentation, les Français doivent ranger leurs cartes de vêtements, d'articles de textile, de tabac, de jardinage.

Le rutabaga apparaît sur le marché. Pendant quatre ans il formera le principal sujet d'inspiration des chansonniers montmartrois. Les ersatz se multiplient, comme le café « national » qui contient seulement un tiers de café. On fait du café avec des graines de lupin, d'églantine, des châtaignes ou des glands. La saccharine remplace le sucre. Mais il existe aussi du sucre de citrouille ou de raisin. On vend du boudin garanti sans matière grasse, des gâteaux de goémon, des salades de racines de chardon. On fabrique du savon avec du lichen, des marrons d'Inde. On remplace le tabac par des feuilles de tilleul, de topinambour, etc.

En décembre 1942, les Français auront droit à 460 grammes de viande pour le mois et à quatre litres de vin. Les rations officielles se révèlent notoirement insuffisantes. Elles ne fournissent que 1 200 puis 1 100 calories.

Mais si les rations baissent, les prix montent. En 1939, il fallait 3 070 francs pour nourrir une famille de quatre personnes. Il faut, aux prix officiels, 6 421 francs en 1942; mais aux prix réels, 12 076 francs, soit 292 % d'augmentation.

Certains prisonniers français doivent à leurs charges de famille d'être libérés avant la fin de la guerre. L'émotion de certains d'entre eux est telle, en arrivant en France, qu'ils ne peuvent retenir leurs larmes. (En haut, Cabinet des estampes. Photo B.N. En bas, films Gaumont.)

De leur mieux, les citadins s'organisent. On renoue avec le cousin de la campagne perdu de vue depuis vingt ans. Certains élèvent des lapins sur leur balcon. En plein Paris, l'aube est signalée par le chant du coq. Les parcs municipaux sacrifient les bégonias à la culture du haricot mange-tout.

Surtout, du haut au bas de l'échelle, on fait du marché noir. Parfois on peut se procurer de fausses cartes d'alimentation. Elles sont chères. Plus chères encore, les vraies cartes volées. Le marché noir, lui, se moque des cartes, vraies ou fausses. Le petit Larousse de 1942 le définit : « Marché clandestin où les objets sont vendus à un prix supérieur à la taxe. » Un réseau inextricable de trafiquants recouvre le pays. Leur ingéniosité approche du fantastique. Ils sillonnent les campagnes, raflent la marchandise au prix fort,

Devant ce Juif, toutes les portes se sont fermées. Sa gamelle à la main, il attend, boulevard des Batignolles, une hypothétique distribution de soupe. (Photo Roger Schall.)

l'introduisent dans les villes à la barbe des Allemands ou des contrôleurs français. Ils courent des risques immenses, mais gagnent des fortunes. Tout le monde, peu ou prou, des souteneurs de Montmartre aux fils de famille, fait du marché noir. C'est une plaisanterie qui ne fait plus rire que de s'écrier :

— Je vais chercher mon beurre chez le coiffeur!

A côté des petits artisans, les « caïds » empochent des millions qu'ils essaient de placer « au mieux ». L'Hôtel Drouot commence à enregistrer d'extraordinaires enchères. On adjuge une toile de Cézanne cinq millions. Chez un grand couturier, un couple arrivé à motocyclette achète pour un million de fourrures : la femme revêt instantanément le tout; le couple monte sur la moto, et démarre sans souci des zibelines qui traînent à terre. Le couturier ne reverra jamais ses étranges clients.

Les rois du marché noir sont ceux qui commercent avec les Allemands. Ceux-là ne risquent aucun contrôle. En relation avec les « bureaux d'achat » de l'occupant, ils peuvent narguer les autorités françaises et vendre au prix fort des tonnes des marchandises les plus rares. Malheureusement, de l'appartenance à certains bureaux d'achat à l'intégration dans la gestapo française, il n'y a souvent qu'un pas que les trafiquants franchissent allègrement. Pour certains, cela finira devant un poteau d'exécution.

Éclatante, l'immoralité du marché noir. Ceux qui ont de l'argent peuvent manger à leur faim. Ceux qui n'en ont pas doivent se contenter des rations officielles. D'autant plus que les salaires ont connu une progression sans rapport aucun avec les prix officiels, encore moins avec ceux du marché noir. Un litre d'huile d'olive équivaut au salaire mensuel d'un manœuvre. Beaucoup de Français dépensent environ soixante-dix pour cent de leur revenu pour se nourrir. On assiste au règne paradoxal du commerçant. Certains crémiers et bouchers dominent le quartier d'un orgueil superbe. On les flatte, on leur fait des cadeaux, on s'humilie devant eux. Mais la colère gronde. Un petit employé déclare à un journaliste : « Tous les soirs, quand je rentre chez moi, je suis tenté d'aller casser la figure de mon épicier, de ma crémière. »

Les conséquences sur le plan de la santé nationale sont catastrophiques, chez les enfants et les vieillards surtout. En janvier 1942, la mortalité dépasse de 46 % le niveau moyen de 1932-1938. En novembre 1944, dans les arrondissements pauvres de Paris, le retard dans la croissance atteindra sept centimètres pour les garçons, onze centimètres pour les filles de quatorze ans.

Ce qui manque aussi cruellement, ce sont les moyens de chauffage. Les allocations annuelles de charbon permettent à peine de chauffer un appartement pendant un mois. Où et comment trouver du bois en ville ? Les journaux donnent avec un grand sérieux des conseils aux lecteurs, sur la meilleure façon d'affronter le froid : « Aujourd'hui, pour les oisifs, la meilleure solution consiste à rester au lit avec une paire de gants fourrés, un chandail à col roulé, voire un bonnet comme en préconisent déjà les chemisiers en vogue. Quant à ceux qu'appelle un travail précis, ils doivent compter jusqu'à trois et plonger courageusement dans la chambre comme en une piscine d'eau glacée. » (L'Illustration, 25 janvier 1941.) Les lieux publics chauffés deviennent des havres recherchés : bureaux de poste, hôpitaux, serres du Muséum, halls de banque, métro.

L'un des soucis primordiaux des Français : les prisonniers. Ils sont, en Allemagne, un million cinq cent mille répartis dans 14 Oflags et 56 Stalags. Ces camps s'étendent sur plusieurs hectares, entourés de deux clôtures de barbelé, hautes de trois mètres. A distances régulières des miradors. Et des gardes, des chiens, des projecteurs. Chaque baraque — construite en bois, rarement en dur — contient deux cents prisonniers. Pendant quatre ans, les hommes vont y maudire l'insuffisance du logement, du chauffage, de la nourriture, de l'habillement, même quand les colis permettront des améliorations.

Aigu, le problème des femmes de prisonniers. Beaucoup manquent de ressources. En 1942, elles ont droit à une allocation, de 10,50 francs à 20 francs, et à une autre pour les enfants. Sommes très insuffisantes. Beaucoup réagissent avec courage, d'autres ne supportent pas l'isolement. Le nombre des naissances illégitimes augmente notablement ; 157 000 en 1944 contre 38 000 en 1938.

Il n'est pas que les prisonniers militaires. Entre 1940 et 1944, beaucoup de civils sont incarcérés dans des prisons françaises ou allemandes. Ils le sont pour faits de résistance, pour opposition à l'armée allemande ou à la collaboration, ou encore pour marché noir, vol, etc. Dans les cellules, on mêle indistinctement les catégories. A mesure que passent les années, les arrestations pour motif politique augmentent. Les plus nombreuses sont opérées en 1944, époque où se multiplient les rafles. Arrêté, le prisonnier est entraîné dans une voiture ou un fourgon. Il en sort pour être jeté au secret, dans une cellule de deux mètres sur trois. Au bout d'un nombre d'heures indéterminé, on le met dans une

autre cellule de 4 mètres sur 2,50 mètres, avec une demi-douzaine de prisonniers. Là, on attendra les interrogatoires, les tortures, la libération, la déportation — ou la mort.

La résistance n'a d'abord concerné que quelques centaines d'hommes — surtout des intellectuels. Rares sont ceux qui ont entendu l'appel du général de Gaulle, plus rares encore ceux qui l'ont suivi. Au début, on diffuse des tracts, des feuilles clandestines, on vient en aide aux prisonniers évadés. Les étudiants manifestent, comme à Paris le 11 novembre 1940. Défilés où l'humour ne perd pas ses droits; on voit des étudiants brandir ostensiblement deux cannes à pêche, *deux gaules*. Parmi les premiers résistants, des officiers démobilisés, qui cachent du matériel, constituent des réseaux selon des formules paramilitaires. Il faut citer notamment le combat héroïque de d'Estienne d'Orves, fusillé par les Allemands. En juillet 1941, les communistes constituent les premiers groupes de combat à Paris. Ils mêlent la propagande politique à l'action directe : attentats

Juillet 1944 : dans Paris toujours occupé par les Allemands, la résistance poursuit ses exploits. Sur l'esplanade du Trocadéro, un convoyeur du réseau Bourgogne fait visiter Paris à trois aviateurs alliés. Les voici passant très naturellement à côté d'un officier de la Kriegsmarine. (Photo A. Mahuzier.) Ci-dessous, un résistant corse recevant un message clandestin. (Documentation française.)

C.F.T.C. se réunissent dans l'appartement de Christian Pineau, rue de Verneuil; ils constituent « le Comité d'Études économiques et syndicales », et mettent au point un manifeste qui affirme leur attachement à la liberté, à la démocratie, aux valeurs morales qui ont toujours animé les syndicalistes français. Un peu plus tard, les mêmes militants vont faire paraître un petit journal ronéotypé, clandestin, intitulé *Libération*. Le premier martyr de ce groupement sera René Parodi, arrêté par les Allemands au début de 1942 et qui mourut sous la torture. En zone Sud est né un autre mouvement Libération, celui d'Emmanuel d'Astier de La Vigerie. Parallèlement, prennent leur essor les mouvements Combat et Francs-tireurs, également en zone libre.

Il faut néanmoins souligner qu'il n'existait pas en France, au début de 1942, de résistance organisée : « Chaque mouvement avait sa vie autonome, courait ses risques propres, appréciait lui-même les perspectives d'avenir. » C'est à cette époque que le général de Gaulle envoie en France le premier agent secret de la France libre, le colonel Rémy, exprimant son désir de recevoir un représentant des mouvements de résistance française. Christian Pineau

contre l'armée allemande, exécution de traîtres ou de renégats, sabotage des usines, des chemins de fer, etc. La propagande allemande va essayer de les combattre, notamment par l'exposition itinérante : « Le bolchévisme contre l'Europe. » La presse est chargée de sensibiliser l'opinion contre les attentats et leurs conséquences pour la population.

L'une des premières organisations de résistance fut celle du Musée de l'Homme que dirigeait Paul Rivet. En octobre 1940, les principaux militants de la C.G.T. et de la

sera désigné par les mouvements des deux zones, et se rendra à Londres, auprès du chef de la France libre.

La route est ouverte à l'unification des mouvements de résistance, en rapport avec Londres, à la création d'un comité national de la résistance dont le premier président sera Jean Moulin.

L'action de la résistance, dans ces réseaux, allait s'exercer d'abord par la pratique du renseignement. Certains services se créent spontanément, d'autres à l'instigation de Londres. Les communications entre la France et Londres se font par des postes radio clandestins. « La nation française, dit Marie-Madeleine Fourcade, est infiniment redevable aux opérateurs-radio, véritables fantassins de premières lignes, attirant sur eux-mêmes, dès l'indicatif d'appel, les foudres de la goniométrie; car si les renseignements transmis par eux ont contribué à refouler l'ennemi, ils ont aussi sauvé des vies françaises en évitant des destructions inutiles. » A la veille du débarquement, le Haut commandement allié ne recevra pas moins de 3 700 messages émanant d'opérateurs résistants. « Ces postes émetteurs, dit le même auteur, ont été les poumons des réseaux. »

La liaison s'opère par des parachutages d'agents. On en compta des milliers pendant quatre ans : « Il y en eut tellement que les Allemands finirent par ne s'en occuper que lorsqu'ils possédaient, de source sûre et par avance, des indications certaines sur les lieux de parachutage. » D'autres fois, on utilise de petits avions Lysander, mis à la disposition des réseaux par la R.A.F. et qui atterrissent, aux étoiles, sur des aérodromes de fortune.

Autres réseaux : ceux chargés de noyauter les administrations publiques. (N.A.P., Super N.A.P.); ceux qui organisent les évasions, comme celle du général Giraud, ceux qui viennent en aide aux Juifs; ceux qui assurent la sécurité des aviateurs anglo-saxons, tombés après un combat. Mais d'autres réseaux existent encore : les réseaux d'action directe. Ils mettent à mal des transformateurs, des centrales électriques, des postes d'aiguillage, des écluses, des usines de guerre. Les services officiels ont pu homologuer, après la guerre, 150 000 agents de réseaux.

Une forme parallèle de résistance a été menée par les F.T.P. (Francs-tireurs et Partisans) : « Sans le parti communiste, a écrit Marcel Prenant, il n'y aurait eu ni organisation ni combat F.T.P. » Dès l'armistice, la chasse aux communistes avait commencé : 300 arrestations dans la région parisienne dans le mois d'octobre 1944.

En mars 1941, Vichy dénombre 18 000 prisonniers communistes. C'est alors que se crée dans les rangs du parti communiste clandestin l'organisation spéciale (O.S.) qui se muera en Francs-tireurs et Partisans français, sous l'impulsion notamment de Charles Tillon (août 1941). Son programme : l'insurrection nationale. Terroriser l'ennemi par les attentats et la guérilla. Le 23 août 1941, le futur colonel Fabien abat de deux balles, à bout portant, un officier allemand sur un quai du métro Barbès.

Partout en France, se forment des maquis « légers », extrêmement mobiles qui, après la menace du S.T.O. (Service du Travail Obligatoire), institué au début de 1943, se multiplieront dans les campagnes, les forêts ou les montagnes. Les maquis se réclameront de deux appartenances : F.F.I. (Forces Françaises de l'Intérieur) et F.T.P.

Le développement de la résistance

française aura naturellement pour corollaire une répression accrue. Les Allemands frappent durement, incarcèrent, torturent, jugent, condamnent à mort. Une grande partie des résistants arrêtés seront déportés. 250 000 Français connaîtront les camps de concentration allemands, dont la moitié pour leur apparte-

Pour venger leurs soldats exécutés par les résistants, les Allemands abattent froidement les otages qu'ils détiennent. Ainsi, plusieurs d'entre eux ont été fusillés au fort de Romainville, dans la banlieue parisienne, et leurs cadavres abandonnés. (Documentation française.) Ci-dessous, des Juifs, arrêtés, arrivent au camp de Pithiviers, le 16 mai 1941. Leur état civil est soigneusement contrôlé par la gendarmerie française. (Photo Südd-Verlag, Munich.)

FRANÇAIS!
La confiscation des postes de radio a commencé

LES Allemands veulent à tout prix et par tous les moyens empêcher les patriotes de maintenir un lien avec leurs Alliés.

Déjà en Norvège, en Pologne, en Hollande et en Grèce ils ont confisqué les postes de radio.

La même mesure est envisagée en France. Une première confiscation de postes vient d'être opérée dans le pays de Gex (Ain). Cette mesure peut être appliquée dans toute la France d'un moment à l'autre.

Nous vous avons souvent répété que le jour où les armées de la libération auront besoin de votre concours actif, vous en serez prévenus. Pour cette raison il est indispensable que les patriotes français restent en contact par radio avec leurs Alliés.

Si vous n'avez pas encore pris toutes les précautions nécessaires pour garder vos moyens d'écoute, agissez dès maintenant.

Cachez votre appareil non déclaré. Camouflez votre antenne.

Organisez immédiatement des groupes d'écoute comprenant un technicien de la radio.

Assurez à chaque groupe au moins un poste de rechange non déclaré, à ondes courtes.

Faites des réserves de pièces de rechange, notamment de lampes, prélevées sur de vieux postes. Si vous êtes forcé de livrer votre poste à l'ennemi, remplacez les lampes en bon état par des lampes brûlées. Toute pièce qui n'est pas visible extérieurement peut être enlevée ou changée.

Si votre poste non déclaré est trop ancien ou trop faible, arrangez-vous dès maintenant avec un ami possesseur d'un appareil moderne, mais déclaré, pour pouvoir, le jour de la confiscation, procéder à l'échange et livrer le vieux poste aux autorités.

N'ayez pas peur de dépasser votre consommation déclarée d'électricité. Un poste à cinq lampes ne consomme pas davantage de courant qu'une lampe d'éclairage normale.

Finalement, soignez votre poste; ménagez vos lampes.

VOTRE POSTE DE RADIO EST UNE ARME DONT ON NE PEUT EXAGÉRER L'IMPORTANCE

LA B.B.C.
Nouvel horaire des émissions

Heure française	Longueurs d'ondes (en mètres)
00.30	1.500, 373, 285, 261, 49, 41
01.30	1.500, 373, 285, 261, 49, 41
03.30 (en morse)	261, 49, 41
06.30	1.500, 261, 49, 41, 31
07.30	1.500, 373, 285, 261, 49, 41
08.30	1.500, 373, 49, 41, 31, 25, 1
09.30	1.500, 373, 49, 41, 31
12.30	1.500, 373, 49, 41, 31, 25, 1
13.30	1.500, 373, 49, 41, 31
16.30	1.500, 373, 49, 41, 31, 25, 1
17.30	1.500, 373, 49, 41, 31, 25, 1
18.30	373, 285, 49, 41, 31, 25
19.30	1.500, 373, 285, 261, 49, 41, .
21.15	1.500, 373, 285, 261, 49, 41, .

L'AMÉRIQUE S'ADRESSE AU PEUPLE DE FRANCE

14.30	1.500, 373, 49, 41, 31, 25
23.30	1.500, 261, 49, 41

La France pendant l'occupation, c'est aussi la vie des patriotes à l'affût de nouvelles exactes et que ce tract encourage à dissimuler leurs postes de radio pour écouter les émissions de la B.B.C. C'est encore la pénurie d'essence qu'on pallie du mieux qu'on peut, telle cette religieuse faisant sa tournée de ravitaillement à bicyclette. (En haut, Cabinet des estampes. B.N. Photo J. da Cunha. En bas, photo Seeberger.)

nance à la communauté juive. De nombreux ouvrages ont été consacrés à ce martyre organisé. On a relaté le long voyage en wagons de marchandises plombés, dans un entassement atroce, souvent sans eau. En juillet 1944, un train baptisé éloquemment le « train de la mort » parti de France avec 1 800 déportés, débarque à Dachau plus de 1 500 cadavres. Les Français sont répartis dans de nombreux camps, tels que ceux de Mauthausen, Dachau, Buchenwald, Ravensbrück. Là, règnent la terreur, la faim, l'épuisement. On travaille dur dans des carrières, sur des chantiers, dans des usines. A peine quelques heures de sommeil. L'appel à l'aube ou en pleine nuit, par tous les temps. On reste au garde-à-vous dans une sorte de pyjama rayé de tissu léger, parfois par moins 20° de froid. Si l'on tombe malade, on est achevé. La moindre défaillance est sanctionnée d'une balle dans la nuque, ou d'un « passage à tabac » qui entraîne la mort. A Mauthausen, raconte le père Riquet, témoin, « chaque matin on voyait s'entasser la ration quotidienne de cadavres, exsangues, squelettiques, les yeux béants, la bouche tordue, s'enchevêtrant, s'écrasant, cela en tous sens. Chaque fois la cheminée du crématoire flamboyait dans la pénombre. C'est dans cette atmosphère de mort et de bestialité que nous avons vécu des mois et, certains, plusieurs années. L'admirable, c'est que, dans cette ambiance, à ce régime, nous ne soyons pas tous morts ou devenus fous ni même inhumains. »

Autres victimes de la défaite : les Juifs. A l'automne de 1940, ils sont environ 160 000 en zone occupée, de 170 000 à 200 000 en zone libre. Peu après l'armistice, les Allemands réquisitionnent les biens juifs. Parallèlement, des ordonnances allemandes et des lois de Vichy frappent les israélites. A Paris, on procédera aux premières arrestations, d'abord des Juifs étrangers, ce dont se félicitera *Paris-Midi*, le 15 mai 1941 : « Cinq mille Juifs sont partis, cinq mille Juifs étrangers ont couché leur première nuit dans un camp de concentration. Cinq mille parasites de moins dans le Grand Paris qui en avait contracté une maladie mortelle. La première ponction est faite, d'autres suivront. »

Au mois de juin, une rafle chasse les Juifs du XIe arrondissement vers le camp de Drancy. Le 5 septembre, s'ouvre à Paris l'exposition « Les Juifs et la France ». Au mois de décembre, 750 Juifs riches sont arrêtés. Bientôt ce sera pour les Juifs le port de l'étoile jaune, ceci a partir de six ans. L'étoile doit être portée par tous les Juifs de la zone occupée. Ensuite commenceront les arrestations et les déportations qui soulèveront l'hostilité de la population. En juillet 1942, les Juifs se voient interdire l'entrée des restaurants, cafés, salons de thé, théâtres, cinémas, concerts, music-halls, téléphones publics, marchés, places, plages, piscines, etc.

Les Juifs arrêtés sont d'abord enfermés aux Tourelles, à Drancy, a Compiègne, à Beaune-la-Rolande, etc. Les 16 et 17 juillet 1942, 12 884 Juifs sont raflés à Paris, parqués au Vel' d'Hiv' et à Drancy. Parmi eux 4 051 enfants. Les Allemands ont baptisé l'opération « vent printanier ». Tous seront déportés en Allemagne, y compris les enfants dont Pierre Laval, consulté par les Allemands, a préconisé qu'ils suivent le sort de leurs parents.

C'est là le début d'un mouvement qui conduira, vers les camps allemands, 150 000 Juifs dont 20 000 enfants. 3 000 seulement reviendront — dont cinq enfants.

D'autres Français ont choisi la collaboration avec les Allemands. Il est bien difficile d'en connaître le nombre. Lors de la libération, on a procédé à 40 000 exécutions sommaires environ. Les cours de justice prononceront 57 954 condamnations. Les chambres civiques condamneront 69 797 personnes. L'épuration touchera 120 000 fonctionnaires et officiers. Ces chiffres ne correspondent malheureusement pas exactement au nombre des Français qui ont collaboré. L'épuration a souvent ressemblé à un mouvement de vengeance aveugle. Peut-on alors tirer des renseignements du nombre des adhérents à des mouvements de collaboration ? Le rassemblement

En dépit de l'occupation, la vie intellectuelle demeure active. Au théâtre, les pièces de Sacha Guitry triomphent. On voit ci-dessus l'auteur-acteur entouré de Noël Roquevert, Geneviève de Séréville et François Périer. (Photo Seeberger.) Ci-dessous, celui que ses idoles appellent « le fou chantant » : Charles Trenet. (Photo Fulgur.)

national populaire de Marcel Déat et le parti populaire français de Jacques Doriot groupent à peu près 20 000 adhérents. La milice en compte environ 20 000, mais ce sont souvent les mêmes que ceux des partis précédents. C'est dans les rangs de ces mouvements que se sont surtout recrutés les engagés de la Légion des volontaires français contre le bolchevisme (L.V.F.), dont les effectifs ne dépassèrent jamais cinq mille hommes.

Naturellement, en zone occupée, la presse française reflète les volontés des Allemands. C'est d'eux que dépendent le papier, l'encre, les informations, les photos. Ils contrôlent totalement quarante-neuf journaux et périodiques. Cocassement, le premier journal à reparaître après la défaite a été... *la Victoire* de Gustave Hervé (17 juin). Le même jour, *le Matin* a repris sa publication et, le 22, une contrefaçon de *Paris-Soir*. D'anciens titres reparaissent, cependant que les Allemands en favorisent de nouveaux. En novembre 1940, *Paris-Soir* tire à 970 000 exemplaires, *le Petit Parisien* atteint 680 000, *le Matin* 632 000, *Aujourd'hui* 110 000, *la France au Travail* 92 000.

Différente apparaît la situation en zone libre. La presse est soumise à la censure, certes, et dans l'obligation de publier les textes préparés par Vichy, mais elle peut encore publier les communiqués anglais et exprimer certaines réserves. Une feuille qui prime, c'est *le Journal de Genève*, que l'on se procure souvent en fraude. Les Français ont soif de nouvelles fraîches, et surtout objectives.

De même, d'innombrables personnes captent, malgré les interdictions, la radio clandestine anglaise. Et, le vendredi soir, on écoute Radio-Genève, quand René Payot exprime

*Malgré l'occupant, la vie continue. Aux « Deux Magots » se retrouvent artistes et intellec-
tuels. Ici, Yves Deniaud, Bussières, Maurice Baquet, Roger Pigaut, Annette Poivre et Jean-
Paul Sartre. (Photo Seeberger.) Au cinéma Madeleine est projeté un film dont cette file
d'attente dit le succès : « Les Visiteurs du soir ». (Photo Roger Schall.)*

un avis où ne perce aucune parcelle
de cette propagande haïe qui envahit tout.

La radio nationale poursuivra ses
émissions jusqu'en 1944, passant
progressivement d'une sorte de neutralité à une collaboration ouverte,
surtout après que Philippe Henriot
sera devenu ministre de l'Information du gouvernement de Vichy.
Dans la capitale, *Radio-Paris* a remplacé les anciens postes privés. Les
programmes sont agréables à entendre, abstraction faite des informations. Chacun chante la ritour-
nelle que vient de lancer la radio

Le 11 novembre 1943, Oyonnax, ville de la zone libre, est le théâtre d'une audacieuse opération montée par la Résistance pour célébrer l'anniversaire du 11 novembre 1918. Unissant leurs forces, les maquisards de l'Ain s'emparent de la cité qu'ils ne libèrent que le soir. L'affaire, relatée par « Le Franc-Tireur », aura un grand retentissement à l'étranger. (Photos Documentation française.)

française de Londres : « Radio-Paris ment. Radio-Paris ment. Radio Paris est allemand. »

L'Occupation, la défaite, les restrictions n'ont pas empêché la vie parisienne de reprendre. Dès le mois de juillet, cinémas et cafés-concerts ont retrouvé leurs clients. Mais l'image de Paris s'est modifiée : la totale pénurie d'essence empêche toute circulation automobile. On voit réapparaître les fiacres, mais les tarifs sont élevés, de cent à deux cents francs selon la course. On peut aussi emprunter un vélo-taxi. On voit parfois, aux portes des églises, de longues files de vélo-taxis : ils emmènent toute une noce. On peut les trouver aux carrefours et près des gares. Il en coûte cinq francs de prise en charge, neuf francs par kilomètre et par client, cinq francs par colis de cinq kilos. Mais l'immense majorité de la population prend le métro. En décembre 1940, le trafic a augmenté de moitié par rapport à l'avant-guerre. Les plus valides choisissent aussi la bicyclette qui n'a jamais eu tant d'adeptes en France. Un vélo pour quatre Français en 1942. Edmond Dubois témoigne : « Toute la ville roule et

pédale, de la sœur de charité en tournée de ravitaillement ou de quête à domicile, jusqu'à l'honorable magistrat. Tous les âges, toutes les conditions enfourchent un vélo, sautent plus ou moins lestement sur une selle, tiennent plus ou moins sportivement un guidon. »

Certains cinémas ont été réservés aux Allemands, les autres accueillent une foule toujours plus dense, avide de se changer les idées. L'occupant impose les actualités allemandes et aussi des films de propagande : *le Maître de poste, le Juif Süss*. Mais, paradoxalement, le cinéma français va connaître une période d'activité remarquable. Deux cent vingt longs métrages sont réalisés, parmi lesquels on compte des chefs-d'œuvre : *les Visiteurs du soir* et *les Enfants du paradis* de Marcel Carné, *l'Éternel Retour* de Jean Delannoy, *le Corbeau* de H-G. Clouzot. On peut citer aussi des réussites telles que *la Nuit fantastique* de Marcel L'Herbier, *l'Assassinat du Père Noël* de Christian Jaque, *le Mariage de Chiffon* de Claude Autant-Lara, *le Prodigieux Destin de Désirée Clary* de Sacha Guitry, *Remorques* de Jean Grémillon.

Les théâtres, eux aussi, ont rou-

1ᵉʳ Décembre 1943   Mensuel malgré la Gestapo et la police de Vichy   Numéro

LE FRANC-TIREUR

Organe des Mouvements Unis de Résistance — Liberté - Egalité - Fraternité

A Oyonnax, le 11 Novembre
es gars du maquis ont tenu la ville

avec leurs officiers, drapeau en tête claîrons sonnant, tambours battant et la croix de Lorraine...

Quelle journée! On en parlera longtemps ans la région, de ce 11 Novembre d'Oyonnax, qui peut servir d'exemple à toute la France. Pendant une heure, en plein jour, en ord d'action avec toutes les forces de résistance, se sont rendus maîtres, entièrement ... une sorte de répétition en vue du jour « J ».

Un plan audacieux

Cette journée aura montré que la Résistance a son armée et ses chefs militaires, ar ceux qui en doutaient.

C'est donc le chef militaire de l'Ain pour ... maquis qui avait décidé de montrer d'une ... éclatante à la population que les ... gens du maquis constituaient une véritable armée disciplinée, encadrée, commandée. L'opération projetée devant être aussi une sorte de répétition en vue du jour « J ». A 4 h. 1/2, réveil dans les camps et ... ablement de la colonne, à 60 km. du P. C. ... ux cents hommes armés, sept camions, ... iture légère. A 9 heures, départ. Pour ... iller la piste, la colonne suit un itinéraire long et sinueux. Les consignes sont très ... éciser : s'emparer de tous les points sensibles de la ville d'Oyonnax, en fermer totalement les issues. Défiler avec drapeaux, clairons, tambours dans la ville, en formation ... ilitaire, déposer une gerbe au Monument aux Morts de 14-18, chanter « La Marseillaise », se disperser.

La Marche triomphale

Midi. Depuis 11 heures tout Oyonnax, qui ... doute de quelque chose, est dans la rue. Le ... glas a retardé la marche de la colonne. Soudain une clameur folle :

— Les voilà!

Le camion chargé de la protection, fonçant ... oute allure, s'est arrêté place de la Poste. ... aque garde exécute au pas de course ... les ordres. La Gendarmerie, la Commune, ... et les P. T. T. sont pris en mains sans au... ne résistance. En cinq minutes, sans aucun ... stacle, ... élection est assurée et la ville ... lée. Les camions portant les hommes en... ent dans la ville et font sonner bruyamment ... klaxons pour alerter la population. En ... lques secondes les hommes ont sauté à ... re.

— En colonne par trois! Pour défiler.

Il faut voir cela. On croit rêver. Les gens ... rent. Toutes les fenêtres se garnissent de ... la foule envahit les trottoirs, couverte ... non camarades. C'est une joie folle.

— Vive la France! Vive la République! ... Vive les Maquis! Vive de Gaulle!

Drapeaux en tête, clairons sonnant, tambours battant, pour la première fois depuis la défaite, un détachement d'une nouvelle ar... mée, celle de la délivrance, défile dans une ville française. Les chefs, des officiers sont en grand uniforme, avec toutes leurs décorations des deux guerres. Dans la musique qui scande la marche, dans l'ovation qui n'arrête pas, les troupes gaullistes, nos troupes arri... vent au Monument aux Morts. Garde-à-vous! Le drapeau se place près du monument. Quel silence poignant plane alors sur la foule! Il ne s'agit plus d'une de ces cérémonies offi... cielles de jadis. C'est un morceau de France dressé contre la trahison et l'esclavage qui reprend ici sa place. Le Chef Départemental s'avance alors et dépose une gerbe en forme de croix de Lorraine, barrée de cette belle épitaphe :

« Les vainqueurs de demain
aux vainqueurs de 1914-18. »

Les accents mâles et déchirants de la ... nerie aux Morts retentissent. Et c'est, im... se, unanime, « La Marseillaise » qui s'en... chantée par toute la ville, « La Marseillaise » du peuple et de la République. Puis, dan... même chœur enthousiaste à l'adresse de l'... nemi le chant : *Vous n'aurez pas l'Alsa... la Lorraine*. De nouveau les ovations, ... mains se tendant pour serrer celles des ... du maquis, le vieillard qui n'en peut ... d'avoir chanté et qui s'excuse auprès d'... officier, de jeunes ouvrières qui fouillent ... leurs sacs pour donner tout ce qu'elles ... cet ouvrier qui offre spontanément tout... décade de tabac « pour les maquis ».

Et cependant les hommes remont... dans les camions un seul cri scandé avec ra...

— Vive de Gaulle! Vive de Gaulle!
C'est fini. Mission remplie.

— Malgré les Allemands, malgré Vichy ... Oyonnax la Résistance en armes a montr... une petite partie de ce qu'elle pourra fai...

Quand nous le voudrons, toute ... France sera avec nous !

Grenoble en pleine bataille

Dans la Cité des Alpes, au bruit des explosions, une atmosph... d'état de siège, un 11 Novembre de combat...

Depuis de longs mois déjà, Grenoble, en place d'honneur parmi les grandes cités fran... çaises, poursuit la lutte héroïque et quoti... dienne de la résistance nationale.

Le 6 octobre, un ingénieur grenoblois, M. Abry, était abattu par une sentinelle alle... mande en faction devant le « Royal » et qui faisait feu en même temps qu'elle lui sommait de s'arrêter. Dix mille personnes suivirent ses funérailles et se retirèrent en chantant La Mar...eillaise » et acclamant le général de Gaulle.

Le 17 octobre, cinq tonnes d'explosifs étaient enlevés en camions par soixante patriotes à Pont-de-Claix. Quelques jours après, c'étaient les usines Soulage qui brûlaient et accusaient 75 millions de dégâts.

Le 20 octobre enfin, pour répondre aux ac... tes de sabotage et aux exécutions de quelques anthropoïdes de la Milice française, trente membres d'une brigade extraordinaire anti... terroriste étaient envoyés dans la ville. Sur... pris au déjeuner de midi par six O. F. armés et masqués, ils furent désarmés et dépouillés de tout ce qu'ils portaient par les « terroris... tes » qui se retirèrent sans encombre.

Mais les événements des dernières semaines viennent de mettre Grenoble à l'ordre du jour. La presse vichyssoise ayant, à l'on ex... cepte les journaux locaux, fait sur eux un silence unanime, ils n'ont été qu'imparfaite... ment connus. Voici donc ce qui s'est passé.

Un 11 Novembre de combat

Le 11 novembre, malgré les menaces alle... mandes, malgré les exhortations de l'autorité vichyssoise, les patriotes, par milliers, des... cendirent dans la rue pour crier leur foi en ... victoire. Affolés et furieux, les Allemands voulurent frapper. 493 personnes, baptisées « communistes » pour la circonstance, furent

arrêtées et expédiées en Allemagne dans ... wagons à bestiaux.

La réponse de Grenoble ne se fit pas at... dre : dans la nuit du 13 au 14, la poudr... de Grenoble et deux gazomètres de l'r... gaz sautaient. De minuit 40 à 6 heures ... matin, de formidables explosions ébranl... la ville. Croyant à un bombardement, ... nombreux habitants se précipitèrent dans... rue; ils n'y trouvèrent que les soldats al... mands qui, ne méchant ou donner de la ... ouvrirent le feu sans sommation sur tou... les personnes qu'ils voyaient. Bilan : 19 mor... un nombre desquels un rédacteur du journ... Sud-Est et un correspondant des Nouvell... de Lyon. Le lendemain, la ville présentait ... aspect lamentable : partout ce n'était que vi... tres brisées, cloisons écroulées ou lézardé... rideaux de fer gondolés et arrachés, trotto... jonchés de débris; dans le quartier de l'... plosion, tous les toits étaient arrachés, ... nombreuses usines dévastées. Seuls les ... murs restaient debout.

Le lendemain un communiqué de la Préf... ture annonçant que les laissez-passer pour ... couvre-feu restaient valables mais que, si u... attentat se produisait, il était « instamme... recommandé à la population de ne pas sorti... même munie du laissez-passer ». On ne s... rait mieux dire...

Cependant le combat continue : dans la nu... du 15 au 16, l'Hôtel Moderne, le plus gran... hôtel de la ville, occupé par les Allemand... sautait. Et, aux dernières nouvelles, les atten... ta...s se poursuivent.

Parmi les cités résistantes, Grenoble a droi... aujourd'hui à la place d'honneur.

Un seul chef : De Gaulle !

Une seule lutte : pour nos libertés

vert. Là encore il faut signaler la richesse de la production. C'est pendant l'Occupation que la Comédie-Française crée *la Reine morte* de Montherlant et *le Soulier de satin* de Paul Claudel. C'est pendant l'Occupation que naissent *Huis Clos* et *les Mouches* de Jean-Paul Sartre. Et aussi, *N'écoutez pas, mesdames* de Sacha Guitry, *Hyménée* d'Édouard Bourdet, *le Bout de la route* de Giono, *Eurydice* et *Antigone* de Jean Anouilh.

Au music-hall, les grandes vedettes sont toujours Édith Piaf et Charles Trenet. Mais les jeunes Français se grisent de *swing*. On court aux récitals de Django Reinhardt, on achète à prix d'or les disques des musiciens de jazz étrangers. Les théâtres de chansonniers refusent du monde, mais on doit y éviter toute allusion politique. Le thème favori : le marché noir.

Jamais les Français, peut-être, n'ont autant lu. Tous les livres se vendent. Le couvre-feu, l'absence de transports obligent chacun à rester chez soi. Alors, on achète tout ce qui paraît. Jamais autant d'éditions d'auteurs classiques ou contemporains n'ont été publiées, en dépit de la rareté du papier et des contraintes de l'ennemi. Un certain nombre d'écrivains ont rejoint le général de Gaulle, comme Joseph Kessel et Maurice Druon. D'autres, comme André Maurois et Jules Romains, se sont établis aux U.S.A. Georges Bernanos est en Amérique du Sud. D'autres encore, comme

Ceux qui, après l'armistice, regagnent la capitale ont la curieuse impression qu'ils viennent d'arriver dans une ville germanique : Paris est défiguré par les panneaux indicateurs rédigés en allemand. Le Paris des années de guerre est devenu cette ville insolite à laquelle les habitants eux-mêmes doivent s'accoutumer : rues vidées de voitures où claquent des drapeaux à croix gammée. (Photos Zucca.)

André Gide, rejoindront Alger. Parmi ceux qui sont restés dans la métropole, certains se taisent, comme Georges Duhamel et François Mauriac. D'autres choisissent la collaboration : Brasillach, Drieu La Rochelle.

Parmi les grands succès de l'époque : *les Beaux Draps* de Louis-Ferdinand Céline, le *Crève-cœur* d'Aragon, *le Triomphe de la vie* de Giono, *Travelingue* de Marcel Aymé, *Premier de cordée* de Frison-Roche, *la Grande Meute* de Paul Vialar. On publie des livres clandestins : des textes de Mauriac, Éluard, Aragon, Vercors.

Ceux qui recherchent des activités moins intellectuelles peuvent se rendre aux courses — Vincennes ou Longchamp —, ou encore assister aux compétitions d'athlétisme ou de football qui connaissent une vogue considérable.

La mode féminine n'est pas morte. Il est interdit de présenter, lors des collections, plus de soixante-quinze modèles, interdit de fabriquer de grands sacs ou des ceintures de cuir de plus de quatre centimètres. Alors les couturiers font preuve d'imagination. C'est le temps des formes extravagantes, des coiffures incroyables, des chapeaux énormes et difformes. Les cheveux ondulés tombent en cascade ou en pyramide. Les jupes sont très courtes, les épaules des vestons renforcées et la taille étranglée. Aux pieds, on porte des chaussures à semelle de bois compensée de sept ou huit centimètres. Quant aux hommes, ils portent leurs costumes d'avant-guerre, pouvant seulement échanger deux costumes de laine usés, contre un costume neuf en tissu ersatz.

C'est, enfin, le temps des *zazous*, jeunes gens qui affirment une originalité vestimentaire qu'ils croient courageuse. Les spécimens mâles portent un veston très ample qui leur bat les cuisses, des pantalons étroits sur de gros souliers, une chemise à haut col souple, des cheveux très épais et très longs, lustrés. Si les épaules des *zazous* mâles sont tombantes, celles des *zazous* femelles sont exagérément carrées. Elles exhibent un chandail à col roulé, une jupe plissée fort courte, le tout recouvert, en hiver, d'une canadienne très longue. Leurs très longs cheveux descendent en volutes. Elles arborent des bas rayés, des chaussures plates et lourdes. Elles sont armées d'un grand parapluie qui, dit *l'Illustration*, « quelque temps qu'il fasse reste obstinément fermé ».

Ces zazous ne représentent qu'une partie minime de la jeunesse parisienne. Mais la presse les attaque avec violence. Ce qui, bien sûr, renforce leur attitude.

Ainsi s'est-on acheminé vers la fin du cauchemar. Les bombardements se sont accrus. En mai 1944, 1 284; en juillet 2 037. Ils font 9 893 et 9 517 morts. On doit remplacer les vitres par du papier huilé ou des planches. L'eau manque, et l'électricité, et le charbon. Les camions de ravitaillement, bombardés, n'arrivent plus jusqu'aux villes. Mais les Français travaillent. Seulement, le soir, ceux qui craignent les bombardements quittent la ville. Au Havre, c'est « l'exode de huit heures », le « train des trouillards » qui, les emmenant à la campagne, les ramènera à l'aube. La vie quotidienne est scandée par les alertes. Les théâtres et les cinémas interrompent jusqu'à cinq ou six fois leur spectacle. On attend dans les « abris désignés » ou dans le métro.

Et puis l'espoir, l'annonce du débarquement. L'attente. Paris qui, un matin, se retrouve sans police. L'insurrection qui éclate, spontanément, dangereusement. Le vaude-

Instant inoubliable que celui où Paris, libéré, peut acclamer les premiers soldats alliés. L'explosion de joie frise le délire. Partout jaillissent les V de la victoire figurés par deux doigts écartés. Ici, un groupe s'est emparé de deux soldats britanniques, correspondants de guerre, pour leur manifester sa reconnaissance et son enthousiasme. (Photothèque des Presses de la Cité.)

ville qui se mêle à la tragédie. Les gigantesques panneaux de bois *Solda-tenkino* que l'on abat sous les regards des derniers occupants. Les combats de rue. Enfin, au son fraternel de toutes les cloches de Paris sonnant à toute volée, l'entrée des chars de

Leclerc dans la capitale.

Partout en France, cette scène se reproduit. Tantôt ce sont des Anglais, tantôt des Américains, tantôt des Français de De Lattre qui surviennent en libérateurs. Alors, partout, l'enthousiasme déferle. Sur les routes, on entoure les chars, les femmes y grimpent, embrassent les soldats. Ce ne sont plus les soldats allemands qui retardent l'avance des soldats des troupes alliées, c'est l'enthousiasme du peuple français.

Les Français sont redevenus libres.

27-28 août

Tandis que Paris en délire fête ses libérateurs, tandis que les arrestations se succèdent et que le Vel' d'Hiv' s'emplit de milliers de collaborateurs, hommes des partis pronazis, fonctionnaires, journalistes, comédiens ou simplement de femmes tondues qui ont eu des relations trop intimes avec les occupants, les Allemands se replient en livrant des combats d'arrière-garde vers le nord et l'est. Le 26, le général de Gaulle et les membres de son gouvernement déjà à Paris assistant à un *Te Deum* à Notre-Dame, des coups de feu sont tirés (par des miliciens ?) des tribunes de la cathédrale. Les Alle-

Pour ceux qui ont choisi de jouer la carte de la collaboration, l'heure de l'expiation a sonné. Les femmes trop empressées auprès de l'occupant sont tondues et promenées à travers les rues. (Photo Capa-Magnum.) Les hommes sont arrêtés, emprisonnés et parfois fusillés. Ci-contre, Sacha Guitry, soupçonné de collaboration, vient d'être appréhendé par un groupe de résistants. (Photo Cartier-Bresson.)

mands bombardent par avion quelques quartiers de Paris et font des victimes.

Le 27 août, l'amiral Auphan remet au général Juin le message adressé par Pétain à de Gaulle. Il n'y est pas donné de réponse.

29 août-23 septembre

C'est la fin de la libération de la France, soit par l'armée de Lattre remontant du Midi, soit par les F.F.I qui sont peu à peu intégrés dans l'armée française : Marseille et Toulon sont libérés le 28 août, Lyon le 3 septembre, Bordeaux, grâce aux résistants et aux F.T.P. (qui tenteront de prendre le pouvoir dès le 27 août). Partout les Allemands remontent vers l'est afin de n'être pas pris dans la souricière. En effet, les Américains sont à Reims le 2 septembre. Vers la Belgique et la Hollande, Amiens est atteint le 1er, Arras le 2, Lille, Bruxelles, Anvers le 4, Louvain et Namur le 5, Liège le 8. Le Luxembourg est libéré entre le 10 et le 15. Le Havre est pris le 12 septembre avec une garnison allemande de 12 000 hommes. Plus à l'est, Charleville et Sedan sont pris le 1er septembre, Verdun le 4, Pont-à-Mousson et Épinal le 15.

L'armée de Lattre a atteint Mâcon le 6. A Châtillon-sur-Seine et à Langres, les deux armées font leur jonction.

Mais les Anglais seront stoppés en Hollande à la fin de septembre. Et les Allemands lancent maintenant des V 2, fusées plus puissantes que les V 1, sur Londres, Anvers, Bruxelles.

Au ministère de la Guerre où il s'est installé, le général de Gaulle et ses collaborateurs s'efforcent de rétablir l'ordre, d'assurer le ravitaillement de la capitale, d'éviter

Le général de Lattre de Tassigny. Debout devant une carte d'état-major, il expose au général américain Eisenhower les mouvements de la Ire Armée française en Alsace, en novembre 1944. (Cabinet des estampes. Bibliothèque nationale. Photo Brossé.)

l'épreuve de force entre les chefs communistes et lui : le 9 septembre, il forme un gouvernement d'union nationale qui va de la Fédération républicaine aux communistes qui détiennent les portefeuilles de la Santé et de l'Air. Dans les départements, les commissaires de la République (Debré à Angers, Farge à Lyon, etc.) et les préfets nommés à l'avance par le gouvernement d'Alger reprennent peu à peu en main les comités de libération et s'efforcent d'éviter les excès. Il y aura tout de même en France, d'après Robert Aron, de 30 000 à 40 000 exécutions sommaires.

La presse parisienne (*le Figaro, le Monde, Combat, Franc-Tireur,* etc.) et la nouvelle presse régionale ou départementale, toutes deux issues de la résistance, se mettent en place.

Un décret du 23 septembre amalgame F.F.I. et F.T.P. dans l'armée française.

De Gaulle visite en septembre Marseille, Toulon, Toulouse, Bordeaux.

5 octobre

Le gouvernement décide d'accorder le droit de vote aux femmes.

9-20 octobre

Conférence des Quatre Grands sur l'organisation de l'O.N.U. et du Conseil de sécurité. Les Russes refusent de siéger à côté de Tchang

Kaï-chek et ne sont pas d'accord sur les pouvoirs du Conseil de sécurité comme cour de justice.

20-25 octobre

Les Alliés prennent Aix-la-Chapelle.

La bataille de Leyte, dans les Philippines, permet à MacArthur de reprendre celles-ci.

28 octobre

Dissolution des milices patriotiques en échange de l'amnistie accordée le 31 octobre à Maurice Thorez.

1er novembre

L'offensive russe vers Berlin est arrêtée en Prusse orientale.

13 novembre-
15 décembre

Depuis la mi-septembre, les Alliés

sont arrêtés devant Metz, les Vosges, Belfort.

Eisenhower décide de lancer une offensive générale de la mer du Nord à la Suisse. Forçant les passages des Vosges par des cols secondaires, la 2e division blindée du général Leclerc entre à Strasbourg au milieu de l'enthousiasme populaire le 23 novembre, tandis que la 1re armée française, attaquant par la trouée de Belfort, libère Mulhouse. Mais les Allemands se maintiennent dans la poche de Colmar.

18 novembre

A Paris est instituée la Haute Cour de justice destinée à juger ministres, secrétaires d'État et secrétaires généraux du régime de Vichy de 1940 à 1944. Présidée par le président Mongibeaux, Mornet étant procureur général, la Haute Cour jugera en 1945 dix-neuf affaires dont cinq importantes (Esteva, Dentz, Darnand, Pétain, Laval), prononcera deux condamnations à

Le 11 novembre 1944, et pour la première fois depuis quatre ans, la tombe du soldat inconnu de l'Arc de Triomphe reçoit les honneurs d'un groupe de vainqueurs : Charles de Gaulle, chef de la France libre, et Winston Churchill. (Cabinet des estampes. Photo Bibliothèque nationale.)

Mulhouse est libérée le 22 novembre 1944 et l'on s'empresse de faire disparaître tout ce qui symbolise l'occupant. Un soldat marocain appartenant à la Ire Armée française traîne dans la poussière un drapeau nazi. (Documentation française.)

mort par contumace et sept non-lieux; quatre affaires seront retirées par suite du décès des accusés.

28 novembre

Le gouvernement décide la nationalisation des houillères du Nord et du Pas-de-Calais.

24 novembre-10 décembre

A Moscou, après de longues et âpres discussions au sujet de la Pologne, le général de Gaulle et Georges Bidault signent avec Staline un pacte d'alliance.

16 décembre

Von Rundstedt déclenche une violente offensive à travers la Belgique et les Ardennes pour tenter de reprendre Anvers et de rejeter les Alliés à la mer. Après quelques succès initiaux et une avance de plusieurs kilomètres, les Allemands sont arrêtés à Bastogne, qui tient bon, et ne parviennent pas jusqu'à la Meuse.

1945, 1er janvier

Les Allemands s'avancent en même temps en Alsace de part et d'autre de Strasbourg. Les Français refusent d'abandonner la ville, la défendent et évacuent le saillant de Wissembourg. Cette dernière offensive allemande s'achève par une défaite totale en janvier 1945, au grand désespoir des Français émigrés à Sigmaringen, collaborateurs et extrémistes nazis, Darnand, Déat, Luchaire, Brinon et autres, qui se voyaient déjà rentrant triomphalement à Paris.

12 janvier

Les Russes lancent leur grande offensive d'hiver. Elle les amènera à franchir l'Oder un mois plus tard et à atteindre le golfe de Stettin et Dantzig qui sera pris à la fin du mois de mars. Cette fois, c'est l'Allemagne elle-même qui va être envahie sur toutes ses frontières.

17 janvier

L'armée rouge libère Varsovie en ruine.

19 janvier

L'écrivain Robert Brasillach, collaborateur de l'hebdomadaire pronazi *Je suis partout*, est condamné à mort. Malgré les efforts de nombreux écrivains de la résistance, il sera fusillé.

20 janvier-9 février

Tandis que de Gaulle parcourt les villes de province et se fait acclamer partout, montrant ainsi à l'étranger que l'ordre commence à se rétablir en France et qu'au pouvoir de fait exercé par des hommes qui s'en sont emparé à la Libération se substituent des autorités régulières, tandis que les comités d'épuration, les comités départementaux de libération, les tribunaux d'exception et les chambres civiques poursuivent leur œuvre, infligeant des peines sévères allant jusqu'à la mort ou des condamnations à « l'indignité nationale », l'armée française lance la contre-offensive d'Alsace. Celle-ci s'achève le 9 février par la libération entière de la province. C'est alors qu'on découvre le camp de concentration du Struthof, où ont péri plus de 10 000 résistants français.

Au nom de la France, Georges Bidault signe, le 10 décembre 1944, le pacte des accords franco-soviétiques. Derrière lui, debout, se tiennent Molotov, Staline et le général de Gaulle. (Photothèque des Presses de la Cité.)

21-23 janvier

Le comité central du parti communiste entérine la dissolution des F.T.P. et leur intégration dans l'armée « pour pousser à l'effort de guerre ».

24-27 janvier

Procès de Charles Maurras, directeur de *l'Action française* et inspirateur de nombreuses réformes de la « révolution nationale », devant la cour de Justice de Lyon. Maurras est condamné à la réclusion à perpétuité, Il passera sept ans à Clairvaux et à Fontevrault avant de mourir dans une maison de santé en 1952.

4-11 février

Conférence de Yalta entre Staline, Churchill et Roosevelt.

13-14 février

Le bombardement anglo-américain de Dresde fait près de 200 000 victimes ; celui de Hambourg, en mars, en fera 100 000.

23-25 février

Patton lance la grande offensive

En haut, à gauche, la ville de Cologne telle que la découvriront, au mois de mars 1946, du haut des tours de la cathédrale, des soldats américains. De l'une des plus importantes cités rhénanes, il ne reste que des ruines. (Photo U.S.I.S.)

Les troupes françaises poursuivent leurs avance vers Colmar, autre ville clef de la résistance ennemie. Après de durs combats, elles s'en emparent et y font leur entrée le 2 février 1945, acclamées, comme partout, par la population. (Documentation française.)

contre la ligne Siegfried avec les Anglais qui attaquent vers la Hollande et les bouches du Rhin, et les Français dans la direction de la Forêt-Noire.

2 mars

L'armée Patton force la ligne Siegfried.

Le général Hodge se saisit par surprise du pont de Remagen et les Alliés franchissent le Rhin.

16-28 mars

Les Russes parviennent aux frontières de l'Autriche.

24 mars

Pratiquement maîtres de l'Indochine, les Japonais avaient désarmé les troupes françaises à partir du 9 mars et s'étaient emparés du pouvoir.

Le général de Gaulle affirme sa volonté de rétablir la présence française au Viêt-nam, formé de la fédération du Tonkin, de l'Annam et de la Cochinchine ainsi qu'au Laos et au Cambodge.

5 avril

Mendès France, ministre de l'Économie, est partisan d'une politique d'austérité et de restrictions pour arrêter l'inflation. Il n'est pas suivi et donne sa démission.

9 avril

Début de l'offensive générale alliée en Italie.

12 avril

Les Russes sont à Vienne. Comme toute l'Autriche, la ville sera par-

Le 3 avril 1945, les premiers convois français traversent le Rhin sur un pont de bateaux construit près de Spire. (Photo E.C.A.)

tagée en quatre zones d'occupation (U.R.S.S., U.S.A., Grande-Bretagne, France).

Mort du président Roosevelt. Le vice-président des États-Unis, Truman, lui succède.

18 avril

21 divisions allemandes encerclées capitulent dans la Ruhr.

27 avril

Les Américains et les Russes font leur jonction sur l'Elbe. Le même jour, l'armée rouge achève d'investir Berlin. Hitler, dans son bunker, essaie de résister encore.

28 avril

Tandis que les armées allemandes capitulent en Italie, Mussolini et sa maîtresse Clara Petacci sont exécutés par des partisans près du lac de Côme. Leurs corps, avec ceux des hauts dignitaires néofascistes également exécutés, seront offerts à la vue de la foule déchaînée sur une place de Milan, pendus la tête en bas.

29 avril

L'armée de Lattre atteint les frontières autrichiennes et s'est emparée de Sigmaringen où les « collaborateurs » français avaient établi un gouvernement fantoche avec Brinon, Déat, Doriot (tué dans un bombardement). Laval, qui a refusé d'y participer, s'enfuit en Espagne. Le maréchal Pétain, qui veut assister à son procès, traverse la Suisse et se présente aux autorités françaises. Il est aussitôt transféré au fort de Montrouge.

30 avril

Les Russes achèvent la conquête de Berlin en ruine. Dans le fracas wagnérien des bombardements, Hitler, après avoir épousé sa maîtresse Eva Braun, se suicide. Goebbels et sa famille en font autant. Le pouvoir passe à l'amiral Doenitz, Goering ayant été disgracié par Hitler.

4 mai

Les armées allemandes, qui occupent encore les Pays-Bas, le Danemark, la Norvège, capitulent.

7 mai

A Reims, le général Jodl signe la capitulation sans conditions de l'Allemagne en présence de tous les représentants des armées alliées.

8 mai

Même cérémonie à Berlin pour la capitulation devant l'armée rouge. Staline, revenant sur les décisions de Yalta, déclare qu'il n'a pas l'intention de démembrer ou de détruire l'Allemagne.

Les combats cessent sur tous les fronts.

Ils se poursuivront contre le Japon pendant trois mois. La décision de Truman de lancer la première bombe atomique sur Hiroshima (200 000 morts sur 250 000 habitants) le 6 août, puis sur Nagasaki le 9 (80 000 morts) amène le Japon, que l'U.R.S.S. vient d'attaquer en Mandchourie, à capituler sans conditions. L'acte est signé le 2 septembre à bord du *Missouri* en présence de tous les Alliés, y compris la France.

La Seconde Guerre mondiale est finie.

LA CONFÉRENCE DE YALTA

La France ne participe pas à des travaux où Staline, vainqueur de l'Allemagne et libérateur des pays de l'Est, alors que les Alliés n'ont pas encore franchi le Rhin, impose ses vues malgré les tentatives de résistance de Churchill.

Il est décidé :

1º Que la Russie entrera en guerre contre le Japon, trois mois après la capitulation de l'Allemagne.

2º Que l'Allemagne sera divisée en quatre sones d'occupation, la zone française (difficilement admise par Staline) étant prise sur celles des Américains et des Anglais. Berlin, divisé en quatre secteurs, sera administré par une commission de contrôle interalliée. Les réparations évaluées à 20 milliards de dollars seront payées en dix ans, la moitié étant versée à l'U.R.S.S. Le principe du démembrement de l'Allemagne est adopté.

3º A l'O.N.U., Staline se contente de faire siéger, outre l'U.R.S.S., la Biélorussie et l'Ukraine. Au conseil de sécurité, il fait admettre le droit de veto. Les autres clauses concernent la Pologne qui perd la Galicie orientale et la Biélorussie occidentale (ligne Curzon de 1919), mais reçoit des terres germaniques jusqu'à la frontière (provisoire) Oder-Neisse. Le gouvernement formé sous contrôle russe à Lublin devra admettre des représentants du gouvernement polonais de Londres.

Les détroits sont désormais ouverts aux Russes. La Grèce est laissée à l'influence occidentale.

La conférence de Yalta pèsera lourdement sur les destinées de l'Europe.

LA IVe RÉPUBLIQUE

1945, 12 mai

En Algérie, de violentes manifestations en faveur de l'indépendance provoquent la mort d'une centaine d'Européens, en particulier à Sétif et à Guelma. La répression sera sévère : près de 2 000 tués, 4 500 arrestations, 151 condamnations à mort.

19 mai

Rupture des négociations entre la France, la Syrie et le Liban. Le général de Gaulle envoie des renforts de troupes au Levant.

1er-2 juin

Les troupes anglaises interviennent pour soutenir les nationalistes arabes.

5 juin

Signature de l'accord entre les quatre alliés pour l'administration de l'Allemagne et de Berlin.

22 juin

Délimitation des zones d'occupation en Allemagne : l'U.R.S.S. obtient 47,75 % de la superficie où vit 45 % de la population.

26 juin

Cinquante États signent la charte de l'O.N.U.

9 juillet

Dépôt par le gouvernement français d'un projet de loi sur les élections à l'Assemblée nationale destinée à remplacer l'Assemblée consultative qui siège depuis le mois de novembre à Paris.

Le projet prévoit un référendum demandant aux Français et aux Françaises de dire s'ils veulent une Assemblée constituante chargée de préparer une nouvelle Constitution et si cette Assemblée aura une souveraineté limitée.

Après quatre années d'occupation et quelques mois de combats sur son territoire, la France se trouve financièrement et matériellement dans une situation difficile. Le premier travail à réaliser est incontestablement la reconstruction des ruines matérielles de toutes sortes. Le gouvernement de la IVe République s'y emploie avec acharnement. Non content de faire œuvre d'urgence, il va plus loin et entreprend des réalisations qui augmenteront le potentiel industriel de la France tout en devenant la base de la prospérité future. C'est ainsi qu'au mois d'octobre 1952 le président Auriol pourra inaugurer l'une des plus belles réalisations de l'après-guerre : le barrage géant de Donzère-Mondragon. On le voit ici mettant en marche la centrale hydroélectrique André-Blondel. (Photo Keystone.)

Le maréchal Pétain, au cours de son procès. Son visage impassible s'accorde parfaitement avec le mutisme qu'il observera tout au long des audiences. (Photo Keystone.)

De Gaulle demande de voter *oui* aux deux questions, les communistes sont partisans de voter *oui* à la première et *non* à la seconde.

17 juillet-2 août

Ouverture à Potsdam de la conférence des Trois Grands : Staline, Truman et Churchill bientôt remplacé par Attlee. Les conservateurs ayant été balayés aux élections anglaises, une majorité socialiste se trouve au pouvoir.

23 juillet

Un accord franco-anglais prévoit l'évacuation de la Syrie et du Liban par les troupes françaises et anglaises.

23 juillet-15 août

A Paris, devant la Haute Cour qui vient de condamner à la détention perpétuelle l'amiral Esteva qui était resté fidèle à Pétain en Tunisie, et à mort le- général Dentz qui avait défendu la Syrie contre les troupes de la France libre (peine commuée), s'ouvre le procès du maréchal Pétain. Le président Mongibeaux dirige les débats, le procureur général Mornet occupant le siège de l'accusation. Après une déclaration liminaire où il justifie la légalité de son pouvoir, qui lui a été attribué en juillet 1940 par l'Assemblée nationale, le maréchal refuse de participer aux débats et ne répondra qu'exceptionnellement.

A une voix de majorité, le 15 août, le maréchal Pétain est condamné à mort. Sa peine est aussitôt commuée en détention perpétuelle. Transféré au fort du Portalet, il sera ensuite enfermé à l'île d'Yeu où il mourra le 23 juillet 1951 à l'âge de quatre-vingt-quinze ans.

2 août

Signature des accords de Potsdam qui règlent définitivement l'administration de Berlin par une commission de contrôle, le désarmement de l'Allemagne, la création d'un tribunal international pour juger les criminels de guerre, les poursuites contre les nazis, la confiscation des flottes de guerre et de commerce de l'Allemagne, le démontage des usines allemandes au titre des réparations, la soumission de l'Autriche à une commission interalliée, l'évacuation de l'Iran par les Anglais et les Soviétiques, l'abandon par l'Espagne de

Militant socialiste de longue date, Vincent Auriol est élu à la magistrature suprême le 16 janvier 1947. Ses pouvoirs constitutionnels sont peu importants mais il saura néanmoins exercer une réelle influence sur les hommes et les événements grâce à sa bonhomie et aux nombreuses relations qu'il entretient dans tous les milieux politiques. (Paris-Match. Photo Carone.)

Tanger, internationalisé de nouveau (l'Espagne avait occupé Tanger en juillet 1940).

La France n'était pas invitée à Potsdam et n'a pas signé les accords.

18 août

Au Viêt-nam, début de l'insurrection nationale déclenchée contre les Japonais encore présents et contre les troupes françaises envoyées par de Gaulle.

2 septembre

Hô Chi Minh, chef de l'insurrection vietnamienne, proclame l'indépendance du Viêt-nam.

10 septembre

Dans un discours, le général de Gaulle demande que la Rhénanie, détachée de l'Allemagne, soit placée sous le contrôle de la France, de la Grande-Bretagne, de la Belgique et des Pays-Bas; il demande aussi dans ce discours l'internationalisation de la Rhur.

Il n'obtient pas satisfaction.

13-23 septembre

Au Viêt-nam, les troupes anglaises et celles de la Chine nationaliste viennent désarmer les troupes japonaises (et remplacer les Français), mais les troupes françaises libérées réoccupent Saigon.

4 octobre

Une ordonnance du général de

Du 4 au 9 octobre 1945, se déroule le procès de Pierre Laval, accusé de collaboration. Un photographe a su fixer cette attitude saisissante de l'ancien ministre au cours de sa défense. (Photo Keystone.)

Gaulle institue la Sécurité sociale pour tous les salariés et une série de textes, complétant et amplifiant la législation de Vichy, allouent des indemnités et des allocations en faveur des jeunes ménages et des familles nombreuses.

4-9 octobre

Livré par l'Espagne où il s'était réfugié, Pierre Laval est jugé par la Haute Cour de justice et condamné à mort. Il tente de s'empoisonner et est fusillé, mourant, dans des conditions qui créent un profond malaise dans l'opinion publique.

Robert Schuman, membre influent du M.R.P., plusieurs fois président du Conseil et ministre des Affaires étrangères, est un Européen convaincu. Un des projets qui lui tiennent le plus à cœur est la mise au point d'un pool du charbon et de l'acier. Primitivement envisagé entre l'Allemagne et la France, il peut, selon lui, être étendu à d'autres nations. Voici le ministre dans son cabinet de travail. (Photo Keystone.)

8 octobre

A Saigon, arrivée du général Leclerc, chef du corps expéditionnaire français. Il est temps : tout le Laos s'insurge.

21-28 octobre

Référendum : 96,04 % des Français votent en faveur d'une Assemblée constituante aux pouvoirs limités (61 % pour cette seconde question). Aux élections législatives, le parti communiste obtient 152 sièges (5 millions de suffrages), le parti S.F.I.O. 142 sièges et 4 millions et demi de voix, le M.R.P. (mouvement républicain populaire, anciens démocrates-chrétiens) 141 sièges. Les modérés ont 15 % des voix, les radicaux 5 %. La majorité tripartite comprend communistes, socialistes, M.R.P.

8 novembre

A la première réunion de l'Assemblée nationale constituante, Félix Gouin, S.F.I.O., est élu président de l'Assemblée...

13 novembre

... et le général de Gaulle, à l'unanimité, chef du gouvernement provisoire.

15-21 novembre

Premier conflit entre les communistes et le général de Gaulle. En formant son ministère, celui-ci a refusé de leur confier les grands leviers de commande de la politique : Affaires étrangères, Armée ou Intérieur (police) et, plutôt que de céder, préfère donner sa démission. Finalement, le gouvernement comprend cinq communistes dont Maurice Tho-

rez, ministre d'État, et Charles Tillon, ancien chef des F.T.P., à l'Air.

20 novembre

Ouverture à Nuremberg, devant une cour internationale de justice, du procès des principaux criminels de guerre. Ceux-ci sont au nombre de vingt-quatre, parmi lesquels le maréchal Goering et Rudolf Hess.

2 décembre

Loi nationalisant la Banque de France et les cinq grandes banques de dépôts.

5-10 décembre

Le gouvernement français s'oppose à la création, jugée par lui prématurée, d'un gouvernement central allemand préconisé par les États-Unis.

Cette manifestation nationaliste en faveur de l'indépendance se déroule à Hanoï, en décembre 1945. C'est à cette époque, en effet, que notre empire colonial connaît les premiers soubresauts, qui vont l'ébranler avant d'entraîner sa chute. (Photo Keystone.)

A gauche, en haut : les « gourkas », soldats britanniques placés sous le commandement du général Leclerc, vont quitter l'Indochine. Avant leur départ, ils remettent au chef français un message d'amitié. (Photo Keystone.)

Hô Chi Minh, membre du parti communiste vietnamien et futur président de la République. Il proclamera l'indépendance de son pays dès le mois de septembre 1945. A gauche, en bas. (Photographie dédicacée au général Salan.)

27 décembre

Loi réorganisant la Haute Cour de justice française en rendant le choix des jurés plus équitable. De ses origines au procès Laval, la cour a jugé dix-neuf affaires, dont deux par contumace. Quatre ont été retirées par suite du décès des accusés (en particulier l'amiral Platon, assassiné en août). Sept non-lieux ont été prononcés, six procès contradictoires ont eu lieu.

Le président Mongibeaux cède sa place à Louis Noguères. Jusqu'en juin 1949, la Haute Cour examinera cinquante-cinq affaires et prononcera quarante et un non-lieux (en particulier celui du général Weygand).

1946, 1er janvier

Statistique démographique : la France, à la fin de la Seconde Guerre mondiale, compte 40 150 000 habitants.

Elle en possédait 41 900 000 au recensement de 1938. Grâce à une forte augmentation de la natalité, encouragée par les lois en faveur des familles nombreuses et aussi à la diminution de la mortalité, l'augmentation de la population va s'accentuer au cours des vingt-cinq années suivantes.

3 janvier

Les autorités françaises mettent sous séquestre les mines de charbon de la Sarre.

6 janvier

Au Viêt-nam, les élections à la première Assemblée élue au suffrage universel donnent au Viêt-minh une énorme majorité (95 % des suffrages exprimés).

15 janvier

Vote de la loi nationalisant les usines Renault qui sont désormais administrées par une régie autonome dont le directeur est nommé par l'État.

20 janvier

Dans un message à l'Assemblée constituante (et au pays), le général de Gaulle annonce qu'il donne sa démission « considérant que sa tâche est terminée ». En réalité, s'il se retire, c'est que ses conceptions politiques sont diamétralement opposées à celles de la plupart de ses ministres ainsi qu'à celles de l'Assemblée qui prépare, en effet, une Constitution de caractère conventionnel donnant tous pouvoirs à l'Assemblée.

Un ministère tripartite (composé de socialistes, de M.R.P. et de communistes) est constitué non sans difficulté par Félix Gouin.

6 mars

Entre M. Sainteny, chargé des affaires d'Indochine, et Hô Chi Minh, qui vient d'être élu président de la République du Viêt-nam, un accord préliminaire est signé. Le gouvernement reconnaît la République démocratique du Viêt-nam comme un État libre, faisant partie de la Fédération indochinoise et de l'Union française. En échange, les troupes françaises reviennent au Tonkin.

19 mars

Une loi transforme en « départements d'outre-mer » nos anciennes colonies de la Martinique, de la Guadeloupe, de la Guyane et de la Réunion.

29 mars

Une loi nationalise les compagnies du gaz et de l'électricité qui deviennent l'Électricité de France et le Gaz de France, administrés désormais en régies autonomes.

17 avril

Les troupes françaises et britanniques évacuent la Syrie.

24 avril

Une loi nationalise les grandes sociétés d'assurances et les houillères. En fait, ces sociétés gardent leur autonomie mais leur président est nommé par l'État. Elles fusionnent peu à peu tout en conservant un caractère concurrentiel.

25 avril–12 juillet

A Paris, les ministres des Affaires étrangères des Quatre (U.R.S.S., U.S.A., Grande-Bretagne, France) discutent pendant plusieurs mois des traités de paix avec les pays satellites de l'Allemagne.

Nommé à l'unanimité président du Gouvernement provisoire par l'Assemblée constituante, le 13 novembre 1945, le général de Gaulle va bientôt se heurter aux trois grands partis : P.C., S.F.I.O. et M.R.P., qui forment la majorité de cette assemblée. Les prétentions du parti communiste l'exaspèrent tout particulièrement. Le 16 novembre 1945, après s'être démis de ses fonctions auprès de l'Assemblée « faute de pouvoir constituer un gouvernement d'unité », Charles de Gaulle quitte la Chambre des députés (en haut). Ce départ n'est que le prélude à la démission qu'il donnera le 20 janvier 1945, pour la plus grande surprise des Français. Il sera remplacé par le socialiste Félix Gouin, que l'on voit, ici, gravissant les marches du Palais-Bourbon avant la première séance de l'Assemblée. (Photos Keystone.)

Dans son édition du mardi 7 mai 1946, « France-soir » annonce le résultat du référendum du 5 mai. Suivant les conseils donnés par le général de Gaulle, 53 % des Français ont répondu : « Non », rejetant ainsi la Constitution qu'on leur proposait. (Photo P. Bizet.)

5 mai

Second référendum en France. Il porte sur l'acceptation ou le rejet de la Constitution que l'Assemblée a préparée. Établie par une majorité de gauche et d'extrême gauche, cette constitution attribue tous les pouvoirs à l'Assemblée qui est unique et choisit le président du Conseil, le président de la République ne pouvant même pas le proposer à l'investiture de l'Assemblée ni, user du droit de grâce. Les électeurs rejettent cette Constitution (10 584 539 voix contre 9 454 034 sur 25 829 425 inscrits).

11 mai

Démission de Félix Gouin qui expédie les affaires courantes jusqu'au 2 juin, date de l'élection de la nouvelle Assemblée constituante.

22 mai

Une loi généralise la Sécurité sociale en l'étendant aux fonctionnaires et à tous les travailleurs.

Mais agriculteurs, commerçants et artisans en sont encore exclus.

mai-juin

Les difficultés de ravitaillement

Le 16 juin 1946, le général de Gaulle est convié par la municipalité de Bayeux à présider les fêtes commémoratives de la ville. Devant la population assemblée, il prononce le fameux discours par lequel il précise ses vues politiques et son opposition à la constitution de la IVᵉ République. (Photo X.)

provoquent en France des grèves et des troubles qui vont parfois jusqu'à l'émeute.

1er juin

En violation de l'accord Sainteny, l'amiral Thierry d'Argenlieu, haut-commissaire en Indochine, proclame la République autonome de Cochinchine à Saigon.

2 juin

Élection de la nouvelle Assemblée constituante : communistes et socialistes sont en léger recul; les premiers ne sont plus que 146, les socialistes 115. Le M.R.P., avec 160 sièges, est temporairement le premier parti de France. Les radicaux font peu de progrès, la droite n'a plus d'élus. Il en résulte un projet de Constitution de tendance plus modérée.

16 juin

La commission de l'énergie atomique à l'O.N.U propose la destruction des bombes atomiques et le contrôle international de l'énergie atomique. L'U.R.S.S. s'y oppose.

A Bayeux, le général de Gaulle prononce un discours-programme dans lequel il expose sa conception de la République selon laquelle l'exécutif procède du chef de l'État, les Assemblées légifèrent et le gouvernement issu de la majorité n'est pas soumis aux influences des partis. Il préconise également la constitution de *régions* (au moment où sont au contraire supprimés les commissaires de la République).

19 juin

Georges Bidault devient président du gouvernement provisoire.

juillet

Création de l'Organisation mondiale de la santé (O.M.S.) qui siège à Genève.

29 juillet

A Paris, ouverture de la conférence de la paix entre les Alliés et l'Italie.

1er août-15 septembre

Des pourparlers s'engagent entre la France et le Viêt-nam à Fontainebleau.

Ils s'achèvent par la signature d'un *modus vivendi* aboutissant à la reconnaissance par la France de la République démocratique du Viêt-nam.

6-7 août

Au Cambodge, les troupes françaises, à la suite d'une révolte de dissidents khmers, occupent les provinces annexées par la Thaïlande en 1941.

septembre

Le parti socialiste rompt avec le parti communiste français l'entente conclue en septembre 1944, l'accusant d'être inféodé à l'U.R.S.S.

Guy Mollet, maire d'Arras, devient secrétaire général de la S.F.I.O.

1er octobre

La Haute Cour internationale de justice de Nuremberg rend son verdict : 12 inculpés sur 24 sont condamnés à mort, 9 à des peines diverses, 3 sont acquittés. Goering s'empoisonne avant d'être pendu.

Les criminels de guerre, incarcérés

Comme tous les pays belligérants, la France connaît une situation financière qui l'oblige à recourir à l'aide américaine. Cet emprunt fera l'objet des accords de Washington à la signature desquels assistent, de gauche à droite : MM. Byrnes, que l'on voit paraphant l'acte, Henri Bonnet, ambassadeur de France aux États-Unis, et Léon Blum. (Photo Keystone.)

à la prison berlinoise de Spandau, y purgeront leur peine, y mourront ou seront libérés peu à peu. Rudolf Hess en sera le dernier prisonnier.

13 octobre

Troisième référendum : le projet de Constitution est voté par 9 032 032 oui contre 7 830 369 non, malgré l'opposition du général de Gaulle et de ses amis. Il y a neuf millions d'abstentions.

La nouvelle Constitution accorde pourtant des pouvoirs plus étendus au président de la République que celle de la IIIe République. Élu par les Chambres réunies en congrès, il choisit le président du Conseil, préside le Comité constitutionnel, le Comité de la Défense nationale. Son autorité est restreinte mais réelle.

Il y a deux Chambres : l'Assemblée nationale élue au suffrage universel et le Conseil de la République, élu au suffrage restreint. L'Assemblée de l'Union française qui siège à Versailles examine toutes les questions intéressant les anciennes colonies, le Conseil économique toutes les affaires de caractère économique.

La grande innovation est qu'après avoir été désigné par le président de la République, le chef du gouvernement se présente seul devant l'Assemblée nationale et doit obtenir l'investiture de celle-ci avant de former son cabinet.

Ainsi l'Assemblée nationale réunit tous les pouvoirs. Elle a toujours le dernier mot quand il y a conflit avec le Conseil de la République. Elle fait et défait, seule, le gouvernement.

La nouvelle Constitution est promulguée le 27 octobre.

4 novembre

Création de l'UNESCO (Organisation des Nations unies pour l'éducation, la science et la culture) qui aura son siège à Paris.

10 novembre

Élections à l'Assemblée nationale : les communistes ont 21 % des voix et 182 sièges, le M.R.P. 19 % et

172 sièges, la S.F.I.O. 12 % et 101 sièges. Les modérés (P.R.L., parti républicain de la liberté, de tendance modérée, et républicains de centre gauche) 10 % et 8 %. Les autres formations se partagent le reste.

23 novembre

Le bombardement de Haiphong par une escadre française rompt le *modus vivendi* établi à Fontainebleau entre la France et Hô Chi Minh.

27 novembre

Publication du plan Monnet de modernisation et d'équipement qui doit être réalisé, grâce aux crédits du plan Marshall, de 1947 à 1953.

28 novembre

A la suite des élections législatives, Georges Bidault donne sa démission et est remplacé à la tête du gouverne-ment par Léon Blum le 10 décembre, Maurice Thorez, communiste, n'ayant obtenu que 259 voix et Bidault 240. Il forme un ministère dont les communistes sont exclus.

19-20 décembre

Insurrection générale du Viêt-nam du Nord. La guerre d'Indochine commence vraiment.

fin décembre

Pour sauver le franc très mal en point, Léon Blum décide une baisse autoritaire de 5 % tant sur les prix de gros que sur ceux de détail. Toutes les factures, toutes les étiquettes doivent porter la marque de cette baisse.

Effectivement les indices des prix de gros et de détail fléchissent.

1947, 16 janvier

A Versailles se réunissent en

Le 1ᵉʳ août 1946, le président de la nouvelle République du Viêt-nam, Hô Chi Minh, arrive à Fontainebleau afin d'engager avec le gouvernement français des pourparlers. L'homme d'État vietnamien sera, au cours de son voyage, reçu officiellement à déjeuner à l'Hôtel Matignon. Le voici avec le président du Conseil Georges Bidault. Entre eux, Jean Sainteny, l'un des auteurs du rapprochement franco-vietnamien. (Photo Keystone.)

congrès les deux Assemblées pour élire le premier président de la IVe République. Tous les grands partis politiques, sauf les communistes, ont leur candidat, à la différence de ce qui se passait sous la IIIe où il n'y avait habituellement que deux candidats. Vincent Auriol, membre de la S.F.I.O., est élu par 452 voix contre 242 à M. Champetier de Ribes (M.R.P.), 122 à M. Gasser (Rassemblement des gauches) et 60 à Michel Clemenceau (parti républicain de la liberté). Les communistes ont voté pour Vincent Auriol.

Le nouveau président, ancien ministre des Finances de Léon Blum, arrêté par Vichy, a rejoint de Gaulle en octobre 1943. C'est un homme pondéré, âgé de soixante-deux ans, décidé à appliquer la nouvelle Constitution, mais aussi à user de tous les pouvoirs que celle-ci lui donne.

20 janvier

Léon Blum remet sa démission et se retire.

Il est remplacé par Paul Ramadier qui forme un ministère de concentration (M.R.P., socialistes) avec quatre ministres communistes dont Thorez et Billoux.

janvier-25 février

A Londres, se réunissent les ministres des Affaires étrangères alliés pour tenter de s'entendre sur la paix avec l'Allemagne. Ils n'arrivent pas à se mettre d'accord.

10 février

Signature des traités de paix entre les Alliés et l'Italie, la Roumanie, la Hongrie, la Bulgarie et la Finlande. L'Italie cède Fiume, Zara et l'Istrie à la Yougoslavie, elle accepte des rectifications de frontière avec la France et renonce à ses colonies. L'U.R.S.S. s'accroît considérablement au détriment de la Roumanie, de la Hongrie et de la Finlande (qui cède la Carélie).

10 mars-24 avril

Une conférence tenue pendant plusieurs semaines à Moscou entre les quatre Alliés n'aboutit pas. Le « rideau de fer » s'abat sur les pays de l'Est. C'est la guerre froide qui commence.

11-18 mars

A l'Assemblée nationale s'engagent des débats sur la guerre d'Indochine. Les communistes se séparent de la majorité. Ils critiquent « la politique de reconquête coloniale » et votent contre la motion de confiance.

14 mars

Le Conseil national du patronat français et les syndicats signent un accord important au sujet du régime des retraites complémentaires des cadres. Ce régime sera étendu aux salariés en 1957.

mars

Le gouvernement français ne désespère pas de ramener la paix au Viêt-nam. Il rappelle le haut-commissaire Thierry d'Argenlieu, responsable du bombardement d'Haiphong, et le remplace par un haut-commissaire civil, M. Bollaert.

Dans un discours prononcé à Bruneval, de Gaulle dénonce les jeux stériles de la politique, condamne une fois encore cette Constitution qui empêche de gouverner et annonce la fondation d'un mouvement nouveau groupé autour de lui, le Rassemblement du peuple français, dont l'organisation sera effective le 15 avril.

1er mai

La fête du travail est célébrée en commun par les partis politiques de gauche et les syndicats.

5 mai

C'est la rupture définitive entre socialistes et communistes, ainsi que la fin de la majorité tripartite. Ramadier exclut les quatre ministres communistes et modifie en conséquence son cabinet. Le P.C. est désormais dans l'opposition.

5 juin

Secrétaire d'État du président Truman, le général Marshall propose un programme de reconstruction européenne (qui prendra le nom de plan Marshall).

27 juin-2 juillet

Réunis à Paris, les ministres des Affaires étrangères des trois puissances (France, Grande-Bretagne, U.R.S.S.) discutent de l'adoption du plan Marshall. Accepté par la France et la Grande-Bretagne, il est rejeté par la Russie et les six pays de l'Est (Pologne, Hongrie, Bulgarie, Tchécoslovaquie, Roumanie, Albanie) sous prétexte qu'il est contraire à la souveraineté nationale.

12-13 juillet

A Paris s'ouvre la conférence chargée d'étudier l'adoption du plan Marshall. La Grande-Bretagne, la France, l'Italie, la Belgique, le Luxembourg, les Pays-Bas, la Nor-

vège, la Suède, le Danemark, la Turquie, la Grèce, le Portugal, l'Irlande et l'Islande l'acceptent. Il est refusé à l'Espagne.

4-5 août

En Tunisie, les nationalistes déclenchent la grève générale. Des heurts sanglants ont lieu à Sfax.

27 août

L'Assemblée nationale vote un nouveau statut pour l'Algérie, aux termes duquel doit être élue une Assemblée algérienne chargée d'assister le gouverneur général que nomme le gouvernement français.

17 septembre

Ouverture de la deuxième session de l'O.N.U. Elle se propose d'examiner spécialement les problèmes de la Corée, des Balkans et de la Palestine.

16 octobre

En France, les élections municipales constituent un net succès pour le R.P.F. du général de Gaulle qui emporte 38 % des suffrages.

20-30 octobre

Peu après éclatent de gros mouvements de grèves qui font tache d'huile et s'étendent peu à peu aux services publics. Les ouvriers réclament des augmentations de salaire et une amélioration du ravitaillement qui reste médiocre. Ramadier, qui doit faire face à ces troubles sociaux, remanie son ministère. Il ne garde que onze ministres et un secrétaire d'État. En fait, il est condamné et obtient difficilement 20 voix de majorité.

10 novembre

Les grèves prennent un caractère national. Les voies de chemin de fer sont obstruées, ce qui arrête le ravitaillement de Paris.

19 novembre

Ramadier donne sa démission.

21 novembre

Bien qu'il soit malade et fatigué, Léon Blum accepte de demander l'investiture de l'Assemblée nationale. Il dénonce le danger communiste et celui qu'offre à ses yeux le R.P.F. Il n'obtient que 300 voix.

23 novembre

Et c'est Robert Schuman (M.R.P.) qui obtient l'investiture et forme le troisième cabinet de la législature, un cabinet composé surtout de démocrates-chrétiens et de socialistes (Jules Moch à l'Intérieur, Christian Pineau aux Travaux publics).

25 novembre-15 décembre

A Londres, les ministres des Affaires étrangères des Quatre tentent en vain de se mettre d'accord sur l'Allemagne. Celle-ci reste coupée en deux par le rideau de fer.

28 novembre

Le général Leclerc trouve la mort dans un accident d'avion près de Colomb-Béchar.

9 décembre

Au Caire, fondation du comité de libération du Maghreb où figurent Abd el-Krim pour le Maroc et Bourguiba pour la Tunisie.

19 décembre

Scission au sein de la Confédération générale du travail. Devant son inféodation au parti communiste, Léon Jouhaux fonde le syndicat C.G.T.-F.O. (Force ouvrière) de tendance socialiste. Il y a donc alors en France trois principaux syndicats: C.G.T., C.G.T-.F.O. (on dira bientôt F.O.) et C.F.T.C. (Travailleurs chrétiens).

1948, 5-29 janvier

Par 315 voix contre 268, l'Assemblée nationale adopte le plan d'assainissement financier présenté par René Mayer, ministre des Finances. Ce plan prévoit une hausse moyenne des salaires de 25 %, le renvoi de 150 000 fonctionnaires, une réduction de 10 % de tous les crédits et un impôt exceptionnel sur les bénéfices industriels et commerciaux (voté le 7 janvier).

Une dévaluation du franc de 44,44 % (4,21 milligrammes d'or au lieu de 7,46) s'accompagne d'un échange des billets de 5 000 francs pour débusquer les capitaux clandestins que les paysans cachent souvent dans leurs lessiveuses! On rétablit en outre la liberté du marché de l'or et on prend des mesures de bienveillance pour ramener les capitaux de l'étranger.

La situation financière s'améliore, la production industrielle augmente grâce au plan Marshall.

6 février

Détenu à la prison du Cherche-Midi, le général von Stülpnagel, ancien commandant allemand du Grand Paris, se suicide.

Les syndicats, reconstitués après la Libération, posent de graves problèmes au gouvernement. Les restrictions et le renchérissement de la vie créent un terrain favorable aux revendications. Dans l'usine nationalisée Renault, une grève violente se déchaîne en avril 1947. On voit ci-dessus la foule des ouvriers écoutant les discours d'orateurs improvisés tout en brandissant des pancartes où ils exposent leurs exigences. (Photo Keystone.)

9 février

Des autorités centrales allemandes sont mises en place dans les zones anglo-franco-américaines d'Allemagne.

L'U.R.S.S. en fait autant dans sa zone d'occupation.

10 février

Réouverture des frontières entre la France et l'Espagne.

11 février

Le nouveau gouverneur de l'Algérie, Naegelen, est décidé à briser le nationalisme algérien.

17 mars

A Bruxelles, signature d'un traité d'alliance militaire conclu pour cinquante ans entre la Belgique, la France, la Grande-Bretagne, le Luxembourg et les Pays-Bas. Ce traité resserre les liens militaires, économiques, sociaux et culturels entre les pays signataires. Il est à l'origine du Pacte atlantique et de l'Union de l'Europe occidentale. L'Assemblée nationale souhaite d'ailleurs la création d'une assemblée constituante européenne.

20-31 mars

Mais, en Allemagne, l'antagonisme entre les Alliés et l'U.R.S.S. s'aggrave. Il n'y a plus de collaboration possible au Conseil de contrôle qui cesse de fonctionner. Les voies d'accès à Berlin sont de plus en plus surveillées.

1er avril

Entrée en vigueur de l'accord douanier entre la France et la Sarre. Douanes et formalités de visa sont dès lors complètement supprimées.

7 avril

Le gouvernement nomme huit super-préfets, dits igames (inspecteurs généraux de l'administration en mission extraordinaire), qui ont des attributions élargies sur leurs régions : Paris, Lille, Rennes, Bordeaux, Toulouse, Marseille, Dijon, Metz.

12 avril

Élections à la nouvelle Assemblée algérienne créée par le statut de septembre 1947.

Sur 120 membres élus par les deux collèges, les partisans de l'in-

Le vaste mouvement de grèves de 1948 atteint à peu près tous les secteurs. La S.N.C.F. est durement touchée et, pour le plus grand dam des voyageurs, la scène que l'on voit ici se reproduit dans beaucoup de gares. Derrière les grilles fermées, une foule nombreuse stationne qui, en plusieurs circonstances, manifestera sa mauvaise humeur par des protestations verbales et même des coups. (Photo Keystone.)

dépendance n'obtiennent que 19 sièges. Le R.P.F. triomphe dans le premier collège (élite algérienne et Algériens ayant le statut civil français).

16 avril

Création à Paris de l'Organisation européenne de coopération économique (O.E.C.E.) qui siège au château de la Muette. Elle a pour objet de répartir entre les seize pays signataires l'aide financière fournie par le plan Marshall et de libéraliser leurs échanges économiques.

5 mai

Le général de Lattre de Tassigny devient inspecteur général des forces armées.

10 mai

Toutes les relations ferroviaires sont coupées entre l'Allemagne de l'Ouest et Berlin.

15-24 mai

La fin du mandat britannique sur la Palestine a pour conséquence la création de l'État d'Israël que reconnaissent *de facto* puis *de jure* les États-Unis, l'U.R.S.S. et bientôt la France qui a salué sa naissance par une motion votée à l'Assemblée. Ben Gourion est chef du gouvernement d'Israël.

Mais les États arabes refusent de reconnaître le fait accompli et c'est la guerre. Les Arabes s'emparent de Jérusalem. A l'O.N.U., le comte Bernadotte est chargé d'une mission de conciliation. Le Conseil de sécurité ordonne le cessez-le-feu mais n'est pas écouté par les Arabes.

La nationalisation des écoles privées des houillères du Midi et un décret, qui, chargeant les associations familiales de répartir les subventions, écarte les écoles confessionnelles, rouvrent en France la querelle scolaire.

4-17 juin

A Londres, les États-Unis, la Grande-Bretagne, la France et le Benelux fixent les grandes lignes du statut politique de l'Allemagne occidentale : une Assemblée constituante et un gouvernement fédéral seront mis en place. Toutefois, la démilitarisation et la production de l'acier et du charbon de la Ruhr restent sous le contrôle allié. L'opinion française s'inquiète de ces accords que le général de Gaulle dénonce le 9 juin. L'Assemblée nationale les ratifie pourtant le 17, mais demande l'internationalisation des mines de la Ruhr.

5 juin

Dans la baie d'Along, sur le *Duguay-Trouin*, Bollaert, haut-commissaire français en Indochine, signe un accord reconnaissant l'indépendance du Viêt-nam, et rétablit l'empereur Bao-Daï. Hô Chi Minh rejette ces accords et demande à ses partisans de poursuivre la lutte.

25 juin

Pour répondre au blocus effectif de Berlin par l'U.R.S.S., les Américains établissent un pont aérien qui, pendant plusieurs mois, va ravitailler le secteur occidental de la ville.

5 juillet

Mort de l'écrivain Georges Bernanos.

10-20 juillet

Crise gouvernementale en France : pour éviter le retour de la querelle scolaire, le gouvernement avait le 10 juin amendé le décret Poinso-Chapuis qui excluait les écoles privées des subventions. Cette décision mécontente les socialistes. D'autre part, la politique économique et financière de René Mayer les inquiète. Les fonctionnaires se mettent en grève. Finalement, Schuman démissionne...

26 juillet

... et est remplacé le 26 par un cabinet élargi formé par le radical André Marie. Ce cabinet va de Léon Blum à Paul Reynaud. Robert Schuman remplace Georges Bidault aux Affaires étrangères; Reynaud est ministre des Finances.

29 juillet

Ouverture des XIVe Jeux Olympiques à Wembley. Ce sont les premiers depuis la guerre. Ni l'U.R.S.S. ni l'Allemagne ni le Japon n'y participent. La France remportera dix médailles d'or, six d'argent, treize de bronze.

août

Le Parlement vote la loi sur les loyers qui entrera en vigueur le 1er janvier 1949. La valeur locative des immeubles anciens est établie selon la « surface corrigée ».

16 août

Près de la frontière cambodgienne, une garnison française est massacrée. Dans la plaine des Jarres, le Viêt-minh subit de lourdes pertes.

23 août-11 septembre

Tandis qu'à Moscou on cherche une solution au problème de Berlin, le gouvernement Marie démissionne à Paris devant l'opposition des socialistes aux projets financiers de Paul Reynaud. Après de vaines tentatives de Ramadier et de Schuman, c'est Henri Queuille qui forme un cabinet. Celui-ci va durer plus d'un an. Robert Schuman aux Affaires étrangères, Jules Moch à l'Intérieur, Ramadier à la Défense nationale vont stabiliser le régime et assainir les finances.

20 septembre

L'Assemblée nationale modifie le mode d'élection au Conseil de la République. On abandonne le système des grands électeurs et de la cooptation pour en revenir à un collège électoral très voisin de celui du Sénat de la IIIe République.

La troisième session de l'O.N.U. s'ouvre à Paris en pleine guerre froide : l'impérialisme russe dénonce l'impérialisme américain et inversement.

6 octobre-14 novembre

Une vague de grèves insurrectionnelles va se déclencher en France et se poursuivra pendant plus d'un mois, aboutissant à la perte de 4 millions de tonnes de charbon. Mines, métallurgie, chemins de fer se mettent en grève. Mais Jules Moch fait venir des troupes d'Allemagne, mobilise les C.R.S. Il y aura çà et là des heurts violents. Le gouvernement dénonce le caractère politique de ces grèves qui finissent par lasser les ouvriers eux-mêmes et s'achèveront par un échec qu'ils ressentiront longtemps.

17 octobre

Nouvelle dévaluation du franc qui tombe de 4,21 milligrammes d'or à 3,37 (20 %). La livre est cotée 1 062 francs, le dollar 263,50.

20 octobre

En Indochine, Léon Pignon remplace Bollaert. La lutte contre le Viêt-minh continue.

7 novembre

Les élections au Conseil de la République sont marquées par un recul important des communistes et du M.R.P., un succès des radicaux et du R.P.F. Gaston Monnerville devient président de l'Assemblée tandis que Poher, battu, démissionne du gouvernement.

17 novembre

Au cours d'une conférence de presse, le général de Gaulle, tout en approuvant le plan Marshall, redoute qu'il sacrifie l'avenir de la France et de l'Europe.

2-28 décembre

Les Anglo-Saxons avaient décidé de restituer la propriété des mines de la Ruhr à l'Allemagne de l'Ouest. Devant les protestations de la France un accord intervient entre les Six : leur gestion sera contrôlée et un office militaire veillera sur le désarmement et la démilitarisation de la Ruhr.

15 décembre

La première pile atomique française est mise en marche au fort de Châtillon.

1949, 12-24 janvier

Maurice Petsche, qui remplace Queuille aux Finances, lance un

Après la Seconde Guerre mondiale, plusieurs manifestations internationales se déroulèrent en faveur de la paix universelle, notamment le « Mouvement de la Paix », issu de l'appel de Stockholm de 1949. Répondant à cet appel, un meeting se déroule en France le dimanche 25 avril 1949. Ces jeunes filles brandissant des banderoles ornées de colombes représentent le XVIᵉ arrondissement de Paris. (Photo Keystone.)

emprunt de 100 milliards à 5 %.

29 janvier

La France (avec trente-trois autres pays) reconnaît *de facto* l'État d'Israël.

février

Tandis que les ministres des Affaires étrangères préparent le pacte atlantique qui doit assurer la défense de l'Occident, des remous se produisent au sein du gouvernement français. Accusé de protéger des industriels coupables de collaboration économique, André Marie démissionne et est remplacé par Robert Lecourt. Edgar Faure devient secrétaire d'État au Budget.

24-28 février

Les déclarations de Maurice Thorez, affirmant qu'en cas de guerre contre l'U.R.S.S. la classe ouvrière refusera de combattre, provoquent des perquisitions aux sièges des journaux communistes et des inculpations.

2 mars

La situation économique s'améliore. Le commissariat au ravitaillement est supprimé. Le pain, les produits laitiers sont en vente libre. Les objectifs du plan Monnet sont atteints. La production industrielle dépasse le niveau de 1929. L'emprunt a rapporté 297 milliards.

8 mars

Accord définitif signé entre Vincent Auriol et Bao-Daï. Envoi en Indochine de renforts en hommes et en matériel.

18 mars

Publication du pacte atlantique auquel adhèrent douze pays d'Europe occidentale. Le pacte est signé à Washington le 4 avril. Il prévoit la défense commune des pays signataires. C'est la première fois dans leur histoire que les États-Unis se lient ainsi en temps de paix.

8 avril

A Washington, France, Grande-Bretagne, U.S.A. signent le nouveau statut d'occupation de l'Allemagne de l'Ouest, qui rend à celle-ci l'autonomie politique, limite les démontages industriels et se contente d'un contrôle de la production.

20-25 avril

Le congrès des partisans de la paix, qui groupe à Paris les représentants des communistes de cinquante-deux nations, attaque violemment le pacte atlantique. Joliot-Curie s'élève contre ce pacte au nom des communistes français.

28 avril

Selon le vœu de Bao-Daï, la Cochinchine est rattachée au Viêt-nam (Tonkin, Annam).

5-23 mai

L'activité internationale se poursuit. Le 5, le traité de Londres fixe le statut du Conseil de l'Europe qui a pour objet de travailler à former une opinion européenne sans diminuer l'indépendance des États membres. Le 23, tandis que les quatre ministres des Affaires étrangères étudient à Londres le futur traité de paix avec l'Allemagne et l'Autriche (conférence qui ne peut aboutir en raison du point de vue opposé de l'U.R.S.S.), la République fédérale allemande naît officiellement. Bonn en est la capitale. Le premier chancelier sera Konrad Adenauer élu, après les élections

d'août au Bundestag, le 15 septembre.

12 mai

L'U.R.S.S. renonce à maintenir le blocus de Berlin-Ouest.

2 juin

L'institution du double secteur de l'essence annonce la vente libre qui sera effective le 1er octobre.

30 juin

En Indochine, Bao-Daï constitue définitivement son gouvernement, tandis que le Siam reprend officiellement son nom de Thaïlande, abandonné à la fin de la guerre.

1er-23 juillet

Tandis qu'Otto Abetz, ancien ambassadeur de Hitler en France, est condamné à vingt ans de travaux forcés, la Haute Cour de justice achève ses travaux. Presque toutes les cours de justice, à l'exception de celle de Paris qui siégera jusqu'au 31 décembre, sont supprimées. Elles ont jugé environ 100 000 personnes, prononcé 2 071 condamnations à mort et près de 4 000 par contumace, mais un tiers seulement des condamnés a été exécuté. Sur les 40 000 condamnés aux travaux forcés (dont 2 777 à perpétuité), il ne restera plus en 1950, par suite de grâces individuelles ou d'amnisties, que 4 791 détenus. Les chambres civiques ont prononcé 48 273 condamnations pour indignité nationale.

19 juillet

Un traité reconnaît l'indépendance du Laos au sein de l'Union française.

27-29 juillet

L'Assemblée nationale puis le Conseil de la République ratifient le pacte atlantique par 395 voix contre 189 et 248 voix contre 20.

4-9 août

Les chefs d'état-major confèrent à Paris pour mettre en application le pacte atlantique qui entre officiellement en vigueur le 24 août.

8-11 août

Le général Kœnig quitte le commandement de la zone d'occupation française en Allemagne.

A Strasbourg s'ouvre la première session du Conseil de l'Europe. L'Assemblée consultative tient sa première séance sous la présidence d'Édouard Herriot et élit P.-H. Spaak comme président. L'assemblée considère que l'objet du Conseil est de créer une assemblée politique supranationale.

fin août

La publication, par un poste d'émission clandestin du Viêt-nam, d'un rapport pessimiste du général Revers, sur la situation militaire en Indochine et la faiblesse politique de Bao-Daï, cause un vif malaise dans l'opinion publique.

18 septembre

La dévaluation de la livre sterling (30,05 %) entraîne celle de la plupart des monnaies européennes. Celle du franc est de 22,02 %. Le dollar vaut 350 francs.

Le même jour éclate ce qu'on appelle le « scandale des généraux ». On découvre que le rapport Revers a été communiqué à des agents du

> ### LE MARCHÉ COMMUN CHARBON-ACIER
>
> *Le plan a été établi par Jean Monnet. Il s'agit de mettre en commun, sous la direction d'une haute autorité, toute la production du charbon et de l'acier de la France et de l'Allemagne, puis de leurs voisins.*
>
> *Nécessité économique : ce pool, administré par une autorité supranationale, vise à l'indépendance de l'Europe. Il rend impossible un nouveau conflit entre les deux pays au moment où l'aide accordée par le plan Marshall à l'Allemagne permet le relèvement rapide du vaincu. Il apaise aussi les craintes de la France. C'est une orientation nouvelle qui annonce d'autres changements.*
>
> *A bon droit Robert Schuman a été appelé « le père de l'Europe ».*

Viêt-minh par des officiers du service du contre-espionnage. Le ministre de la Défense nationale, Ramadier, couvre ses services et l'affaire est classée.

5-28 octobre

Mais cette affaire, jointe à l'augmentation constante des prix et au désaccord entre les socialistes et le M.R.P., oblige le président Queuille à démissionner. Vainement René Mayer puis Jules Moch tentent de former le cabinet. Finalement, bénéficiant de la lassitude générale, Georges Bidault (M.R.P.) constitue un gouvernement qui comprend M.R.P., socialistes et radicaux : Schuman reste aux Affaires étrangères, Moch à l'Intérieur, Petsche aux Finances; Pleven est ministre de la Défense nationale, René Mayer

L'agitation anti-française d'Extrême-Orient a gagné l'Afrique du Nord en commençant par les protectorats du Maroc et de Tunisie. Bien qu'ayant épousé une Française, Habib Bourguiba est un des chefs les plus xénophobes du parti du Néo-Destour. Son éloquence et son exaltation en feront un adversaire redoutable. (Paris-Match. Photo de Potier.)

de la Justice. Bidault a obtenu l'investiture par 367 voix contre 183.

5-7 octobre

Proclamation de la République démocratique allemande que les Occidentaux ne reconnaissent pas.

8 novembre

Un traité signé entre la France et le Cambodge consacre l'indépendance de ce pays et son entrée au sein de l'Union française.

16 novembre

L'assemblée générale des Nations Unies adopte un programme d'assistance technique aux pays sous-développés.

1er-26 décembre

Le ministère Bidault connaît déjà des difficultés. Pierre Pflimlin, ministre de l'Agriculture, démissionne pour protester contre le prix insuffisant fixé pour la betterave. L'affaire des généraux rebondit à la suite de la publication, par une revue américaine, du rapport Revers qui préconise l'abandon des postes frontières du Haut-Tonkin. Le général est mis à la retraite. Le R.P.F. reproche aux socialistes d'avoir favorisé « les fuites » de ce rapport parce qu'il est favorable au Viêt-minh. Il est certain que la situation militaire en Indochine n'est pas bonne au moment où Mao, en voyage à Moscou, s'entend avec l'U.R.S.S.

1950, 13-15 janvier

A la suite des conversations entre Robert Schuman et le chancelier Adenauer, celui-ci déclare que la Sarre doit rester allemande. Cette déclaration provoque une certaine émotion en France.

17 janvier

Cependant c'est encore l'affaire des fuites qui occupe l'Assemblée. Après une intervention de Georges Bidault, une commission d'enquête parlementaire est créée.

Le Viêt-minh multiplie les embuscades et les attaques au Tonkin, dans la région de Saigon, mais aussi au Cambodge et au Laos.

29-30 janvier

Tandis que l'Assemblée ratifie les accords conclus avec le Viêt-nam, le Laos et le Cambodge, l'U.R.S.S. reconnaît le gouvernement de la République populaire du Viêt-nam, dirigé par Hô Chi Minh.

3-7 février

La politique financière du cabinet Bidault s'écarte de plus en plus du dirigisme économique pratiqué après la Libération pour en revenir au libéralisme traditionnel et à l'orthodoxie budgétaire. Bidault refuse d'accorder aux fonctionnaires une « prime d'attente » exceptionnelle que justifierait pourtant la hausse des prix. Tous les ministres socialistes démissionnent (les élections approchent...). Bidault les remplace par des députés M.R.P. ou des radicaux et obtient la confiance par 225 voix contre 185, socialistes et R.P.F. s'abstenant.

16 février

Agitation dans les ports où les dockers refusent de charger des armes pour l'Indochine. Le gouvernement renforce les pouvoirs des préfets.

19 mars

Mort de Léon Blum.

13-18 avril

Le bey de Tunis demande diverses réformes à la France. On les lui accorde. Mais le chef du Destour — le parti de l'indépendance —, Habib

---

ET PENDANT CE TEMPS...

N.B. — De 1939 à 1945, l'histoire de la France ne peut se dissocier de l'histoire de la Seconde Guerre mondiale, C'est pourquoi, pendant cette période, tous les événements, même ceux qui semblent ne concerner qu'indirectement notre pays, ont été rangés dans la chronologie. La présente rubrique ne reprend vraiment qu'en 1946.

1946, 10 janvier-14 février
A Londres se tient la première assemblée générale de l'O.N.U.

1947, 15 mai
L'O.N.U crée une commission chargée de trouver une solution au problème de la Palestine déchirée entre les Juifs et les Arabes.

29 novembre
La Palestine est divisée en deux États : Israël et la Palestine proprement dite, les Lieux Saints étant internationalisés. Israël accepte ce plan. Les Arabes le rejettent et appellent à la guerre contre Israël.

1948, 17-25 février
En Tchécoslovaquie, les communistes s'emparent du pouvoir avec l'appui de l'U.R.S.S. Masaryk se suicide. Benès s'incline. Le « coup de Prague » qui fait basculer la Tchécoslovaquie dans le camp communiste provoque une vive émotion.

17 septembre
Chargé de mission en Israël par l'O.N.U., le comte Bernadotte est assassiné. Si un accord de fait intervient entre Juifs et Arabes pour le partage de Jérusalem, la guerre continue.

1949, 24 février
Signature d'un armistice entre l'Égypte et Israël. L'Égypte garde Gaza et une bande côtière, Israël ses conquêtes dans le Néguev.

Avril
Cessez-le-feu entre la Jordanie, la Syrie et Israël.

21 septembre
Proclamation de la République populaire de Chine dont Mao Tsé-Toung est président. Chang Kaï-Chek se réfugie à Formose.

Bourguiba, exige l'indépendance complète de la Tunisie.

13 avril

Les premiers cargos américains chargés d'armes parviennent en France : c'est la conséquence du pacte atlantique.

28 avril

Joliot-Curie, communiste notoire, cesse d'assumer les fonctions de haut-commissaire à l'énergie atomique.

9 mai

Robert Schuman préconise l'établissement d'un pool du charbon et de l'acier entre l'Allemagne et la France, ouvert à d'autres nations.

16 mai

L'Assemblée nationale abroge les lois qui frappent d'exil les descendants des familles ayant régné sur la France (Orléans et Bonaparte).

8 juin

La C.G.T., de tendance communiste, perd la majorité aux élections aux conseils d'administration des caisses de Sécurité sociale.

20 juin

A Paris, sous la présidence de Jean Monnet, s'ouvre la conférence des Six (Allemagne, Belgique, France, Italie, Luxembourg, Pays-Bas) sur le marché commun du charbon et de l'acier.

24 juin

Le ministère Bidault est mis en

minorité sur la question du reclassement des fonctionnaires. En réalité, à l'approche des élections, les querelles entre M.R.P. et socialistes sont de plus en plus vives, tant au sujet de la politique économique et sociale que de la laïcité. Ainsi la France se trouve sans gouvernement...

25 juin

... quand la Corée du Nord, communiste, attaque la Corée du Sud, pro-américaine, en franchissant le 38e parallèle, frontière entre les deux. Le conseil de sécurité de l'O.N.U., que boude le représentant de l'U.R.S.S. depuis que le conseil a refusé d'admettre la Chine populaire, condamne l'agression et invite tous les États membres à se porter au secours de la Corée du Sud. Le président Truman envoie troupes et armes. L'U.R.S.S. aide la Corée du Nord. Pendant quelques semaines, on craint une guerre générale.

7 juillet

A Paris, les bénéficiaires de l'aide Marshall, membres de l'O.E.C.E., décident de fonder une union européenne des paiements destinée à faciliter les échanges entre ces pays.

11 juillet

Après l'échec de Queuille qui n'a pas reçu l'investiture, Pleven forme un cabinet de large union, des socialistes aux modérés, qui obtient 329 voix contre 224. Guy Mollet devient ministre d'État, Edgar Faure est au Budget, Gaston Defferre à la Marine marchande.

19 juillet

Le gouvernement décide d'en-

voyer une force navale en Corée.

Les Coréens du Nord ont submergé toute la Corée du Sud, à l'exception de la tête de pont de Pusan par où affluent les troupes américaines, sous le commandement du général MacArthur.

La lutte se poursuit en Indochine avec des alternances de succès et de revers. Un des plus pénibles moments est la chute de Cao Bang, tombé aux mains du Viêt-minh avec un important matériel. Beaucoup de soldats français y sont capturés et l'on voit leur triste cortège se déroulant sous le climat pénible du Haut-Tonkin. (Photo Keystone.)

23 août

La France envoie un bataillon en Corée. Redoutant une invasion, le chancelier Adenauer réclame le renforcement des troupes alliées en République fédérale. La question de la sécurité et du réarmement passe au premier plan.

2 septembre

En raison de la situation internationale, René Pleven annonce que la durée du service militaire sera portée d'un an à dix-huit mois; une partie du contingent sera maintenue sous les drapeaux jusqu'au 15 janvier 1951.

7 septembre

Une vaste opération est entreprise par la police contre les communistes étrangers — surtout espagnols — résidant en France.

15-23 septembre

Une contre-offensive en Corée permet aux Américains de reprendre Séoul, capitale de la Corée du Sud, et de libérer entièrement celle-ci. Les Américains et leurs alliés franchissent le 38e parallèle et poussent vers la capitale de la Corée du Nord dont ils s'emparent le 19 octobre.

4-10 octobre

Devant le harcèlement des Viêts, le commandement français évacue les postes avancés du Haut-Tonkin. La garnison de Cao Bang est encerclée. C'est un véritable désastre. Les troupes françaises éprouvent de lourdes pertes et abandonnent une énorme quantité de matériel à l'ennemi.

19-24 octobre

Ces nouvelles provoquent en France un vif émoi. A l'Assemblée nationale, Pierre Mendès France déclare que, pour l'Indochine, l'heure du choix est arrivée. En outre, l'opinion publique — communistes et gaullistes ainsi que modérés — s'insurge contre le réarmement de l'Allemagne, vivement préconisé par les États-Unis qui n'ont guère confiance en l'armée française. Pleven souhaiterait la création d'une communauté européenne de défense sous commandement supranational, ce qui éviterait la renaissance du militarisme allemand. Les socialistes sont divisés à ce sujet. Le plan Pleven est adopté par 343 voix contre 225.

Les États-Unis nous attribuent 2,04 milliards de dollars pour aider à notre équipement militaire en Europe et en Indochine.

27 octobre

Le comité militaire du Conseil atlantique décide la création d'un quartier général en Europe (le SHAPE) qui s'installe à Rocquencourt, près de Versailles. Le commandement sera exercé par Eisenhower, nommé officiellement le 18 décembre. Le nombre des divisions ne cessera d'augmenter jusqu'en 1953.

23-26 novembre

Tandis qu'en France l'Assemblée nationale discute du rapport de la commission d'enquête sur « l'affaire des généraux » et les fuites, les Chinois interviennent massivement en Corée du Nord et rejettent les Américains et leurs alliés dont la situation devient critique.

5-23 décembre

Le général de Lattre de Tassigny est nommé haut-commissaire en Indochine. L'arrivée de ce chef prestigieux relève le moral des troupes.

Les États-Unis acceptent d'aider l'armée viêt-namienne. Avec son adjoint Raoul Salan, de Lattre décide que le Tonkin sera tenu à tout prix. Il réclame hommes et armement. Depuis l'attaque de la Corée, les États-Unis ont compris qu'il ne s'agissait pas d'une guerre coloniale, mais d'un affrontement entre les pays libres et les pays communistes, et sont prêts à aider la France.

16-24 décembre

Les Américains ont dû évacuer toute la Corée du Nord. La Chine déclare qu'aucune paix ne sera possible tant qu'elle ne sera pas admise à l'O.N.U. que Formose, où s'est réfugié le gouvernement nationaliste de Tchang Kaï-Chek, ne recevra plus d'aide américaine et que les Nations Unies n'auront pas évacué toute la Corée.

1951, 3 janvier

Les Sino-Coréens s'emparent de Séoul, capitale de la Corée du Sud. Dans des combats acharnés autour de Wongée, le bataillon français se distingue.

7 janvier

Dans un discours prononcé à Nîmes, le général de Gaulle appelle les États-Unis et l'Europe à s'unir pour défendre la liberté.

10 janvier

Francis Perrin est nommé haut-commissaire à l'énergie atomique.

15-16 janvier

Une attaque viêt-minh échoue dans la région d'Hanoi. Le Viêt-minh reste menaçant au Tonkin.

26-31 janvier

Tandis que le gouvernement dissout les sections françaises d'organismes internationaux à tendance communiste, René Pleven rencontre le président Truman aux États-Unis. Le communiqué commun annonce que la France poursuivra la lutte en Indochine avec l'aide du matériel des U.S.A. et que ceux-ci approuvent le plan Schuman de pool charbon-acier et le plan Pleven de défense européenne.

Le 30 janvier, à Kiel, André François-Poncet, haut-commissaire en Allemagne, déclare que la France ne reconnaît pas la frontière Oder-Neisse.

Au Maroc, crise entre El Glaoui, pacha de Marrakech, soutenu par le résident général, et le sultan accusé de soutenir l'Istiqlal, parti de l'indépendance.

28 janvier-28 février

En Corée, une contre-offensive alliée, un moment stoppée, se poursuit pendant tout le mois.

8 février

Avec l'accord de la France, le bey de Tunis décrète une série de réformes qui préparent l'autonomie interne du pays.

11 février

Les élections à l'Assemblée algérienne, dont le rôle est d'ailleurs faible, montrent les progrès des partis de l'indépendance (Ferhat Abbas et Messali Hadj).

12-25 février

Crise au Maroc : le sultan finit par s'incliner, dissout le cabinet, dont la plupart des membres appartenaient à l'Istiqlal, et signe un accord avec le général Juin.

27-28 février

Les ministres ne peuvent se mettre d'accord sur la réforme électorale rendue indispensable pour éviter la victoire des communistes et des gaullistes.

Le M.R.P. repousse le scrutin à deux tours qui favoriserait les partisans de la laïcité. Pleven démissionne.

8-10 mars

Après les échecs de Georges Bidault et de Guy Mollet, Henri Queuille forme un cabinet qui conserve la plupart des ministres du gouvernement précédent. L'investiture lui est accordée par 359 voix contre 205.

12 mars

Rétablissement des relations diplomatiques avec l'Espagne.

14-31 mars

En Corée, les Alliés reprennent Séoul, atteignent le 38e parallèle. MacArthur lance une offre de paix repoussée par la Chine.

16 mars

Longue grève des transports parisiens.

27 mars

Le sultan du Maroc déclare qu'il a été contraint par les tribus fidèles au Glaoui et le résident général à signer l'accord du 25 février.

3-4 avril

Les évêques français se réunissent en assemblée plénière pour la première fois depuis 1907.

11 avril

Roger Léonard devient gouverneur général de l'Algérie en remplacement d'Edmond Naegelen.

A Tanger, tous les partis nationalistes marocains s'unissent afin de lutter sous l'égide de la Ligue arabe pour obtenir l'indépendance complète.

Le même jour, en retirant son commandement à MacArthur, Truman marque sa volonté d'éviter une troisième guerre mondiale au sujet de la Corée. Washington renonce à unifier les deux Corée.

22-26 avril

Dans des opérations de « ratissage » du général de Lattre, 2 000 hommes du Viêt-Minh sont mis hors de combat.

Projet de communauté européenne du charbon et de l'acier : les représentants des pays intéressés se retrouvent à Paris pour la conclusion des accords. Les voici entourant le ministre français après la signature du traité, le 18 avril 1951, de gauche à droite : MM. Van Zeeland (Belgique), Bech (Luxembourg), Meurice (Belgique), Sforza (Italie), Schuman (France), Adenauer (Allemagne), Stikker et Van den Brink (Pays-Bas). (Photo Keystone.)

1er mai

A Paris, violentes manifestations et échauffourées provoquées par les travailleurs algériens. Il y a de nombreux blessés.

2 mai

L'Allemagne fédérale entre au Conseil de l'Europe.

5-28 mai

D'autres opérations au Tonkin, près d'Hanoi, aboutissent à la capture de 11 000 Viêts. A la fin du mois, vaste offensive des Viêts sur Phuly. Le fils du général de Lattre est tué. La guerre a déjà coûté près de 30 000 hommes à la France (dont 11 000 métropolitains).

7 mai

Après un mois de discussions entre l'Assemblée nationale et le Conseil de la République, la loi électorale est adoptée par 322 voix contre 248. Cette loi établit le scrutin majoritaire à un tour (sauf dans la Seine et la Seine-et-Oise) avec système d'apparentement. Les partis peuvent s'apparenter et totalisent alors les suffrages obtenus par leurs listes. Toutefois ne peuvent s'apparenter que les partis qui présentent des listes dans trente départements au moins. Si les listes apparentées obtiennent la majorité absolue, elles remportent tous les sièges. Sinon, la représentation proportionnelle s'applique (celle-ci est aussi valable pour la Seine et la Seine-et-Oise).

Destinée à favoriser la majorité sortante (socialistes, radicaux, M.R.P.), la loi peut paraître injuste et scandaleuse puisqu'on voit de farouches laïcs s'apparenter aux M.R.P., partisans des subventions à l'enseignement libre. En fait, elle est dirigée contre les communistes et les gaullistes du R.P.F.

17 juin

Effectivement, les élections législatives amènent la victoire des partis de la majorité. Les socialistes ont 106 sièges, les radicaux 99, le M.R P. 88, les modérés 99, les gaullistes du R.P.F. 117, les communistes (en recul de 400 000 voix sur 1946) 101, divers 17. Les partis de la majorité ont tout de même perdu 4 millions de voix par rapport à 1946, ce qui traduit un mécontentement du pays. Le R.P.F. (qui n'est pas seulement la droite) a pris des voix à la gauche.

Henri Queuille déclare : « Les partis de la majorité sont condamnés à vivre ensemble. »

La détention du maréchal Pétain est transformée en résidence forcée dans une maison de Port-Joinville à l'île d'Yeu. Le maréchal y est conduit le 29.

30 juin

Accord entre les U.S.A. et les Sino-Coréens pour l'ouverture d'une conférence préparatoire au cessez-le-feu.

8 juillet

Cette conférence s'ouvre le 8.

9 juillet

France, Grande-Bretagne, U.S.A. et trente-six États annoncent officiellement la fin de l'état de guerre avec l'Allemagne.

10 juillet

La nouvelle Assemblée nationale réélit Édouard Herriot président. Selon l'usage, Queuille a démissionné. Vainement Petsche et René Mayer tentent d'obtenir l'investiture. La querelle entre les laïcs et les républicains populaires au sujet de l'enseignement confessionnel, exploitée par les communistes et les gaullistes, empêche la constitution d'une majorité stable. Il n'y aura que des majorités de rechange sur les problèmes scolaires, sociaux ou européens.

23-25 juillet

Mort du maréchal Pétain. Ses obsèques sont célébrées à l'île d'Yeu. La gouvernement a refusé le transfert de son corps à Douaumont.

Résistant de la première heure, René Pleven devient, successivement, ministre des Finances, de l'Économie nationale, puis de la Défense nationale. Il préside le gouvernement une première fois de juillet 1950 à février 1951 et de nouveau à partir du 28 août 1951. Mais ce ministère tombera le 7 janvier suivant, à la suite d'une interpellation des socialistes. (Photo Keystone.)

2-8 août

Formation du cabinet Pleven investi par 391 voix contre 101 (communistes), le R.P.F. s'étant abstenu. Le cabinet comprend des radicaux, des M.R.P. et des modérés; les socialistes n'y participent pas, Bidault est à la Défense nationale. René Mayer aux Finances, Edgar Faure à la Justice, Robert Schuman aux Affaires étrangères.

23 août

Nommé au SHAPE, le général Juin est remplacé au Maroc par le général Guillaume.

En Corée, les pourparlers d'armistice sont rompus.

4-8 septembre

A San Francisco, signature par quarante-huit nations du traité de paix avec le Japon.

10 septembre

Après de violentes discussions, l'Assemblée nationale vote les lois Marie et Barangé par 313 voix contre 255. Désormais l'enseignement privé peut recevoir des subventions des départements et des communes comme l'enseignement

Dès que la nouvelle de la mort du maréchal Pétain s'est répandue, nombreux sont ceux qui débarquent à l'île d'Yeu. Le cercueil, porté par huit anciens combattants et deux anciens prisonniers, sera conduit au cimetière. (Photo Keystone.)

public et l'État peut octroyer des bourses aux élèves des collèges privés. En outre, les écoles privées et publiques reçoivent une subvention de 1 000 francs par enfant et par trimestre. Le vote de cette loi va empêcher désormais toute collaboration entre les socialistes et les M.R.P. et diviser les radicaux.

Le salaire minimum interprofessionnel garanti (SMIG) est porté à 20 000 francs par mois.

8 octobre

Reprise des négociations d'armistice en Corée.

14 octobre

Les élections cantonales confirment la victoire du M.R.P. et des modérés et le recul des socialistes.

31 octobre

La Tunisie réclame un gouvernement et une Assemblée indépendants et un plus grand nombre de Tunisiens dans le gouvernement.

1er novembre

Violentes manifestations à Casablanca où les nationalistes veulent empêcher les élections aux Chambres de commerce et d'agriculture. Il y a six morts.

14 novembre

Au Tonkin, une vaste offensive française permet la prise de Hoa-Binh, important nœud de communications du Viêt-minh.

20 novembre

Par 246 voix contre 228, l'Assemblée nationale vote le plan d'austé-rité présenté par René Mayer. La guerre de Corée et l'effort de réarmement exigé par l'O.T.A.N. ont provoqué une hausse générale des prix et aggravé la crise économique. René Mayer demande 200 milliards d'impôts supplémentaires et une réduction de 40 % des importations payées en dollars.

26 novembre

Accord sur la ligne du cessez-le-feu entre les U.S.A. et les Sino-Coréens.

10 décembre

Au Tonkin, le Viêt-minh tente en vain de reprendre Hoa-Binh.

13 décembre

Par 377 voix contre 233, l'Assemblée nationale ratifie le traité sur la communauté charbon-acier.

Le même jour, l'O.N.U. refuse d'examiner la plainte déposée par le Maroc contre la France.

15 décembre

En Tunisie, la réponse du gouvernement français au mémorandum du 31 octobre, qui constitue un refus, aggrave la crise. Paris durcit sa position. Grèves de protestation à Tunis.

18 décembre

Depuis 1947, les travaux se poursuivent à Lacq où on a découvert un gisement de pétrole et de gaz naturel (évalué à 200 milliards de mètres cubes). Le gaz commence à jaillir.

31 décembre

Pierre Mendès France critique sévèrement la politique économique

Le 8 mars 1952, Antoine Pinay présente au président son ministère dans lequel il s'est réservé le portefeuille des Finances. Au premier rang, voici, sur les marches de l'Élysée : MM. Letourneau (États associés), Pinay, Vincent Auriol, Henri Queuille (vice-président), Robert Schuman (Affaires étrangères). Au deuxième rang : MM. de Chevigné (secrétaire d'État), Robert Duchet (P.T.T.), Em. Temple (Anciens Combattants), Marcel Ribeyre (Santé publique), F. Gaillard (secrétaire d'État à la présidence du Conseil), André Marie (Éducation nationale). Au troisième rang : MM. Gavini (Marine), Louvel (Industrie), Claudius Petit (Reconstruction), Pleven (Défense nationale), André Morice (Travaux publics) et Pierre Gabet (Travail). (Photo Keystone.)

et financière du gouvernement.

1952, 6-26 janvier

Le général Salan reçoit le commandement militaire en Indochine en remplacement du général de Lattre de Tassigny, malade, et qui meurt le 11. Le gouvernement l'élève à titre posthume à la dignité de maréchal de France. Le même honneur est accordé au général Leclerc.

7-19 janvier

L'hostilité des socialistes aux nouveaux projets financiers du gouvernement provoque la chute du cabinet Pleven. Après les tentatives de plusieurs hommes politiques, Edgar Faure obtient l'investiture (400 voix contre 101) et forme un cabinet où on retrouve la plupart des ministres précédents, sauf Pleven et René Mayer. Edgar Faure a pris les Finances.

14-18 janvier

La Tunisie dépose une plainte contre la France à l'O.N.U. Des incidents sanglants ont lieu dans plusieurs villes. Le résident général fait arrêter Bourguiba et plusieurs chefs du néo-Destour ainsi que des communistes. Des grèves éclatent. La France envoie des renforts militaires.

Au Tonkin, on se bat furieusement autour d'Hua-Binh.

fin janvier

Pour apporter son concours à la défense européenne, l'Allemagne de l'Ouest réclame son entrée à l'O.T.A.N. et le règlement de la question de la Sarre.

19 février

Par 327 voix contre 287, l'Assemblée nationale vote le principe de l'armée européenne. Hostiles, les gaullistes dénoncent moins le réarmement de l'Allemagne, en raison des menaces de l'U.R.S.S. et de ses alliés français les séparatistes (ou communistes), que l'intégration de troupes françaises dans une armée européenne.

22-28 février

En Tunisie, les troupes procèdent à des répressions rigoureuses dans la région du cap Bon. Au Tonkin, elles évacuent Hua-Binh.

Le Conseil atlantique réuni à Lisbonne décide que l'O.T.A.N. devra disposer en 1952 de cinquante divisions et de quatre mille avions.

26 février

A peine rentré de Lisbonne, Edgar Faure défend sa politique économique devant l'Assemblée qui refuse de voter l'augmentation des impôts. Faure démissionne. Il est resté quarante jours au pouvoir.

6-8 mars

Investi par 324 voix contre 206 et 89 abstentions, Antoine Pinay forme un gouvernement de centre droit. Il prend le portefeuille des Finances, Schuman restant aux Affaires étrangères. Plusieurs députés du R.P.F. ont voté pour Pinay, malgré l'interdiction du général de Gaulle qui ne voit l'effondrement du régime que par « la politique du pire ». C'est le début de la dislocation du R.P.F.

Antoine Pinay lance la campagne de la baisse des prix.

10 mars

L'U.R.S.S. propose la réunifica-tion des deux Allemagnes par des élections libres afin d'éviter le réarmement de l'Allemagne de l'Ouest. Les Occidentaux repoussent ce projet.

21-28 mars

Le sultan du Maroc réclame la révision des traités de protectorat. En Tunisie, les arrestations continuent.

1er avril

Jean Letourneau est nommé haut-commissaire en Indochine. Il est assisté du général Salan.

8 avril

Le plan financier Pinay est adopté par 330 voix contre 208. Mis au point par Jacques Rueff, il prévoit 110 milliards d'économies budgétaires, le blocage de 88 milliards d'investissements, une baisse des prix, une amnistie fiscale et le lancement d'un grand emprunt.

11 avril

Eisenhower, candidat aux futures élections présidentielles aux U.S.A., abandonne le commandement de

C'est à bord d'un Mystère II, appareil en tous points semblable à celui-ci, qu'un pilote français franchit pour la première fois le mur du son. (Musée de l'Air.)

l'O.T.A.N. Il y est remplacé par le général Ridgway.

7 mai

Le général Juin est élevé à la dignité de maréchal de France.

13 mai

Les attentats nationalistes se multiplient en Tunisie. Il y a cinq morts à Tunis.

14 mai

Incidents sanglants à Orléansville en Algérie. Messali Hadj, chef nationaliste, est déporté en France.

Antoine Pinay lance, en 1952, le grand emprunt qui porte son nom. Une publicité active aide au succès de cette émission qui sera couverte en quelques semaines. (Photo Keystone.)

18 mai

Les élections au Conseil de la République (renouvellement de la moitié) se traduisent par un recul du R.P.F. qui perd neuf sièges et par des gains du M.R.P. et des modérés.

26 mai

Lancement de l'emprunt Pinay. D'un taux de 3,05 % cet emprunt est indexé sur l'or et les arrérages sont nets de tout impôt. Il connaît une énorme faveur, surtout dans les classes moyennes.

27 mai

A Paris, signature des accords de Bonn instituant la Communauté européenne de défense. Les accords de Bonn mettent fin au régime d'occupation. L'Allemagne fédérale obtient les mêmes droits que les Alliés dont les troupes restent stationnées en Allemagne pour contribuer à la défense de l'Europe, comme les troupes américaines en France. La C.E.D. doit posséder une assemblée, un budget, un conseil et une armée. La Grande-Bretagne n'en fait pas partie. Les États-Unis n'ont qu'une confiance relative dans sa valeur militaire.

Le Parlement ne ratifiera jamais

cette création dont la France avait eu l'initiative.

28 mai

L'arrivée du général Ridgway provoque à Paris de violentes manifestations communistes. 600 arrestations, dont celle de Jacques Duclos. La participation de prêtres ouvriers à ces manifestations provoque les critiques d'une grande partie des catholiques hostiles à cette expérience.

2-15 juin

Un nouveau gouvernement est formé au Viêt-nam par Nguyen Van-Tam. Au Cambodge, le pouvoir est assuré par le prince Norodom Sihanouk. Les U.S.A. décident de participer jusqu'à concurrence de 40 % aux dépenses de la guerre d'Indochine.

4 juin

La grève générale ordonnée par la C.G.T. pour protester contre les arrestations consécutives aux émeutes du 28 mai se solde par un échec.

5-20 juin

En dépit d'un long débat à l'Assemblée nationale, aucune décision définitive n'est prise au sujet de la Tunisie où les attentats se poursuivent.

8 juin

La politique financière d'Antoine Pinay semble réussir. Les prix de nombreux articles baissent. L'inflation et ses conséquences ne sont donc pas inéluctables. L'indice des prix de détail passe de 148,05 à 142.

17-22 juin

Le R.P.F. connaît une crise intérieure depuis que plusieurs députés du groupe ont voté pour Pinay. Le comité directeur préfère leur rendre la liberté de vote sauf en certains cas. Une élection partielle montre une nette diminution de son électorat.

18 juin

L'Assemblée adopte un plan quinquennal de développement de l'énergie atomique à des fins pacifiques.

2 juillet

Les chefs communistes arrêtés le 28 mai sont remis en liberté.

4 juillet

Une baisse autoritaire de 9 % sur le prix de la viande se heurte à l'opposition des bouchers.

8 juillet

L'Assemblée vote l'échelle mobile des salaires. Le SMIG sera augmenté toutes les fois que l'indice des prix aura subi une hausse de 5 %.

23-26 juillet

En Corée, les bombardements massifs des forces aériennes américaines ont repris pour contraindre les Sino-Coréens à signer l'armistice. En Égypte, un comité d'officiers prend le pouvoir sous la présidence de Néguib, bientôt supplanté par Nasser.

1er août

En Tunisie, le bey demande à des personnalités un plan de réforme.

La situation au Maroc se dégrade chaque jour un peu plus. Fidèle au principe de Lyautey — montrer sa force pour ne pas avoir à s'en servir — le général Durand passe, le 12 décembre 1952, aux Carrières centrales de Casablanca, une imposante revue de troupes. Pour protéger la cérémonie, des patrouilles de sécurité sont envoyées dans la Médina. (Photo Keystone.)

5-10 août

On relève une légère hausse des prix de détail. A Luxembourg, la réunion de la haute autorité de la Communauté européenne du charbon et de l'acier marque l'entrée en vigueur de celle-ci.

2-4 septembre

A l'O.N.U., le représentant des U.S.A. demande à la France de régler le problème tunisien avec les « vrais représentants du peuple ». Le différend s'aggrave entre Paris et Tunis.

11 septembre

Devant la « flambée » des prix,

Antoine Pinay décide certains blocages à la date du 31 août.

16-18 octobre

Tandis que l'O.N.U., malgré les vives protestations des représentants de la France, inscrit les affaires marocaines et tunisiennes à son ordre du jour, tandis que, au congrès radical réuni à Bordeaux, Herriot condamne la formation d'une armée européenne, le Viêt-minh lance une grande offensive au nord-ouest d'Hanoi et s'empare d'un poste.

24 octobre

La campagne menée par le parti communiste contre la guerre d'Indochine amène la justice militaire à demander la levée de l'immunité parlementaire de plusieurs députés dont Duclos, Billoux, Fajon.

25-28 octobre

Succès des techniques françaises : le barrage de Donzère-Mondragon est inauguré et un avion français franchit le mur du son.

15 novembre

L'Assemblée réclame plus d'impartialité au *Journal parlé* de la radio.

16-18 novembre

Mort de Charles Maurras et du poète Paul Éluard.

23 novembre

En Indochine, l'offensive du Viêt-minh oblige les troupes françaises à abandonner un nouveau poste et à se replier sur le camp retranché de Na-Sam qu'encerclent les troupes adverses.

30 novembre

Les élections en Sarre donnent une majorité favorable à l'union avec la France, mais le gouvernement de Bonn estime que ces élections ne sont pas vraiment libres.

4-17 décembre

L'assassinat d'un chef nationaliste marocain provoque de sanglantes émeutes à Casablanca : il y a trente-neuf morts. Les autorités françaises font arrêter plus de mille personnes et interdisent toute activité à l'Istiqlal et au parti communiste, tandis qu'à l'O.N.U. la commission politique invite la France à négocier avec le Maroc et la Tunisie pour donner à l'un des institutions plus libres, à l'autre l'indépendance.

En Indochine, les Viêts lancent de violents assauts contre le camp de Na-Sam.

23-31 décembre

Le succès personnel de Pinay (qui a jugulé la hausse des prix) suscite des jalousies. Le M.R.P. lui reproche de ne pas hâter la ratification du traité sur l'armée européenne (dont le R.P.F. ne veut pas). Abandonné d'une partie de sa majorité, Pinay démissionne.

Après des tentatives de Guy Mollet, de Soustelle et de Bidault, René Mayer est chargé de dénouer la crise. Pleven préconise une réforme de la constitution pour mettre fin à cette lamentable instabilité ministérielle.

1953, 4-8 janvier

Ayant obtenu l'investiture par 389 voix contre 205, René Mayer forme un gouvernement de centre droit. Bidault remplace Schuman aux Affaires étrangères, Bourgès-Maunoury est aux Finances. Le président Mayer a obtenu le concours des députés R.P.F. en promettant de faire amender le traité sur la formation de l'armée européenne. De Gaulle condamne formellement celle-ci, ce qui jette trouble et division au sein de son parti.

25-29 janvier

Vote par l'Assemblée du budget de 1953 qui consacre 37 % aux dépenses militaires.

Au Viêt-nam, les élections — malgré les consignes d'abstention du Viêt-minh, qui n'ont pas été

La guerre d'Indochine continue à peser lourdement sur les finances françaises. Comprenant qu'en Extrême-Orient la France lutte pour le maintien de la puissance occidentale contre le communisme, les Américains lui accordent une aide substantielle. Les détails de cette opération sont mis au point au cours des entretiens franco-américains de Washington du mois de mars 1953. A l'issue d'une conférence tenue à bord du yacht présidentiel « Williamsburg », on reconnaît, de gauche à droite, le président américain Eisenhower, René Mayer, MM. Foster Dulles, Georges Bidault et Letourneau. (Photo Keystone.)

suivies (76 à 92 % de participants) — donnent une majorité au gouvernement de Nguyen Van-Tam.

12-20 février

Ouvert en janvier, le procès des responsables du massacre d'Oradour-sur-Glane s'achève par de nombreuses condamnations à mort. Parmi les condamnés il y a des Alsaciens enrôlés dans l'armée allemande, ce qui suscite une grande émotion en Alsace. Aussi le gouvernement fait voter en leur faveur une loi d'amnistie qui suscite la colère de la municipalité d'Oradour.

19 février

Cédant aux pressions américaines, le gouvernement propose le projet de traité sur l'armée européenne à la ratification de l'Assemblée.

1er mars

Au congrès du R.P.F., de Gaulle condamne à nouveau le traité sur la Communauté européenne de défense (C.E.D.).

24 mars

Nouvelles poursuites contre les dirigeants communistes. Benoît Frachon passe à la clandestinité. Le quotidien communiste *Ce Soir* cesse de paraître.

25-28 mars

A Washington, conférence entre René Mayer, Georges Bidault et le président Eisenhower. Les U.S.A. accordent une aide supplémentaire pour la guerre d'Indochine, tenue, comme la guerre de Corée, pour une lutte des pays libres contre le communisme.

16 avril

Lancement par le ministre de la Reconstruction, Pierre Courant, d'un plan de construction d'habitations à loyer modéré (H.L.M.) bénéficiant de primes et d'avantages spéciaux. On prévoit la construction de 240 000 logements chaque année.

avril

Les troupes du Viêt-minh envahissent le Laos et menacent la capitale, Louang-Prabang. Le Laos fait appel à l'O.N.U. malgré les réserves de la France qui craint l'intervention de l'organisme international dans ses affaires.

26 avril-3 mai

Les élections municipales marquent un recul très net du R.P.F. et une poussée des socialistes, des radicaux et surtout des modérés et indépendants qui bénéficient des anciennes voix R.P.F. Le R.P.F. perd les deux tiers de ses sièges.

6 mai

Le général de Gaulle rend toute liberté aux parlementaires de son parti, qui va pratiquement disparaître en tant que tel, et dénonce la stérilité du régime.

9-21 mai

Le général Navarre remplace Salan en Indochine. L'opinion publique française est lasse de cette guerre et ne croit pas plus à la victoire militaire qu'à la solidité du régime de Bao-Daï, lequel multiplie les surenchères nationalistes. Navarre voudrait se tenir au Tonkin sur la défensive. Son adjoint, le général Cogny, est chargé de regrouper ses forces pour défendre le delta. Il veut aussi nettoyer l'infiltration viêt-minh au centre afin d'amener Hô Chi Minh à négocier.

21 mai

Abandonné par les députés gaullistes qui refusent de voter le traité de la C.E.D. dont le gouvernement, cédant aux pressions américaines, demande la ratification, René Mayer est mis en minorité et démissionne.

Après l'échec d'un socialiste et d'un gaulliste, le président de la République, Vincent Auriol, avertit le Parlement que les doubles oppositions (socialiste et gaulliste) rendent impossible le fonctionnement des institutions.

La crise va néanmoins durer quarante jours. Ni Paul Reynaud, qui préconise la dissolution de l'Assemblée, ni Pierre Mendès France n'obtiennent l'investiture.

29 mai

Au Maroc, le Glaoui et deux cent soixante-dix pachas et caïds, ses amis, demandent la destitution du sultan Mohammed Ben Youssef.

3-27 juin

La crise ministérielle continue. Bien qu'il ait l'appui de la jeunesse, des cadres, des intellectuels (et soit soutenu par *l'Express*, où vient d'entrer François Mauriac, très hostile à la politique française en Indochine et en Afrique du Nord), Mendès France a échoué. Georges Bidault, André Marie, Antoine Pinay échouent également. La situation financière est mauvaise. La Banque de France doit avancer 50 milliards supplémentaires à l'État.

Finalement un modéré, Joseph

Laniel, forme le gouvernement de la lassitude. Ancien chef de la résistance (il a siégé au C.N.R.), il fait appel à des députés gaullistes pour former son ministère.

Bidault reste aux Affaires étrangères, Pleven à la Défense nationale. Il y a quelques chassés-croisés de portefeuilles.

3 juillet

Le maréchal Juin est nommé commandant en chef du secteur Centre-Europe.

14 juillet

A l'occasion de la fête nationale, violentes échauffourées à Paris, place de la Nation, entre forces de l'ordre et manifestants nord-africains. Il y a 7 morts et 126 blessés.

17 juillet

Un accord commercial est signé entre la France et l'U.R.S.S. aux termes duquel la France fournira à la Russie soviétique des cargos et du matériel ferroviaire.

17-19 juillet

En Indochine, une grande opération aéroportée aboutit à la destruction à Lang Son, importante base de ravitaillement du Viêt-minh, d'énormes quantités de matériel. Les parachutistes parviennent ensuite à rejoindre les lignes françaises.

27 juillet

Après deux ans de négociations, l'armistice est signé entre les États-Unis et les Sino-Coréens. La ligne de cessez-le-feu devient la frontière entre les deux Corée.

2-29 août

Entretiens entre le gouvernement français et Bao-Daï qui réclame l'indépendance du Viêt-nam.

Le 11 août, un pont aérien permet l'évacuation totale du camp retranché de Na-Sam. Le 29, le Laos obtient l'autonomie totale en fait de justice et de police.

4-26 août

Graves mouvements de grèves dans le secteur public et nationalisé. Le prétexte (recul de l'âge de la retraite pour les fonctionnaires) peut paraître mince. Il traduit en réalité un mécontentement profond. Successivement les P.T.T., les chemins de fer, les mineurs, le gaz et l'électricité, les services hospitaliers débrayent. Le secteur privé est peu touché, la plupart des entreprises étant en congé. Les grèves s'achèveront peu à peu à la fin du mois.

11-21 août

Les difficultés s'aggravent au Maroc. Le sultan est obligé d'accepter les réformes exigées par le résident général. Le Glaoui, qui n'a nullement l'appui du peuple marocain, menace de marcher sur Fez avec ses fidèles. Alors le général Guillaume décide de faire déposer le sultan par le conseil des oulémas et de le déporter en Corse avec ses fils. Il est remplacé par un vieillard sans autorité, Mohammed ben Arafa.

A Paris, Georges Bidault n'est pas d'accord mais couvre l'administration française au Maroc. Mitterrand, ministre délégué au Conseil de l'Europe, démissionne. A Madrid, vif mécontentement du gouvernement espagnol qui n'a pas été consulté.

Le sultan du Maroc *Mohammed ben Arafa*, protégé par la France, a succédé à Mohammed V après la déposition et l'exil de ce dernier en Corse puis à Madagascar. (Photo Keystone.)

Le terrorisme s'installe en Afrique du Nord. Voici l'un des tueurs de l'attentat commis à Mokrine, en Tunisie, en février 1952, contre trois Français : Mohammed, surnommé « l'Intellectuel ». (Paris-Match. Photo de Potier.)

Complètement isolé en plein cœur du pays, le point d'appui de Diên Biên Phu a été confié au colonel Christian de Castries. Celui-ci ne peut compter sur aucun secours par voie de terre, mais un important appui aérien lui est accordé. Une piste d'atterrissage (en haut) lui permettra pendant un certain temps de recevoir du matériel et des hommes. Lorsque cette piste sera devenue inutilisable, l'armée de l'air larguera des parachutistes. (Photos E.C.A.)

septembre

Tandis qu'en Indochine Bao-Daï convoque un congrès destiné à approuver sa politique d'indépendance vis-à-vis de la France, le général Navarre poursuit le regroupement de ses forces dans le delta tonkinois où le général Giap prépare une grande offensive. En Tunisie, où se multiplient les attentats, le remplacement du résident général marque une détente. A l'O.N.U., une quinzaine de pays afro-asiatiques, soutenus par l'U.R.S.S., déposent une plainte contre la France pour sa politique marocaine.

12 octobre

Les paysans, mécontents de l'insuffisance des prix des denrées agricoles, manifestent sur les routes en dressant des barrages.

16 octobre

En Indochine, le congrès national convoqué par Bao-Daï vote une motion affirmant que le Viêt-nam indépendant n'appartient plus à l'Union française.

28 octobre

En Tunisie, le nouveau résident général prend des mesures d'apaisement et libère une vingtaine de chefs nationalistes.

3 novembre

La résolution afro-asiatique au sujet du Maroc, présentée à l'O.N.U., n'obtient pas la majorité des deux tiers requise pour être adoptée.

8 novembre

Ministre de la Défense nationale, René Pleven, au congrès de son parti, demande une trêve en Indochine.

13 novembre

Les cardinaux et archevêques de France réglementent strictement l'expérience des prêtres ouvriers, tentée depuis 1948.

17-27 novembre

A l'Assemblée, vaste débat sur la Communauté européenne de défense. Si les communistes et les gaullistes y sont résolument hostiles et le M.R.P. résolument favorable, les autres partis sont divisés. Mendès France estime qu'avant de se prononcer le gouvernement devrait présenter un plan de redressement économique. Finalement la confiance est votée par 275 voix contre 244.

20 novembre

Plusieurs milliers de parachutistes occupent la cuvette de Diên Biên Phu, à 300 kilomètres à l'ouest d'Hanoi, pour couper au Viêt-minh la route de la capitale du Laos. Le commandement français juge que l'armée vietnamienne serait incapable d'amener de l'artillerie sur les pentes qui entourent Diên Biên Phu,

car elle serait repérée et détruite, et d'y approvisionner une armée assiégeante alors qu'un pont aérien favoriserait les assiégés. En réalité, on a mésestimé les forces de Giap et sa puissance en matériel.

28 novembre

Le gouvernement d'Hô Chi Minh déclare qu'il est prêt à discuter des conditions d'un armistice.

décembre

Le Viêt-minh lance une offensive au Laos.

14 décembre

A la conférence des Bermudes entre les trois Grands occidentaux, il est décidé de tenir une réunion à Berlin avec les Soviets. Les représentants des U.S.A. et de l'Angleterre (Churchill) soulignent la gravité que constituerait pour l'Europe l'abandon par la France du projet d'armée européenne.

23 décembre

Après une semaine de scrutin, le congrès réuni à Versailles élit, par 477 voix contre 329 à Naegelen, le modéré René Coty comme président de la République, en remplacement de Vincent Auriol dont le mandat s'achève.

24 décembre

Les attentats se multiplient au Maroc.

1954, 1er janvier

Le général Navarre envisage l'évacuation de Diên Biên Phu, mais il est trop tard : deux divisions vietna-

miennes et une puissante artillerie entourent la cuvette.

12 janvier

Le Troquer est élu président de la Chambre à la place d'Herriot.

26 janvier

L'ex-sultan du Maroc, Mohammed ben Youssef, est déporté de Corse à Madagascar.

4 février

Le froid est très rigoureux à Paris et en France. L'abbé Pierre, fondateur des Compagnons d'Emmaüs, lance un appel en faveur des mal logés et soulève un grand mouvement de solidarité dans tout le pays.

Ministre des Finances, Edgar Faure expose un plan d'expansion de dix-huit mois qui doit accroître la production, favoriser les exportations et augmenter le pouvoir d'achat.

Crise dans l'Église de France. Plusieurs dominicains sont écartés de l'enseignement. Les prêtres ouvriers regrettent l'entrave mise à leur action.

fin février

Tandis que le Viêt-minh arrête son offensive au Laos, le président indien Nehru propose un armistice.

3-5 mars

Le bey de Tunis accepte plusieurs décrets de réforme proposés par le résident. Au Maroc, le sultan Mohammed ben Arafa échappe à un attentat.

Le 14 avril, le Viêt-minh s'empare du terrain d'aviation de Diên Biên Phu, interdisant ainsi le parachutage des nouveaux renforts. Ses assauts répétés auront dès lors rapidement raison des derniers combattants. (Paris-Match. Photo D. Camus.)

5-9 mars

Violents débats sur l'Indochine à l'Assemblée. Mendès France critique la politique de Bidault et réclame l'ouverture immédiate de négociations.

13-27 mars

Offensive viêt contre Diên Biên Phu dont les points d'appui tombent les uns après les autres. Le terrain d'aviation est inutilisable, le pont aérien rendu impossible. Les blessés sont très nombreux dans le camp français.

28-29 mars

Le maréchal Juin juge inacceptable le traité sur la Communauté européenne de défense sans en rejeter le principe.

1er avril

Aussi le gouvernement lui retire sa charge de vice-président du Conseil supérieur de la guerre.

12-30 avril

En dépit de renforts aéroportés envoyés au colonel de Castries (promu général), la pression du Viêt-minh sur Diên Biên Phu s'accentue.

A la conférence de Genève sur les problèmes asiatiques, les U.S.A. proposent à la France l'intervention massive de l'aviation américaine et même l'emploi d'armes atomiques, ceci afin d'en finir avec la Chine populaire, l'U.R.S.S. ne pouvant sans doute intervenir efficacement. L'Angleterre est hostile à ce plan, Bidault réticent. Le projet est abandonné. Mais l'U.R.S.S. refuse de servir de médiateur entre la France et Hô Chi Minh.

20 avril

Le gouvernement français lui-même est divisé au sujet du projet de la Communauté européenne de défense.

7-30 mai

La chute de Diên Biên Phu, après cinquante-sept jours de combats, provoque un profond choc psychologique en France. Pourtant cette défaite qui a coûté 1 571 tués du côté français, plus de 10 000 au Viêt-minh n'est qu'une péripétie dans la lutte et ne compromet pas de façon irrémédiable l'équilibre des forces. Mais la campagne contre la guerre s'amplifie. La publication par *l'Express* et *France-Observateur* du rapport secret d'Ely et de Salan provoque la démission du secrétaire

Après la signature des accords mettant fin à la guerre d'Indochine, se tient à Genève, le 21 juillet 1954, la dernière conférence plénière. Dans l'enceinte du Palais des Nations sont réunis Molotov, Bedell Smith, Chou en-Laï, Pham van Dong, chef de la délégation viêt-minh, Pierre Mendès France et Anthony Eden.
Voici Pierre Mendès France en compagnie de Chou en-Laï. Ci-contre, M. Te Quang Buu signe pour le Viêt-minh le traité de « cessez-le-feu » que lui présente M. Jean Paul-Boncour, secrétaire général de la Conférence. (Photos Keystone.)

d'État chargé des relations avec les pays associés. Le ministère Laniel semble condamné. A Genève, le représentant d'Hô Chi Minh présente la proposition de la République démocratique du Viêt-nam qui réclame la reconnaissance de l'indépendance et le retrait de toutes les troupes étrangères. L'U.R.S.S. (Molotov) soutient le Viêt-minh et abandonne Bidault.

20-21 mai

Au Maroc, la recrudescence des attentats amène le gouvernement à remplacer le général Guillaume par Robert Lacoste. Bourguiba est transféré de Tunisie en l'île de Groix où il peut recevoir ses amis.

3 juin

Le général Ely est nommé commandant en chef en Indochine.

12-29 juin

Tandis qu'à Saigon Diem devient chef du gouvernement, à Paris le gouvernement Laniel est renversé sur la question de l'Indochine par 306 voix contre 293. Mendès France, qui bénéficie du soutien de toute la gauche et des gaullistes, est investi par 419 voix contre 47, le M.R.P. (qui lui est hostile parce qu'il redoute un renversement des alliances) s'étant abstenu. Mendès France a annoncé qu'il obtiendrait le cessez-le-feu en Indochine avant le 20 juillet.

Il forme un cabinet où figurent aussi bien des gaullistes (le général Kœnig à la Défense nationale) que des radicaux (Mitterrand à l'Intérieur). Edgar Faure reste aux Finances, Mendès France prend le portefeuille des Affaires étrangères.

A Genève, la Chine déclare que les questions du Laos et du Cambodge doivent être traitées à part. Les U.S.A. acceptent de garantir des accords d'indépendance pour ces deux pays si le Viêt-minh se retire au-delà de 17e parallèle, laisse des gouvernements libres au Sud-Viêt-nam et accepte des transferts de populations.

20-21 juillet

Signature des accords de Genève. Il y a désormais deux Viêt-nam, séparés par le 17e parallèle. Le cessez-le-feu est proclamé, l'indépendance du Laos, du Cambodge, du Sud-Viêt-nam garantie et ces États peuvent faire appel à une aide étrangère en cas de danger. La guerre a coûté à la France 3 milliards de francs, 92 000 morts dont 19 000 Français.

31 juillet-2 août

Voyage de Mendès France en Tunisie. Constitution d'un gouvernement tunisien qui doit négocier l'autonomie interne. A Carthage, Mendès France prononce un discours où il trace les grands traits d'une politique d'apaisement et de libération à l'égard de l'Afrique.

7-15 août

Les attentats se multiplient au Maroc. A Fez, grève générale; les populations réclament le retour du sultan. En Indochine, début des migrations de population. Ce sont surtout les catholiques qui fuient l'ancien Tonkin. Plus de 900 000 Vietnamiens du Nord émigrent vers le Sud.

août

Mendès France obtient pour six

mois des pouvoirs spéciaux économiques et financiers.

4 septembre

Ouverture de négociations avec la Tunisie sur l'autonomie interne.

18-23 septembre

Tandis qu'une information est ouverte dans l'affaire des fuites, la répression contre les communistes s'atténue.

28 septembre-3 octobre

Le Parlement français ayant refusé de ratifier les accords sur la C.E.D., les États européens, aidés des U.S.A. et du Canada, mettent au point une solution de rechange pour régler le problème de l'inéluctable réarmement allemand.

1er-4 octobre

L'enquête sur l'affaire des fuites amène l'arrestation de deux fonctionnaires et la mise en cause du journal *Libération*, dirigé par Emmanuel d'Astier de La Vigerie. Elle sert de prétexte à de violentes attaques contre Mendès France, les fuites ayant pour but de préparer l'opinion à l'abandon de l'Indochine.

9 octobre

Les dernières troupes françaises quittent Hanoi.

13 octobre

Entrevue de Gaulle-Mendès France. Le général ne croit pas à la rénovation du régime et conseille à Pierre Mendès France de négocier sérieusement avec l'U.R.S.S.

23 octobre

Signature des accords de Londres et de Paris qui reconnaissent la souveraineté totale de l'Allemagne fédérale, son entrée à l'O.T.A.N., le renforcement de l'Union de l'Europe occidentale, créée à Bruxelles, et décident l'union économique et douanière avec la France de la Sarre qui conserve son autonomie interne, ce dernier accord devant être sanctionné par un référendum.

1er novembre

Début de la guerre d'Algérie : attentats, attaques, sabotages dans tout le pays. Les principaux foyers de rébellion sont en Kabylie et dans l'Aurès.

11-13 novembre

Les socialistes refusent la proposition de Mendès France d'entrer au gouvernement. Le président du Conseil affirme que les départements d'Algérie sont et resteront français. Jamais la République ne transigera sur ces principes fondamentaux.

Mais Pierre Mendès France se fait bien des adversaires en diminuant les privilèges des bouilleurs de cru.

13-23 novembre

Voyage de Mendès France aux U.S.A. et au Canada. Il parvient à dissiper la méfiance des Américains à son égard et préconise la réunion d'une conférence à quatre à Paris pour détendre les rapports Est-Ouest.

30 novembre

En Tunisie, les fellagas cessent les attentats à la suite d'un accord entre la France et le gouvernement tunisien.

L'Assemblée nationale vote une révision de la Constitution : il suffit à un président désigné d'obtenir la majorité simple (et non plus absolue) pour recevoir l'investiture. La dissolution de l'Assemblée est rendue plus aisée, les pouvoirs du Conseil de la République sont accrus.

3-4 décembre

Tandis qu'à l'Assemblée le ministre de l'Intérieur, François Mitterrand, est violemment attaqué par les modérés, le général de Gaulle approuve la politique de Mendès France et l'engage à négocier avec l'U.R.S.S. avant que le réarmement allemand ne devienne effectif. Le même jour, Mendès France déclare que c'est bien dans ses intentions.

26-30 décembre

Tandis que le Conseil des ministres envisage la création d'un armement atomique français, l'Assemblée nationale ratifie par 296 voix contre 270 et 74 abstentions les accords sur le réarmement allemand.

En Indochine, le Viêt-Nam du Sud se détache de la France en faveur des U.S.A. qui l'aident maintenant directement.

1955, 5 janvier

Le gouvernement propose le rétablissement du scrutin d'arrondissement.

11 janvier

Pierre Schneiter (M.R.P.) remplace André Le Troquer à la présidence de l'Assemblée nationale par suite de la défection de plusieurs socialistes.

ET PENDANT CE TEMPS...

1950, 18 mars
Réunion à Honolulu des « partisans de la paix » de tendance communiste qui lancent un appel pour l'interdiction de l'armement atomique au moment où les U.S.A. préparent la bombe à hydrogène ou bombe H. Cet appel recueille 273 millions de signatures.

1951, 2 mai
L'Allemagne fédérale entre au Conseil de l'Europe.

27 juillet
En Chine, fermeture de toutes les missions étrangères, expulsion des missionnaires, persécution contre les Églises.

25 octobre
En Grande-Bretagne, les élections aux Communes donnent une victoire écrasante aux conservateurs qui remplacent les socialistes, au pouvoir depuis 1945.

1952, 6 février
Mort du roi d'Angleterre George VI. Accession au trône de sa fille Élisabeth II, mariée au duc d'Edimbourg.

4 novembre
Le général Eisenhower est élu président des États-Unis.

1953, 5 mars
Mort de Staline que remplace une direction collégiale présidée par Malenkov qui déclare bientôt que toutes les querelles entre l'Est et l'Ouest doivent être réglées pacifiquement. Il proclame une large amnistie.

31 mars
Ministre des Affaires étrangères suédois, Dag Hammarskjöld devient secrétaire général de l'O.N.U.

1954, 17 avril
En Égypte, Neguib abandonne à Nasser la présidence du gouvernement.

26 janvier

Jacques Soustelle (gaulliste) est nommé gouverneur général de l'Algérie. Cette nomination est assez mal accueillie par l'armée comme par les colons qui croient que Soustelle, homme de gauche, est partisan d'une politique d'abandon.

5-23 février

Accusé d'avoir encouragé la rébellion des Tunisiens et des fellagas d'Algérie par son discours de Carthage — et bien qu'il ait pris nettement position en faveur de l'Algérie française dont il a renforcé la défense — Mendès France est renversé par 319 voix contre 273.

Après les « tours de piste » de Pinay, de Pflimlin, de Christian Pineau, Edgar Faure forme un cabinet de centre droit avec Pinay aux Affaires étrangères, Robert Schuman à la Justice, Kœnig à la Défense nationale. Lui-même garde le portefeuille des Finances pour poursuivre sa politique économique d'expansion.

Pierre Poujade, porte-parole des petits commerçants et des artisans, commence à réunir de nombreux adeptes autour de son mouvement. Il préconise la grève de l'impôt et le refus des contrôles fiscaux.

23 février

Mort de Paul Claudel, diplomate et dramaturge.

3 avril

En raison des attentats qui se multiplient en Algérie, l'état d'urgence est proclamé, ce qui permet d'établir la censure et de suspendre l'exercice des libertés publiques.

10 avril

Mort du père Teilhard de Chardin, philosophe, préhistorien et théologien aux vues hardies.

13 avril

Après de longues discussions, le gouvernement décide de renoncer à la fabrication des armes nucléaires.

17-24 avril

Les élections aux conseils généraux traduisent un vif mécontentement (40 % d'abstentions) et une victoire des conseillers modérés qui ont récupéré les voix du R.P.F. et obtiennent 27 % des suffrages.

21-29 avril

Après avoir libéré Bourguiba, Edgar Faure fait adopter des conventions qui renforcent l'autonomie de la Tunisie. Les Affaires étrangères, les Finances extérieures et la

Avocat au Havre, puis bâtonnier, René Coty acquiert, par ses fonctions, une large notoriété dans les milieux commerçants et industriels de Normandie. Dès 1923, il est élu député républicain de gauche du Havre. En 1935, il siège au Sénat comme membre de l'Union républicaine. Au lendemain de la Seconde Guerre mondiale, il préside le groupe des Indépendants avant de recevoir le portefeuille de la Reconstruction et de l'Urbanisme. Le 23 décembre 1953, René Coty est élu à la présidence de la République. L'instabilité des gouvernements devient dès lors l'un de ses soucis prédominants. Et, devant la grave crise ministérielle provoquée par le mouvement d'Alger du 13 mai 1958, il fera appel au général de Gaulle qu'il juge l'homme de la situation. (Paris-Match. Photo Rizzo.)

Défense restent confiées à la France.

4 mai

Le congrès radical extraordinaire fait confiance à Mendès France, partisan d'un certain jacobinisme, contre la tendance modérée de René Mayer ou d'Edgar Faure.

14 mai

L'U.R.S.S. signe avec ses partenaires de l'Est le pacte de Varsovie, réplique de l'O.T.A.N., mais accepte le principe d'une conférence à quatre.

27 mai

Le Parlement adopte le deuxième plan d'équipement et de modernisation.

Ci-contre, le camp retranché de Diên Biên Phu. Dès février 1954, il sera totalement investi par les forces du Viêt-minh. Les premiers assauts sont donnés le 13 et le 16 mars. Le 7 mai suivant, les troupes françaises, décimées, cessent le feu. Cette grave défaite sonne le glas de la présence française en Extrême-Orient. C'est la « fin des illusions » et le gouvernement ne tardera guère à conclure la paix. (Paris-Match. Photo D. Camus.)

29 mai

Tandis qu'en Algérie le terrorisme augmente, Edgar Faure signe avec le gouvernement tunisien des accords qui donnent au pays l'autonomie interne.

1er-25 juin

Le maréchal Juin abandonne le comité de coordination pour l'Afrique du Nord. Gilbert Grandval, nommé résident général au Maroc, libère de nombreux nationalistes marocains et épure l'administration française, ce qui n'empêche pas les attentats terroristes de se multiplier à Casablanca, Marrakech et Meknès notamment.
L'Assemblée nationale ratifie les accords franco-tunisiens par 543 voix contre 43.

2 juillet

Le général de Gaulle renonce à intervenir dans les affaires publiques.

18-23 juillet

La conférence des Quatre à Genève marque un net retour à la détente entre Est et Ouest.

30 juillet

Émeutes de travailleurs nord-africains dans les quartiers de la Chapelle et de la Goutte d'Or à Paris.

11 août

Aux termes d'un accord conclu entre la France et la Libye, la première évacue le Fezzan (conquis et occupé depuis 1942) tout en conservant la libre disposition des aérodromes.

20-31 août

Violentes émeutes en Algérie et au Maroc. Le F.L.N. de la région du nord de Constantine attaque une trentaine de centres européens. Il y a 123 morts dont 71 Européens. La répression est brutale. Des villages sont détruits. Les représailles s'exercent sur les civils comme sur le F.L.N.

Au Maroc, violentes émeutes à Oued-Zem, 249 Français dont 15 enfants sont massacrés. Grandval démissionne et est remplacé par le général Boyer de La Tour. Le vieux sultan Arafa a fait la preuve de son incapacité.

Une conférence frano-marocaine s'ouvre à Aix-les-Bains. Elle décide le retour de l'ancien sultan en France et la création d'un conseil du trône.

5-30 septembre

A Antsirabé, le général Catroux s'entretient avec l'ex-sultan du Maroc qui accepte de revenir mais en conservant tous ses droits. Le sultan Ben Arafa s'accroche au trône, mais il est abandonné par la France. Cette politique marocaine, comme celle qu'il pratique en Tunisie et en Algérie, divise le ministère. Les gaullistes sont hostiles à la politique d'Edgar Faure.

En Tunisie, le premier gouvernement autonome est constitué mais certains nationalistes s'opposent à Bourguiba et rejettent les conventions franco-tunisiennes.

En Algérie, Soustelle ajourne l'Assemblée algérienne, de nombreux membres ayant élevé des protestations contre les représailles. Il dissout le parti communiste algérien et fait arrêter un journaliste de *France-Observateur* favorable à la cause algérienne.

Le 26 juillet 1955 éclatent, à Meknès, de violentes manifestations contre la visite du résident général Grandval dans le Sud marocain. La population marocaine menace le service d'ordre en brandissant des portraits de Ben Youssef. (Photo Keystone.) A gauche : Les gorges de Henza Ahmed, dans les Aurès, offrent d'excellentes cachettes pour les rebelles algériens. Voici, progressant en file indienne dans l'un des défilés de ce massif montagneux, des parachutistes lancés dans la « chasse à l'homme ». (Photo Paris-Match.)

11 septembre

Au Cambodge, le prince Sihanouk, victorieux aux élections générales, rompt tout lien avec l'Union française. Le Cambodge est indépendant.

20 septembre

Pierre Poujade est poursuivi pour incitation au refus de payer l'impôt.

30 septembre

Au cours de la session annuelle de l'O.N.U., l'affaire algérienne ayant été inscrite à l'ordre du jour, Antoine Pinay, ministre des Affaires étrangères, quitte la salle des séances. La France n'y reparaîtra plus pendant deux mois.

1er-31 octobre

Le sultan Arafa se retire à Tanger. Il abdiquera le 25. Edgar Faure annonce à l'Assemblée nationale qu'il veut amener le Maroc au statut d'État souverain tout en maintenant des liens permanents avec la France. C'est l'indépendance dans l'interdépendance. Trois ministres gaullistes, Kœnig, Triboulet, Palewski, démissionnent. Le premier est remplacé par Billotte, également gaulliste. La politique de Faure est ratifiée par 477 voix contre 140. Un conseil du trône est installé à Rabat. Le Glaoui, abandonné par la France, se rallie à Ben Youssef qui est ramené en France.

Au sujet de l'Algérie, Edgar Faure déclare qu'il repousse aussi bien l'indépendance que l'assimilation et se prononce pour l'intégration. Sa politique est approuvée grâce aux voix de la droite.

21 octobre

Le gouvernement propose d'avancer de six mois les élections législatives prévues pour novembre 1956.

Placé en résidence surveillée depuis 1952, Habib Bourguiba est libéré sur l'initiative de Pierre Mendès France en 1954. Le voici (à gauche), en juin 1955, faisant son entrée dans Tunis. Abandonnant sa jeep, il s'est mis en selle sur le cheval d'un chef fellagha de Kairouan. (Paris-Match. Photo Ph. Le Tellier.)

Voici, lors d'une réunion de l'U.D.C.A. à la salle Wagram, le leader Pierre Poujade. Emporté par l'élan de son discours, il a successivement enlevé son manteau et sa veste. Il terminera en bras de chemise, soulevant l'enthousiasme de son auditoire, (à droite). (Photo Keystone.)

Ci-contre, une manifestation contre Guy Mollet, à Alger, en février 1956. Fuyant devant la police, les manifestants ramassent les grenades avant leur explosion pour les renvoyer sur les forces de l'ordre. (Photo Paris-Match.)

Il veut gagner de vitesse le mouvement du front républicain, novateur et hardi, de Mendès France.

23 octobre

Le référendum institué en Sarre donne une grosse majorité (423 000 contre 201 000) pour le retour du pays à l'Allemagne.

26 octobre

Après avoir destitué Bao-Daï, Diem proclame la République au Sud-Viêt-nam et va obtenir un large appui des U.S.A.

3-30 novembre

En portant Mendès France à la vice-présidence du parti radical, le congrès de ce parti en a fait son chef, nettement favorable au scrutin d'arrondissement qu'Edgar Faure repousse. Après un mois de *navette* entre le Conseil de la République

qui est pour le scrutin d'arrondissement et l'Assemblée nationale, celle-ci finit par s'y rallier et le gouvernement Faure est renversé. Faure décide la dissolution de l'Assemblée. Le Conseil d'État fixe les élections au 2 janvier.

5-26 novembre

A La Celle-Saint-Cloud, les entretiens entre Antoine Pinay et le sultan Mohammed ben Youssef aboutissent à une déclaration commune ouvrant la voie à l'indépendance. Le sultan pardonne au Glaoui, revient à Rabat au milieu d'un immense enthousiasme et choisit un gouvernement modéré.

25 novembre

L'O.N.U. se dessaisit de l'affaire algérienne. La France y reprend sa place.

2-31 décembre

Tandis qu'en Algérie les élections législatives sont ajournées et que 61 élus musulmans dénoncent l'atrocité des répressions, la campagne électorale bat son plein. Faure a été exclu du parti radical. Les ministres radicaux restent dans son gouvernement pour expédier les affaires courantes.

Le front républicain est animé par Mendès France, Mitterrand, chef de l'U.D.S.R., Chaban-Delmas, républicain-socialiste et gaulliste. Il est soutenu par *l'Express* devenu quotidien. Mais tous les radicaux ne suivent pas Pierre Mendès France ni tous les gaullistes Chaban-Delmas. La coalition gouvernementale unit M.R.P., modérés et radicaux fauristes. Les communistes sont isolés. Mais le mouvement de Pierre Poujade rassemble tous les mécontents las de la IVe République, et ils sont nombreux. Les apparentements jouent moins qu'en 1951. Le mode de scrutin reste le même.

1956, 2 janvier

Les élections législatives traduisent l'effondrement de l'électorat gaulliste et la poussée du poujadisme. Les communistes ont 150 élus (+ 49), le S.F.I.O. 94 (— 12), les radicaux 57, l'U.D.S.R. 19, les républicains-socialistes 21, le M.R.P. 73 (— 15), les modérés 98 (— 1), le mouvement poujadiste 52 sièges. Les radicaux qui soutiennent Mendès France ont gagné près d'un million de voix (surtout dans les villes), mais aucune majorité ne se dégage de ces résultats.

23-31 janvier

André Le Troquer devient président de l'Assemblée nationale. Guy Mollet reçoit l'investiture par 420 voix contre 71 et 83 abstentions. Il a même le soutien du M.R.P. et des gaullistes. Il forme un cabinet de gauche avec Mendès France (ministre d'État), Mitterrand (Justice), Christian Pineau (Affaires étrangères), Billières (Éducation nationale), Defferre (France d'outre-mer). Son cabinet, le plus long de la IVe République, durera seize mois. Le général Catroux remplace Soustelle en Algérie. En Tunisie, Bourguiba triomphe de ses adversaires. Le Glaoui meurt au Maroc.

6-28 février

Guy Mollet est accueilli à Alger par de violentes manifestations organisées contre lui par les partisans de l'Algérie française animés par l'avocat Biaggi, Martel, Ortiz et quelques autres. Il doit renoncer à imposer Catroux jugé responsable de la restauration du sultan du Maroc. C'est donc le socialiste Lacoste qui, finalement, remplace Soustelle devenu partisan résolu de l'intégration de l'Algérie française. Au gouvernement, Ramadier remplace Lacoste au ministère des Affaires économiques et sociales. Chaban-Delmas et Maurice Lemaire (gaullistes) acceptent finalement d'entrer au gouvernement. Celui-ci porte la durée des congés payés à trois semaines mais échoue dans une tentative d'abrogation de la loi Barangé sur les subventions à l'enseignement privé. Lacoste, nouveau gouverneur général, réclame 200 000 hommes et 200 milliards pour pacifier et moderniser l'Algérie.

2 mars

Signature d'une déclaration commune franco-marocaine proclamant l'indépendance totale du pays.

7-10 mars

Le massacre de plusieurs Européens par des fellagas à Palestro provoque de violentes représailles contre les musulmans.

10-15 mars

Visite de Christian Pineau aux Indes (entretiens avec Nehru, abandon de nos possessions en Inde). En Égypte (entretien avec Nasser). La diplomatie française cherche ainsi à se dégager de l'emprise de Washington.

12 mars

A l'Assemblée une très forte majorité, qui comprend même les communistes, approuve la politique

Ci-dessus, des re-
belles qui ont incendié
cinq fermes, en Ora-
nie, sont attaqués
par la troupe. Cer-
tains, faits prison-
niers, sont fouillés et
interrogés par un
officier. (Photo
Keystone.)

D'abord limités à
quelques bandes dis-
persées, les « Mou-
hadjines », encadrés
et instruits, se grou-
pent en véritables
formations mili-
taires. Ci-contre, une
petite unité de re-
belles a posé pour
cette photographie
qui sera trouvée sur
l'un d'entre eux.
(Photo Paris-
Match.)

Le nouveau gouverneur général en Algérie, M. Robert Lacoste, est partisan de l' « Algérie française ». Au cours d'une inspection des troupes opérationnelles, accompagné de deux officiers généraux et d'un préfet, il salue les couleurs françaises portées par un parachutiste (ci-dessus). La Tunisie est libre après les négociations menées par Pierre Mendès France. C'est le triomphe de Bourguiba que l'on voit, ci-contre, acclamé par la foule, hissant le drapeau tunisien. (Paris-Match. Photos Pagès et Le Tellier.)

algérienne de fermeté préconisée par Guy Mollet. Elle reflète l'opinion publique favorable au maintien de l'Algérie dans la République. Pourtant, dans une interview à un journal étranger, Bourguiba estime que l'indépendance de l'Algérie est inéluctable.

17 mars

Mort du physicien Joliot-Curie.

20 mars

L'accord franco-tunisien signé à Paris met fin au traité du Bardo. La Tunisie est indépendante. Le parti néo-destourien de Bourguiba triomphe aux élections de l'Assemblée constituante.

Le 10 avril, Bourguiba formera son gouvernement en se réservant le portefeuille des Affaires étrangères et de la Défense.

10-12 avril

Tout en rappelant les disponibles de deux classes et demie (170 000 hommes, ce qui porte à 400 000 l'effectif des troupes françaises en Algérie contre 30 000 fellagas environ), Mollet et Lacoste prennent une série de mesures en faveur des musulmans : réforme agraire, accès des musulmans à la fonction publique, etc. En même temps, Georges Gorse négocie secrètement au Caire avec le représentant du F.L.N.

28 avril

Les derniers soldats français quittent le Viêt-nam du Sud.

5 mai

Le gouvernement, qui a déjà pris quelques mesures en faveur des personnes âgées, crée l'allocation-vieillesse alimentée par le paiement d'une taxe annuelle sur les automobiles représentée par la « vignette ». Une réforme de la Sécurité sociale est préparée.

5-24 mai

En Algérie, massacre de soldats français à Tlemcen et près de Palestro. Arrestation d'un professeur de l'université d'Alger accusé de connivence avec le F.L.N.

En désaccord avec la politique algérienne de Mollet, Mendès France démissionne tout en invitant les ministres radicaux à rester en place.

7 mai

Le massacre de tirailleurs sénégalais au Maroc provoque un malaise dans nos troupes. Pourtant le Maroc est totalement indépendant.

15-19 mai

Guy Mollet et Christian Pineau se rendent à Moscou.

5 juin

Tandis qu'à Luxembourg la signature des accords franco-allemands sur la Sarre, conséquence du plébiscite, liquide le dernier contentieux entre les deux pays, le gouvernement fait approuver sa politique algérienne par 271 voix contre 59 et 201 abstentions (entre autres les communistes dont deux militants, passés dans les rangs du F.L.N., viennent d'être tués).

15-21 juin

Au cours des entretiens qu'il a à Washington où il plaide la cause de la détente avec l'U.R.S.S., Christian Pineau signe un accord avec les États-Unis pour l'utilisation pacifique de l'énergie atomique. Les U.S.A. nous fournissent une aide substantielle.

20 juin

L'Assemblée nationale vote la loi-cadre sur l'Afrique noire (loi Defferre portant création de huit républiques semi-autonomes).

11 juillet

L'Assemblée nationale approuve la création de l'Euratom (communauté européenne de l'énergie atomique).

19-26 juillet

Mécontents de l'attitude de Nasser qui a reconnu la Chine populaire, se rapproche du bloc communiste et mène campagne contre le pacte de Bagdad, les gouvernements des États-Unis et de la Grande-Bretagne cessent de financer la construction du grand barrage d'Assouan.

Nasser riposte en nationalisant la Compagnie du canal de Suez. Vive émotion dans les milieux financiers.

On estime, aussi bien à Londres qu'à Paris, qu'il faut stopper les visées de cet « apprenti dictateur ». On rappelle que la convention de Constantinople en 1888 a stipulé la libre circulation sur le canal, en oubliant que la Grande-Bretagne a violé ces conventions pendant les guerres mondiales. Des conversations militaires franco-britanniques s'engagent. Les États-Unis sont plus réservés.

16-31 août

Réunies à Londres pour examiner le problème de Suez, vingt-deux nations établissent un projet de contrôle international que l'Égypte rejettera. La France et la Grande-Bretagne continuent à payer les droits de passage à la Compagnie mais les autres nations, y compris les U.S.A., les règlent maintenant à l'Égypte. Les pilotes français et anglais du canal démissionnent, mais ils sont remplacés par des pilotes soviétiques.

France et Grande-Bretagne continuent des préparatifs militaires secrets avec Israël qui n'a cessé d'être en guerre larvée contre l'Égypte. Des troupes françaises débarquent à Chypre.

21 août

Le conseil de l'Istiqlal réclame le départ de toutes les troupes étrangères stationnées au Maroc, ainsi que l'annexion au Maroc de Colomb-Béchar et de la Mauritanie.

9-21 septembre

Tandis que les combats entre Israël et la Jordanie se poursuivent, Nasser rejette le plan établi à la conférence de Londres. Une deuxième conférence aboutit à envisager la création d'un comité des usagers. Mais Washington fait nettement savoir à Londres et à Paris qu'il est opposé à toute solution de force et l'opinion publique anglaise devient réticente à cet égard tandis qu'en France, au contraire, on s'impatiente devant les hésitations du gouvernement. Certains affirment que des opérations militaires provoquant la chute de Nasser ramèneraient la paix en Algérie.

10 septembre

Lancé par le ministre des Finances Ramadier, l'emprunt 5 % connaît un très vif succès et rapporte 313 milliards.

5-14 octobre

La plainte déposée par la France et l'Angleterre devant le conseil de sécurité de l'O.N.U. ne peut être examinée par suite du veto soviétique. En Égypte, Nasser, tout en maintenant la nationalisation du canal, semble prêt à faire des concessions.

13 octobre

Le parti radical se divise. Tout un groupe de parlementaires abandonne Mendès France qui en garde la direction.

17 octobre

La marine française arraisonne un navire venant d'Égypte chargé d'armes pour les fellagas.

Après plusieurs mois d'hésitations, la France et l'Angleterre se décident à mener contre l'Égypte une opération militaire dont le but principal est l'occupation du canal de Suez nationalisé par Nasser. Le débarquement sera aussi brillant que réussi. (Photo Keystone.)

20-26 octobre

Ben Bella et quatre dirigeants du F.L.N. sont allés conférer avec le sultan du Maroc, ce qui amène la suspension des négociations franco-marocaines. Au retour, le 22, comme

Le gouvernement français profite d'un voyage de Ben Bella pour détourner l'avion qui le transporte et le faire atterrir à Alger. Voici, à droite, l'homme politique algérien menottes aux mains, encadré par des militaires de la gendarmerie. (Photo Keystone.)

ils se rendent à Tunis pour conférer avec Bourguiba, leur avion est intercepté et contraint de se poser à Alger. Ben Bella et ses compagnons sont prisonniers. Colère du sultan qui rompt les relations diplomatiques avec Paris. Nombreux attentats au Maroc contre les Français. Alain Savary, secrétaire d'État aux Affaires tunisiennes et marocaines, démissionne.

29 octobre-21 novembre

Une véritable alliance secrète a été conclue entre Israël, qui lance une violente attaque contre la péninsule du Sinaï et l'entrée du golfe d'Akaba, la France et l'Angleterre qui débarqueront en Égypte. De son côté, Nasser conclut une alliance militaire avec la Jordanie et la Syrie. Le 30 octobre, un ultimatum franco-britannique est adressé à Nasser qui doit accepter une occupation provisoire de Port-Saïd et retirer ses troupes à 30 kilomètres du canal. Puis, sans attendre, le 31, bombardements aériens franco-britanniques dans la zone du canal.

Après une avance foudroyante, les troupes israéliennes arrivent à 16 kilomètres du canal et s'y arrêtent. Le 5 à l'aube, des troupes franco-britanniques débarquent en Égypte, occupent Port-Saïd et marchent vers le sud. L'U.R.S.S. menace d'intervenir. L'O.N.U. invite les Israéliens à revenir sur la ligne du cessez-le-feu de 1949. Les U.S.A. exigent aussi l'arrêt des opérations. Le 6, Londres abandonne la partie. L'avance franco-britannique est suspendue à 45 kilomètres au sud du canal. L'O.N.U. décide d'installer des forces internationales dans la zone du canal. Aussitôt Nasser entreprend d'obstruer le canal où toute navigation cesse pendant quelques mois. Le pouvoir de Nasser sort fortifié de cette crise et la rébellion algérienne encouragée. Pour Londres, qui doit renoncer à toute influence au Proche-Orient, et pour Paris, c'est un rude échec aux conséquences graves.

13 novembre

Le général Salan devient commandant en chef en Algérie. Bourguiba voudrait qu'une force internationale remplace les troupes françaises en Algérie jusqu'à la conclusion d'un cessez-le-feu.

27 novembre

En France, l'essence est rationnée.

3-22 décembre

Les troupes franco-britanniques évacuent l'Égypte. On commence à déblayer le canal.

5-28 décembre

Les conseils généraux et municipaux sont remplacés en Algérie par des commissions et des délégations provisoires. L'assassinat à Alger du maire de Boufarik provoque de violentes représailles contre les musulmans.

26 décembre

L'Assemblée nationale vote le budget de 1957 avant la fin de l'année. C'est la première fois depuis 1938.

1957, 7 janvier

L'activité du F.L.N. redouble : des grèves insurrectionnelles doivent éclater en Algérie et chez les travailleurs nord-africains de la métropole. Chargé de la police à Alger,

Massu va entreprendre pendant plusieurs mois la « bataille d'Alger » qui aboutira, par des méthodes brutales, à la destruction du terrorisme. L'opinion publique française commence à se diviser au sujet de l'Algérie.

C'est au général Massu (en bas) et à ses unités de parachutistes qu'est confiée la tâche de nettoyer la Casbah des éléments troubles qui y règnent en maîtres depuis quelques mois. On voit, ci-dessus, un aspect de cette vaste opération de nettoyage : le barrage de la rue Vialar par des soldats en tenue de campagne. (Photos Keystone.)

16 janvier

Un attentat (manqué) contre Salan est le fait de partisans de l'« Algérie française » qui commencent à se grouper et à nouer des complots. On trouve dans ces groupes aussi bien d'anciens « cagoulards » que des extrémistes de droite ou des vétérans des campagnes d'Indochine.

22 janvier

Adoption par l'Assemblée des principes du marché commun en Europe.

2 mars

L'Assemblée vote, conformément à la loi Defferre, la création de douze républiques africaines semi-autonomes : Côte-d'Ivoire, Dahomey, Guinée, Haute-Volta, Mauritanie, Niger, Sénégal, Soudan, Gabon, Moyen-Congo, Oubangui-Chari et Tchad ainsi que Madagascar. Leurs Assemblées territoriales sont élues au suffrage universel.

25 mars

Les traités signés à 'Rome créent la Communauté économique européenne (C.E.E.), ou marché commun, et la Communauté européenne d'énergie atomique ou Euratom.

Le marché commun doit abolir progressivement les frontières économiques entre États par diminution des droits de douane entre les six pays membres : Allemagne fédérale, Belgique, France, Italie, Luxembourg, Pays-Bas.

26 mars

Mort d'Édouard Herriot.

28 mars

Israël évacue Gaza et son territoire sous la pression américaine. Les « casques bleus » mandatés par l'O.N.U. s'y installent.

5 avril

La révélation de nombreux cas de torture au cours de la bataille d'Alger crée dans l'opinion publique un tel malaise que le gouvernement doit constituer une « commission de sauvegarde des droits individuels ». Des poursuites n'en sont pas moins engagées contre Jean-Jacques Servan-Schreiber qui, au retour d'Algérie où il servait comme officier, a dénoncé ces sévices. Il bénéficiera d'un non-lieu. Un général qui s'est solidarisé avec Servan-Schreiber est mis aux arrêts. Les officiers connaissent de pénibles cas de conscience.

29 avril

Aux conditions exigées par Nasser, le canal de Suez est rouvert à toutes les nations sauf Israël.

21 mai

Le plan Mollet, qui prévoit 250 milliards d'économies et 150 milliards d'impôts nouveaux, est rejeté par 250 voix contre 213 et 70 abstentions. Mollet démissionne.

28-29 mai

Des partisans de Messali Hadj (qui se trouve placé en résidence surveillée en France) sont massacrés par le F.L.N., car une guerre civile entre Algériens se poursuit tant en Algérie que dans la métropole.

A Paris, la Banque de France doit avancer 80 milliards à l'État.

9-11 juin

Violence à Alger après l'attentat de la Corniche par le F.L.N. qui a fait de nombreux morts.

12 juin

Investi par l'Assemblée nationale, Bourgès-Maunoury, un partisan de l'Algérie française, forme un cabinet de centre gauche d'où sont absents Mitterrand, Defferre et les partisans de Mendès France. On y trouve Pineau, Félix Gaillard, Billières. Il obtient 240 voix contre 194 et 150 abstentions.

Après une crise ministérielle particulièrement longue, la France a de nouveau un gouvernement. Le chef en est Félix Gaillard. Le nouveau président du Conseil est représenté ci-contre peu avant le cliché traditionnel, à la gauche de René Coty. De l'autre côté, se tient Georges Reynal, chef du service de Presse à l'Élysée. On le voit désignant aux ministres l'emplacement où ils doivent poser pour la photographie d'usage. (Photo Keystone.)

On reconnaît, ci-contre, à droite, les chefs respectifs de la Tunisie et du Maroc : Habib Bourguiba et Sidi Mohammed ben Youssef. Les deux hommes, souriants, semblent s'entendre à merveille. Leur entretien se déroule à Rabat, en novembre 1957. (Paris-Match. Photo Ch. Courrière.)

19 juin

Le plan de redressement du nouveau gouvernement, qui comporte 170 milliards d'impôts nouveaux, est adopté par l'Assemblée.

3-10 juillet

L'Assemblée adopte le plan de développement de l'énergie nucléaire et ratifie les traités de Rome sur le marché commun et l'Euratom par 332 voix contre 240.

juillet

Tandis qu'une grève du F.L.N. échoue le 5 à Alger, le ministre de la Défense nationale, André Morice, entreprend à la frontière de la Tunisie (qui vient de devenir une république sous la présidence de Bourguiba) un barrage fortifié et électrifié pour stopper le passage des hommes et des armes.

9 août

La crise économique s'aggrave. La balance commerciale accuse pour les premiers mois un déficit de 221 milliards. Félix Gaillard, ministre des Finances, crée une taxe de 20 % à l'importation, une aide de 20 % à l'exportation. Les prix sont bloqués pour juguler l'inflation. L'indice des 250 articles passe en un an de 100 à 111.

11 août

Le Maroc devient un royaume, le sultan un roi, Mohammed V.

12 septembre

A la suite d'incidents de frontière, Bourguiba demande des armes aux U.S.A. et à la Grande-Bretagne.

24 septembre

L'arrestation du chef du Front de libération nationale d'Alger met fin à la bataille d'Alger.

30 septembre

La loi-cadre sur l'Algérie, présentée par Bourgès-Maunoury, promet le respect de la personnalité algérienne en maintenant l'Algérie dans la République. Elle ne satisfait personne. L'Assemblée la repousse par 279 voix contre 253. Le ministère se retire.

octobre

Pendant tout le mois, le président René Coty tente de résoudre la crise.

Antoine Pinay, Robert Schuman, Guy Mollet échouent. Félix Gaillard est appelé le 30.

29 octobre

A Tunis, les délégués du F.L.N. déclarent qu'ils ne négocieront pas avec la France avant la reconnaissance du principe d'indépendance.

5 novembre

Investi par 357 voix contre 173 après cinq semaines de crise, Gaillard forme un ministère d'union des socialistes aux indépendants, de Pflimlin (M.R.P.) aux Finances, à

Le président et Mme de Gaulle arrivent au bal de Saint-Cyr, en février 1959. (Photo Garofalo. Paris-Match.)

DE 1957 A 1958

Chaban-Delmas (gaulliste) à la Défense nationale. Robert Lecourt (M.R.P.) est chargé de la réforme constitutionnelle.

6 novembre

La situation financière est si difficile que la Banque de France doit avancer 250 milliards à l'État.

12 novembre

L'U.R.S.S. livre des armes au F.L.N. La France proteste mais elle se sent abandonnée par ses alliés, Grande-Bretagne et U.S.A., qui livrent aussi des armes en Algérie.

fin novembre

La France rejette les bons offices de la Tunisie pour régler le problème algérien.

A Alger, les gaullistes, protégés par Chaban-Delmas, installent une « antenne » de la Défense nationale, au vif mécontentement de Salan qui n'a pas été consulté.

19 décembre

Les membres européens de l'O.T.A.N. acceptent l'installation de fusées américaines sur leur sol.

décembre

La reprise de la loi-cadre par Félix Gaillard provoque la fureur

C'est à Reggane, bordj du Sahara algérien et centre d'expérimentation d'armes nucléaires, qu'est lancée, le 13 février 1960, la première bombe atomique française. On voit, à gauche, l'aspect du ciel après l'explosion. (Photo E.C.A.)

des partisans de l'Algérie française. Dans son journal, *le Courrier de la colère*, Michel Debré dénonce comme un acte illégitime l'abandon de la souveraineté française en Algérie.

1958, 11 janvier

Un grave incident se produit à la frontière franco-tunisienne. Des fellagas venus de Tunisie attaquent une patrouille française qui a 14 morts et 4 prisonniers. Le commandement réclame le droit de poursuivre les rebelles jusqu'à leurs bases installées en territoire tunisien.

21 janvier

Le marché commun est entré en vigueur le 1er janvier. L'Allemagne fédérale, la France et l'Italie signent un accord sur l'intégration des armements.

31 janvier

Vote de la loi-cadre sur l'Algérie par 292 voix contre 249. Le projet primitif a été considérablement amendé pour apaiser les appréhensions des partisans de l' « Algérie française ». Aussi bien, la loi ne doit-elle entrer en application qu'après le retour au calme... qui paraît bien lointain. Le F.L.N. la rejette catégoriquement.

6 février

Une petite bombe éclate dans les lavabos du Palais-Bourbon. Avertissement...

8 février

Sur l'ordre des généraux Challe et Jouhaud, l'aviation française détruit le village tunisien de Sakiet, une des bases du F.L.N. (qui entre-

Les responsables du F.L.N., retranchés dans les villages tunisiens, demeurent imprenables. Ils n'en sont pas moins dangereux et des chefs français comme les généraux Challe et Jouhaud tentent de les réduire. C'est ainsi que sera bombardé le village de Sakiet, repaire du F.L.N. Le voici, gardé par des soldats tunisiens. (Photo Keystone.)

pose en Tunisie une grande partie de son armement). Il y a 70 morts et 80 blessés dans la population civile ; cette affaire internationalise le problème algérien.

10 février

Tandis que la Tunisie rompt ses relations diplomatiques avec la France, le général de Gaulle estime qu'il faut rétablir de bonnes relations avec Tunis.

13-14 mars

Pour calmer le mécontentement de la police parisienne qui manifeste devant le Palais-Bourbon, le gouvernement nomme Maurice Papon préfet de police.

19-21 mars

Tandis qu'à Strasbourg se tient la première réunion du Parlement européen sous la présidence de Robert Schuman, l'Assemblée nationale vote le principe de la réforme constitutionnelle présentée par Robert Lecourt. Ce projet renforce les pouvoirs du président de la République en permettant une dissolution plus facile de l'Assemblée et tente de freiner l'instabilité ministérielle. L'opinion publique est lasse, en effet, des fluctuations gouvernementales.

1er-15 avril

Les U.S.A. et la Grande-Bretagne (Robert Murphy et Harold Beeley) ont proposé leurs « bons offices » pour régler la question du contrôle de la frontière tunisienne. En France, les partisans de l'Algérie française, conduits par Debré, Soustelle et Bidault, manifestent contre le principe même des bons offices qui internationalise définitivement le conflit et réclament un gouvernement de salut public.

Félix Gaillard est renversé par 321 voix contre 255 (socialistes, M.R.P., une partie des radicaux et modérés) : « La crise parlementaire devient une crise nationale », déclare René Coty.

20-30 avril

Chargé de former le gouvernement, Bidault explique que la voie des négociations en Algérie ne serait possible qu'avec un gouvernement de front populaire dont personne ne veut. Un tel gouvernement provoquerait des émeutes en France et surtout en Algérie où les activistes (Delebecque, Ortiz, Lagaillarde et autres) deviennent de plus en plus virulents et complotent presque au grand jour. Ils sont soutenus par les « Pieds-Noirs ». L'armée souffre de la faiblesse du pouvoir, de sa sujétion aux États-Unis. Certains officiers voudraient exercer une guerre révolutionnaire et psychologique pour rallier les populations musulmanes. La plupart veulent garder l'Algérie française, dernier bastion de l'empire. On commence à parler ouvertement d'un appel à de Gaulle.

De Gaulle reste impénétrable. Il ne veut revenir ni par la voie parlementaire ni par un coup d'État. Pétitions et affiches, puissamment organisées avec des concours financiers, prônent son rappel.

Pourtant, dans le pays, le gaullisme reste faible, comme en témoignent les élections cantonales du 21.

5-29 mai

René Coty prend discrètement contact avec le général de Gaulle le 5 mai puis, devant l'échec de Pleven qui n'obtient pas l'investiture, charge Pflimlin de se présenter devant l'Assemblée. L'armée s'inquiète de cette désignation car ce M.R.P. est partisan des négociations. A Alger, le 9, l'exécution par le F.L.N. de trois soldats prisonniers en représailles des condamnations portées contre les musulmans accroît le malaise. La nervosité grandit aussi bien en Algérie, où l'Écho d'Alger réclame de Gaulle, qu'à Paris où Debré, Frey, Guichard, Foccard exigent la formation d'un comité de salut public à Alger. Le complot s'organise. Ce complot se prépare en dehors de l'armée car Salan reste sur la réserve.

Le 13 mai, l'insurrection éclate à Alger. Le gouvernement général est pris. L'armée, qui a d'abord laissé se développer l'émeute, se rallie au mouvement. Salan annonce qu'il prend en main les destinées de l'Algérie. Affolée, l'Assemblée vote l'investiture de Pflimlin le 14 par 274 voix contre 129. Pflimlin forme un cabinet d'union qui va de Moch à l'Intérieur, et Guy Mollet (S.F.I.O.), aux indépendants. Pinay refuse d'y entrer. Le 15, sur le Forum d'Alger, la foule crie : « Vive de Gaulle ! » Celui-ci déclare le soir qu'il est prêt à assumer les pouvoirs de la République. Qui l'emportera maintenant : du régime agonisant ou du général ?

Le 16, l'Assemblée vote l'état d'urgence (qui n'est pas l'état de siège). Le gouvernement prend quelques mesures de sécurité en métropole. Des officiers supérieurs, comme le général Ely, démissionnent. Le 17, Soustelle déjoue la surveillance dont il est l'objet et parvient à Alger. Le 19, le général de Gaulle tient une conférence de presse où il se montre modéré et conciliant, ce qui accroît le désarroi de la gauche non communiste. Celle-ci ne veut pas d'un front populaire avec les complices de la guerre froide et du « coup de Prague ».

Le 21, Bidault se rallie à de Gaulle. Pinay, après avoir vu le général à Colombey, conseille à Pflimlin de prendre contact avec lui. Le 23, des comités de salut public se constituent dans le Sud-

Alger, 13 mai 1958 : le général Salan est attendu au Monument aux morts où va avoir lieu la cérémonie commémorant le souvenir de trois prisonniers assassinés par les rebelles. Déjà, près de 100 000 personnes ont envahi les rues avoisinantes. A 18 heures, Salan et Massu saluent les couleurs. Paris, à son tour, s'agite. Sur la place de l'Étoile, des manifestants se groupent autour des drapeaux tricolores timbrés de la croix de Lorraine. Pierre Pflimlin, investi depuis le 13 mai, tente vainement de faire face à la situation tandis que le général de Gaulle, sollicité, tient, au Palais d'Orsay, le 19 mai à 15 heures, une conférence retransmise dans le monde entier. (Photos Keystone; ci-contre : Paris-Match. Photos G. Ménager.)

Est et le Sud-Ouest. La police n'est pas sûre. Il semble certain qu'après Alger un putsch se prépare dans la métropole. Le 24, la Corse se rallie au mouvement d'Alger. Les C.R.S. envoyés dans l'île se laissent désarmer. Le rétablissement de la censure des journaux n'arrête pas le mouvement. Mollet et Auriol écrivent à de Gaulle qui, dans la nuit du 26 au 27, a une entrevue chez le conservateur du domaine de Saint-Cloud avec Pflimlin. Elle n'aboutit pas. Pflimlin refuse de céder le pouvoir.

Pour éviter la guerre civile (car l'insurrection en métropole est prévue pour la nuit suivante), de Gaulle déclare le 27 qu'il est prêt à suivre le processus d'établissement régulier d'un gouvernement. Un effort désespéré de Pflimlin à l'Assemblée ne réussit qu'avec l'appoint des communistes. Alors Pflimlin démissionne. Le groupe S.F.I.O. se rallie à de Gaulle. Le 28, de la Nation à la République, défilent communistes et mendésistes avec les partisans de Mitterrand. Cette manifestation qui rappelle le front populaire produit un effet contraire à celui que ses organisateurs attendaient.

Dans la nuit du 28 au 29, Le Troquer et Monnerville rencontrent de Gaulle à Saint-Cloud. L'entrevue est difficile. Mais les partisans du « plan Résurrection » (putsch dans la métropole) s'impatientent. Coty est résolu à appeler de Gaulle à qui Pompidou conseille la modération dans ses exigences.

Le 29, dans un message aux Assemblées, René Coty annonce qu'il a décidé de faire appel au plus illustre des Français pour sauver la République et qu'il se retirera si de Gaulle échoue. Le général précise qu'il exige les pleins pouvoirs et les pouvoirs constituants pendant six mois pour préparer une Constitution qui sera soumise au pays par référendum. Le soir même, Coty rencontre de Gaulle à l'Élysée. Le 30, de Gaulle reçoit Mollet et Auriol à Colombey. Le 31, il prend contact avec tous les représentants des partis, sauf les communistes. Le plan Résurrection a été ajourné.

1er-2 juin

Par 399 voix contre 224 (communistes, radicaux mendésistes, amis de Mitterrand et de Mendès France), l'Assemblée investit de Gaulle, lui vote les pleins pouvoirs en métropole et des pouvoirs spéciaux en Algérie, modifie l'article 90 de la Constitution pour lui permettre d'en préparer une nouvelle et s'ajourne *sine die.*

De Gaulle, qui se charge de la Défense nationale, forme un cabinet d'union où figurent Mollet, Pflimlin, Debré, Couve de Murville (Affaires étrangères), Pinay (Finances), Berthoin (Éducation nationale). Il sera complété le 9 par Robert Buron (Travaux publics), Michelet (Anciens Combattants), Sudreau (Reconstruction). Malraux, ministre d'État, sera chargé en juillet des Affaires culturelles.

La crise ministérielle consécutive aux événements d'Alger fait craindre un retour du général de Gaulle. Pour protester contre cette éventualité se déroule, de la Nation à la République, le défilé du 28 mai 1958. On reconnaît MM. Mendès France et Mitterrand, ci-dessous à gauche. (Photo Keystone.) Nombreux, en revanche, sont les Français favorables au général. Un immense défilé les réunit sur les Champs-Élysées, ci-dessus. (Photo E.C.A.)

Six mois plus tard, le 9 décembre, a lieu la séance inaugurale de l'Assemblée. Charles de Gaulle est assis à la droite de Guy Mollet. (Photo Keystone.)

Jeudi 29 mai. Le général de Gaulle quitte l'Élysée où il vient de s'entretenir avec René Coty. Le 1er juin, le général est accueilli officiellement par le président Coty. (Photo Keystone.)

Du 4 au 7 juin, le général de Gaulle visite l'Algérie. Du balcon du Palais d'Été d'Alger dominant le Forum, il prononce le fameux discours qui va, tant en métropole qu'outre-mer, apaiser les passions : « Il n'y a en Algérie que des Français à part entière, avec les mêmes droits et les mêmes devoirs. » Ainsi venait de naître l'idée d' « intégration ». (Photo Keystone.)

4-7 juin

Voyage triomphal du général de Gaulle en Algérie. Au balcon du gouvernement général, il déclare : « Je vous ai compris » et annonce qu'il n'y a plus en Algérie que des « Français à part entière ». Salan reste commandant en chef et délégué général ; Massu, préfet d'Alger.

8 juin

Les élections sénatoriales marquent un progrès des socialistes, des communistes et du M.R.P.

17 juin

Pinay lance un emprunt de 3,05 % comportant exonération fiscale et indexation sur l'or. Cet emprunt rapporte 324 milliards en un mois.

Le même jour, accord entre la Tunisie et la France au sujet de l'évacuation de nos troupes : elles quitteront le pays dans les quatre mois (sauf la base de Bizerte).

1er-31 juillet

Après un nouveau voyage du général de Gaulle et de Mollet en Algérie, Jacques Soustelle devient ministre de l'Information, Boulloche délégué à la présidence du Conseil.

Debré prépare la nouvelle Constitution avec l'aide de conseillers d'État et d'un comité consultatif où figurent des représentants des Assemblées parlementaires, et surtout d'un comité ministériel présidé par de Gaulle, où on trouve Mollet, Pflimlin, Jacquinot.

A Alger, de Gaulle a refusé de recevoir l'ex-comité de salut public. Il annonce la création d'un collège électoral et "marque ses distances" à l'égard de la population européenne.

ET PENDANT CE TEMPS...

1955, février
En U.R.S.S., Khrouchtchev devient, avec Boulganine, le principal dirigeant soviétique.

2 mars
Conclusion entre la Turquie et l'Iran d'accords militaires dirigés à l'instigation des U.S.A. contre l'U.R.S.S. L'Égypte et la Syrie concluent de leur côté des accords militaires favorables à la Russie.

1956 février
A Moscou, au XXe congrès du parti communiste, Khrouchtchev pose le principe de la coexistence pacifique et, après avoir dénoncé les crimes de Staline, annonce la « déstalinisation ».

8 avril
L'Espagne reconnaît l'indépendance du Maroc.

28 juin
En Pologne, la déstalinisation se traduit par une grève générale des ouvriers de Poznan. Après des affrontements qui font plus de cinquante morts, l'ordre règne à Poznan et à Varsovie.

21-31 octobre
Retour du calme en Pologne avec Gomulka. En Hongrie, une insurrection éclate à Budapest : Nagy revient au pouvoir. Les Russes doivent évacuer Budapest où le cardinal Mindszenky, condamné par l'ancien régime, est libéré.

1er-21 novembre
L'U.R.S.S. écrase sauvagement la révolution hongroise. Les troupes russes réoccupent Budapest. Nagy et ses amis sont déportés en Roumanie. 150 000 Hongrois se réfugient à l'étranger. 15 000 sont déportés. Les U.S.A., qui ont réélu Eisenhower le 6 novembre, n'ont pas bougé.

1957, 5 octobre
L'U.R.S.S. lance le premier *Spoutnik*.

1958, 1er février
Égypte et Syrie s'unissent pour former la République arabe unie (R.A.U.) sous l'autorité de Nasser. L'Iraq et la Jordanie, en réplique, forment la Fédération arabe.

Le 7 octobre 1958, M. Michel Debré, garde des Sceaux, appose solennellement le sceau de l'État sur l'exemplaire original de la Constitution de la Ve République. On reconnaît, autour de M. Debré, quelques personnalités politiques : MM. Soustelle, Cassin, Jacquinot, Pompidou, Paul Reynaud. Dans les sous-sols du ministère de l'Intérieur, les paquets de textes de la Constitution réservés à la diffusion sont stockés depuis le mois de septembre. Ils sont destinés à toutes les municipalités de France et d'outremer. (Photos Keystone.)

20-28 août

Tandis que le comité consultatif et le Conseil d'État discutent la Constitution, et particulièrement le statut des territoires d'outre-mer qui pourront choisir entre l'indépendance et la communauté avec la France, de Gaulle, à Conakry, expose ses conceptions. Puis il accomplit une vaste tournée électorale en Afrique noire et à Madagascar pour préparer le référendum.

4 septembre

Adopté le 3 par le Conseil des ministres, le projet de Constitution est présenté par de Gaulle, place de la République, au peuple français.

14 septembre

Entrevue de Gaulle-Adenauer à Colombey. Bonne entente entre les deux hommes.

19 septembre

Au Caire, formation du gouvernement provisoire de la République algérienne présidé par Ferhat Abbas. Il est aussitôt reconnu par la R.A.U., la Tunisie et le Maroc.

24 septembre

Dans un mémorandum secret, de Gaulle propose aux U.S.A. et à la Grande-Bretagne de former un Directoire à trois au sein de l'Alliance atlantique (pour échapper à l'intégration). Il ne se fait d'ailleurs pas d'illusion sur le succès de sa démarche.

28 septembre

Soumise au peuple français, la Constitution de la Ve République

---

LA CONSTITUTION DE LA Ve RÉPUBLIQUE

Si le régime parlementaire subsiste, les pouvoirs du président de la République sont considérablement renforcés, ceux du Parlement restreints.

Le président de la République, élu par un large collège de notables et non par les Assemblées, désigne le Premier ministre qui forme le gouvernement dont les membres ne peuvent pas être parlementaires (s'ils le sont, ils doivent démissionner). Le gouvernement ne peut être renversé que si une motion de censure déposée par cinquante membres de l'Assemblée est votée à la majorité absolue.

Les députés ne peuvent plus interpeller le gouvernement. Leur ordre du jour est fixé par le Conseil des ministres et le bureau de la Chambre. Les sessions sont d'une durée strictement limitée.

Le président de la République possède un domaine réservé qui embrasse toutes les grandes décisions politiques. Il peut soumettre au pays certains projets par voie de référendum. Il peut, selon l'article 16, exercer les pleins pouvoirs en cas de crise grave. Chaque député possède un suppléant qui le remplace s'il devient ministre ou disparaît.

La Communauté des États associés subsiste, mais ceux-ci évoluent vite vers l'indépendance. Enfin, un Conseil constitutionnel est garant du maintien de la nouvelle Constitution.

---

est approuvée par référendum : 79,02 % de *oui* contre 20,07 % de *non*. Il n'y a que 15 % d'abstentions.

C'est le triomphe du général. La IVe République est morte.

DE GAULLE ET LA Vᵉ RÉPUBLIQUE

1958, 30 septembre

Un comité, dont font partie Antoine Pinay et Jacques Rueff, est chargé de préparer les réformes économiques et financières.

Toutes les colonies françaises de l'Afrique noire et Madagascar acceptent l'autonomie au sein de la Communauté, sauf la Guinée qui fait sécession et se donne Sékou Touré pour président.

2-3 octobre

Au cours de son voyage en Algérie, de Gaulle propose un plan de cinq ans comportant d'importantes réformes économiques (transfert de 200 000 hectares aux musulmans), scolaires (scolarisation des deux tiers des enfants), sociales (créations d'emplois, construction de logements). Il offre la « paix des braves » au G.P.R.A. qui la rejette comme il rejette ce plan de Constantine. De Gaulle oblige les officiers à quitter les comités de salut public.

7 octobre

Soustelle lance le rassemblement gaulliste ou U.N.R. (Union pour la nouvelle république). Pour les élections, le général impose le scrutin majoritaire uninominal d'arrondissement à deux tours.

23-30 novembre

Tandis que de Gaulle a une entrevue avec Adenauer, que le Soudan, le Sénégal, le Gabon, le Tchad, le Moyen-Congo et la Mauritanie deviennent des républiques autonomes au sein de la Communauté, les élections législatives voient au second tour le triomphe de l'U.N.R. qui remporte 198 sièges avec le nouveau mode de scrutin. Les modérés sont 133, le M.R.P. 57, les radicaux et assimilés 23, les socialistes 44, les communistes 10. Ces derniers, en net recul, ont pourtant obtenu 19 % des voix, mais le système de scrutin les désavantage.

9 décembre

Première réunion de la Chambre. Elle élit Jacques Chaban-Delmas à la présidence pour la durée de la législature.

C'est le 8 janvier 1959 qu'a lieu la réception officielle du nouveau président par M. Coty, venu à sa rencontre sur les marches de l'Élysée. Entre une haie de gardes républicains en grande tenue, sabre au clair, les deux hommes se serrent la main. (Photo Gamma.)

Charles de Gaulle au cours d'un voyage en Algérie, en octobre 1958. Ce sont ici des femmes musulmanes qui accueillent avec enthousiasme le général. (Paris-Match. Photo D. Camus.)

11 décembre

L'Algérie a élu 71 députés « Algérie française » dont 48 musulmans. De Gaulle nomme Paul Delouvrier délégué général pour accélérer la mise en route du plan de Constantine, et remplace Salan par Challe.

21 décembre

Le collège des 80 000 notables élit de Gaulle président de la République.

23 décembre

De nombreux décrets et ordonnances réforment l'organisation judiciaire.

27-31 décembre

Publication du plan Pinay destiné à assainir la situation financière

avant la mise en application du marché commun et à ranimer l'économie. Une dévaluation de 17,55 % est accompagnée de la création au 1er janvier 1960 du franc lourd (100 F papier = 1 F lourd), du retour à la convertibilité de la monnaie pour les non-résidants, de la libération des échanges, de l'abaissement des droits de douane. 390 milliards d'économies, 300 milliards d'impôts nouveaux, augmentation des salaires, des traitements des fonctionnaires, du SMIG, suppression de l'indexation agricole et de nombreuses subventions.

L'application de ce plan permet un relèvement rapide de la situation économique et financière. L'encaisse de la Banque de France passera en 1959 de 377 millions à 1 milliard de dollars; la balance commerciale est équilibrée et laisse un excédent de 600 millions de dollars.

Guy Mollet et les socialistes, qui n'approuvent pas ces mesures,

Ci-dessus, M. Michel Debré présente au chef Boigny, Debré, le président de Gaulle, MM. S rice Bokanowski, Fontanet, Chatenet, Frey, Cara, MM. Flechet et Giscard d'Estaing. (P

démissionnent du gouvernement.

1959, 7-16 janvier

Une ordonnance institue l'intéressement des travailleurs à la marche de l'entreprise.

Le général de Gaulle, qui s'installe à l'Élysée où René Coty l'a reçu, charge Michel Debré, gaulliste inconditionnel, de former le gouvernement. Celui-ci est constitué de techniciens comme Couve de Murville (Affaires étrangères), Boulloche (Éducation nationale), Jeanneney (Industrie) et d'hommes politiques : Pinay, assisté de Giscard d'Estaing (Finances), Berthouin (Intérieur), Malraux (Affaires culturelles), Michelet (Justice), Buron (Travaux publics), Bacon (Travail), Sudreau (Construction). Soustelle est ministre d'État. L'U.N.R. n'est pas en majorité. Le cabinet obtient la confiance devant l'Assemblée par 453 voix contre 56 et 29 abstentions.

Ci-dessus, M. Chaban-Delmas, élu à la présidence de la Chambre, prononce le discours traditionnel de remerciement. (Photo Keystone.)

Entre les six de la C.E.E., les droits de douane sont abaissés de 20 %.

tat son gouvernement. Au premier rang : MM. Pinay, Berthouin, Michelet, Lecourt, Houphouët-, Jacquinot, Malraux, Couve de Murville, Guillaumat, Boulloche. Au second rang : MM. Mau-let, Chenaut, Houdet, Buron, Jeanneney, Bacon, Sudreau, Cornut-Gentile, Mlle Nefissa Sid-stone.)

Les Anciens Combattants manifestent contre la suppression de leur retraite.

3-20 février

Le Conseil exécutif de la Communauté se réunit pour la première fois. Les membres du conseil constitutionnel, où siègent de droit les deux anciens présidents de la République, Auriol et René Coty, sont nommés. Le général de Gaulle accomplit un premier voyage en province, dans le Sud-Ouest de la France. Triomphales manifestations en sa faveur.

10 février

L'U.R.S.S. avait proposé la conclusion d'un traité de paix créant deux Allemagnes souveraines et neutres. Les Occidentaux repoussent ce projet.

7 mars

La France fait savoir au commandement de l'O.T.A.N. qu'en cas de

L'une des mesures appliquées par la Ve République est l'institution du « nouveau franc », égal à 100 francs anciens. Le 16 avril 1959, M. Antoine Pinay présente à l'Hôtel des Monnaies et Médailles de Paris la première pièce de cinq francs en argent à l'effigie de « la Semeuse ». L'emploi de cette monnaie devient effectif à la fin de l'année. Pour faciliter son usage, la Banque de France émet des billets dont la valeur est indiquée à la fois en anciens et en nouveaux francs. (Photos Associated Press.)

nationale approuve la déclaration du général par 441 voix contre 23 et 28 abstentions.

3 novembre

Dans un nouveau discours, de Gaulle souligne que la défense nationale doit rester française et marque ainsi sa volonté de la soustraire peu à peu au commandement de l'O.T.A.N.

11-31 décembre

Le Mali, Madagascar, le Dahomey, la Haute-Volta, le Niger obtiennent l'indépendance. Le projet d'une grande communauté francophone a échoué.

19-21 décembre

Réunis à Paris et à Rambouillet, les États-Unis, la France et la Grande-Bretagne lancent une invitation, pour une conférence Est-Ouest, à Khrouchtchev qui accepte.

24 décembre

Par 427 voix contre 71 et 18 abstentions, la loi Debré règle le problème des écoles privées qui peuvent choisir entre l'intégration à l'enseignement public, le contrat d'association, le contrat simple conclu pour neuf ans, la liberté totale sans aide. La plupart des écoles privées choisiront le contrat simple (contrôle pédagogique et aide financière de l'État). La loi Debré, jointe au climat créé par le concile Vatican II, va établir la paix scolaire.

1960, 1er janvier

Le nouveau franc entre en vigueur.

13 janvier

En désaccord avec de Gaulle sur l'indépendance militaire de la France qui excède ses capacités économiques, Antoine Pinay donne sa démission et est remplacé aux Finances par le gouverneur de la Banque de France, Baumgartner. Celui-ci poursuivra la politique financière de Pinay.

18 janvier-1er février

Pour avoir affirmé, dans une interview à un journal allemand, que l'armée était hostile à l'autodétermination et fidèle à l'Algérie française, le général Massu est relevé de son commandement et remplacé par Crépin.

Le 24 janvier, une émeute éclate à Alger dans le quartier des Facultés. Les gendarmes interviennent. Il y a 22 morts. Aussitôt des barricades se dressent. L'armée reste passive ou même se montre favorable aux rebelles. A Paris, le gouvernement semble divisé. Mais de Gaulle est ferme, prêt à s'allier avec les socialistes et les syndicats pour maintenir sa politique d'autodétermination. L'opinion publique est à ses côtés. Dans un discours qu'il prononce le 29 janvier, de Gaulle annonce qu'il demandera au Parlement le vote des pouvoirs spéciaux et le renforcement du « domaine réservé ». Le général Challe et Delouvrier quittent Alger pour la base de Reghaïa.

Isolés, les émeutiers comprennent qu'ils ne referont pas un 13 mai et ils abandonnent. Pour rassurer les Français d'Algérie, de Gaulle a en outre affirmé qu'il ne traiterait pas avec le F.L.N. des destins politiques de l'Algérie : « Comment pouvez-vous écouter les conspira-

Pierre Lagaillarde, qui fut à Alger l'un des instigateurs du mouvement des barricades du 24 janvier 1960, capitule et se rend, le 2 février, aux forces de l'ordre. (Paris-Match. Photo J.-P. Biot.)

teurs et les menteurs! »

La semaine des barricades s'achève donc en défaite pour les émeutiers.

1er–14 février

Les insurgés d'Alger se rendent. Plusieurs d'entre eux, Lagaillarde, Susini, de Sérigny, sont arrêtés. D'autres entrent dans la clandestinité. Épuration dans l'armée et l'administration. Soustelle démissionne le 5 février. L'Assemblée nationale vote le 13 des pouvoirs spéciaux à de Gaulle par 441 voix contre 75, ce qui lui permet d'allonger immédiatement par ordonnance le délai de garde à vue et, surtout, de créer le 14 un comité des affaires algériennes qu'il préside, comité où entrent des ministres et des hauts fonctionnaires. En vertu des pouvoirs spéciaux, le gouvernement peut pendant un an légiférer par ordonnances.

13 février

A Reggane (Sahara), explosion de la première bombe atomique française, résultat de travaux engagés depuis plusieurs années, ce qui n'empêchera pas l'opposition de dénoncer cette arme coûteuse et inutile à côté des armements atomiques de l'U.R.S.S. et des U.S.A. Pour protester, le Maroc dénonce l'accord diplomatique franco-marocain conclu en 1957.

17 février

Président du G.P.R.A., Ferhat Abbas promet aux Européens l'égalité des droits avec les musulmans dans la future République algérienne.

1er mars

La Guinée se retire de la zone-franc et passe un accord financier avec l'U.R.S.S.

3-5 mars

Pour rassurer l'armée, de Gaulle entreprend la « tournée des popotes ». Ses propos semblent parfois contradictoires. Il parle d'une Algérie algérienne liée à la France, mais affirme aussi que jamais le drapeau du F.L.N. ne flottera sur Alger. On se demande s'il ne renonce pas à la politique d'autodétermination.

14 mars

A la suite des déclarations du général, le G.P.R.A. déclare que la porte est fermée aux négociations.

17-18 mars

De Gaulle refuse de convoquer l'Assemblée pour examiner les problèmes agricoles malgré la demande de la majorité, ce qui provoque le mécontentement des partis. Le président de la République affirme qu'il n'est pas tenu de déférer aux requêtes des députés.

20-21 mars

Le conseil exécutif de la Communauté se réunit pour la dernière fois, toutes les anciennes colonies étant maintenant indépendantes; évolution inévitable à laquelle se résigne de Gaulle.

23 mars-3 avril

Voyage de Khrouchtchev en France. Les entretiens politiques n'aboutissent pas, les positions de la France et de l'U.R.S.S. sur l'Allemagne, le désarmement ou l'Algérie étant opposées. A la fin du mois d'avril, Khrouchtchev menace de signer un traité de paix séparée avec la République démocratique allemande pour éliminer les Occidentaux de Berlin-Ouest.

Un groupe fonde le parti socialiste unifié ou P.S.U. qui se situe entre communistes et S.F.I.O.

5-30 avril

Tandis que de Gaulle visite successivement du 5 au 8 la Grande-Bretagne, du 18 au 21 le Canada et du 22 au 29 les U.S.A., la situation sociale se dégrade en France. Dès le 7, il y a des manifestations paysannes, puis des grèves éclatent à Saint-Nazaire, à Nantes, à Gennevilliers. Une ordonnance du 15 avril permet au gouvernement d'établir l'état d'urgence pour douze jours sans contrôle parlementaire si la situation l'exige.

15 avril

Le président Fulbert Youlou proclame l'indépendance totale du Congo-Brazzaville. Il en est de même du Mali et du Togo.

1er-16 mai

Un avion américain qui faisait de l'espionnage à très haute altitude sur le territoire de l'U.R.S.S. est abattu et le pilote fait prisonnier. Le président Eisenhower reconnaît que les U.S.A. font de l'espionnage aérien depuis plusieurs années. Khrouchtchev manifeste sa colère et, le président des U.S.A. refusant de faire des excuses publiques, quitte le 16 mai la conférence au sommet (U.R.S.S., U.S.A., Grande-Bretagne, France) qui s'était ouverte la veille à Paris. En fait, sachant que les Occidentaux, de Gaulle en tête, ne transigeraient pas sur le problème de Berlin, le maître de l'U.R.S.S. n'est pas fâché de saisir ce prétexte pour saborder une conférence dont il n'attend plus rien... qu'un échec qui aurait réjoui la Chine.

11-25 mai

Tandis que les grèves continuent

dans l'industrie chimique, la métallurgie, la S.N.C.F., les transports en commun, le Parlement modifie l'article 12 de la Constitution relatif à la Communauté (qui n'existe plus). Pour sa part, le gouvernement adopte le projet du IVe Plan (1962-1965) économique et rectifie, en abaissant ses objectifs, la fin du IIIe (1960-1961). Pour le IVe Plan, le taux de croissance prévu est de 5,05 % par an.

31 mai

Après l'échec de la conférence

Récemment arrivé à Paris, le Premier soviétique est convié par le président de la République à un déjeuner à l'Élysée. Avant le repas, M. Khrouchtchev remet au général un modèle réduit de Lunnik. (Photo Keystone.) L'atmosphère, on le voit, est des plus cordiales et M. « K » regagne l'ambassade soviétique en voiture découverte. Puis arrive, le 16 mai 1960, l'ouverture de la Conférence au sommet. Dès le début, M. Khrouchtchev s'en prend aux États-Unis à propos de l'affaire de l'U 2, cet avion américain abattu le 1er mai alors qu'il survolait le territoire soviétique. Devant le refus américain de présenter des excuses, M. Khrouchtchev, furieux, quitte l'Élysée. La conférence tourne court, avant même d'avoir pu commencer. Les généraux de Gaulle et Eisenhower ne cachent pas leur déception. (Paris-Match. Photo A. Lefebvre.)

au sommet, de Gaulle, au cours d'une conférence de presse, reconnaît que l'Alliance atlantique reste nécessaire et semble désirer que soient resserrés les liens avec les États du marché commun.

3 juin

Dahomey, Côte-d'Ivoire, Haute-Volta et Niger réclament l'indépendance. De Gaulle la leur promet.

10-29 juin

Croyant qu'il peut encore s'élever en Algérie une « troisième force » musulmane puisque 57 % des musulmans ont participé aux élections algériennes, malgré l'ordre d'abstention du F.L.N., de Gaulle reçoit secrètement un chef rebelle à l'Élysée. Il offre de nouveau l'ouverture de négociations dans un discours qu'il prononce le 14. Mais les entretiens engagés à Melun entre les représentants de la France et du F.L.N. n'aboutissent pas.

24-29 juillet

Tandis que le Parlement adopte la loi d'orientation agricole, de Gaulle et Adenauer, au cours de leur entrevue, tombent d'accord pour établir une concertation permanente des États européens par des rencontres périodiques et la création d'organismes pour examiner tous les grands problèmes qui les concernent.

Les droits de douane sur les produits industriels sont abaissés de 20 % pour les six du marché commun.

11-20 août

Tandis que le Mali éclate en deux États (Mali et Sénégal), le Dahomey, le Niger, la Haute-Volta, la Côte-d'Ivoire et le Tchad en Afrique occidentale, la République Centre-Afrique et le Gabon en Afrique équatoriale obtiennent leur indépendance.

5 septembre – 1er octobre

Au cours de sa conférence de presse, le général de Gaulle critique la politique du Kremlin, regrette l'intervention des forces de l'O.N.U. au Congo belge, déclare qu'en ce qui concerne l'Algérie toute la question est de savoir si elle sera algérienne avec la France ou en association avec elle. Mais il ajoute que les modalités de la consultation devront être discutées avec toutes les tendances (y compris le F.L.N.).

Cent vingt et un intellectuels de gauche (Sartre, Breton, Marguerite Duras et autres) réclament le droit à l'insoumission dans la guerre d'Algérie. Vingt-cinq membres d'un réseau français accusés de soutenir le F.L.N. sont condamnés, pour la plupart sévèrement. Quant au général Salan qui s'est installé à Alger, il affirme dans un manifeste qu'aucune autorité ne peut décider de l'abandon d'une portion de territoire où s'est exercée la souveraineté française. Il sera bientôt contraint de quitter Alger et de se réfugier en Espagne.

Enfin, le 26, une délégation du G.P.R.A. avec Ferhat Abbas est reçue à Moscou.

4-9 octobre

Pourtant, au cours de son voyage en Savoie et en Dauphiné, de Gaulle déclare que l'abandon de l'Algérie provoquerait un effroyable chaos et qu'il ne reconnaîtra jamais le G.P.R.A. Deux mille personnalités

Le voyage que le général de Gaulle effectue en Algérie du 9 au 13 décembre 1960 semble, pour le F.L.N. et ses partisans, être l'instant propice à des manifestations en faveur de l'indépendance de l'Algérie. L'un des rassemblements a lieu dans la Casbah d'Alger. Parmi les musulmans, une femme voilée. Elle extériorise son fanatisme en brandissant un drapeau de fortune. (Paris-Match. Photo P. Habans.)

ripostent par un manifeste à celui des cent vingt et un.

Discutée au Parlement, la loi-programme, qui donne la priorité aux armements atomiques (baptisés « force de dissuasion ») au détriment des armes classiques, se heurte à une vive opposition de la gauche et des « Européens ». Elle n'en sera pas moins votée. Mais les difficultés sociales (licenciement de trois mille ouvriers chez Renault) et les hésitations de la politique gaulliste en Algérie durcissent l'opposition.

4-23 novembre

De Gaulle précise ce qu'il entend par « Algérie algérienne » : elle aura son gouvernement, ses institutions, ses lois et qui pourra être bâtie pour ou contre la France. Il parle même d'une future République algérienne et annonce un référendum. Violentes réactions chez les Français d'Algérie où des manifestations anti-gaullistes se déroulent le 11. A Paris, Michel Debré proteste (mais ses protestations resteront secrètes). Le maréchal Juin s'élève contre l'abandon de « nos frères algériens ». Louis Joxe, gaulliste inconditionnel, devient ministre d'État chargé des affaires algériennes; Jean Morin, préfet de la Haute-Garonne, remplace Delouvrier comme délégué général. Mais l'annonce d'un référendum ne désarme pas le G.P.R.A. qui refuse un « statut octroyé ». La mise en liberté provisoire par le

Ci-dessus, Fehrat Abbas, président du G.P.R.A.

Par le référendum du 8 octobre 1961, les Français de métropole et d'Algérie doivent se prononcer sur « l'autodétermination ». Voici (ci-dessous) une affiche incitant à voter « oui à l'Algérie nouvelle ». (Photo Associated Press.)

tribunal militaire d'Alger des auteurs des barricades de décembre 1959 accroît le malaise en France.

9-13 décembre

De Gaulle effectue un voyage d'inspection en Algérie mais évite Alger et Oran où triomphent les partisans de l'Algérie française. Les musulmans l'acclament en Kabylie. A son retour, le président de la République juge que les opérations militaires s'achèvent par un succès total, mais que jamais les deux communautés n'ont été plus éloignées l'une de l'autre. De fait, le 11, une manifestation arabe à Alger derrière les drapeaux du F.L.N. provoque une violente riposte des Européens. Il y a soixante morts et les troubles se poursuivent. Mais de Gaulle compte sur le référendum annoncé pour soutenir sa politique en Algérie.

La situation financière de la France est excellente : les réserves de dollars dépassent 2 milliards; la dette à court terme est épongée et les dettes à long terme en partie remboursées.

1961, 1er janvier

Diminution de 30 % des droits de douane sur les tarifs entre les six du marché commun.

8 janvier

Le référendum sur l'autodétermination en Algérie, projet d'organisation des pouvoirs publics considéré en même temps par de Gaulle comme une sorte de plébiscite à son égard, se traduit par 75 % de *oui* contre 25 % de *non*. Bien que les partis de gauche, pour protester contre l'aspect plébiscitaire du projet, aient préconisé le *non*, il semble certain que leurs consignes n'ont pas été suivies. Le fossé entre la métropole et les Européens d'Algérie se creuse davantage.

16 janvier

Le G.P.R.A. annonce qu'il est prêt à négocier avec la France.

1er février

En Algérie, le général Gambiez remplace le général Crépin comme commandant en chef.

10-11 février

A la conférence des six du marché commun à Paris, de Gaulle propose d'établir une coopération politique avec ses partenaires, mais les Pays-Bas et la Belgique, qui craignent l'hégémonie française, se montrent réticents.

20 février

En Espagne où il s'est réfugié, Lagaillarde fonde l'organisation de l'armée secrète (O.A.S.). Un représentant du G.P.R.A. rencontre secrètement en Suisse Georges Pompidou, émissaire du général.

27 février

A Rambouillet, au cours d'un entretien avec Bourguiba, de Gaulle accepte que les troupes françaises évacuent Bizerte dans le délai d'un an, mais refuse de céder à la frontière tunisienne certains terrains pétrolifères d'Algérie.

2 mars

A Alger, le procès des barricades devant le tribunal militaire s'achève par un acquittement général des

Le mécontentement d'une partie de l'armée, et principalement de certains cadres, crée en Algérie un climat favorable à un coup d'État militaire. Espérant remporter le même succès qu'en 1958, quelques officiers généraux et supérieurs, bénéficiant de complicités en métropole, appellent les troupes à la rébellion. Mais le « putsch » qu'ils tentent de déclencher tourne court et ses chefs doivent choisir entre la clandestinité et la reddition. Voici, quittant la délégation générale d'Alger après l'insurrection, le 28 avril 1961, le fameux « quarteron » de généraux : Zeller, Jouhaud, Salan et Challe. (Photo Keystone.)

prévenus. Les principaux responsables jugés par contumace s'en tirent avec de faibles peines. L'armée reste indulgente aux partisans de l'Algérie française.

30-31 mars

Annonce simultanée par le gouvernement français et le G.P.R.A. de pourparlers à Évian. Mais le G.P.R.A. entend écarter tous les autres mouvements musulmans, celui de Messali Hadj en particulier, et être reconnu comme « seul interlocuteur valable », ce qui remet tout en question. Le maire d'Évian est tué par une charge de plastic, œuvre de l'O.A.S.

11 avril

De Gaulle annonce qu'il envisage l'indépendance de l'Algérie... « avec un cœur parfaitement tranquille ».

21-26 avril

Aidés de parachutistes, les généraux Challe, Jouhaud et Zeller se rendent maîtres du gouvernement général d'Alger et arrêtent Gambiez, Jean Morin et le ministre Robert Buron qui se trouvait là en mission. Salan rejoint d'Espagne les généraux révoltés. Mais les soldats du contingent refusent de suivre ce « quarteron » de généraux que de Gaulle condamne, tandis que Malraux mo-

bilise des milices populaires pour arrêter une éventuelle opération aéroportée dans la métropole. En fait, il s'agit d'un pronunciamiento et non d'un putsch comparable à celui du 13 mai. Plusieurs généraux refusent de suivre les révoltés qui ne trouvent pas d'appui. La France reste calme. Challe et Zeller se rendent. Jouhaud et Salan, résolus à aller jusqu'au bout avec l'O.A.S., entrent dans la clandestinité. De Gaulle s'est fait attribuer tous les pouvoirs en vertu de l'article 16 de la Constitution. Il va négocier avec la rébellion, épurer ses adversaires. Il institue le 28 un haut tribunal militaire qui jugera sans pourvoi en cassation.

9–19 mai

Roger Frey devient ministre de l'Intérieur, Foyer ministre de la Coopération, Gorse secrétaire d'État aux Affaires étrangères.

20 mai

Tandis que Ben Bella et ses co-détenus, interceptés, on s'en souvient, à leur retour du Maroc, sont transférés au château de Turquant (Maine-et-Loire), les pourparlers s'ouvrent à Évian entre la délégation française conduite par Louis Joxe et le F.L.N. 6 000 musulmans sont libérés. Les pourparlers achoppent sur la question du cessez-le-feu préa-lable aux négociations politiques, sur celle de la double nationalité, la question du Sahara et des pétroles algériens. De Gaulle voudrait le regroupement de la population euro-péenne dans une zone qui resterait sous la souveraineté française.

29–31 mai

Les généraux Challe et Zeller sont condamnés à quinze ans de détention.

31 mai–3 juin

Visite de Kennedy à Paris. De Gaulle refuse de renoncer à la force atomique nationale, mais pousse le

C'est à Évian que se déroulent les discussions franco-algériennes qui doivent mettre fin aux hostilités et préparer l'indépendance de notre ancienne possession. Voici, sur le perron de l'hôtel du Parc (de gauche à droite), les délégués du G.P.R.A. : Bouhlarouf, Sahad Kahlab, Ben Yahia, Krim Belcacem, Ben Mostefa, Malek, Bentobal Lakhdar et Yazid. (Photo Keystone.)

président des U.S.A. à se montrer ferme avec Khrouchtchev sur Berlin.

6-21 juin

Plusieurs officiers généraux ayant participé à la rébellion d'avril sont condamnés à de lourdes peines de prison.

7-8 juin

La crise agricole qui atteint toute l'Europe (elle est née de l'ouverture des marchés) provoque une violente agitation paysanne, principalement en Bretagne.

Le général Ailleret remplace Gambiez en Algérie.

L'armée est épurée de nombreux officiers.

13 juin

Interruption des pourparlers d'Évian. En Algérie, la trêve unilatérale proclamée par la France n'a pas été suivie. Attentats et massacres se multiplient tant de la part du F.L.N. que de l'O.A.S. maintenant bien structurée et organisée : 133 morts, plus de 300 blessés du 21 mai au 8 juin.

1er-5 juillet

Pour protester contre tout projet de partage de l'Algérie, le F.L.N. déclenche une grève générale et une manifestation de masse qui fait 80 morts et des centaines de blessés. De son côté, l'O.A.S. multiplie les attentats.

12 juillet

Dans une allocution, de Gaulle dénonce « la hargne, la rogne et la grogne ». Il rejette aussi sur les Soviets la responsabilité de la crise qui vient d'éclater à Berlin.

6-22 juillet

Crise en Tunisie : Bourguiba redoute de s'être compromis vis-à-vis des Arabes en adoptant une attitude modérée à l'égard de la France. Il lance ses troupes et la milice destourienne à l'assaut de Bizerte. Le général de Gaulle donne ordre de riposter. Après de violents combats, la base est dégagée.

Bourguiba fait appel à l'O.N.U. De Gaulle interdit aux autorités militaires de recevoir le secrétaire général de l'organisme international. Le 25 août, la France sera condamnée par l'O.N.U.

17 juillet

Les U.S.A., la France et la Grande-Bretagne rejettent le projet de traité de paix entre les deux Allemagne et la transformation de Berlin en ville libre proposés par l'U.R.S.S.

18-19 juillet

A Godesberg, sur le Rhin, les représentants des six, à l'instigation de de Gaulle qui soutient Adenauer, décident de réaliser une union politique et instituent à cet effet une commission extra-gouvernementale présidée par Christian Fouchet.

20-28 juillet

De nouveaux pourparlers engagés entre le F.L.N. et la France au château de Lugrin (Haute-Savoie) n'aboutissent pas.

2-25 août

L'O.A.S. se montre de plus en plus audacieuse. Les attentats se multiplient en Algérie comme en métropole et il y a maintenant des émissions « pirates » sur les antennes d'Alger.

La popularité du chef de l'État est en baisse. Celui-ci est obligé de remanier son gouvernement car trois ministres (dont Lecourt et Michelet) s'en vont. Pisani devient ministre de l'Agriculture.

Cependant la France a fini de rembourser ses emprunts à moyen terme. On commence à organiser la région parisienne devenue impossible à administrer, en créant le district.

5-27 août

Tandis que l'O.A.S. passe sous la direction de Salan, l'échec des pourparlers d'Évian et de Lugrin provoque un raidissement du G.P.R.A. d'où sont exclus les modérés. Le conseil national de la révolution proclame qu'il refuse toute garantie aux Européens avant l'indépendance et toute concession sur le Sahara.

10 août

Par la voix de MacMillan, la Grande-Bretagne pose sa candidature au marché commun.

12-18 août

La crise de Berlin s'aggrave. Devant l'« hémorragie » que constitue le passage clandestin des Berlinois de l'Est vers l'Ouest, la République démocratique allemande fait construire un haut mur, le « mur de la honte », qui sépare désormais les deux Berlin. Les Occidentaux ne réagissent que symboliquement.

5 septembre

Pour relancer les pourparlers, de Gaulle reconnaît le caractère algérien du Sahara (nouvelle concession).

Mais l'activité de l'O.A.S. redouble en métropole. Le général échappe à un attentat à Pont-sur-Seine, sur la route de Colombey. La police procède à de nombreuses arrestations dont celle du général Vanuxem. Cependant les partis de gauche et les syndicats trouvent la répression insuffisante.

29 septembre

Accord entre la France et la Tunisie au sujet de Bizerte. Les troupes françaises évacuent la ville occupée à la suite des événements de juillet et se replient sur leurs bases.

Les événements d'Algérie continuent à diviser les Français. L'armée elle-même inquiète le chef de l'État qui profite d'un voyage à Strasbourg, le 20 novembre 1961, pour haranguer ses chefs. Les officiers, réunis trois heures avant le discours du général de Gaulle, écoutent, immobiles, l'allocution, en dépit d'une température de moins cinq degrés. (Paris-Match. Photo P. Habans.)

30 septembre

L'Espagne et la France évacuent les dernières bases marocaines. A Paris, l'organisation de coopération et de développement économique (O.C.D.E.) succède à l'O.E.C.E. créée en 1948.

10-20 octobre

Tandis qu'à Moscou la querelle entre l'U.R.S.S. et la Chine se manifeste au grand jour à l'occasion du XXIIᵉ congrès communiste, tandis que la Grande-Bretagne engage avec les six du marché commun des négociations qui se poursuivront vainement jusqu'en 1963, de violentes manifestations musulmanes ont lieu à Paris et Georges Bidault fonde secrètement un nouveau conseil national de la résistance contre la politique du général de Gaulle.

1er-20 novembre

Le terrorisme s'aggrave en Algérie. Nouvelles manifestations musulmanes à Alger à l'occasion du septième anniversaire de la rébellion : il y a au minimum 74 morts et 120 blessés. L'Algérie sombre dans le chaos entre le F.L.N. et l'O.A.S. que soutient l'armée. Une police parallèle, celle des « barbouzes », est créée et agit de la façon la plus brutale. La France est inquiète. On conspue de Gaulle à l'occasion de son voyage à Marseille et en Corse. Dans un discours qu'il prononce à Strasbourg le 20, de Gaulle rappelle aux officiers que l'obéissance à l'État est la règle de l'armée, car il n'y a autrement que des « soldats perdus ». L'année s'achève dans un malaise général.

3 novembre

Le Birman U Thant devient secrétaire général de l'O.N.U.

1962, 14 janvier

Les premiers textes sur le marché agricole commun sont adoptés par les six après de longues et ardentes discussions.

16-29 janvier

Mollet, Pinay, Faure se réunissent au « dîner de l'Alma » pour marquer leur opposition à la politique européenne, jugée insuffisante, du géné-

ral. Les partis de gauche s'unissent pour condamner également sa politique algérienne. L'O.A.S. multiplie les plasticages et les attentats. On compte 17 plasticages à Paris au cours de la « nuit bleue ». A Alger, une villa d'El-Biar où sont logés des barbouzes est détruite par une bombe. Il y a huit morts.

Valéry Giscard d'Estaing remplace Baumgartner aux Finances.

8-13 février

Malgré l'interdiction du gouvernement, un rassemblement des communistes, des syndicats et du P.S.U. a lieu place de la Bastille. Au métro Charonne, à la fin de la réunion, un coup de feu éclate et c'est la fusillade: 8 morts, 200 blessés. Les obsèques des victimes donnent lieu à une imposante manifestation.

Cependant, après des pourparlers secrets entre les représentants du G.P.R.A. et du gouvernement français aux Rousses (Jura), la reprise des négociations est décidée. Outre Joxe, Broglie (indépendant) et Buron (M.R.P.) représenteront les deux autres partis de la majorité.

Anglais et Américains décident de reprendre leurs expériences nucléaires, l'U.R.S.S. en ayant fait autant.

7-19 mars

Les pourparlers d'Évian aboutissent à un accord avec le F.L.N. sur le cessez-le-feu.

La France accorde l'indépendance totale, renonce à réclamer un statut

---

Ci-contre, à droite, une toile non figurative de l'« abstraction lyrique » de Georges Mathieu : « Les Capétiens partout ». (Photo Hubert Josse).

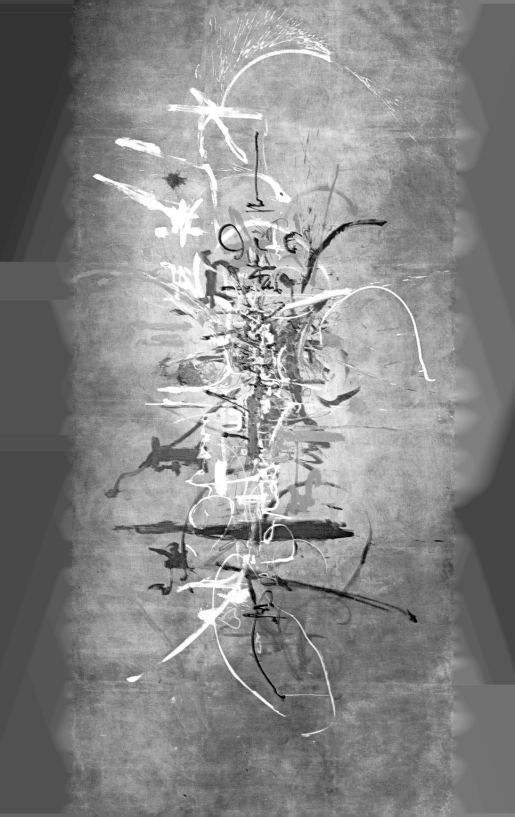

Dès 1961, l'O.A.S. (Organisation armée secrète) tente de s'opposer par tous les moyens à l'application de l'autodétermination. Son action se manifeste, entre autres, par une recrudescence d'attentats au plastic. Voici, à Belcourt, un magasin musulman qu'une explosion a particulièrement endommagé, le 19 mars 1962. (Photo Keystone.)

spécial pour les Français d'Algérie, reconnaît l'intégration du Sahara à l'Algérie (points qui avaient fait achopper les précédentes négociations). De nombreuses garanties sont accordées aux minorités européennes et aux intérêts français. Avant le scrutin d'autodétermination un haut-commissaire (Fouchet) et un exécutif provisoire de neuf membres (en majorité du F.L.N.) administreront le pays. L'armée y restera pendant trois ans (et quinze ans à Mers el-Kébir). Mais les accords pourront-ils être exécutés ?

17-31 mars

En effet, les violences redoublent. Sans doute Jouhaud, un des chefs de l'O.A.S., a-t-il été arrêté à Oran, mais l'O.A.S. s'en prend maintenant à toute la population musulmane et même à l'armée. Elle lutte dans le quartier de Bab el-Oued contre les forces de l'ordre. Le 26, au cours d'une manifestation des Européens, une unité de tirailleurs, rue d'Isly,

ouvre le feu : il y a 80 morts. L'O.A.S. peut bien organiser des grèves générales, des actions désespérées. Elle sait qu'elle est seule désormais à vouloir garder l'Algérie française.

7-20 avril

Les forces de l'ordre réagissent en effet brutalement. Un des principaux commandos de l'O.A.S. est décapité par l'arrestation de Degueldre. Salan est à son tour arrêté à Alger. Jouhaud est condamné à mort par le haut tribunal militaire (il sera gracié).

8 avril

Soumis à l'approbation du peuple français, les accords d'Évian sont approuvés par 90,06 % des votants (64 % des inscrits). Des communistes à l'U.N.R., on a voté *oui*. Seule l'extrême droite a voté *non*, les indépendants laissant la liberté de vote.

Présageant l'architecture futuriste qui envahit peu à peu Paris et ses environs, les immeubles de la région de la Défense profilent, à l'ouest de la capitale, leurs silhouettes de gratte-ciel. (Photo JdC.)

Dès 1962, les premiers « rapatriés » quittent l'Algérie afin d'échapper aux représailles dont le F.L.N. est devenu coutumier. Par avion ou par bateau, selon leurs moyens, « pieds-noirs » et musulmans gagnent la métropole après avoir abandonné outre-mer tout ou partie de leur fortune et parfois même de leurs familles. (Paris-Match. Photo D. Camus.) Comme la Constitution lui en donne le droit, le président de Gaulle met fin aux fonctions ministérielles de Michel Debré et le remplace par Georges Pompidou. Fin lettré et homme politique habile, ce dernier demeurera au pouvoir jusqu'après les élections de 1968. On reconnaît, ci-dessous, le nouveau chef du gouvernement à son arrivée à l'Élysée, le 14 avril 1962. (Photo Associated Press.)

14 avril

Démission de Michel Debré. Il a accepté sincèrement la politique algérienne du général, non sans déchirement pour lui. Il n'est pas d'accord avec de Gaulle au sujet de la dissolution de l'Assemblée (Debré la souhaite pour avoir une majorité plus large). De Gaulle, débarrassé de l'Algérie, préfère marquer ses grandes options de politique intérieure et extérieure avant de consulter le pays.

Georges Pompidou forme le nouveau gouvernement. Son cabinet comprend douze non-parlementaires (dont Couve de Murville aux Affaires étrangères et Malraux aux Affaires culturelles), cinq M.R.P. dont Pflimlin, Buron, Schumann, trois indépendants dont Giscard d'Estaing aux Finances, dix U.N.R. dont Foyer à la Justice, Frey à l'Intérieur, Messmer aux Armées. Le cabinet Pompidou obtient 289 voix à l'Assemblée contre 128 et 119 abstentions.

28 avril

Le chaos subsiste en Algérie malgré l'installation de l'exécutif provisoire. Il faut faire investir Oran par l'armée.

1er-13 mai

La situation se dégrade toujours en Algérie. On ne peut plus espérer un accord entre les deux communautés après tant d'attentats, de massacres, de destructions de bâtiments. Entre O.A.S., F.L.N., forces de l'ordre, la lutte reste sauvage. Mais déjà les Européens émigrent dans de terribles conditions, en abandonnant presque tout. A la fin du mois, Susini, un des chefs de l'O.A.S., prend contact avec l'exécutif provisoire. Une trêve de fait va s'instaurer.

15-16 mai

Au cours de sa conférence de presse, de Gaulle, constatant l'échec du plan Fouchet (l'Europe des États), raille les projets d'une Europe supranationale. A la suite de ces déclarations, les cinq ministres et secrétaires d'État M.R.P. (Schumann, Buron, Pflimlin, Bacon, Fontanet) démissionnent et sont aussitôt remplacés par des gaullistes.

23 mai

Le général Salan est condamné à la détention perpétuelle, au vif mécontentement de de Gaulle qui dissout le haut tribunal militaire et le remplace par une cour de justice militaire (l'ordonnance de création sera annulée par le Conseil d'État en octobre 1962).

13 juin

Au cours du débat sur la politique étrangère, les députés partisans de l'Europe communautaire quittent l'hémicycle pour marquer leur opposition à la politique gaulliste. Le 21 juin, l'Assemblée approuve le IVe Plan.

juin

En Algérie, le départ désordonné des Européens se précipite à mesure qu'approche la date du référendum. L'O.A.S. et l'exécutif provisoire ont signé un accord sur l'arrêt des violences. La plupart des chefs de l'O.A.S. se réfugient en Espagne. Mais, au sein même du G.P.R.A., il y a des divisions, de même qu'entre lui et les chefs militaires de la rébellion.

1er-6 juillet

Le référendum du 1er juillet donne une majorité massive tant en France qu'en Algérie à l'approbation des accords d'Évian (99 %), les Européens étant presque tous partis (il en reste moins de cent mille). L'indépendance de l'Algérie est proclamée. Mais le pays est en pleine anarchie. Des milliers de harkis (musulmans servant avec l'armée française) sont massacrés. Les chefs du F.L.N. se disputent le pouvoir que Ben Bella, revenu de France où il a été libéré avant la signature des accords, revendique. Dès le 3, la France reconnaît l'indépendance. Les sénateurs et députés de l'Algérie cessent de siéger dans leurs Assemblées respectives.

Condamné à mort, Degueldre est exécuté.

20 juillet

Rétablissement des relations diplomatiques entre la France et la Tunisie.

2 août

Tandis que se préparent en Algérie les élections à l'Assemblée constituante, des luttes sanglantes se poursuivent entre les diverses tendances du F.L.N. dont Ben Bella obtient l'élargissement.

22 août

Attentat manqué contre de Gaulle au Petit-Clamart. Sa voiture, criblée de balles, parvient à échapper.

4-12 septembre

Voyage officiel du président de la République en Allemagne. Il reçoit partout un accueil triomphal.

7-17 septembre

Arrestation des auteurs de l'attentat du Petit-Clamart et de leur chef, le colonel Bastien-Thiry.

10-24 septembre

Après un cessez-le-feu entre les factions opposées, les élections donnent une majorité écrasante à Ben Bella qui forme le premier gouvernement algérien. Il annonce une importante réforme agraire sur le modèle de celle de Fidel Castro à Cuba. Les militaires (dont le colonel Boumedienne) occupent les principaux postes.

12 septembre

Peyrefitte prend le portefeuille des « Rapatriés », Fouchet le rem-

Au soir du 22 août 1962, sur la route du Pet... *attendant le passage du convoi présidentiel. Lorsq... automatiques. La voiture dans laquelle se trou... indemne. Le document ci-dessus, établi à l'occas... de la voiture officielle, l'emplacement de l'un d... Bougrenet de la Tocnaye et Prévost. Jugé princip... condamné à mort et fusillé le 11 mars 196...*

place à l'Information et Boulin devient secrétaire d'État au Budget.

20 septembre

Le général de Gaulle annonce qu'il déposera un projet pour faire élire le président de la République au suffrage universel, ce qui suscite d'âpres discussions' sur la légalité d'un référendum sans approbation des Chambres à ce sujet. Sudreau démissionne. Au congrès radical, le président du Sénat, Gaston Monnerville, va jusqu'à parler de forfaiture et de violation délibérée de la Constitution.

10 octobre

L'opposition et la plupart des groupes de l'Assemblée (sauf l'U.N.R.) déposent une motion de censure pour protester contre l'élection du président de la République

lamart, une « DS » et une « estafette » stationnent, dernier arrive à proximité, il subit le feu d'armes harles de Gaulle est criblée de balles mais le général e la reconstitution, montre, à travers le pare-brise hicules des conjurés : le colonel Bastien-Thiry, sponsable de l'attentat, Bastien-Thiry sera Paris-Match. Photo F. Gragnon.)

au suffrage universel. La motion est votée par 280 voix. Le gouvernement Pompidou démissionne. Le général de Gaulle dissout l'Assemblée.

28 octobre

Par 62,25 % de *oui* contre 36,66 % de *non*, le pays vote l'élection du président de la République au suffrage universel. Quatorze départements du Midi ont voté *non*. Le Conseil constitutionnel rejettera l'appel formé par le président du Sénat, Gaston Monnerville.

18-27 novembre

Les élections législatives des 18-25 novembre voient le net succès de l'U.N.R. qui, avec 40 % des suffrages au second tour, obtient 229 sièges. Les indépendants de tendance « giscardienne » en ont 20, le centre national des indépen-

dants 28, les communistes 41, le P.S.U. 3, la S.F.I.O. 65, les radicaux et le centre gauche 41, le M.R.P. 36, divers 2. Mendès France et Paul Reynaud ont été battus dès le premier tour. Le cartel des *non* est en minorité. La majorité dispose d'environ 270 voix. Le 27, Georges Pompidou est réinvesti dans sa fonction de Premier ministre et forme le ministère (semblable au précédent).

22 novembre

Mort de l'ancien président René Coty.

29 novembre

Signature de l'accord franco-britannique pour la construction de l'avion supersonique *Concorde*.

11 décembre

Dans son message à l'Assemblée (qui réélit Jacques Chaban-Delmas comme président), de Gaulle définit les principes de la « République nouvelle ».

19 décembre

Une cour de justice militaire de l'État remplace la cour de sûreté dont la création a été annulée par le Conseil d'État. Les droits de la défense sont mieux respectés qu'auparavant.

29 décembre

Institution de la quatrième semaine de congés payés par la régie Renault.

1963, 14-23 janvier

Dans sa conférence de presse du

14 janvier, de Gaulle refuse l'entrée de la Grande-Bretagne dans le marché commun. Les négociations avec les six sont donc interrompues et une crise de confiance se manifeste au sein de la communauté européenne, alors que le marché commun enregistrait de gros progrès.

A Nassau (Bahamas), le 21 décembre, Kennedy et MacMillan avaient conclu des accords pour que l'armement atomique soit intégré aux forces de l'O.T.A.N. et que l'Europe coopère davantage sur le plan économique avec les U.S.A. De Gaulle rejette les accords de Nassau. Il entend conserver sa force de frappe nationale. Le ministère des Armées entreprend peu après la fabrication de bombes A.

26 février

Dirigeant de l'O.A.S., le colonel Argoud est arrêté à Munich, en violation du droit international. Mais Adenauer proteste mollement.

Les mineurs du Nord se mettent en grève.

3-13 mars

Le décret de réquisition des mineurs signé par de Gaulle n'arrête pas la grève qui se poursuit tout le mois, en dépit des travaux du « comité des sages » qui cherche à résoudre le problème des salaires dans le secteur privé et les secteurs publics et nationalisés. L'opposition politique se déplace et devient opposition sociale.

4-11 mars

Condamné à mort après l'attentat du Petit-Clamart, le colonel Bastien-Thiry est fusillé. Pour obéir à la raison d'État, de Gaulle a refusé de le gracier.

5 avril

Fin de la grève des mineurs qui obtiennent en grande partie satisfaction.

16 avril

Devenu secrétaire général du bureau du F.L.N., Ben Bella accentue sa position marxiste sans parvenir à relever l'Algérie. Il réclame la révision des clauses militaires des accords d'Évian.

30-31 mai

De Gaulle met fin à l'état d'urgence. Le centre d'études nucléaires de Cadarache est inauguré.

15 juin

La France retire sa flotte de l'O.T.A.N.

1er juillet

Les droits de douane sur les produits industriels entre les six du marché commun sont abaissés de 60 %.

20 juillet

Dix-huit États africains s'associent au marché commun. Le fonds européen de développement est porté à 730 millions de dollars.

27-29 juillet

L'Assemblée nationale modifie l'exercice du droit de grève en instituant le préavis obligatoire de cinq jours. Dans sa conférence de presse, le général de Gaulle, tout en donnant l'exemple des accords franco-allemands, défend toujours l'Europe des États.

Le début de l'année 1963 est marqué par de nouveaux conflits sociaux dont le plus important est la grève des mineurs, déclenchée dès la fin du mois de février. Jusqu'au mois d'avril, les grévistes refuseront de reprendre le travail et parcourront les rues de leurs villes pour faire connaître leurs revendications. (Paris-Match. Photo R. Picherie.)

5 août

Le traité de Moscou signé par l'U.R.S.S., les U.S.A. et la Grande-Bretagne met un terme aux expériences nucléaires dans l'atmosphère et sous les mers. La France et la Chine refusent de s'y associer.

12 septembre

Devant le malaise économique et social qui s'aggrave, le nombre des grèves qui se multiplient (près de six millions de journées de travail perdues), l'inflation qui augmente et la hausse de tous les prix (25 % depuis 1958), Valéry Giscard d'Estaing lance un plan de stabilisation : blocage des prix, toute hausse devant être autorisée par les pouvoirs publics, restriction du crédit, limitation du découvert du Trésor (7 à 6 milliards), mesures destinées à favoriser la modernisation des structures commerciales. Le plan stoppe bien la hausse des prix, mais provoque le ralentissement de l'expansion et compromet l'exécu-tion du IVe Plan.

15 septembre

La Constitution adoptée par les Algériens, Ben Bella devient président de la République algérienne.

19 septembre

L'Express lance, deux ans à l'avance, la campagne présidentielle pour « Monsieur X », candidat d'opposition qui se révélera bientôt être Gaston Defferre.

1er octobre

Nationalisation en Algérie de toutes les terres appartenant à des Français.

16 octobre

Le chancelier Erhard succède au chancelier Adenauer qui abandonne le pouvoir. Il a les mêmes tendances que lui, mais se montre plus attaché à l'O.T.A.N. et à l'Europe. Les rela-

Souriant et bon en-
fant, le maire de
Marseille, M. Gas-
ton Defferre, par-
court le marché et
s'arrête devant l'étal
de la fleuriste à qui
il demande, avec sim-
plicité, « des roses
rouges... » (Paris-
Match. Photo J.-C.
Sauer.)

tions entre Bonn et Paris s'en ressentiront.

novembre

Le voyage d'Edgar Faure en
Chine populaire prépare l'établissement de relations diplomatiques
avec la France.

De nombreuses grèves éclatent
(Postes, E.D.F., enseignement).

18 décembre

Gaston Defferre annonce officiellement qu'il sera candidat à la présidence de la République.

1964, 12 janvier

Defferre expose son programme.
Il accepte le pouvoir présidentiel,
mais refuse dans la Constitution
l'article 16 et le référendum, et
réduit le rôle du Conseil constitutionnel en étendant celui du Parlement.

27 janvier

Geste d'indépendance à l'égard
des U.S.A., le général de Gaulle
reconnaît le gouvernement de la
Chine populaire et nomme un
ambassadeur à Pékin.

31 janvier

Dans sa conférence de presse, de Gaulle définit sa conception du rôle du président de la République : il représente l'autorité indivisible de l'État.

2 février

Le congrès S.F.I.O. se rallie à la candidature de Gaston Defferre.

Aux Jeux Olympiques d'hiver, à Innsbrück, les skieurs et les skieuses de France remportent plusieurs médailles d'or.

8-15 mars

Les élections cantonales, malgré plus de 41 % d'abstentions, marquent un succès de l'opposition de gauche.

13 mars

Entrevue de Gaulle - Ben Bella au château de Champs.

En Afrique est créée l'Union africaine et malgache de coopération économique qui groupe les pays francophones.

14 mars

Un décret institue en France vingt et une régions économiques sous l'autorité d'un préfet de région, assisté d'une commission (consultative) de développement économique régional (CODER) composée de délégués des conseils généraux, des syndicats, des organismes économiques de chaque département formant la région.

16-23 mars

Voyage du général de Gaulle au Mexique, où il s'entretient avec le

---

ET PENDANT CE TEMPS...

1958, 9-28 octobre
Mort du pape Pie XII. Élection de Jean XXIII (Angelo Roncalli, ancien nonce à Paris).

1959, 3 janvier
A Cuba, victoire de Fidel Castro qui forme un gouvernement révolutionnaire.

1960, juillet
Guerre civile au Congo belge. La sécession du Katanga provoque l'intervention de l'O.N.U. qui envoie des « casques bleus », force internationale.

8 novembre
John Kennedy, démocrate, est élu président des U.S.A.

1961, 26 février
Hassan II devient roi du Maroc à la mort de son père, Mohammed V.

12 avril
Le Russe Gagarine, à bord de Vostok I, parcourt en 1 heure 48 41 000 kilomètres à une altitude de 175 000 à 380 000 mètres.

16 juin
La guerre entre les deux Viêt-nam devient de plus en plus violente. Les U.S.A. apportent une aide massive au Viêt-nam du Sud, bastion de la défense contre le communisme en Asie. Un corps expéditionnaire est envoyé et l'armée du Sud-Viêt-nam équipée.

18 septembre
Le secrétaire général de l'O.N.U, Dag Hammarskjöld, se tue dans un accident d'avion au Congo.

1962, janvier
Aux U.S.A., Kennedy, inquiet de la politique marxiste de Fidel Castro à Cuba, aggrave les mesures économiques prises contre lui.

2 juin
La commission internationale de contrôle des accords de Genève au Viêt-nam reconnaît l'aide apportée par la Chine et l'U.R.S.S. au Viêt-nam du Nord, par les U.S.A. au Viêt-nam du Sud.

11-13 septembre
L'U.R.S.S. fait des envois massifs d'armes à Cuba et se propose d'y installer des bases de lancement de fusées. Attitude très ferme de Kennedy devant cette menace.

président Lopez Mateos ; à la Guadeloupe ; en Guyane et à la Martinique.

26 mars

Au comité central du parti communiste, Maurice Thorez approuve les aspects positifs de la politique étrangère de de Gaulle (désengagement à l'égard de l'O.T.A.N. et des U.S.A.).

13-28 avril

La France se désolidarise de plus en plus de la politique américaine au Viêt-nam, refuse de participer à la conférence de l'O.T.A.S.E. (défense de l'Asie) à Manille et demande que la Chine populaire participe aux conversations sur le Viêt-nam.

14 avril

Mers el-Kébir cessera d'être une base stratégique.

20 avril

Tixier-Vignancour annonce qu'il sera candidat à la présidence de la République.

10 mai

Tension entre Bourguiba, qui nationalise toutes les terres tunisiennes possédées par des étrangers (surtout des Français), et la France. La France cesse toute aide financière et technique à la Tunisie.

Waldeck-Rochet remplace Maurice Thorez comme secrétaire général du parti communiste.

26-31 mai

Tandis que de Gaulle et le président de la République fédérale allemande Lübke inaugurent le canal de la Moselle de Metz à Coblence, Couve de Murville, à la suite de son voyage à Madrid, se déclare favorable à l'entrée de l'Espagne dans le marché commun.

15 juin

Les troupes françaises évacuent l'Algérie en ne conservant que la base de Mers el-Kébir et les bases sahariennes (Reggane, Hammaguir et In-Ekker).

27 juin

La nouvelle loi électorale pour les élections municipales interdit, dans les communes de plus de 30 000 habitants, les fusions de listes entre le premier et le deuxième tour afin d'éviter les coalitions. La loi est violemment critiquée par l'opposition.

28 juin

Au cours d'une entrevue entre le Premier ministre d'Israël, Eskhol, et de Gaulle, celui-ci déclare que la France reste l'alliée d'Israël (bien qu'elle cherche à se rapprocher des pays arabes).

3-4 juillet

Entretiens franco-allemands à Bonn : le général de Gaulle regrette que l'Allemagne fédérale reste trop intimement liée aux U.S.A.

11 juillet

Mort de l'ancien secrétaire général du parti communiste français, Maurice Thorez.

21 juillet

A l'occasion des accords de

Le 25 mai 1964, en présence de la grande-duchesse de Luxembourg et de M. Heinrich Lübke, président de la République fédérale allemande, le général de Gaulle inaugure, à Metz, le nouveau tronçon du canal de la Moselle reliant la capitale de la Lorraine à Coblence. (Paris-Match. Photo G. Ménager.)

Genève, de violentes manifestations contre la politique indochinoise du général de Gaulle (très hostile à l'intervention des U.S.A.) se déroulent à Saigon où l'ambassade de France est mise à sac. ´

22 juillet

Le Conseil des ministres approuve définitivement le statut de l'O.R.T.F. en instituant un conseil d'administration de l'Office qui doit veiller à l'impartialité des informations. En fait, cet incomparable instrument de propagande reste strictement entre les mains du pouvoir.

23 juillet

Dans sa conférence de presse, le général s'en prend à la force multilatérale de l'O.T.A.N. et propose une nouvelle conférence internationale sur le Viêt-nam.

Une très importante entreprise de machines électroniques passe sous contrôle américain faute d'avoir pu être reprise par des capitaux français.

20-21 septembre

Tandis qu'en Algérie l'épuration d'anciens chefs du F.L.N. et de l'A.L.N. se poursuit, le général de

Le rapprochement franco-soviétique ébauché par le président de Gaulle se concrétise par un accord commercial signé, le 30 octobre 1964, au ministère des Finances. Cet accord, prévu pour cinq ans, doit entrer en vigueur en 1965. Il entraînera une augmentation de 60 à 70 % des échanges entre les deux pays. Ci-dessous, les deux signataires du traité : M. Nicolas Patolitchev, ministre du Commerce extérieur soviétique, et M. Valéry Giscard d'Estaing, ministre des Finances et des Affaires économiques. (Photo Associated Press.)

Gaulle part pour l'Amérique latine où il va effectuer une grande tournée jusqu'au 16 octobre.

11 octobre

Gaston Defferre, candidat à la présidence de la République, refuse de négocier avec les partis pour l'établissement de son programme.

30 octobre

Signature d'un accord commercial franco-soviétique.

3 novembre

Tandis que l'Angleterre, qui vient d'élire de justesse une majorité travailliste, connaît des difficultés financières, les réserves de la France dépassent 5 milliards de dollars.

20 novembre

A Strasbourg, de Gaulle continue à préconiser « l'Europe européenne ».

8-20 décembre

Le Parlement adopte définitivement le Vᵉ Plan (1965-1970), la seconde loi-programme d'équipement militaire qui prévoit la poursuite de la création de l'armement nucléaire (armes thermonucléaires et armes tactiques), enfin vote un budget en équilibre rigoureux, ce qui ne s'était jamais vu depuis la Libération, « l'impasse » étant enfin supprimée — c'est-à-dire l'excès des dépenses sur les recettes. Mais les députés estiment très insuffisante l'amnistie proposée par le gouvernement en faveur des condamnés de l'O.A.S. 210 d'entre eux s'abstiennent pour marquer leur mécontentement.

19 décembre

Les cendres du premier chef du Conseil de la Résistance, Jean Moulin, torturé et exécuté par les Allemands, en 1943, sont transférées au Panthéon.

31 décembre

Dans son allocution de fin d'année de Gaulle demande aux Français un effort pour assurer l'indépendance nationale.

1965, 7-12 janvier

Luttant contre la puissance du dollar, le gouvernement transforme en or 150 millions de dollars. Georges Pompidou annonce des mesures en faveur de la relance industrielle. On constate un ralentissement très net de l'expansion économique dû au plan de stabilisation de Giscard d'Estaing et au manque de confiance des Français qui préfèrent thésauriser que de placer leurs économies dans le secteur industriel.

La campagne du général de Gaulle pour l'étalon-or favorise cette tendance.

4 février

Dans une importante conférence de presse, de Gaulle dénonce le *gold exchange standard*, ce système selon lequel les réserves monétaires des nations sont constituées en or et en monnaies sûres (pratiquement le dollar dont la parité avec l'or n'a pas été modifiée depuis 1935, ce qui assure l'hégémonie économique des U.S.A., alors que leur balance des paiements est en déficit croissant). Les Américains s'obstinent à refuser de dévaluer le dollar ou à revenir à la convertibilité du dollar en or. En dénonçant ce système, de Gaulle déclare la guerre au dollar.

Dans cette même conférence, de Gaulle demande la révision de la charte de l'O.N.U. et souhaite que le problème de l'Allemagne soit résolu directement par des négociations entre les pays européens et l'U.R.S.S.

14-21 mars

Les élections municipales marquent une très grande stabilité. L'U.N.R. n'a pu s'emparer d'aucune grande ville. A Marseille, Defferre a gardé la mairie contre les communistes et l'U.N.R. On en conclut aux possibilités d'une « troisième force » excluant les communistes et allant jusqu'au centre national des indépendants.

31 mars

La commission du marché commun, chargée de préparer le financement de la politique agricole des six de 1965 à 1970, présente son rapport qui préconise la création d'un fonds budgétaire géré par l'assemblée de Strasbourg. De Gaulle, qui voit là un pas vers la supranationalité dont il ne veut à aucun prix, n'est pas favorable à cette proposition.

1er-30 avril

La communauté européenne du charbon et de l'acier (C.E.C.A.) et l'Euratom fusionnent avec l'exécutif du marché commun. La France refuse de participer aux manœuvres navales de l'O.T.A.N. Pierre Marcilhacy annonce sa candidature à la présidence de la République. Un grave conflit éclate aux usines Peugeot; il durera plus d'un mois. A Paris, le 30, Gromyko signe un accord pour l'adoption du procédé français de télévision en couleurs.

8-28 mai

Gaston Defferre propose la création d'une fédération démocrate-socialiste à laquelle la S.F.I.O. et le M.R.P. donnent immédiatement leur adhésion.

Tandis que les Américains suspendent momentanément leurs bombardements sur le Nord-Viêt-nam, le général de Gaulle rappelle les représentants français à l'état-major de l'O.T.A.S.E. (forces armées de l'Asie).

3-25 juin

La fédération souhaitée par Defferre échoue, les représentants des partis ayant constaté leur désaccord sur de nombreux points comme la laïcité, la nationalisation des entreprises, etc., Defferre n'en annonce pas moins officiellement qu'il sera candidat à la présidence de la République.

27 juin-1er juillet

Crise grave parmi les six. De Gaulle ne veut absolument pas qu'ils créent un organisme tendant à concrétiser la supranationalité du marché commun. Le représentant de la France, Couve de Murville, repart pour Paris.

La France rembourse par anticipation 178 millions de dollars de sa dette extérieure.

16-28 juillet

Incident franco-américain : un avion américain a survolé le centre nucléaire de Pierrelatte. Washington présente des excuses.

Le général de Gaulle lors de sa conférence de presse du 9 septembre 1965, au cours de laquelle il donnera un véritable « compte rendu du mandat » présidentiel. (Photo Associated Press.)

A la suite des accords commerciaux franco-soviétiques a lieu, le 28 avril 1965, une rencontre entre MM. Andrei Gromyko, ministre soviétique des Affaires étrangères, et Georges Pompidou, Premier ministre français. C'est à l'Hôtel Matignon qu'ils signent un accord pour l'adoption du procédé français de télévision en couleurs SECAM. (Photo Associated Press.)

9-23 septembre

François Mitterrand annonce qu'il sera candidat à la présidence de la République. La fédération de la gauche démocratique et socialiste, comprenant socialistes, membres des nouveaux clubs politiques (convention des institutions républicaines) et une grande partie des radicaux, est créée. Le parti communiste, sans imposer le préalable d'un programme commun, s'y rallie.

C'est également le 9 septembre qu'au cours de sa conférence de presse de Gaulle annonce que la France se retirera de l'O.T.A.N. à l'expiration des engagements pris, en 1969. Il attribue la crise du marché commun à des causes politiques, « les mythes abusifs de la supranationalité », pose les problèmes du rôle de la commission de la communauté économique européenne (la commission Hallenstein) et de la majorité qualifiée pour les décisions communautaires.

Le ministre belge Spaak demande que le Conseil des ministres des six examine la position française.

Eisenhower dénonce les risques que le départ de la France fera courir à l'O.T.A.N.

16 septembre

Le renouvellement d'un tiers des sénateurs se traduit par un léger progrès du M.R.P. et des centristes.

19 octobre

Mitterrand candidat de la gauche, Defferre se retire et Lecanuet devient celui du M.R.P. et des indépendants partisans de l'Europe. Il rallie également une partie des radicaux.

29 octobre

L'enlèvement puis l'assassinat de Ben Barka, chef de l'opposition marocaine, provoquent une grosse émotion dans l'opinion publique française.

Cet enlèvement n'a pu se faire qu'avec la complicité — sinon l'action — de certaines polices parallèles françaises travaillant pour le

Le leader marocain El Mehdi Ben Barka. Son enlèvement, à Paris, et sa mystérieuse disparition feront naître un malaise entre la France et le Maroc. (Paris-Match. Photo Rizzo.)

ET PENDANT CE TEMPS...

1962, 11 octobre
Ouverture à Rome du concile œcuménique Vatican II devant les représentants de quatre-vingts nations et de nombreux observateurs non catholiques. Le pape Jean XXIII préconise l'*aggiornamento*.

22-28 octobre
Khrouchtchev donne ordre de démanteler les bases de lancement de fusées soviétiques à Cuba.

1963, avril
Le Laos et le Viêt-nam du Sud luttent difficilement contre les troupes du Viêt-nam du Nord qui sont maîtresses de la plaine des Jarres et s'infiltrent plus au sud.

mai
Au Proche-Orient, dislocation de la R.A.U. Damas et Bagdad s'opposent à Nasser.

juin
Mort du pape Jean XXIII. Élection de Paul VI qui continuera à orienter l'Église vers une ouverture plus grande aux problèmes contemporains. Le concile se poursuit.

29 septembre
Ouverture de la deuxième session de Vatican II.

1er-2 novembre
Un coup d'État militaire à Saigon renverse Diem qui est exécuté sommairement. Les U.S.A. accroissent leurs forces au Sud-Viêt-nam.

22 novembre
Assassinat du président Kennedy à Dallas. Le vice-président Johnson le remplace. La politique libérale de Kennedy (spécialement à l'égard des Noirs) avait provoqué une furieuse opposition. On ne saura jamais qui a armé la main d'Oswald, l'assassin présumé.

4 décembre
Clôture de la deuxième session de Vatican II. Profondes modifications de la liturgie où la langue vulgaire remplace le latin dans la célébration des offices.

1964, janvier
Voyage de Paul VI en Terre Sainte pour réconcilier les Églises.

général Oufkir, ministre de l'Intérieur et chef de la police marocaine.

4-19 novembre

Annonçant qu'il est candidat à la présidence de la République, le général de Gaulle prévoit le chaos et la confusion s'il n'est pas réélu. La campagne électorale s'ouvre le 19. Il est certain que l'opposition, qui a été pratiquement privée jusque-là de faire entendre sa voix à la télévision, en profite pour exposer son programme et obtient un si vif succès dans l'opinion publique que les sondages, très favorables à de Gaulle au début du mois, font apparaître les possibilités sinon les probabilités d'un ballottage. Cédant aux instances de ses ministres, de Gaulle accepte de participer à la campagne télévisée.

5-19 décembre

Il est trop tard : le général est mis en ballottage, recueillant 43,07 % des voix ; Mitterrand 32 %, Lecanuet 16 %, les autres candidats (Tixier-Vignancour, Marcilhacy, Barbu, 9 %). Au second tour, conformément à la Constitution, seuls s'affrontent les deux candidats arrivés en tête. De Gaulle est réélu par 54,50 % des voix contre 44,79 % à Mitterrand.

1966, 8 janvier

Le président de la République confie à Georges Pompidou le soin de former le premier gouvernement du septennat. Principales modifications : Debré remplace Giscard d'Estaing aux Affaires économiques et aux Finances ; à l'Agriculture, Edgar Faure remplace Pisani qui passe à l'Équipement. Pompidou annonce aux députés une « grande année sociale ».

17 janvier

Le suicide de l'un des acteurs de l'enlèvement de Ben Barka, suicide qui laisse au moins un doute, amène la France à lancer un mandat d'arrêt international contre le général Oufkir, ministre de l'Intérieur marocain. Le Maroc rappelle son ambassadeur.

18-30 janvier

La France reprend au Conseil des six la place qu'elle avait abandonnée en juin 1965. Les six se mettent d'accord sur le vote majoritaire au Conseil des ministres de la C.E.E. et sur les rapports entre le Conseil et la Commission de la C.E.E.

4-9 février

Jean Lecanuet crée le centre démocrate. Le général Massu est nommé commandant en chef des forces françaises en Allemagne.

21 février

Au cours de sa conférence de presse, de Gaulle annonce que toutes les bases de l'O.T.A.N. en France seront évacuées avant le 11 avril 1969.

Poursuivant sa politique de prestige, le général de Gaulle entreprend plusieurs voyages au cours de l'année 1966. Au mois de juin, il est en Russie, où il reçoit un accueil particulièrement chaleureux de la population. (Photo Paris-Match.) Au cours des mois d'août et de septembre, un long déplacement le conduit à Djibouti, Addis-Abeba, Pnom Penh, Nouméa, Tahiti et à la Guadeloupe. Voici le Président à son arrivée à Phnom Penh, accueilli par le prince Norodom Sihanouk. Au cours de l'allocution qu'il prononcera, le président de la République exposera les principes de la politique française en Extrême-Orient. (Photo Holmès Lebel.)

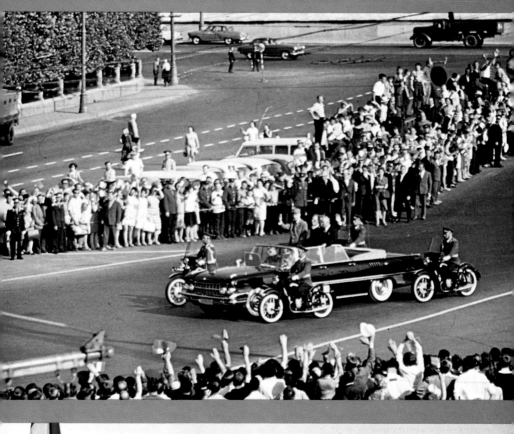

7 mars

Avançant cette date, de Gaulle annonce que la France se retire de l'O.T.A.N. dès le 1er juillet 1968. Mais la France reste membre du Conseil atlantique. Le général profite aussi de la crise que traverse l'O.T.A.N., par suite de la fin de la guerre froide, pour manifester son indépendance à l'égard des U.S.A. au moment où il s'apprête à partir pour Moscou. L'intégration, base de l'O.T.A.N., est ainsi condamnée. De Gaulle voudrait réaliser une Europe « européenne » dont la France garantirait la défense atomique.

13 avril

Georges Pompidou déclare d'ailleurs aux députés que la France est prête à collaborer à la défense commune de l'Europe dans le cadre de l'Alliance. En dépit d'une vigoureuse protestation de Pleven qui, au nom des Européens, réprouve la décision unilatérale prise par le général de Gaulle, la motion de censure déposée par les socialistes et repoussée par les communistes ne recueille que 137 voix.

18-28 avril

La France signe un accord de coopération culturelle et technique avec la Pologne.

Dans la ligne de sa politique extérieure, le général de Gaulle effectue, au cours de l'année 1967, une série de visites à l'étranger. En juillet, il est au Québec (à gauche), où il se prononce pour l'affranchissement des « Français canadiens », concluant son discours par ces mots : « Vive le Québec libre ! » (Photo Holmès Lebel.)

ET PENDANT CE TEMPS...

1964, août
Après l'attaque de deux destroyers américains par des vedettes lance-torpilles dans le golfe du Tonkin, les Américains s'engagent massivement dans la guerre du Viêt-nam du Sud.

septembre
Ouverture de la troisième session de Vatican II. Pour la première fois, quelques femmes sont admises comme auditrices au concile.

14 octobre
Destitution de Khrouchtchev, remplacé par un gouvernement collégial où siègent Brejnev, secrétaire général du Parti, et Kossyguine.

3 novembre
Johnson, démocrate, est réélu président des U.S.A.

21 novembre
Fin de la troisième session de Vatican II. Adoption des constitutions sur l'œcuménisme et les Églises orientales.

1965, mars-avril
Renfort massif de troupes américaines au Viêt-nam du Sud. Elles occupent la baie de Danang.

juin
Le général Thieu devient président du Conseil, le général Ky chef du gouvernement. En Algérie, Boumedienne remplace Ben Bella qui est arrêté.

14 septembre
Ouverture de la dernière session de Vatican II, principalement consacrée à l'Église dans le monde

octobre
Voyage et discours du pape Paul VI à l'O.N.U.

8 décembre
Clôture du concile Vatican II. Il a profondément renouvelé l'esprit de l'Église catholique.

1966, février
Au Viêt-nam, Johnson et Ky sont d'accord pour une paix négociée.

3 mai

Les conditions de survol du territoire français par des avions de l'O.T.A.N. sont restreintes à partir du 1er juin.

5 mai

François Mitterrand forme un « contre-gouvernement » destiné à surveiller le gouvernement. Les communistes n'y participent pas et l'initiative est de peu de conséquences.

7-27 mai

Le gouvernement algérien nationalise les mines de fer, de plomb, de cuivre et de zinc, ainsi que les compagnies d'assurances, en dépit des protestations du gouvernement français.

6-15 juin

Le SHAPE sera transféré à Bruxelles, le collège de défense de l'O.T.A.N. en Italie, les bases aériennes d'Evreux et de Châteauroux en Angleterre. Ainsi se réalise la décision du général de Gaulle. Mais les forces françaises en Allemagne n'appartiennent plus à l'O.T.A.N.; Paris négocie avec Bonn au sujet de leur statut.

10 juin

Vote par les députés du projet de loi sur l'assurance-maladie des travailleurs indépendants.

20 juin-1er juillet

Voyage triomphal du général de Gaulle à Moscou, Novosibirsk (centre spatial), Leningrad, Kiev et Volgograd (ex-Stalingrad). Mais les résultats diplomatiques sont maigres : accords sur la coopération scientifique, technique et spatiale, établissement d'une liaison téléphonique directe entre le Kremlin et l'Élysée (comme il en existe une entre le Kremlin et la Maison-Blanche).

1er-27 juillet

La France ayant effectivement retiré ses forces du commandement intégré de l'O.T.A.N., des généraux sont nommés pour assurer désormais les liaisons avec le commandement atlantique.

2 juillet

Explosions nucléaires françaises à Mururoa dans le Pacifique.

14 juillet

Douze condamnés O.A.S., dont le général Zeller, sont graciés.

Au premier tour de scrutin, cinq candidats s'affrontent. Outre le président sortant, se présentent MM. Mitterrand — que l'on voit, ci-dessus, ouvrant sa campagne électorale, le 17 décembre, à Toulouse — Lecanuet, Tixier-Vignancour, Marcilhacy et Barbu. (Paris-Match. Photo Courrière.)

Par l'intermédiaire des micros et des caméras de la télévision, le général de Gaulle s'adresse à la nation : « Aujourd'hui, je crois devoir me tenir prêt à poursuivre ma tâche... convaincu qu'actuellement c'est le mieux pour servir la France... Que l'adhésion franche et massive des citoyens m'engage à rester en fonctions, l'avenir de la République nouvelle sera décidément assuré. Sinon, personne ne peut douter qu'elle s'écroulera aussitôt et que la France devra subir — mais cette fois sans recours possible — une confusion de l'État plus désastreuse encore que celle qu'elle connut autrefois... »
(Photo Paris-Match.)

28 juillet

Signature d'un accord culturel, scientifique et technique entre la France et la Hongrie.

25 août-12 septembre

Voyage du général de Gaulle à Djibouti, en Éthiopie, au Cambodge et en Polynésie. A Djibouti, il est accueilli par de violentes manifestations en faveur de l'indépendance des populations de la Côte française des Somalis. L'accueil est enthousiaste au Cambodge...

1ᵉʳ septembre

... où, à Pnom Penh, de Gaulle prononce un discours dans lequel il demande aux U.S.A. de retirer leurs troupes du Viêt-nam pour qu'on arrive à une paix garantie et, sous la caution des « cinq Grands », à la neutralité et l'indépendance de l'Indochine, car il ne peut y avoir de solution militaire.

Bien accueilli à Hanoi, ce discours attire une réplique de Johnson qui demande que le Viêt-nam du Nord cesse d'intervenir au Viêt-nam du Sud.

Avant de regagner la France, de Gaulle assiste à Mururoa à l'explosion d'une bombe atomique française six fois plus puissante que celle d'Hiroshima.

6 octobre

D'accord avec le Portugal, la France installe une base spatiale aux Açores pour observer la trajectoire des engins lancés des Landes ou de la Guyane.

15 octobre

Signature d'un accord scientifique et technique entre la France et la Bulgarie.

27 octobre

Le gouvernement français décide d'organiser un référendum en Côte française des Somalis.

22 novembre

A Washington, au cours de la réunion concernant le Fonds monétaire international, la France demande — sans succès — qu'on étudie la révision du prix de l'or.

26 novembre

L'usine marémotrice de la Rance est inaugurée.

1er-9 décembre

Visite du président du Conseil soviétique, Kossyguine, à Paris et dans plusieurs villes de France. Un accord consulaire est signé entre les deux pays.

21 décembre

Signature d'un accord entre la France et l'Allemagne fédérale au sujet du maintien des troupes françaises en Allemagne.

23 décembre

Le général de Gaulle gracie et fait libérer le général Challe et seize condamnés O.A.S.

31 décembre

Dans la zone de l'association européenne de libre-échange, les droits sur les produits industriels sont complètement abolis — ils étaient déjà considérablement réduits — trois ans avant la date prévue.

1967, 10 janvier

Chef des indépendants, Giscard d'Estaing formule au sujet des options du général de Gaulle et de son gouvernement des réserves qu'il traduit par un : « Oui, mais... » auquel de Gaulle répond qu'on ne gouverne pas avec des *mais !*

21-31 janvier

L'installation des comités révolutionnaires dans toute la Chine et l'intervention de l'armée sur l'ordre de Mao provoque à Paris des manifestations d'étudiants chinois devant l'ambassade soviétique et, à Pékin, contre l'ambassade de France.

26-28 janvier

Réunion à Paris de la grande commission de coopération franco-soviétique chargée de veiller à l'application des accords commerciaux et techniques entre les deux pays.

15 février

Signature d'un accord de coopération monétaire entre la France et le Mali.

5-12 mars

Les résultats des élections législatives se traduisent par un recul de l'U.N.R. et des indépendants, qui ont 244 élus (moins 38), la fédération de la gauche démocratique et sociale (François Mitterrand) 116, le centre démocrate (Lecanuet) 27, les communistes 73 et le P.S.U. 4; divers gauche 5, divers modérés 15.

Les gaullistes n'ont que quelques voix de majorité et, pour gouverner, doivent garder l'appui des indépendants giscardiens qui ont gagné 9 sièges; quatre ministres, dont Couve de Murville, sont battus.

14-30 mars

Les quartiers généraux de l'O.T.A.N. à Fontainebleau, Roc-

Au mois de mars 1967, la France décide de retirer sa participation à l'organisation militaire du pacte de l'Atlantique Nord. En conséquence, le siège du SHAPE sera transféré en Belgique. On voit ici le général Lemnitzer, commandant à la fois le SHAPE et les Forces américaines d'Europe, rendant à l'Armée française le drapeau national qui, en compagnie des autres, flottait sur le camp de Rocquencourt. A sa gauche, le général Dio et le général Burchinal, futur commandant du secteur de Stuttgart. (Photo Keystone.)

quencourt et Saint-Germain-en-Laye quittent définitivement la France.

16 mars

Les viticulteurs du Midi manifestent violemment contre l'importation des vins d'Algérie.

19 mars

En Côte française des Somalis, le référendum est favorable à la France.

29 mars

A Cherbourg, de Gaulle assiste au lancement du premier sous-marin atomique français.

6-8 avril

Constitution du nouveau gouvernement Pompidou. Celui-ci, qui va se heurter à une forte opposition, fait entrer dans son ministère Michelet, Maurice Schumann, Guichard, Chamant, Duvillard, Guena et Gorse. Couve de Murville, quoique battu, garde le portefeuille des Affaires étrangères.

28 avril

Le gouvernement demande les pleins pouvoirs économiques et sociaux jusqu'au 31 octobre pour régler les graves problèmes que posent les difficultés monétaires et les négociations du *Kennedy round*.

Ce mois-là, les grèves se multiplient dans la métallurgie et la sidérurgie lorraines.

16 mai

A Genève s'achève la conférence ouverte depuis trois ans à l'initiative du président Kennedy (d'où le nom de *Kennedy round*) entre cinquante pays qui décident une baisse de 40 % des tarifs douaniers sur la plupart des produits industriels afin d'améliorer le commerce international et d'aider le tiers-monde.

Au cours de sa conférence de presse du même jour, le général de Gaulle, répondant à une demande d'adhésion au marché commun de la Grande-Bretagne, estime que l'évolution économique et politique de ce pays n'est pas assez avancée.

17-31 mai

Tandis qu'une grève générale de vingt-quatre heures a lieu en France pour protester contre les pouvoirs spéciaux, ceux-ci sont finalement votés par l'Assemblée, la motion de censure n'ayant réuni que 236 voix alors qu'il en fallait 244.

Au cours de son voyage à Rome, le général de Gaulle est reçu par le pape.

5-10 juin

En dépit des mises en garde du général de Gaulle, Israël attaque les pays arabes. En six jours, les aérodromes égyptiens détruits, l'armée israélienne s'empare de Gaza, traverse le Sinaï et vient longer le canal de Suez. Elle s'empare de la partie arabe de Jérusalem et de la Transjordanie. Le cessez-le-feu demandé par l'O.N.U. est accepté par tous les belligérants. Nasser, vaincu, veut démissionner. L'U.R.S.S. accuse les U.S.A. d'avoir aidé, par leur armement, Israël. Que vont devenir les territoires arabes occupés par Israël? Les Israéliens veulent les garder; les grandes puissances ne sont pas d'accord. L'opinion publique française est dans son ensemble favorable à Israël et comprend mal la position du président de la République.

Le verdict du procès Ben Barka (renvoyé une première fois pour supplément d'information et prononcé le 5) laisse subsister bien des énigmes. Si Oufkir est condamné par contumace, son adjoint, Dlimi, est acquitté.

9-16 juin

Après le rejet de deux motions de censure, les pouvoirs spéciaux sont définitivement votés.

Georges Séguy devient secrétaire général de la C.G.T. en remplacement de Benoît Frachon.

1er juillet

L'Assemblée adopte un projet de loi autorisant l'emploi de contraceptifs sur ordonnance médicale (la « pilule »).

10-13 juillet

L'entrevue de Gaulle-Kiesinger à Bonn se traduit par la création de commissions communes chargées d'étudier les problèmes politiques, stratégiques, économiques et techniques.

Au Conseil des six, la France repousse l'adhésion de la Grande-Bretagne au marché commun.

23-31 juillet

Pour avoir crié : « Vive le Québec libre! », de Gaulle est obligé d'interrompre son voyage au Canada. A son retour, un communiqué précise sa position vis-à-vis du Québec, position sévèrement critiquée par l'opinion internationale et même au Canada français.

10-22 août

Le général de Gaulle dénonce une fois de plus les « adeptes

du dénigrement », et les « apôtres du déclin ».

Pourtant de nouvelles ordonnances créent la participation des salariés à l'expansion de l'entreprise par la distribution de gains de productivité. Deux millions de salariés seulement en bénéficieront.

D'autres ordonnances réforment la Sécurité sociale, ce qui va provoquer la grande colère des travailleurs.

6-12 septembre

Au cours de son voyage en Pologne, le général de Gaulle dénonce la politique des blocs, accepte la frontière Oder-Neisse mais estime anormale la séparation des deux Allemagne.

24 septembre- 1er octobre

Les élections cantonales amènent un gain important des communistes, surtout dans les sept nouveaux départements de la région parisienne (qui ont remplacé la Seine et la Seine-et-Oise). Ils y ont 87 élus. Au total 175 élus (plus 119).

4 octobre

Le conseil municipal de Paris devient le conseil de Paris.

10 octobre

La motion de censure présentée par les groupes de gauche pour protester contre les ordonnances sociales ne recueille que 207 voix, le centre ne l'ayant pas votée.

25 octobre

Le général de Gaulle reçoit le roi Hussein de Jordanie.

27 octobre

Accord des six sur les prix communs agricoles qui seront appliqués le 1er avril et le 1er juillet 1968.

8 novembre

Le déficit du budget pour 1967 atteint 7 milliards. La dévaluation de la livre accroît les réserves françaises qui atteignent 182 millions de dollars, presque totalement en or.

20 novembre

Dans sa conférence de presse, de Gaulle dénonce l'esprit dominateur du peuple juif et repousse toujours l'entrée de la Grande-Bretagne dans le marché commun.

22 novembre

Le conseil de sécurité de l'O.N.U. adopte à l'unanimité le projet de résolution présenté par la Grande-Bretagne pour le règlement du conflit israélo-arabe : retrait des forces israéliennes des territoires occupés, reconnaissance de l'intégrité et de l'indépendance des États intéressés, fin de l'état de belligérance, garantie de navigation sur les voies d'eau internationales, règlement du problème des réfugiés palestiniens, création de zones démilitarisées.

11 décembre

A Toulouse, présentation du *Concorde*, le premier avion supersonique qui doit relier Paris à New York en trois heures.

22 décembre

Libération du général Jouhaud et de plusieurs condamnés O.A.S.

Bilan d'un quart de siècle

Où commence et où finit l'histoire? Thème éternel de débat. Nos pères ne tenaient pour historiques que les événements bénéficiant d'un vrai recul. Nous avons changé tout cela. La multiplication fabuleuse des moyens d'information fait que les Français d'aujourd'hui sont informés, dans l'instant, de tout ce qui les concerne. En 1515, combien de Français ont-ils su, cette même année, qu'il y avait eu une victoire à Marignan? Dans certaines régions, la nouvelle n'a pénétré que dix ans plus tard peut-être, au hasard du retour d'un soldat estropié. Aujourd'hui, à l'instant même où il se produit, un événement est porté aux quatre points de la planète. Fort justement, on a parlé d'accélération de l'histoire. Ce qui s'accélère aussi, ce sont les moyens de connaître l'histoire. Quelques mois après qu'ils se sont produits, des historiens entreprennent d'écrire le récit des événements qu'ils ont vécus. Ce fut le cas, par exemple, des frères Bromberger et de J.-R. Tournoux pour les événements du 13 mai 1958. Quinze ans après, ces livres n'ont pas vieilli. Preuve que, si près de l'événement, ils étaient déjà l'histoire.

Alors, pouvons-nous entreprendre le portrait du Français d'aujourd'hui? Pouvons-nous, Français, nous regarder dans un miroir et nous demander ce que nous sommes? Pourquoi pas!

D'abord, nous sommes plus nombreux : plus de 50 millions d'habitants, alors qu'en 1946 nous n'étions que 40,5 millions d'habitants. Ce que l'on a appelé le *boom* de la natalité, après la Seconde Guerre mondiale, était facilement prévisible. Nous avions connu cela en 1918. Mais les augures annonçaient que le phénomène cesserait très vite. La réalité s'est chargée de les démen-

Les centres urbains, et plus particulièrement les facultés, permettent d'imaginer l'explosion démographique qui fut celle de la France après la Seconde Guerre mondiale. Un meeting tenu à la Faculté des sciences de la Halle aux vins en mai 1968 évoque ici le nombre sans cesse croissant de la population estudiantine. (Photo Niepce-Rapho.)

La fusée Diamant est le premier appareil français conçu comme lanceur de satellites. D'une hauteur de 19 m et d'une masse totale au décollage de 18,4 t, cette fusée est dérivée de l'engin balistique VE 231 et se compose de trois étages. Diamant a permis le lancement des satellites français « A 1 », « Diapason », « Diadème I » et « Diadème II ». (Paris-Match. Photo Lefebvre.)

tir. Après une légère diminution, la progression a repris en 1962, pour baisser quelque peu, il est vrai, après 1965. Aujourd'hui, la France rajeunit. Même, ce rajeunissement apparaît beaucoup plus important que chez nos voisins européens. Le taux de mortalité baisse chez les vieux comme chez les jeunes. L'espérance de vie s'est considérablement accrue.

Mais ce qui a changé le plus, c'est le cadre de cette vie. La grande modification s'était opérée entre les deux guerres. Il faut bien dire pourtant qu'elle n'avait atteint qu'une partie des Français. Beaucoup, à la campagne, dans nos provinces — et même à Paris —, vivaient encore comme au XIXe siècle. Aujourd'hui tous les Français, pratiquement sans exception, ont accompli le grand saut. Résolument, ils se tournent vers un monde qui ne ressemble plus à celui qu'ont connu leurs grands-parents. C'est après la Seconde Guerre mondiale qu'est né l'empire de l'électronique. La télévision, l'automobile pour tous, le réfrigérateur et les appareils ménagers de toutes sortes se sont imposés après 1945. Le niveau de vie moyen s'est accru dans des proportions considérables. Les Français en ont-ils récolté davantage de bonheur? Cela, c'est un autre problème.

On a vu la population agricole diminuer fortement, les grands centres urbains se gonfler dangereusement. L'agglomération parisienne atteint huit millions d'habitants, l'agglomération lyonnaise, 1,07 million, l'agglomération marseillaise, 964 412 habitants et l'agglomération lilloise, 881 439 (recensement de 1975).

On compte en France quatorze villes de plus de 300 000 habitants, sept entre 200 000 et 300 000, vingt-huit entre 100 000 et 200 000 habitants, soixante-neuf de 50 000 à 100 000 habitants.

En 1968, il y avait en France un total de 2 664 060 étrangers, et 1 316 320 étrangers naturalisés. Parmi les étrangers, beaucoup d'Algériens musulmans, de 400 000 à 500 000. De 1964 à 1968, 80 000 Algériens sont entrés chaque année en France. Ces étrangers sont, en général, occupés aux tâches que les Français refusent d'accomplir : manœuvres, terrassiers, éboueurs.

Et pourtant, la guerre avait provoqué la mort de 600 000 personnes civiles et militaires. Comme après la Grande Guerre, plusieurs régions étaient sorties exsangues du conflit. Anéantis, les ports de l'Ouest : Brest, Lorient, Le Havre. En Normandie, une personne sur cinq était sans abri. En 1946, 8 000 locomotives seulement fonctionnaient, alors qu'en 1939 15 000 roulaient sur les réseaux. De 400 000 wagons, il n'en restait que 270 000. 2 000 ponts de chemin de fer étaient inutilisables, et 4 000 ponts routiers.

Immense, l'effort de la reconstruction. L'agriculture a été rapidement remise en route. Les destructions ont été effacées. Dès 1950, la production est redevenue normale. Le nombre des tracteurs a quintuplé entre 1950 et 1960, atteignant 900 000 véhicules en 1965. L'élevage l'a peu à peu emporté sur les cultures, surtout l'élevage bovin. Mais les rendements restent insuffisants, en particulier pour le lait. Une vache danoise donne 4 000 litres de lait; longtemps les vaches françaises n'ont pas dépassé 2 600 litres, atteignant cependant 3 000 litres en 1969. Notre production de beurre est la deuxième du monde, de même que notre production de fromage. Nous exportons surtout des céréales et des produits dérivés, des aliments pour bétail, des vins et spiritueux, des produits laitiers, des œufs, des légumes, des fruits (frais et en conserves), du sucre, des sucreries. Mais nous importons des fruits, des légumes, des conserves, de la viande et des animaux, des oléagineux, des huiles, des graisses, des produits tropicaux, des vins et spiritueux. Ce qui est bénéficiaire : les légumes, les fruits, les conserves, les oléagineux, les huiles, les graisses, les animaux, la viande, le poisson. Dans l'ensemble, les exportations agricoles représentent 16 % de l'ensemble des exportations, les importations 15,5 %. La part du revenu agricole dans le revenu national français n'a cessé de décroître.

L'industrie, elle aussi, a rapidement réparé les ruines de la guerre. Très vite, elle est entrée dans une période d'expansion. Il faut dire que le plan Marshall a largement aidé à cette reconstruction, fournissant à la France 2,5 milliards de dollars. M. Fourastié note que la production industrielle a, depuis 1872, été multipliée par huit : le premier doublement a demandé trente ans; le second cinquante; et le troisième dix seulement (1952-1962).

La production de charbon a repris rapidement après la guerre. 98 % des charbonnages ont été nationalisés entre 1944 et 1946. La production houillère a atteint un maximum de 60 millions de tonnes en 1958. Depuis, elle n'a cessé de décroître, à la suite de la fermeture de beaucoup de puits.

La production d'électricité a fait un véritable bond. Elle était de 18 700 millions de kWh en 1938. En 1974, elle atteignait 180 665 millions de kWh. La France produit 7 500 millions de mètres cubes de gaz naturel. Elle peut raffiner 170 millions de tonnes de pétrole, cependant

que ses besoins s'élèvent à 110 millions. L'ensemble de la production de fer a atteint 54 260 000 tonnes en 1974. La production d'acier brut dépasse légèrement les 27 millions de tonnes en 1974.

La France est devenue le cinquième producteur d'avions du monde, le quatrième producteur d'automobiles. En 1974, 3 200 000 véhicules ont été construits.

Si, dans notre production, bien des aspects archaïques subsistent, il faut constater que la France est désormais entrée, sans hésiter, dans l'ère industrielle. Cette entrée ne s'est pas imposée d'un seul coup ni totalement. A la fin de la guerre, il a fallu attendre la remise en état de l'industrie. Après quoi, la route était ouverte aux recherches de la science et de la technique. Elle est internationale, cette technique. Dans la société de consommation, les découvertes qui touchent à la vie quotidienne font l'objet d'un perpétuel échange. En France, les chercheurs sont formés par l'Université ou les grandes écoles. Du C.N.R.S. dépendent de nombreux centres de recherche importants et une quarantaine d'instituts. Depuis la guerre, les Français ont particulièrement brillé en mathématiques, peut-être parce que cette discipline ne nécessite pas d'investissements. Les mathématiciens français ont joué un rôle non négligeable en ce qui concerne l'évolution du langage et des méthodes mathématiques.

En physique, le rajeunissement amorcé avant-guerre s'est poursuivi. Les physiciens français s'intéressent particulièrement à l'optique instrumentale et spectroscopique, au magnétisme, à la physique atomique et nucléaire. Parmi les personnalités qui comptent le plus : Louis Néel, à Grenoble, les professeurs Aignain et Rocard au laboratoire de physi-

Dans les jardins de l'Institut Pasteur à Paris, en octobre 1965, les professeurs Lwoff, Monod et Jacob viennent d'apprendre que le prix Nobel de médecine et de physiologie leur a été attribué. (Paris-Match. Photo Stevens.)

que de l'École normale supérieure; le professeur Kastler et son équipe, dont les travaux sur le pompage optique ont abouti notamment au laser, etc.

Une part importante des recherches est dorénavant consacrée à l'énergie atomique. Ces recherches s'inscrivent dans une tradition française, née avec Becquerel, les Curie, poursuivie avec Joliot-Curie et Perrin. Le 18 octobre 1945, a été fondé le Commissariat à l'Énergie atomique. La France, qui ne produisait pas d'uranium en 1948, en produit 1 000 tonnes en 1960, plus de 2 000 en 1964. On a installé plusieurs centres de recherche, notamment à Saclay, et plusieurs usines comme Marcoule et Pierrelate. Les sommes consacrées à la recherche atomique sont considérables pour le budget civil, plus considérables encore pour le budget militaire. La première bombe atomique française a été expérimentée en 1960. La première bombe à hydrogène en 1968.

Autre domaine de la recherche physique : l'électronique, c'est-à-dire la technique de l'électron, corpuscule chargé d'électricité négative. Ses applications sont multiples, scientifiques aussi bien qu'industrielles. Toutes les grandes entreprises françaises se vouent maintenant à l'électronique qui permet de diminuer le nombre des ouvriers et de simplifier le travail de bureau. L'électronique a des applications médicales. Elle a révolutionné la radio avec les transistors. Elle a permis le développement de la télévision, la construction de microscopes révolutionnaires, d'appareils de mesure, de télescopes, etc.

La situation de la chimie apparaît moins favorable. Il faut noter cependant les recherches sur les applica-

Les 1 700 hectares d'Orly, désormais insuffisants, sont doublés par les installations de l'aéroport Charles de Gaulle établies à Roissy-en-France. (Photo JdC.)

tions de la mécanique ondulatoire, sur la biochimie et la chimie quantiques, l'étude de l'infrarouge et de la spectroscopie moléculaire. Il faut signaler encore les travaux du professeur Champetier sur les macromolécules ; ceux des professeurs Charlot et Chaudron sur la chimie minérale, d'autres encore, effectués dans différents instituts. La biologie animale et végétale, ainsi que la physiologie progressent aussi. Les travaux de l'Institut Pasteur portent sur la physiologie et la chimie microbienne, la biologie cellulaire et la virologie.

Parmi les principaux chercheurs : les professeurs Letarget, Jost, Lwoff et leurs équipes.

Progrès considérables encore en médecine. La thérapeutique et les techniques évoluent sans cesse. Indis-sociables désormais, recherche et médecine. La vaccination a permis le recul spectaculaire des affections typhoïdiques et paratyphoïdiques, de la diphtérie, de la poliomyélite, de la tuberculose. Le vaccin a permis de lutter contre les épidémies autrefois redoutables : variole, typhus, choléra, fièvre jaune, etc. La lutte contre les maladies infectieuses non épidémiques progresse elle aussi : la septicémie était mortelle dans 69 % des cas en 1900, seulement 12 % en 1960. Pour la méningite cérébro-spinale on passe de 60 à 80 %, à 3 % ; pour les pneumonies et broncho-pneumonies, de 32 % à 6 %.

La chimiothérapie, avec les sulfamides et surtout les antibiotiques, permet de lutter, en les détruisant, contre certains microbes organiques et certaines bactéries. Des centaines d'antibiotiques ont été commercialisés, comme la streptomycine (contre la tuberculose), le chloramphénicol (contre la fièvre typhoïde), l'auréomycine, la terramycine, etc. Les progrès de la chimiothérapie concernent aussi la cardiologie, les vaso-dilatateurs, les anticoagulants, etc. La pyschiatrie elle-même a été modifiée en profondeur. Et l'endocrinologie, qui concerne les affections dues à un dérèglement de certaines de nos fonctions organiques. En génétique, les travaux du professeur Lejeune ont mis la France au premier rang. On a vu aussi progresser la diététique, la physiothérapie, la radiothérapie et aussi, bien sûr, la chirurgie qui a su entreprendre les greffes d'organes, du rein et du cœur, ces dernières à partir de 1967.

Une science est née après la guerre : l'exploration de l'espace. La France n'y a joué qu'un rôle modeste. Elle a réussi six lancements de satellites avec ses propres fusées. Mais le coût total des opérations est si élevé que les programmes devront fatalement s'effectuer en collaboration avec plusieurs pays.

C'est ce qui a été tenté pour d'autres recherches, notamment dans le domaine aéronautique. *Concorde* est un appareil francobritannique, qui vole à une vitesse supersonique. Il joint Paris à New York (6 000 kilomètres) en trois heures trente-cinq. Les gouvernements français, anglais, allemand, hollandais et espagnol ont réalisé en commun un avion de transport moyen courrier, subsonique, pouvant transporter 300 passagers : l'*Airbus*.

D'ailleurs, tout ce qui est transport apparaît, depuis la guerre, profondément transformé. Le réseau routier, aujourd'hui, couvre 82 000 kilomètres de routes nationales et 40 000 kilomètres de voies à grande circulation. Un programme de 3 500 kilomètres d'autoroutes de liaison et de dégagement a été engagé. Il était couvert pour plus de la moitié au 1er janvier 1971 et allait être achevé en 1976.

Pour ce réseau routier, les techniques ont dû être renouvelées. On utilise des liants hydrocarburés, des bitumes et des goudrons, le béton précontraint. Parmi les ouvrages importants : le tunnel du mont Blanc, le plus long du monde, 11,6 kilomètres (1965).

Sur les routes, les transports publics de marchandises ont disposé, en 1963, de 120 000 véhicules de 1,2 à 15 tonnes. Et les transports privés de 960 000 véhicules de plus d'une tonne. Les transports publics des voyageurs ont nécessité 46 000 véhicules. 18 000 taxis circulent, dont les trois quarts à Paris. 3 808 autobus sillonnent les rues de Paris, transportant 526 millions de voyageurs (1974). Pourtant, l'intensité de la circulation pose de multiples problèmes. Aujourd'hui, la vitesse moyenne des autobus parisiens est de 10,5 km/h. Elle était de 14 km/h en 1902. Chaque jour à Paris, quatre millions d'individus prennent le métro, 2,5 l'autobus, 1,4 le train. A quoi s'ajoute la circulation de 6,5 millions de personnes empruntant des voitures, 1 million des deux-roues, 1,5 million des cars ou des taxis. D'où l'étouffement progressif de la capitale.

Pour les chemins de fer, on en est arrivé à une électrification presque totale. La vapeur a pratiquement disparu. Certaines lignes, exploitées par des locomotives diesel, seront également électrifiées. De nouveaux projets sont étudiés, en particulier celui de l'Aérotrain de l'ingénieur

Bertin qui doit être construit d'abord dans la région parisienne et pourra atteindre 300 à 400 km/h. Le rail a transporté 540 millions de voyageurs en 1938, 628 millions en 1965.

Sur les voies d'eau, le trafic demeure à peu près stable. Des travaux ont permis la régularisation du Rhône, ainsi que celle du cours supérieur du Rhin. La Moselle, canalisée, permer la jonction entre le Rhin et la Lorraine industrielle.

En ce qui concerne les transports maritimes, il faut noter que le nombre des passagers diminue au profit de l'aviation. Par contre, le transport des marchandises par eau augmente, celui du pétrole surtout. Le trafic se limite à certains ports, du fait de la disparition des empires coloniaux et de l'augmentation du tonnage individuel des bateaux qui permet une baisse du prix de revient des transports.

D'évidence, ce sont surtout les transports aériens qui, depuis la guerre, se sont modifiés : l'industrie aéronautique est devenue l'une des plus importantes de France. Considérable, le progrès technique. La vitesse a quadruplé en vingt ans, le tonnage a décuplé. Trois compagnies françaises principales se partagent le marché : Air France, Air Inter (1954) et U.T.A. (1963). A quoi s'ajoutent un grand nombre de petites lignes locales. Elles utilisent et possèdent de nombreuses sortes d'appareils, français et étrangers. En 1968, la Caravelle, appareil français pouvant emmener entre 75 et 80 passagers à environ 800 km/h, assurait 38 % du trafic du Bourget et d'Orly.

C'est vers 1950 que les travaux d'Orly ont été entamés. L'aéroport a été mis en service en 1961. En 1968 le trafic total de l'aéroport de Paris était de 8 560 000 passagers, sans compter le fret. Un nouvel aéroport a été construit au nord de Paris, à Roissy-en-France.

Éternel recommencement, décidément que les illusions humaines. En 1945, les combattants, une nouvelle fois, ont regagné leurs foyers. Ils ont cru une nouvelle fois, pouvoir vivre *comme avant*. Mais quel *avant* ? Celui de 1939 ? En 1939, beaucoup refusaient d'oublier 1914. Et en fait nous n'avons retrouvé ni 1914 ni 1939. Avant la Seconde Guerre mondiale, la France figurait au nombre des puissances de premier ordre. Soyons francs : cette époque est achevée. Le monde marxiste a accru formidablement son empire. Toute l'Europe de l'Est est marxiste et aussi l'immense Chine. De l'autre côté de l'Atlantique, un autre colosse a surgi de la guerre. Le monde aujourd'hui tourne autour de deux capitales : Moscou et Washington.

Avant 1939, la France s'enorgueillissait de son empire. Ce domaine colonial n'existe plus. Les peuples ex-colonisés ont réclamé leur indépendance, ont souvent combattu pour elle, l'ont obtenue.

C'est la guerre aussi qui a donné l'élan à la radicale évolution de notre vie quotidienne. Voire à une modification du caractère des Français. Humiliés par la défaite, conscients de la situation minorisée de leur pays, les Français ont abdiqué cet orgueil cocardier si souvent arboré dans le passé. Leur

Le Centre d'études nucléaires de Saclay, le plus important des quatre groupes de recherches fondamentales et appliquées du Commissariat à l'énergie atomique, met à la disposition des chercheurs les appareils les plus perfectionnés. Voici un système télécommandé pour la manipulation des substances radio-actives. (Document Atlas Photo.)

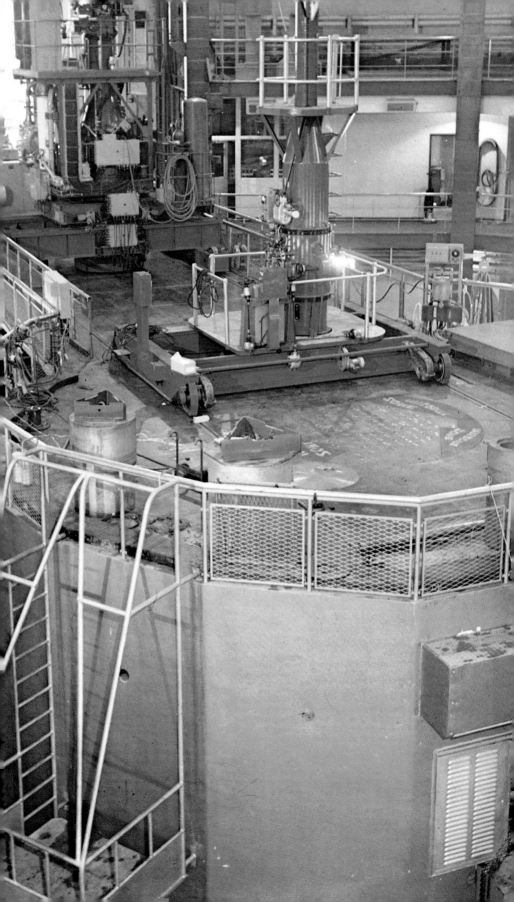

ambition s'est tournée vers une amélioration du cadre technologique, débouchant sur des moyens supérieurs de vie. La France a lorgné du côté des États-Unis et souvent n'a pas redouté d'adopter l'*american way of life*. Nos villes se sont transformées peu à peu. On a vu apparaître des drugstores, de larges vitrines dévoilant partout les produits proposés. On en découvre jusque dans les plus petits villages. La vente à tempérament s'est considérablement développée. La publicité a créé dans toutes les classes sociales une émulation entre producteurs et consommateurs. Elle a amplifié et parfois créé des besoins. Ainsi est né ce que l'on a appelé la société de consommation.

Enfin, la jeunesse a acquis une primauté qu'elle n'avait jamais occupée dans notre pays. Cela aussi est né de la guerre. Beaucoup de parents n'ont pu exercer pendant ces années leur autorité traditionnelle. Jamais ils ne l'ont retrouvée. Les jeunes, devenus de plus en plus libres, apparaissent aussi de plus en plus mélangés, sexe et classe. On se rencontre à l'école, pendant les loisirs, pendant les vacances. Corollaire prévisible, on a vu se développer une liberté de mœurs nouvelle, moins importante cependant que dans d'autres pays. On se marie de plus en plus jeune, de moins en moins vierge. Les divorces sont de plus en plus fréquents. La jeunesse est numériquement très importante. Industriels et commerçants traitent avec égard ce marché considérable. D'où une multiplication de magasins de confection de vêtements, de disques, etc.

Ces jeunes se sentent souvent, et se déclarent, en réaction contre la société qui les entoure. Nés dans l'expansion technique, ils la répudient. En France, moins que dans le reste du monde, on a vu naître les *hippies* qui vivent en communauté et prônent le retour à la nature. Mais la majorité se jette tête baissée dans la société de consommation, rejoignant en cela leurs parents.

En 1977, la plupart des ménages français possèdent un réfrigérateur, un aspirateur, un récepteur de radio. 70 % ont la télévision, 60 % une voiture. Le microsillon puis la bande magnétique ont révolutionné l'industrie du disque. Le développement de la télévision se révèle remarquable : 600 postes en 1948, près de 13 millions en 1977. On estime que sur vint-cinq heures de loisirs hebdomadaires, une famille française moyenne en consacre seize à la télévision.

Autre phénomène éclatant de l'après-guerre : la multiplication des automobiles. On a pu parler justement de « civilisation de l'automobile ». Au total 1 450 000 véhicules étaient immatriculés en 1946, plus de dix millions en 1968. D'où les problèmes de circulation déjà mentionnés et un accroissement angoissant du nombre des morts et des blessés sur les routes.

Une grande partie des Français dispose maintenant légalement de quatre semaines de vacances payées. Aujourd'hui, la moitié de la population prend des vacances d'été. En 1969, 16 % des vacanciers sont partis pour l'étranger, soit 3 530 000. Parmi ceux qui sont restés en France, 42 % sont allés au bord de la mer,

Le progrès technique transforme l'existence des ruraux. Peu à peu, les attelages traditionnels cèdent la place à des machines de plus en plus perfectionnées. Mais certaines régions particulièrement accidentées ne peuvent guère profiter de cette évolution et la culture y reste pénible et peu rentable. (Photos Arcis Rapho.)

La France, à son tour, a été frappée par le gigantisme. A côté des petites boutiques d'autrefois, se sont installés les « grands centres », les supermarchés aux prix compétitifs. (Document Atlas Photo.)

L'élévation du niveau de vie a transformé l'existence du Français moyen. Presque dans chaque foyer, le confort moderne voisine avec l'indispensable télévision. (Photo Niepce-Rapho.)

29 % à la campagne, 20 % à la montagne. Près de 20 % des familles françaises possèdent une résidence secondaire.

Indiscutablement, l'équipement moderne des foyers fait gagner beaucoup de temps. Les prix ont beaucoup baissé, en ce qui concerne notamment les appareils ménagers. Cette révolution a correspondu à une raréfaction du personnel domestique. Les employées de maison françaises ont d'ailleurs fait place aux étrangères. La France a connu le règne des « bonnes espagnoles ».

L'amélioration du niveau de vie des Français s'est donc traduite, sur le plan matériel, par de meilleurs logements, des ameublements plus complets, plus raffinés, un équipement généralisé de radio-télévision, une soif de loisirs et de voyages. Les dépenses vestimentaires ont assez peu varié, davantage les dépenses alimentaires, d'autant que les produits offerts sont plus nombreux. Les Français restent les premiers consommateurs européens de viande et de vin.

Les classes sociales? Elles ont tendance, de plus en plus, à se rejoindre. Les grosses fortunes subsistent, mais elles se cachent. La bourgeoisie aisée, dont les revenus ont diminué, se rapproche de la moyenne bourgeoisie. Et celle-ci est rejointe par la petite bourgeoisie et par une partie du monde ouvrier : même genre d'appartement, même équipement, mêmes loisirs, vêtements uniformisés.

Une partie de la population reste très défavorisée : les travailleurs étrangers, les chômeurs, les vieux, beaucoup de petits paysans.

Entre la ville et la campagne, de grandes différences subsistent. M. Mandrou note même que ces différences sont plus importantes aujourd'hui qu'au début du siècle.

Pourtant, le monde rural apparaît de moins en moins fermé. L'agriculture se modernise, les foyers s'équipent, bénéficient des appareils ménagers, de la radio, de la télévision, de l'automobile. La campagne subit de plus en plus l'influence de la ville : les citadins, par leurs résidences secondaires, montrent l'exemple. De plus en plus fréquemment, le paysan se rend, pour ses achats ou ses distractions, à la ville voisine. Curieusement, on n'en note pas moins une résistance à cette influence, variable selon les régions et le mode de vie. On accueille encore avec une certaine méfiance les « bienfaits » du monde urbain. Les rythmes saisonniers conservent leur importance, comme la prudence traditionnelle de l'action et aussi de la pensée. Malgré les bibliothèques rurales, on lit peu. Quant au théâtre, à la musique, au cinéma, beaucoup de paysans restent étrangers non seulement à ce qui se passe à Paris, mais encore dans les villes principales du département. On ne peut nier qu'il y ait eu évolution, sur le plan matériel surtout, mais elle se révèle très diverse, selon la région, le mode d'exploitation, la surface cultivée. Comme ce sont souvent les plus jeunes qui quittent la campagne pour la ville, la modernisation ne s'en trouve pas favorisée.

Ces villes, elles, ont attiré près de trois cinquièmes de la population paysanne entre 1945 et 1977. Il faut dire qu'elles ne se ressemblent guère entre elles. Certaines restent de gros bourgs, même si elles possèdent des usines, des hôtels, des marchés, une gare ferroviaire ou routière. D'autres explosent. Partout, elles brisent leur enceinte, s'élancent à l'assaut des campagnes, des bois, des champs, de cette terre qui nous nourrit. Les prévisions permettent d'imaginer, en l'an 2000, une immense zone urbaine qui, de Paris, s'élancera vers le Nord de la France, la mer, la Lorraine. Une autre zone urbaine, le long de la vallée du Rhône, rejoindra l'Italie et la Méditerranée. Constatation guère encourageante et contre laquelle les pouvoirs publics ont décidé de lutter.

Dans ces villes, le nombre des ouvriers a progressé, de 6,2 millions en 1954 à 7 millions en 1962, et 7,7 millions en 1968. Le nombre des manœuvres n'a guère varié. La moitié d'entre eux sont d'origine rurale, beaucoup sont venus de l'étranger : Italiens, Espagnols, Portugais, Africains du Nord. Les manœuvres sont au bas de l'échelle. Les O.S. (ouvriers spécialisés) se voient confier des tâches simples, répétitives et monotones, presque toujours à la chaîne. Leur avenir professionnel est assez limité, les possibilités de promotion faibles et le chômage toujours à l'horizon. Ils sont environ 2,5 millions, autant que les O.P. (ouvriers professionnels) Ceux-ci bénéficient de meilleurs salaires et d'une plus grande stabilité de l'emploi. Ils sont mieux payés que les manœuvres mais moins que beaucoup d'employés.

La notion de productivité favorisant la production en série, l'automatisation et la division du travail ont aggravé les conditions de travail de l'ouvrier. C'est pourquoi, dans les revendications syndicales, le problème des conditions de travail est devenu aussi important que celui des salaires.

Dans tous les milieux du travail, la vie syndicale est devenue part intégrante de l'exercice du métier. La C.G.T. est présente dans la plupart des régions. Fortement structurée, implantée dans un très grand nombre d'entreprises, dotée de cadres et de militants de qualité, elle touche la majorité des travail-

Le progrès social apporte une certaine amélioration aux conditions de vie du monde ouvrier. Voici un bassin installé par la municipalité d'Argenteuil pour les enfants des H.L.M. qui ne peuvent partir en vacances. (Photo Keystone.)

leurs français. La C.G.T. - F.O. (Force Ouvrière) recrute surtout parmi les fonctionnaires et dans la région du Nord. La C.F.D.T. a progressé depuis 1968, grâce à des militants particulièrement actifs. On trouve beaucoup d'employés parmi ses adhérents. Les enseignants appartiennent pour la plupart à leur Fédération autonome. Les cadres ont leur confédération. Et les patrons leur Conseil national.

Dans cette France d'aujourd'hui s'est poursuivi et aggravé un phénomène hérité de l'Ancien Régime et surtout du XIXe siècle : la prépondérance et l'excès de centralisation de Paris. Plus que par le passé,

peut-être, tout découle de Paris, tout en émane, tout s'y décide, tant au point de vue administratif que commercial, industriel, bancaire, ferroviaire, aérien, routier. Paris reste le premier centre commercial et industriel, on y trouve le siège de toutes les grandes entreprises. Rien que de normal : toutes les décisions étant prises à Paris, il faut bien être près du pouvoir. Par ailleurs, la coexistence des directions dans la capitale facilite les contacts et les relations. Dans l'agglomération parisienne, la ségrégation sociale s'exerce plus que jamais. La banlieue « rouge » s'étend toujours entre Bezons et Saint-Ouen,

Ivry et Montrouge. La banlieue Ouest reçoit les cadres et les techniciens. Ouvriers et employés peuplent les XIIIᵉ et XXᵉ arrondissements. La bourgeoisie habite toujours dans les VIIᵉ, VIIIᵉ, XVIᵉ et XVIIᵉ arrondissements. Le centre apparaît de moins en moins résidentiel : les bureaux et d'autres activités l'emportent. 800 000 « banlieusards » viennent chaque jour travailler à Paris, mais 300 000 Parisiens se rendent en banlieue.

Paris est, enfin, le centre de la vie culturelle française. Malgré un effort de décentralisation encouragé par André Malraux, ministre des Affaires culturelles dans le gouvernement

Les hippies, amoureux de la nature et adeptes de la non-violence, vivent en marge de la société de consommation. Installés sur les berges de la Seine entre le pont Saint-Michel et le pont des Arts, ils égrènent sur leur guitare quelque complainte sortie de leur imagination. (Photo Berthomier-Rapho.)

du général de Gaulle, il faut constater que, dans ce domaine, presque tout vient encore de Paris. La plus grande partie de la presse, de la radio, la télévision, les maisons d'éditions, la plupart des grandes écoles et les galeries de tableaux, les salles de concert, les bibliothèques les plus importantes, les musées, les expositions sont concentrés à Paris. La capitale demeure un point de rencontre, un carrefour.

Parmi les tentatives de décentralisation, il faut mentionner le développement, dans les années 60, des Maisons de la Culture et des centres dramatiques. Aidés par l'État et les municipalités, ces centres ont souvent abouti à d'incontestables réussites. Certaines villes organisent avec succès des festivals d'été.

Le Français, notre contemporain, est-il plus ou moins cultivé que ses prédécesseurs? Grave question. Essayons d'y répondre.

Quand on regrette et pleure la merveilleuse culture humaniste d'autrefois, quand on rappelle que les Français furent si longtemps nourris d'études classiques, quand on constate, pour reprendre une expression d'Alphonse Allais, que « l'ignorance fait chaque jour des progrès », on oublie que de telles constatations concernent une infime minorité de Français. Ce n'est pas la masse des Français qui, aux XVIIIe et XIXe siècles, fut nourrie du classicisme, ce ne sont que quelques dizaines de milliers de personnes sur vingt à vingt-cinq millions. Dans cette perspective statistique — mais les statistiques, quoi qu'on en ait dit, n'ont pas toujours tort — la culture des Français d'aujourd'hui n'apparaît pas, loin de là, en régression. L'analphabétisme a pratiquement disparu. La scolarisation prolongée a permis de communiquer à une majorité de Français les bases mêmes de la culture. Des études sociologiques récentes permettent d'affirmer que le quotient intellectuel de l'ouvrier français est l'un des plus élevés du monde. D'évidence, la culture n'est plus réservée à une petite élite.

Jamais on n'a tant lu en France. Le tirage global de la presse est considérable. Pratiquement, tous les Français lisent un journal. Disons que, dans beaucoup de cas, il s'agit d'une lecture unique, puisque 60 % des Français n'ouvrent jamais un livre. La presse quotidienne politique a disparu. Seul subsiste le journal communiste *l'Humanité*, avec de considérables difficultés financières. En 1973, est apparu un quotidien d'inspiration « gauchiste », *Libération*. La plus grande partie des grands quotidiens français qui atteignent et dépassent 100 000 exemplaires, et les quinze hebdomadaires qui dépassent 500 000 sont des publications d'information. Le premier quotidien français, *France-Soir*, atteint 700 000 exemplaires, suivi par *le Parisien libéré*, 530 000 environ. Viennent ensuite, *le Monde*, *le Figaro* et *l'Aurore*. L'ensemble des quotidiens tire à treize millions. Le premier hebdomadaire est *Télé 7 Jours*, trois millions d'exemplaires environ, suivi par *Jours de France* et *Paris-Match*. Citons encore *l'Express*, 700 000, *le Nouvel Observateur*, *le Canard enchaîné*, etc. Un des traits de la presse hebdomadaire d'après-guerre est, d'une part, le développement de la presse du cœur (*Nous deux*, *Intimité*) et d'une presse à sensation entièrement construite sur le scandale, qu'il soit véridique ou imaginaire (*France-Dimanche*, *Ici-Paris* : plus d'un million d'exemplaires).

Un caractère original de l'après-guerre, c'est le renforcement de la presse régionale. Jusque vers 1950, la presse parisienne couvrait l'ensemble du territoire. Depuis, la presse régionale n'a cessé de grandir aux dépens de la presse parisienne. En 1968, elle représentait les deux tiers des tirages des quotidiens français. Les grands quotidiens régionaux sont maintenant dotés de moyens ultra-modernes et d'équipes rédactionnelles de grande qualité. Parmi les principaux : *Ouest-France*, *le Progrès* de Lyon, *le Dauphiné libéré*, *la Voix du Nord*, *Sud-Ouest*, *le Provençal*, *la Nouvelle République du Centre-Ouest*, *l'Est républicain*, *la Dépêche du Midi*, *Nice-Matin*, etc. Ces tirages s'échelonnent de 700 000 à 250 000 exemplaires quotidiens.

La plupart des vieilles revues ont disparu. Celles qui les remplacent sont des publications spécialisées, concernant l'histoire (*Historia*), les arts, la littérature, les sports, la décoration ou la cuisine. Dans toute cette presse, la publicité a pris une part sans cesse accrue, représentant souvent plus de la moitié des recettes.

Mais si les Français lisent plus de journaux qu'autrefois, lisent-ils autant de livres ? En 1960, le total des livres édités était légèrement inférieur au chiffre de 1860. En revanche les tirages apparaissent sans commune mesure. Peut-être sous Napoléon III publiait-on un peu plus de livres, mais leurs tirages ne dépassaient guère 2 000 à 5 000 exemplaires. Aujourd'hui, un succès littéraire dépasse souvent 100 000 exemplaires. Il y a cent ans, on ne vendait ou louait les livres que dans quelques librairies spécialisées, réservées à une clientèle restreinte. Aujourd'hui la diffusion se fait au stade de grands groupes (Hachette, Presses de la Cité) d'une façon rationalisée. Les points de vente sont multiples. La vente directe, à l'imitation des U.S.A., s'est implantée dans les années 1950. Les clubs de livres atteignent d'énormes clientèles qui souvent ne pénétraient jamais chez un libraire. Certains clubs tirent à 200 000 exemplaires un ouvrage qui n'avait atteint que 15 000 ou 20 000 exemplaires en librairie. Ce qui a renouvelé également le marché du livre, en France, c'est le succès du format de poche. Pour une somme extrêmement faible, on peut acquérir, en édition intégrale, les titres célèbres, classiques et actuels. Ainsi l'œuvre d'Émile Zola, après avoir connu un long « purgatoire », a-t-elle retrouvé un public nouveau et immense : plus d'un million d'exemplaires. Citons le *Livre de Poche*, *Presses Pocket*, *J'ai lu*, 10/18, *Folio*. Le livre à format de poche a créé quant à la lecture une optique et un climat nouveaux. On achète l'un de ces ouvrages, par exemple pour un voyage. Entre Paris et Toulouse, pourquoi ne pas lire *le Père Goriot* plutôt que quelque littérature insipide, autrefois de rigueur dans les bibliothèques des gares?

D'évidence, après la Seconde Guerre mondiale, après le développement des fantastiques moyens de communication qui ont « rapetissé » le globe terrestre, il n'est plus possible d'envisager une littérature du seul point de vue national. Déjà Goethe annonçait : « La littérature nationale n'est plus importante; nous assistons à la naissance de la littérature mondiale, chacun doit contribuer à son avènement. » Cette ère est commencée. Il est symptomatique qu'un écrivain français puisse aujourd'hui se réclamer aussi bien de Marcel Proust que d'Henry James, de Franz Kafka que de James Joyce. Par ailleurs, le temps de l'art pour l'art, en littérature, semble bien révolu. La vie contemporaine nous cerne de toutes parts. Impossible de s'en abstraire, de l'oublier. Nous sommes entrés dans l'ère atomique, nous avons vécu l'époque de la guerre froide, les guerres de Corée, d'Algérie, du Viêt-nam. Qu'ils le veuillent ou non, nos écrivains ne peuvent se dégager de cet obsédant contexte.

Les « grands » de l'époque précédente ont disparu. Paul Valéry a eu droit à des obsèques nationales, Paul Claudel a été célébré comme un poète officiel, André Gide a reçu le prix Nobel. Apothéose et aboutissement.

La nouvelle génération apparaît extrêmement différente des voyageurs et dilettantes des années 30. Elle se recrute maintenant parmi les journalistes et les professeurs. Le grand nom de l'après-libération est celui de Jean-Paul Sartre. Dès l'avant-guerre, *la Nausée* (1938) avait ouvert la voie à l'existentialisme qui triomphera après 1945. Sartre publie *les Chemins de la liberté*, *le Mur*, des essais et des ouvrages philosophiques (*l'Existentialisme est un humanisme*, *l'Être et le néant*). Il ne cesse de se mêler au combat politique, allant après 1968 jusqu'à l'extrême pointe du gauchisme. A ses côtés, Simone de Beauvoir (*le Deuxième Sexe*) mène le même combat. Entre 1945 et 1950, Sartre et Simone de Beauvoir ont été les « papes » de l'existentialisme tel que le comprenait toute une jeunesse avide de liberté, de chemins nouveaux, et qui se réunissait dans les cafés et les boîtes de Saint-Germain-des-Prés. Boris Vian, poète, musicien de jazz, incarne admirablement les aspirations de cette jeunesse. Autre nom-phare des années 1945, Albert Camus (*l'Étranger*, *la Peste*, *l'Homme révolté*) qui, avec angoisse, cherchait un nouvel humanisme.

Un peu plus tard, apparaît un groupe singulier et attachant, en réaction contre un certain conformisme qui a suivi la Libération. Ces jeunes écrivains s'affirment de droite, ils admirent Stendhal, Dumas et Morand. Ils s'appellent Roger Ni-

mier, Antoine Blondin, Michel Déon et Jacques Laurent. Non loin de cette école, un romancier sensible et lucide, François Nourissier. En opposition, avec les précédents, Roger Vailland, qui se réclame du communisme et en même temps d'une tradition libertine, venue en droite ligne du XVIIIᵉ siècle.

Tout à coup, vers les années 60, la littérature française bouge. Alain Robbe-Grillet proclame le programme et l'action du Nouveau Roman : « Le Nouveau Roman n'est pas une théorie, c'est une recherche. » Robbe-Grillet publie *les Gommes*, *la Jalousie*, *Dans le labyrinthe*. Ce Nouveau Roman multipliera les définitions : école du regard, littérature objectale, alittérature. Ses membres se révèlent malgré tout bien différents : Nathalie Sarraute (*le Planétarium*) Michel Butor (*la Modification*), Claude Simon (*le Vent*), Robert Pinget (*l'inquisitoire*), Claude Mauriac (*le Dîner en ville*). Parallèle-

Quotidiens, hebdomadaires, mensuels de tous les pays garnissent abondamment les étagères des drugstores, bazars de luxe d'inspiration américaine groupant les articles les plus divers. (Photo JdC.)

ment à ce courant, Marguerite Duras (*Moderato cantabile*).

Le Nouveau Roman va inspirer une recherche sur le langage, faire naître toute une école de critique, dont les théories, il faut le dire, n'atteignent guère que quelques milliers de personnes. On en parle plus qu'on ne les lit. Elles n'en influencent pas moins de jeunes écrivains. Philippe Solers, écrivain doué (*Une curieuse solitude*), salué par Aragon et Mauriac, modifie totalement son écriture. En revanche, Le Clezio s'est imposé avec *le Procès-verbal* et confirme sans cesse son talent.

Tous ces noms sont nouveaux. Naturellement, les auteurs consacrés n'ont pas cessé de produire : Mauriac, Green, Montherlant, Jouhan-

Ingénieur, écrivain, trompettiste de jazz, chanteur de cabaret, Boris Vian est l'une des figures les plus curieuses de la grande époque de Saint-Germain-des-Prés. Le voici dansant dans une « cave » avec Anne-Marie Cazalis. (Collection particulière.)

deau, Malraux, Aragon. Le cas de Giono apparaît singulier. Il trouve après la guerre une inspiration entièrement nouvelle qui l'apparente à un Stendhal d'aujourd'hui : *le Hussard sur le toit.* Et d'autres écrivains, plus jeunes, s'inscrivent délibérément dans une lignée plus classique. Il faut citer l'œuvre importante d'Henri Troyat et les noms de Marguerite Yourcenar, Jean Cayrol, Louise de Vilmorin, Félicien Marceau, Jean-Louis Curtis, Hervé Bazin, Armand Lanoux, Françoise Mallet-Joris, Robert Sabatier, etc.

Le théâtre? Là aussi les grands anciens poursuivent leur carrière. Jean Anouilh continue à produire avec régularité, donnant une, parfois trois pièces chaque année : *la Marguerite, Beckett, les Poissons rouges,* etc. On joue beaucoup Claudel. Et Montherlant donne ses pièces les plus importantes : *le Maître de Santiago, la Ville dont le prince est un enfant.* Le théâtre de Jean-Paul Sartre reflète ses opinions politiques :

les Mains sales, Morts sans sépulture. Comme d'ailleurs le théâtre de Camus : *l'État de siège, le Malentendu, les Justes.* Bien sûr le théâtre de boulevard survit, mais son niveau ne s'améliore guère. On peut mettre à part les pièces d'observation pleines d'humour d'André Roussin, et apprécier le talent de Françoise Dorin, Barillet et Grédy, Marc-Gilbert Sauvageon, etc.

Mais le théâtre va connaître, comme le roman, sa révolution. Une école a le souci d'adapter l'espace scénique à la vision du spectateur contemporain. On répudie le théâtre dit à « l'italienne », les rideaux, la rampe, les décors traditionnels. De même, on condamne l'ancien langage théâtral, on en cherche un autre. C'est ainsi qu'est né ce qui a été appelé parfois l'*anti-théâtre.* Assurément, le maître de la nouvelle école est Eugène Ionesco qui donne en 1950 *la Cantatrice chauve.* Ce théâtre de l'absurde correspond admirablement aux angoisses d'une génération. Le théâtre français contemporain doit beaucoup à Ionesco. Se situent dans la même inspiration : Samuel Beckett (*En attendant Godot*), Jean Genet, Arthur Adamov. Dans une ligne très différente, Félicien Marceau affirme une remarquable originalité (*l'Œuf*). Signalons aussi un renouveau du théâtre poétique avec Henri Pichette, Jacques Audiberti, François Billetdoux, Arrabal.

Rarement la poésie en France, dit Bernard Delvaille, a « été plus florissante que durant le quart de siècle qui vient de s'écouler ». Saint-John Perse, Jules Supervielle, Pierre-Jean Jouve poursuivent leur œuvre. Et aussi Paul Eluard, Louis Aragon. Mais parmi les nouveaux venus, bien des noms brillent avec éclat : Max-Pol Fouchet, Jean Cayrol, Loïs Masson, Pierre Emmanuel, Guillevic, Ponge, René Char. A quoi s'ajoutent les grands noms de Prévert et d'Henri Michaux. Et certains auteurs-compositeurs de chansons, tels que Georges Brassens, se révèlent d'authentiques poètes.

Un phénomène nouveau, encore, est né de l'après-guerre : la francophonie. Alors que nos possessions d'outre-mer devenaient indépendantes, un grand nombre de peuples se réclamaient de la langue française. Des œuvres authentiques nous sont venues de très loin. Du Canada : Marie-Claire Blais, Réjean Decharme, Anne Hébert. Des Antilles : Aimé Césaire. Du Sénégal : Léopold-Sedar Senghor. De Suisse : à la suite de Ramuz et de Cingria, Gustave Roud.

Cependant, il faut reconnaître que le phénomène culturel capital, en France comme ailleurs, est le développement de la télévision. On peut dire que l'âge d'or de la radio s'est déroulé de 1935 à 1955. Elle a peu à peu pénétré dans tous les foyers. Vers 1947, une grande émission de radio vidait les salles de cinéma. Beaucoup d'auteurs importants ont écrit alors pour la radio : René de Obaldia, François Billetdoux, Félicien Marceau, Armand Lanoux, etc. Sous l'impulsion de Paul Gilson, la radio est devenue un creuset intellectuel de grande qualité. Après quoi, la télévision, réduite d'abord à quelques milliers de postes, a connu un fabuleux essor. En quelques années, on a assisté à une véritable révolution. Boudée par l'intelligentsia et la bourgeoisie, la télévision s'est imposée d'abord dans les milieux modestes (bassins miniers du Nord). Il a fallu dix ans et les classes les plus réfractaires ont adopté ce nouveau moyen d'expression. Un grand directeur, Jean d'Arcy, a su trouver des hommes, des équipes, des émissions. Ce fut le temps de : *En votre âme et conscience* (Barma, Desgraupes, Dumayet), de *Cinq colonnes à la une* (Lazareff, Desgraupes, Dumayet), des *Cinq dernières minutes* (Loursais, Granger, Maheux), du *Théâtre de la Jeunesse* (Santelli), de *la Caméra explore le temps* (Lorenzi, Castelot, Decaux). Cependant que les variétés triomphaient avec Jean Nohain (*Trente-Six Chandelles*) et Henri Spade (*La Joie de vivre*). Des journalistes de grande qualité (Pierre Sabbagh, Jacques Sallebert, Claude Darget, Léon Zitrone) donnaient vie au *Journal télévisé*. Après Jean d'Arcy, Albert Ollivier continua à œuvrer pour une télévision de qualité. En 1977, la télévision française dispose de trois chaînes en couleurs selon le procédé français Secam.

Comme il est logique, la télévision, spectacle de foule, doit s'adresser au plus grand nombre. L'erreur serait, comme le souhaitent certains intellectuels, de transformer ce moyen d'expression en télévision-Sorbonne. Ce à quoi tendent un certain nombre d'émissions non négligeables, c'est d'instruire en distrayant, de donner la soif de connaître. Il suffit d'interroger les instituteurs des petites classes des écoles primaires et les animateurs de collectivités, pour se convaincre que, déjà, la télévision a créé de nouveaux réflexes de pensée, qu'elle a élargi la curiosité des jeunes enfants aussi bien que celle des adultes.

Après la guerre, la production du cinéma américain a logiquement envahi les écrans français. On avait soif de retrouver les vedettes d'avant-guerre et un certain style d'expression cinématographique. La sortie, à Paris, de *Autant en emporte le vent* prit l'aspect d'un événement. Les réalisateurs français partis à l'étranger regagnèrent notre pays. Ceux qui s'étaient révélés pendant l'Occupation continuèrent leur carrière. La direction du cinéma fut alors réorganisée et une loi d'aide votée pour venir au secours de la production française.

Georges Charensol, éminent spécialiste, distingue en France trois générations de cinéastes entre 1945 et 1960. Tout d'abord, les pionniers, les hommes de l'avant-guerre : René Clair, Jean Renoir, Claude Autant-Lara, Marcel Carné. Ce dernier, brouillé avec Prévert, ne réussira plus guère, à l'exception de *Thérèse Raquin* et des *Tricheurs*. René Clair tourne *le Silence est d'or* avec Maurice Chevalier. Jean Renoir réalise le *Carrosse d'Or*. Autant-Lara adapte avec succès *le Diable au corps*. Viennent ensuite les cinéastes de la deuxième génération. L'un des plus originaux reste Robert Bresson : *les Dames du bois de Boulogne, le Journal d'un curé de campagne*. Clouzot affirme sa maîtrise avec *Quai des Orfèvres*, le *Salaire de la peur*. Jacques Becker, observateur fin et ironique, donne *Antoine et Antoinette, le Rendez-vous de*

juillet. Il faut encore citer Jean Delannoy, Christian-Jaque, Yves Allégret, Jean-Paul Le Chanois, André Cayette, René Clément.

Une nouvelle génération de cinéastes apparaît à la fin des années 50, parmi les critiques des *Cahiers du cinéma*. Ils répudient tous les anciens, baptisés « pestiférés », et qui vont de Carné à Clément. En revanche, on vénère les « bons » : Bresson, Cocteau, Renoir, Guitry, et, parmi les plus jeunes, Melville, Ophüls, Tati. C'est dans cette nouvelle génération que se situent ceux qui vont constituer la « nouvelle vague ». Celle-ci apparaît vraiment en 1958 avec Chabrol (*le Beau Serge*), Truffaut (*les Quatre Cents Coups, Jules et Jim*). Godard donne *A bout de souffle*, Alain Resnais *Hiroshima mon amour*, Louis Malle *les Amants*.

A la fin des années 50, de nouveaux acteurs sont parvenus au vedettariat. En tête de liste, Brigitte Bardot qui, mise en scène par Vadim, influence nombre de ses contemporaines (*Et Dieu créa la femme*). Autre vedettes : Gérard Philipe, Jean-Paul Belmondo, Alain Delon, Jeanne Moreau, Bourvil, Annie Girardot, etc. Les vedettes d'avant-guerre continuent leur carrière : Jean Gabin, Fernandel, Michèle Morgan, Jean Marais.

Après la Première Guerre mondiale on avait vu naître le surréalisme. Après la Seconde, l'art abstrait explose. En 1946, place Vendôme, la galerie Drouin expose la plupart des grands créateurs de l'art abstrait. Quelques mois plus tard, elle révèle l'œuvre de Kandinsky, mort en 1944. La galerie Carré présente, elle, les tableaux de Delaunay et les mobiles de Calder. Un peu plus tard, les premiers jeunes peintres abstraits exposent dans de petites galeries, au Salon des Surindépendants, au Centre de Recherches de la rue

Gérard Philipe incarne le héros de « Diable au corps », aux côtés de Micheline Presle. (Cinémathèque française.)

Cujas. A la fin de 1947, un jeune professeur d'anglais, qui a reçu la révélation d'une peinture nouvelle en découvrant l'œuvre de Wols (mort en 1941), organise à la galerie du Luxembourg une exposition des tendances nouvelles. Il s'appelle Georges Mathieu et présente au public son maître Wols, bien entendu, mais aussi Atlan, Hartung, Riopelle. Dès lors, après une période d'hésitation des marchands et du public, l'art abstrait va se répandre en France. Les jeunes peintres abstraits français subissent plusieurs influences, étrangères et françaises, mais refusent toute référence à la nature. Les uns se veulent géomètres (Herbin, Dewasne, Deyrolles, Piaubert) ou instinctifs (Riopelle, Mathieu) ou modérés (Schneider, Soulages, Valensi, Poliakoff).

Le mouvement est soutenu dans son essor par l'influence américaine. Car c'est aux U.S.A. que triomphe l'art abstrait. En 1957, l'abstrait l'emporte sur le figuratif. La mode touche même des figuratifs comme Labisse, Gromaire. L'art abstrait ne se limite pas à la peinture, il gagne le décor de la vie : tissus, vitrail, céramique, tapisserie. « L'époque était fascinante, dit Pierre Cabanne. Paris bougeait, pariait, se tâtait, s'engageait. Pas toujours dans la même cause ni pour les mêmes gens, mais quelle importance ? » Et puis après cette fermentation, la mode est venue avec son habituel cortège : opportunisme, mercantilisme, facilité. Alors, certains, se ressaisissant, s'aperçoivent que l'art abstrait malgré ses incontestables réussites, n'est pas

La géométrie est le principal argument adopté par Dewasne pour peindre cette toile intitulée : « Les Royaumes combattants. » (Musée d'Art moderne. Photo JdC.)

tout. En 1954, Alfred J. Barr, conservateur au Musée d'Art moderne de New York, écrit : « Il est possible que l'artiste le plus original à voir, qui ait émergé de Paris depuis la dernière guerre, ne soit pas un peintre abstrait. » Il s'agissait de Jean Dubuffet.

D'abord, Dubuffet a fait scandale. En octobre 1947, quand il expose chez Drouin, il faut placer dans la salle des gardiens armés. On s'indigne devant sa matière, faite de bitume trituré, évoquant son délire, ce que l'on appelle sa barbarie. Mais il s'impose, en France et surtout à l'étranger.

Décidément, elle se cherche, cette peinture de l'après-guerre. Des mouvements parfaitement contradictoires coexistent. Amblard, Pignon se réclament du Réalisme progressiste. Le mouvement de l'Homme-Témoin se veut étroitement lié à l'existence sociale, avec Buffet, Lorjou.

Le surréalisme vit toujours, dans la lignée de Max Ernst, Delvaux ou Dali. Mais peut-on réellement parler d'école? Où classer Nicolas de Staël, Miro, Balthus, d'autres? Non seulement toutes les inspirations se donnent libre cours, mais aussi les techniques. Des couleurs traditionnelles on passe aux papiers collés, au liège, aux graviers, etc.

Ce qu'il faut bien remarquer, c'est que, malgré toutes ces tentatives, Paris a perdu sa primauté. C'est de New York que viennent les initiatives. C'est aux U.S.A. que l'avenir se forge. Et aussi dans certaines capitales européennes : Copenhague, Bruxelles, Amsterdam, Milan, Düsseldorf, etc. Des U.S.A., encore, vient, dans les années 60, le mouvement du Pop art qui va envahir la peinture, la sculpture, mais aussi la mode et la publicité.

Plus encore que la peinture, la sculpture a été marquée par le non-figuratif. César, après avoir composé des figures ou des animaux baroques avec des déchets métalliques, découvre les voitures écrasées à la presse. Il s'écrie : « Une bouillabaisse! Ce n'était pas un objet, c'était de la sculpture! » Il les expose telles quelles au Salon de Mai en 1960.

L'architecture est aujourd'hui inséparable d'une notion qui a véritablement pris son élan après la guerre : l'urbanisme. Au vrai, on en parle beaucoup, mais on doit constater que trop souvent l'imagination fait défaut. Les plaies de la guerre ont été réparées, on a beaucoup reconstruit. Le résultat est souvent affligeant. Les architectes français se défendent en parlant de normes imposées. Pourtant, lorsqu'on leur accorde les crédits qu'ils souhaitent, ce n'est pas meilleur : par exemple, l'avenue Paul-Doumer à Paris, construite après la guerre avec de larges budgets. Il faut attendre la fin des années 60 pour que l'on se dégage d'anciens réflexes à peine modifiés. Le quartier de la Défense, avec ses tours, son dessin original, ses aires superposées de circulation, devrait constituer une réussite. On sait maintenant utiliser les matériaux les plus récents : aluminium, polyester, plexiglas, etc. De plus en plus, les architectes doivent être en même temps ingénieurs. C'est le cas de Guillaume Gillet auquel on doit Notre-Dame de Royan, ainsi que le pavillon français de l'Exposition internationale de Bruxelles.

La musique? Florent Schmitt est mort en 1958. Darius Milhaud a emprunté à Stravinski les premiers éléments d'une nouvelle écriture musicale, la polytonalité. Georges Auric écrit des ballets, des musiques de film. Henri Sauguet poursuit son œuvre délicate, ainsi qu'Emmanuel Bondeville et Henri Barraud.

Olivier Messiaen élargit jusqu'en 1949 les tentatives de Debussy. En 1950, ses études de rythme pour le piano vont servir de point de départ aux recherches des jeunes compositeurs. Il écrit ensuite des œuvres capitales telles que *le Réveil des oiseaux*. Deux écoles de composition s'affrontent, les tenants de la musique « sérielle », représentés par Pierre Boulez, et ceux de la musique « concrète », une des tendances que l'on trouva chez André Jolivet, chef du groupe Jeune France. Marcel Landowski, Henri Dutilleux refusent l'insertion dans tout groupe. D'autres poussent plus loin les recherches, exploitant au maximum les progrès techniques électroacoustiques, ainsi Pierre Schaeffer et Pierre Henry.

Tel est le portrait que l'on peut esquisser de la France. Provisoire, comme tous les portraits. Notre pays, personne vivante, change chaque jour.

Où va la France? Peut-on, de sa longue, riche, exaltante histoire, déduire un avenir? Sans doute non. La France des deux premiers tiers du xxᵉ siècle a, comme le reste du monde, développé, vécu sur le mythe d'une expansion illimitée. La France des dernières années du siècle devra réviser ces notions, interdire le gaspillage de matières premières en voie de disparition, protéger un environnement dangereusement menacé. Elle devra, pour survivre, inscrire son action dans le cadre d'un monde qui aura — nous nous devons de l'espérer — réappris à vivre.

Ainsi se montrera-t-elle digne de ce passé que nous venons de revivre. D'un passé si divers et pourtant, à travers le temps, si remarquablement identique. D'un passé dont surgit, à chacun de ses chapitres, une certaine idée de la France.

ET PENDANT CE TEMPS...

1966, avril
Début de la révolution culturelle en Chine.

novembre
Accords diplomatiques et militaires entre la Syrie et l'Égypte contre Israël.

1967, avril
Coup d'État militaire en Grèce. Les colonels prennent le pouvoir. Le roi Constantin s'en va.

mai
Grave tension entre les pays arabes et Israël. Des Mirages israéliens détruisent six Migs syriens. Nasser, qui met les troupes égyptiennes en état d'alerte, oblige l'O.N.U. à retirer les « casques bleus », ferme le golfe d'Akaba et établit le blocus du port israélien d'Elath. Le roi Hussein de Jordanie et lui se rapprochent.

juin
Guerre des Six Jours (voir la chronologie).

juillet
L'O.N.U. envoie des observateurs dans la zone du canal de Suez, mais ne peut se mettre d'accord sur une motion concernant le conflit israélo-arabe. L'U.R.S.S. envoie une importante escadre en Méditerranée et réarme les forces égyptiennes.

août
Les U.S.A. renforcent leurs troupes au Sud-Viêt-nam et multiplient les bombardements aériens sur le Nord.

1968, 9-19 janvier

Dans une lettre adressée au Premier ministre israélien, David Ben Gourion, le général de Gaulle, tout en soulignant sa sympathie pour les réalisations accomplies par l'État d'Israël, confirme sa position de neutralité.

Robert Poujade devient secrétaire général de l'U.D.R.

18 janvier

Accord entre l'U.R.S.S. et les U.S.A. sur la non-prolifération des armes nucléaires. Chine et France refusent d'y adhérer.

6-18 février

Jeux Olympiques d'hiver à Grenoble inaugurés par de Gaulle. La France remporte quatre médailles d'or.

24-25 février

Tout en reconnaissant des points de divergence sur la politique étrangère, la fédération de la gauche et le parti communiste adoptent un programme commun qui prévoit notamment l'abrogation de l'article 16 de la Constitution (pleins pouvoirs au président de la République dont le mandat sera réduit à cinq ans), la semaine de quarante heures, la suppression de la force de frappe.

11-31 mars

Le début de la crise monétaire internationale provoquée par celle du dollar se traduit en une ruée sur l'or. Le lingot atteint 7 000 francs à la Bourse de Paris; le Sénat américain ayant supprimé la couverture en or du dollar, il s'ensuit une terrible hémorragie. Pour arrêter la spéculation, les gouverneurs des Banques

Aux usines Renault de Boulogne-Billancourt, un important meeting rassemble tous les ouvriers. (Photo J. Lattès-Gamma.)

centrales — la France étant absente — décident de créer un demi-embargo sur l'or par l'institution d'un marché officiel (à 35 dollars l'once) qui leur est réservé, et d'un marché libre sujet aux fluctuations de l'offre et de la demande.

A Stockholm où se réunissent les dix ministres des Finances, Michel Debré, au nom de la France, s'oppose à la réforme du système monétaire international.

22 mars-1er avril

Violents incidents à la faculté des lettres de Nanterre. A la suite de l'arrestation d'étudiants qui avaient manifesté en faveur du Viêt-nam, les locaux administratifs ont été occupés. Le doyen ferme la faculté pendant une semaine, mais le mouvement dit du 22 mars se poursuit. Il faut observer qu'il y a des agitations estudiantines en Allemagne de l'Ouest, au Brésil, aux U.S.A. et ailleurs.

6 avril

A l'Assemblée nationale, une motion de censure déposée par la fédération de la gauche n'obtient que 236 voix — il en faudrait 244 — et est rejetée.

10 mai

Ouverture à Paris de pourparlers entre les U.S.A. et le Nord-Viêt-nam.

8-15 juin

Tandis que Bidault, en exil depuis six ans, revient en France, de Gaulle libère Salan et ses compagnons de l'O.A.S.

23-30 juin

Les élections législatives, conséquence de la révolution de mai, se traduisent par un éclatant triomphe de l'U.D.R. C'est la revanche d'une France qui a tremblé pour la paix sociale. Même dans les régions où la gauche est assurée du succès, ses candidats sont battus : la majorité enlève 358 sièges sur 485. L'U.D.R. a la majorité absolue et peut se passer des indépendants. Les communistes ont perdu 39 sièges, la fédération de la gauche 61, les centristes d'opposition 15, le P.S.U. les 3 qu'il avait. Mendès France est battu à Grenoble.

1er juillet

Les dernières barrières douanières entre les six du marché commun sont supprimées.

3 juillet

Pour combattre l'inflation résultant des événements de mai, la baisse de la production (environ 4,05 %), la diminution des réserves d'or, le gouvernement pratique une large politique de crédit et abaisse

---

Le drapeau rouge flotte sur la Sorbonne « libérée », les forces de police, intervenues lors d'un meeting de solidarité avec des étudiants de Nanterre, s'étant retirées. Le Quartier latin connaît des heures dramatiques, notamment dans la nuit du 10 au 11 mai, à l'issue de laquelle syndicats et partis d'opposition, pour protester contre la violence de la répression, en appelleront à la grève générale. Pour l'heure, les étudiants font de leur université retrouvée un lieu d'accueil. Le grand amphithéâtre est ouvert aux orateurs. Les murs eux-mêmes ont la parole, couverts de graffiti. L'un d'eux, « l'imagination au pouvoir », deviendra presque un mot d'ordre. Mai 68, les étudiants parlent, contestent; avec eux, la France tout entière s'interroge. (Paris-Match. Photo Melet.)

MAI 1968 : UNE EXPLOSION INATTENDUE

L'agitation des étudiants se poursuit à Nanterre depuis le 22 mars. Le 2 mai, le doyen fait fermer de nouveau la faculté. Le 3, une manifestation de solidarité s'étant déroulée à la Sorbonne, le doyen appelle la police pour faire évacuer celle-ci. L'Union nationale des étudiants de France et le syndicat national de l'enseignement supérieur — tous deux de tendance communiste —, avec de fortes minorités gauchistes (maoïstes et anarchistes), crient au viol des libertés universitaires et lancent un ordre de grève. Les manifestations se multiplient au Quartier latin. Les étudiants vont chanter « l'Internationale » devant la tombe du Soldat inconnu. Les autorités universitaires refusent de rouvrir la Sorbonne. Les étudiants arrêtés sont condamnés.

Première nuit de violence du 10 au 11 : barricades, incendies de voitures ; un millier de blessés de part et d'autre, plusieurs centaines d'arrestations pour la plupart non maintenues.

Au retour de son voyage en Iran, Pompidou annonce la réouverture de la Sorbonne et la libération des étudiants condamnés. Les contestataires en prennent plus d'audace. C'est alors que les syndicats ouvriers, jusque-là sur la réserve, interviennent et, le 13, une énorme manifestation des syndicats, des ouvriers, des étudiants, des membres du S.N.E.-Sup. groupe 900 000 manifestants de la République à Denfert. Mendès France, Mitterrand, Waldeck-Rochet sont en tête. Le soir, les étudiants occupent la Sorbonne ; le 14, Pompidou affronte de violentes critiques de la gauche et aussi de certains membres de la majorité. Le monde ouvrier s'agite. Première grève à Renault-Cléon près de Rouen, premières occupations d'usines. Alors le mouvement fait tache d'huile et, tandis qu'impavide de Gaulle

part pour la Roumanie où il est attendu, en quelques jours, toute la France est paralysée : S.N.C.F., transports parisiens, P.T.T., banques, services municipaux (éboueurs), journaux même, toutes les usines à Paris et en province sont en grève. Le 20, il y a 8 millions de grévistes en France, plus qu'en 1936.

Pourquoi cette brutale flambée ? Les Français s'ennuient. Matériellement, ils se sont plutôt enrichis, mais ils sont las du pouvoir personnel, de la mise en sommeil du Parlement, de la routine de l'enseignement. Ils contestent. Brusquement, la soupape saute et c'est dans la rue ou sur les lieux de travail qu'ils manifestent. On réclame des réformes profondes de cette « société de consommation » dont on ne veut plus.

Abrégeant son voyage en Roumanie, de Gaulle rentre à Paris le 18. Il déclare : « La réforme, oui ; la chienlit, non ! » Le mouvement s'amplifie. L'O.R.T.F. s'émancipe du pouvoir. Il se met bientôt en grève (sauf pour donner quelques journaux et informations). Au Parlement, les 21-23 mai, la motion de censure est repoussée et ne recueille que 233 voix. Le 24, de Gaulle annonce un référendum sur la participation. Le discours déçoit. Le franc s'effrite sur toutes les places étrangères. Les étudiants occupent la Sorbonne, l'Odéon ; les nuits chaudes se succèdent. Un début d'incendie éclate à la Bourse dans la nuit du 24 au 25. La province et surtout les villes universitaires suivent

L'agitation estudiantine est doublée par une grève générale paralysant la vie économique du pays. Ci-dessus, les ordures ménagères s'entassent devant le Crédit du Nord dont les portes demeurent fermées. (Photo Phelps-Rapho.) Ci-contre, les cheminots défilent en proclamant leurs revendications. (Photo Mousseau-Fotogram.)

MAI 1968 : UNE EXPLOSION INATTENDUE

le mouvement ; un commissaire de police est tué à Lyon.

Cependant Pompidou, séparant les syndicalistes des étudiants, ouvre le dialogue avec les premiers à Matignon sur les revendications sociales. Redoutant d'être tournés sur leur gauche, les chefs syndicalistes, avec l'accord des communistes, signent les « accords de Grenelle » le 27 à l'aube. Le SMIG est augmenté de 40 %, tous les salaires de 10 %, les horaires de travail sont réduits, l'âge de la retraite avancé.

Mais la « base » — c'est-à-dire les ouvriers — ne suit pas et une minorité puissante, soutenue par les étudiants qui se rendent aux usines Renault, continue la grève. Le 27, au stade Charléty, un rassemblement d'étudiants acclame Mendès France (qui se tait). Le 28, Mitterrand annonce qu'il est candidat à l'Élysée et propose que Mendès France forme un gouvernement provisoire. Le pouvoir semble débordé, affaibli par le départ de Peyrefitte, le ministre de l'Éducation nationale. Le 29, de Gaulle quitte l'Élysée et disparaît pendant quelques heures (on saura plus tard qu'il est allé à Baden-Baden où il a pris contact avec Massu et les chefs militaires). Le 30, de retour à Paris, d'une voix qui a retrouvé toute son autorité, le général annonce que le référendum est ajourné, dissoute l'Assemblée nationale et que le gouvernement reste en place. Ce discours déconcerte ceux qui se voyaient déjà maîtres du pouvoir. Le 30, à la fin de l'après-midi, un million de gaullistes et toute cette majorité silencieuse qui désapprouve cette révolution de drapeaux rouges et de drapeaux noirs défilent sur les Champs-Élysées. Le 31, le contrôle des changes est établi. Pompidou fait entrer des hommes nouveaux au gouvernement.

Le pays reste paralysé. L'essence manque et arrête les transports. Les chefs

communistes, qui ont mal vu l'initiative de Mitterrand, restent fidèles à leur politique : revendications sociales seulement.

Pourtant, le travail reprendra très lentement. Il y aura d'innombrables bagarres nocturnes entre C.R.S. et manifestants. Le 7 juin, à Flins, violents incidents entre C.R.S. et grévistes. Dans la nuit du 11 au 12, barricades et bombes lacrymogènes au Quartier latin et ailleurs. Mais maintenant, appuyé par la majorité, le gouvernement contre-attaque ; les services publics, S.N.C.F., transports parisiens, éboueurs reprennent le travail. La police fait évacuer l'Odéon, souillé de graffiti, dévasté et pollué, le 15, la Sorbonne, le 16. Renault cesse la grève le 18.

La révolution gauchiste a échoué. Il en

Le 30 mai, entre la Concorde et l'Étoile, une foule immense manifeste. L'effet moral est énorme et la révolution est vaincue. Mais les grèves se poursuivent et la situation économique ne redeviendra normale qu'au bout de quelques jours. (Photothèque des Presses de la Cité et photo S. de Sazo-Rapho.)

reste des graffiti, des affiches sur les murs, une agitation latente chez les étudiants déçus, un immense espoir de bouleversement total de la société évanoui. Mais la « révolution de mai », en secouant violemment le pays qui sera long à retrouver son équilibre, a montré la fragilité d'institutions qui semblaient solidement assises. Il a fallu emprunter 745 milliards au Fonds monétaire international.

le taux de l'escompte.

10-13 juillet

De Gaulle se sépare de Pompidou, brillant vainqueur de la révolution de mai et des élections législatives, et le remplace par Couve de Murville. Celui-ci choisit Marcellin (Intérieur), Jeanneney (Réforme régionale), Edgar Faure (Éducation nationale) pour préparer les transformations de l'Université.

31 juillet

Épuration de l'O.R.T.F. d'où sont exclus bon nombre des grévistes de mai par suppression de postes à la radio comme à la télévision.

3-28 août

Pour rétablir l'ordre selon les démocraties populaires, l'U.R.S.S. et ses alliés envahissent la Tchécoslovaquie. Dubcek est limogé. Les partis communistes occidentaux, y compris le bureau politique du P.C. français, marquent leur désapprobation. L'intervention de l'U.R.S.S. a pour conséquence de stopper la détente entre l'Est et l'Ouest.

24 août

A Mururoa (Pacifique), explosion de la première bombe H française. La deuxième bombe explosera le 8 septembre.

4 septembre

La France supprime le contrôle des changes.

22-27 septembre

Au renouvellement du tiers du Sénat, la gauche et le centre gauche perdent quelques sièges.

2-10 octobre

Le Conseil des ministres décide la majoration des droits de succession. Au Sénat, Alain Poher (centre démocrate) est élu président en remplacement de Gaston Monnerville qui ne se représente pas. L'Assemblée nationale approuve à l'unanimité la loi d'orientation de l'enseignement supérieur présentée par Edgar Faure : les fondements de cette loi sont l'autonomie (principalement budgétaire) des U.E.R. (unités d'enseignement et de recherche qui remplacent les facultés) et la participation des étudiants à la gestion, l'État se réservant la réglementation des programmes, des examens et la collation des grades. La « pluridisciplinarité » permet de poursuivre des enseignements voisins jusque-là séparés par le cloisonnement des facultés. Dans l'enseignement secondaire : le latin n'est plus enseigné qu'à partir de la quatrième.

novembre.

La confiance dans le gouvernement est mal rétablie depuis mai et le départ de Pompidou ne l'a pas ranimée, au contraire. L'hémorragie des réserves d'or de la Banque de France se poursuit — plus d'un tiers de nos réserves en trois mois —, les industriels redoutent les projets encore vagues du général sur la participation. Ils ont bénéficié de larges crédits à la suite des événements de mai. La levée du contrôle des changes permet une spéculation effrénée sur le mark allemand. L'Allemagne voit ses réserves d'or et de devises augmenter dans des proportions incroyables, car on est persuadé que le mark sera réévalué par rapport au dollar.

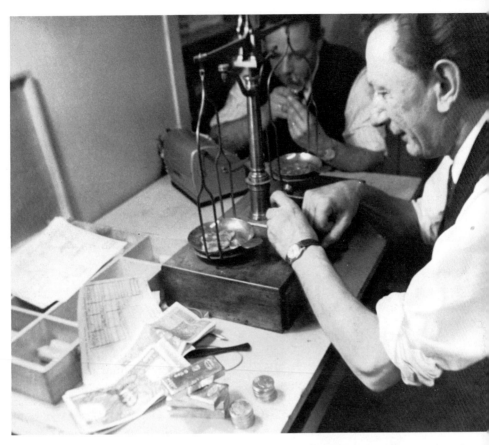

Malgré les pressions exercées sur elle par les gouverneurs de plusieurs banques centrales, la France maintient la liberté des échanges du métal précieux. L'inquiétude du public aidant, le volume des transactions prend de l'importance et les cours se raidissent. On voit, ici, un employé de banque pesant des pièces et des lingots d'or achetés par des clients en échange d'un confortable matelas de billets de banque, monnaie en laquelle beaucoup ne croient plus. (Photo Associated Press.)

La Bourse de Paris est fermée le 20 novembre. Le chancelier Kiesinger refusant de réévaluer le mark, il semble que la dévaluation du franc soit inévitable. De Gaulle la refuse le 23 et, le 24, annonce une série de mesures d'austérité : rétablissement du contrôle des changes, réduction des dépenses de l'État, augmentation de la T.V.A., etc., que la Chambre et le Sénat votent à la fin du mois.

La fédération de la gauche a vécu, Mitterrand en a abandonné la présidence et le parti socialiste a repris sa liberté. Mais la crise financière atteint le prestige du général de Gaulle et détache de lui les milieux libéraux.

décembre

L'agitation gauchiste se traduit par des bombes contre des banques et des grèves d'étudiants et de lycéens qui trouvent peu d'écho.

1969, 6-15 janvier

A la suite du bombardement d'un aérodrome de Beyrouth par les Israéliens, de Gaulle décrète un embargo complet sur les armes à destination

Très simple et même austère dans sa vie privée, le général de Gaulle aime traiter fastueusement les hôtes de la France et n'hésite pas à se servir des somptueux édifices légués par la monarchie. Ci-contre, le président Nixon, reçu à déjeuner à Trianon, sort de table après s'être entretenu des affaires d'État pendant toute la matinée. (Photo Associated Press.)

En bas, les affiches de propagande apposées en vue du référendum par les partisans du général. (Photo Keystone.)

d'Israël et donne même des assurances d'aide éventuelle au Liban. Cette décision, qui soulève la réprobation de l'opposition mais trouble aussi la majorité, fait partie du plan du général qui entend se rapprocher des pays arabes pour substituer l'influence française à celle des Anglo-Saxons au Proche-Orient. De Gaulle propose une conférence à quatre pour régler le conflit israélo-arabe. L'U.R.S.S. accepte, les autres pays refusent et, en Israël, le général Dayan déclare que son pays ne reviendra jamais aux frontières antérieures à la guerre des Six Jours.

7 janvier

France et U.R.S.S. décident de doubler dans les cinq ans leurs échanges commerciaux et de coopérer dans le domaine spatial.

17-22 janvier

Au cours d'un voyage privé à Rome, Georges Pompidou annonce qu'il séra candidat à la présidence de la République après de Gaulle. Riposte officielle de celui-ci : il est bien décidé à aller jusqu'au bout de son mandat. Mais l'incident a des conséquences politiques : beaucoup de Français qui s'inquiètent de « l'après-gaullisme » et redoutent le chaos volontiers prédit par le général savent que la continuité sera assurée. Une partie de l'électorat gaulliste, irritée par les prises de position du général, peut donc se détourner de lui.

18 janvier

La conférence de Paris sur le Viêt-nam s'élargit : le Sud-Viêt-nam et le F.N.L. y participent.

31 janvier-2 février

Dans une Bretagne qui s'agite par suite du mécontentement agricole et où les partis séparatistes réclament une plus grande autonomie administrative, le général de Gaulle effectue un voyage. Il n'est pas accueilli que par des acclamations.

A Quimper, le dernier jour, il annonce que le prochain référendum portera sur la régionalisation et la réforme du Sénat. Il entend ainsi précipiter la réforme régionale en donnant aux régions, au détriment du pouvoir central, une certaine autonomie administrative et financière, en finir avec le Sénat (qui ne cesse depuis 1962 de s'opposer à sa politique) en le transformant en une Assemblée consultative, mi-nommée, mi-élue, qui n'aura plus aucun pouvoir politique et, en même temps, mesurer par ce réfé-rendum le degré de confiance que lui accorde le pays.

10 février

Patronat et syndicats signent un accord sur les licenciements éventuels de personnel.

14-17 février

La Grande-Bretagne ayant tenté de tourner l'interdiction lancée par de Gaulle à son entrée dans le marché commun en demandant plus de pouvoirs à l'Union européenne occidentale dont elle fait partie, Paris réagit d'autant plus vivement que l'ambassadeur de Grande-Bretagne divulgue les propositions secrètes faites par de Gaulle le 4 pour la constitution d'un directoire européen à quatre (Grande-Bretagne, France, Italie, Allemagne fédérale) qui se substituerait au marché commun. Ces révélations altèrent les relations franco - britanniques, mettent la France, qui décide de boycotter l'U.E.O., dans une position délicate et l'isolent davantage encore.

28 février

Au cours de son voyage à Paris, Nixon rend pourtant hommage à la politique du général et affirme à plusieurs reprises que les U.S.A. veulent respecter l'indépendance de leur alliée.

4-16 mars

Les négociations entre le patronat, l'État et les syndicats, prévues par les accords de Grenelle, échouent. Une grève générale de vingt-quatre heures a lieu le 11. Le syndicat national de l'enseignement supérieur (S.N.E. Sup.) se donne une direction à tendance communiste — et non plus gauchiste.

11-24 mars

« Le référendum, affirme de Gaulle, c'est le choix entre le progrès ou le bouleversement. » Bien que le Conseil d'État juge contraire à la Constitution le recours au référendum pour réformer le Sénat, de Gaulle passe outre mais dans le pays l'opposition grandit. Certains ministres voudraient que les deux questions (régionalisation, réforme du Sénat) soient posées distinctement. De Gaulle refuse : il n'y aura qu'une question. Une partie de la majorité (giscardiens et parti de la démocratie et progrès) est partisan du *non*.

13-14 mars

Aucun progrès au sujet de l'entrée de la Grande-Bretagne dans le marché commun à la suite de l'entrevue de Gaulle-Kiesinger. La France et l'Allemagne construiront en commun l'Airbus (avec ou sans le concours britannique).

10-26 avril

La campagne pour le référendum se poursuit. De Gaulle a fait savoir qu'en cas de vote négatif il quittera l'Élysée, mais il a aussi laissé entendre qu'il ne se représentera pas à la fin de son mandat. Giscard d'Estaing conseille de ne pas voter *oui*, mais les ministres de son parti soutiennent le président. Le Sénat, déclare Poher, ne votera pas sa propre déchéance.

27 avril

Par 12 007 102 *non* (52,41 % des suffrages exprimés) contre 10 901 753

ET PENDANT CE TEMPS...

1967, décembre
Violents combats au Centre-Annam. Les Américains l'emportent.
En Allemagne, formation du cabinet Kiesinger : grande coalition des partis démocrate-chrétien et socialiste. Brandt devient ministre des Affaires étrangères.
1968, janvier
Il y a maintenant 500 000 soldats américains au Viêt-nam.
février
Violente offensive du Viêt-cong. Chute et reconquête de Hué. Les viêts-cong perdent près de 6 000 hommes, mais l'effet psychologique a été considérable.
mars
Le président Johnson annonce l'arrêt des bombardements au nord du 17e parallèle, limite entre les deux Viêt-nam.
juin
Établissement en Tchécoslovaquie d'une démocratie populaire à visage humain dont Dubcek est l'artisan ; inquiétude de l'U.R.S.S.
5 novembre
Richard Nixon est élu président des U.S.A.

oui (47,58 %), les électeurs de la France métropolitaine et des territoires d'outre-mer rejettent le projet de régionalisation et de réforme du Sénat.

28 avril

A 0 heure 10, un communiqué daté de Colombey-les-Deux-Églises annonce que le général de Gaulle cessera dès midi d'exercer ses fonctions de président de la République.
Le 29, Georges Pompidou annonce qu'il est candidat à la succession. Une page de l'histoire de la Ve République est tournée.
L'histoire de la France et des Français continue...

LES SOURCES

Si la consultation des documents antérieurs au 10 juillet 1940 est désormais autorisée, tant aux Archives nationales qu'aux Archives départementales, il ne faut pas se dissimuler que cette consultation reste malaisée, d'autant plus que certaines catégories de documents ne sont pas encore classées et que la communication de certaines autres reste interdite. En outre, les archives des ministères des Affaires étrangères, de la Guerre ou des Colonies (France d'outre-mer) s'entrouvrent à peine au public pour cette période.

Il faut donc se contenter des publications officielles : les sources imprimées de l'histoire de la Seconde Guerre mondiale, le JOURNAL OFFICIEL, les bulletins et les ouvrages de statistiques, les publications du Comité d'histoire de la Seconde Guerre mondiale.

Pour la IIIe République, ceux de Bertrand de Jouvenel (1942), de Joseph Caillaux (tome III, 1947), de Paul-Boncour (tomes II et III, 1945-1946), de Pierre-Étienne Flandin (1947), de Léon Blum (1945), d'André François-Poncet (1946), de Robert Coulondre (1950), de Paul Reynaud (1947). Le tome premier des MÉMOIRES du général de Gaulle, L'APPEL, s'ouvre sur quelques pages relatives à son action entre les deux guerres.

Pour la Seconde Guerre mondiale, l'abondance de Mémoires est plus grande encore. On citera tout d'abord les trois volumes des MÉMOIRES DE GUERRE du général de Gaulle tome I : l'APPEL, tome II : l'UNITÉ, tome III : LE SALUT (1954-1959)

qu'il faut accompagner du tome premier de ses DISCOURS ET MESSAGES (1967). On les complétera avec les MÉMOIRES ET JOURNAUX du général Gamelin (1946), ceux de Weygand (1949), de de Lattre de Tassigny (1949), Benoist-Méchin, (1941), Henri Haye (1972) et quantité d'autres.

LA SÉPARATION DE L'ÉGLISE ET DE L'ÉTAT

On notera d'Adrien Dansette : HISTOIRE RELIGIEUSE DE LA FRANCE CONTEMPORAINE (tome II, 1942), du R.P. Lecanuet : L'ÉGLISE SOUS LA IIIe RÉPUBLIQUE (3 vol., 1909-1930).

LES PARTIS

Sur les partis, l'ouvrage essentiel est celui de F. Goguel : LA POLITIQUE DES PARTIS SOUS LA IIIe RÉPUBLIQUE (1946). Il faut aussi consulter les deux ouvrages classiques d'André Siegfried : TABLEAU DES PARTIS EN FRANCE (1930) et TABLEAU POLITIQUE DE LA FRANCE DE L'OUEST SOUS LA IIIe RÉPUBLIQUE (1913).

LES CRISES SOCIALES ET LA VIE QUOTIDIENNE

De Paul Louis : HISTOIRE DU MOUVEMENT SYNDICAL EN FRANCE (1946), Jacques Montreuil : HISTOIRE DU MOUVEMENT OUVRIER EN FRANCE (1946), Emmanuel Beau de Loménie : LES RESPONSABILITÉS DES DYNASTIES BOURGEOISES EN FRANCE (1947), Robert Burnand : LA VIE QUOTIDIENNE EN FRANCE DE 1870 A 1900 (1947) et surtout Jacques Chastenet : LA FRANCE DE MONSIEUR FALLIÈRES (1949) avec une excellente bibliographie. Édouard Dolleans,

Gérard Dehove : Histoire du travail en France (tome I, 1953). Jacques Chastenet : Histoire de la IIIe République (tome IV, 1957). Robert Aron : Les Grandes Heures de la IIIe République.

ARTS ET LETTRES

Outre les histoires de la littérature traditionnellement citées (Abry, Audic et Crouzet; Lagarde et Michard, etc.), il faut noter le très vivant et original essai de Kléber Haedens : Une histoire de la littérature française (1943), les études de Pierre de Boisdeffre, Robert Kanters, André Maurois, Frédéric Boyer dans : L'Histoire du XXe siècle, ainsi que tous les ouvrages de Pierre de Boisdeffre consacrés à la littérature contemporaine.

LA PREMIÈRE GUERRE MONDIALE

Innombrables sont les ouvrages consacrés à la Première Guerre mondiale et nous ne pouvons citer ici que ceux qui ont été utilisés pour ce volume. La plupart des grands chefs militaires, Joffre, Foch, Weygand, ont publié leurs Mémoires. On les complétera par les titres suivants : Pierre Renouvin : La Crise européenne et la Grande Guerre (1962); La Première Guerre mondiale (1967). Généraux Dufour, Daille, Hellot, Tournès : Histoire de la Guerre mondiale (4 vol., 1934-1936). A. Pingaud : Histoire diplomatique de la France pendant la guerre (3 vol., 1938). Dans la collection des « Vies quotidiennes », Gabriel Perreux : La Vie quotidienne des civils en France pendant la Grande Guerre (1966). Jacques Meyer : La Vie quotidienne des soldats pendant la Grande Guerre, La Guerre, mon vieux (1931). Et surtout : André Ducasse, Jacques Meyer, Gabriel Perreux : Vie et Mort des Français, 1914-1918 (1959).

Enfin nous devons rendre hommage pour l'aide précieuse qu'un tel ouvrage nous a apportée au volume Histoire de la collection des « Dictionnaires du savoir moderne », Les Faits, publié sous la direction de Marc Ferro (1971).

LA NAISSANCE DE L'AVIATION

Louis Castex : L'Age de l'Air. Edmond Petit : Les Aviateurs. Marcel Jullian : Gens d'air (1959); Mystique de l'aviation (1961). Général Chambe : Histoire de l'aviation (1972).

HISTOIRE GÉNÉRALE DE L'ENTRE-DEUX GUERRES

Nous avons déjà cité ci-dessus l'excellente chronologie que constitue le tome II du volume Histoire du « Dictionnaire du savoir moderne » (1871-1971) publié par Marc Ferro (1971). On y joindra, pour ne citer que les livres particulièrement utilisés par cette Histoire de la France et des Français, les ouvrages suivants : Marcel Reinhard, Histoire de France (tome II, par Lucien Genêt, 1954). Jacques Chastenet, Histoire de la Troisième République (tomes VI et VII, 1963). Paul Bouju et Henri Dubois, la Troisième République (1952). Édouard Bonnefous, Histoire politique de la Troisième République (tomes VI et VII, 1967). Emmanuel Berl, LA FIN DE LA TROISIÈME RÉPUBLIQUE (1968). Robert Aron, LES GRANDES HEURES DE LA TROISIÈME RÉPUBLIQUE (tome VI, 1968). Ce tome a été rédigé par Jacques Levron.

Il faut aussi mentionner les publications des CAHIERS D'HISTOIRE qui sont d'excellente vulgarisation : LA FRANCE DES ANNÉES FOLLES, 1919-1931, par René Escaich (deux fascicules 1965-1966). LA FRANCE DES ANNÉES TRISTES, 1931-1939, par René Escaich (deux fascicules, 1967-1968). L'HISTOIRE DES GOUVERNEMENTS DU FRONT POPULAIRE, par Serge Bernstein (1966).

LA SECONDE GUERRE MONDIALE

Des innombrables travaux consacrés à la Seconde Guerre mondiale, nous ne retiendrons que le livre de Jacques Darcy, HISTOIRE DE LA SECONDE GUERRE MONDIALE (1947) et, dans la REVUE D'HISTOIRE DE LA DEUXIÈME GUERRE MONDIALE, le numéro spécial consacré à cette guerre (1947) ainsi que celui qu'a publié en 1947 le LAROUSSE MENSUEL ILLUSTRÉ. Il est évident que les études de détail sont trop nombreuses pour être citées.

Sur l'histoire de l'État français (1940-1944), on aura recours au livre de Robert Aron : HISTOIRE DE VICHY (2 volumes, 1954). Du même auteur : HISTOIRE DE LA LIBÉRATION DE LA FRANCE (1959) et aussi à plusieurs études parues dans ses DOSSIERS DE L'HISTOIRE CONTEMPORAINE (2 volumes, 1962 et 1966). Les œuvres de Robert Aron, écrites avec une grande impartialité et un grand sens des nuances, constituent déjà un apport excellent à l'histoire de cette période.

Tout récemment a paru l'ouvrage de Raymond Cartier, HISTOIRE DE LA SECONDE GUERRE MONDIALE, remarquable ouvrage de vulgarisation.

On y ajoutera le livre d'Henri Amouroux, LA VIE DES FRANÇAIS SOUS L'OCCUPATION (1961).

LA IVe RÉPUBLIQUE

On commence seulement à publier des ouvrages consacrés à la IVe République. Naturellement on mettra en première ligne, au titre des Mémoires, ceux du général de Gaulle : MÉMOIRES D'ESPOIR (2 volumes, 1969-1970) auxquels il convient d'ajouter les DISCOURS ET MESSAGES (5 volumes, 1967-1972).

On consultera aussi le BLOC-NOTES de François Mauriac (1958), les livres de Roger Priouret : LA RÉPUBLIQUE DES PARTIS (1947), LA RÉPUBLIQUE DES DÉPUTÉS (1959) ainsi que, de J.-R. Tournoux, CARNETS SECRETS DE LA POLITIQUE (1958), SECRETS D'ÉTAT (1968), PÉTAIN-DE GAULLE (1970).

Sur la guerre d'Indochine : Philippe Devillers, HISTOIRE DU VIÊTNAM (1952).

Sur la guerre d'Algérie : Raymond Aron, LA TRAGÉDIE ALGÉRIENNE (1957). Jacques Soustelle, AIMÉE ET SOUFFRANTE ALGÉRIE (1956). Les deux ouvrages du général Massu, LA VRAIE BATAILLE D'ALGER (1971) et DU 13 MAI AUX BARRICADES (1972) sont utiles et discutables.

Le livre de Jacques Julliard, NAISSANCE ET MORT DE LA QUATRIÈME RÉPUBLIQUE (1971), est doté d'une remarquable bibliographie, très complète et à jour.

LA Ve RÉPUBLIQUE

Il est bien tôt pour fournir une bibliographie critique des livres consacrés à l'époque contemporaine depuis le retour du général de Gaulle au pouvoir. Les ouvrages d'actualité et les Mémoires ne peuvent être que des matériaux et l'heure des synthèses n'est pas encore venue.

Le général de Gaulle n'a pu rédiger que le début de ses Mémoires.

Les témoignages concernant les événements de mai 1968 sont évidemment très nombreux, mais leurs auteurs s'attachent trop à l'anecdotique et au sensationnel. Les biographies consacrées au général de Gaulle sont innombrables. Aucune ne possède encore le ton de la sérénité historique.

Voici quelques ouvrages qui méritent d'être cités : P.-M. de La Gorce, LA RÉPUBLIQUE ET SON ARMÉE (1962). Maurice Duverger, LA CINQUIÈME RÉPUBLIQUE (1962). A. Grosser, LA POLITIQUE EXTÉRIEURE DE LA CINQUIÈME RÉPUBLIQUE (1965). F. Avril, LE RÉGIME POLITIQUE DE LA CINQUIÈME RÉPUBLIQUE (1967). P. Viansson-Ponté, BILAN DE LA CINQUIÈME RÉPUBLIQUE (1967).

LES « GRANDS ÉCRANS »

Les livres parus sur cette dernière période (1919-1969) sont tellement nombreux qu'il ne nous a été possible que de citer les principaux parmi ceux que nous avons utilisés. On en trouvera ci-dessous la liste.

DES ANNÉES FOLLES AUX ANNÉES TROUBLES : Marcel Reinhard, André Armengaud, Jacques Dupaquier, HISTOIRE GÉNÉRALE DE LA POPULATION MONDIALE (1968). Georges Duby, Roger Mandrou (auteur du chapitre concerné), HISTOIRE DE LA CIVILISATION FRANÇAISE, tome 2 (1968). Jacques Chastenet, HISTOIRE DE LA TROISIÈME RÉPUBLIQUE, tome 5 (1960), tome 6 (1962), tome 7 (1963). Robert Aron, LES GRANDES HEURES DE LA TROISIÈME RÉPUBLIQUE; DÉCLIN ET MORT DE LA RÉPUBLIQUE, (1968). Raymond Manevy, LA PRESSE DE LA TROISIÈME RÉPUBLIQUE (1955). Pierre Sorlin, LA SOCIÉTÉ FRANÇAISE, tome 2 (1971). Louis Hautecœur, HISTOIRE DE L'ART, tome 3 (1959). Jean-Paul Crespelle, LA FOLLE ÉPOQUE (1963). HISTOIRE DE FRANCE de Larousse, tome 2 (chapitre dû à Lucien Genêt). LES FRANÇAIS PENDANT LA

SECONDE GUERRE MONDIALE : Henri Amouroux, LA VIE DES FRANÇAIS SOUS L'OCCUPATION (1961). Gérard Walter, LA VIE A PARIS SOUS L'OCCUPATION, 1940-1944 (1960). Pierre Audiat, PARIS PENDANT LA GUERRE (1946). JOURNAL DE LA FRANCE DE 1789 A NOS JOURS.

BILAN D'UN QUART DE SIÈCLE : Jacques Chastenet, CENT ANS DE RÉPUBLIQUE, tome 9 : UN MONDE NOUVEAU, 1944-1970 (1970). Georges Dupeux, LA FRANCE DE 1945 A 1965 (1969). Georges Duby, Roger Mandrou, HISTOIRE DE LA CIVILISATION FRANÇAISE, tome 2 (1968). Pierre Leprohon, HISTOIRE DU CINÉMA (1963). Pierre Rousseau, LA SCIENCE DU XXe SIÈCLE (1964). Jean-Pierre Manel, LA GRANDE AVENTURE DE CONCORDE (1971). Marcel Reinhard, André Armengaud, Jacques Dupaquier, HISTOIRE GÉNÉRALE DE LA POPULATION MONDIALE (1968). Ouvrage collectif, LA FRANCE D'AUJOURD'HUI, SON VISAGE, SA CIVILISATION (1964). Articles de : J. Keilling (agriculture), François Perroux (l'économie française), Jean Fourastié (le progrès économique et le plan), Pierre Cot (les transports), Pierre Lelong (la recherche scientifique), H. Baïssas (développement de l'énergie atomique), Robert Genaille (les arts plastiques), Pierre Dufau (architecture et urbanisme), Antoine Goléa (les grands courants de la musique française contemporaine), Jacques Duchateau (le cinéma). HISTORIA MAGAZINE : no 180 : l'Europe en ruine, par Wilfrid Knapp; no 182 : la France convalescente, par Dorothy Pickles; no 185 : l'Énergie nucléaire, d'après G.R. Bainbridge; le Cinéma, par Georges Charensol; la Médecine, par le Dr Paul Ganière; no 192 : la Musique d'après-guerre, par Pierre Hiégel; no 193 : le Siècle de l'espace, par Pierre Rousseau; Un art nouveau, par Pierre Cabane. Pierre Sorlin, LA SOCIÉTÉ FRANÇAISE, tome 2 (1971). QUID ? (1970 et 1972)

Achevé d'imprimer sur les presses
de Bernard Neyrolles - Imprimerie Lescaret,
à Paris,
et de l'Imprimerie du Marval,
à Vitry-sur-Seine,
le 15 décembre 1983.

Numéro d'édition : 525
Dépôt légal : 2ᵉ trimestre 1980

ISBN 2-262-00176-6

Imprimé en France

Symbole de l'éternelle renaissance de la France, l'Arc de Triomphe, illuminé, célèbre les anniversaires des grandes victoires de notre pays. Sous la voûte, un immense drapeau tricolore flotte entre deux faisceaux lumineux figurant un V. (Photo Associated Press.)